# L'Architecture moderne

## Une histoire critique

Kenneth Frampton



# L'Architecture moderne

## Une histoire critique

Traduit de l'anglais par Guillemette Morel-Journel

377 illustrations



Thames & Hudson

*À mes parents*

*En couverture :*
Alberto Sartoris, projet axonométrique pour Notre-Dame du Phare (église et centre religieux), 1931. Courtesy l'architecte.

L'édition originale de cet ouvrage a paru chez Thames & Hudson sous le titre *Modern Architecture: a critical history.*
Édition revue en 1985 et 1992.

Traduit de l'anglais par Guillemette Morel-Journel.

Le présent ouvrage a été publié avec le concours du Ministère de la culture et de la communication (Centre national du livre et Direction de l'architecture et du patrimoine).

Le chapitre 24, *De l'Art déco au Front populaire : l'architecture française de l'entre-deux-guerres, 1925-1945,* a été écrit spécialement pour l'édition française.

Responsable éditoriale : Hélène Borraz
Suivi éditorial : Anne Levine

L'éditeur français tient à remercier chaleureusement Guillemette Morel-Journel pour son aide précieuse.

L'éditeur français souhaite également remercier Emmanuelle Fleury et Camille Sourisse.



Cet ouvrage composé par Cicero à Paris a été reproduit et achevé d'imprimer en mai 2008 par l'imprimerie C.S. Graphics pour les Éditions Thames & Hudson.

Dépôt légal : 3e trimestre 2009
ISBN : 978-2-87811-318-1
Imprimé à Singapour

www.thameshudson.fr

# Sommaire

# Préface

Toute histoire est marquée par le contexte dans lequel elle a été écrite ; on ne peut pas plus élaborer une histoire absolue que l'on ne peut créer une architecture absolue. La deuxième édition de ce livre se refermait, en 1985, sur l'idée de régionalisme critique en tant qu'expérience décentralisée de résistance culturelle, alors que le présent ouvrage s'achève avec la notion de pratique réflexive, due au sociologue Donald Schön ; mais je reste fidèle, implicitement, à cette sorte de modèle autarcique qui fonde les pratiques critiques de l'architecture. À cet égard, il est clair pour moi que des clients avertis et engagés sont essentiels à la culture architecturale, et que les ennemies de cette culture restent les contraintes formelles imposées arbitrairement par les bureaucraties.

Brosser le portrait de l'architecture contemporaine soulève maintes difficultés, notamment du fait de la sélection à opérer parmi un large éventail d'opérations. Une stricte fidélité à l'actualité est impossible : chaque décennie apporte son lot d'architectes talentueux, alors que la génération précédente n'est pas encore parvenue à sa pleine maturité.

Les années 1980 ont vu une incroyable progression de la qualité moyenne de la production architecturale, que l'on peut imputer en partie à l'essor des publications. Si elle est parfois réductrice, l'explosion de l'information peut aussi jouer un rôle bénéfique : elle a élevé le niveau général de la culture architecturale, dans les centres mais également dans les parties du monde que l'on qualifie de sous-développées.

Toute personne assez téméraire pour entreprendre de présenter, de manière à la fois synthétique et actualisée, l'architecture d'aujourd'hui se heurte au paradoxe suivant : alors que l'urbanisation généralisée débouche sur une inéluctable dégradation de l'environnement – conséquence plus ou moins directe de l'emprise croissante de la technique –, la pratique architecturale en tant que discours autonome s'est améliorée à peu près partout. Ainsi, la spéculation tous azimuts à laquelle nous assistons dans les mégalopoles a réduit l'urbanisme à un processus virtuel de peu d'effet ; pourtant, l'architecture en tant qu'acte critique reste possible, notamment lorsqu'elle s'attache à des dimensions intermédiaires entre la planification à grande échelle et la construction d'un bâtiment en un lieu précis.

Un autre paradoxe s'impose : malgré la crise endémique de l'enseignement de l'architecture, le potentiel technique et conceptuel des ténors de la profession est probablement supérieur à ce qu'il a jamais été depuis la Seconde Guerre mondiale. Je pense aux meilleures agences high-tech mais aussi à l'impressionnante sophistication tectonique de pratiques plus humanistes, telle celle du maître portugais Alvaro Siza. Bien des petites ou moyennes agences – notamment indiennes, australiennes, canadiennes, latino-américaines ou moyen-orientales – font preuve de ces compétences de par le monde, et je leur présente mes excuses : si j'avais disposé de plus de pages, ce sont leurs œuvres que j'aurais présentées. J'ai relevé le défi que constitue cette richesse de matériaux en augmentant assez notoirement la bibliographie de cette dernière édition, afin de refléter l'étendue des recherches récentes mais aussi d'indiquer la diversité des bâtiments absents de ce livre, et en remaniant et en complétant mon texte. Dans la deuxième partie, un chapitre consacré à la France de l'entre-deux-guerres a été ajouté. Le cinquième chapitre de la troisième partie rend désormais compte des activités des néo-avant-gardes, des réalisations high-tech et des pratiques qualifiées de « structuralistes ». Le dernier chapitre, qui est entièrement nouveau, est consacré aux travaux menés dans quatre pays – la Finlande, la France, l'Espagne et le Japon – qui ont tous un excellent niveau général de production. Le lecteur comprendra rapidement que cette édition est dédiée à ce niveau général plutôt qu'au culte des stars.

Kenneth Frampton

# Introduction

*Il existe un tableau de Klee qui s'intitule* Angelus Novus. *Il représente un ange qui semble sur le point de s'éloigner de quelque chose qu'il fixe du regard. Ses yeux sont écarquillés, sa bouche ouverte, ses ailes déployées. C'est à cela que doit ressembler l'Ange de l'Histoire. Son visage est tourné vers le passé. Là où apparaît une chaîne d'événements, il ne voit, lui, qu'une seule et unique catastrophe, qui sans cesse amoncelle ruines sur ruines et les précipite à ses pieds. Il voudrait bien s'attarder, réveiller les morts et rassembler ce qui a été démembré. Mais du paradis souffle une tempête qui s'est prise dans ses ailes, si violemment que l'ange ne peut plus les refermer. Cette tempête le pousse irrésistiblement vers l'avenir auquel il tourne le dos, tandis que le monceau de ruines devant lui s'élève jusqu'au ciel. Cette tempête est ce que nous appelons le progrès.*

Walter Benjamin,
« Sur le concept d'histoire », 1940.

L'une des premières tâches auxquelles est confrontée toute personne qui entreprend d'écrire une histoire de l'architecture moderne consiste à déterminer où commence la période à étudier. Or plus on est rigoureux dans la recherche de l'origine de la modernité, plus cette origine semble s'éloigner dans le temps. On la fait généralement remonter, sinon à la Renaissance, du moins au milieu du XVIII^e^ siècle : une nouvelle conception de l'histoire amena alors les architectes à remettre en cause le canon classique hérité de Vitruve et à étudier les vestiges de l'Antiquité en vue de fonder une base plus objective sur laquelle travailler. Ceci, associé aux extraordinaires mutations techniques intervenues au cours du siècle des Lumières, indique que les conditions d'apparition de l'architecture moderne advinrent à un moment situé entre la fin du XVII^e^ siècle, lorsque le médecin et architecte Claude Perrault contesta la validité universelle des proportions selon Vitruve, et le divorce entre ingénieurs et architectes, que l'on peut dater de la fondation à Paris de la première école d'ingénieurs, l'École des ponts et chaussées, en 1747.

Le présent livre ne fait qu'esquisser les grandes lignes de cette préhistoire du Mouvement moderne. Les trois premiers chapitres de la première partie doivent donc être lus différemment du reste de l'ouvrage. Ils évoquent les transformations culturelles, territoriales et techniques dont est issue l'architecture moderne, et offrent de brefs aperçus sur l'évolution, entre 1750 et 1939, de l'architecture, de l'aménagement urbain et de la technique.

Rédiger une histoire à la fois globale et concise exige de déterminer d'abord les objets à aborder puis de conserver une certaine cohérence pour leur interprétation. Je dois reconnaître que je n'ai pas toujours rempli ce double objectif : souvent j'ai dû privilégier l'information à l'interprétation, parfois les informations disponibles étaient plus ou moins fouillées, enfin ma posture critique a évolué selon les sujets. Ici, j'ai voulu montrer comment une conception pouvait dériver de circonstances socio-économiques ou idéologiques ; là, je m'en suis tenu à une analyse formelle. Ces variations transparaissent dans la structure même du livre, qui est une mosaïque de chapitres relativement courts traitant de l'œuvre de tel ou tel architecte important ou de mouvements collectifs majeurs.

Dans la mesure du possible, j'ai fait en sorte de donner plusieurs niveaux de lecture au livre :

il peut être lu d'une traite, mais on peut aussi le consulter au hasard. Le propos dans son ensemble a été conçu pour les non-spécialistes et les élèves en début de cursus universitaire, mais j'espère qu'une consultation ponctuelle pourra stimuler les étudiants confirmés, et s'avérer utile aux spécialistes à la recherche d'information sur un point précis.

J'ai fait de mon mieux pour donner la parole aux acteurs mêmes de l'histoire, et le ton du livre suit sa structure. Chaque chapitre s'ouvre sur une citation choisie pour l'éclairage qu'elle fournit sur une situation culturelle donnée ou sur le sens d'une œuvre. En recourant à ces « voix », j'ai voulu montrer que l'architecture moderne s'inscrit dans une ligne culturelle continue et que certains thèmes perdent de leur pertinence à un moment de l'histoire pour revenir avec force plus tard. De nombreux projets non réalisés sont évoqués car, pour moi, l'histoire de l'architecture moderne concerne tout autant les idées et les débats que les bâtiments eux-mêmes.

Comme beaucoup de gens de ma génération, j'ai été marqué par la conception marxiste de l'histoire, mais même une lecture en diagonale de ce livre suffira à indiquer qu'il ne comporte aucune trace des méthodes éprouvées de l'analyse marxiste. En revanche, mon affinité avec les positions théoriques de l'école de Francfort informe certainement mon approche de la modernité ; elle a aussi attiré mon attention sur la face cachée des Lumières – au nom d'une raison toute déraisonnable, elles ont placé l'homme dans une situation où il se sent tout autant aliéné par ses propres productions que par la nature.

L'évolution de l'architecture moderne après l'âge des Lumières semble partagée entre l'utopisme des avant-gardes – incarné au tout début du XIX$^{e}$ siècle dans la ville idéale des physiocrates conçue par Ledoux – et le réformisme chrétien anticlassique, antirationaliste et antiutilitariste qui apparaît en 1836 dans l'ouvrage *Contrasts* de Pugin. Depuis, les tentatives de la culture bourgeoise pour transcender la division du travail ainsi que les dures réalités de l'industrie et de l'urbanisation ont oscillé entre deux extrêmes : d'une part, des utopies totalement planifiées et industrialisées ; d'autre part, le déni de la réalité historique de la production mécanisée.

Tous les arts sont plus ou moins limités par leurs moyens de production et de reproduction, mais cela est doublement le cas pour l'architecture car elle est conditionnée non seulement par ses propres techniques, mais aussi par des forces productives qui lui sont extérieures. Cela est particulièrement évident dans le cas de la ville : le fossé entre architecture et développement urbain a abouti à ce que leurs lointains apports mutuels deviennent soudain extrêmement ténus. Toujours plus assujettie aux exigences d'une société de consommation en croissance constante, la ville a beaucoup perdu de sa signification en tant qu'unité. La rapide dilution de la ville moyenne américaine après la Seconde Guerre, sous les effets conjugués des autoroutes, des banlieues et des supermarchés, témoigne bien de ce que la cité en général a été laminée par des forces qui n'appartenaient pas à sa sphère de contrôle.

Les succès et les échecs de l'architecture moderne à ce jour, et son rôle possible dans l'avenir, doivent être envisagés dans ce cadre pour le moins complexe. Dans ses incarnations les plus abstraites, l'architecture porte certainement une part de responsabilité dans l'appauvrissement de notre cadre de vie – spécialement lorsqu'elle a été instrumentalisée pour rationaliser les types de bâtiment et les méthodes de construction, et lorsque le second-œuvre comme les plans ont été réduits à leur plus petit dénominateur commun afin de minimiser les coûts de production tout en optimisant les usages. Avec ses bonnes mais souvent maladroites intentions d'assimiler les réalités techniques et méthodologiques du XX$^{e}$ siècle, l'architecture a adopté un langage dont l'expression se résume presque entièrement à des éléments de fonctionnement secondaires : rampes, passerelles, ascenseurs, trémies d'escalier, escaliers mécaniques, cheminées, tuyaux, vide-ordures. Tous ces dispositifs n'ont rien à voir avec le langage de l'architecture classique :

ils étaient toujours dissimulés par la façade, et le corps principal de bâtiment était pleinement exprimé ; cette élimination d'éléments empiriques a permis à l'architecture d'incarner le pouvoir de la raison par la rationalité de son propre discours. Le fonctionnalisme s'est fondé sur le principe opposé, l'expression étant pour lui inféodée à l'utilité et aux modes de production.

Le caractère réducteur de la modernité incite d'aucuns à revenir de nouveau aux formes traditionnelles et à donner à nos bâtiments – quel que soit leur statut – une iconographie relevant du kitsch vernaculaire. On nous dit que la demande populaire va dans le sens de l'image rassurante d'un confort artisanal et familier, et que les références « classiques », quel que soit leur niveau d'abstraction, sont aussi incompréhensibles que condescendantes. Cette critique dépasse rarement la question superficielle du style pour aborder la pratique architecturale, et exiger qu'elle s'intéresse à nouveau à la création de *lieux* et à une redéfinition créative des qualités concrètes du bâti.

La vulgarisation de l'architecture et son isolement progressif vis-à-vis de la société ont finalement conduit à un repli disciplinaire, au point que nous en sommes arrivés au paradoxe suivant : une grande partie des jeunes professionnels les plus brillants ont abandonné toute volonté de réalisation. Dans sa version la plus intellectuelle, cette tendance réduit les éléments de l'architecture à de simples signes syntaxiques qui ne veulent rien dire d'autre que leur propre combinaison « structurale » ; dans sa version la plus nostalgique, elle célèbre la fin de la ville avec des projets métaphoriques et ironiques, rejetés dans quelque « friche astrale » ou installés dans l'espace métaphysique de la grandeur urbaine du XIXe siècle.

Parmi les champs d'action qui restent encore ouverts à l'architecture contemporaine – champs qui, d'une façon ou d'une autre, ont d'ores et déjà été partiellement explorés –, seuls deux semblent ouvrir une voie porteuse de sens. Tandis que le premier est parfaitement cohérent avec les modes de production et de consommation dominants, le second se pose en alternative mesurée à ces derniers. Le premier, dans la ligne de l'idéal du *beinahe nichts* ou « presque rien » de Mies van der Rohe, cherche à réduire l'architecture à du design industriel à très grande échelle. Son souci étant l'optimisation de la production, il s'intéresse peu ou pas à la ville. Cette tendance produit un fonctionnalisme dénué de rhétorique, bien distribué, bien enveloppé, dont l'« invisibilité » vitrée condamne la forme au silence. Le second champ, au contraire, est « visible » de manière manifeste, et prend souvent la forme d'un enclos maçonné qui détermine, à l'intérieur d'un espace quasi monastique, un ensemble ouvert mais néanmoins concret de relations entre l'homme et l'homme et entre l'homme et la nature. Cette « enclave » étant souvent introvertie et relativement indifférente à son environnement physique et temporel, on peut décrire cette démarche comme une tentative d'échapper, même partiellement, à l'héritage des Lumières. Le seul espoir de discours signifiant pour l'avenir immédiat réside, à mon avis, dans une rencontre fertile entre ces deux points de vue extrêmes.

1. Soufflot, église Sainte-Geneviève (aujourd'hui Panthéon), Paris, 1755-1790 ; piliers à la croisée de la nef et du transept renforcés par Rondelet en 1806.

## Première partie

Changements culturels
et nouvelles techniques
1750-1939

CHAPITRE UN

# Évolution des cultures : l'architecture néoclassique, 1750-1900

*Le système baroque opérait une sorte de double croisement. À un jardin rationalisé, il opposait des façades souvent végétalisées : le règne de l'homme et celui de la nature restaient certes distincts, mais échangeaient leur figure en s'interpénétrant à des fins de décoration et de prestige. En revanche, le parc « à l'anglaise », où l'intervention de l'homme veut se faire invisible, doit offrir le spectacle majestueux de la volonté de la nature ; face à l'espace du parc, les maisons que construisent Morris ou Adam marquent la volonté de l'homme et définissent un séjour rationnel au sein du règne irrationnel de la végétation libre. Au lieu de la connexion baroque, nous découvrons une séparation : celle-ci marque précisément le recul à partir duquel une contemplation nostalgique de la nature devient possible. Or cette rêverie contemplative, nous l'avons vu, survient précisément à titre de compensation ou d'expiation, au moment où l'attitude pratique face à la nature tend à se définir comme une exploitation agressive. Le contraste de la demeure et du parc procède de cette situation de guerre, mais la transpose en armistice localisé, instaure le rêve de la paix impossible, face à une nature dont on s'est ingénié à conserver l'image intacte.*

Jean Starobinski, *L'Invention de la liberté*, 1964

L'architecture néoclassique est née de deux changements, à la fois distincts et connexes, qui ont transformé les relations entre l'homme et la nature. Le premier est la rapide croissance de la capacité des hommes à maîtriser la nature : à partir du milieu du XVII^e siècle, les limites techniques que connaissait la Renaissance dans ce domaine commencèrent à être dépassées. Le second est le bouleversement complet de la conscience humaine même, en réaction aux grandes mutations sociales ; il a provoqué une nouvelle forme de culture, qui s'accordait aussi bien aux modes de vie de l'aristocratie déclinante qu'à ceux de la bourgeoisie montante. Tandis que les progrès techniques permettaient de réaliser de nouvelles infrastructures et d'exploiter une productivité croissante, les changements opérés dans la conscience de l'homme débouchèrent sur de nouvelles catégories de connaissance et sur une pensée historiciste d'une réflexivité telle qu'elle remettait en cause jusqu'à sa propre identité. Alors que la maîtrise technique, fondée sur la science, prit immédiatement forme dans les grandes entreprises de construction de routes et de canaux des XVII^e et XVIII^e siècles, ainsi que dans la création d'institutions comme l'École des ponts et chaussées en 1747, la nouvelle conscience favorisa l'essor des disciplines humanistes des Lumières, avec notamment des travaux précurseurs en sociologie, en esthétique, en histoire et en archéologie, tels que *De l'esprit des lois* de Montesquieu en 1748, *Aesthetica* d'Alexander Gottlieb Baumgarten en 1750, *Le Siècle de Louis XIV* de Voltaire en 1751 et *Geschichte der Kunst des Altertums* (histoire de l'art de l'Antiquité) de Johann Joachim Winckelmann en 1764.

Le style tarabiscoté des intérieurs rococo de l'Ancien Régime et la sécularisation de la pensée des Lumières incitèrent les architectes du XVIII^e siècle, désormais conscients du caractère inédit et instable de leur époque, à rechercher le « style vrai » dans une réévaluation précise de l'Antiquité. Leur propos n'était pas seulement de copier les Anciens mais aussi d'obéir aux principes mêmes qui fondaient leurs œuvres. Les recherches archéologiques motivées par cette quête débouchèrent bientôt sur une importante controverse : dans laquelle des quatre cultures méditerranéennes – égyptienne, étrusque, grecque, romaine – fallait-il chercher ce style vrai ?

L'une des premières conséquences de la redécouverte de l'Antiquité fut l'élargissement du traditionnel Grand Tour au-delà de Rome, afin d'étudier, à la périphérie de celle-ci, les cultures sur lesquelles reposaient, selon Vitruve, les bases de l'architecture romaine. Les découvertes et les fouilles de cités romaines à Herculanum et à Pompéi, au cours de la première moitié du XVIIIe siècle, suscitèrent des voyages plus lointains : des expéditions partirent bientôt pour les sites grecs de Sicile et de Grèce. La règle vitruvienne, consacrée par la Renaissance et devenue la bible du classicisme, était désormais confrontée à la réalité des ruines. Les dessins à l'échelle publiés dans les années 1750 et 1760 – les *Ruines des plus beaux monuments de la Grèce* de Julien-David Le Roy en 1758, les *Antiquities of Athens* de James Stuart et Nicholas Revett en 1762, et la description du palais de Dioclétien à Split par Robert Adam et Charles-Louis Clérisseau en 1764 – témoignent du sérieux de ces travaux. L'affirmation par Le Roy que l'architecture grecque était à l'origine du « style vrai » ne manqua pas de provoquer l'ire toute chauvine de l'architecte-graveur Piranèse.

Son *Della Magnificenza ed Architettura de'Romani* de 1761 est une attaque en règle contre l'assertion de Le Roy : non content d'affirmer que les Étrusques avaient précédé les Grecs, Piranèse ajoute que, tout comme leurs successeurs romains, ils ont élevé l'architecture au plus haut degré de raffinement. Mais les seules preuves sur lesquelles il peut étayer son propos sont les rares constructions étrusques ayant survécu aux saccages de Rome – des tombes et des travaux de génie civil – qui semblent avoir eu une influence décisive sur son œuvre. De ses eaux-fortes se dégage en effet la face obscure de la sensation qu'Edmund Burke avait identifiée dès 1757 comme le Sublime, ce tranquille effroi dans lequel nous plonge le spectacle de la grandeur, des ruines et de la Haute Antiquité. Ces qualités prennent toute leur force dans la splendeur infinie des représentations de Piranèse. Comme l'a observé Manfredo Tafuri, ces images empreintes de nostalgie pour l'Antiquité romaine furent cependant traitées « comme un mythe à contester [...] comme les formes d'un simple fragment, symboles déformés, organismes hallucinants d'un "ordre" en voie de décomposition ».

Entre son *Parere sull'architettura* de 1765 et ses eaux-fortes de Paestum, publiées en 1778 après sa mort, Piranèse abandonne toute vraisemblance pour donner libre cours à son imagination. D'une publication à l'autre, il s'adonne à des manipulations hallucinées de formes historisantes, jusqu'à l'apex de ses travaux, d'un éclectisme extravagant, sur l'ornementation intérieure en 1769. Ignorant la distinction pro-hellénique de Winckelmann entre beauté innée et ornement gratuit, ses inventions délirantes exercèrent un irrésistible attrait sur ses contemporains : les intérieurs gréco-romains des frères Adam doivent ainsi beaucoup à son imagination débridée.

En Angleterre, où le rococo n'avait jamais été véritablement adopté, la réaction aux excès du baroque s'exprima d'abord dans le palladianisme, introduit par le comte de Burlington, même si un vent de purification analogue se faisait déjà sentir dans les derniers travaux de Nicholas Hawksmoor à Castle Howard (Yorkshire). Néanmoins, à la fin des années 1750, les Anglais poursuivaient déjà assidûment des études à Rome même, où résidèrent, entre 1750 et 1765, les principaux représentants du néoclassicisme – de Piranèse, pro-étrusque et pro-romain, à Winckelmann et Le Roy, pro-grecs dont l'influence ne s'exercera que plus tard. Dans cette colonie britannique se trouvaient James Stuart, qui utilisera l'ordre dorique grec dès 1758, et George Dance le Jeune qui, peu après son retour à Londres en 1765, conçut la prison de Newgate, un édifice d'aspect piranésien mais dont la composition rigoureuse emprunte probablement aux théories néopalladiennes sur les proportions de Robert Morris. L'aboutissement du néoclassicisme anglais fut d'abord l'œuvre de John Soane, élève de Dance, qui synthétisa avec brio les diverses influences de Piranèse, d'Adam, de Dance et même du baroque anglais. Le courant du Greek Revival était alors popularisé par Thomas Hope, dont le *Household Furniture and Interior Decoration* de 1807 offrait une version anglaise du style Empire, alors en gestation chez Percier et Fontaine.

Rien n'est plus éloigné de la situation anglaise que les développements théoriques qui accompagnèrent la naissance du néoclassicisme en France. A la fin du XVII^e siècle, une sensibilité précoce à la relativité des cultures poussa Claude Perrault à s'interroger sur la validité du système de proportions de Vitruve tel qu'il avait été consacré et raffiné par la théorie classique ; il avança à la place une distinction entre les beautés « positive » et « arbitraire », attribuant à la première un rôle normatif de standardisation et à la seconde la fonction de s'adapter aux situations ou caractères particuliers.

Ce défi lancé à l'orthodoxie vitruvienne fut codifié par l'abbé de Cordemoy dans son *Nouveau Traité de toute l'architecture* de 1706 ; les composantes de l'architecture – *utilitas*, *firmitas* et *venustas* (utilité, solidité et beauté) – y sont remplacées par sa propre trilogie : « ordonnance, disposition, bienséance ». Si les deux premières catégories concernent les proportions des ordres classiques et leur disposition, la troisième introduit la notion de convenance, par laquelle Cordemoy met en garde contre l'usage déplacé d'éléments classiques ou honorifiques dans des édifices utilitaires ou commerciaux. Ainsi, non content de critiquer le baroque, qui fut la dernière manière publique de l'Ancien Régime, le *Traité* de Cordemoy annonce la recherche par Jacques-François Blondel d'une expression formelle appropriée et d'une apparence différenciée en fonction du « caractère » propre aux différents « types » de construction. L'époque se devait en effet déjà de répondre aux besoins d'une société plus complexe.

Par delà son insistance sur un emploi pertinent des éléments classiques, Cordemoy s'intéresse à leur pureté géométrique, s'opposant à des inventions baroques telles que les colonnades irrégulières, les frontons brisés ou les colonnes torsadées. L'ornementation doit également être assujettie à la convenance. Deux siècles avant *Ornament und Verbrechen (Ornement et crime)* d'Adolf Loos, Cordemoy soutient que de nombreux bâtiments n'ont besoin d'absolument aucun décor. Sa préférence va à la maçonnerie nue et aux compositions orthogonales. La colonne non engagée constitue l'essence de l'architecture pure, comme jadis dans les cathédrales gothiques ou les temples grecs.

Dans son *Essai sur l'architecture* de 1753, l'abbé Laugier interprète Cordemoy, proposant une architecture « naturelle » et universelle, la « cabane primitive » faite de quatre troncs d'arbre supportant un toit rudimentaire à deux pentes. À l'instar de Cordemoy, il voit dans cette structure originelle la base d'une sorte d'édifice gothique classicisant, dénué d'arc, de pilastre, de piédestal ou de toute articulation formelle, et dont les espaces entre les colonnes seraient aussi vitrés que possible. Un tel bâtiment « translucide » fut réalisé en 1755 à Paris avec l'église Sainte-Geneviève (l'actuel Panthéon) de Jacques-Germain Soufflot [1]. En 1750, ce dernier avait été l'un des premiers architectes à voir les temples doriques de Paestum, et il entendait recréer l'espace, la légèreté et les proportions de l'architecture gothique en des termes classiques – pour ne pas dire romains. Il adopta donc un plan en croix grecque, la nef centrale et les nefs latérales étant couvertes par une série de coupoles plates et d'arcs en plein-cintre reposant sur un entablement continu.

Il revint à Jacques-François Blondel d'intégrer la théorie de Cordemoy et l'œuvre de Soufflot dans la tradition académique française ; après avoir ouvert une école d'architecture rue de la Harpe en 1743, il devint le maître de la génération dite des « architectes visionnaires », parmi lesquels figurent Étienne-Louis Boullée, Jacques Gondoin, Pierre Patte, Marie-Joseph Peyre, Jean-Baptiste Rondelet et, probablement le plus visionnaire de tous, Claude-Nicolas Ledoux. Blondel exposa ses principes concernant la composition, le type et le caractère dans son *Cours d'architecture*, publié de 1771 à 1777. Le projet d'église idéale présenté dans le troisième volume du *Cours* n'est pas sans rappeler Sainte-Geneviève. La façade d'entrée est imposante, et les éléments intérieurs sont articulés en un continuum spatial dont les perspectives infinies tendent vers le sublime. Ce projet suggère la simplicité et la grandeur qui inspireront nombre de ses élèves – plus particulièrement Boullée qui, après 1772, se vouera à la conception d'édifices trop grandioses pour être réalisés.

S'il tenait compte, conformément aux enseignements de Blondel, du caractère social de ses œuvres, Boullée cherchait aussi à susciter des sentiments sublimes de terreur ou de tranquillité par l'ampleur de ses vues. Influencé par le *Génie de l'architecture ou l'analogie de cet art avec nos sensations*, publié en 1780 par Nicolas Le Camus de Mézières, il travailla sur le « genre terrible », où l'immensité de la perspective et la parfaite pureté géométrique du monument provoquent l'exaltation et l'appréhension. Plus que tout autre architecte des Lumières, Boullée était fasciné par le pouvoir de la lumière à évoquer la présence du divin. Cela est évident dans la brume diaphane trouée par des rayons solaires qui illumine l'intérieur de son projet de Métropole, en partie inspiré de Sainte-Geneviève. On retrouve un éclairage semblable dans le projet de Cénotaphe pour Newton [2], immense sphère creuse en pierre dans laquelle une sphère armillaire était suspendue la nuit pour symboliser le soleil ; le jour, l'illusion d'un ciel nocturne étoilé était obtenue grâce à la lumière naturelle filtrant à travers les petites ouvertures percées dans l'enveloppe du monument.

2. Boullée, projet de cénotaphe pour Isaac Newton, v. 1785. Coupe « de nuit ».

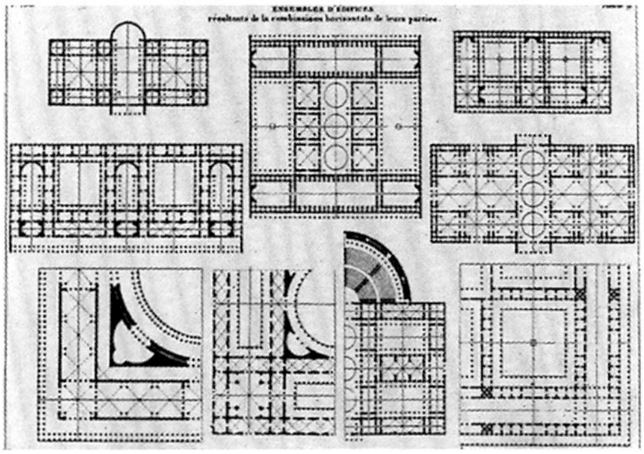

3. Durand, combinaisons et permutations de plans, d'après le *Précis*, 1802-1809.

Malgré son républicanisme, Boullée resta obsédé par la conception des monuments de quelque État omnipotent qui auraient été dédiés au culte de l'Être suprême. Contrairement à Ledoux, il n'était pas attiré par les utopies rurales d'Étienne-Gabriel Morelly ou de Jean-Jacques Rousseau. Malgré cela, son influence sur l'Europe post-révolutionnaire fut considérable, principalement grâce à l'œuvre de son élève Jean-Nicolas-Louis Durand, qui résuma ses idées extravagantes en une typologie normative et fonctionnelle qu'il exposa dans son *Précis des leçons d'architecture données à l'École polytechnique*, publié de 1802 à 1805.

Après quinze années de troubles incessants, l'ère napoléonienne requérait des édifices fonctionnels symbolisant sa grandeur et son autorité, tout en restant aussi peu onéreux que possible. Durand, qui fut le premier professeur d'architecture à l'École polytechnique, s'attacha à établir une méthode universelle de conception, sorte de pendant architectural au Code Napoléon, qui permettait la création d'édifices économiques et fonctionnels par la combinaison modulaire de plans types et de diverses façades [3]. L'obsession de Boullée pour les grands volumes platoniques devint ainsi le moyen de réaliser des bâtiments au caractère approprié pour un coût raisonnable. La critique par Durand de Sainte-Geneviève, avec ses 206 colonnes et ses 612 mètres de linéaire de murs, l'amena dès lors à faire la contre-proposition d'un temple circulaire d'une surface comparable pour seulement 112 colonnes et 248 mètres de mur – économie considérable grâce à laquelle on serait parvenu, selon lui, à une impression encore plus forte.

La Révolution ayant mis fin à sa carrière, Ledoux reprit en prison le projet de salines qu'il avait construites à Arc-et-Senans pour Louis XVI de 1773 à 1779. Il élargit la forme semi-elliptique de l'ensemble aux dimensions de la ville idéale de Chaux [4], projet qu'il publia en 1804 sous le titre *L'Architecture considérée sous le rapport de l'art, des mœurs et de la législation*. Les bâtiments entourant la

4. Ledoux, ville idéale de Chaux, 1804.

plate-forme oblongue centrale peuvent être considérés comme l'une des premières tentatives d'architecture industrielle : ils intégraient délibérément unités de production et logements des employés. Dans cet ensemble physiocratique, chaque élément était représenté par son caractère. Ainsi, les bernes ou bâtiments servant à la cristallisation du sel, implantés sur le petit axe de l'ellipse, étaient recouverts de toitures à très forte pente, comme des hangars agricoles, tandis que leurs murs étaient en pierres de taille lisses, avec des encadrements de baie bossagés ; la maison du directeur comportait quant à elle un portique composé de colonnes annelées et supportant un fronton, magnifiant ainsi la façade principale. Çà et là, les murs des bâtiments de production du sel et d'habitation des ouvriers étaient ornés de sculptures représentant des vases de saumure renversés : tout en symbolisant la solution saline qui était la matière première de l'entreprise, elles rappelaient que le système de production et la force de travail avaient un statut égal dans le processus.

En incluant de manière fictive toutes les institutions de sa ville idéale dans cette typologie restreinte, Ledoux élabore une « physiognomonie » architecturale qui permet de symboliser la visée sociale de formes par ailleurs abstraites. Les significations sont établies soit par des symboles convenus, tels les faisceaux et les tables de la loi évoquant la justice et l'unité sur le palais de justice nommé « Pacifère », soit par isomorphisme, comme dans l'« Oikema » dont le plan est en forme de pénis. Paradoxalement, la fonction de cette maison de tolérance était d'inciter à la vertu par la satisfaction des sens.

Tout un monde sépare l'assemblage rationnel d'éléments classiques par Durand et la reconstitution arbitraire mais purgative de fragments classiques par Ledoux. Les barrières d'octroi qu'il réalisa à Paris entre 1785 et 1789 étaient tout aussi étrangères à la culture de leur époque que les institutions idéales de Chaux. Progressivement démolies à partir de 1789, elles connurent le sort funeste de la frontière douanière abstraite et impopulaire qu'elles abritaient, l'enceinte des Fermiers-Généraux qui avait inspiré la phrase célèbre : « Le mur murant Paris rend Paris murmurant. »

Après la Révolution, le néoclassicisme évolua pour satisfaire aux nouveaux besoins en institutions de la société bourgeoise et en représentation de l'État républicain. Sa première incarnation dans le compromis de la monarchie constitutionnelle ne devait pas réduire le rôle du néoclassicisme dans la formation d'une manière impériale bourgeoise. Le style Empire, créé sous Napoléon Ier à Paris, et le style francophile *Kulturnation* de Frédéric II à Berlin expriment différemment une même tendance culturelle. Le premier fait un usage éclectique de motifs antiques – romains, grecs et égyptiens – pour fournir un héritage immédiat à la République. Il est significativement exploité dans les intérieurs théâtralement drapés comme des tentes pour célébrer les campagnes napoléoniennes, ainsi que dans les embellissements massifs, d'inspiration romaine, de la capitale, tels la rue de Rivoli par Charles Percier et Pierre-François-Léonard Fontaine, l'arc de triomphe du Carrousel et la colonne de la place Vendôme de Jacques Gondoin, dédiée à la Grande Armée. En Allemagne, la tendance apparaît d'abord dans la porte de Brandebourg de Karl Gotthard Langhans, réalisée pour marquer l'entrée occidentale de Berlin en 1793, et le projet de 1797 de Friedrich Gilly pour un Monument à Frédéric le Grand. Les formes primaires de Ledoux entraînèrent Gilly vers l'austérité du dorique, en une sorte d'écho à la puissance « archaïque » du mouvement littéraire préromantique *Sturm und Drang*. Comme son contemporain Friedrich Weinbrenner, Gilly imaginait une spartiate *Urcivilization* (civilisation originelle) de haute tenue morale pour célébrer le mythe de l'État prussien idéal. Ce monument remarquable aurait dû prendre la forme d'une acropole artificielle sur la Leipzigerplatz. En arrivant de Potsdam, on serait entré dans ce *temenos* en passant sous un arc de triomphe surbaissé coiffé d'un quadrige.

L'architecte prussien Karl Friedrich Schinkel, qui prit la suite de Gilly, s'était enflammé durant sa jeunesse pour le gothique ; cet engouement ne

5. Schinkel, Altes Museum, Berlin, 1828-1830.

devait rien à Berlin ou à Paris, mais à son expérience personnelle des cathédrales italiennes. Pourtant, après la défaite de Napoléon en 1815, cette inclination romantique dut céder à l'expression du nationalisme prussien. La combinaison de l'idéalisme politique et des prouesses militaires semble avoir provoqué un retour du classicisme. Quoi qu'il en soit, ce style lie Schinkel à Gilly mais aussi à Durand dans ses chefs-d'œuvre berlinois : la Neue Wache de 1816, le Schauspielhaus de 1821 et l'Altes Museum de 1830 [5]. Le corps de garde et le théâtre comportent tous deux des dispositions typiques de la maturité de Schinkel : angles renforcés du premier et ailes à pilastres du second. En revanche, l'influence de Durand est évidente dans le troisième, dont le plan rappelle celui du musée-type exposé dans le *Précis*, mais coupé en deux. Cette altération conserve la rotonde centrale, le péristyle et les cours, mais supprime les ailes latérales [233]. Les larges emmarchements extérieurs, la colonnade, les aigles et les dioscures qui la couronnent symbolisent les aspirations culturelles de l'État prussien. Mais Schinkel s'éloigne des typologies et de la représentation de Durand pour créer un espace d'une force et d'une délicatesse extraordinaires : l'ample péristyle mène à un portique plus étroit qui regroupe l'escalier d'entrée à deux volées symétriques et une mezzanine – composition dont se souviendra Mies van der Rohe.

Les grandes lignes du néoclassicisme de Blondel persistèrent jusqu'au milieu du XIXe siècle grâce aux réalisations d'Henri Labrouste, qui étudia à l'École des beaux-arts (l'institution qui remplaça l'Académie royale d'architecture après la Révolution) avec Antoine-Laurent-Thomas

6. Labrouste, rayons de la réserve de la Bibliothèque nationale, Paris, 1860-1868.

Vaudoyer, un ancien élève de Peyre. Après avoir obtenu le Grand Prix de Rome en 1824, Labrouste séjourna cinq ans à l'École française de Rome, passant la plupart de son temps à étudier les temples grecs de Paestum. À la suite de Jacques-Ignace Hittorff, il fut l'un des premiers à affirmer que ces édifices arboraient à l'origine des couleurs vives. Cette prise de position ainsi que son insistance sur la primauté de la structure et sur le fait que tout ornement devait découler de la construction lui firent affronter ses pairs après l'ouverture de son propre atelier en 1830.

En 1840, Labrouste est nommé architecte de la bibliothèque Sainte-Geneviève à Paris, créée pour abriter une partie des livres saisis par l'État en 1789. Reprenant apparemment un projet de Boullée de 1785 pour une bibliothèque dans le Palais Mazarin, le bâtiment de Labrouste est un parallélépipède dont les murs périphériques sont recouverts de livres ; la salle de lecture à l'étage est couverte de voûtes en berceau à ossature métallique ; l'espace est divisé en deux longues travées par une file de colonnes porteuses en fonte.

Ce rationalisme structurel est affiné dans la grande salle de lecture et les réserves de la Bibliothèque nationale, que Labrouste réalise entre 1860 et 1868. Inséré dans la cour du Palais Mazarin, l'ensemble comprend une salle de lecture couverte par des coupoles portées par seize colonnes en fonte, et une salle de plusieurs étages de rayonnages en fonte et profilés rivetés. Abandonnant toute réminiscence historiciste, Labrouste conçoit cette réserve comme une cage éclairée par le haut, dans laquelle la lumière, filtrée par des planchers en caillebotis métalliques, ruisselle depuis le toit [6]. Bien que cette solution soit inspirée de la salle de lecture et les réserves en fonte construites en 1854 par Sydney Smirke dans la cour du British Museum, un édifice de facture néoclassique dû à Robert Smirke, la précision de son exécution sous-tend une nouvelle esthétique, dont le potentiel ne sera véritablement exploité qu'avec le constructivisme au XX^e^ siècle.

Vers 1850, l'héritage néoclassique se scinda en deux tendances très proches : le classicisme structurel de Labrouste et le classicisme romantique de Schinkel. Ces « écoles » furent toutes deux confrontées à la prolifération de nouvelles institutions et durent créer de nouveaux types de bâtiments. Elles divergèrent toutefois radicalement dans les qualités de représentation qu'elles proposèrent en réponse à ces demandes : les classicistes structurels portèrent l'accent sur la structure – voie qui avait été suivie par Cordemoy, Laugier et Soufflot – tandis que les classicistes romantiques insistaient sur la physionomie de la forme même – à l'instar de Ledoux, Boullée et Gilly. Alors que les premiers semblent s'être focalisés sur des types comme les prisons, les hôpitaux ou les gares, avec les œuvres d'architectes comme Émile-Jacques Gilbert et François-Alexandre Duquesney (telle la gare de l'Est, achevée à Paris en 1852), les seconds s'intéressaient à des édifices d'une portée plus symbolique : l'Ashmolean Museum d'Oxford et la bibliothèque de l'université de Cambridge par Charles Robert Cockerell, ou les monuments plus grandioses érigés par Leo von Klenze en Allemagne – par-dessus tout le très romantique ensemble du Walhalla, achevé près de Ratisbonne en 1842.

Du point de vue théorique, le classicisme structurel commence avec la publication en 1802 du *Traité de l'art de bâtir* de Rondelet et culmine à la fin du siècle avec les livres de l'ingénieur Auguste Choisy, particulièrement son *Histoire de l'architecture* de 1899. Pour lui, l'essence de l'architecture est la construction, et toutes les évolutions stylistiques ne sont que la conséquence logique du progrès technique.

Choisy illustre le déterminisme structurel de son *Histoire* avec des axonométries [7] qui révèlent l'essence d'une forme en une seule image graphique réunissant le plan, la coupe et l'élévation. Comme l'a observé Reyner Banham, ces illustrations objectives réduisent l'architecture qu'elles représentent à de pures abstractions. C'est cela, ainsi que la quantité de renseignements qu'elles rassemblaient, qui les rendit chères aux pères du Mouvement moderne au début du XXe siècle.

L'insistance dans l'*Histoire* de Choisy sur les architectures grecque et gothique est une rationalisation tardive de l'idéal gréco-gothique que Cordemoy avait formulé plus d'un siècle auparavant. Cette transposition dix-huitiémiste du gothique en une syntaxe classique trouve un écho dans l'interprétation par Choisy du dorique comme une structure en bois réalisée en maçonnerie. Cette vision sera reprise par Auguste Perret

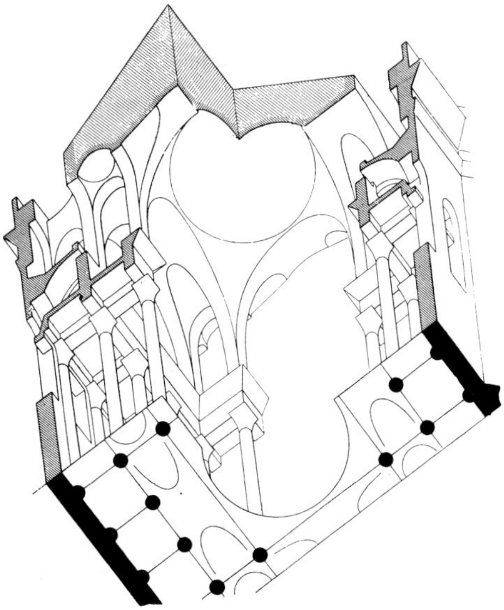

7. Choisy, vue axonométrique d'une partie du Panthéon de Paris, voir [1], d'après l'*Histoire de l'architecture*, 1899.

qui, en bon disciple de Choisy, veillait à articuler ses structures en béton armé à la manière des ossatures traditionnelles en bois.

Rationaliste structurel dans l'âme, Choisy pouvait cependant faire preuve d'une sensibilité romantique, notamment à propos de l'Acropole : « Les Grecs n'imaginent pas un édifice indépendamment du site qui l'encadre et des édifices qui l'entourent. [...] Chaque motif pris à part est symétrique, mais chaque groupe est traité comme un paysage où les masses seules se pondèrent. »

Cette notion pittoresque d'un équilibre en partie symétrique était tout aussi étrangère à l'enseignement des Beaux-Arts qu'à l'approche de Durand à Polytechnique. Elle n'aurait certainement eu que peu d'attrait pour Julien Guadet qui cherchait, dans son cours de 1902 *Éléments et théorie de l'architecture*, à établir des normes de composition à partir d'éléments modernes, disposés autant que possible selon les traditionnelles organisations axiales. C'est grâce à l'enseignement de Guadet aux Beaux-Arts, et à son influence sur ses élèves Auguste Perret et Tony Garnier, que les principes de la composition classique « élémentariste » furent transmis aux pionniers de l'architecture du XXe siècle.

# Transformations du territoire : l'urbanisme de 1800 à 1909

*[Avec] le développement de moyens de communication de plus en plus abstraits, la continuité de la communication établie est remplacée par de nouveaux systèmes qui se perfectionnent pendant tout le XIX^e siècle, offrant une plus grande mobilité à la population et une information mieux synchronisée avec le rythme accéléré de l'histoire. Le chemin de fer, la presse quotidienne et le télégraphe remplacent peu à peu* l'espace *dans son rôle antérieur de pourvoyeur d'informations.*

Françoise Choay, *The Modern City: Planning in the 19th Century*, 1969.

La ville fermée telle qu'elle s'était formée en cinq siècles fut bouleversée en cent ans par le jeu de forces socio-économiques et techniques sans précédent, dont la plupart virent le jour en Angleterre à partir de 1750. Parmi les innovations techniques remarquables, rappelons la fabrication industrielle des rails en fonte, mise au point par Abraham Darby dès 1767, et la culture des céréales avec le semoir à sillons de Jethro Tull, très répandu à partir de 1731. L'invention de Darby permit à Henry Cort d'élaborer en 1784 le puddlage, procédé permettant la transformation de la fonte en fer ; le semoir de Tull joua un rôle essentiel dans le perfectionnement de l'assolement quadriennal de Charles Townshend – système de culture intensive qui se généralisa à la fin du siècle.

Ces innovations eurent de nombreuses conséquences. En Angleterre, la production de fer fut multipliée par quarante entre 1750 et 1850, où elle atteignit les deux millions de tonnes ; on adopta pour l'agriculture l'assolement quadriennal à la suite du Enclosures Act de 1771, loi concernant le remembrement, notamment des terres communales. Si la première fut stimulée par les guerres napoléoniennes, la seconde répondait à la nécessité de nourrir une population industrielle en forte croissance.

De même, l'industrie du tissage à domicile, qui avait soutenu l'économie rurale durant la première moitié du XVIII^e siècle, fut rapidement transformée, d'abord par la machine à filer « Jenny » de James Hargreaves en 1764, qui augmenta considérablement le rendement individuel, puis par le métier à tisser à vapeur d'Edmund Cartwright, introduit dans les usines en 1784. Il donna à la production textile une dimension industrielle et suscita la création de manufactures à plusieurs étages résistant au feu. La production textile traditionnelle fut ainsi contrainte d'abandonner son assise rurale pour concentrer main-d'œuvre et usines à proximité des cours d'eau d'abord, puis, avec la machine à vapeur, près des gisements de charbon. En 1820, 24 000 métiers à tisser à vapeur fonctionnaient. La ville manufacturière anglaise était née.

Ce processus de « déracinement » – pour reprendre une expression de Simone Weil – fut accéléré par le recours à la traction à vapeur dans les transports. En 1804, Richard Trevithick fit rouler pour la première fois une locomotive sur des rails en fonte. La création en 1825 du premier service ferroviaire public entre Stockton et Darlington fut suivie par le développement rapide d'une infrastructure totalement nouvelle. En 1860, la Grande-Bretagne comptait quelque 60 000 kilomètres de chemins. La navigation à vapeur au long cours augmenta considérablement, à partir de 1865, l'émigration européenne vers les Amériques, l'Afrique et l'Australie. Alors que ces flux migratoires, nécessaires à l'essor des colonies, peuplaient aussi les villes au plan à damier du

Nouveau Monde, l'obsolescence économique, politique et militaire de la ville européenne traditionnelle, confinée dans ses murailles, conduisit, après les révolutions de 1848, à la destruction massive des remparts et à la croissance urbaine vers les banlieues naissantes.

Ces phénomènes généraux, conjugués à la brutale chute de la mortalité due aux progrès de l'alimentation et de la médecine, provoquèrent des concentrations urbaines inconnues jusque-là, d'abord en Angleterre puis, avec des taux de croissance divers, à travers le reste du monde développé. Au XIX^e siècle, la population de Manchester fut multipliée par huit (de 75 000 habitants en 1801 à 600 000 en 1901), celle de Londres par six (6,5 millions au début du XX^e siècle). Moins peuplée à l'origine, Paris connut une croissance comparable, passant de 500 000 habitants en 1801 à 3 millions en 1901. Pourtant, la multiplication de la population de ces villes par six, voire huit, reste modeste, comparée à celle que connut New York : avec son plan quadrillé dressé en 1811 par une commission constituée *ad hoc*, elle passa de 33 000 habitants en 1801 à 500 000 en 1850 et 3,5 millions en 1901. Chicago grandit à une vitesse encore plus astronomique : de 300 personnes à l'époque du plan tramé de Thompson en 1833 à environ 30 000 (dont moins de la moitié était née aux États-Unis) en 1850, et près de 2 millions au début du XX^e siècle.

Cet envol démographique métamorphosa les quartiers anciens en taudis et provoqua la construction d'immeubles bon marché dont la fonction principale, compte tenu du peu de transports collectifs, était de fournir au meilleur coût la quantité maximale d'abris simples d'où l'on pouvait se rendre à pied dans les centres de production. Un habitat d'une telle densité ne pouvait bien évidemment pas fournir assez de lumière, de ventilation et d'espaces libres, ni les équipements sanitaires de base – lavoirs extérieurs, bains publics, décharges. Les égouts, rudimentaires et mal entretenus, provoquaient parfois des engorgements d'excréments et d'ordures, puis des inondations ; d'où de nombreuses maladies : d'abord la tuberculose puis, plus alarmantes aux yeux des autorités, des épidémies de choléra, fréquentes en Grande-Bretagne et dans le reste de l'Europe dans les années 1830 et 1840.

Ces épidémies furent à l'origine des réformes sanitaires et des premières législations sur la construction et l'entretien des agglomérations de grande densité. En 1833, la Poor Law Commission (commission des lois sur la pauvreté), présidée par Edwin Chadwick, fut chargée par la ville de Londres d'enquêter sur les causes de l'épidémie de choléra qui sévissait dans le quartier de Whitechapel. Chadwick remit en 1842 le rapport *An Inquiry into the Sanitary Conditions of the Labouring Population in Great Britain* (enquête sur l'état sanitaire de la population laborieuse en Grande-Bretagne) ; la Royal Commission on the State of Large Towns and Populous Districts (commission royale des grandes villes et des quartiers populaires) fut créée en 1844 ; enfin, le Public Health Act (loi sur la santé publique) fut voté en 1848. Avec d'autres règlements, cette loi rendit les villes responsables de la réalisation et de l'entretien des égouts, du ramassage des ordures, de l'alimentation en eau, des voiries, de l'inspection des abattoirs et de l'enterrement des morts – missions auxquelles Haussmann répondra lors de sa rénovation de Paris entre 1853 et 1870.

Cet appareil législatif fit prendre conscience à la société anglaise du besoin d'améliorer l'habitat des travailleurs, sans toutefois qu'un consensus soit trouvé sur les modèles à suivre et les moyens à dégager. La Society for improving the conditions of the labouring classes (société d'amélioration des conditions de vie des classes laborieuses), qui devait beaucoup aux idées de Chadwick, finança cependant la construction des premiers immeubles sociaux de Londres, en 1844, sur des plans de l'architecte Henry Roberts. Cette initiative fut suivie par la réalisation d'une opération de logements sur Streatham Street, en 1848-1850, et, à l'occasion de l'Exposition universelle de 1851, d'une maison ouvrière prototype regroupant sur deux niveaux quatre appartements, toujours conçue par Roberts. Ce modèle générique de distribution de logements par paire autour d'un escalier collectif marquera toutes les réflexions sur le logement ouvrier jusqu'à la fin du siècle.

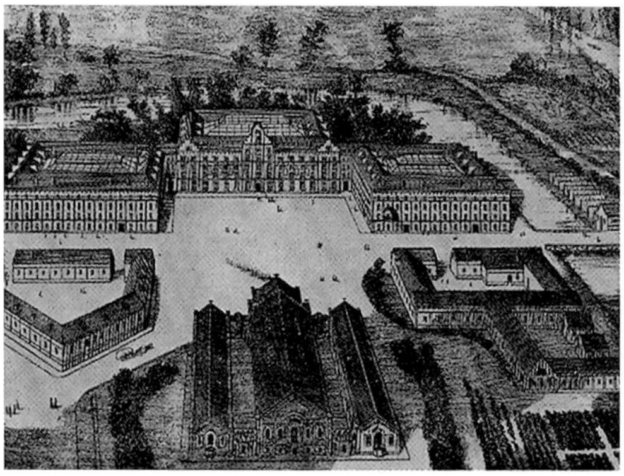

8. Godin, Familistère, Guise, 1859-1870.

Une fondation philanthropique d'origine américaine, le Peabody Trust, diverses sociétés de bienfaisance anglaises ainsi que quelques municipalités tentèrent, après 1864, d'améliorer la qualité des logements ouvriers. Mais ces tentatives restèrent sans grand effet jusqu'aux lois sur l'éradication des taudis de 1868 et de 1875, et le Housing of the Working Classes Act (loi sur le logement des classes laborieuses) de 1890, qui obligea les collectivités à construire elles-mêmes des logements sociaux. En 1893, le London County Council, fondé trois ans plut tôt, se mit à réaliser des immeubles ouvriers dans le cadre de cette loi. Son département d'architecture s'employa à atténuer leur caractère public en adaptant le style domestique des Arts & Crafts (voir p. 47) à des immeubles de cinq étages, comme dans l'opération Millbank Estate, commencée en 1897.

Tout au long du XIXe siècle, l'industrie se préoccupa de ses implantations sous de nombreuses formes – de la ville-manufacture modèle, avec son chemin de fer et ses usines, aux projets utopiques prototypes censés annoncer un futur meilleur. Parmi ceux qui s'intéressèrent très tôt à l'intégration des équipements industriels, il faut mentionner Robert Owen – la ville qu'il a créée en Écosse en 1815, New Lanark, est considérée comme un premier jalon du mouvement coopératif – et sir Titus Salt, qui fonda près de Bradford, dans le Yorkshire, Saltaire, une cité industrielle paternaliste qui comprenait tous les équipements urbains traditionnels : église, infirmerie, école secondaire, bains publics, hospices et parc.

Mais aucune de ces réalisations n'eut l'ambition et le potentiel de libération de la vision radicale du *Nouveau Monde industriel et sociétaire*, publié par Charles Fourier en 1829. Sa société non répressive reposait sur des communautés idéales ou « phalanges », logées dans des « phalanstères » au sein desquels les rapports entre les hommes obéissaient au principe psychologique de l'« attraction passionnelle ». Fourier imaginait son phalanstère en pleine campagne : l'économie en était principalement agricole, complétée par de menus travaux manufacturiers. Dans ses premiers écrits, il en donna une description concrète : sur un plan inspiré de Versailles, le corps central était dévolu aux fonctions collectives (salle à manger, bibliothèque, jardin d'hiver…), tandis que les ailes latérales abritaient des ateliers et le « caravansérail ». Dans le *Traité de l'association domestique-agricole* de 1822, Fourier décrit le phalanstère comme une ville miniature dont les « rues-galeries » auraient l'avantage d'être protégées des intempéries. Il le voit comme un ensemble dont la magnificence, si le type était reproduit à grande échelle, éclipserait la misère petite-bourgeoise des maisons individuelles qui grignotaient déjà les alentours des villes.

En 1838, le disciple de Fourier Victor Considérant mêla la métaphore de Versailles à celle du paquebot pour demander : « Était-il donc plus facile de loger mille huit cents hommes au milieu de l'océan, à 600 lieues de toute côte […] que de loger dans une construction unitaire dix huit cents bons paysans en pleine Champagne ou bien en terre de Beauce ? » Un siècle plus tard, Le Corbusier reprendra la comparaison dans cette sorte de commune autonome aux connotations fouriéristes qu'est l'Unité d'habitation de Marseille, achevée en 1952 [217].

L'importance historique de Fourier tient à l'absence de concessions qui caractérise sa critique de l'industrialisation et de son organisation sociale. En effet, malgré les nombreuses tentatives de création de phalanstères en Europe et en Amérique, son nouveau monde industriel était condamné à rester un rêve. La réalisation qui s'en approche le plus est le « Familistère » construit par l'industriel Jean-Baptiste Godin près de son usine de Guise entre 1859 et 1870 [8]. L'ensemble comprend trois bâtiments d'habitation, une crèche, un jardin d'enfants, un théâtre, des écoles, des bains publics et une blanchisserie. Chaque immeuble est organisé autour d'une cour centrale éclairée par une verrière, qui remplace les galeries du phalanstère. Dans un livre de 1870 intitulé *Solutions sociales*, Godin assimila les aspects les plus radicaux du fouriérisme en montrant comment adapter son système à une vie familiale coopérative sans en passer par les théories excentriques de l'« attraction passionnelle ».

À Londres, la matrice urbaine de rues et places du XVIII^e^ siècle, tout en accueillant les nouvelles masses laborieuses, fut agrandie durant tout le XIX^e^ siècle afin de pourvoir aux besoins résidentiels d'une classe moyenne en plein essor. L'English Park Movement, fondé par le jardinier Humphrey Repton, qui jugeait insuffisants la taille et le traitement des rares espaces verts – bordés de toutes parts par des rues et des alignements de maisons – tenta de projeter des « lotissements de campagne paysagée » dans la ville. Il en donna une brillante démonstration, avec l'architecte John Nash, dans l'opération de Regent's Park, réalisée à Londres entre 1812 et 1827. Après la victoire anglaise sur Napoléon en 1815, le projet autour du parc fut augmenté, avec la bénédiction royale, d'une façade d'apparat continue, qui pénétrait dans le tissu urbain existant et s'étirait comme un ruban quasi ininterrompu de maisons, depuis les perspectives aristocratiques de Regent's Park, au nord, jusqu'à l'ensemble palatial de St James's Park et de Carlton House Terrace, au sud.

En alignant ces résidences autour d'un parc, Nash transposa dans un cadre urbain le concept des maisons de campagne néoclassiques posées dans des paysages non ordonnés – une image issue de l'œuvre pittoresque de Capability Brown et Uvedale Price. Joseph Paxton fut le premier à systématiser ce modèle à Birkenhead Park, construit à l'extérieur de Liverpool en 1844. On devine également sa patte dans Central Park à New York, inauguré en 1857, et dessiné par Frederick Law Olmsted qui reprit même la séparation entre la circulation des attelages et celle des piétons. Le concept fut parachevé dans les parcs parisiens de Jean-Charles-Adolphe Alphand, entièrement conçus en fonction de la circulation. Avec lui, le parc est devenu un vecteur de civilisation pour les masses récemment urbanisées.

La création par Nash d'un lac aux contours irréguliers dans St James's Park en 1828, à partir du bassin rectangulaire que les frères Mollet avaient réalisé en 1662, peut être interprétée comme le symbole de la victoire du pittoresque anglais sur la conception cartésienne du paysage français du XVII^e^ siècle. Les Français, qui considéraient jusqu'ici la verdure comme un ordre architectural de plus et traitaient leurs allées en colonnades d'arbres, succombèrent aux charmes romantiques des paysages irréguliers de Repton. Après la Révolution, ils transformèrent les parcs des aristocrates en séquences pittoresques.

Pourtant, malgré toute la séduction du pittoresque, le goût français de la raison persista. D'abord avec les « percements » (ces démolitions en lignes droites du tissu urbain existant afin de créer de nouvelles artères) du plan des Artistes de Paris, conçu en 1793 par une commission d'artistes révolutionnaires animée par le peintre Jacques-Louis David ; puis, sous Napoléon, avec les arcades de la rue de Rivoli, construites à partir de 1806 sur les plans de Charles Percier et Pierre Fontaine. Cette voie servira de modèle pour la Regent Street de Nash ainsi que pour la mise en scène des façades parisiennes au Second Empire. Quant au plan des Artistes, il explorait déjà les vertus de l'« allée », qui sera l'autre outil principal de l'aménagement de Paris sous Napoléon III.

Avec le baron Haussmann, Napoléon III a laissé une marque indélébile sur Paris, mais aussi sur nombre de grandes villes de France et d'Europe centrale, qui subirent des régularisations haussmanniennes durant toute la seconde moitié du XIX^e^ siècle. Cette influence transparaît même dans le plan en damier dressé par Daniel Burnham pour Chicago en 1909, qu'il justifiait en ces termes : « La mission accomplie par Haussmann à Paris correspond au travail qui doit être fait à Chicago pour surmonter les situations

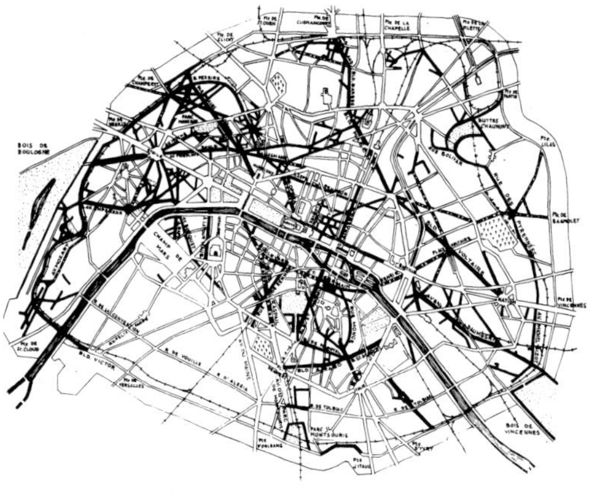

9. La régularisation de Paris par Haussmann : les rues percées sont en noir.

intolérables inévitablement induites par une croissance rapide de la population. »

Pour Haussmann, nommé préfet de la Seine en 1853, la situation était en effet intolérable : pollution de l'eau, absence de réseau d'égouts efficace, manque d'espaces libres pour les cimetières et pour les parcs, existence de vastes quartiers insalubres et, par-dessus tout, paralysie de la circulation. De tous ces problèmes, les deux premiers étaient évidemment les plus préoccupants pour la santé des Parisiens. L'eau provenant principalement de la Seine, dans laquelle se déversaient aussi les égouts, la capitale avait subi deux graves épidémies de choléra dans la première moitié du siècle. Par ailleurs, le réseau de voiries existant n'était plus compatible avec un centre administratif et économique capitaliste en pleine croissance. Durant le bref règne de Napoléon III, la solution radicale apportée par Haussmann à ce problème spatial complexe fut la percée. Son intention principale était, comme l'écrit Françoise Choay, « de rendre opérationnel et de donner une unité à "l'énorme marché de consommation, à l'immense atelier" de l'agglomération parisienne ». Si le plan des Artistes de 1793 et, auparavant, le plan de Pierre Patte de 1765 avaient sans conteste anticipé les axes rayonnants du Paris haussmannien, il y eut, comme le montre Choay, un notable déplacement desdits axes : on passa d'une ville organisée autour de quartiers traditionnels, comme dans le plan de David, à une métropole unifiée par la « fièvre du capitalisme ».

Des économistes et technocrates saint-simoniens, pour la plupart issus de l'École polytechnique, influencèrent Napoléon III dans ses décisions concernant les mesures économiques et les objectifs qui devaient régir le réaménagement de Paris, mettant l'accent sur la rapidité et l'efficacité des moyens de communication. Haussmann transforma Paris en métropole, dégageant dans le tissu urbain existant des voies reliant, de part et d'autre de la barrière formée par la Seine, les points cardinaux et les quartiers opposés de la ville [9]. Il donna la priorité aux axes nord-sud et est-ouest, au boulevard Sébastopol et au prolongement de la rue de Rivoli à l'est. Cette croisée centrale, qui desservait les terminus ferroviaires du nord et du sud, fut entourée d'un boulevard circulaire, lui-même relié au principal nœud de circulation créé par Haussmann, l'ensemble de l'Étoile érigé autour de l'Arc de triomphe de Jean Chalgrin.

Sous le mandat d'Haussmann, la ville construisit quelque 137 kilomètres de nouveaux boulevards, qui étaient considérablement plus larges, plus densément bordés d'arbres et mieux éclairés que les 536 kilomètres d'anciennes voies qu'ils remplaçaient. Par ailleurs, des immeubles d'habitation avec des plans-types et des façades réglées furent réalisés, ainsi qu'un mobilier urbain tout aussi standardisé – « pissoirs », bancs, abris, kiosques, horloges, lampadaires, panneaux, etc. – conçu par les ingénieurs d'Haussmann, Alphand et Eugène Belgrand. L'ensemble était « ventilé » autant que possible par de vastes espaces libres ouverts au public, tels les bois de Boulogne et de Vincennes. En outre, de nouveaux cimetières et de nombreux parcs plus petits, comme les Buttes-Chaumont ou le parc Monceau, furent créés ou réaménagés à l'intérieur des nouvelles limites de la ville. Surtout, on réalisa un réseau d'égouts performant, et l'on amena de l'eau de source de la vallée de la Dhuis. Tout en accomplissant un projet aussi vaste, Haussmann, le type même du serviteur apolitique de l'État, refusait la logique politique du régime qu'il servait. Il fut finalement remercié par une bourgeoisie qui approuvait ses améliorations –

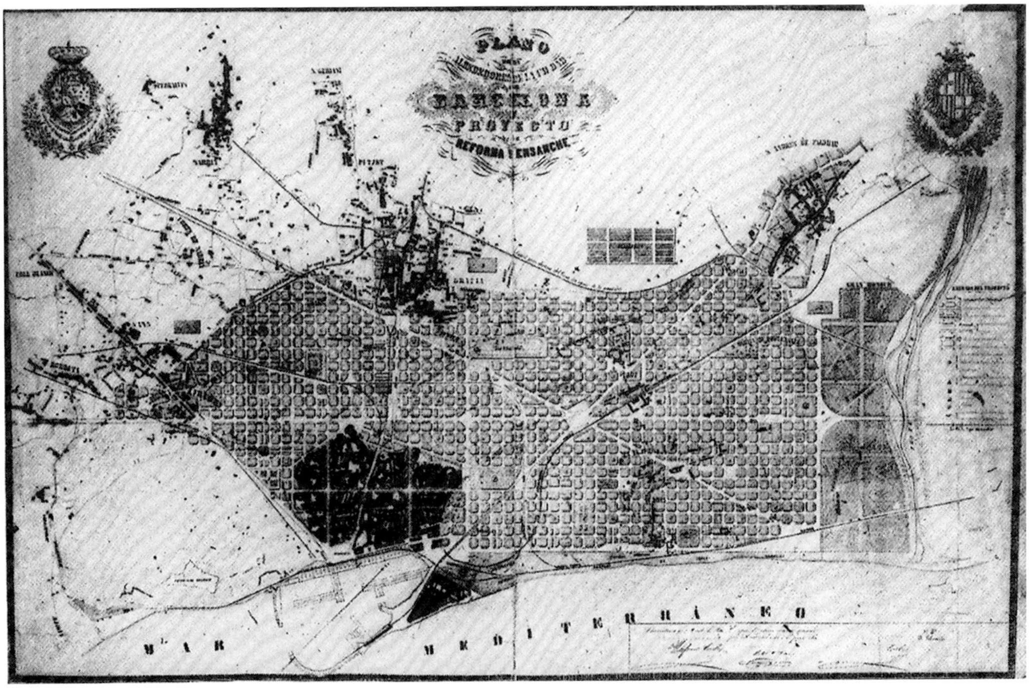

10. Cerdá, projet d'extension de Barcelone, 1858. La vieille ville est en noir.

sources de profit – mais pas ses atteintes à la propriété privée.

Avant la fin du Second Empire, le principe de « régularisation » urbaine était déjà pratiqué ailleurs qu'à Paris, particulièrement à Vienne, où il fut poussé à son extrême avec la démolition des fortifications pour réaliser autour du vieux centre, entre 1858 et 1914, un boulevard de prestige, la Ringstrasse. Les monuments isolés qui jalonnent cette extension « ouverte » de la ville le long d'une très large voie coudée s'attirèrent les critiques de l'architecte Camillo Sitte. Dans son ouvrage déterminant de 1889, *Der Städtebau nach seinen künsterlerischen Grundsätzen (L'Art de bâtir les villes)*, il prône la liaison des principaux monuments de la Ringstrasse par des bâtiments ou des arcades. Le souci réparateur de Sitte est on ne peut mieux illustré par sa comparaison entre la ville de la fin du XIX^e^ siècle, « ouverte » et envahie par la circulation, et la tranquillité des centres de la Renaissance ou du Moyen Âge :

*Au Moyen Âge et à la Renaissance, les places étaient utilisées souvent dans des buts pratiques et elles formaient un tout avec les bâtiments dont elles étaient entourées. Aujourd'hui, elles servent tout au plus de lieu de stationnement pour les voitures et n'ont aucun rapport avec les maisons qui les dominent. [...] En un mot, l'animation fait défaut précisément aux endroits où, dans l'Antiquité, elle était la plus intense, près des édifices publics.*

Pendant ce temps, à Barcelone, les implications régionales de la régularisation urbaine étaient mises en œuvre par l'ingénieur espagnol Ildefonso Cerdá, inventeur du terme *urbanización*. En 1859, il projeta l'extension de Barcelone selon une grille de vingt-deux blocs à partir de la mer, traversée par deux avenues diagonales [10]. Mue par l'industrie et le commerce maritime, la ville remplit dès la fin du siècle cette trame d'une échelle tout américaine. Dans sa *Teoría general de la urbanización* de 1867, Cerdá privilégiait la circulation, en particulier le chemin de fer. Pour lui, les déplacements représentaient la base de tout plan d'urbanisme scientifique. Le plan de 1902 de Léon Jaussely pour Barcelone, qui poursuit celui de Cerdá, met de la même manière l'accent sur le mouvement avec une ville protolinéaire faite de bandes distinctes dévolues à l'aménagement ou aux transports. Ce projet annonce à divers égards les propositions russes des années 1920 pour des cités linéaires.

En 1891, la pleine exploitation des centres urbains fut rendue possible par deux découvertes essentielles pour la construction de bâtiments de grande hauteur : l'invention en 1853 de l'ascenseur et le perfectionnement en 1890 de la structure en acier. Avec le chemin de fer souterrain en 1863, le tramway électrique en 1884 et les trajets quotidiens des banlieusards vers leur travail en 1890, les banlieues-jardins firent figure d'« unités naturelles » pour le développement des villes. La complémentarité de ces deux formes américaines d'aménagement – un centre vertical et une banlieue verte à l'horizontale – fut confirmée par le boom de la construction qui suivit le grand incendie de Chicago en 1871.

La suburbanisation avait déjà commencé autour de cette ville en 1869 avec le quartier de Riverside, un projet pittoresque d'Olmsted [11]. Inspiré en partie par les cimetières paysagers des années 1850 et par les premières banlieues de la côte est des États-Unis, ce quartier était relié au centre de Chicago par un chemin de fer et une piste cavalière.

L'arrivée du tramway à vapeur à Chicago en 1882 ouvrit la voie à d'autres extensions. Le South Side en bénéficia en premier, mais il fallut attendre les années 1890 et le tramway électrique pour que les liaisons ville-banlieue se multiplient et gagnent en rapidité et fréquence. Au tournant du siècle, une nouvelle banlieue vit le jour à Oak Park, qui sera le champ d'expérimentation des premières maisons de Frank Lloyd Wright. Entre 1893 et 1897, un vaste réseau de chemin de fer aérien fut superposé à la ville, encerclant le centre. Ces moyens de transport furent tous déterminants pour la croissance et la prospérité de la cité. Citons en premier le chemin de fer, qui transporta vers la prairie le premier équipement agricole moderne, la moissonneuse mécanique inventée par McCormick en 1831. Le rail apportait en retour le grain et le bétail des grandes plaines ; ceux-ci étaient stockés dans les silos et parcs à bestiaux dont la construction avait commencé dès 1865 dans le South Side. À partir de 1880, toutes ces richesses circulèrent dans les wagons réfrigérés inventés par Gustavus Swift ; la croissance commerciale qui s'ensuivit augmenta notablement

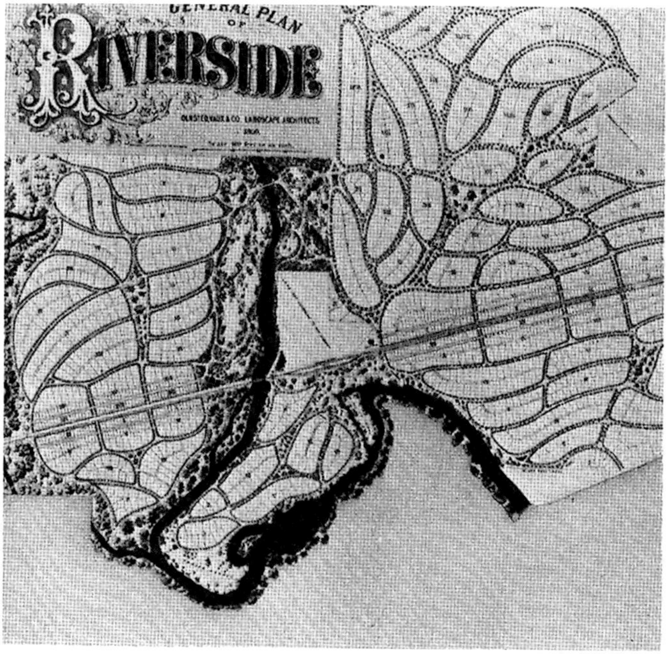


11. Olmsted, plan de Riverside, Chicago, 1869.

le trafic des voyageurs autour de Chicago. Dans les années 1890, des transformations radicales affectèrent à la fois les méthodes d'aménagement et les transports urbains, transformations qui, associées au plan en damier, allaient bientôt faire de la ville traditionnelle une région métropolitaine en constante expansion, où exploitations rurales dispersées et denses centres urbains étaient reliés par un va-et-vient permanent.

L'entrepreneur puritain George Pullman, qui aida à la reconstruction de Chicago après l'incendie, fut l'un des premiers à miser sur le marché en pleine expansion du transport de personnes sur de grandes distances, avec son premier wagon-lit en 1865. L'achèvement en 1869 du réseau ferroviare transcontinental assura la prospérité de la Palace Car Company de Pullman. Peu après 1880, il créa au sud de Chicago une cité industrielle idéale qu'il baptisa de son nom [12]. Elle réunissait les maisons des ouvriers et une gamme complète d'équipements collectifs – théâtre, bibliothèque, écoles, parcs et terrains de jeux –, le tout à proximité de l'usine. Cet ensemble strictement ordonné dépassait de loin les équipements que Godin offrait une vingtaine d'années plus tôt. Il dépassait aussi, en ambition et en clarté, les villes modèles pittoresques fondées à Bournville près de Birmingham en 1879 par le confiseur George Cadbury et à Port Sunlight, près de Liverpool, en 1888, par le fabricant de savon William Hesketh Lever. L'esprit paternaliste et autoritaire de Pullman était plus proche de celui qui régnait dans la ville anglaise de Saltaire ou dans les cités ouvrières allemandes

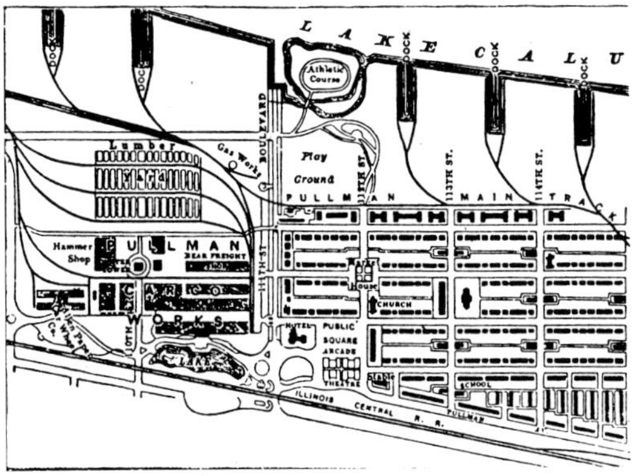


12. Beman, l'usine (à gauche) et la ville de Pullman, Chicago, d'après un plan de 1885.

13. Howard, « Rurisville », schéma d'une cité-jardin d'après l'ouvrage *Tomorrow*, 1898.

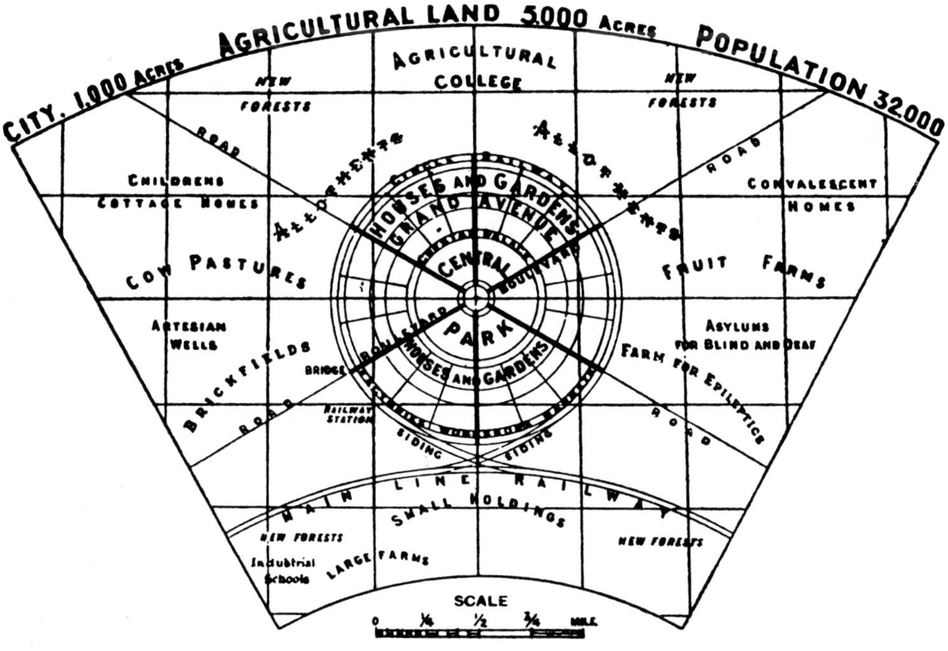

construites à Essen peu avant 1870 selon la stratégie d'entreprise du sidérurgiste Krupp.

Le transport ferroviaire sur de courtes distances, en tramway ou en train, déterminera les deux types de cité-jardin européenne : d'une part, la structure axiale de la ville linéaire espagnole, décrite par son inventeur Arturo Soria y Mata peu après 1880 ; d'autre part, la forme concentrique anglaise, ceinturée par le train, comme le montre Ebenezer Howard dans son ouvrage de 1898, *Tomorrow : A Peaceful Path to Real Reform (Les Cités-jardins de demain)*. La *ciudad lineal* dynamique et connectée de Soria y Mata comprenait, selon ses mots de 1882, « une seule rue de quelque 500 mètres de largeur et la longueur nécessaire [...] [une ville] dont les extrémités pourraient être Cadix ou Saint-Pétersbourg ou Pékin ou Bruxelles » ; à l'inverse, la « Rurisville » statique et théoriquement autosuffisante d'Howard [13] était cernée d'une ligne de chemin de fer ; sa taille optimale était donc fixée entre 32 000 et 58 000 habitants. Là où le modèle espagnol était par essence régional, non fini et continental, la version anglaise était autarcique, provinciale et limitée. Soria y Mata disait incorporer à sa « colonne vertébrale de locomotion », outre les modes de transport, les services essentiels de la ville du XIX<sup>e</sup> siècle – eau, gaz, électricité et égouts – répondant aux besoins en distribution de l'industrie de l'époque.

Antithèse de la ville radiale, la cité linéaire permettait également de bâtir le long d'un réseau triangulé de routes existantes reliant divers centres régionaux traditionnels. Les diagrammes de villes satellites en rase campagne d'Howard étaient tout aussi régionaux, mais leur forme même était moins dynamique. Howard les avait conçus sur le modèle malheureux de la St George's Guild fondée par Ruskin en 1871, comme une communauté d'assistance mutuelle économiquement autosuffisante et produisant à peine plus que ses besoins. Mais les modèles urbains anglais et espagnol diffèrent surtout par leur rapport au chemin de fer. Alors que la Rurisville d'Howard devait supprimer les trajets entre le domicile et le lieu de travail – le rail étant réservé aux marchandises plutôt qu'aux hommes –, la *ciudad lineal* était expressément conçue pour faciliter toutes les communications.

Ce fut cependant la cité-jardin anglaise qui, sous une forme revue, fut majoritairement adoptée, et non le modèle linéaire promu par la Compañia Madrileña de Urbanización de Soria y Mata, qui ne construisit que 5 des 55 kilomètres du « collier » qui devait initialement entourer Madrid. Cet échec condamna la cité linéaire à un avenir plus théorique que pratique, allant des villes linéaires russes de la fin des années 1920 aux principes d'aménagement de l'Ascoral publiés par Le Corbusier en 1945 sous le titre *Les Trois Établissements humains*.

La réinterprétation complète des diagrammes originels d'Howard dans le plan de la première cité-jardin, Letchworth (Hertfordshire), inaugura en 1903 la phase inspirée par Sitte du mouvement anglais des cités-jardins. L'influence du Viennois sur l'ingénieur-urbaniste Raymond Unwin est manifeste dans le livre publié par ce dernier en 1909 *Town Planning in Practice (L'Étude pratique des plans de ville)*. L'intérêt d'Unwin et de son associé Barry Parker pour les « villes irrégulières imaginaires » – dont ils trouvaient des exemples dans des villes médiévales allemandes comme Nuremberg et Rothenburg-ob-der-Tauber – informe le plan-masse pittoresque de la cité-jardin d'Hampstead, conçu en 1907. Malgré tout son mépris pour l'architecture réglementée, Unwin dut, comme ses confrères, respecter les normes modernes d'hygiène et de circulation. Ainsi, malgré le succès empirique et le prestige des premières cités-jardins, les opérations peu glorieuses produites ensuite par l'école anglaise d'urbanisme proviennent, au moins pour partie, de l'incapacité d'Unwin à réconcilier nostalgie médiévale et contrôle bureaucratique. Les plans-masses en zig-zag du XX<sup>e</sup> siècle font partie de l'héritage formel de cet échec.

# Transformations techniques : modes constructifs, 1775-1939

*Avec le fer c'est, pour la première fois dans l'histoire de l'architecture, un matériau de construction artificiel qui fait son apparition. Il va subir une évolution dont le rythme va s'accélérer au cours du siècle et qui reçoit une impulsion décisive lorsqu'il s'avère que la locomotive, dont les premiers essais remontent aux années qui précèdent 1830, ne peut circuler que sur des rails en fer. Le rail est le premier élément de fer que l'on ait assemblé dans un montage ; c'est le précurseur du support en fer. On évite le fer dans la construction des immeubles d'habitation et l'on emploie pour les passages, les halls d'exposition, les gares – pour des édifices qui servent à des fins transitoires. En même temps le champ d'application du verre dans l'architecture s'élargit. Mais les conditions sociales requises pour qu'il soit employé à une plus large échelle ne se réaliseront qu'un siècle plus tard. Dans* L'Architecture de verre de Scheebart *(1914) il fait encore partie du domaine de l'utopie.*

Walter Benjamin,
*Paris, capitale du XIX^e siècle*, 1930

La traction à vapeur et la charpente métallique furent inventées à peu près au même moment, grâce aux efforts conjugués de trois hommes : James Watt, Abraham Darby et John Wilkinson. Ce dernier fut le véritable maître de forges de son temps ; son invention de 1775, la machine à aléser, permit de perfectionner la machine à vapeur conçue par Watt en 1789. Les expériences de Wilkinson sur le métal s'avérèrent également indispensables pour l'utilisation structurelle du fer ; Wilkinson assista Darby et son architecte, Thomas Farnolls Pritchard, pour la conception et la réalisation du premier pont en fonte, d'une portée de 30,50 mètres, au-dessus de la Severn, près de Coalbrookdale en Angleterre, en 1779. Ce pont suscita un intérêt considérable. En 1786, le révolutionnaire anglo-américain Tom Paine imagina un monument à la gloire de l'indépendance américaine en forme de pont en fonte franchissant la Schuylkill (Pennsylvanie). Paine fit fabriquer les éléments de son ouvrage en Angleterre, où ils furent exposés en 1791, un an avant sa condamnation pour haute trahison et son exil en France. En 1796, un pont en fonte de 71 mètres de portée fut construit au-dessus de la Wear à Sunderland en Angleterre, sur les plans de Thomas Wilson, qui y adopta les assemblages en voussoir de Paine. Vers la même époque, Thomas Telford entamait une carrière de constructeur de ponts avec le Buildwas Bridge, d'une portée de 40 mètres au-dessus de la Severn ; il ne nécessita que 176 tonnes de matière (contre 384 à Coalbrookdale, pour une portée moindre).

Pendant les trente années qui suivirent, Telford déploya une incomparable maîtrise en matière de construction de routes et de ponts ; il fut aussi le dernier grand ingénieur de canaux de l'ère déclinante des voies fluviales. Son parcours précurseur s'acheva avec les docks de Sainte-Catherine à Londres, conçus avec l'architecte Philip Hardwick et construits en 1829 sur une ossature en fer revêtue de briques. Ils s'inspiraient du type des manufactures à étages résistant au feu, élaboré dans les Midlands au cours des années 1790. Les principaux antécédents structurels de Sainte-Catherine étaient la manufacture de calicot sur six niveaux érigée par William Strutt à Derby en 1792 et la filature de lin de Charles Bage, bâtie à Shrewsbury en 1796. Ces deux bâtiments reposaient sur des colonnes en fonte, mais l'urgence qu'il y avait à améliorer la résistance au feu des manufactures suscita, en quatre ans seulement, la substitution des poutres en bois utilisées à Derby par des poutres métalliques en « T ». Celles-ci portaient toujours des voûtains en briques creuses, l'ensemble étant raidi par une coque extérieure et des tirants métalliques assurant le contreventement. Le recours à ces voûtes semble directement lié à l'essor, dans la France du XVIIIe siècle, de la voûte dite du Roussillon ou catalane, expérimentée pour assurer la résistance au feu du château Bizy, construit à Vernon par Pierre Contant d'Ivry en 1741.

En France, en dehors des cathédrales du XIIIe siècle, le renfort de la maçonnerie par des éléments de fonte remonte à la façade orientale du Louvre par Claude Perrault, de 1667, et au portique de Sainte-Geneviève [actuel Panthéon] par Germain Soufflot, de 1772 – deux édifices qui préfigurent l'invention du béton armé. En 1776, Soufflot proposa une charpente de fer pour couvrir une partie du Louvre, ouvrant la voie au travail novateur de Victor Louis, qui conçut un comble en fer forgé pour le Théâtre français en 1786, ainsi que pour le théâtre du Palais-Royal quatre ans plus tard. Ce dernier comprenait une toiture en fer et un plancher ignifuge en corps creux – système dérivé, une fois de plus, des voûtains du Roussillon. Après l'incendie de la Halle au blé de Paris, le feu était en effet devenu le nouveau péril urbain ; les décombres du toit de la halle furent remplacés en 1808 par une coupole nervurée en fonte conçue par l'architecte François-Joseph Bélanger et l'ingénieur François Brunet ; il s'agit là de l'un des premiers exemples de claire division du travail entre architecte et ingénieur. Entre-temps, Louis-Alexandre de Cessart avait utilisé pour la première fois en France le fer pour un pont avec l'élégante passerelle des Arts, lancée sur la Seine en 1803.

La fondation de l'École polytechnique en 1795 avait pour but de former une élite de techniciens à la hauteur des ambitions napoléoniennes. L'accent qui y était porté sur la technique appliquée renforça les spécialisations de l'architecture et du génie civil (déjà institutionnalisées par l'École des ponts et chaussées de Jean-Rodolphe Perronet). Pour autant, des architectes comme Jean-Baptiste Rondelet, qui suivit le chantier de Sainte-Geneviève après la mort de Soufflot, analysèrent attentivement les travaux précurseurs de ce dernier, de Louis, de Brunet ou De Cessart. Tandis que Rondelet recensait en 1802 les « moyens » de la construction dans son *Traité théorique et pratique de l'art de bâtir*, Jean-Nicolas-Louis Durand, professeur d'architecture à l'École polytechnique, en cataloguait les « fins » dans son *Précis des leçons d'architecture données à l'École polytechnique*, paru de 1802 à 1809. Dans son système, les formes classiques étaient utilisées comme des éléments modulaires combinables à l'infini pour loger les programmes nouveaux comme les halles de marché, les bibliothèques ou les casernes de l'Empire. Rondelet puis Durand codifièrent une méthode de conception permettant au classicisme rationalisé de répondre à de nouvelles demandes sociales, mais aussi aux nouvelles techniques. Ce vaste programme influença Karl Friedrich Schinkel ; dès ses débuts en 1816, ce dernier intégra des éléments en fer dans ses ouvrages néoclassiques destinés à l'embellissement de Berlin.

À peu près au même moment, la technique de suspension à une structure en fer progressa indépendamment grâce à l'invention en 1801, par l'Américain James Finley, du pont suspendu à des chaînes de fer avec un tablier horizontal en bois raidi par des poutres-treillis – réalisation décrite en 1811 par Thomas Pope dans son *Treatise on Bridge Architecture* (traité sur l'architecture des ponts). La carrière brève mais bien remplie de Finley connut son apogée avec le pont suspendu à des chaînes de fer forgé, d'une portée de 74,50 mètres, au-dessus du Merrimack à Newport, dans le New Hampshire, en 1810.

Grâce à sa diffusion par Pope, l'œuvre de Finley influença rapidement la mise en œuvre de la technique de suspension à des chaînes en Grande-Bretagne, notamment chez Samuel Brown et Telford. Les chaînes de barres articulées à œillets en fer forgé de Brown furent brevetées en 1817 et appliquées avec un succès durable à l'Union Bridge, d'une portée de 115 mètres, qu'il construisit au-dessus de la rivière Tweed, dans le Northumberland, en 1820. Telford et Brown travaillèrent brièvement ensemble à la construction d'un pont suspendu à Runcorn ; cette collaboration inspira certainement Telford pour son pont sur le Menai, dans le Pays de Galles ; de 177 mètres de portée, il fut inauguré après huit ans de

14. J. A. et W.A. Roebling, pont de Brooklyn (New York) en construction, v. 1877. Mise en place des premiers câbles.

travail acharné en 1825. La construction britannique d'ouvrages métalliques suspendus à des chaînes en fer culmina avec le Clifton Bridge à Bristol, de 214 mètres de portée, conçu par Isambard Kingdom Brunel en 1829 mais achevé en 1864 seulement, cinq ans après sa mort.

La fabrication des chaînes en fer forgé résistant à la traction restant chère et peu fiable, l'idée d'utiliser des câbles *(drawn wire)* au lieu de chaînes apparut naturellement, tout d'abord à Josiah White et Erskine Hazard, avec leur passerelle sur les chutes de la Schuylkill en 1816, puis aux frères Seguin, avec un pont suspendu sur le Rhône à Tournon en 1825. Cet ouvrage fit l'objet d'une étude exhaustive par Louis-Joseph Vicat pour l'École des ponts et chaussées ; sa publication en 1831 inaugura l'âge d'or du pont suspendu en France – une centaine en fut construite dans la décennie suivante. Vicat préconisait la préfabrication en câbles et non en barres de tous les éléments des structures suspendues ; il inventa à cette fin une méthode pour produire sur le chantier-même des câbles en fil d'acier.

Un procédé semblable fut utilisé par l'ingénieur américain John Augustus Roebling : son brevet pour la fabrication de câbles en fils d'acier fut déposé en 1842, deux ans avant qu'il ne les emploie pour suspendre un aqueduc au-dessus de l'Allegheny à Pittsburgh. Comme ceux de Vicat, les câbles de Roebling étaient torsadés ; Roebling les utilisa tout au long de sa carrière héroïque, depuis le viaduc ferroviaire d'une portée de 245 mètres au-dessus des gorges du Niagara en 1855 jusqu'au pont de Brooklyn [14], long de 487 mètres, terminé après sa mort en 1883 par son fils Washington.

En Grande-Bretagne, l'infrastructure ferroviaire étant quasiment achevée en 1860, le génie civil marqua le pas jusqu'à la fin du siècle et peu d'ouvrages remarquables furent réalisés après 1850 ; notons néanmoins le pont tubulaire Britannia [15] de Robert Stephenson et William Fairbairn, sur le détroit du Menai en 1852, et le viaduc de Saltash, dû à Brunel, de 1859. Tous deux recouraient à la tôle d'acier – c'est-à-dire à des feuilles laminées rivetées, technique qui fut considérablement améliorée par les études d'Eton

15. Stephenson et Fairbairn, pont tubulaire de Britannia sur le détroit de Menai, 1852.

Hodgkinson et les expériences de Fairbairn. Stephenson avait déjà exploité les découvertes de Hodgkinson et de Fairbairn dans ses ponts en tôle de 1846, un système particulièrement abouti dans le pont Britannia. Ce dernier comprenait deux tunnels-caissons indépendants à une voie (une pour chaque sens) en tôle, qui reliaient les rives du détroit par deux portées latérales de 70 mètres et une portée centrale de 140 mètres. Les tours de pierre intermédiaires devaient assurer l'ancrage d'éléments de suspension complémentaires, mais les « tubes » de section carrée en tôle s'avérèrent plus que suffisants pour supporter l'ensemble. Des portées comparables furent atteintes à Saltash avec le pont Royal Albert : une voie unique franchit la rivière Tamar grâce à deux arcs tubulaires d'une portée de 138,50 mètres chacun. Là encore, des plaques laminées et rivetées formaient les arcs creux de section elliptique (de 4,90 sur 3,70 mètres sur leurs axes respectifs). Ils étaient solidarisés par des caténaires tenant les tirants verticaux auxquels le tablier était suspendu. La dernière œuvre de Brunel annonce, par son audace, les grands viaducs que Gustave Eiffel construira dans le Massif central au cours des trente années suivantes ; son utilisation de sections creuses en tôle préfigure aussi la gigantesque structure tubulaire en acier employée par John Fowler et Benjamin Baker pour les porte-à-faux de 213 mètres du pont sur le Forth, en Écosse, achevé en 1890.

L'essor du chemin de fer en Angleterre, à partir de la mise en service du premier train entre Stockton et Darlington en 1825, fut très rapide durant le deuxième quart du XIX^e^ siècle. Dans ce seul pays, 3 200 kilomètres de rails furent posés en moins de vingt ans, tandis qu'en Amérique du Nord 4 600 kilomètres étaient opérationnels dès 1842. Pendant ce temps les matériaux du chemin de fer – la fonte et le fer forgé – entrèrent peu à peu dans le vocabulaire des constructions, où ils assurèrent la protection contre les incendies des entrepôts à étages requis par la production industrielle.

Depuis la poutre en fonte de 33 centimètres de Matthew Boulton et Watt, dans la manufacture de Salford à Manchester en 1801, la portée des poutres et des rails en fonte et en fer forgé n'avait fait que croître. La section type en « rail de chemin de fer » évolua au cours des premières décennies du XIX^e^ siècle, pour aboutir à la poutre standard en I. Le rail en fonte fabriqué par William Jessop en 1789 céda la place au rail en fer forgé en T de John Birkenshaw en 1820, qui fut supplanté à son tour par le premier rail dit « américain », de section en I élargie à la base, laminé pour la première fois au Pays de Galles en 1831. Ce profil ne se généralisa dans les bâtiments qu'après 1854 : on parvint alors à laminer des pièces plus lourdes, donc d'une plus grande portée potentielle. Entre-temps, des ingénieurs essayèrent diverses méthodes pour accroître la portée du matériau en réalisant des membrures épaisses à partir de cornières et de plats en fer, alors employés dans la construction navale. Fairbairn aurait fabriqué et essayé de telles poutres composites en I dès 1839.

Ces tentatives pour produire des éléments de grande portée en renforçant ou en assemblant des éléments furent plus ou moins éclipsées, vers 1850, par le laminage d'une poutre en fer forgé de 17,80 centimètres d'épaisseur. Dans son livre *On the Application of Cast and Wrought Iron to Building Purposes* (sur l'application de la fonte et du fer forgé à la construction), Fairbairn présenta en 1854 un système perfectionné de construction de manufactures dans lequel des poutres de fer laminé de 40,60 centimètres d'épaisseur supportaient des voûtes creuses en tôle, le tout recouvert de ciment. Les fers d'ancrage qui étaient encore utilisés pour stabiliser la structure étant encastrés dans le plancher en ciment, Fairbairn a failli trouver par hasard les principes du béton armé. Dans le même esprit, une remarquable construction sur quatre niveaux à ossature en fonte et en fer a été bâtie dans le chantier naval de Sheerness. Cette cale sèche enveloppée de métal et de verre fut conçue par le colonel Godfrey Greene et réalisée en 1860, une douzaine d'années avant la construction par Jules Saulnier, à Noisiel-sur-Marne, de la chocolaterie Menier, dont l'ossature entièrement métallique était très novatrice. Par son utilisation systématique de sections métalliques (des H en fonte pour les piliers et des I en fer forgé pour les poutres), le bâtiment de l'arsenal de Sheerness annonçait à la fois les sections normalisées et les modes d'assemblage de la construction moderne à ossature métallique.

Au milieu du siècle, les colonnes en fonte et les rails en fer forgé étaient devenus, avec les pans de vitrage, une technique courante de préfabrication et de construction rapide des centres urbains de distribution – halles de marché, bourses et galeries marchandes. La galerie d'Orléans, construite par Pierre Fontaine en 1829 au Palais-Royal [16], fut le premier passage couvert d'une voûte vitrée en plein cintre. La préfabrication de ces systèmes garantissait leur rapidité d'assemblage, mais aussi la possibilité de les transporter en pièces détachées sur de très longues distances : dès 1850, les pays industrialisés exportaient dans le monde entier des structures préfabriquées en fonte.

L'explosion de la croissance urbaine et du commerce sur la côte est de l'Amérique dans les années 1840 poussa des hommes comme James Bogardus et Daniel Badger à créer dans New York des forges pour la fabrication d'étages de façades métalliques. Jusque vers 1860, leur structure préfabriquée nécessitait de grandes poutres en bois pour franchir les portées intérieures, le fer étant réservé aux poteaux intérieurs et aux façades. Une des œuvres les plus intéressantes de Bogardus est le Haughwout Building de New York, de 1859, construit sur les plans de John P. Gaynor. Il s'agit du premier immeuble desservi par un ascenseur, cinq ans seulement après la démonstration historique de ce dispositif par Elisha Graves Otis.

Les constructions entièrement vitrées, dont les caractéristiques climatiques avaient été étudiées en détail par John Claudius Loudon en 1817 dans ses *Remarks on Hot Houses* (remarques sur les serres),

16. Fontaine, galerie d'Orléans, Paris, 1829.

furent peu appliquées à grande échelle – du moins en Angleterre, jusqu'à l'abrogation en 1845 de l'impôt sur le verre. La Palm House (serre aux palmiers) de Richard Turner et Decimus Burton, construite de 1845 à 1848 à Kew Gardens, fut l'une des premières à exploiter la récente disponibilité des vitrages. Par la suite, les premières grandes enveloppes vitrées furent les gares terminus de chemin de fer, construites pendant la seconde moitié du XIX^e siècle : la première fut la Lime Street Station, achevée par Turner et Joseph Locke à Liverpool en 1850.

Les gares ferroviaires lancèrent un véritable défi aux canons de l'architecture : aucun type existant n'exprimait de manière idoine la liaison entre le bâtiment principal de la salle des pas perdus et l'abri pour les trains. Le problème, qui reçut une première solution architecturale avec la gare de l'Est à Paris, conçue par François-Alexandre Duquesney en 1852, était de la plus grande importance, puisque ces édifices constituaient désormais les nouvelles portes de la capitale. L'ingénieur Léonce Reynaud, concepteur de la première gare du Nord à Paris en 1847, était conscient de cet enjeu esthétique et symbolique, comme en témoigne son *Traité d'architecture* de 1850 :

*L'art n'a pas le progrès rapide et l'évolution soudaine de l'industrie, et le résultat en est que la majorité des bâtiments des chemins de fer d'aujourd'hui en service laissent plus ou moins à désirer que ce soit par la forme ou la disposition.*

*Quelques gares semblent être tracées de manière adéquate, mais elles ont l'aspect de constructions temporaires ou industrielles plutôt que celui de bâtiments à usage public.*

Rien n'illustra mieux ce dilemme que la gare Saint Pancras de Londres : l'immense halle de 74 mètres de portée, construite en 1863 par William Henry Barlow et Rowland Mason Ordish, y fut complètement dissociée du bâtiment principal et de l'hôtel de style Gothic Revival, achevé en 1874 sur les plans de George Gilbert Scott. Ce qui était vrai pour Saint Pancras le fut pour Paddington, conçu par Brunel à Londres en 1852 : là encore, malgré les efforts de l'architecte Matthew Digby Wyatt, le bâtiment de la gare, plutôt grossier, fut gauchement relié à la verrière voûtée au-dessus des quais.

Les édifices d'exposition ne soulevaient pas les mêmes problèmes : quand la question du contexte culturel était secondaire, l'ingénieur régnait en maître. Cela fut particulièrement évident avec le Crystal Palace, construit à Londres pour l'Exposition universelle de 1851. On y donna au jardinier et entrepreneur Joseph Paxton carte blanche ; il recourut à une méthode de fabrication mise au point par l'application rigoureuse des principes de Loudon pour les serres chaudes. Il l'avait d'ailleurs employée dans plusieurs serres construites pour le duc de Devonshire à Chatsworth. Quand on lui commanda à la dernière minute le bâtiment d'exposition, Paxton put fournir, en huit jours

17. Paxton, Crystal Palace, Londres, 1851, en chantier, avec les nacelles des vitriers en action.

seulement, le projet d'une immense serre à étages dont les composants étaient pratiquement identiques à ceux de la gigantesque serre des nénuphars qu'il avait construite l'année précédente à Chatsworth. L'enveloppe vitrée n'était interrompue que par les trois portiques d'entrée disposés symétriquement. Pourtant, le projet dut être révisé au début du chantier afin de préserver un massif d'arbres – un prétexte qu'avaient trouvé les opposants à la grande exposition. Paxton comprit vite que l'on pouvait aisément abriter ces trouble-fêtes sous le transept central, couvert en hauteur par une voûte, créant ainsi la double symétrie de la forme finale.

Le Crystal Palace n'était pas tant une forme spécifique qu'un processus de construction fonctionnant comme un système complet, rendant explicite sa conception, sa fabrication, son transport, son assemblage [17] et, enfin, son démontage à venir. Comme les constructions ferroviaires auxquelles il n'était pas étranger, c'était un ensemble démontable extrêmement souple, construit à partir d'un module élémentaire de 2,44 mètres de largeur, assemblé selon une hiérarchie de portées variant de 7 à 22 mètres. Son montage, qui dura à peine quatre mois, fut une simple question de production en masse et d'assemblage systématique. Konrad Wachsmann remarquera en 1961 à son sujet, dans son livre *Wendepunkt im Bauen* (le tournant de la construction) : « Les contraintes de fabrication ont requis des études qui ont montré que pour une manipulation facile aucun élément ne devait peser plus d'une tonne, et que de grandes économies pouvaient être réalisées par l'utilisation de panneaux de verre de la plus grande largeur possible. »

Alors que le Crystal Palace créait, grâce à sa trame ouverte, des perspectives spectaculaires dont les lignes parallèles et obliques se perdaient au loin dans un halo diaphane, son enveloppe générale, de près de 93 000 mètres carrés de verre, posa un problème climatique inédit. En terme d'environnement, les exigences étaient les mêmes que dans les serres chaudes de Londres : maintenir une circulation d'air suffisante et modérer les effets des rayons solaires. En décollant du sol le plancher à lattes du bâtiment et en équipant les parois de stores mobiles, une ventilation satisfaisante fut assurée ; en revanche, l'accumulation de chaleur fut un problème que Charles Fox, l'ingénieur chargé des détails de la structure, ne sut résoudre. En fin de compte, le recours à des bâches en toile tendues sous les verrières ne peut être considéré comme partie intégrante du système. Un bon nombre d'exposants étrangers protégèrent leur stand de cette sorte d'effet de serre par des baldaquins de draperies festonnées qu'ils tendirent certainement tout autant contre l'inacceptable « objectivité » de la structure que pour se protéger du soleil.

Les Britanniques ayant déserté le champ des expositions internationales après leur triomphe de 1851 et une autre manifestation en 1862, les Français organisèrent les cinq expositions internationales importantes qui eurent lieu entre 1855 et 1900. L'emphase qui fut à chaque fois portée sur la structure et le contenu de la galerie des Machines indique combien ces manifestations étaient considérées comme des vitrines nationales, dont l'ambition était de concurrencer la domination industrielle et commerciale britannique. Le jeune Eiffel travailla avec l'ingénieur Jean-Baptiste Krantz sur le plus important bâtiment d'exposition construit après 1851, celui de l'Exposition universelle de Paris de 1867. Sa sensibilité expressive et son talent d'ingénieur apparurent à cette occasion. La mise au point des détails de la galerie des Machines, d'une portée de 35 mètres, lui permit de vérifier la validité du module d'élasticité formulé par Thomas Young en 1807, formule jusqu'alors purement théorique pour prévoir le comportement des matériaux travaillant à la traction. L'ensemble des bâtiments formait un ovale, la galerie des Machines n'en constituant que l'anneau extérieur – hommage rendu aux thèses sociologisantes de Frédéric Le Play. Celui-ci avait suggéré que l'exposition fût organisée en galeries concentriques présentant successivement les machines, les vêtements, les meubles, les arts libéraux, les beaux-arts et l'histoire du travail.

Après 1867, la taille et la diversité croissantes des produits, mais aussi l'esprit de compétition entre les pays exposants, eurent pour effet la multiplication des pavillons. À l'époque de l'Exposition internationale de 1889, il n'était donc plus question d'abriter toute la manifestation sous un seul et même toit. L'avant-dernière exposition du siècle fut marquée par deux des plus remarquables structures de l'histoire de la technique française : l'immense galerie des Machines de Victor Contamin, d'une portée de 107 mètres, conçue avec l'architecte Ferdinand Dutert, et la tour Eiffel, d'une hauteur de 300 mètres, conçue avec les ingénieurs Émile Nouguier et Maurice Koechlin ainsi que l'architecte Stephen Sauvestre. L'édifice de Contamin, fondé sur les principes statiques perfectionnés par Eiffel dans ses viaducs articulés des années 1880, fut l'une des premières constructions d'une telle portée à utiliser des arcs à trois articulations. Cette halle n'exposait pas seulement des machines : elle était en elle-même une véritable « machine à exposer » ; des plates-formes se déplaçaient sur des ponts roulants au-dessus des espaces de part et d'autre de l'axe central, permettant aux visiteurs d'avoir une rapide vision d'ensemble de l'exposition.

Pendant la seconde moitié du XIX$^{e}$ siècle, la quantité des minéraux découverts dans le Massif central justifia la dépense considérable que représentait la desserte de cette région par un réseau de chemin de fer. Les viaducs ferroviaires conçus dans ce contexte par Eiffel entre 1869 et 1884 témoignent d'une méthode de conception et d'une esthétique qui ont trouvé leur aboutissement dans la tour Eiffel. La base « en forme de bateau » et la section parabolique des piles de ces viaducs

18. Dutert et Contamin, galerie des Machines à l'Exposition de Paris, 1889 ; la plate-forme mobile d'observation.

concrétisaient des années de recherches sur l'interaction dynamique de l'eau et du vent. Le besoin d'allonger les portées au-dessus des cours d'eau avait en effet amené Eiffel et ses associés à inventer d'ingénieux systèmes de soutènement. En 1875, la commande d'une voie ferroviaire au-dessus du Douro, au Portugal, fut l'occasion pour Eiffel d'expérimenter cette solution. La baisse des prix de l'acier à partir de 1870 permettait une solution de grande portée. Il fut donc décidé de franchir le ravin en cinq travées : deux courtes sur les côtés, portant sur des piles centrales, et une grande au milieu, de 160 mètres, reposant sur un arc à deux articulations aux naissances. L'organisation du chantier, qui sera reprise quelques années plus tard à Garabit, dans le Massif central, consista à ériger d'abord les deux portées latérales et leurs piles, puis à amorcer la partie centrale à partir de chacune de ces structures continues. Les poutres supérieures furent prolongées en porte-à-faux au niveau des voies, tandis que l'arc central fut construit simultanément au-dessous, en deux moitiés, au niveau de l'eau. Ces moitiés articulées furent mises en position, puis maintenues par des câbles suspendus à la tête des piles latérales dans la bonne inclinaison durant le clavetage final. L'immense succès de l'ouvrage sur le Douro, achevé en 1878, valut aussitôt à Eiffel la commande du viaduc de Garabit.

De même que le viaduc du Douro fut une précieuse expérience préalable pour celui de Garabit, la réalisation de ce dernier fut essentielle pour la conception de la tour Eiffel. Comme le Crystal Palace, mais à un degré moindre, elle fut conçue et construite dans l'urgence. Son projet fut exposé au printemps 1885, ses fondations furent creusées à l'été 1887 et les 200 mètres de hauteur furent quant à eux atteints pendant l'hiver 1888. De même que la galerie des Machines, l'édifice fut doté d'un système de circulation rapide pour les visiteurs. La vitesse était en effet un paramètre essentiel car le seul moyen d'accès à la tour était les ascenseurs qui glissaient sur des rails inclinés à l'intérieur des piles s'élevant depuis la première plate-forme. Les rails de ces ascenseurs furent utilisés au cours du chantier pour hisser les grues – une économie du travail qui rappelle la technique de montage des viaducs articulés. La tour Eiffel doit donc autant au chemin de fer qu'au Crystal Palace ; il s'agit en fait d'un pylône de viaduc, d'une hauteur de 300 mètres, dont la forme résulte avant tout de l'étude de l'interaction entre les forces du vent, de la gravité, de la pression de l'eau et de la résistance des matériaux. La proximité quasi futuriste de la tour avec le monde de l'aviation – célébrée par l'aviateur Alberto Santos Dumont lorsqu'il tourna autour de la construction avec son dirigeable en 1901 – explique pourquoi, trente ans après sa réalisation, en 1919, Vladimir Tatline s'en inspirera pour en faire le symbole d'un nouvel ordre social et technique dans son projet de monument [153] à la Troisième Internationale.

Si le développement de la technologie du fer est lié à l'exploitation de ressources minérales puisées dans la terre, celui du béton, ou plutôt du ciment hydraulique, semble pour sa part tributaire du trafic maritime. En effet, John Smeaton réalisa en 1756-1759 la base du phare d'Eddystone dans une sorte de béton – un mélange de blocs de pierre, de chaux vive, d'argile, de sable et de pouzzolane ; de tels mélanges furent employés en Angleterre pour la construction de ponts, de canaux et d'ouvrages portuaires pendant le dernier quart du XVIIIe siècle. Joseph Aspdin fit un usage novateur du ciment de Portland pour imiter la pierre en 1824, et diverses propositions pour des constructions en béton à armature métallique, comme celle du toujours inventif Loudon en 1792, furent formulées en Angleterre. Mais c'est la France qui, avec ses travaux précurseurs, détrôna peu à peu l'Angleterre.

La récession économique qui suivit la Révolution, la synthèse du ciment hydraulique par Louis Vicat vers 1800 et la tradition constructive du pisé concoururent à créer les circonstances idéales pour l'invention du béton armé. François Coignet, qui connaissait les constructions en pisé de la région lyonnaise, fut le premier à utiliser ce matériau à grande échelle. En 1861, il mit au point une technique pour renforcer le béton avec un grillage métallique et fonda la première société anonyme spécialisée dans la construction en béton armé. Coignet travailla à Paris pour Haussmann, réalisant des égouts et divers réseaux publics en ciment armé ainsi que, en 1867, de remarquables immeubles de logements de cinq étages. Malgré ces commandes, il ne put conserver les brevets qu'il avait déposés, et son entreprise fut dissoute vers la fin du Second Empire.

Un autre précurseur français du béton fut le jardinier et inventeur Joseph Monier : après avoir été un prospère fabricant de bacs à fleurs en béton pendant les années 1850, il déposa une série de brevets pour l'application des armatures métalliques, mais eut le malheur de vendre une partie de ses droits aux ingénieurs Schuster et Gustav-Adolf Wayss en 1880. D'autres licences de Monier furent obtenues en 1884 par la firme de Conrad Freytag. La grande entreprise allemande de génie civil Wayss & Freytag fut créée peu après. Son monopole sur le système Monier fut renforcé par le travail de fond effectué par Wayss sur ce système, publié dans l'ouvrage *Monierbau* en 1887. La parution d'importants travaux théoriques sur les résistances différentielles selon les types d'effort du béton armé par les théoriciens allemands Neumann et Mattias Koenen confirma l'avance allemande dans ce type de construction.

La grande période de développement du béton armé court de 1870 à 1900 : des travaux novateurs étaient alors menés en Allemagne, en Amérique, en Grande-Bretagne et en France. L'Américain William E. Wards fut le premier à tirer parti, en 1873, du potentiel de résistance à la traction de l'acier : il introduisit des barres métalliques sous l'axe neutre des poutres de la maison en béton armé qu'il réalisa sur l'Hudson. Ce gain structurel fut rapidement confirmé par les expériences sur les poutres en béton menées en Angleterre par Thaddeus Hyatt et Thomas Rickets, dont les résultats furent publiés en 1877.

Malgré les progrès effectués partout dans le monde, l'exploitation systématique de la technique moderne du béton armé dut attendre le génie inventif de François Hennebique. Ce constructeur français autodidacte utilisa le béton dès 1879. Il se lança dès lors dans un ambitieux programme privé de recherche pour breveter, en 1892, son propre système [19], unique par le fait qu'il couvrait l'ensemble de la technique du béton armé. Le grand problème, avant Hennebique, avait en effet été la

19. Hennebique, assemblage monolithique en béton armé, breveté en 1892.

réalisation d'un joint monolithique. Les composés de béton et d'acier brevetés par Fairbairn en 1845 étaient bien peu monolithiques, tout comme ceux issus des travaux de Hyatt et Rickets. Hennebique résolut ce problème avec des barres de section cylindrique recourbées et solidarisées les unes aux autres. Lui seul intégra à son système le coudage des barres de renfort et leur liaisonnement par des « étriers » résistant à l'effort tranchant. La perfection du joint permit la réalisation d'une armature monolithique, conduisant bientôt à la première application à grande échelle du système : trois filatures dans la région lilloise en 1896. Le succès immédiat provoqua l'essor de la firme qui portait son nom. Son associé Louis-Gustave Mouchel introduisit le système en Grande-Bretagne en 1897, y construisant le premier pont routier en « ferrobéton » en 1901 et présentant un spectaculaire escalier hélicoïdal auto-porteur en béton armé à l'Exposition franco-britannique de 1908.

L'immense succès de la firme Hennebique remonte à 1898, avec la publication régulière de la revue maison intitulée *Le Béton armé*, puis avec l'utilisation en masse de son système dans les édifices éclectiques de l'Exposition universelle de Paris de 1900. Malgré les fausses façades du Château d'eau construit en béton armé par le fils de François Coignet, Edmond, cette exposition contribua au développement de la construction en béton. Dès 1902, soit une dizaine d'années après sa fondation, la firme Hennebique avait acquis une envergure internationale et construisait, en tant qu'entreprise générale, d'innombrables ouvrages en béton à travers l'Europe. En 1904, l'homme construisit à Bourg-la-Reine sa propre villa entièrement en béton armé, y compris le toit-terrasse et un minaret. Les murs pleins étaient en béton armé coulé sur place dans un coffrage permanent en béton préfabriqué ; la façade, presque totalement vitrée, débordait hors du plan principal du bâtiment en un spectaculaire porte-à-faux. Le monopole d'Hennebique déclina vers le début du siècle, même si ses brevets étaient encore valables pour quelques années. En 1902, son bras droit Paul Christophe diffusa le système dans son ouvrage *Le Béton armé et ses applications*. Quatre ans plus tard, Armand Considère, qui avait déjà poursuivi des recherches pour les Ponts et Chaussées, anima la commission nationale qui élabora la réglementation française sur l'emploi et le calcul du béton armé.

En 1890, l'ingénieur Paul Cottancin avait breveté son propre système de « ciment armé », qui reposait sur un renforcement mutuel du béton et de la brique, les briques étant noyées dans le béton renforcé d'armatures métalliques. Dans ce système hybride, la fonction principale de l'élément en béton armé était d'assurer une continuité structurelle dans les zones soumises à de fortes contraintes. Dans les zones travaillant à la compression, c'est la brique qui prenait naturellement le relais. Ce système séduisit l'architecte rationaliste Anatole de Baudot. Élève du grand théoricien du rationalisme structurel Eugène Viollet-le-Duc, de Baudot cherchait à révéler la structure, qu'il tenait pour la base de toute expression en architecture. Il cantonnait donc le béton armé monolithique au domaine de l'ingénieur et réservait à l'architecte la technique plus explicite et hiérarchisée, du point de vue statique, du ciment armé. Les qualités expressives de cette dernière sont magistralement illustrées dans son église Saint-Jean-de-Montmartre à Paris, dont le chantier commença en 1894. Ses voussures complexes sont proches des projets de « grandes salles » conçues par de Baudot entre 1910 et 1914. Comme Viollet-le-Duc, il voyait dans le grand espace la mesure de la validité de toute tendance architecturale. Dans cette optique, la série des grandes salles – inaugurée avec son ambitieux projet pour l'Exposition de 1900 – annonce les minces dalles nervurées et les coques plissées préfabriquées qui seront réalisées, un demi-siècle plus tard, par l'ingénieur italien Pier Luigi Nervi, notamment la halle de l'Exposition de Turin en 1948 et l'usine de laine Gatti, construite près de Rome en 1953.

20. Berg, Halle du centenaire, Breslau (Wroclaw), 1913.

À l'opposé du principe de forme réticulée, énoncé par de Baudot, Max Berg releva le défi du grand espace avec les immenses pièces en béton armé de la Halle du centenaire (Jahrhunderthalle), réalisées par Konwiarz et Trauer pour l'Exposition de Breslau de 1913 [20]. À l'intérieur du vaste espace centré de 65 mètres de diamètre, les nervures en béton de la coupole s'élevaient depuis la poutre périphérique qui reposait sur de massives arches à pendentif. Cette étrange structure cyclopéenne était cachée, à l'extérieur, derrière des vitrages en gradins, l'organicisme du plan et le dynamisme de la structure étant niés par des éléments néoclassiques.

La nécessité d'importer le ciment depuis l'Europe freina jusqu'en 1895 l'essor du béton en Amérique du Nord. L'ère des silos à grains et des usines à étages commença toutefois peu après, d'abord au Canada avec les silos en béton armé de Max Toltz, puis aux États-Unis à partir de 1900, avec le travail d'Ernest Leslie Ransome, inventeur de l'armature en barres torsadées. La construction à Greensburg (Pennsylvanie), en 1902, de l'atelier des machines de la société Kelly & Jones, de 91 mètres de longueur, fit de Ransome le pionnier des ossatures monolithiques en béton aux États-Unis. Il y appliqua pour la première fois le principe de renfort en colonne hélicoïdale, selon les théories de Considère. Le fait que Frank Lloyd Wright ait conçu ses premiers édifices en béton armé à peu près à la même époque – le projet (non réalisé) de banque communale, l'usine de cirage E-Z et l'église unitarienne, achevés respectivement en 1905 et 1906 à Chicago – révèle la précocité en matière technique de l'architecte américain.

Entre-temps, à Paris, les frères Perret concevaient et réalisaient leurs premières constructions entièrement en béton : en 1903, l'immeuble de la rue Franklin [85] et, dix ans plus tard, le théâtre des Champs-Élysées [86]. À la même période, Henri Sauvage explorait le potentiel plastique et expressif du nouveau matériau monolithique dans son immeuble à gradins de la rue Vavin, achevé en 1912. L'ossature en béton armé était alors devenue une technique courante ; son évolution porterait désormais sur son échelle d'application et sur l'utilisation de son potentiel expressif. Elle fut utilisée pour la première fois à un niveau mégastructurel dans l'usine Fiat [21] de Mattè Trucco, à Turin, d'une surface de 40 hectares, commencée en 1915 ; au même moment, son appropriation comme motif expressif de base d'un langage architectural était effectuée par Le Corbusier avec l'ossature Dom-Ino [132, 133]. L'usine prouvait que les toits plats en dalles de béton pouvaient reprendre les vibrations provoquées par des charges dynamiques – le toit servait de piste d'essais pour les automobiles –, tandis que le projet d'ossature faisait du système Hennebique une structure primitive manifeste : après la cabane originelle de l'abbé Laugier, l'architecture nouvelle devait désormais compter avec cette référence.

Du point de vue technique, cette période atteindra son expression la plus sublime avec les premiers travaux des ingénieurs Robert Maillart et Eugène Freyssinet. En 1905, le grand bâtisseur suisse Maillart était déjà parvenu, avec le pont sur le Rhin de Tavanasa, à la forme caractéristique qu'il donnerait à ce genre d'ouvrage : un arc de section creuse à trois articulations avec des percements triangulaires ménagés dans les tympans, pour réduire la masse inutile et donner une forme légère et expressive à l'ensemble. Maillart avait réalisé en 1912 la première dalle plate (sans poutre porteuse) d'Europe dans un entrepôt de quatre étages à Altdorf. Cette absence de poutre était en avance sur les dalles champignons mises au point, peu avant, par l'ingénieur américain Claude A. P. Turner. Le renfort à quatre directions mis au point par ce dernier s'opposait au système à deux directions de Maillart : ses barres devaient passer au-dessus de toutes les têtes de colonnes. Dès lors, pour prévenir la tendance des colonnes à transpercer la dalle, l'épaisseur d'acier requise était importante, donc coûteuse. Les planchers du système Turner étaient en effet constitués d'un réseau de pesantes poutres armées, avec de larges têtes de colonnes pour reprendre l'effort tranchant. Le système bidirectionnel sans poutre de Maillart, plus léger, diminuait de beaucoup le cisaillement, donc les dimensions de la dalle et de la tête des poteaux.

21. Trucco, usine Fiat, Turin, 1915-1921.

Dans le pont sur l'Aar, qu'il réalisa en 1911 à Aarburg, Maillart parvint à articuler le tablier aux arches tout en le rigidifiant par des cadres transversaux placés à l'arrière desdites arches. Mais il fallait encore articuler les culées et la forme générale du pont. Dans presque tous ses ouvrages, même ceux reposant sur des arcs nervurés, Maillart conçut le tablier comme un caisson creux, de façon à ce que la chaussée se porte elle-même le plus possible. Son art culmina dans le pont de Salginatobel, d'une portée de 90 mètres, construit dans les Alpes suisses en 1930. Le système qu'il avait mis au point à Aarburg trouva cependant son expression la plus raffinée dans le pont sur l'Arve [22], construit à Vessy, près de Genève, en 1936.

Freyssinet réalisa à Orly, en 1923, deux hangars à avions jumeaux ; ils mesuraient 62,50 mètres de hauteur sur 300 mètres de longueur. Ils représentèrent l'une des premières tentatives, après celle de De Baudot, de structure monolithique autoportante. Ces novatrices dalles plissées préfabriquées influencèrent au demeurant Nervi, notamment dans la remarquable série de hangars à avions qu'il conçut à la fin des années 1930. Tout en continuant à travailler pour Orly, Freyssinet conçut pour l'entrepreneur de béton Claude Limousin des entrepôts du type « bow string », parmi lesquels de nombreux hangars et usines éclairés par des sheds ménagés dans les minces coques de toiture. Son œuvre connut son apogée avec deux grands ponts reposant sur des arcs à tirants en béton armé, à Saint-Pierre-du-Vauvray en 1923 et à Plougastel en 1926-1929 [23] ; ce dernier franchit l'estuaire de l'Élorn en trois portées d'une longueur totale de 975 mètres.

Le problème des très grandes contraintes de compression et de traction créées lors du montage et de la mise en charge des grands arcs paraboliques conduisit Freyssinet à tenter, vers le milieu des années 1920, de produire artificiellement des contraintes inverses dans l'armature – et ce avant le coulage. Le béton précontraint tel que nous le connaissons aujourd'hui fut inventé en quelques années. Ce système extrêmement économique pour les grandes portées – il permet de réduire de moitié la hauteur d'une poutre à largeur égale – fut breveté par Freyssinet dès 1939.

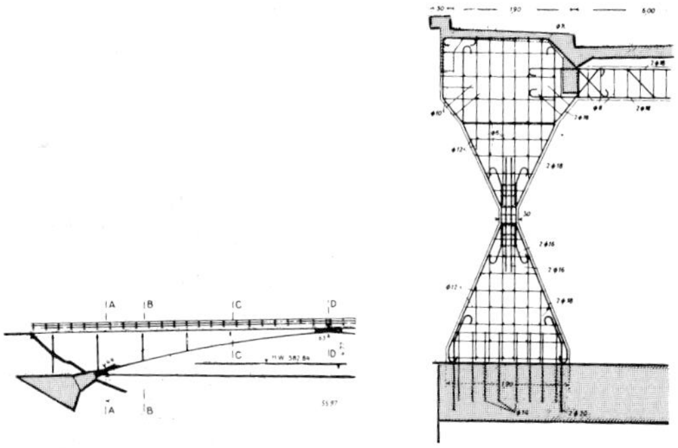

22. Maillart, pont sur l'Arve, Vessy, 1936. Coupe de la moitié du pont et coupe sur un « rein » transversal, avec un dispositif de renfort.

23. Freyssinet, pont de Plougastel, Bretagne, 1926-1929. Coupe sur la moitié d'une portée et coupe transversale au sommet (b-b), montrant le passage du chemin de fer au niveau inférieur et la route au niveau supérieur. Un joint est introduit (a) au point où l'arche et le chemin de fer divergent.

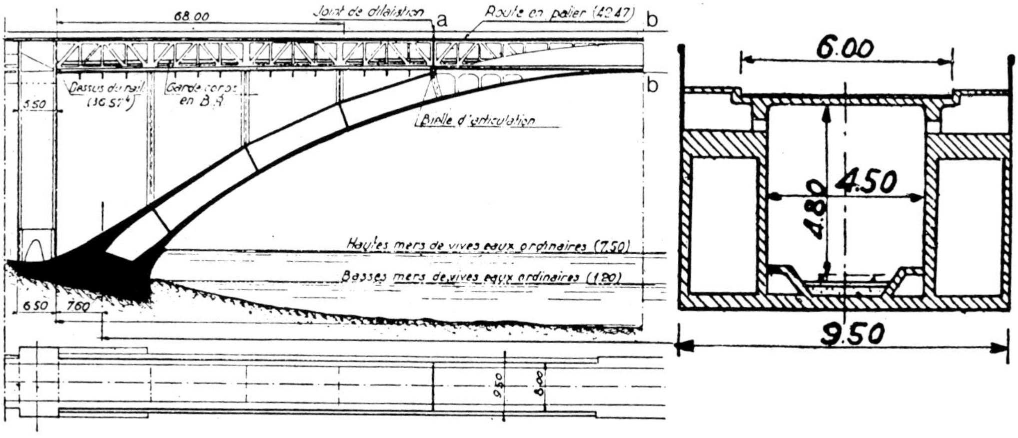

# Deuxième partie

## Une histoire critique 1836-1967

24. Terragni, photomontage de la Casa del Fascio, Côme, 1932-1936, lors d'une manifestation (voir p. 205).

CHAPITRE UN

# Nouvelles de nulle part : l'Angleterre, 1836-1924

*L'enthousiasme des admirateurs du Gothic Revival est mort quand ils ont été confrontés à leur appartenance à une société qui n'aura et ne pourra avoir un style vivant, car son existence repose sur la nécessité économique d'un travail quotidien ordinaire de la population, soit une corvée mécanique ; et car l'harmonie du travail quotidien ordinaire de la population produit le gothique, l'art architectural vivant, et les corvées mécaniques ne peuvent être harmonisées dans un art. L'espoir de notre ignorance s'est éteint, mais il a laissé place à l'espoir d'un savoir renouvelé. L'histoire nous a appris l'évolution de l'architecture, elle nous apprend maintenant l'évolution de la société ; il est clair pour nous, et même pour ceux qui, nombreux, refusent de le reconnaître, que [...] la société nouvelle ne sera pas obsédée comme nous par le besoin de produire toujours plus de biens de consommation dégageant des profits, qu'ils répondent ou non à une fonction ; qu'elle produira pour vivre, et non vivra pour produire, comme nous aujourd'hui.*

William Morris,
*The Revival of Architecture*, 1888.

Nourris des ouvrages puritains et apocalyptiques de John Milton et William Blake, le philosophe écossais Thomas Carlyle et l'architecte anglais Augustus Welby Northmore Pugin furent, chacun de leur côté, les zélateurs de l'insatisfaction spirituelle et culturelle de la seconde moitié du XIXe siècle. Le premier, athée, se situait dans la stricte ligne des chartistes radicaux de la fin des années 1830 ; le second, catholique converti, prêchait un retour immédiat aux valeurs spirituelles et à l'architecture du Moyen Âge. La publication en 1836 de son *Contrasts; or a parallel between the noble edifices of the 14th and 15th centuries and similar buildings of the present day* (contrastes ; ou parallèle entre les édifices nobles des XIVe et XVe siècles et les constructions semblables de l'époque actuelle) lui procura immédiatement une large audience. On lui doit la cohérence du Gothic Revival, qui influença profondément l'architecture anglaise du XIXe siècle. Carlyle était à bien des égards opposé à Pugin. Son *Past and Present* de 1843 était une critique implicite du catholicisme décadent, qui plaidait pour une sorte de socialisme paternaliste inspiré du *Nouveau Christianisme* publié par Saint-Simon en 1825. Le radicalisme de Carlyle était politiquement et socialement progressiste, malgré son autoritarisme, alors que le réformisme de Pugin était plutôt conservateur et proche du High Church Oxford Movement, mouvement orienté à droite fondé deux ans avant la conversion de Pugin au catholicisme. Les deux hommes partageaient toutefois un même dégoût pour leur époque matérialiste. Par ce refus, ils influenceront le prophète de la malédiction et de la rédemption culturelle du milieu du XIXe siècle, John Ruskin. En 1868, celui-ci devint, dans la fleur de l'âge, le premier Slade Professor de beaux-arts à l'université d'Oxford.

Ruskin gagna ses disciples intellectuels en 1846 avec la publication du second volume de ses *Modern Painters*, mais n'aborda explicitement des questions économiques et socioculturelles qu'en 1853 avec *The Stones of Venice (Les Pierres de Venise)*. Un chapitre entier y est consacré à la place de l'artisan par rapport aux œuvres d'art ; Ruskin s'y prononce sans détours contre la « division du travail » industrielle et la « transformation de l'ouvrier en machine ». Ce texte sera réédité sous forme de pamphlet par la première université ouvrière (Working Men's College), où Ruskin enseigna par la suite. Comme Adam Smith, Ruskin y compare l'artisanat traditionnel au travail mécanique de la production de masse :

*À vrai dire, ce n'est pas le travail qui est divisé, ce sont les hommes ; divisés en portions d'homme, en petits fragments, en miettes vivantes, de telle sorte que la parcelle d'intelligence qu'on leur laisse est insuffisante pour former une épingle ou un clou entier, et s'épuise à former la pointe d'une épingle ou la tête d'un clou.*

Ce propos prolonge sa position sur l'ornement, exprimée dès 1849 dans *The Seven Lamps of Architecture (Les Sept Lampes de l'architecture)* : « La bonne question à poser à propos de tout ornement est simplement celle-ci : fut-il réalisé avec plaisir ? » Une position aussi radicale détourna Ruskin de ses sympathies pour le mouvement High Anglican et le rapprocha de Carlyle. Avec la publication en 1860 de ses articles sur l'économie politique, *Unto this Last*, il s'avéra un socialiste intransigeant.

Grâce à leur influence sur la culture anglaise à travers Pugin, Friedrich Overbeck – que Pugin décrivait comme « le prince des peintres chrétiens » – et les Nazaréens allemands devinrent le modèle moral et artistique de l'éphémère confrérie préraphaélite d'inspiration chartiste, fondée par les frères Dante Gabriel et William Michael Rossetti, Holman Hunt et John Everett Millais en 1848.

En 1851, Ruskin rejoint spirituellement ce groupe qui souhaitait créer une école de peinture exprimant des idées et émotions profondes. Le but était de promouvoir une forme d'art qui dériverait directement de la nature et non des conventions artistiques de la Renaissance. Cette attitude romantique, résolument anticlassique, fut diffusée en 1850 dans le périodique préraphaélite *The Germ*. Mais le groupe n'avait ni la rigueur monastique ni la conviction des Nazaréens. Le mouvement et la revue étaient trop individualistes pour durer : dès 1853, le préraphaélisme en tant que mouvement collectif n'était plus.

La seconde période du préraphaélisme, tournée vers l'artisanat, résulte de la rencontre en 1853 de William Morris et d'Edward Burne-Jones, alors jeune étudiant à Oxford où ils purent assister aux conférences de Ruskin et subir l'influence déterminante de Pugin. Après leurs études, en 1856, ils se rapprochèrent du poète et peintre Dante Gabriel Rossetti, travaillant avec lui l'année suivante sur les peintures murales de l'Union Society à Oxford, qui évoquaient délibérément les fresques nazaréennes de Rome. Burne-Jones avait déjà décidé de se consacrer à la peinture, mais Rossetti ne parvint qu'après quelques mois à détourner Morris de son stage à Oxford dans l'agence de l'architecte néogothique George Edmund Street pour le faire venir à Londres. Paradoxalement, la carrière de « designer » de Morris date de sa décision, fin 1856, d'abandonner l'architecture pour la peinture ; il dut toutefois attendre l'ameublement de ses salons à Londres, pour lesquels il dessina ses premiers « meubles profondément médiévaux [...] aussi fermes et aussi lourds qu'un roc ». Ces meubles sans prétention, inspirés sans aucun doute des idéaux sur l'artisanat de Ruskin, furent conçus avec les conseils de Philip Webb, qui avait travaillé dans le bureau de Street en même temps que Morris. En 1858, la culture domestique préraphaélite fut pour ainsi dire cristallisée dans la seule peinture de chevalet connue de Morris, un portrait de sa femme Jane Burden en *Queen Guinevere* ou *Belle Iseult*, où elle était vêtue d'habits ornés dans un intérieur préraphaélite idéal. Morris abandonna alors la peinture pour s'atteler à l'ameublement de sa nouvelle maison, la Red House [25-26], que Webb lui construisit en 1859 à Bexley Heath, dans le Kent. À quelques détails près, le style rappelait celui de Street, plus particulièrement les presbytères néogothiques de William Butterfield des années 1840-1850.

Dans la Red House, ainsi nommée du fait de ses murs en briques, Webb établit les principes qui allaient nourrir le travail de ses brillants contemporains, William Eden Nesfield et Richard Norman Shaw, et faire sa renommée pendant toute sa carrière : son intérêt pour la vérité structurelle et son désir d'intégrer les constructions dans leur site et la culture locale. Il y parvint par des conceptions pragmatiques, des plans de masses subtils et l'utilisation de matériaux locaux, ainsi que par une réelle attention aux modes de construction traditionnels. Comme Morris, son premier client et son collaborateur de toute une vie, Webb nourrissait un respect presque mystique pour le caractère sacré de l'artisanat et pour la Terre, dans laquelle la vie comme l'architecture étaient fondées. Plus encore que Morris, il refusait toute utilisation excessive de l'ornement. D'après son biographe William Richard Lethaby, Webb se plaignit une fois qu'une cheminée trop élégante n'était « guère digne du feu sacré ». Un tel avis ne saurait être plus éloigné de l'interprétation raffinée que Nesfield et Shaw allaient donner de son approche, par exemple dans la maison de campagne « Old English » de Shaw à Leyswood, dans le Sussex, conçue en 1866.

On peut considérer que tout ce développement exubérant de l'English Free Architecture, depuis les excentricités d'Arthur Heygate Mackmurdo et de Charles Robert Ashbee au professionnalisme élégant de Shaw [27], de Lethaby et de Charles Francis Annesley Voysey, trouve son origine dans la Red House. Quoi qu'il en soit, cette maison agit comme un catalyseur dans la carrière de Morris : deux ans plus tard, il s'associait avec des artistes préraphaélites, dont Webb, Rossetti, Burne-Jones et Ford Madox Brown. Leur atelier concevait et exécutait toutes les commandes, des peintures murales

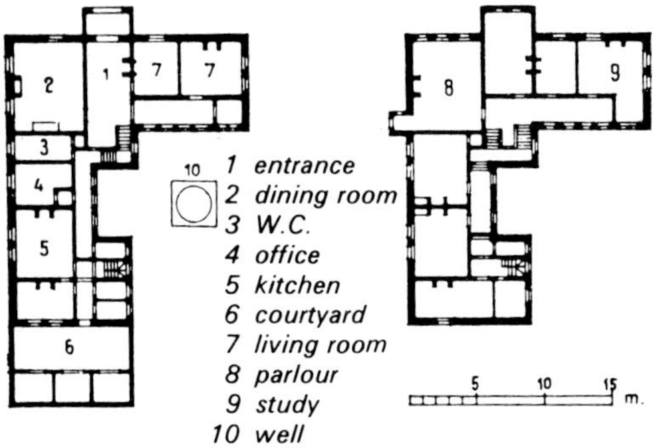


25-26. Webb, Red House, Bexley Heath, Kent, 1859. Vue d'ensemble et plans du rez-de-chaussée et du premier étage.

27. Shaw, Leyswood, Sussex, 1866-1869.

et des vitraux aux meubles, des broderies aux ferronneries et au bois sculpté. Le but, comme avec le mobilier considérable de Pugin pour les Houses of Parliament de Londres (réalisées en 1830-1840), était la création d'une œuvre d'art totale. La brochure de leur société affirmait en toute modestie : « Une telle coopération présuppose que [...] le travail sera nécessairement bien plus complet que quand un artiste isolé est employé à l'occasion, selon l'usage habituel. » En dehors du précédent de Pugin, il se peut que la fondation de cet atelier ait été influencée par les « Manufactures d'art », fondées par Henry Cole sous le pseudonyme de Felix Summerly en 1845. Le travail préraphaélite en matière d'artisanat, qui avait jusqu'alors été produit spontanément, prit un caractère public. On notera par ailleurs que les premières pièces vendues dans les bureaux londoniens de la société furent des articles de table en verre dessinés par Webb.

L'atelier prospérant, Morris dut quitter son idyllique Red House en 1864 pour s'installer de manière permanente à Londres. Un an plus tard, il céda la direction de la firme à Warrington Taylor afin de se consacrer exclusivement à la création d'œuvres en deux dimensions et à la littérature – les deux activités qui occuperont le reste de sa vie. Ses premiers papiers peints datent de cette époque, tout comme ses premiers vitraux, qu'il réalisa avec Burne-Jones. Les motifs de Morris allaient des décors persans, illustrés dans *The Grammar of Ornament (La Grammaire de l'ornement)* d'Owen Jones de 1856, au style médiéval, spontanément adopté pour ses vitraux – produit pour lequel la demande fut régulière, quoique limitée, tout au long de sa vie. Morris, Marshall, Faulkner & Co. connut un succès public en 1867 avec la Green Dining Room (salle à manger verte) que Webb conçut pour le South Kensington Museum (actuel Victoria & Albert Museum) à Londres. La pièce était entièrement meublée et décorée par Morris et les artistes-artisans de la firme.

Ensuite, Webb dessina et exécuta seul d'importantes commandes privées, dont l'apogée fut sa dernière grande maison, Standen, près d'East Grinstead, dans le Sussex, construite de 1891 à 1894, avec un aménagement intérieur – comme c'était généralement le cas – exécuté par la firme de Morris. Ce dernier s'adonna de plus en plus à la littérature, dont il essayait fanatiquement de supprimer tous les mots d'origine latine, produisant vers 1875 de longues traductions des sagas islandaises en plus des nombreux volumes de sa propre poésie romantique. Il semble qu'à cette époque l'Islande médiévale ait été l'ultime « Nulle part » auquel son esprit idéaliste aspirait, alors qu'il restait prisonnier de la réalité industrielle du XIXe siècle.

1875 marqua une rupture dans la vie de Morris. La firme fut dissoute et réorganisée sous le nom de Morris & Co., sous son seul contrôle, et il augmenta le nombre de métiers artistiques auxquels lui-même et, de ce fait, sa société pourraient travailler. Il apprit seul la teinture et le tissage des tapis et, en 1877, ouvrit à Londres un salon d'exposition qui devint son principal débouché commercial. Dès lors, en dehors de la direction de la firme, de la conception et de la production de gammes de papiers peints, de tentures et de tapis, les occupations de Morris furent plus publiques et moins « poétiques » ou tournées vers l'artisanat. Il semble avoir cru de son devoir de soutenir publiquement le socialisme préservationniste de Ruskin, qui entre temps était devenu fou. Ainsi, en 1877, il écrivit son premier pamphlet politique et fonda la Société pour la protection des bâtiments anciens, déjouant ainsi les projets de George Gilbert Scott pour restaurer ou reconstruire partiellement l'abbaye de Tewkesbury.

Pendant les dix années qui suivirent la réorganisation de sa société, Morris se partagea équitablement entre la politique et la création, produisant, selon son premier biographe John William Mackail, plus de six cents dessins de tissus. En 1883, Morris découvrit les œuvres de Karl Marx et rejoignit la Social Democratic Federation, dirigée par Friedrich Engels, qui comptait dans ses rangs des socialistes aussi engagés qu'Eleanor Marx et Edward Aveling. Deux ans plus tard, il quitta la Fédération et fonda la Socialist League, déplaçant toute son énergie du dessin vers la politique. Jusqu'à sa mort en 1896, il publia régulièrement sur des thèmes liés au socialisme, à la culture et à la société, depuis un essai fouriériste en 1885, intitulé *How We Live and How We Might*

*Live* (comment nous vivons et comment nous pourrions vivre), jusqu'à son roman utopique de 1891, *News from Nowhere (Nouvelles de nulle part)*.

La position quelque peu contradictoire de Morris apparut clairement aux générations suivantes : son associé Walter Crane, son protégé Mackmurdo, les principaux élèves de Shaw – Lethaby, Edward S. Prior et Ernest Newton – et même Shaw ainsi que des moins proches comme Ashbee ou Voysey. Sa vision utopique de « Nulle part » primait : un pays où l'État avait dépéri selon la prophétie marxiste et où toute distinction entre ville et campagne avait disparu, où la ville n'existait plus en tant qu'entité matérielle dense et où les grands ouvrages d'art du XIXe siècle avaient été démantelés : le vent et l'eau étaient de nouveau les seules sources d'énergie, les cours d'eau et la route les seuls moyens de transport. Une société sans argent ni propriété, sans crime ni châtiment, sans prison ni parlement, où l'ordre social reposait sur la seule libre association de groupes familiaux dans des structures de communes. Enfin, une société dans laquelle le travail était organisé en coopératives de production, guildes ou *Werkbund*, où l'enseignement était libre et, comme le travail, non obligatoire.

Cette ferme vision socialiste est contredite par la propre vie de Morris et le relatif manque de rigueur de sa pensée. Évoquons d'abord la prospérité de sa firme, typique du « laissez faire », dont les divers produits de luxe étaient consommés par les classes moyennes aisées ; puis son socialisme, des plus radicaux, donc peu compatible avec ses penchants anarchistes profonds – un socialisme révolutionnaire inacceptable par ses partisans les plus libéraux comme Ashbee ; enfin, pour les socialistes fabiens comme pour les architectes, la théorie et la pratique de Morris suggéraient l'amélioration des cités-jardins en en faisant des sortes de collectifs fondés sur une guilde artisanale ou une coopérative, permettant le travail mais aussi la réforme sociale et la rééducation, et ainsi, par paliers successifs, une certaine reconnaissance publique. En contradiction avec l'ampleur quelque peu troublante de ses préoccupations progressistes, citons encore le caractère phobique latent du style même de Morris et – plus critiquable encore – son refus obstiné de l'industrie et son attitude ambiguë, voire hostile, face à l'architecture postérieure au XVe siècle. Il ne se contentait pas de condamner le passé classique ; même des œuvres contemporaines proches des siennes le laissaient indifférent : les élégants projets de Webb ne reçurent ainsi aucune approbation publique de sa part. Lui semblaient-ils trop éclectiques ? Ou les éléments classiques et élisabéthains inclus par Webb dans ses maisons entre 1879 et 1891 suffisaient-ils à justifier la désapprobation de Morris ?

Pour autant, l'historicisme contemporain ne pouvait guère rejoindre sa ligne anticlassique. Au début des années 1870, des architectes manipulaient déjà et « classicisaient », dans un contexte urbain, le style Queen Anne mis au point par Morris avec Webb et Nesfield à partir des traditions domestiques anglaises et hollandaises. Avant sa complète conversion au style néogéorgien dès 1890, Shaw avait réalisé une première crédible en adoptant une manière urbaine classique, voire maniériste, comme en témoigne l'Old Swan House (1875-1877) à Chelsea, et un style pratique, « pittoresque » et libre pour la campagne, illustré par Pierrepoint (1876-1878) à Frensham dans le Surrey.

Malgré sa préciosité, Shaw fut marqué par les préoccupations socioculturelles de Ruskin. En 1877, il conçut pour le promoteur et amateur d'art Jonathan T. Carr des maisons pour ce qui était alors la première banlieue-jardin, à l'ouest de Londres. Les murs de briques rouges et de tuiles de ce « village-jardin » pour classes moyennes aisées, connu sous le nom de Bedford Park [28], furent célébrés dans la « ballade de Bedford Park », publiée dans la *St James's Gazette* en 1881 :

*Ici les arbres sont verts, les briques sont rouges*
*Et propres les visages.*
*Ici, nous ferons nos jardins, dit-il,*
*Dans le style de la bonne reine Anne.*
*Ici je construirai un hameau*
*Avec l'aide de Norman Shaw*
*Et l'homme y mènera une existence*
*Chaste, digne et esthétique.*

La brique recouvrait même l'église, par ailleurs bien sécularisée par l'absence de tout élément vertical ; bien qu'exécutée dans un style néogothique approximatif, l'édifice exhibait en toiture une tour-

28. Bedford Park, Londres, vue montrant l'église Saint-Michael de Shaw, 1879-1882 : le prototype de la banlieue.

lanterne inspirée de Wren. Les premières maisons de Bedford Park furent construites en 1876 sur les plans de l'architecte japonisant Edward William Godwin. Shaw prit la suite en 1877, puis plusieurs architectes travaillèrent dans sa ligne durant les dix années suivantes, dont Voysey qui construisit une remarquable maison dans The Parade en 1890.

En 1878, Shaw publia ses *Sketches for Cottages and Other Buildings* (esquisses de cottages et autres constructions). Ce livre très influent présentait de nombreux projets de maisons ouvrières de tailles variées. Il évoquait aussi la typologie des bâtiments publics essentiels à tout village autonome idéal : école, salle des fêtes, hospice, hôpital. L'année d'après furent réalisées les premières cités-jardins paternalistes, telle Bournville à Birmingham, fondée par George Cadbury et dessinée notamment par Ralph Heaton. Quant à William Hesketh Lever, il suivit principalement le modèle de Bedford Park quand, moins de dix ans plus tard en 1888, il fonda Port Sunlight.

L'évolution du mouvement des cités-jardins pendant les dix dernières années du XIX^e^ siècle fut intimement liée au mouvement Arts & Crafts. La politique sociale présentée par Ebenezer Howard en 1898 mêlait dispersion urbaine, colonisation rurale et décentralisation gouvernementale. Pour compléter ce mouvement coopératif, il préconisait que les cités-jardins tirent leur revenu d'un équilibre entre industrie et agriculture. Howard réclamait l'aide des syndicats ouvriers pour le financement de l'habitat et de l'achat de terres en coopérative, soit une conception urbaine d'ensemble et une réforme modérée. Il fixa la taille maximale de la cité-jardin à 32 000 habitants, limitant la croissance par une ceinture verte. Chaque cité devait être envisagée dans une région comme une implantation satellite et reliée à un centre important par le chemin de fer. Sous cette forme, la cité-jardin contribuait aux efforts menés pour améliorer, par la réforme sociale, les conditions de vie et de travail du prolétariat industriel. À son retour d'Amérique en 1876, Howard se lia avec les milieux socialistes fréquentés par Bernard Shaw et Sidney et Beatrice Webb, un groupe qui plus tard, sous le nom des Fabiens, rejeta d'emblée l'idée de cité-jardin. La position d'Howard, en accord avec l'esprit, sinon la lettre, du fabianisme, était à la fois pratique et réformatrice. Le titre même de son livre de 1898, *Tomorrow: a Peaceful Path to Real Reform (Les Cités-jardins de demain)* affichait sa position d'homme de compromis. Howard s'était engagé en faveur de la libre entreprise dans les limites du contrôle social et préconisait une approche progressive des réformes plutôt que l'action révolutionnaire. En dehors de la St George's Guild de Ruskin, Howard était inspiré, du point de vue sociopolitique, par des penseurs aussi divers que l'anarchiste Pierre Kropotkine et l'économiste américain Henry George qui, dans son *Progress and Poverty* de 1879, préconisait un impôt unique sur toutes les rentes foncières. Howard était tout aussi éclectique dans les sources d'inspiration de la forme schématique de sa cité, qui allaient de Victoria, la ville idéale de James Silk Buckingham de 1849, à la proposition de Great Victorian Way de Joseph Paxton en 1855.

La réalisation de la cité-jardin de Letchworth, commencée en 1904, est pour le moins éloignée du diagramme initial d'Howard. Le chemin de fer coupe la ville en deux, la zone commerciale n'est pas protégée des intempéries et l'industrie est mélangée aux zones résidentielles – d'une manière tout à fait acceptable au demeurant. Les architectes Raymond Unwin et Barry Parker avaient semble-t-il peu à offrir à Howard, hormis de timides tentatives dans le style de Shaw et Webb. La banlieue-jardin de Hampstead, dessinée par Unwin en 1907, aurait été tout aussi insipide si Edwin Lanseer Lutyens n'y avait travaillé.

Dans la tradition Arts & Crafts de Cole et de Morris, Mackmurdo fonda la Century Guild en 1882. Elle réunissait à nouveau un groupe d'artistes prêts à s'engager dans la conception et la production d'objets quotidiens. Mackmurdo fut immédiatement à l'aise comme graphiste et créateur de papiers peints et de meubles. Il promut ses idées avec Selwyn Image, créant, deux ans après la guilde, le périodique *The Hobby Horse*. Dans ses objets d'art décoratif du début des années 1880, Mackmurdo développa un style résolument original, qui annonce l'Art nouveau ; un style directement issu de William Blake, qui était opposé par l'esprit aux formes élégantes mais sévères de son architecture. Ce style trouva son expression la plus pure dans la maison extrêmement novatrice à toit plat qu'il construisit à Enfield, vers 1883, et dans son très beau stand pour l'exposition de la Century Guild de 1886.

En 1887, Ashbee suivit le modèle bien établi de la guilde en fondant dans l'East End de Londres la Guild of Handicraft (guilde des métiers manuels), qui incluait dans son programme un objectif direct de réforme sociale. La guilde fut créée dans l'intention expresse d'employer et de former des compagnons et leurs apprentis, qui se seraient autrement retrouvés sans emploi. Ashbee, comme en témoigne la maison qu'il se construisit à Chelsea en 1904, était un dessinateur plus raffiné et précis que Mackmurdo. Son expérience de directeur des études supérieures à Toynbee Hall l'avait aussi rendu apte à mener une action sociale réformatrice. Cependant, quoique profondément influencé par Morris et Ruskin, il critiquait à la fois leur refus de principe de la machine et leur socialisme révolutionnaire. Pour bien marquer sa différence avec ses prédécesseurs radicaux, Ashbee s'attribua donc l'étiquette de « socialiste constructif ». Sa rencontre avec Frank Lloyd Wright vers le tournant du siècle le conforta dans la certitude que la solution au dilemme culturel soulevé par l'industrie moderne résidait dans une bonne utilisation des machines. Comme Howard, Ashbee était un homme de compromis. Il prôna la décentralisation des concentrations urbaines existantes et de leurs institutions, soutenant ainsi plus encore le lien entre le mouvement Arts & Crafts et l'idée de cité-jardin. Comme Howard encore, il resta opposé à la nationalisation du sol. Convaincu du rôle culturel de l'artisanat dans l'« individuation » humaine, Ashbee craignait les aspects réducteurs du socialisme radical. Plus tard, il ne fut pas mécontent de voir l'Internationale socialiste achopper sur « l'écueil de la race ». Il lui préférait un type quelque peu obsolète de réforme sociale à la Disraeli, et accorda donc une confiance excessive aux vertus de l'impérialisme britannique. Ashbee n'avait pas un grand sens des réalités économiques : sa chère Guild of Handicraft, conçue comme une communauté agricole fondée sur l'artisanat à Chipping Campden, dans le Gloucestershire, en 1906, fit faillite en deux ans seulement.

Des objectifs sociaux si ambitieux ne préoccupaient guère l'individualiste Voysey, élève de Mackmurdo qui atteignit, en 1885, une force et une simplicité stylistiques qui surpasseront la plupart de ses contemporains. Voysey était influencé par Webb – son respect des méthodes traditionnelles et des matériaux locaux – plus que par l'inventivité et la virtuosité spatiale de Shaw. Dans un projet de maison pour lui-même, non réalisé, de 1885, Voysey élabora (en dépit des colombages à la Shaw) les principaux éléments de son style : un toit en ardoise avec d'importants débords, des accessoires de gouttière en fer forgé, des murs en crépi rustique percés de fenêtres horizontales et rythmés par des contreforts inclinés et des cheminées. Ces motifs caractériseront sa manière pendant les trente années suivantes. D'un point de vue stylistique, Voysey tentait de retrouver les qualités essentielles des maisons des petits propriétaires anglais. Cependant, son association précoce avec Mackmurdo généra un aspect fluide et sophistiqué, qui deviendra évident dans ses papiers peints et ses objets en métal des environs de 1890. Ces détails égayèrent les intérieurs sinon austères de Voysey. Contrairement à Morris, ce dernier possédait en effet presque à l'excès le sens de la mesure. Il exigeait ainsi que soit les tissus, soit les papiers peints soient imprimés de motifs, mais jamais les deux à la fois. Sa propre maison, The Orchard, construite en 1899 à Chorley Wood, dans l'Hertfordshire, illustre la grande modération de son style intérieur : des garde-corps tramés baignés de lumière, des cimaises, des entourages de cheminée en céramique, de simples meubles en chêne et d'épais tapis. Alors que ces éléments furent repris avec peu de variantes tout au long de sa carrière, ses dessins devinrent moins figuratifs au fil des ans ; et si ses premiers meubles avaient quelque chose d'organique, les derniers furent conçus sur des thèmes classiques.

Entre 1889 et 1910, Voysey dessina environ quarante maisons, dont certaines transcendaient l'historicité latente de son style. Parmi elles, la résidence d'artiste construite pour J. W. Forster à Bedford Park en 1890, Sturgis House à Guildford, de 1896, et la plus belle, Broadleys [29], réalisée en 1898 sur le lac Windermere. Jamais il n'égala une telle clarté du plan, une si grande générosité du tracé et de l'aménagement du paysage, enfin une répartition si libre des masses et des percements. L'influence de Voysey fut à la mesure de sa carrière : Charles Rennie Mackintosh, Charles Harrison Townsend et les architectes viennois Joseph Maria Olbrich et Josef Hoffmann figurent parmi ceux qui seront les plus marqués par son œuvre.

Durant la première partie de la carrière de Voysey, le mouvement Arts & Crafts s'institutionnalisa avec la fondation, en 1884, de l'Art Worker's Guild (guilde des ouvriers d'art) à l'instigation de Lethaby et d'autres membres de l'agence de Shaw puis, en 1887, avec l'établissement de l'Arts & Crafts Exhibition Society, présidée par le protégé de Morris, Walter Crane. Les vingt-cinq dernières années du mouvement, avant que n'éclate la Première Guerre mondiale, sont intrinsèquement liées à la carrière de Lethaby. Après avoir été chef d'agence pendant douze ans chez Shaw, il se mit à son compte en 1895 avec le projet d'Avon Tyrrell, un grand château dans la New Forest. Cinq ans plus tard, il fut nommé, avec George Frampton, premier directeur de la Central School of Arts & Crafts de Londres. Ainsi, en dehors de sa brève carrière de concepteur, Lethaby joua un rôle dans le mouvement surtout par ses grandes qualités d'enseignant. En 1892, il publia un premier livre, *Architecture, Mysticism and Myth*, dans lequel il montrait comment l'architecture avait toujours et partout été mue par des schémas cosmiques et religieux. Il tenta d'intégrer ce symbolisme dans son travail, alors que son propos général semble avoir influencé son proche collaborateur E. S. Prior, dont la célèbre maison au plan « en ailes de papillon », The Barn, construite à Exmouth en 1897, témoigne de traits clairement symboliques. (De tels plans en papillon furent proposés par Mackay

29. Voysey, Broadleys, Cumbria, 1898.

Hugh Baillie-Scott pour Yellowsands en 1902 et pour la banlieue-jardin de Hampstead en 1908.)

Une fois professeur, Lethaby se préoccupa moins de contenu poétique que de méthode favorable au développement des formes. Ainsi s'en prit-il dès 1910 à la gaucherie poétique : « La construction a été et peut être un art : imaginatif, poétique, voire mystique et magique. Quand la poésie et la magie seront dans l'esprit des gens et dans l'air du temps, elles apparaîtront dans les arts. [...] Il ne sert à rien de dire construisons des bâtiments magiques. » La tradition dont il était issu relevé parut soudain avoir fait son temps à Lethaby. Dernier témoin d'une longue lignée de socialistes néogothiques, il prônait déjà, au début du siècle, le pur fonctionnalisme. En 1915, alors qu'il fondait la Design and Industries Association, il incita ses confrères à chercher en Allemagne et dans le Deutsche Werkbund la voie de l'avenir.

Alors que la guerre de 1914 éclatait en Europe, l'âge d'or des maisons de campagne anglaises de rêve, inauguré par Webb, Shaw et Nesfield, et poussé sur sa voie la plus exotique dans les subtils projets *Country Life* de Lutyens et Gertrude Jekyll, touchait à sa fin. Pourtant, cette période s'était achevée bien plus tôt, avec la vague de maisons néogéorgiennes construites, comme le remarqua Robert Furneaux Jordan, pour « les riches esthètes qui, après la guerre des Boers, avaient fondu leurs épées contre des actions sur l'or ».

Sans ce triomphe du néopalladianisme mâtiné de goût édouardien – la passion de Lutyens après le début du siècle pour ce qu'il appelait la « Wrenaissance » –, il est peu probable que les formes et idéaux des Arts & Crafts auraient survécu au traumatisme socioculturel de la première guerre industrialisée à grande échelle. Le sort de l'entreprise Liberty & Co après la guerre en est une bonne illustration : le massacre de 1914-1918 brisa net l'inventivité de la firme. En cinq ans, la rigueur créatrice et l'éclat de son argenterie Art nouveau fit place à de banals décors de porcelaine bleue, à des meubles Tudor et à des pastiches de vitraux pseudo-préraphaélites. Liberty opta pour ce style dégénéré même dans ses nouveaux locaux construits en 1924 sur les plans de E. T. Hall et E. S. Hall. Ce grand magasin aux façades à colombages illustrait ce que l'on appela le « *Stockbroker's Tudor* » (Tudor des agents de change) qui, sous divers avatars domestiques, prospérera le long des nouvelles voies reliant Londres aux banlieues-dortoirs.

30. Lutyens, Arc de Thiepval, Picardie, 1924.

Pendant ce temps, Lutyens, qui avait quasiment été élevé au rang d'architecte officiel de l'État, se retrouva coincé dans un après-guerre qui ne pouvait même pas s'offrir le luxe relativement modeste de ses premières maisons de campagne avec leur jardin petit mais complexe dessiné par Jekill (par exemple le Tigbourne Court à la Prior de 1899). Au cours du XX$^{e}$ siècle, le goût de Lutyens pour le palladianisme, qui transparaît pour la première fois dans sa propre maison de Nashdom en 1905, s'épanouira à l'étranger, dans le solennel mémorial de la Somme aux morts britanniques [30], réalisé à Thiepval en 1924, et dans la monumentalité surannée de son magistral palais du vice-roi à New Delhi de 1923-1931 [200]. Dans ces deux superbes monuments néoclassiques, Lutyens renonce à l'héritage Arts & Crafts : rien de plus éloigné de la vision utopique de Morris que ces austères édifices isolés dans des paysages plats et étranges. « Nulle part » n'était plus maintenant incarné dans le renouveau des guildes médiévales par Morris mais dans une arche dressée à la mémoire d'une génération martyre et dans une perspective baroque donnant sur un empire déjà au bord du gouffre.

# Adler et Sullivan : l'auditorium et la grande hauteur, 1886-1895

*Il serait esthétiquement très profitable de nous passer de tout ornement pendant quelques années, afin que notre pensée puisse se concentrer sur l'élaboration de constructions de formes belles et avenantes dans leur nudité. Nous devrions ainsi forcément fuir de nombreuses choses inutiles, et apprendre au contraire l'intérêt de penser d'une manière naturelle, synthétique et positive. [...] Nous aurons cependant appris que l'ornement est un luxe de l'esprit, pas une nécessité, car nous aurons discerné les limites aussi bien que la valeur des masses dépourvues d'ornement. Nous avons du romantisme en nous et éprouvons un besoin irrépressible de l'exprimer. Nous sentons intuitivement que nos formes simples, fortes et puissantes porteront avec une aisance naturelle l'habit dont nous rêvons, et que nos constructions ainsi vêtues d'images poétiques, pour ainsi dire à moitié cachées dans les meilleurs produits du métier à tisser et de la mine, séduiront avec une force redoublée, comme une mélodie accompagnée de voix mélodieuses.*

Louis Sullivan, *Ornament in Architecture*, 1892

Le magasin en gros Marshall Field, construit en style néoroman par Henry Hobson Richardson à partir de 1885 et achevé un an après sa mort en 1887, est à l'origine des grandes réalisations à Chicago de l'agence Adler et Sullivan. Avant d'être l'assistant de Dankmar Adler en 1879, puis son associé à partir de 1881, Louis Sullivan reçut une formation plutôt chaotique dans deux écoles prestigieuses (où il ne resta chaque fois qu'un peu moins d'un an) : le MIT, en 1872, et l'École des beaux-arts de Paris, plus particulièrement à l'atelier d'Émile Vaudremer, en 1874. Entre ces épisodes académiques, Sullivan travailla un an chez Frank Furness à Philadelphie. Cette année s'avérera cruciale pour sa carrière : il y fut confronté au style gothique « orientalisé » de Furness, qui influença longtemps sa propre conception de l'ornement ; ensuite, il y rencontra le jeune architecte intellectuel John Edelman. Celui-ci lui fit connaître les personnalités influentes de l'establishment architectural de Chicago : William Le Baron Jenney, futur précurseur des constructions à charpente métallique [32] avec le Fair Store de 1892, puis Dankmar Adler. La surprenante culture d'Edelman, avec ses positions anarcho-socialistes inspirées de William Morris et de Pierre Kropotkine, marqua les positions théoriques de Sullivan, comme le montre son livre *Kindergarten Chats* de 1901.

Au début, Adler et Sullivan durent faire face aux besoins urgents d'un Chicago en plein essor et qui cherchait à se reconstruire après l'incendie de 1871 avec la volonté de devenir la capitale du Midwest. À la fin des années 1870, tandis qu'Adler était encore en train d'assurer la stabilité de son agence, Sullivan, quant à lui, travaillait pour Jenney, auprès de qui il se familiarisa avec les aspects techniques de la construction à Chicago. Dans son livre publié en 1924, *The Autobiography of*

31. Chicago, 1898 : vue vers l'ouest depuis Michigan Boulevard ; au centre (n° 2), l'Auditorium Building (voir [33]).

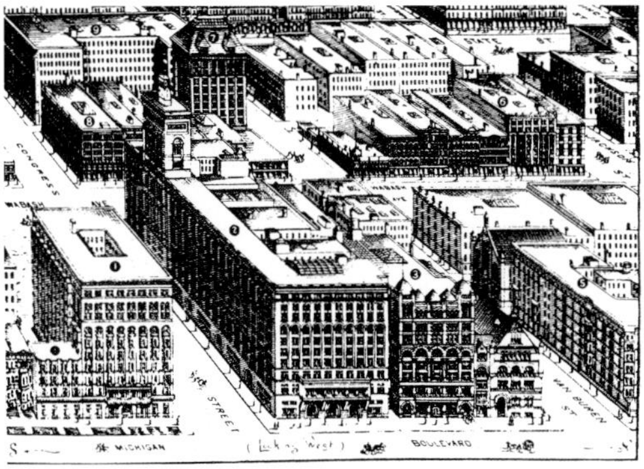

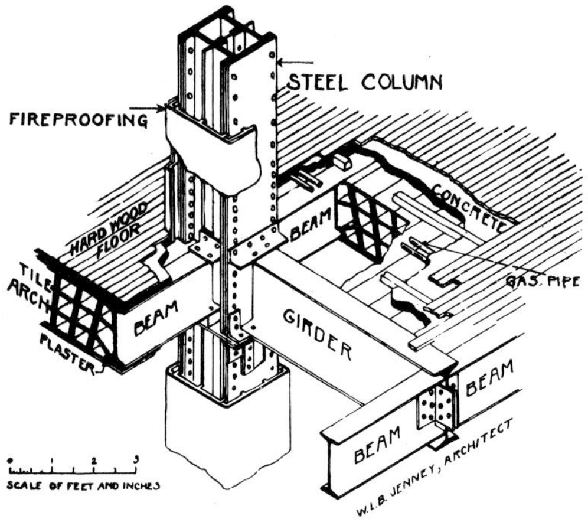


32. Jenney, Fair Store, Chicago, 1890-1891.
Détail de la charpente en acier résistant au feu.

*an Idea*, Sullivan relate les forces puissantes qui le conduisirent à ce mode constructif :

*L'immeuble commercial s'éleva en hauteur à cause de la pression due aux charges foncières, lesquelles charges foncières étaient causées par l'accroissement de la population, lequel accroissement était dû à des forces extérieures. [...] Mais un immeuble de bureaux ne pouvait s'élever au-dessus de la hauteur des escaliers sans moyen de circulation verticale. La pression ainsi exercée sur le cerveau des ingénieurs mécaniciens, leur créativité, alliée à l'industrie, donnèrent naissance à l'ascenseur. [...] Mais la nature même de la construction en maçonnerie fixa une nouvelle limite en hauteur ; des murs de plus en plus épais engloutissaient la surface au sol et dans les étages, dont les prix grimpaient toujours plus avec l'accroissement de la population. Cette activité du bâtiment en hauteur à Chicago en vint à attirer l'attention des directeurs commerciaux des laminoirs de l'Est ; ils mirent au travail leurs ingénieurs. Leurs usines produisaient déjà des éléments structurels utilisés depuis longtemps dans les ponts : le chantier était donc préparé. Le problème relevait maintenant d'une perspective de vente fondée sur l'imagination et la technique. Ainsi, l'idée d'une ossature en métal reprenant toutes les charges fut présentée aux architectes de Chicago [...] le tour était joué ; et quelque chose apparut rapidement sous le soleil [...]. Les architectes de Chicago acceptèrent l'ossature métallique et en firent quelque chose. Les architectes de la côte Est furent terrorisés et ne purent rien en tirer.*

Comme le relève Sullivan, les architectes de Chicago des années 1880 n'avaient d'autre choix que de maîtriser les dernières techniques de construction s'ils voulaient continuer à exercer ; et comme l'incendie de 1871 avait démontré le peu de fiabilité de la fonte, le développement de la charpente en acier ignifugé, qui permettait d'ériger de nombreux étages de surface à louer, incita les spéculateurs à aménager au maximum les terrains du centre ville. Le critique Montgomery Schuyler observa en 1899 : « L'ascenseur a doublé la hauteur des immeubles de bureaux, et la structure en acier l'a encore doublée. »

Jusqu'en 1886, Adler et Sullivan construisirent surtout de petits bâtiments – bureaux, entrepôts, grands magasins – ainsi que quelques maisons. Ces premières réalisations, qui ne dépassaient guère cinq étages, n'autorisaient que peu d'ambition, sauf quant à la mise en valeur de leur structure – qu'elle soit en fer, en maçonnerie ou dans un mélange des deux ; la marge de manœuvre se bornait en outre à jouer sur la division classique de la façade entre la base, le corps de bâtiment et sa partie supérieure.

Tout cela changea en 1886 avec la commande de l'Auditorium Building [31, 33]. Sa contribution à la culture locale fut autant technique que conceptuelle. La composition générale de cet ensemble polyfonctionnel était exemplaire. Les architectes insérèrent au cœur d'un demi-bloc du plan en damier de Chicago une grande salle de spectacles moderne, flanquée de part et d'autre de dix étages (pour des bureaux et un hôtel). Le programme fut réparti de manière innovante, avec notamment l'implantation de la cuisine et de la salle à manger de l'hôtel sur le toit pour que les odeurs et fumées ne dérangent pas les résidents. La salle de spectacles offrit une grande latitude à l'inventivité technologique d'Adler. L'ingénieur rendit possibles les modifications de jauge requises par des panneaux de plafond réglables et des écrans verticaux qui faisaient varier la salle de 2 500 places (pour les concerts) à 7 000 (pour les congrès). La confiance du client dans l'habileté technique d'Adler transparaît dans la description de la salle que ce dernier en donna :

*L'architecture et la décoration de la salle sont extrêmement originales et en grande partie déterminées par les effets acoustiques recherchés. Une série d'arcs elliptiques concentriques assurent la progression latérale et verticale du son de l'avant-scène vers la salle. Les frises et ces surfaces elliptiques sont ornées de motifs en relief, les lampes électriques à incandescence et [...] les bouches d'aération jouant un rôle essentiel dans la décoration. [...] Les dispositifs de chauffage, de climatisation et de ventilation ont été soigneusement étudiés. L'air neuf capté en haut du bâtiment est entraîné mécaniquement à l'intérieur par un ventilateur [...] de trois mètres de diamètre. Cela purifie l'air de beaucoup de poussière et de suie. [...] Un réseau de gaines fait circuler l'air dans les différentes parties de la salle, [...] la scène, [...] les foyers et leurs accès et les vestiaires. Le mouvement général de l'air va de la scène vers la périphérie de la salle et du plafond vers le bas. [...] Des conduits relient aux extracteurs les ouvertures situées dans les contre-marches de tous les gradins des sièges.*

Adler fut probablement l'un des derniers architectes-ingénieurs à faire preuve d'une telle maîtrise technique. Il résolut maintes difficultés, de l'air conditionné de la salle à l'ossature métallique des panneaux acoustiques ; du fonctionnement de la scène pivotante aux grands halls de la salle et de l'hôtel. L'ensemble tenait dans une structure massive en maçonnerie et fer, subtilement équilibrée lors du chantier de façon à reprendre les différentes contraintes qui s'exerçaient sur les fondations.

L'esthétique de ce complexe de dix étages était fondée sur une édulcoration de la syntaxe du magasin Marshall Field de Richardson. Alors que ce dernier y avait partout employé des blocs de pierre à bossage, Sullivan modula le revêtement de l'Auditorium Building pour en atténuer la hauteur et la masse, remplaçant les blocs rustiqués du socle

33. Adler et Sullivan, Auditorium Building, Chicago, 1887-1889. Coupe longitudinale de la scène et de la salle.

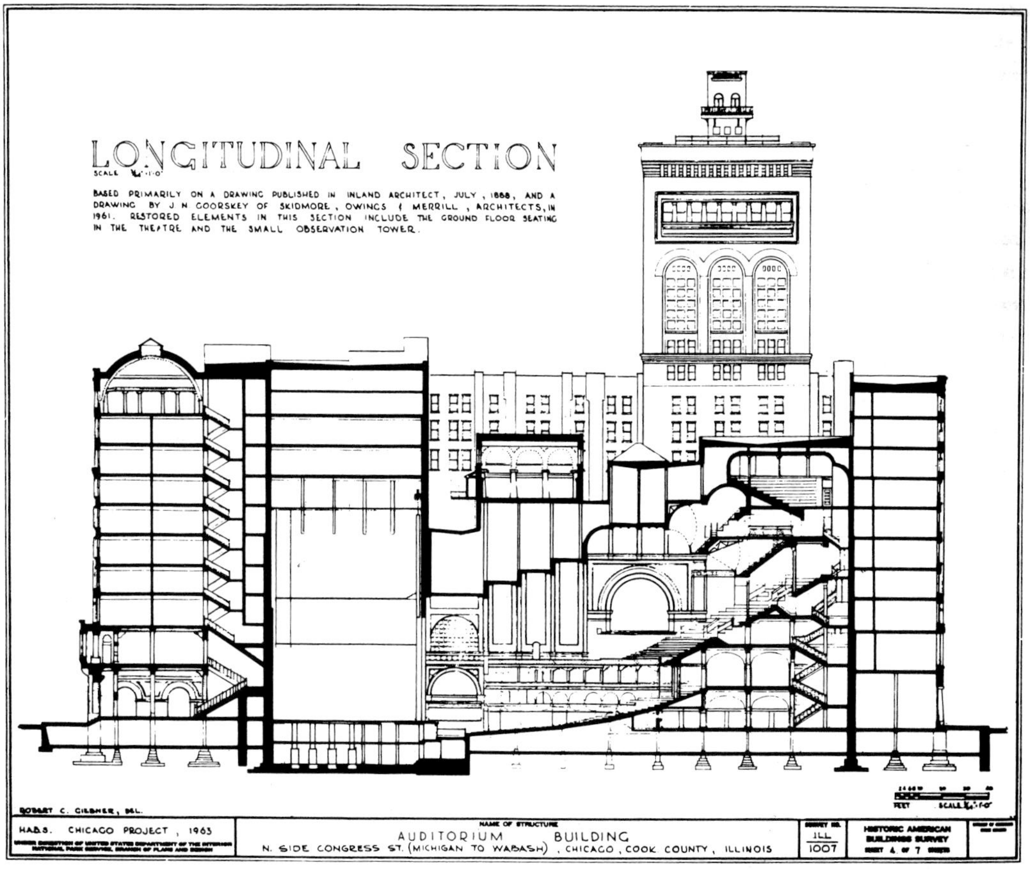

34. Sullivan, tombeau de Getty, cimetière de Graceland, Chicago, 1890.

par des pierres lisses au-dessus du deuxième étage. Cependant l'indigence et l'austérité du résultat affligèrent Adler, qui écrivit en 1892 :

*Il est regrettable que la simplicité sévère [...] rendue nécessaire par les décisions financières initiales, l'impression marquante du Marshall Field Building sur les directeurs de l'Association de l'Auditorium, et le refus d'une tendance à l'abus d'effets décoratifs savants de la part des architectes aient contribué [...] à priver l'extérieur du bâtiment des grâces [...] caractéristiques de son intérieur.*

Néanmoins, quelque chose de puissant, de ferme et de rythmé habite la silhouette générale, tandis que la tour fait écho à la colonnade de la véranda de l'hôtel qui donne sur le lac, du fait de leurs motifs délicats similaires. La touche d'orientalisme de cette véranda annonce l'ambiance turque que Sullivan donnera, en étroite collaboration avec son assistant Frank Lloyd Wright, à la maison Charnley en 1892.

Richardson restera la principale référence du premier Sullivan. Entre les mains de ce dernier, l'usage admirablement modulé du néoroman par Richardson fut brutalement simplifié en une manière néoclassique, d'abord dans l'usine Walker de 1888 puis dans le Dooly Block de 1890, deux bâtiments qu'il qualifia de « formes belles et avenantes dans leur nudité » dans *Ornament in Architecture* (1892). Dès lors, le marquage de la masse reposa sur des moulurations accusées et des corniches saillantes. Les percements sont regroupés en arcades aplaties, tandis que des façades lisses et éclatantes sont articulées par des épisodes décoratifs très réglés. Les tombeaux Getty [34] et Wainwright, conçus en 1890 et 1892, affirment et raffinent cette démarche, qui fut appliquée à grande échelle dans le Wainwright Building, achevé à Saint Louis (Missouri) en 1891. Comme chez le Viennois Otto Wagner, l'austérité des systèmes stéréotomiques de Sullivan contredit l'ornementation qui les enrichissait et les structurait. Pourtant, contrairement aux décors fluides de Wagner, il y a toujours quelque chose de résolument islamique dans les ornements de Sullivan : même quand ils ne sont pas intrinsèquement géométriques, ils sont presque toujours contenus dans des formes géométriques. Par ce recours à l'esthétique orientale, voire à son symbolisme, Sullivan cherchait à dépasser la fracture de la culture occidentale entre l'intellect et l'émotif – pôles qu'il associera plus tard à l'Antiquité grecque et au gothique. Entre l'Auditorium Building et le Wainwright Building, les ornements de Sullivan passent de la liberté organique à la stricte géométrie. Dans le pavillon des Transports de l'Exposition universelle de 1893, les ornements se firent avant tout géométriques ou, quand ils étaient libres, strictement réglés par une grille géométrique. Comme l'écrira Wright dans son livre de 1949, *Genius and the Mobocracy*, cette « cristallisation » trouvera sa forme définitive en 1895 dans le Guaranty Building [35] de Sullivan à Buffalo, dans l'État de New York.

On ne peut attribuer ni à Sullivan ni à Jenney l'invention du gratte-ciel, si l'on n'entend par ce terme qu'un bâtiment de grande hauteur doté de nombreux étages : de telles hauteurs avaient déjà été réalisées en briques porteuses juste avant le Wainwright de Sullivan, plus particulièrement dans le Monadnock Block (quinze étages) réalisé par Burnham et Root à Chicago entre 1889 et 1892. On peut cependant attribuer à Sullivan l'élaboration d'un langage architectural propre aux constructions en hauteur. Le Wainwright

Building exprime pour la première fois cette syntaxe, où la suppression des impostes, déjà utilisée dans l'usine Marshall Field de Richardson, est poussée jusqu'à sa conclusion logique. La façade désormais dénuée d'arcades est rythmée par un quadrillage de poteaux habillés de briques, alors que les impostes placées en retrait sont recouvertes de terre cuite, de façon à se fondre dans les baies. Les piles reposent sur un simple socle en pierre de deux niveaux et s'achèvent brutalement sur une imposante corniche ornée de terre cuite. Quatre ans plus tard, Sullivan perfectionnera ce mode expressif avec son deuxième chef-d'œuvre, le Guaranty Building.

Cet édifice est celui d'un homme au faîte de ses capacités ; il représente sans aucun doute l'aboutissement des principes exposés dans son article de 1896, intitulé « The Tall Office Building Artistically Considered » (l'immeuble en hauteur de bureaux du point de vue artistique). Selon son architecte, dans cet immeuble de bureaux de douze étages, « l'ornement est plaqué ou creusé [...] pourtant, il devrait finalement sembler issu du matériau, comme s'il avait été produit par quelque agent bienfaisant, qu'il était sorti de la substance même de la matière ». Une terre cuite décorative enveloppe l'extérieur d'un décor en filigrane opaque dont les motifs pénètrent même

35. Adler et Sullivan, Guaranty Building, Buffalo, 1895.

l'ornementation en métal du hall d'entrée. Seuls les fenêtres simplement vitrées et les murs de marbre du rez-de-chaussée furent épargnés par ce traitement extrême, pour ne pas dire délirant.

Sullivan, tout comme son élève Wright, se prenait pour un créateur solitaire de la culture du Nouveau Monde. Nourri de Walt Whitman, Charles Darwin et Herbert Spencer, inspiré par Friedrich Nietzsche, il tenait ses constructions pour les émanations de quelque force vitale éternelle. Pour lui, la nature se manifestait dans l'art à travers la structure et l'ornementation. Sa célèbre formule « *form follows function* » (la forme suit la fonction) trouve son expression la plus achevée dans la corniche concave du Guaranty Building, où la « force de vie » ornementale de la surface des montants des fenêtres explose et tourbillonne autour des baies circulaires de l'attique, reflétant métaphoriquement la mécanique du bâtiment qui, pour citer Sullivan, « s'achève lui-même et accomplit son propre cycle, ascendant et descendant ».

Cette métaphore organique prend un caractère plus fondamental avec la signification que Sullivan donnait à la graine ailée du sycomore, dont le « germe » figure en première page de son ouvrage sur l'ornement en architecture, *A System of Architectural Ornament According with a Philosophy of Man's Powers* (un système d'ornement architectural en accord avec une philosophie des pouvoirs de l'homme), publié en 1924, l'année de sa mort. Sous cette image, Sullivan plaça une légende toute nietzschéenne : « Le germe est ce qu'il y a de vrai ; la base de l'identité. À l'intérieur de son mécanisme délicat réside la volonté de puissance, dont le but est de chercher et trouver sa pleine expression dans la forme. »

Pour Sullivan comme pour Wright, cette forme ne peut s'épanouir que dans une Amérique démocratique millénariste, où elle surgira comme « un art qui vivra parce qu'il sera du peuple, pour le peuple et par le peuple ». Prophète autoproclamé de la démocratie, Sullivan resta largement méconnu. Son hyper-idéalisme égalitaire fut même rejeté par le peuple. Sa focalisation morbide sur une civilisation nouvelle, comparable à celle des Assyriens, telle qu'elle s'exprime dans la coexistence du délire et de la retenue dans son architecture orientaliste, le plongea, avec Wright, dans la confusion. Déracinés, frappés par la crise économique, ils sombrèrent dans les distractions plaisantes d'un baroque d'importation, celui de la « White City » : les emblèmes de l'impérialisme de la côte Est, qui furent présentés sous leur meilleur jour par Daniel Burnham lors de l'Exposition colombienne de 1893. Ce rejet détruisit moralement Sullivan, et malgré quelques éclairs de génie, son inspiration se tarit. Sans son affable associé Adler, il ne sut plus contrôler sa vie professionnelle : après le tournant du siècle, il ne reçut que de très rares commandes. Parmi celles-ci, relevons cependant ses immeubles pour la Midwestern Bank de 1907 à 1919 – inventifs, excentriques, extrêmement ornementés – et le prophétique grand magasin Schlesinger & Mayer (maintenant Carson, Pirie, Scott), réalisé à Chicago de 1899 à 1904, aux proportions grandioses et aux ornements d'une grande vitalité.

# Frank Lloyd Wright et le mythe de la Prairie, 1890-1916

*Quand je regardais jadis vers le sud depuis la massive tour de pierre de l'Auditorium Building, le crayon dans la main d'un maître, l'éclat rougeoyant des convertisseurs Bessemer au sud de Chicago provoquait en moi un sentiment de terreur et de romanesque comme l'avait fait la lecture des Mille et une Nuits.*

Frank Lloyd Wright, « The Nature of Materials », *Architectural Record*, octobre 1928

Ces quelques mots de Wright sur ses années de formation chez Adler et Sullivan peu après 1890 font allusion à la vision inédite qui nourrit ses débuts : la transformation de la technique industrielle par l'art. La forme que devait prendre cette transformation restait pourtant pour lui, au début du siècle, loin d'être claire. Comme ses maîtres Sullivan et Richardson, il hésitait entre l'autorité de l'ordre classique et la vitalité des formes asymétriques. Richardson, s'inspirant des manières résidentielle et urbaine de Norman Shaw, avait adopté un style asymétrique pour ses constructions domestiques et réservait la symétrie pour ses bâtiments publics. Les maisons de Richardson témoignent pourtant toujours d'une densité unificatrice, et il essaya d'adapter autant que possible la pesanteur romane (telle qu'elle fut interprétée au Second Empire par Émile Vaudremer) pour en faire un style approprié au Nouveau Monde. Même dans ses premières maisons en bois, une impression de poids altère les façades en bardeaux ; et, plus tard, dans son architecture domestique, notamment la Glessner House de Chicago en 1885, où les bardeaux sont remplacés par de la pierre, la composition asymétrique reste d'une indéniable monumentalité.

Cette question de la monumentalité paraît avoir été tout aussi problématique pour Wright que pour Sullivan. Ce dernier avait déjà utilisé des formes monumentales pour les tombeaux de Getty et Wainwright des années 1890, mais convenaient-elles aussi au logement des vivants ? La solution initiale semble avoir été une formule double, avec combinaison du classique et de la pierre à la ville, et du gothique et des bardeaux à la campagne. Wright, officieusement chargé des commandes domestiques de Sullivan après 1890, appliqua pour la première fois ce double principe dans sa propre maison, réalisée en 1889 dans ce qui était encore la Prairie de la mythologie américaine – Oak Park, une nouvelle banlieue de Chicago – puis dans la Charnley House, dotée de motifs décoratifs orientalisants mais aussi d'une loggia à l'italienne, qu'il conçut avec Sullivan pour le centre de Chicago en 1892. La propre maison de Wright dérivait, en plan et en coupe, comme l'a montré Vincent Scully, des résidences pyramidales à la Richardson, avec des plans en croix et en T, que Bruce Price construisait alors à Tuxedo Park, dans l'État de New York.

Pour Sullivan et Wright, la jeune culture égalitariste du Nouveau Monde ne pouvait être fondée sur quelque chose d'aussi pesant et conventionnellement catholique que le néoroman de Richardson. Aussi s'intéressèrent-ils au travail d'un autre celte, Owen Jones, dont l'ouvrage *The Grammar of Ornament* avait été publié pour la première fois en 1856. Plus de la moitié des modèles d'ornements présentés par Jones étaient exotiques, d'origine indienne, chinoise, égyptienne, assyrienne ou celte ; c'est à de telles sources que Sullivan et Wright puisèrent pour élaborer un style propre à incarner le Nouveau Monde. Cela explique non seulement les motifs islamiques que l'on trouve dans l'œuvre de Sullivan, mais aussi la peinture murale « science-fiction » en demi-cercle de la salle de jeux des enfants dans la maison de Wright à Oak Park, construite en 1895.

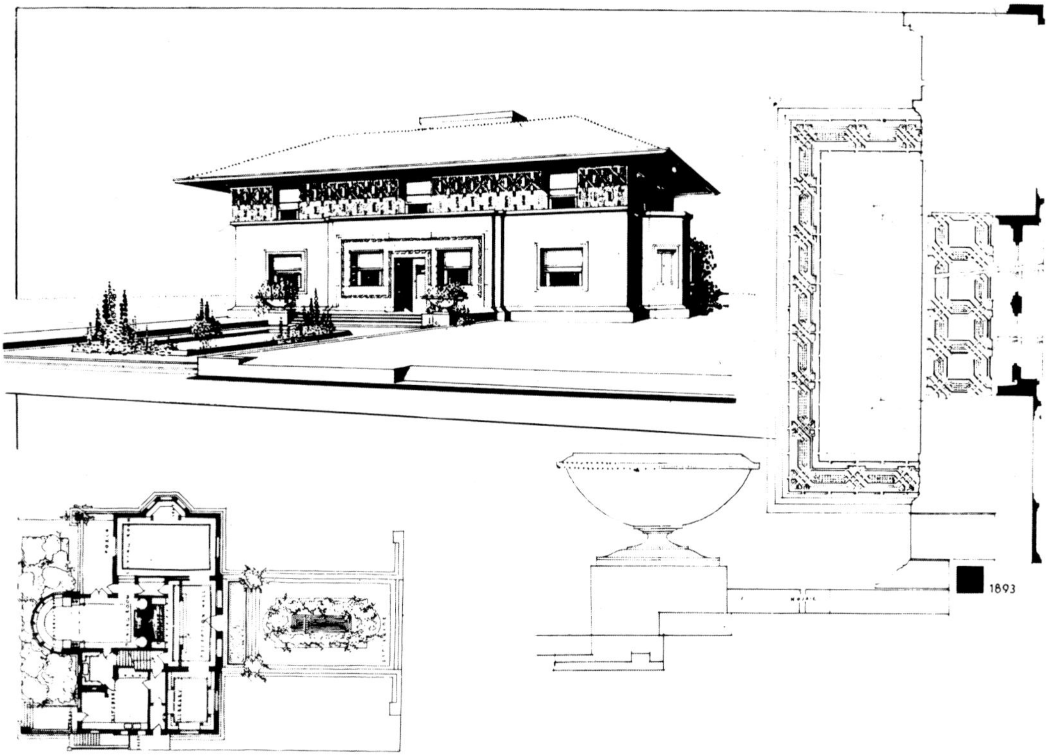


36. Wright, Winslow House, River Forest, Illinois, 1893. Vue d'ensemble et plan masse.

Dans la Winslow House [36] construite à River Forest (Illinois) en 1893, Wright résolut provisoirement le problème de la création d'un modèle à la fois égalitaire et distinctif grâce à deux aspects très différents : la façade « urbaine », sur rue, est symétrique et percée dans l'axe ; la façade sur jardin, « rurale », est asymétrique et accessible sur une de ses extrémités. La stratégie de composition du style de la Prairie est ici annoncée : par exemple, les irrégularités de la façade arrière permettent d'intégrer facilement les zones de service, malgré le formalisme de la façade. Le traitement mixte des percements – en partie à guillotine et en partie à deux vantaux – confirme que la Winslow House est une œuvre de transition. Comme l'a écrit Grant Carpenter Manson dans son livre de 1958, *Frank Lloyd Wright to 1910*, Wright commença à « délaisser les fenêtres à guillotine au profit de celles à battants, préparant ainsi la dernière transformation de son vocabulaire, depuis les percements ponctuels à ceux en bande ». Alors que le toit typique du Wright de la Prairie, à faible pente, apparaît ici pour la première fois, l'animation des plans des murs par des bandeaux décoratifs dans le style de Sullivan et la corniche marquant l'étage témoignent de la persistance de l'influence de son maître. La façade d'entrée, traitée de manière monumentale, rappelle les tombes conçues par Sullivan au début des années 1890, alors que l'écran à arcades de la cheminée du hall d'entrée est une version inversée de la façade du théâtre Schiller, toujours de Sullivan.

Cette emphase très tôt portée sur la cheminée témoigne d'une autre influence, plus dialectique : celle de l'architecture japonaise. Wright reconnut qu'il y fut exposé dès 1890, et assurément depuis l'Exposition colombienne de 1893. Le gouvernement japonais y installa en effet son exposition nationale dans une reconstitution du temple Ho-o-den. Le rôle de cet édifice dans l'évolution de Wright a été fort bien décrit par Manson :

*Si nous admettons que la confrontation concrète aux concepts japonais joua un rôle crucial à un moment de sa carrière pour donner à son architecture sa ligne définitive et univoque, de nombreuses étapes dans son évolution paraissent plus rationnelles que métaphysiques. Par exemple : la traduction occidentale du* tokonama, *élément permanent de tout intérieur japonais et centre de contemplation et de cérémonie domestique, par la cheminée, et l'amplification de celle-ci jusqu'à ce qu'elle acquière une dimension animiste ; l'exhibition de la maçonnerie nue de la cheminée et de l'âtre, expression de l'abri et seule substance solide recherchée dans un intérieur d'une fluidité toujours croissante ; depuis la cheminée, l'ouverture de l'intérieur vers les limites extérieures à travers des espaces vitrés modulables ; le prolongement des toitures par-delà les murs afin de canaliser et modifier l'intensité de la lumière à l'intérieur et de protéger ces murs des intempéries ; la division de l'intérieur en différentes unités par des écrans plutôt que des cloisons, prenant ainsi en compte les usages fluctuants des hommes ; l'élimination de toute ornementation sculptée ou vernie au profit de surfaces plates et de bois blanc – tous ces éléments, parmi d'autres, peuvent avoir été suggérés par la leçon du Ho-o-den comme des améliorations salutaires, mais pour l'heure non réalisées et non avouées.*

Indépendamment de la provenance réelle du motif *tokonama* et même si, à l'époque de la Winslow House, les maisons étaient équipées de chauffage central, la cheminée était encore plus le centre du cérémonial de la maison qu'elle ne l'avait été dans la propre maison de Wright à Oak Park. Pourtant, en 1893, Wright n'avait pas encore complètement trouvé sa voie : il conçut ainsi une façade tout à fait classique pour la Milwaukee Library. En 1895, il agrandit sa maison par un atelier d'une facture quasi précolombienne, que nous avons été amenés à considérer, à l'instar de Manson, comme son « style Fröbel » : cette propension à la géométrie fut probablement nourrie par ses jeux d'enfant avec les cubes éducatifs élaborés par le pédagogue Friedrich Fröbel. Vers 1895, Wright produisit également deux projets étonnamment novateurs, les bureaux pour Luxfer Prism, entièrement vitrés, et la McAfee House, ingénieuse réinterprétation du parti adopté par Richardson pour la Winn Memorial Library en 1878.

Wright semblait alors avoir presque abandonné tout espoir de parvenir à rompre avec le passé et de développer un style nouveau : ses bâtiments publics restaient à la fois italianisants et richardsoniens, alors que son architecture domestique était désormais systématiquement caractérisée par des toits peu pentus reposant à des hauteurs diverses sur des murs asymétriques et étirés. L'immeuble de logements de Francisco Terrace et les maisons Heller et Husser réalisés à Chicago entre 1895 et 1899 illustrent ces deux manières.

Wright mettra encore deux ans pour concilier toutes ces influences dans le style domestique abouti avec lequel il exprimera son mythe de la Prairie ; il écrira à ce sujet en 1908 : « La Prairie a une beauté qui lui est propre et nous devrions reconnaître et accentuer sa beauté naturelle, sa quiétude. D'où [...] les débords de toiture protecteurs, les terrasses basses et les murs se prolongeant pour enclore des jardins privés. »

La réelle naissance du style de la Prairie coïncida avec la maturité théorique de Wright. Elle devint patente avec la fameuse conférence de 1901, « The Art and Craft of the Machine », qu'il prononça pour la première fois, fort opportunément, au Jane Addams's Hull House Settlement de Chicago. Partant de son désespoir juvénile à la lecture de *Notre-Dame de Paris* (1832) de Victor Hugo, dans lequel l'auteur affirmait que le livre imprimé finirait par éliminer l'architecture, Wright rétorqua que la machine pouvait être utilisée intelligemment, en accord avec ses propres lois, comme un instrument au service de l'abstraction et de la purification – processus grâce auquel l'architecture pourrait être sauvée des ravages de l'industrialisation. Il fit contempler au public l'impressionnant panorama de Chicago comme une machine géante et conclut par cette exhortation : « Voici la chose dans laquelle les forces de l'Art doivent respirer le frisson de l'idéal ! UNE ÂME ! »

À partir de 1890, le sculpteur Richard Bock fut l'iconographe de cette « âme », c'est-à-dire le pourvoyeur d'images du style de la Prairie de Wright. Les premières œuvres de Bock étaient proches, avec leur symbolisme tiré de la nature, du style de la Sécession européenne et s'accommodaient bien des relents néo-Sullivan encore présents chez Wright. Cependant, après 1900, sous l'influence de l'architecte, le travail de Bock se fit plus abstrait, comme le montre *La Muse* qu'il créa pour la Dana House de 1902. Cette statue [37], placée dans le hall d'entrée, représentait

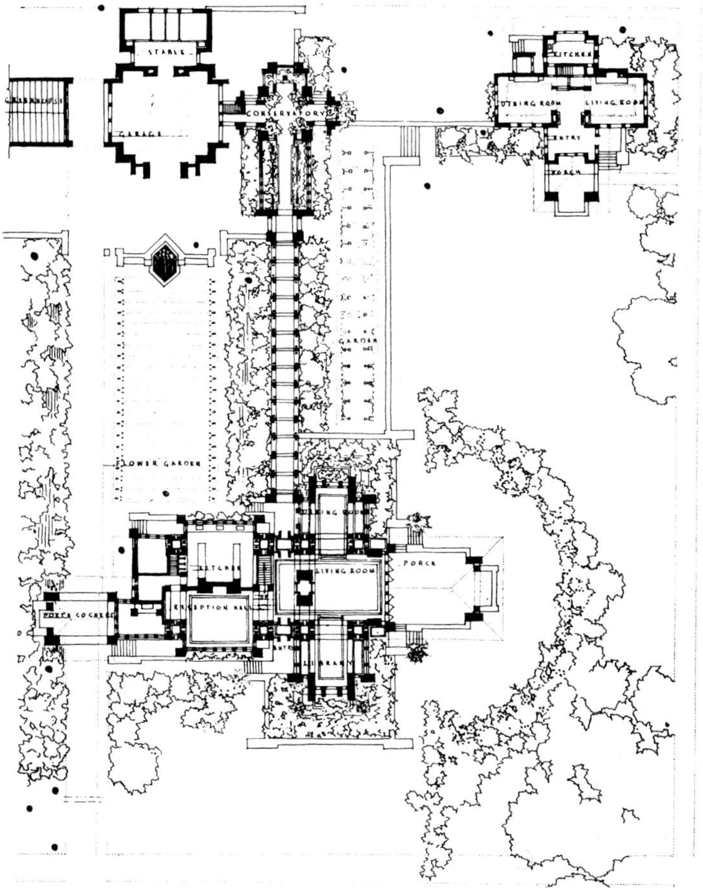


37. Bock, *La Muse* pour la Dana House de Wright, Springfield, Illinois, 1902.

38. Wright, Martin House, Buffalo, 1904.

ladite muse assemblant une à une les pièces abstraites d'une étonnante culture de la machine.

Le style de la Prairie de Wright trouva son expression la plus aboutie dans les plans de maisons qu'il dessina pour le *Ladies' Home Journal* en 1900 et 1901. Les éléments en étaient désormais arrêtés : un plan de rez-de-chaussée ouvert, tenu dans un schéma horizontal, avec des toits peu pentus et des murets de clôture – ce profil bas s'intégrant volontairement dans le site et contrastant fermement avec les verticales des cheminées et la double hauteur des espaces intérieurs. Wright hésitait pourtant alors encore sur la silhouette, oscillant entre la densité à la Richardson de sa Heurtley House de 1902 et la légèreté de l'ossature à la japonaise de la Hickox House, achevée deux ans plus tôt à Kankakee (Illinois).

Ce partage entre deux expressions, l'une monolithique, l'autre articulée, trouva une résolution avec le travail de Wright pour une famille d'entrepreneurs de Buffalo, les Martin. Le Larkin Building [40] et la Martin House [38], construits tous deux en 1904 pour Darwin D. Martin, le propriétaire de la Larkin Mail Order Co., témoignent de la récente maturité stylistique de Wright. Ils furent immédiatement suivis par le premier séjour de l'architecte au Japon, en 1905, et par la réalisation en 1906 de son premier édifice en béton, l'Unity Temple (Temple unitarien) [39] à Oak Park, dans l'Illinois. Un fonds classique, mâtiné d'exotisme, devint dès lors le style propre de Wright, style qui fut bientôt diffusé en Europe grâce aux portfolios de son travail publiés par l'éditeur Ernst Wasmuth à Berlin en 1910 et 1911.

Les chefs-d'œuvre de 1904-1906 – une maison, une église et un immeuble de bureaux – reposent grossièrement tous sur le même système architectural. La Martin House est le premier bâtiment de Wright intégralement fondé sur un plan modulaire à trame écossaise. On retrouve un tramage analogue des éléments porteurs et des vides dans les principaux espaces du Temple unitarien et du Larkin Building. Cependant, tandis que le temple est organisé selon deux axes, l'immeuble de bureaux l'est autour d'un seul. Les deux bâtiments publics comprennent un unique espace intérieur, éclairé zénithalement et ceint sur les quatre côtés de galeries desservies par des escaliers placés à chacun des angles. Les façades du temple sont de fait toutes identiques, symbolisant ainsi l'« unité », alors que celles de l'immeuble de bureaux diffèrent selon qu'il s'agit des longs côtés ou des pignons. Outre qu'ils constituent des variations monumentales sur un même parti architectural, les deux bâtiments innovent par d'ingénieux systèmes de contrôle de l'environnement. Le Temple fut équipé d'un système intégré au bâti de gaines d'air chaud, et le Larkin Building fut l'un des premiers immeubles de bureaux « à air conditionné », dans la mesure où l'air y était refroidi ou réchauffé.

Dans ces édifices, Wright, lui-même de confession unitarienne, semble imprégner sa vision d'une vie nouvelle par un sens universel du sacré : il va ainsi de la sacralisation du foyer familial à celle du travail et à celle de l'abri du rassemblement religieux. Son but, tout comme celui de bon nombre de ses contemporains européens, était la réalisation d'un environnement total qui engloberait et affecterait la société tout entière. Cela explique sa focalisation obsessionnelle sur le foyer, à concevoir comme un centre moral et spirituel à l'aide d'inscriptions bien placées, dans les domaines plus publics du culte et du travail. Cela explique aussi en partie la déception de Wright quand, alors qu'il avait dessiné les meubles de bureau du Larkin Building, on ne l'autorisa pas à « redesigner » les téléphones. La même intention embellit l'entrée principale de l'édifice, où les employés passaient respectueusement devant une chute d'eau tombant d'un motif symbolique en relief – œuvre de Bock – portant cette inscription paternaliste : « Le travail

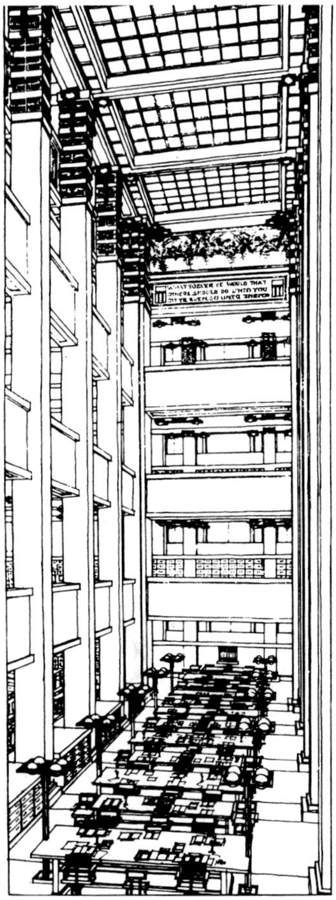

40. Wright, Larkin Building, Buffalo, 1904. L'espace central vitré.

39. Wright, Temple unitarien, Oak Park, Illinois, 1904-1906.

honnête n'a pas besoin de maître, la simple justice n'a pas besoin d'esclaves. » Le même idéalisme se retrouve dans le rejet par Wright des transformations dans le Larkin Building dictées par son usage au quotidien : « Ils n'hésitèrent jamais à faire des changements insensés. [...] Ce n'était qu'un des bâtiments de leur usine », écrivit-il amèrement. Malgré le soutien artistique qu'il apportait, Martin ne pouvait de toute évidence pas réglementer l'organisation et la gestion architecturale de ses bureaux : si une maison peut être préservée dans toute sa pureté, un lieu de travail est soumis aux impératifs de production.

Durant ces fécondes années, Wright réunit scrupuleusement un atelier de techniciens et d'artisans-artistes susceptibles de dessiner et de réaliser sa vision d'un *Gesamtkunstwerk*. L'équipe comprenait l'ingénieur Paul Mueller, le paysagiste Wilhelm Miller, l'ébéniste George Niedecken, la créatrice de mosaïque Catherine Ostertag, les sculpteurs Richard Bock et Alfonso Ianelli, et le talentueux Orlando Giannini, qui travaillait le verre et le tissu pour Wright depuis 1892.

Dès 1905, la syntaxe du style de la Prairie était donc solidement établie. Son expression oscillait cependant entre deux pôles : l'un irrégulier, asymétrique et « pittoresque », comme dans l'Avery Coonley House de 1908, l'autre compact, tramé, symétrique et architecturé, représenté par la magistrale Robie House de 1908-1909 [41]. La Hardy House, construite en 1905 à Racine (Wisconsin), est l'expression la plus pure que Wright ait jamais donnée d'une maison symétrique dotée d'une façade sur rue clairement exprimée.

Les Midway Gardens [42, 43] de 1914 sont l'ultime œuvre de l'équipe formée par Wright à Chicago. Avec l'hôtel Impérial de Tokyo, ils représentent la dernière tentative du premier Wright pour faire de sa vision une expression universelle. Réalisés en trois mois seulement par l'habile paysagiste Mueller, les Midway Gardens étaient, selon Wright, « une réponse sociale à la folie de la danse ». Inspirés du jardin de bière allemand, ils incarnèrent une nouvelle institution sociale en une succession de terrasses implantées en gradins sur l'axe de l'estrade de l'orchestre à une extrémité, et reliées par des arcades à une galerie comprenant un restaurant et un jardin d'hiver de l'autre côté. À bien des égards, il s'agit de l'opération la plus convaincante de Wright en direction de la culture populaire. Les Gardens offrirent toute latitude à la rhétorique du style de la Prairie, avec les sculptures, décors et reliefs conçus par Bock et Ianelli, et les pièces en verre par Giannini. À l'intérieur, de grands reliefs et des peintures murales abstraites à base d'éléments circulaires concentriques rappelaient l'idée fantaisiste de Wright consistant à décorer les jardins avec des ballons de couleur fixés au toit.

Wright interpréta son style de la Prairie de manière hermétique dans l'hôtel Impérial de Tokyo, réalisé de 1916 à 1922. L'édifice découlait, en plan et en coupe, des Midway Gardens. Le restaurant-jardin d'hiver de l'ensemble de Chicago réapparut dans la grande salle et le hall de l'hôtel, tandis que les arcades latérales des jardins se muèrent en ailes de chambres. Les peintures murales intérieures et les reliefs reprenaient aussi des thèmes des Midway Gardens, tandis que les

41. Wright, Robie House, Chicago, 1908-1909.

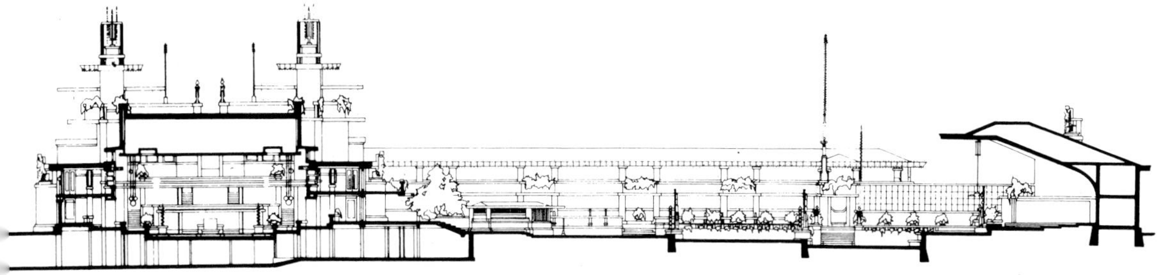

42-43. Wright, Midway Gardens, Chicago, 1914. En haut : coupe longitudinale montrant le restaurant (à gauche) et l'estrade de l'orchestre (à droite) ; ci-dessus : vue générale des jardins de bière à leur apogée.

galeries d'accès à l'hôtel rappelaient ses terrasses de café. Loin du contexte américain, Wright chercha des affinités avec la maçonnerie traditionnelle locale : il employa un profil incliné crénelé, réalisé en brique et revêtu de pierre d'Oya. Cette pierre de lave était modelée dans la masse pour évoquer des motifs précolombiens, comme dans les appareillages des Midway Gardens. Ces références exotiques devinrent une formule spectaculaire dans les maisons que Wright réalisa à Hollywood dans les années 1920. À l'hôtel Impérial, elles symbolisaient la pétrification de la culture du Nouveau Monde. Cet hôtel fut finalement apprécié autant pour sa pertinence structurelle que pour son architecture car c'est grâce à l'ingénieur Mueller qu'il resta debout parmi les ruines après le tremblement de terre de 1922. Cette dernière œuvre de la première période de la brillante carrière de Wright fut louée par Sullivan qui, peu avant sa mort en 1924, évoqua la survie du bâtiment : « Il est debout aujourd'hui, indemne, parce qu'il a été conçu et construit pour tenir debout. Il n'a pas été imposé aux Japonais ; au contraire, c'est une contribution librement acceptée aux aspects les plus raffinés de leur culture. »

# Le rationalisme structurel et l'influence de Viollet-le-Duc : Gaudí, Horta, Guimard et Berlage, 1880-1910

*En architecture, il y a [...] deux façons nécessaires d'être vrai. Il faut être vrai selon le programme, vrai selon les procédés de construction. Être vrai selon le programme, c'est remplir exactement, scrupuleusement, les conditions imposées par un besoin. Être vrai selon les procédés de construction, c'est employer les matériaux suivant leurs qualités et leurs propriétés. Ce que l'on considère comme des questions purement d'art, à savoir la symétrie, la forme apparente, ne sont que des conditions secondaires en présence de ces principes dominants.*

Eugène Viollet-le-Duc
*Entretiens sur l'architecture*, 1863-1872

Le grand théoricien de l'architecture Eugène Viollet-le-Duc mit au point en 1853 dans ses cours à l'École des beaux-arts des principes qui rejetaient la tradition française du rationalisme classique et du style international « abstrait » au profit d'un retour à la construction régionale. Les illustrations de ses *Entretiens*, qui annonçaient par certains aspects l'Art nouveau, indiquaient clairement le genre d'architecture qui découlerait de son rationalisme structurel. John Ruskin dut ressentir quelque jalousie en voyant que Viollet-le-Duc élaborait plus qu'un argument moral et proposait non seulement des modèles mais aussi une méthode pour libérer l'architecture des aberrations éclectiques de l'historicisme. Les *Entretiens* en vinrent donc à inspirer l'avant-garde de la fin du XIX$^{e}$ siècle, ses idées pénétrant dans les pays européens où l'influence culturelle française était forte, mais la tradition classique, faible. Les thèses de Viollet-le-Duc parvinrent même jusqu'en Angleterre, où elles influencèrent des hommes tels que sir George Gilbert Scott, Alfred Waterhouse et même Richard Norman Shaw. Hors de France, ses théories, et particulièrement leur nationalisme implicite, marquèrent surtout le Catalan Antoni Gaudí, le Belge Victor Horta et le Hollandais Hendrik Petrus Berlage.

Les écrits de Viollet-le-Duc, de Ruskin et de Richard Wagner faisaient tous partie du bagage intellectuel de Gaudí. En dehors de ces influences non méditerranéennes, son œuvre semble née de deux pulsions plutôt antithétiques : le désir de faire revivre l'architecture locale et l'aspiration à créer des formes totalement nouvelles. En cela, bien sûr, et si l'on fait abstraction de son extraordinaire imagination, Gaudí n'était guère isolé. Cette antithèse, latente dans tout le mouvement Arts & Crafts, trouva un écho dans le renouveau littéraire celte irlandais, qui exerça une forte influence sur l'École de Glasgow dans les années 1890. Un renouveau catalan comparable avait vu le jour à Barcelone dès les années 1860, quand Madrid affirma sa souveraineté sur la Catalogne en interdisant l'usage de la langue catalane. D'abord limité à une volonté de réforme politique, le renouveau prit bientôt la forme d'une recherche d'indépendance de la Catalogne ; bien qu'un tel statut ne lui ait jamais été accordé, cette revendication (toujours vivace aujourd'hui) fut un des facteurs importants de la guerre civile espagnole. Dans la seconde moitié du XIX$^{e}$ siècle, l'Église soutenait les Catalans dans leurs aspirations à la souveraineté et aux réformes sociales ; Gaudí fut ainsi libéré de tout conflit entre sa foi et ses croyances politiques.

Il avait été élevé, tout comme son mécène le fabricant de tissus et armateur Eusebio Güell Bacigalupi, dans le climat du séparatisme catalan. Si ce mouvement était par certains côtés conservateur, il soutenait néanmoins divers programmes de réformes sociales, liés pour une grande part à l'intelligentsia catalane. Gaudí avait déjà côtoyé les idées socialistes avant sa rencontre avec Güell en 1882. En effet, peu après son diplôme, il avait travaillé avec la coopérative ouvrière Mataró, qui lui avait commandé un projet de cité ouvrière comprenant des maisons, un bâtiment communautaire et un atelier – qui fut le seul construit, en 1878.

Cette même année, Gaudí se mit à travailler pour la bourgeoisie, avec l'étonnante Casa Vicens au style quasi mauresque. Comme la plus grande partie de son œuvre, cette maison témoigne de l'influence de Viollet-le-Duc, en particulier de son livre paru en 1870, *L'Art russe* [44], où les éléments constitutifs d'un style national étaient tenus pour mineurs par rapport aux principes du rationalisme structurel. Gaudí formula pour la première fois dans la Casa Vicens l'essence de son style qui, bien que structurellement gothique, était d'inspiration largement méditerranéenne, pour ne pas dire islamique. Comme l'écrivit Ary Leblond en 1910, l'architecte catalan recherchait « un gothique plein de soleil et apparenté structurellement aux grandes cathédrales catalanes qui emploient la couleur de la même façon que les Grecs et les Maures ; un gothique à moitié maritime, à moitié continental, animé par la magnificence panthéiste ». La Casa Vicens prit donc la forme d'un pastiche mudéjar conçu autour d'un jardin d'hiver ; avec ses bandeaux de briques, ses faïences vernissées et son fer forgé décoratif, c'était la plus exubérante des maisons contemporaines (cf. Pierrepoint, réalisée par Shaw à Frensham, dans le Surrey, en 1876). Pourtant, sa structure transcendait son exotisme : Gaudí utilisa pour la première fois la voûte du Roussillon ou voûte catalane, dans laquelle les courbures sont obtenues en posant en léger encorbellement des couches successives de carreaux de céramique. Cette voûte devint une figure clé de son style, traitée de manière plus délicate encore en 1909 dans la fine structure en coque de l'école de la Sagrada Familia à Barcelone [44].

Les premières réalisations de Gaudí sont indissociables des travaux qu'il mena avec son

44. Gaudí, trois étapes de la construction de l'église de la Sagrada Familia, Barcelone (de gauche à droite, 1898, 1915, 1918), et (à l'extrême droite) Viollet-le-Duc, plan pour une cathédrale, d'après *L'Art russe*, 1870.

confrère Francesc Berenguer pour le comte Eusebio Güell. La maison qu'il réalisa pour cet homme progressiste à Barcelone en 1888, le palais Güell [45], devint une véritable Mecque pour l'intelligentsia des années 1890. Comme la Casa Vicens organisée autour de son jardin d'hiver, le palais était construit autour d'un salon de musique, d'une tribune d'orgue et d'une chapelle. Cet espace composite rappelait le type de la cour islamique et traversait la partie supérieure de la maison.

Ruskin et Wagner suscitaient un vif enthousiasme chez Güell, tout comme chez Gaudí ; les deux hommes semblent avoir été influencés par les théories de l'un comme par les opéras de l'autre. Ruskin était au faîte de sa gloire au tournant du siècle, et l'affirmation (que Wagner aurait pu faire sienne) selon laquelle un architecte qui n'est ni sculpteur ni peintre n'est « rien d'autre qu'un charpentier à grande échelle » aurait certainement plu à Gaudí.

Selon Güell, la transformation générale de la société allait s'effectuer grâce à la cité-jardin. Il confia donc en 1891 à Gaudí et Berenguer la conception d'une cité ouvrière pour son usine de textiles à Santa Coloma de Cervelló, qui sera plus tard connue sous le nom de colonie Güell. En 1900 suivit la commande d'un projet pour une banlieue bourgeoise, le parc Güell, situé sur la Montaña Pelada surplombant Barcelone ; le projet fut finalement réalisé entre 1903 et 1914 sans les habitations à l'origine prévues à la périphérie du parc. Entre-temps, Berenguer avait suivi le développement sporadique de la colonie Güell, jusqu'à ce que Gaudí lui succède en 1908 et y achève la chapelle. Ce dernier avait alors déjà entamé une carrière d'architecte ecclésiastique car il avait repris, après Francisco del Villar, la construction de l'église de la Sagrada Familia en 1906.

Le parc Güell s'épanouit comme l'expression désinhibée d'une vision extatique de Gaudí. L'ensemble offre une vue spectaculaire, mais les seules constructions achevées sont la loge du gardien, le grand escalier montant au marché couvert et la propre maison de Gaudí. La voûte aux ondulations irrégulières du marché est portée par soixante-neuf colonnes doriques grotesques [46] ; la toiture-terrasse accessible, cernée par une sinueuse rambarde formant une sorte de banquette continue, peut servir d'arène ou de scène en plein air. Cette bande curviligne périphérique, revêtue de mosaïques, s'achève sur une esplanade qui, à son tour, se fond dans la construction naturaliste en maçonnerie grossière du reste du parc. Ce dernier est structuré par des allées tortueuses qui, lorsque cela est nécessaire, sont supportées par des contreforts voûtés dont la forme suggère des troncs d'arbre pétrifiés.

Le parc Güell est la première œuvre de Gaudí à évoquer de manière explicite, avec le profil ondulé de la terrasse, l'image qui l'obsédera toute sa vie, Montserrat, la célèbre montagne près de Barcelone. Si l'on en croit la légende médiévale célébrée par Richard Wagner dans *Parsifal*, le Graal est caché dans le château de Montsalvat (qui fut par la suite identifié comme étant celui de Montserrat) et son monastère (qui abritait le saint patron de la Catalogne). Gaudí, dont la première commande avait concerné ce monastère en 1866, resta hanté à vie par les lignes en dents de scie de la montagne.

Les pics et les cheminées de la Casa Milà [47] s'élèvent au-dessus de la trame rationnelle de Barcelone comme la crête découpée d'une falaise ; le sens de ce geste d'une force impressionnante semble contredire l'organisation générale, libre et délicate, autour de trois cours de forme irrégulière. On retrouve cette contradiction avec la dissimulation de la structure métallique de l'immeuble dans un imposant revêtement de façade en pierre. Comme dans le parc Güell, l'articulation de la structure a été sacrifiée à l'évocation d'une force primaire. Rien de plus opposé à Viollet-le-Duc : ni le bâtiment ni sa mise en œuvre ne sont explicitement représentés. Au contraire, d'énormes blocs laborieusement travaillés suggèrent des masses rocheuses érodées par le temps. Une référence cosmique du même ordre émane des balcons en fer forgé qui évoquent la pétrification d'algues violemment secouées par les courants marins dus à quelque tempête. Gaudí façonna finalement la matière brute en un collage de puissantes images, dont la force émotionnelle rappelle celle des opéras de Wagner. Rétrospectivement, la Casa Milà semble préfigurer l'expressionnisme qui verra bientôt le jour en Europe centrale. En 1910, sa solennité symbolique isola Gaudí non seulement de la tradition du rationalisme structurel, mais aussi des aspects moins pesants du symbolisme, cette agitation d'« adieux dans l'espace » typique du *modernismo* catalan.

À Bruxelles, la situation à la fin du siècle était à bien des égards semblable à celle de Barcelone. Dans la capitale flamande, l'accumulation de fortunes d'origine industrielle allait de pair avec une préoccupation obsessionnelle pour l'identité nationale, même si les richesses étaient mieux réparties en Belgique, et le nationalisme tempéré par une réelle indépendance. Malgré tout, les architectes belges étaient aussi concernés que leurs confrères catalans par la création d'un style véritablement moderne mais néanmoins national. L'avant-garde architecturale des années 1870 accusa ainsi l'architecte des Beaux-Arts Joseph Poelaert de fausseté culturelle lors de l'achèvement, en 1883, de son Palais de justice néoclassique : ce bâtiment était non seulement piranésien et teinté de mégalomanie, mais il évoquait un passé international – donc par définition non flamand. Or, en Belgique, la référence en matière d'architecture vernaculaire reposait sur les constructions traditionnelles du XVI^e siècle en brique, qui ouvraient la voie aux principes de Viollet-le-Duc.

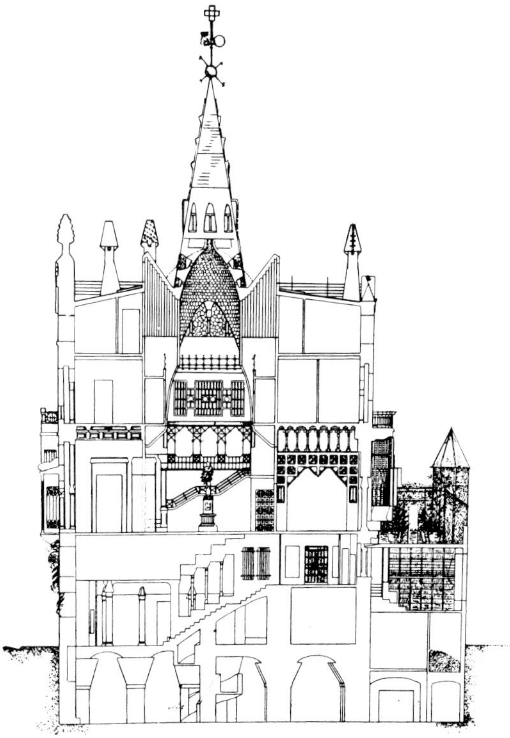

45. Gaudí, palais Guëll, Barcelone, 1888.

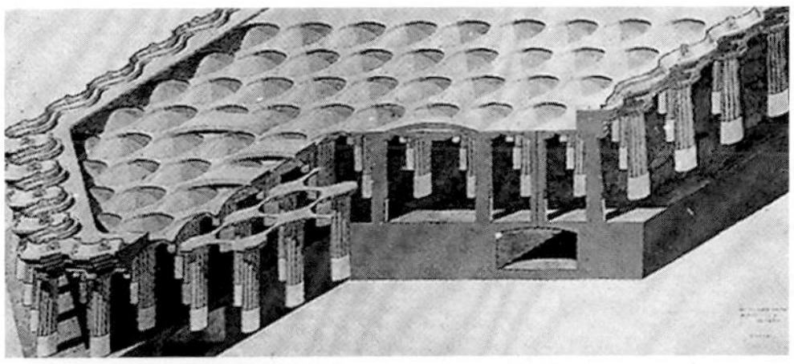

46. Gaudí, parc Guëll, 1903-1914. Coupe schématique sur la structure du marché couvert. Les voûtes sur la colonnade dorique portent l'esplanade.

47. Gaudí, Casa Milà, Barcelone, 1906-1910.

Un an après la publication des *Entretiens*, la Société centrale d'architecture de Belgique nouvellement formée mena une vigoureuse campagne, dans son périodique *L'Émulation*, en faveur d'un style national nouveau. On peut lire dans le numéro de 1872 : « Nous sommes appelés à créer quelque chose qui nous est propre, auquel nous pourrons donner un nouveau nom. Nous sommes appelés à inventer un style. » E. Allard, principal théoricien de la revue, écrivit plus tard : « Nous devons essayer d'abord et avant tout de créer des artistes belges, nous devons nous libérer des influences étrangères. » Durant toutes les années 1870, *L'Émulation* prôna un style hypothétique qui aurait été plus modéré dans son rationalisme structurel que celui de Gaudí : « Rien n'est beau en architecture qui n'est vrai » ; « Fuyez le plâtre peint et le stuc » ; « L'architecture dérive vers la décadence, vers une véritable cacophonie », etc.

Malgré ces exhortations, un vocabulaire convaincant tarda à se matérialiser ; rien d'important ne fut réalisé en Belgique jusqu'en 1892, date à laquelle Victor Horta entra dans sa maturité avec l'hôtel Tassel à Bruxelles [48]. Ce bâtiment de trois étages, traditionnel par son étroite façade et sa typologie de maison de ville mitoyenne, surpasse ses premières réalisations ; Horta fut l'un des premiers architectes à utiliser abondamment le fer dans l'architecture domestique. Il traita ce matériau comme s'il s'agissait d'un filament organique inséré dans un tissu pour briser l'inertie de la pierre. Derrière la ligne « en coup de fouet » typique de Horta, on décèle l'influence des ouvrages de Gustave Eiffel et de Victor Contamin, qu'il avait certainement vus à l'Exposition de Paris en 1889, mais aussi celle de l'œuvre graphique contemporaine de l'artiste hollando-indonésien Jan Toorop. Ce lien souligne l'importance de la peinture dans l'Art nouveau belge. Toorop faisait partie de l'influent groupe post-impressionniste « Les XX » [vingt] – reformé plus tard sous le nom de « La libre esthétique » –, qui jouera un rôle essentiel dans la diffusion des thèses du mouvement Arts & Crafts anglais.

48. Horta, hôtel Tassel, Bruxelles, 1892.

Avec le plan ouvert de l'hôtel Tassel, Horta fait voler en éclats la formule de l'hôtel parisien du XVIII^e siècle. Le vestibule octogonal du rez-de-chaussée conduit par un demi-niveau vers le jardin, tout en s'étendant latéralement en un hall coiffé d'une toiture en fer. Les colonnes non engagées de cet espace, ornées de motifs décoratifs en fonte, rappellent les formes sinueuses du reste de la ferronnerie. La même esthétique domine, des garde-corps aux luminaires : l'exubérance des lignes est délicatement reprise dans les sols en mosaïque, dans les finitions des murs et dans les panneaux de verre coloré de la porte du salon. Malgré cette profusion florale, les volumes principaux sont calmés par des moulures rococo qui servent à relier les éléments les plus étonnants à la tradition Louis XV. On retrouve un équilibre semblable à l'extérieur, où les éléments ductiles de l'ossature intérieure trouvent une discrète expression. Dans une façade par ailleurs classique, les angles des baies vitrées en fer sont traités de façon à suggérer la poussée de la structure métallique interne.

Horta continua, au cours des dix années suivantes, ce dialogue entre l'élasticité du fer et la massivité de la pierre dans de nombreux hôtels particuliers à Bruxelles, notamment les résidences d'un riche industriel dans le domaine de la chimie, Armand Solvay, et du baron Van Eetvelde ainsi que sa propre maison-atelier rue Américaine, tous construits avant 1900. Ces bâtiments reprenaient d'une manière ou d'une autre la syntaxe de l'hôtel Tassel mais aucun, hormis l'hôtel Solvay, n'égala sa simplicité et sa magnificence.

La Maison du Peuple [49], construite pour le parti socialiste ouvrier belge de 1897 à 1900, est l'œuvre la plus originale d'Horta, et la seule dans laquelle il semble pousser jusqu'à leurs conclusions logiques les principes de Viollet-le-Duc. Des briques et des pierres locales y furent brillamment exploitées pour créer une architecture révélant la construction – le briquetage était partout modulé et moulé pour recevoir de la pierre, et la pierre était habillée pour recevoir du fer et du verre. À l'extérieur, ce registre tectonique se manifestait par l'expression en façade d'un programme complexe et le déplacement d'un plan concave sur un terrain en pente ; à l'intérieur, il créait une impression spectaculaire, extrêmement fluide, grâce à la charpente métallique apparente dans tous les principaux volumes : bureaux, salle de réunion, salle de spectacle et café. Cette cohérente combinais on néogothique de maçonnerie, de fer et de verre, par ailleurs curieusement inaboutie, fut la réalisation la plus marquante de Horta ; il ne la surpassera pas dans sa dernière et plus achevée réalisation empruntant à ce vocabulaire, le grand magasin Innovation, livré à Bruxelles en 1901.

En France, la lignée qui va de Viollet-le-Duc à Hector Guimard passe par le maître de ce dernier, Anatole de Baudot, qui fut lui-même l'élève de Viollet-le-Duc ainsi que d'Henri Labrouste. En 1894, de Baudot conçut, avec l'ingénieur Paul Cottancin, l'église Saint-Jean-de-Montmartre à Paris, un édifice en brique et ciment armé qui représentait alors l'œuvre la plus aboutie du rationalisme structurel. Aussi Guimard exprime-t-il dans ses projets parisiens ce qu'il doit à de Baudot et Viollet-le-Duc, particulièrement dans l'école du Sacré-Cœur et dans la maison Carpeaux, boulevard Exelmans, toutes deux achevées en 1895. Alors que la première, dont l'étage reposait sur des béquilles de fonte en V, était la concrétisation quasi littérale

49. Horta, Maison du Peuple, Bruxelles, 1897-1900. Détail de la façade.

d'une célèbre illustration des *Entretiens*, la seconde, un hôtel particulier bourgeois, témoignait du même penchant pour les vestiges classiques que celui que l'on trouve chez Horta. Dans une lettre à Louis Charles Boileau de 1898, Guimard reconnut ouvertement sa dette envers Viollet-le-Duc : « D'un point de vue décoratif, mes principes sont peut-être nouveaux, mais ils découlent de ceux déjà utilisés par les Grecs. [...] Je n'ai fait qu'appliquer les théories de Viollet-le-Duc sans être fasciné par le Moyen Âge. » Pourtant Guimard avait à cœur d'atteindre le style prôné par le théoricien français : attaché au lieu, conforme aux usages, au climat, à l'esprit national et « au progrès qui a été accompli dans la science et dans la connaissance pratique ». Il écrivit ainsi en 1903 :

*Pour être vrai, un style architectural doit être le produit du sol où il existe et de la période qui en a besoin. Les principes du Moyen Âge et ceux du XIX^e siècle, ajoutés à ma doctrine, devraient nous fournir une base pour une Renaissance française et un style entièrement nouveau. Que les Belges, les Allemands et les Anglais mettent au point pour eux-mêmes un art national, et ils accompliront ainsi assurément un travail solide et utile.*

Comme Gaudí et Horta, Guimard avait certainement en tête l'évolution des « éléments constitutifs » d'un style national selon la manière préconisée par Viollet-le-Duc. Pourtant, dès le tournant du siècle, on pouvait dénombrer au moins trois versions du style propre à Guimard : une expression relâchée, rustique, aux moyens variés, comme dans les chalets de campagne qu'il construisit entre 1899 et 1908, dont le castel Henriette de 1900 est typique ; un style urbain, aux briques soigneusement calepinées et à la maçonnerie spectaculairement sculptée, comme dans sa propre maison avenue Mozart, à Paris, datant de 1910 ; enfin, une sorte de résille composite en fer et verre, produite en masse après 1899, quand il eut remporté la commande des stations du métro parisien [50]. Les entrées de ces stations étaient faites de pièces standard interchangeables en fonte, moulées dans des formes inspirées de la nature et encadrant les parties en métal émaillé et en verre. Elles se rapprochaient plus, paradoxalement, de l'expressivité de Horta que de la rigueur morale de De Baudot. Guimard alla jusqu'à traiter la typographie et l'éclairage de ces édicules dans la continuité sinueuse de leur forme. Durant les quatre années suivantes, ces émanations apparemment naturelles d'un monde souterrain merveilleux surgirent dans les rues de Paris, faisant de Guimard le célèbre créateur du « style métro ».

50. Guimard, entrée de métro en fonte et en verre, Paris, 1899-1904. Élévation latérale et frontale.

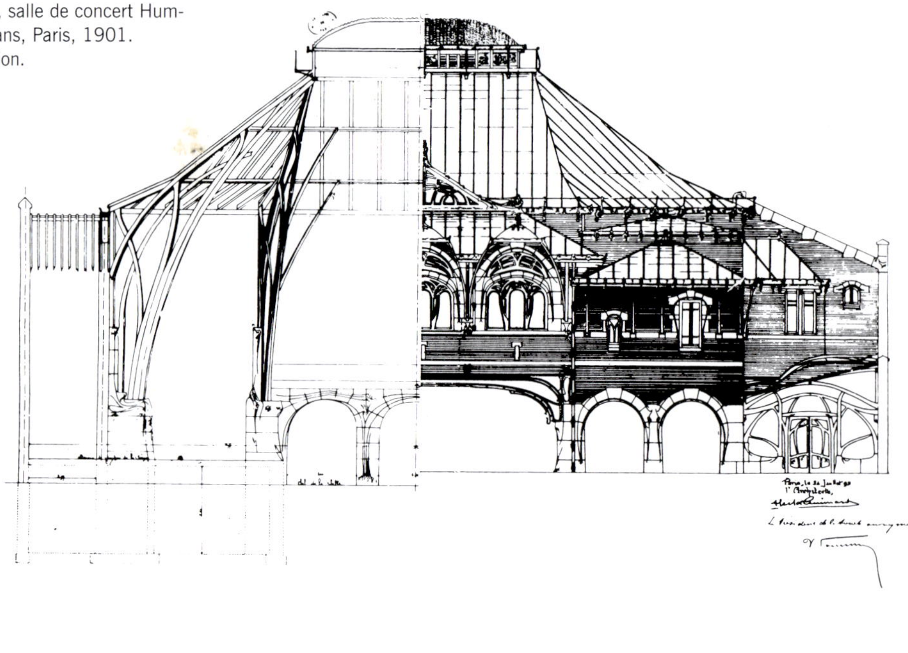

51. Guimard, salle de concert Humbert de Romans, Paris, 1901. Coupe-élévation.

Cette notoriété méritée a malheureusement contribué à éclipser l'unique chef-d'œuvre éphémère de la carrière de Guimard : la salle de concerts Humbert de Romans, achevée à Paris en 1901 et démolie en 1905. Avec la Maison du Peuple de Horta, c'est l'une des réalisations majeures du rationalisme structurel. Un texte de Fernand Mazade, publié en anglais en 1902, évoque la puissance de l'espace intérieur qui, en dehors de quelques photos jaunies, est à jamais perdu :

*[Ses] branches principales, au nombre de huit, supportent une coupole assez haute, ajourée, comme les côtés, par des baies aux vitraux jaune pâle, à travers lesquelles une abondante lumière s'infiltre dans la salle. La charpente est en acier, mais le métal est recouvert d'acajou [...] le résultat est le toit le plus élaboré jamais conçu par un architecte français.*

De 1890 à 1910, l'architecte hollandais Hendrik Petrus Berlage resta tranquillement à l'arrière-plan de la scène architecturale ; il construisit pourtant sans interruption jusqu'à sa mort en 1934. Contrairement à Horta, Berlage n'accepta pas que ses principes soient compromis par les goûts « étrangers » d'une classe moyenne arriviste. Au demeurant, en Hollande, cette classe moyenne était intégrée à l'ensemble de la société, la cohésion sociale étant une seconde nature dans un pays en permanence menacé par les inondations. Dans ce contexte très stable, Berlage put mener un travail suivi durant près de cinquante ans ; en outre, grâce à la neutralité hollandaise, la période ne fut pas perturbée par la Première Guerre mondiale.

Berlage suivit l'enseignement technique de l'Eidgenössische Technische Hochschule (ETH, école polytechnique) de Zurich peu avant 1880. Il y étudia sous l'égide des élèves directs de Gottfried Semper, et reçut certainement d'eux une formation fondée sur la typologie et le rationalisme. À son retour à Amsterdam en 1881, il se lia avec Petrus Josephus Hubertus Cuijpers, son aîné de près de trente ans, déjà disciple et correspondant de Viollet-le-Duc. Cuijpers cherchait à ordonner son propre éclectisme en appliquant les principes du rationalisme structurel en vue de mettre au point un style national nouveau. L'apogée de cette démarche fut atteint avec le Rijksmuseum d'Amsterdam, réalisé en 1885 dans un vocabulaire néoflamand. Cet édifice marqua fortement le projet de Berlage pour le concours de la Bourse d'Amsterdam en 1883, projet qu'il conçut avec Theodorus Sanders dans une manière proche de celle du musée, avec force tourelles et pignons.

Douze ans plus tard, Berlage obtint la commande de la Bourse, alors qu'il n'était arrivé qu'à la quatrième place lors du concours de conception. Il retravailla aussitôt son projet avec une syntaxe de voûtes en briques qu'il avait entre-temps mise au point dans une villa à Groningue en 1894 et dans un immeuble de bureaux à La Haye l'année suivante. Ses murs en briques néoromans et crénelés, inspirés des œuvres américaines de Richardson, témoignent, tout comme les voûtes de l'escalier en briques de l'immeuble réservé aux bureaux, de la volonté de rendre explicite la construction. Pourtant, malgré la force de ces premières expériences, dont l'honnêteté structurelle rappelle la rigueur de De Baudot, c'est dans la construction de la Bourse que Berlage exprimera pleinement son vocabulaire propre.

Les quatre versions de la Bourse qui ont suivi le projet initial représentent les étapes d'un difficile processus de simplification. Berlage paraît avoir été guidé tout le long par un ensemble d'orientations théoriques, certaines dues à Viollet-le-Duc, d'autres à Semper, d'autres encore à son confrère Jan Hessel de Groot, fondateur de l'école d'esthétique mathématique d'Amsterdam. Après que la Bourse eut été achevée en 1903, Berlage publia une synthèse de toutes ces idées dans une série d'études théoriques : les *Gedanken über den Stil in der Baukunst* (pensées sur le style dans l'art de bâtir) de 1905, puis les *Grundlagen und Entwicklung der Architektur* (principes et évolution de l'architecture) de 1908. Comme l'a remarqué Reyner Banham, les thèmes majeurs de ces textes étaient « la primauté de l'espace, l'importance des murs comme créateurs de forme et le besoin de proportion systématique ». L'évolution de la Bourse jusqu'à sa forme finale prend une signification plus riche si l'on considère les idées de Berlage sur le rôle essentiel de la maçonnerie, formulées pour la première fois dans ces écrits : « Avant toute chose, le mur doit être montré dans toute sa nudité et sa beauté rayonnante ; tout ce que l'on y accroche doit être évité comme une source d'encombrement » ; ou encore : « l'art du maître bâtisseur tient à la création d'espace et non au dessin des façades. L'enveloppe des espaces est assurée au moyen des murs, et ainsi un espace [...] est exprimé selon la complexité des murs ».

Au cours de l'amélioration progressive du projet, Berlage conserva en grande partie le plan d'origine, composé de trois travées – une pour chaque Bourse – éclairées par le haut et contenues dans la matrice orthogonale des murs d'enceinte sur quatre niveaux. Le but était de simplifier peu à peu ce parti et sa structure en une forme extrêmement sévère ; à cette fin, il réduisit le nombre de pignons et de tourelles, et élimina lentement les lanternes ainsi que toute trace de bandeaux en pierre de taille. À un moment, le projet ressembla un peu au Landesmuseum de Gustave Gull, alors en chantier à Zurich ; mais à l'avant-dernière étape, les formes simplifiées se rapprochèrent de leur définition finale par la superposition d'un treillis en diagonale, sans doute emprunté à De Groot. Les modifications ultérieures se limitèrent essentiellement à la conception de l'entrée principale et de la tour adjacente, dans lesquelles Berlage voyait les principaux éléments de représentation de l'institution et de la ville.

La structure porteuse en briques est précisément articulée selon les principes du rationalisme structurel. À l'intérieur, une frise en mosaïque ou une lampe ajourée ne représentent que des inflexions dans de vastes volumes de brique où les butées en granit, les pierres d'angle, les corbeaux et les couronnements indiquent clairement les points de transfert et de descente de charges. Ce sont les mêmes pierres de taille qui, posées ici en encorbellement pour recevoir une ferme en acier, marquent là la clé d'une arche. Ainsi l'esprit logique de Viollet-le-Duc anime-t-il la construction entière, plus que dans tout autre bâtiment du XIXe siècle.

Le propos philosophique de Berlage donna à cette réalisation une dimension qui lui fit dépasser celle de simple édifice : d'abord dans le contexte urbain immédiat, puis, par extension, dans l'ensemble du corps politique. Son modèle de société

52-53. Berlage, Bourse, Amsterdam. Ci-dessus : deuxième projet, 1896-1897 ; ci-dessous : réalisation, 1897-1903.

urbaine idéale fut ébauché dans plusieurs textes publiés en 1910 ; en particulier, *Kunst en Maatschappij* (art et société) donne la mesure de la profondeur de son engagement sociopolitique. Pour Berlage, le socialisme était fondamentalement un acte de foi ; pour autant, il adhérait à la thèse de Hermann Muthesius, selon laquelle le niveau général d'une culture ne peut être relevé que par la production d'objets bien conçus et de qualité. En outre, il restait convaincu de l'importance culturelle primordiale des villes, et déplorait la tendance anti-urbaine des cités-jardins anglaises.

En 1901, Berlage put mettre en pratique ses théories sur l'urbanisme : la ville d'Amsterdam lui commanda un plan pour le sud de l'agglomération. Pour lui, la rue était essentiellement une pièce extérieure, la résultante des logements la bordant. Cette importance de la clôture, que préfiguraient les villes médiévales, avait déjà été affirmée dans son projet pour la Bourse. Comme chez Jean-Charles-Adolphe Alphand et chez Joseph Stübben, les qualités spatiales des rues du sud d'Amsterdam varient selon leur largeur et leur mobilier urbain. Les plus larges sont agrémentées de parterres, et les avenues de rangées d'arbres ; les plus étroites sont simplement dotées de pavés et d'arbres. Des places sont créées aux principales intersections de voies, plus ou moins selon les principes de Stübben et de Camillo Sitte (voir p. 25). L'ensemble est irrigué par un système moderne de transport en commun, le tramway électrique.

En 1915, Berlage modifia totalement son plan pour y incorporer des avenues à l'échelle haussmannienne ; deux d'entre elles, qui convergeaient dans un secteur nommé Amstellaan, furent achevées peu après 1920. Leur réalisation, qui montrait sans ambiguïté l'intérêt de Berlage pour la continuité physique de l'environnement urbain, le placera en porte-à-faux lors de la polémique antirue des Congrès internationaux d'architecture moderne (CIAM), fondés en 1928. La qualité de ses réalisations urbaines semble pourtant aujourd'hui plus pertinente que jamais car, comme l'écrivit Georgio Grassi à propos d'Amstellaan :

*Cela reste l'endroit le plus important des environs d'Amsterdam, celui où l'on trouve exprimé le plus clairement le concept d'habitat collectif, où la valeur civique des éléments individuels se mélange en une vision unifiée qui a, dans sa conception nucléaire du logement, bien exprimé les valeurs de la ville – étant moins concernée par les habitations optimales de certaines expériences rationalistes. Ce lieu a reconnu non seulement le besoin physique des habitants pour les loisirs et le repos, mais leur tendance à former des communautés et à faire de cet acte un symbole de vie.*

54. Berlage, Bourse, Amsterdam, 1897-1903, hall central.

55. Berlage, plan revu d'aménagement d'Amsterdam Sud, 1917.

# Charles Rennie Mackintosh et l'École de Glasgow, 1896-1916

*Dans la ville considérable, montueuse, usinière, fumeuse et noire de Glasgow, au deuxième étage d'une maison modeste. Salon blanc, aux lambris blancs, aux murs blancs, au plafond blanc, aux meubles blancs, garnis de satin blanc. Du haut de deux grands plateaux violets descendent les longs fils de menues ampoules, gobelettées* [sic] *de vieil argent.* [...] *Tapis violet, vitraux violets ; peut-être une note violacée sur le cadre étroit de deux exquis crayonnages.* [...] *Alors, dans le silence du « Studio », parmi le fouillis des herbiers étalés sur les romans de Maeterlinck, la communion extatique de deux intelligences visionnaires, amoureusement quintessenciées, s'envole vers des aspirations supraterrestres.*

Blanche Kalas, *De la Tamise à la Sprée, l'essor des industries d'art*, 1905

En 1905, Charles Rennie Mackintosh et sa femme Margaret Macdonald jouissaient déjà d'une notoriété internationale. Ils l'avaient acquise en Angleterre dès 1896 lors de leur exposition – sous le nom des « Glasgow Four » (les Quatre de Glasgow) avec Herbert McNair et la sœur de Margaret, Frances Macdonald – de leurs premiers travaux à l'Arts and Crafts Exhibition Society de Londres. Leur œuvre y fut si bien accueillie que, malgré la réprobation publique de Walter Crane, ils furent encensés et baptisés « Spook School » (école fantôme) par Gleeson White, rédacteur en chef de la revue *The Studio*. Ce succès soudain, qui avait été précédé un an plus tôt par l'exposition de leurs travaux d'étudiants à Liège, fut confirmé, toujours en 1896, lorsque le projet de Mackintosh pour le concours de la nouvelle École d'art de Glasgow fut sélectionné. Le chantier commença l'année suivante.

Les « Quatre » fabriquaient des meubles depuis 1894 ; l'article de White, paru en 1897 dans *The Studio*, présentait donc, outre leur œuvre graphique, des plaques de métal repoussé, des miroirs, des bougeoirs et des pendules dessinés par les sœurs Macdonald, ainsi que des armoires et des vitrines conçues par McNair et Mackintosh. La sensibilité déployée par les Quatre était pour White « d'un paganisme presque diabolique » : elle tirait ses lignes des dessins de William Blake, d'Aubrey Beardsley ou de Jan Toorop, de penchants à la fois nationalistes et symbolistes, d'anciens motifs kymriques d'origine celte et de noms tirés d'ouvrages mystiques de Maurice Maeterlinck et de Dante Gabriel Rossetti.

L'architecture de Mackintosh puisait aussi à d'autres sources moins exotiques. Du fait de sa formation au sein du courant dominant du Gothic Revival, Mackintosh restait attiré par les bâtiments massifs. À l'instar de Philip Webb, ses modèles en matière d'architecture étaient des hommes comme William Butterfield et George E. Street, qui appartenaient au Gothic Revival des années 1850. Ses premières œuvres ecclésiastiques, comme l'église presbytérienne de Queen's Cross réalisée à Glasgow en 1897, en attestent. Mais dans ses travaux séculiers, il parvint à modérer ses ardeurs néogothiques par une conception plus directe, qu'il devait à la fois à Charles F. A. Voysey et à la tradition « baronniale » écossaise (comme dans les manoirs de Fortingall construits par James MacLaren en 1892). Ses premières et dernières adhésions à ce style sont visibles dans la réalisation, étalée dans le temps, de l'École d'art de Glasgow [56].

Tout au long de l'exceptionnelle et très influente évolution de Mackintosh, l'ouvrage publié en 1892 de William Richard Lethaby, *Architecture, Mysticism and Myth*, lui servit de véritable catéchisme : d'abord parce qu'il explicitait le fondement métaphysique universel de tout symbolisme architectural ; ensuite parce qu'il comblait le fossé entre d'une part le détachement vis-à-vis du monde du mysticisme celtique et d'autre part la compréhension plus pragmatique de la création formelle des Arts & Crafts. En ce qui concerne cette création, Mackintosh suivit la ligne traditionaliste de John Ruskin et expliqua que les matériaux modernes comme le fer et le verre « ne prendraient à juste titre jamais la place de la pierre en raison de leur manque de masse ».

L'École d'art de Glasgow n'en manquera d'ailleurs certes pas : trois de ses faces sont en granit gris-jaune local, la quatrième en brique enduite. Pourtant, malgré le respect affiché de Mackintosh pour la maçonnerie, le verre et le fer sont très présents dans les grandes baies orientées au nord des ateliers, qui occupent la façade principale sur toute sa longueur. Par ailleurs, d'un point de vue technique, Mackintosh – comme son contemporain américain Frank Lloyd Wright – intégra d'emblée d'ingénieux systèmes modernes de contrôle de l'environnement, tels ceux toujours opérationnels des gaines d'éclairage, de chauffage et de ventilation.

Comme le voulait la tradition du Gothic Revival, Mackintosh dessina le corps principal de l'École comme une enveloppe lâche, le gros de l'espace des ateliers étant réparti sur quatre niveaux. Cette masse, dont on lit immédiatement les doubles niveaux tout au long de la façade principale, fut complétée par des éléments auxiliaires (bibliothèque, musée) sur les côtés, au centre et à l'arrière. Il en résulte un plan en E, avec une façade principale pondérée à ses extrémités. De subtils décalages au niveau de l'entrée principale et des grilles de la cour anglaise sur l'avant suscitent des lectures symétriques ou asymétriques. Les angles des façades est et ouest, qui descendent en pente raide vers l'arrière du site, sont laissés nus afin d'exprimer la profondeur de l'espace des ateliers. Cette asymétrie intrinsèque – fondée sur le recours à des pinacles, des pignons, des tourelles saillantes

56. Mackintosh, École d'art de Glasgow, 1896-1909. Axonométrie d'ensemble et plan du rez-de-chaussée.

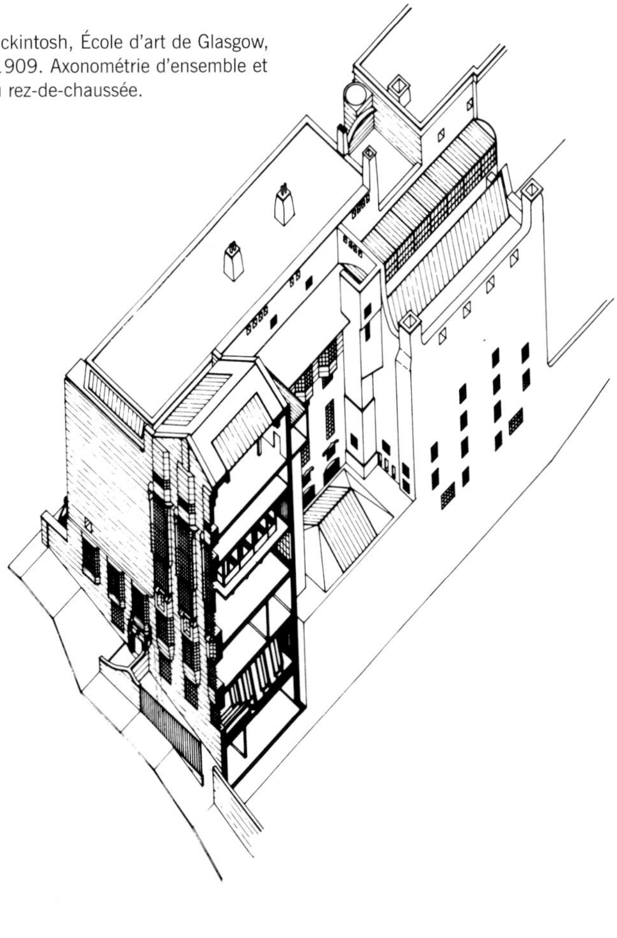

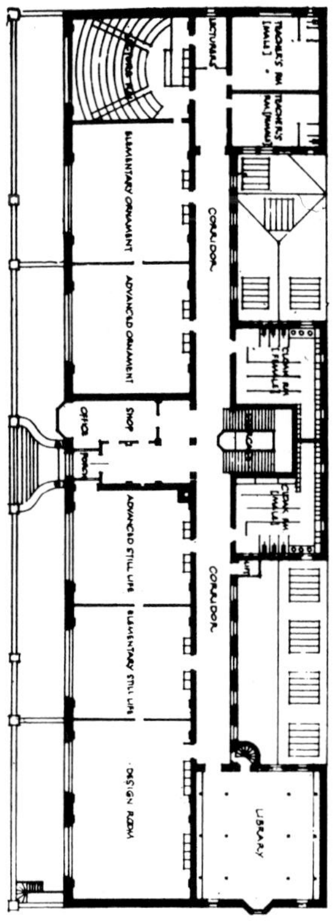

et d'étroites fenêtres verticales – confère à la façade est un caractère ouvertement Gothic Revival. Elle aurait été répétée à l'ouest si son concepteur n'avait modifié radicalement le projet pendant la seconde phase de réalisation, en 1906. La façade ouest finalement construite montre un Mackintosh au sommet de son art. Nulle part ailleurs il n'atteignit une telle autorité et une telle maîtrise. Les trois oriels verticaux dotés de vitrages à petits carreaux servent de façon spectaculaire à éclairer et à exprimer la richesse spatiale de la bibliothèque [57] et de son étage en mezzanine.

L'École d'art, qui fut donc construite en deux étapes, témoigne de l'évolution stylistique de Mackintosh entre 1896 et 1909. La différence entre le hall d'entrée et l'escalier à la Voysey de la première phase et la bibliothèque à double hauteur de la phase finale, manifestement influencée par Norman Shaw, rend compte de l'ampleur de cette évolution. En quelques années, Mackintosh a complètement assimilé la syntaxe architecturale sinueuse qu'il avait utilisée à grande échelle dans les Willow Tea Rooms de Glasgow en 1904. À l'opposé de ces intérieurs « blancs et élancés », la bibliothèque de l'École d'art, tout en bois sombre, est austère et géométrique, avec une articulation structurelle de caractère quasi japonais. Il s'agit d'une œuvre de transition, à mi-chemin entre la période Art nouveau de Mackintosh et le style tardif plus moderne, presque Art déco, qui caractérise son dernier projet pour Wenman Joseph Bassett-Lowke.

La brève et somptueuse période d'ornements organiques violet et argent sur fond blanc, tenue pour l'apogée du style de Mackintosh, et comme telle portée aux nues par Kalas en 1905, arrive à

57. Mackintosh, École d'art de Glasgow, bibliothèque, 1905-1909.

maturité au tournant du siècle. Elle avait déjà été amplement déclinée dans les meubles et la décoration de l'appartement de Mackintosh à Glasgow, conçu en 1900. Elle le fut plus encore dans la section écossaise de l'exposition de la Sécession viennoise de la même année et dans le salon de musique construit pour Fritz Wärndorfer à Vienne en 1902. En tant qu'esthétique totale, tant intérieure qu'extérieure, elle atteint son apothéose avec les Willow Tea Rooms, achevées deux ans après le salon Wärndorfer. La façade blanche, sobre mais dotée de subtils modelés, rappelle les projets de maisons inspirées de Voysey que Mackintosh conçut au tournant du siècle, ou les deux maisons grossièrement crépies, quasi baronniales, qu'il réalisa à Kilmacolm et à Helensburgh entre 1899 et 1903 [58]. Selon Robert Macleod, « ces maisons exprimaient une gaucherie volontaire et une "anti-joliesse" délibérée, qui avaient pour origines historiques William Butterfield et Philip Webb ». L'acharnement de Mackintosh à mêler ornement et maladresse fut souvent loin d'être satisfaisante : certaines maisons semblent quelque peu chaotiques et irrésolues, comparées à la magnifique et très influente Haus eines Kunstfreundes (maison d'un amateur d'art) conçue pour le concours restreint organisé en 1901 à Darmstadt par Alexander Koch.

Ce projet jamais réalisé et l'École d'art de Glasgow représentent l'essentiel de la contribution de Mackintosh à l'architecture du XXe siècle. Le projet de maison transcende toutes les contraintes du modèle traditionnel de Voysey en déployant une plasticité formelle quasi cubiste. Son organisation selon plusieurs axes opposés et sa division en deux principales masses longitudinales semblant prêtes à coulisser l'une par rapport à l'autre aboutissent à une composition tendue mais stable ; l'enrichissement de la surface sobre des façades par des fenêtres précisément proportionnées et des bossages ornementaux annonce l'influence que Mackintosh a sans doute exercée sur Josef Hoffmann, en particulier sur le palais Stoclet de 1905 à Bruxelles [62, 63]. Rien n'aurait pu être plus éloigné de la rusticité du projet de Mackay Hugh Baillie-Scott, qui fut déclaré lauréat du concours de Koch.

Il y a quelque ironie à ce que Mackintosh ait commencé et achevé sa carrière d'architecte

58. Mackintosh, Hill House, Helensburgh, 1902-1903.

libéral avec l'École d'art de Glasgow, ses années de pratique effective allant de 1897 à 1909. Il quitta l'Écosse en 1914 pour s'installer en Angleterre où, dégoûté de l'architecture de façon aussi soudaine qu'inexplicable, il se tourna vers la peinture. En 1916, il fit un bref retour à l'architecture avec la brillante restructuration d'une petite maison pour Bassett-Lowke, située 78 Derngate à Northampton. Ses espaces intérieurs riches et abstraits valent largement ceux d'autres œuvres européennes de la même époque. Le mobilier simple et géométrique de la chambre d'amis et le motif décoratif à rayures reliant les lits jumeaux étaient bien en avance sur leur temps, notamment par rapport aux dispositifs spatiaux et plastiques qu'utiliseront les avant-gardes européennes (De Stijl, Art déco, etc.) après la Première Guerre mondiale. Durant celle-ci, Mackintosh dessina des pendules, des meubles et des affiches pour Bassett-Lowke, mais ce dernier lui retira son soutien après 1918.

Rejeté en Écosse et isolé en Angleterre, Mackintosh n'arriva à préserver ni ses valeurs de jeunesse ni sa créativité d'avant-guerre. Il déclina peu à peu dans les dix dernières années de sa vie. Le coup fatal lui fut porté par la commande que passa en 1925 Bassett-Lowke à l'architecte allemand Peter Behrens pour un nouveau projet de maison ; un coup du destin pour celui qui, selon Philip Morton Shand, « fut le premier architecte britannique depuis [Robert] Adam à se faire un nom à l'étranger et le seul à devenir le point de référence d'une tendance européenne ».

# Le Printemps sacré : Wagner, Olbrich et Hoffmann, 1886-1912

*[...] une série d'édifices exprimait le* Bildungsideal *de l'austro-libéralisme : l'université, les musées, le théâtre et, le plus grandiose de tous, l'Opéra. La culture jadis confinée au palais s'était répandue sur la place publique d'une manière qu'aurait approuvée Stifter, et elle était devenue accessible à tous. L'art cessait de ne servir qu'à exprimer la grandeur aristocratique ou la pompe ecclésiastique ; il était la propriété commune aux citoyens éclairés, et leur gloire. La Ringstrasse témoignait ainsi ouvertement que l'Autriche avait adopté, à la place du despotisme et de la religion, un régime constitutionnel et une culture laïque. [...] En Autriche, l'évolution économique procurait à toujours plus de familles les moyens d'accéder à un style « aristocratique » de vie. Bourgeois enrichis ou fonctionnaires parvenus (dont beaucoup se virent attribuer des titres de noblesse comme le Freiherr von Risach de Stifter* [L'Arrière-Saison, 1857]*) édifièrent aux alentours des villes des variantes citadines de la Rosenhaus, villas semblables à des musées servant de cadre à une vie sociale animée. Dans ses salons et ses soirées, la nouvelle élite ne cultivait pas seulement les bonnes manières, mais aussi la vie de l'esprit. [...] Les préraphaélites anglais inspirèrent le mouvement Art nouveau de l'Autriche fin de siècle (nommé « Sécession »), mais ni leur spiritualité pseudo-médiévale ni leurs objectifs de réforme sociale n'atteignirent leurs disciples autrichiens. Bref, les esthètes autrichiens n'étaient ni autant en marge de la société que leurs homologues français ni aussi engagés que leurs compagnons anglais. L'amertume anti-bourgeoise des premiers comme la chaleur du désir d'amélioration des seconds leur faisaient défaut. Ni dégagés ni engagés, les esthètes autrichiens n'étaient donc pas en marge de leur classe mais à ses côtés, dans une société qui anéantissait ses espérances et rejetait ses valeurs. De même, le Jeune Jardin de la beauté autrichienne – un jardin curieusement suspendu entre le réel et l'utopie – était une retraite pour les* beati possidentes. *Il exprimait à la fois l'autosatisfaction des personnes dotées d'une culture esthétique et le doute intérieur de leur absence de fonction sociale.*

Carl Schorske, *La Transformation du jardin : idéal et société dans la littérature autrichienne*, 1970

Comme Carl Schorske nous l'indique, ce qui apparaît en 1898 sous le nom de « Printemps sacré » avec la revue de la Sécession *Ver Sacrum* tirait en partie ses sources du roman idéaliste *L'Arrière-Saison*, publié en allemand par Adalbert Stifter en 1857. La première villa réalisée en banlieue par Otto Wagner en 1886 peut être perçue comme une incarnation de la Rosenhaus (maison des roses) dont Stifter avait fait le lieu idéal où cultiver dans l'intimité une vie d'esthète. Si Wagner était issu de la même classe que le héros de Stifter, Freiherr von Risach, il ne connut pas immédiatement le succès. Après de brillantes études supérieures, d'abord à l'École polytechnique de Vienne puis à la prestigieuse Bauakademie de Berlin, qui suivait la tradition de Schinkel, il exerça à titre libéral pendant une quinzaine d'années ; il n'obtint sa première commande officielle – le décor des fêtes célébrant les noces d'argent de l'Empereur – qu'en 1879. Cette reconnaissance impériale ne lui apporta pas pour autant une grande renommée ; lorsqu'il construisit en 1886 sa version personnelle, italianisante, de la Rosenhaus à Hütteldorf, il était encore loin d'être reconnu professionnellement. Quatre ans plus tard, il atteindra pourtant sa maturité artistique, mais aussi la notoriété internationale, avec la petite maison extravagante qu'il s'était fait bâtir à Vienne.

L'importance de Wagner en tant qu'enseignant remonte à 1894, date à laquelle il succéda à Karl von Hasenauer au poste de professeur d'architecture à l'Académie des beaux-arts de Vienne.

En 1896, alors qu'il était âgé de cinquante-quatre ans, il publia son premier ouvrage théorique, *Moderne Architektur*, qui fut suivi en 1898 par la première publication du travail de ses étudiants, *Aus der Wagnerschule*. Formé à Berlin par l'un des premiers élèves de Schinkel, Wagner était alors attiré, du point du vue architectural, à la fois par le rationalisme des *Schinkelschüler* et par la manière plus théorique des derniers grands architectes de la Ringstrasse : Gottfried Semper et Karl von Hasenauer, dont les musées d'État, du Burgtheater et de la Neue Hofburg étaient en chantier sur le Ring durant le dernier quart du XIX^e siècle.

La formation technique de Wagner l'avait sensibilisé aux réalités concrètes et sociales de son temps, mais son imagination romantique l'attirait aussi vers le radicalisme de ses élèves les plus doués – vers le mouvement anti-académique fondé par son assistant Joseph Maria Olbrich et par son élève le plus brillant, Josef Hoffmann, qui avait remporté le Prix de Rome à la fin de ses études, en 1895. Marqués par le travail des Quatre de Glasgow présenté dans *The Studio*, ces hommes étaient aussi comme envoûtés par l'étrange exotisme de deux jeunes peintres viennois, Gustav Klimt et Koloman Moser. Olbrich, Hoffmann et Moser s'unirent autour de Klimt contre l'Académie ; ils fondèrent en 1897, avec la bénédiction de Wagner, la Sécession de Vienne. L'année suivante, Wagner afficha sa sympathie pour ce mouvement avec l'exubérante abstraction de la façade en faïence de la Majolikahaus (maison des Majoliques), immeuble italianisant situé sur la Linke Wienzeile ; en 1899, il fit scandale en devenant membre à part entière de la Sécession.

Olbrich construisit en 1898 le pavillon d'exposition [59] de la Sécession, sans doute d'après une esquisse de Klimt, qui restera le principal inspirateur de cette rébellion, et auquel reviennent les redents des murs, l'axialité et, surtout, le motif du laurier évoquant Apollon. Olbrich a traité la dédicace à ce dieu par un dôme métallique perforé, suspendu entre quatre robustes piliers au-dessus de masses planes dont le modelé austère rappelait le travail d'architectes britanniques tels que Voysey ou Charles Harrison Townsend. La couverture du premier numéro de *Ver Sacrum*

59. Olbrich, pavillon de la Sécession, Vienne, 1898.

arborait un symbole comparable de vitalité organique : un arbuste ornemental dont les racines principales faisaient éclater le pot pour rejoindre la terre alentour. Ici réside le point de départ symbolique d'Olbrich, le retour délibéré à la fertilité de l'inconscient ; de là, et toujours sous l'influence de Voysey et de Mackintosh, ainsi que de Klimt qui prônait un érotisme omniprésent, Olbrich élabora son propre style.

Cette évolution se fit en grande partie à Darmstadt, où Olbrich avait été invité par le grand-duc Ernst Ludwig en 1899. Il y fut rejoint par six autres artistes : les sculpteurs Ludwig Habich et Rudolf Bosselt, les peintres Peter Behrens, Paul Bürck et Hans Christiansen, ainsi que l'architecte Patriz Huber. Deux ans plus tard, la colonie d'artistes exposa son style de vie et son « habitat » en tant qu'œuvre d'art totale sous le titre « Ein Dokument deutscher Kunst ». L'exposition fut inaugurée en mai 1901 par une cérémonie mystique nommée « Das Zeichen » (le signe) [60]. Elle eut lieu sur les marches de la maison d'Ernst Ludwig, qui avait été conçue par Olbrich. Durant cette cérémonie, un prophète « inconnu » descendit depuis le portail doré du bâtiment pour recevoir une forme cristalline, symbole de la matière première transformée en art.

Cette maison du grand-duc, achevée en 1901, est assurément l'œuvre la plus progressiste conçue

60. Olbrich, maison d'Ernst Ludwig, Darmstadt, au cours de la cérémonie « Das Zeichen », mai 1901.

61. Olbrich, Hochzeitsturm et pavillons d'exposition, Darmstadt, 1908.

par Olbrich durant les neuf années de son séjour à Darmstadt. Avec huit ateliers habitables – quatre de part et d'autre d'une salle collective –, elle était en fait le centre originel de la colonie, autour duquel plusieurs maisons individuelles d'artistes furent finalement construites. La haute façade dénudée, les fenêtres horizontales protégeant de la lumière vers l'arrière et l'entrée circulaire dans un renfoncement, richement décorée et flanquée de statues monumentales par Habich, en font l'ultime monumentalisation des thèmes abordés par Olbrich dans le pavillon d'exposition de la Sécession.

Entre ce chef-d'œuvre de ses débuts et son relatif retour au classicisme en 1908 – date de sa mort prématurée –, Olbrich poursuivit la quête d'un mode d'expression spécifique. Durant ses dix dernières années, il créa des œuvres d'une exceptionnelle originalité. L'aboutissement en est l'énigmatique Hochzeitsturm (tour des mariages) sur la Mathildenhöhe à Darmstadt, achevée, tout comme les bâtiments d'exposition adjacents, pour la « Hessischen Landesausstellung » (exposition du land de Hesse) en 1908 [61]. La composition pyramidale de l'ensemble de cette colonie, construite au-dessus d'un réservoir, se voulait une « couronne pour la ville » ; elle annonçait le centre symbolique de la *Stadtkrone (Une couronne pour la ville)*, livre de Bruno Taut datant de 1919. Cernée par des pergolas en béton sur différents niveaux, elle fut conçue par Olbrich comme un labyrinthe escarpé au feuillage dense, dont les couleurs passeraient au gré des saisons du vert au brun roux. S'élevant des hauteurs du terrain comme une montagne mystique, elle contrastait volontairement avec la sérénité paradisiaque du jardin de platanes formel auquel elle faisait face.

La figure de son rival Peter Behrens plane sur toute l'œuvre d'Olbrich ; à l'origine dessinateur et peintre, Behrens arriva à Darmstadt après la Sécession de Munich en 1899. Il se révéla architecte et créateur de mobilier avec la construction et l'ameublement de sa propre maison en 1901. Dans la confrontation entre ces deux *Gesamtkünstler* (artistes totaux) pour la maison de Hesse-Darmstadt, Olbrich s'avéra plus brillant que Behrens comme créateur d'objets ; mais hors de Darmstadt, sur le plan de l'œuvre architecturale, Behrens surpassa Olbrich. Surtout, ce fut lui qui annonça leur retour au crypto-classicisme qui caractérise les dernières années d'Olbrich, avec le grand magasin Tietz à Düsseldorf et l'hôtel particulier qu'il construisit à Cologne pour le fabricant de cigares Feinhals, tous deux achevés en 1908.

Josef Hoffmann enseigna à partir de 1899 à Vienne dans l'École d'arts appliqués du Musée autrichien d'art et d'industrie, qui avait été fondée selon le programme pédagogique de Gottfried Semper près de trente-cinq ans plus tôt. En 1900, il remplaça Olbrich en tant que concepteur de Hohe Warte, une banlieue aristocratique aux environs de Vienne où il construisit quatre villas entre 1901 et 1905. Il avait aussi succédé à Olbrich dans le rôle de chef de fil de l'architecture de la Sécession, et son premier travail pour ce quartier aménagé librement à l'anglaise fut pour Moser. Cependant, dès 1902, Hoffmann adopta un mode d'expression plus classique, fondé sur le plan ; en cela, il s'inspirait beaucoup du travail d'Otto Wagner après 1898 : il était ainsi passé à une manipulation des masses et des surfaces fort éloignée des préoccupations britanniques pour les formes rurales médiévales.

Lors de l'exposition de la Sécession de Vienne de 1900, qui présenta pour la première fois le travail de Mackintosh en Autriche, Hoffmann concevait déjà des meubles aux formes rectilignes et raffinées. À partir de là, il se détourna de l'obsession curviligne du magasin Apollo, qu'il avait réalisé à Vienne l'année précédente, pour se concentrer après 1901 sur les possibilités de l'abstraction formelle : « Je m'intéresse particulièrement au carré en lui-même et à l'utilisation du noir et du blanc comme couleurs dominantes, parce que ces éléments clairs ne sont jamais apparus dans les styles précédents. » Avec Moser et d'autres membres de la Sécession, il se consacra à la production artisanale d'objets d'art appliqué dans la lignée de la Guild of Handicraft de Charles Robert Ashbee. Son aménagement autour de la statue de Beethoven par Klinger dans le pavillon de la Sécession, vers 1902, témoigne de la maturité de son style abstrait ; l'accent est porté sur certains contours ou proportions grâce à des perles en saillie et des petits carrés enchâssés. Les Wiener Werkstätte (ateliers viennois) de Hoffmann et Moser furent fondés quant à eux en 1903, avec le soutien de Fritz Wärndorfer, en vue d'assurer la création, la fabrication et la commercialisation d'objets domestiques de qualité. Cette organisation avait atteint une réputation internationale au moment de sa dissolution, précipitée et inexplicable, par Hoffmann en 1933.

62-63. Hoffmann, palais Stoclet, Bruxelles, 1905-1910.

Le dernier numéro de *Ver Sacrum* fut publié en 1903 ; il marqua la fin de la grande période de la Sécession. En 1904, Hoffmann et Josef August Lux fondèrent un nouveau périodique dont le nom, *Hohe Warte*, venait de celui de la banlieue-jardin. Initialement consacré à la propagation des idées de retour à la nature et des valeurs des cités-jardins, il se fit, en des temps moins libéraux, le héraut du national-socialisme autrichien auprès du mouvement des cités-jardins. Contrairement à Hoffmann, Lux réagit rapidement aux débordements chauvins en faveur des valeurs populaires : il démissionna de son poste de rédacteur en chef pour protester contre la politique du Heimatstil (style de la patrie) en 1908.

Hoffmann s'était, dès 1903, considérablement rapproché du style de son maître Wagner. Cela est particulièrement visible dans l'austère et classique sanatorium Purkersdorf, qui marquera beaucoup les premiers travaux de Le Corbusier. En 1905, Hoffmann s'attela à son chef-d'œuvre, le palais Stoclet, construit à Bruxelles durant les cinq années suivantes [62, 63]. Comme dans le théâtre

des Champs-Élysées de Perret, le décor classique épuré rend un hommage discret au symbolisme de la Belle Époque. Mais contrairement au théâtre, le palais est, ainsi que l'a observé Eduard Sekler, essentiellement atectonique : son mince revêtement de marbre blanc, avec ses bandes de fixation en métal, a toute l'élégance artisanale et maniérée des objets des Wiener Werkstätte, mais à une grande échelle. Sekler écrivit à propos de ce désaveu conscient de la structure et de la masse :

*Un élément très linéaire est introduit par ces bandes métalliques articulées, qui n'a rien à voir avec des « lignes de force », contrairement aux éléments linéaires de l'architecture de Victor Horta. Dans le palais Stoclet, des lignes apparaissent également le long des arêtes horizontales et verticales – elles sont tectoniquement neutres. Aux angles [...] où se rejoignent deux ou plus de ces pièces moulées parallèles, une impression de négation de la solidité du volume bâti est créée. Elle persiste comme si les murs n'étaient pas réalisés en construction massive mais en grands lés de matériau peu épais, joints à leurs angles par des bandes métalliques protégeant les arêtes.*

Ces lés semblent ruisseler depuis le sommet de la tour de la cage d'escalier où quatre statues soutiennent un dôme formé de feuilles de laurier métalliques dans le style Sécession ; ils rappellent vaguement les moulures stylisées de Wagner et unifient le bâtiment par leur mouvement descendant en cascade le long des angles grâce à la continuité des sutures.

Wagner atteint sa maturité stylistique dans sa soixantième année, avec la fin du chantier du réseau du métro viennois en 1901. Ainsi, on ne discerne nulle trace de son italianisme passé dans les bureaux pour le télégraphe de *Die Zeit* de 1902 ni dans le barrage de Kaiserbad de 1906, que leur technique élégante et leur revêtement soigné rapprochent de l'« atectonisme » d'Hoffmann. La dématérialisation du palais Stoclet semble pourtant avoir été précédée par le propre chef-d'œuvre de Wagner, l'immeuble de la Caisse d'épargne impériale de la Poste, réalisé à Vienne en 1904. Contrairement à ses élèves de la Sécession, Wagner construisait toujours pour la

64. Wagner, Caisse d'épargne de la Poste, Vienne, 1904. Détail de la façade.

65. Wagner, Caisse d'épargne de la Poste, Vienne, 1904. Hall des guichets.

réalité actuelle plutôt que pour quelque lointaine utopie symboliste. Ainsi, son plan de « Grosstadt » (grande ville) de 1910, avec sa hiérarchie d'unités de voisinage, était conçu pour la métropole à venir, rationnellement planifiée et réalisable. Dans tous ses équipements publics, Wagner œuvrait avec une grande précision technique, pour un État bureaucratique qu'il n'imaginait pas autrement qu'immuable. Couronnée d'une frise décorative de couronnes de laurier, flanquée de Victoires ailées aux bras tendus vers les cieux, la Caisse d'épargne incarne la bienfaisance républicaine de l'Empire austro-hongrois à son apogée.

Comme le palais Stoclet, elle ressemble à une gigantesque boîte en métal. Cet effet est en grande partie dû aux minces plaques polies de marbre blanc de Sterzing qui sont accrochées à la façade par des rivets en aluminium. La structure de l'auvent de verre, les portes d'entrée, la balustrade et les mains courantes sont aussi en aluminium, de même que le mobilier. Revêtu de céramique, éclairé par le haut et posé sur un plancher suspendu en béton parsemé de pavés de verre afin d'éclairer le sous-sol, le hall de l'édifice a gardé jusqu'à ce jour sa forme originelle. Sa structure métallique rivetée dénuée d'ornements était en harmonie formelle avec les appareils d'éclairage industriel standardisés et les gaines de chauffage périphériques. Comme l'a observé Stanford Anderson :

*Les détails d'un bâtiment d'ingénieur ne nous sont pas présentés à la façon* sachlich *[objective] des halls d'exposition ou des verrières des gares du* XIX*e siècle ; au contraire, le principe d'un bâtiment usiné nous est livré par les symboles modernes propres au bâtiment que sont les matériaux industriels apparents, la structure et le second œuvre.*

En 1911, la « classicisation » de la Sécession était achevée, même si elle gardait quelque attention à un Heimatstil idoine. Hoffmann représenta cette année-là l'Autriche à l'Exposition internationale d'art de Rome avec un pavillon dont le classicisme annonçait la monumentalité de la Rome nouvelle de Mussolini. Tout aussi prophétique était la représentation de la Prusse par Behrens à Saint-Pétersbourg, la solennité de son ambassade préfigurant le vocabulaire du IIIe Reich. Dans un tel climat, c'est Wagner qui mit un point final à la Sécession, comme il l'avait ouverte : avec une deuxième villa construite à Hütteldorf en 1912 d'une extrême austérité mais d'une grande élégance. Il travaillera durant les six dernières années de sa vie sur cette maison au plan très élaboré, lyriquement décorée par Moser et autant influencée par ses propres élèves que par les travaux récemment publiés de Frank Lloyd Wright.

# Antonio Sant'Elia et le futurisme, 1909-1914

*Nous avions veillé toute la nuit, mes amis et moi, sous des lampes de mosquée dont les coupoles de cuivre aussi ajourées que notre âme avaient pourtant des cœurs électriques. Et tout en piétinant notre native paresse sur d'opulents tapis persans, nous avions discuté aux frontières extrêmes de la logique et griffé le papier de démentes écritures.*

*Un immense orgueil gonflait nos poitrines à nous sentir debout tous seuls, comme des phares ou comme des sentinelles avancées, face à l'armée des étoiles ennemies, qui campent dans leurs bivouacs célestes. Seuls avec les mécaniciens dans les infernales chaufferies des grands navires, seuls avec les noirs fantômes qui fourragent dans le ventre rouge des locomotives affolées, seuls avec les ivrognes battant des ailes contre les murs !*

*Et nous voilà brusquement distraits par le roulement des énormes tramways à double étage, qui passent sursautants, bariolés de lumières, tels les hameaux en fête que le Pô débordé ébranle tout à coup et déracine, pour les entraîner, sur les cascades et les remous d'un déluge, jusqu'à la mer.*

*Puis le silence s'aggrava. Comme nous écoutions la prière exténuée du vieux canal et crisser les os des palais moribonds dans leur barbe de verdure, soudain rugirent sous nos fenêtres les automobiles affamées.*

*— Allons, dis-je, mes amis ! Partons ! Enfin, la Mythologie et l'Idéal mystique sont surpassés. Nous allons assister à la naissance du Centaure et nous verrons bientôt voler les premiers anges ! — Il faudra ébranler les portes de la vie pour en essayer les gonds et les verrous ! Partons ! Voilà bien le premier soleil levant sur la terre !... Rien n'égale la splendeur de son épée rouge qui s'escrime pour la première fois dans nos ténèbres millénaires. [...]*

Filippo Tomaso Marinetti,
« Le Futurisme »,
*Le Figaro*, 20 février 1909

Le futurisme italien lance son iconoclasme comme une bombe rhétorique à la face de la bourgeoisie suffisante de la Belle Époque. Cette introduction dramatique se poursuit par le récit d'une course automobile improvisée dans les environs de Milan, se terminant par un accident qui, comme l'a noté Reyner Banham, « a tout du simulacre de baptême d'une nouvelle croyance ». Sur un mode autobiographique, Marinetti narre ensuite les tonneaux de sa voiture dans un fossé d'usine :

*Oh ! maternel fossé d'usine, à moitié plein d'une eau vaseuse ! Fossé d'usine ! J'ai savouré à pleine bouche ta boue fortifiante, qui me rappelle la sainte mamelle noire de ma nourrice soudanaise !*

*Comme je dressai mon corps, fangeuse et malodorante vadrouille, je sentis le fer rouge de la joie me percer délicieusement le cœur. [...]*

*Alors, le visage masqué de la bonne boue des usines, pleine de scories de métal, de sueurs inutiles et de suie céleste, [...] nous dictâmes nos premières volontés à tous les hommes vivants de la terre.*

Viennent alors les onze points du « Manifeste du Futurisme » ; les quatre premiers célèbrent la témérité, l'énergie et l'audace, tout en affirmant la splendeur de la vitesse mécanique dans un passage célèbre où une voiture de course est jugée plus belle que la Victoire de Samothrace. Les points 5 à 9 idéalisent ensuite le conducteur d'un tel véhicule comme faisant corps avec les mouvements de l'univers, et louent d'autres vertus telles que le patriotisme ou la glorification de la guerre ; le dizième point réclame la destruction de toutes les institutions académiques, tandis que le onzième détaille le contexte idéal de l'architecture futuriste :

*Nous chanterons les grandes foules agitées par le travail, le plaisir ou la révolte ; les ressacs multicolores et polyphoniques des révolutions dans les capitales modernes ;*

*la vibration nocturne des arsenaux et des chantiers sous leurs violentes lunes électriques ; les gares gloutonnes avaleuses de serpents qui fument ; les usines suspendues aux nuages par les ficelles de leurs fumées ; les ponts aux bonds de gymnastes lancés sur la coutellerie diabolique des fleuves ensoleillés ; les paquebots aventureux flairant l'horizon ; les locomotives au grand poitrail qui piaffent sur les rails, tels d'énormes chevaux d'acier bridés de longs tuyaux et le vol glissant des aéroplanes, dont l'hélice a des claquements de drapeaux et des applaudissements de foule enthousiaste.*

En dehors de sa dette à l'égard de l'*aeropoesia* du poète nationaliste Gabriele D'Annunzio et de son attachement à la « simultanéité » cubiste, ce passage est un hommage direct au triomphe de l'industrialisation – aux phénomènes techniques et sociaux du XIXe siècle que provoquent alors l'aviation et l'énergie électrique. Face aux valeurs passéistes du classicisme italien, il proclame la suprématie culturelle d'un milieu mécanisé qui inspirera de la même manière l'esthétique architecturale du futurisme italien et du constructivisme russe. Comme l'a remarqué Joshua Taylor, le futurisme était en 1909 une impulsion plutôt qu'un style : malgré son opposition explicite à la Sécession comme à la post-Sécession classicisante, la forme potentielle de l'architecture futuriste restait floue. Après tout, le futurisme s'était déclaré fondamentalement contre toute culture, et cette prise de position pouvait difficilement ne pas concerner l'architecture.

En 1910, avec la contribution fondamentale de l'artiste Umberto Boccioni, le futurisme étend sa polémique « anti-culturelle » au domaine des arts plastiques. Boccioni écrit cette année-là deux manifestes sur la peinture, qui sont suivis en avril 1912 par son *Manifeste technique de la sculpture futuriste.* Comme la plupart des écrits futuristes de l'avant-guerre, ce texte fait preuve d'une grande sensibilité à l'architecture. Ainsi, la première critique de Boccioni, concernant l'impasse du style pompier face à la sculpture contemporaine, pourrait s'appliquer avec tout autant de pertinence à l'œuvre postérieure à 1904 des architectes de la Sécession, par exemple Joseph Olbrich et son grand magasin Tietz à Düsseldorf ou Alfred Messel et son magasin Wertheim de Berlin. Boccioni écrit :

*Nous notons dans les pays germaniques l'obsession ridicule pour un style gothique hellénisé que Berlin industrialise et Munich ramollit.*

Son désir d'englober dans le champ de l'objet sculptural son environnement immédiat a des connotations intrinsèquement architecturales. Ceci est explicite dans le principe contradictoire qu'il énonce dans le catalogue de la première exposition de sculpture futuriste à Paris en 1913 :

*La recherche de la forme d'après nature éloigne la sculpture (et la peinture également) de son origine et de son aboutissement : l'architecture.*

Avec sa recherche d'une expression non naturaliste, Boccioni élabore une esthétique résolument éloignée des préoccupations de la Sécession de 1896. Toujours dans le catalogue de 1913, il remarque :

*Toutes les convictions me poussent à rechercher en sculpture non pas la forme pure mais* le rythme plastique pur, *non pas la construction des corps, mais* la construction de l'action des corps. *J'ai donc pour idéal non pas une architecture pyramidale (état statique), mais une architecture spiralique (dynamisme). [...] De plus, mon génie se propose d'obtenir par des recherches assidues une fusion complète de l'ambiance et de l'objet, au moyen de la compénétration des plans.*

Pour réaliser cette simultanéité sculpturale, Boccioni a déjà recommandé aux artistes, dans son manifeste de 1912, d'abandonner les nus, les thèmes élevés et l'emploi de matériaux nobles comme le marbre ou le bronze, au profit de moyens d'expression hétérogènes :

*Des plans transparents de verre ou de celluloïde, des lames de métal, des fils, des lumières électriques intérieures ou extérieures, pourront indiquer les plans, les tendances, les tons et les demi-tons d'une nouvelle réalité.*

Paradoxalement, ce concept d'un objet structuré en spirale, non monumental, recourant à des techniques mixtes et devant se poursuivre dans son environnement immédiat, aura plus d'influence sur le constructivisme « cubo-futuriste » post-révolutionnaire russe que sur l'architecture futuriste. Néanmoins, le manifeste sur la sculp-ture de 1912 et le manifeste *La Splendeur géométrique et mécanique et la sensibilité mécanique,* diffusé par Marinetti en 1914, dressent le cadre

66. Sommaruga, mausolée Faccanoni, Sarnico, 1907.

intellectuel et esthétique d'une architecture futuriste. Marinetti écrit :

*Rien n'est plus beau qu'une grande centrale électrique bourdonnante, qui contient la pression hydraulique d'une chaîne de montagnes et la force électrique de tout un horizon, synthétisées sur les tableaux de distribution, hérissées de claviers et de commutateurs reluisants.*

Cette vision idyllique de la splendeur mécanique put opportunément être mise en parallèle avec les projets contemporains de centrales électriques du jeune architecte italien Antonio Sant'Elia.

Avant 1912, ce dernier, qui participait au mouvement sécessionniste italien, était resté plutôt à l'écart des futuristes. Le *Stile floreale* connut une intense mais brève popularité en Italie après le succès retentissant du pavillon de Raimondo D'Aronco pour l'Exposition des arts décoratifs à Turin en 1902. Par la suite, D'Aronco resta sur les traces d'Olbrich à Udine, tandis que les architectes milanais du Stile floreale tentaient d'accorder leurs penchants néobaroques avec des motifs de la Wagnerschule. C'est Giuseppe Sommaruga qui exprima avec le plus de force ce mouvement ; il semble avoir exercé une certaine influence sur les premiers projets de Sant'Elia. De nombreux éléments caractéristiques du *dinamismo architettonico* de ce dernier apparaissaient déjà dans l'hôtel du Campo dei Fiori de Sommaruga à Varese, et le mausolée Faccanoni du même architecte, réalisé à Sarnico en 1907 [66], paraît avoir inspiré le projet de Sant'Elia pour un cimetière à Monza en 1912 [67].

En 1905, à l'âge de dix-sept ans, Sant'Elia avait obtenu un diplôme de maître d'œuvre dans une école technique de Côme. Il s'installa ensuite à Milan et commença à travailler, d'abord pour la Compagnie du canal Villoresi, puis pour la ville de Milan. En 1911, il suivit des cours d'architecture à l'Académie de Brera et, la même année, dessina une petite villa au-dessus de Côme pour l'industriel Romeo Longatti. De retour à Milan en 1912, il concourut pour le projet de gare centrale. La même année, il forma, notamment avec ses amis Ugo Nebbia et Mario Chiattone, le groupe Nuove Tendenze. Lors de leur première exposition en 1914, Sant'Elia présenta ses dessins pour la Città Nuova. Sa date de rencontre avec Marinetti et le cercle futuriste reste obscure, mais il était déjà entièrement sous leur influence quand il écrivit, avec l'aide de Nebbia, son *Messaggio* pour l'exposition de 1914. Signé du seul Sant'Elia, ce texte indiquait – sans utiliser une seule fois le mot « futuriste » – la forme rigoureuse que l'architecture devait adopter dans le futur. Les parties les plus originales du propos, désormais résolument opposés à la Sécession, proclamaient :

*Le problème de l'architecture moderne n'est pas un problème de remaniement linéaire. Il ne s'agit pas de trouver de nouveaux profils, de nouveaux encadrements de fenêtres et de portes, de substituer les colonnes, les piliers, les consoles, par des cariatides, de grosses mouches, des grenouilles ; [...] mais il s'agit de bâtir avec toutes les ressources de la science et de la technique [...] en déterminant des formes nouvelles, des lignes nouvelles, [...] une architecture qui ait son unique raison d'être dans les conditions spéciales de la vie moderne, et sa correspondance dans une valeur esthétique propre à notre sensibilité.*

Le texte se tourne ensuite vers la contemplation vivifiante de l'ample paysage du nouveau monde industriel, paraphrasant l'esprit, sinon la lettre, de la diatribe de Marinetti contre Ruskin et tout le mouvement Arts & Crafts, prononcée au Lyceum Club à Londres en 1912, où l'Italien s'insurge ainsi contre le passéisme des *Nouvelles de nulle part* de Morris :

*Le voyage cosmopolite, l'esprit de démocratie et le déclin des religions ont rendu complètement inutiles les grandes constructions permanentes et ornées qui exprimaient autrefois l'autorité royale, la théocratie et le mysticisme. [...] Le droit de grève, l'égalité devant la loi, la suprématie du grand nombre, le pouvoir usurpateur de la cohue, la vitesse des communications internationales et les usages d'hygiène et de confort demandent à la place de grands immeubles bien ventilés, des chemins de fer absolument sûrs, des tunnels, des ponts métalliques, d'immenses paquebots rapides, de gigantesques salles de réunion et des salles de bains conçues pour la rapidité des soins quotidiens du corps.*

Bref, Marinetti distingue avec justesse l'avènement implacable d'un nouveau milieu culturel au service d'une société très mobile sur une grande échelle, une société à équiper dans le détail selon le *Messaggio* de Sant'Elia :

*Le calcul sur la résistance des matériaux, l'emploi du béton armé et du fer excluent l'« architecture » entendue dans son sens classique et traditionnel. Les matériaux modernes de construction et nos découvertes scientifiques ne se prêtent absolument pas à la discipline des styles historiques [...]. Nous sentons que nous ne sommes plus les hommes des cathédrales, des palais, des tribunes ; mais ceux des grands hôtels, des gares, des routes immenses, des ports colossaux, des marchés couverts, des galeries lumineuses, des voies rectilignes, des démolitions salutaires. Nous devons inventer et refabriquer* ex novo *la ville moderne à l'image d'un immense chantier tumultueux, agile, mobile, dynamique de toutes parts, et la maison moderne comme une machine gigantesque. Les ascenseurs ne doivent pas se cacher comme des vers solitaires dans les cages d'escalier ; mais les escaliers devenus inutiles doivent être supprimés, les ascenseurs doivent grimper comme des serpents de fer et de verre le long des façades. La maison de ciment, de verre, de fer, sans peinture et sans sculpture, riche seulement de la beauté née de ses lignes et de ses volumes, extraordinairement laide dans sa simplicité mécanique, haute et large autant qu'il est nécessaire et non en fonction des lois municipales, doit s'élever du bord d'un abîme tumultueux : la rue qui ne s'étendra plus comme une estrade au niveau des loges de concierge mais s'enfuira sous terre par plusieurs étages qui accueilleront le trafic métropolitain et reliés pour les échanges nécessaires par des passerelles métalliques et par de très rapides tapis roulants.*

67. Sant'Elia, projet pour un cimetière à Monza, 1912.

Ces prescriptions, qui informent la Casa a gradinata de Sant'Elia de 1914 [68], sont si dynamiques qu'elles suggèrent d'autres précédents que l'immeuble en gradins réalisé par Henri Sauvage rue Vavin, à Paris, en 1912. Le sous-titre de l'exposition du groupe Nuove Tendenze, « Milano l'anno due mille », évoque le livre de 1896 d'Antoine Moilin, *Paris, l'an 2000*, que Marinetti peut avoir lu grâce au poète parisien Gustave Kahn.

Les dessins de Sant'Elia pour la Città Nuova n'obéissent pas parfaitement aux principes qu'il prônait. Alors que le *Messaggio* s'opposait à toute architecture commémorative, et donc à toute forme statique et pyramidale, les croquis regorgent d'images monumentales. Rétrospectivement, le mausolée Faccanoni de Sommaruga semble bien proche des centrales électriques massives et souvent symétriques ainsi que des hautes constructions qui s'élèvent comme des mirages dans le décor théâtral de la Città Nuova. Dans ce contexte, il est quelque peu ironique que la mémoire de Sant'Elia soit honorée grâce au monument aux morts de la Première Guerre mondiale érigé sur les rives du lac de Côme en 1933 – sur des plans de Giuseppe Terragni, inspirés d'une esquisse de Sant'Elia.

Le *Manifesto dell'architettura futurista*, dans sa version officielle publiée en juillet 1914, semble avoir eu pour but principal la reconnaissance publique de Sant'Elia comme futuriste. Ce texte, qui n'est autre qu'une nouvelle version du *Messaggio*, vraisemblablement rédigée par Marinetti, ne porte que la signature de Sant'Elia. Elle ajoute peu à l'original, si ce n'est le terme futuriste chaque fois que cela est possible, quelques déclarations militantes, notamment une opposition paradoxale à toute forme de permanence, et enfin l'affirmation suivante : « LES CHOSES DURERONT MOINS QUE NOUS. CHAQUE GÉNÉRATION DEVRA FABRIQUER SA PROPRE VILLE. »

Sant'Elia était dès lors totalement engagé dans le futurisme. En 1915, il signa avec Boccioni, Marinetti, Piatti et Russolo le manifeste politique pré-fasciste *Orgueil italien*. En juillet, il s'engagea avec d'autres futuristes dans le bataillon cycliste des volontaires lombards et se lança dans une carrière militaire qui s'acheva par sa mort au front en 1916. Avec le décès accidentel de Boccioni deux mois auparavant, la phase productive du futurisme s'acheva brutalement, ironiquement amputée de ses forces vives en partie par la première guerre industrialisée. Marinetti survécut à cet hécatombe futuriste pour rappeler ses compagnons Balla, Carrà, Severini et Russolo à leur devoir de mener la génération d'après-guerre vers l'accomplissement du nationalisme italien avec le triomphe de l'État fasciste.

Symbolique de la confusion du futurisme sur le déclin, qui allait certainement de pair avec le rapprochement de Mussolini et du Vatican, le *Manifeste d'art futuriste sacré* de Marinetti de 1931 recommandait que les chandelles des églises « soient remplacées par de puissantes ampoules électriques diffusant une brillante lumière blanche et bleue, [que] pour les représentations de l'Enfer, les peintres futuristes se fient à leurs souvenirs des champs de bataille dévastés par les obus », et affirmait que « seuls les artistes futuristes [...] peuvent donner forme à l'interpénétration de l'espace et du temps, aux mystères impénétrables du dogme catholique ».

Ce goût pour la provocation, déjà perceptible dans le manifeste initial du mouvement, avec sa violence digne d'un Georges Sorel, n'explique pas entièrement la décadence de la « culture » futuriste dans les années 1930. Après 1919, ce seront les constructivistes russes et non les Italiens qui poursuivront le modernisme militant de Marinetti, Boccioni et Sant'Elia. Un certain temps s'écoulera avant que le rationalisme italien ne commence à reprendre les images de la Città Nuova, et il ne le fera que dans une perspective d'intégration des valeurs modernes à la tradition classique de l'architecture italienne.

68. Sant'Elia, Casa a gradinata pour la Città Nuova, 1914.

# Adolf Loos et la crise de la culture, 1896-1931

*Voulez-vous vous laisser conduire au bord d'un lac des Alpes ? Le ciel est bleu, l'eau verte, tout repose dans une paix profonde. Les montagnes et les nuages se reflètent dans cette eau, et aussi les maisons, les fermes et les chapelles, qui ne ressemblent pas à des œuvres de l'homme, mais paraissent sorties du même atelier divin que les montagnes et les astres, les nuages et le ciel bleu.*

*Mais qu'est ceci ? Une note fausse trouble cet accord. Parmi les maisons des paysans, une villa jette un cri désagréable et inutile. C'est l'œuvre d'un architecte. D'un bon ou d'un mauvais architecte ? Je n'en sais rien. Je sais seulement qu'il n'y a plus de paix, de repos, ni de beauté. Comment se fait-il que l'œuvre d'un architecte, bon ou mauvais, souille le lac ? [...] C'est que l'architecte, comme la plupart des habitants des villes, n'a pas de culture. Le paysan qui a une culture est sûr de son affaire. L'habitant des villes est un déraciné.*

*J'appelle culture cet équilibre de l'homme intérieur et de l'homme extérieur qui est la condition de toute pensée et de toute action raisonnable.*

Adolf Loos, *Architecture*, 1910

Fils d'un sculpteur sur pierre, Adolf Loos est né à Brno, en Moravie, en 1870. Il fréquenta une école technique dans la même ville puis la Technische Hochschule de Dresde. Il se rendit aux États-Unis en 1893 – notamment pour y voir l'Exposition universelle colombienne à Chicago. Il semble qu'il ne put trouver de travail en tant qu'architecte durant les trois années de son séjour américain, mais qu'il se familiarisa avec les réalisations novatrices de l'École de Chicago et les écrits théoriques de Louis Sullivan, en particulier son texte de 1892, « Ornament in Architecture », qui influencera, seize ans plus tard, son propre article « Ornament und Verbrechen » (« Ornement et crime »).

À son retour à Vienne, Loos débuta sa carrière en concevant des aménagements intérieurs et en rédigeant des articles pour le quotidien *Neue Freie Presse* sur de nombreux sujets allant des vêtements à l'architecture ou des bonnes manières à la musique. Dans « Ornement et crime », il expose en 1908 les termes de sa querelle avec les artistes de la Sécession viennoise, qu'il avait avancés dès 1900 dans une fable anti-*Gesamtkunstwerk* intitulée « Histoire d'un pauvre riche ». Loos y brosse le sort d'un homme d'affaires fortuné qui a commandé à un architecte de la Sécession une maison « totale », c'est-à-dire englobant le mobilier mais aussi les vêtements des habitants :

*Il lui arriva un jour – c'était celui de son anniversaire – de recevoir de nombreux cadeaux de sa femme et de ses enfants. Ce qu'on lui offrit lui plut beaucoup et lui donna une grande joie. Bientôt après l'architecte vint lui rendre visite pour délibérer avec lui de ce qu'il convenait de faire de ces dons. L'architecte entra dans la pièce. Le maître du logis se porta joyeusement à sa rencontre, car il avait à lui ouvrir son cœur. Mais l'architecte n'aperçut même pas la joie du propriétaire. Il venait de voir quelque chose qui le fit pâlir :*

*« Que signifient ces chaussons ? », finit-il par dire. Le maître du logis considéra ses chaussons brodés, puis respira avec soulagement. Cette fois il se sentait totalement innocent : les chaussons avaient été exécutés d'après les indications de l'architecte lui-même. C'est pourquoi il répondit sans se troubler :*

*« Mais monsieur l'architecte, l'auriez-vous déjà oublié ? Ces chaussons ont été dessinés par vous. »*

*« Je sais, tonna l'architecte, mais ils sont pour la chambre à coucher ! Ces deux taches de couleur complètement déplacées détruisent toute l'atmosphère. Ne comprenez-vous donc pas cela ? »*

69. Caricature de 1911 à propos de la façade de Goldman & Salatsch (1910-1911) de Loos. La légende dit : « L'homme vraiment moderne se promène dans la rue, plongé dans une réflexion sur l'art. Il s'arrête soudain, pétrifié. Il a trouvé ce qu'il cherchait depuis si longtemps. »

Le dictateur culturel anonyme de ce morceau d'ironie est autant l'artiste belge Henry Van de Velde que Joseph Maria Olbrich. Car c'est Van de Velde, et non Olbrich, qui dessinait les vêtements de sa femme pour les harmoniser avec les lignes de leur maison construite à Uccle en 1895. Olbrich resta cependant la principale cible des attaques anti-Sécession de Loos tout au long de la décennie suivante : il est même nommément cité dans « Ornement et crime » comme le géniteur d'ornements illégitimes :

*Où seront ceux [les travaux] d'Olbrich dans dix ans ? L'ornement moderne n'a pas de parents et pas de descendants, n'a pas de passé et pas d'avenir. Des individus dénués de culture, pour lesquels la grandeur de notre temps est un livre scellé de sept sceaux, le saluent avec joie, et au bout de peu de temps le rejettent.*

Loos ne reprochait pas tant à l'ornement de causer un gaspillage de travail et de matériaux que d'entraîner immanquablement une forme d'esclavage artisanal répressif, qui ne pouvait être justifiée que pour ceux à qui les réalisations les plus savantes de la culture bourgeoise étaient inaccessibles – les artisans qui ne pouvaient s'épanouir esthétiquement que dans la création spontanée de décorations. Loos justifiait ainsi les motifs de ses souliers fabriqués sur mesure – qu'il aurait préférés unis :

*Après les fatigues et les peines de la journée, nous c'est vers Beethoven et* Tristan *que nous nous tournons. Mon cordonnier lui, ne peut pas. Je n'ai pas le droit de lui ôter sa joie, car je n'ai rien pour la remplacer. Mais celui qui écoute la Neuvième symphonie et s'applique ensuite à dessiner un modèle de papiers peints est soit un filou soit un dégénéré.*

De telles provocations éthiques et esthétiques isolèrent Loos, non seulement de la Sécession et de ses contemporains conservateurs, mais aussi de ses vrais successeurs, les « puristes », qui n'avaient pas encore mesuré toute la portée de sa vision. Dès son article critique de 1910, « Architecture », Loos pressentait toute l'ampleur du mal moderne. Puisque l'architecte de la ville était par définition déraciné, donc complètement étranger au vernaculaire campagnard (ou alpin) inné de ses ancêtres lointains, il ne pouvait compenser cette perte en se prétendant l'héritier de la culture aristocratique du classicisme occidental. Car la bourgeoisie urbaine – dont il était issu et qu'il servait naturellement – n'était *pas* l'aristocratie. Cette idée était déjà claire pour Loos en 1898, lorsqu'il raillait dans « La ville façon Potemkine » le Ring de Vienne :

*Lorsque je flâne sur le Ring, j'ai toujours le sentiment qu'un moderne Potemkine s'est fixé pour but de faire*

Nr. 1 WIEN 1903 Preis 20 h

DAS ANDERE

EIN BLATT ZUR EINFUEHRUNG ABENDLAENDISCHER KULTUR IN OESTERREICH: GESCHRIEBEN VON ADOLF LOOS 1. JAHR

TAILORS AND OUTFITTERS
GOLDMAN & SALATSCH
K. U. K. HOF-LIEFERANTEN
K. BAYER. HOF-LIEFERANTEN
KAMMER-LIEFERANTEN
Sr. k. u. k. Hoheit des Herrn Erzherzog Josef etc. etc.
WIEN, I. GRABEN 20.

HALM & GOLDMANN
ANTIQUARIATS-BUCHHANDLUNG
für Wissenschaft, Kunst und Literatur
WIEN, I. BABENBERGERSTRASSE 5
Großes Lager von wertvollen Werken aus allen Wissenschaften.
Einrichtung von belletristischen und Volksbibliotheken.
Ankauf von ganzen Bibliotheken und einzelnen Werken aus allen Zweigen des Wissens.
Übernahme von Bücher- und Autographenauktionen unter kulantesten Bedingungen.

COXIN das neue Mittel zur Entwicklung photographischer Platten, Rollfilms
ohne DUNKELKAMMER
bei Tages- oder künstlichem Licht ist in allen einschlägigen Geschäften zu haben.
COXIN ist kein gefärbter Entwickler. — COXIN erfordert keinerlei neue Apparate und kann immer benutzt werden.
COXIN-EXPORTGESELLSCHAFT
Wien, VII/2, Breitegasse 3.

70. Couverture de *Das Andere*, publié par Loos, Vienne, 1903.

*croire à tout un chacun qu'il se trouve dans une ville habitée uniquement par des* nobili. *Tout ce que l'Italie de la Renaissance a produit en fait de palais a été pillé pour dresser devant les yeux de Sa Majesté la Plèbe le mirage d'une nouvelle Vienne dont tous les habitants posséderaient un palais tout entier, de la cave jusqu'aux combles. [...] Les propriétaires viennois avaient plaisir à habiter de tels palais, et les locataires ne pensaient pas autrement.*

Loos résolut ce dilemme dans l'article « Architecture », en affirmant que la plupart des programmes modernes relevaient plus de la *construction* que de l'architecture :

*Il n'y a qu'une faible partie du travail de l'architecte qui soit du domaine des Beaux-Arts : le tombeau et le monument commémoratif. Tout le reste, tout ce qui est utile, tout ce qui répond à un besoin, doit être retranché de l'art.*

Par ailleurs, selon Loos, toutes les cultures étaient dans une certaine mesure en continuité avec le passé et, surtout, le reflet d'un consensus typologique. Il ne pouvait accepter la vision romantique de l'individu génial transcendant les limites historiques de son époque. Aux ornementations affectées il préférait le revêtement discret, le mobilier anonyme et la plomberie efficace des classes moyennes anglo-saxonnes. En l'occurrence, il pensait bien sûr plus à l'Amérique qu'à l'Angleterre. En cela, il annonçait la notion d'« objet-type » de Le Corbusier, c'est-à-dire un objet normalisé, raffiné, produit spontanément par les industries issues de l'artisanat. C'est pourquoi des publicités d'objets de caractère anglo-saxon – vêtements, tenues de sport, accessoires – parurent en 1903 dans le périodique que publia Loos de manière éphémère, *Das Andere* (l'autre) [70], qui portait au demeurant un sous-titre significatif : « Un journal pour l'introduction de la culture occidentale en Autriche ».

Malgré cette anglophilie, le caractère vernaculaire du mouvement Arts & Crafts (présenté en 1904 par Hermann Muthesius dans son livre *Das Englische Haus*) confronta Loos à un problème : où tracer la frontière entre une telle architecture, si raisonnable et pratique qu'elle soit, et les élucubrations gauches et hermétiques de la Sécession ? Le dernier grand architecte occidental ayant été, selon Loos, Karl Friedrich Schinkel, la difficulté consistait à concilier le confort informel des intérieurs anglo-saxons et la sévérité des formes classiques.

Jusqu'en 1910, Loos se consacra surtout à la transformation d'espaces existants. Les travaux les plus intéressants de cette période sont les boutiques de luxe et le célèbre Kärntner Bar (aujourd'hui American Bar) de 1907 qu'il réalisa à Vienne. Conçus pour les anglophiles, ces lieux étaient traités à l'extérieur dans des matériaux élégants et discrets, alors qu'à l'intérieur, on passait de l'ambiance japonaise de son premier magasin pour Goldman & Salatsch sur la Graben, en 1898, au chic d'un club teinté de classicisme du Kärntner Bar.

Dans les appartements, Loos se révélait encore plus éclectique, reflétant en cela la fracture constitutive de son œuvre entre une rusticité confortable et une monumentalité sévère. Il revêtait toujours les parois, jusqu'à une certaine hauteur, de pierre lisse ou de bois ; au-dessus, il les laissait nues, surmontées d'un motif décoratif ou d'une frise classique en plâtre. (Dans « Ornement et crime », Loos tolérait un usage éclectique des ornements d'origine archéologique, mais interdisait catégoriquement l'invention de toute décoration moderne.) Les plafonds étaient souvent laissés nus dans les lieux publics, alors que dans les espaces privés ils étaient garnis de bois ou de métal. Parfois, et particulièrement dans les salles à manger, ils étaient animés de poutres en bois à la Richardson, souvent disproportionnées, comme dans la maison Steiner de 1910 [71-72]. Les sols en pierre ou en parquet étaient toujours recouverts de tapis d'Orient, alors que la texture du manteau de la cheminée, fréquemment en brique, contrastait avec les reflets créés par les vitrines, miroirs, lampes et éléments en métal. Le mobilier était autant que possible encastré. Sinon, le client le choisissait ; mais lorsqu'il était mobile et dans un bâtiment public, Loos se cantonnait aux meubles standards Thonet en bois courbé, comme dans le Café Museum de 1899, dont le style évoque quelque peu Otto Wagner. Dans un article intitulé « La suppression des meubles », Loos écrivit : « Les murs d'une maison appartiennent à l'architecte. Il peut en disposer librement, et aussi des meubles qui ne sont pas mobiles. » Et, à propos des pièces mobiles : « Les lits de laiton, les lits de fer, les tables, les chaises et les fauteuils, les secrétaires et les guéridons, toutes ces choses que nos artisans (jamais les architectes) exécutent selon des principes modernes, que chacun se les procure en obéissant à ses désirs, ses préférences, ses goûts. » Cette position farouchement anti-*Gesamtkunstwerk* se mêle à sa passion pour les matériaux riches à propos desquels il dit, dans la veine de Gottfried Semper : « Qu'on n'aille pas penser qu'un matériau noble et un bon travail compensent simplement l'absence d'ornements ; ils sont bien supérieurs. »

La maison Steiner, construite à Vienne en 1910, inaugure une série dans laquelle Loos élabore progressivement la conception du *Raumplan* (plan de volumes), un système complexe d'organisation intérieure qui trouve son accomplissement dans les maisons à niveaux décalés de la fin de sa vie : les maisons Moller à Vienne de 1928 et Müller près de Prague en 1930. Dès la maison Steiner, Loos était parvenu à un langage extérieur très abstrait – ses prismes blancs sans ornements précédaient d'au moins huit ans le « style international ». Le Raumplan apparaît en 1912 dans la maison Rufer à Vienne : contrairement à ce qui sera de mise dans ses maisons ultérieures, les ouvertures y sont implantées librement, en fonction de la disposition des volumes intérieurs ; ce jeu de contrepoints préfigure les œuvres majeures de De Stijl.

71-72. Loos, maison Steiner, Vienne, 1910.
Ci-dessous : la salle à manger.

Comme la maison Rufer avec son hall d'escalier ouvert, les maisons Moller et Müller sont organisées selon les déplacements dans les différents niveaux des étages principaux ; ces élisions ne servent pas seulement à créer une dynamique spatiale, mais aussi à différencier

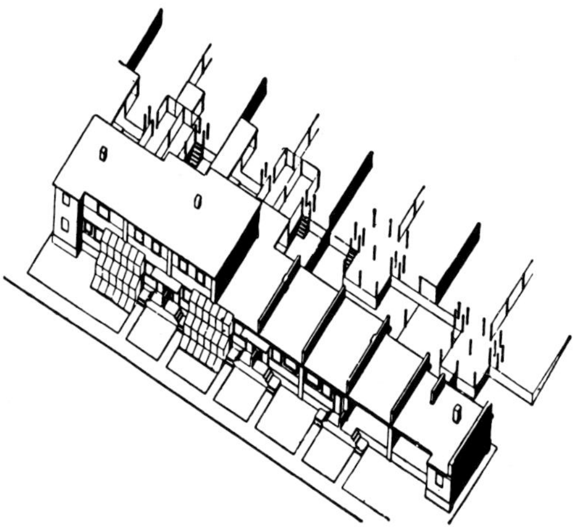

73. Loos, cité Heuberg, Vienne, 1920, serres et disposition des lots.

chacun des espaces de vie. Le plan irrégulier caractéristique du Gothic Revival, présenté dans *Das Englische Haus* de Muthesius, inspira de toute évidence ce développement sans précédent du Raumplan. Pourtant, le goût classique de Loos pour les formes cubiques l'empêchait d'accepter la disposition pittoresque des masses que ce type de plan impliquait. Cela explique certainement ses manipulations très poussées du volume global utile, comme s'il ne s'agissait que d'une matière première pour créer une composition dynamique en coupe.

Ce programme plastique était fondamentalement incompatible avec une architecture distinguant rigoureusement éléments porteurs et éléments portés. Loos s'attachait à conserver cette distinction dans ses œuvres destinées au public, mais pour ses projets privés il accordait plus d'importance aux sensations spatiales qu'à l'expression de la structure. Les principes de Viollet-le-Duc lui étaient de toute façon étrangers, puisque Loos travaillait délibérément ses plans pour fournir une promenade dans l'architecture faisant appel aux sens, comme le fera plus tard Le Corbusier. Dans presque toutes ses réalisations domestiques, les articulations structurelles sont cachées par un revêtement, soit pour dissimuler un problème non résolu, soit en vue d'assurer un niveau de décorum convenable.

Durant l'austère période de l'après-guerre, Loos fut nommé architecte en chef du service de l'habitat de la ville de Vienne (de 1920 à 1922), et utilisa le Raumplan, encore au stade embryonnaire, pour affronter le problème du logement collectif. Il mena ainsi de nombreuses études où sa forme de prédilection, le cube, se transformait en bande de maisons à gradins décalés. Loos conçut en 1920 un ingénieux projet de logements économiques, connu sous le nom d'opération Heuberg [73]. Les maisons en bande étaient associées à des serres et des parcelles privatives dans lesquelles les habitants cultivaient leur propre nourriture – stratégie de survie urbaine typique du climat inflationniste de l'après-guerre, qui devint la règle dans de nombreuses opérations de logement dans l'Allemagne des années 1920.

Un des paradoxes de la carrière de Loos est que cet architecte bourgeois et homme de goût a conçu ses projets les plus importants pour des populations défavorisées. Désabusé, il démissiona de son poste officiel à Vienne en 1922, s'exila à Paris, sur l'invitation du poète dadaïste Tristan Tzara dont il réalisera la villa en 1926, et retrouva ainsi les cercles cosmopolites de la grande bourgeoisie. Il appartint au monde brillant qui gravitait autour de Joséphine Baker, pour qui il conçut une luxueuse villa en 1927. Hormis Tzara et son vieux client viennois Knize, le tailleur internationalement connu pour qui il avait réalisé un magasin à Vienne en 1909, aucun de ses clients parisiens potentiels n'eut les moyens ou la volonté de concrétiser un seul des projets ambitieux qu'il dessina durant ses années d'exil. Loos rentra à Vienne en 1928, sa carrière plus ou moins achevée, et mourut cinq ans plus tard.

En dernière analyse, le rôle précurseur de Loos repose autant sur son extraordinaire perspicacité en tant que critique de la civilisation moderne que sur l'élaboration du Raumplan comme stratégie architecturale susceptible de transcender l'héritage culturel contradictoire de la bourgeoisie : tout en s'étant détournée du vernaculaire, celle-ci ne pouvait pas non plus se réclamer de la culture classique. Nul n'était plus à même d'accueillir cette conscience et cette sensibilité que l'avant-garde parisienne de l'après-

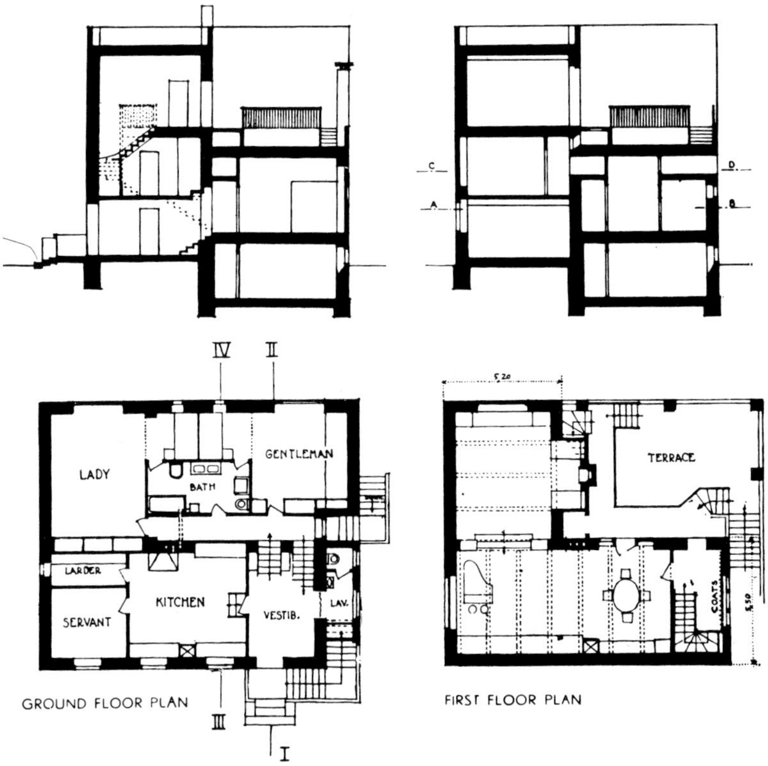


74-75. Loos, projet de villa sur le Lido de Venise, 1923. À gauche : coupes transversales (selon I-II et III-IV) et plans du rez-de-chaussée et du premier étage ; ci-dessous : vue de la maquette.

guerre, en particulier le cercle qui publiait *L'Esprit nouveau* : le poète pré-dadaïste Paul Dermée et les peintres puristes Amédée Ozenfant et Charles-Édouard Jeanneret (*alias* Le Corbusier). En 1920, ceux-ci rééditèrent la traduction française, déjà parue en 1913, d'« Ornement et crime ». En outre, alors que (comme l'a remarqué Reyner Banham) le purisme trouve racine dans l'abstraction classicisante parisienne, malgré une sensibilité au *ready-made* de Marcel Duchamp, il est fort probable que Loos exerça une influence décisive sur la mise au point du programme typologique du mouvement parisien qui permit de synthétiser, à toutes les échelles concevables, les « objets-types » du monde moderne.

Par-dessus tout, Loos doit être reconnu comme le premier à avoir posé le problème que Le Corbusier résoudra finalement avec l'accomplissement du plan libre. La question typologique essentielle posée par Loos était la suivante : comment combiner les propriétés d'un volume platonicien et la commodité des espaces irréguliers ? Cette interrogation connut son expression la plus lyrique en 1923 dans son projet de villa au Lido de Venise [74-75] ; il inspirera Le Corbusier pour sa maison puriste par excellence : la villa qu'il construisit à Garches en 1927.

# Henry Van de Velde et l'abstraction de l'empathie, 1895-1914

*Et moi je te dis qu'il viendra un temps où la détention dans une cellule aménagée selon le goût du tapissier Schulze ou du professeur Van de Velde sera considérée comme une aggravation de la peine.*

Adolf Loos, « À Hulk, qui s'est égayé sur "Ornement et crime" », 1910

Le créateur et théoricien Henry Van de Velde s'engagea en 1894, à l'âge de trente et un ans, dans ce qu'il appela la « voie sacrée » de l'architecture : après avoir peint durant dix ans dans une facture néo-impressionniste, il publia le fameux article « Déblaiement d'art » dans la revue belge d'influence nietzschéenne La Société nouvelle. Ce texte, qui prônait une réorganisation de l'art pour le placer au service de la société, était manifestement influencé par les thèses préraphaélites, thèses que Van de Velde soutenait depuis sa participation au groupe d'avant-garde « Les XX ». Fondée en 1889, cette association d'artistes belges avait tissé des liens étroits avec l'Angleterre, en particulier avec le disciple de William Morris, Walter Crane. Sous son influence, le groupe se désintéressa des beaux-arts pour s'attacher à la conception de l'environnement dans son ensemble. Sous la direction d'Octave Maus, Les XX adoptèrent un nouveau nom, « La Libre Esthétique » et, lors de leur premier salon annuel en 1894, exposèrent le travail de l'ébéniste belge Gustave Serrurier-Bovy. Celui-ci introduisit en Belgique la sensibilité Arts & Crafts, qu'il avait acquise en Angleterre entre 1885 et 1890. Lors du salon, il exposa ses exceptionnels meubles en bois brut ainsi qu'un ensemble de pièces étonnamment sculpturales rappelant le style anglo-japonais, élaboré quelque vingt ans plus tôt par Edward Godwin et Christopher Dresser.

Van de Velde débuta comme architecte et concepteur de meubles en 1895 avec sa propre maison à Uccle, près de Bruxelles. Elle avait sans nul doute pour mission de témoigner de l'accomplissement de la synthèse de tous les arts : non content d'avoir dessiné la maison et tout l'ameublement, y compris l'argenterie, Van de Velde tenta de réaliser le *Gesamtkunstwerk* absolu grâce aux lignes fluides des robes qu'il créa pour sa femme. Le tombé, la coupe et les ornementations

76. Maria Sèthe portant une robe créée par son mari, Van de Velde, v. 1898.

77. Atelier d'ébénisterie de Van de Velde (on le voit penché sur un dessin, à droite), Bruxelles, v. 1897.

78. Van de Velde, bureau pour Meier-Graefe, 1896, devant un tableau symboliste de Ferdinand Hodler, *Le Jour*, v. 1896.

de ces vêtements [76] indiquaient déjà la ligne sinueuse mais ferme qui sera la principale contribution de Van de Velde au vocabulaire qu'il forgea à partir de l'héritage de Serrurier-Bovy. Influencée par Paul Gauguin, cette ligne fournissait une filiation particulièrement vigoureuse au legs des Arts & Crafts.

Van de Velde considérait que l'impulsion novatrice du mouvement Arts & Crafts trouvait son complément dans les univers plus anarchistes mais tout autant réformistes de Léon Tolstoï et de Pierre Kropotkine. S'il partageait l'antipathie des préraphaélites pour toute architecture postérieure au gothique, il n'acceptait pas leur « médiévalisation » délibérée du présent. En tant que socialiste, il était plus influencé par les jeunes militants du parti socialiste belge, qu'il fréquentait depuis le milieu des années 1880, notamment Émile Vandervelde, commanditaire de la Maison du Peuple de Victor Horta, et le poète et critique Émile Verhaeren, dont la sévère analyse de l'urbanisation, *Les Villes tentaculaires*, fut publiée en 1895. Malgré ces affinités politiques, Van de Velde croyait encore pouvoir réformer la société par l'aménagement du cadre de vie et considérait que la forme matérielle primait sur le contenu programmatique. Pour lui comme pour tous les tenants des Arts & Crafts, la maison individuelle était le moyen social essentiel pour transformer peu à peu les valeurs de la société : « La laideur corrompt non seulement les yeux, mais aussi le cœur et l'esprit. » Sa lutte contre ladite laideur passait par une focalisation sur la conception de tous les aspects de la vie privée. Son caractère et sa formation ne l'aidèrent toutefois guère à manipuler l'échelle urbaine : la colonie-jardin d'Hohenhagen, construite en 1906 à Hagen en Allemagne pour Karl Ernst Osthaus, échoua totalement à montrer comment les maisons pouvaient être assemblées en unités plus grandes et socialement plus riches. Et Van de Velde ne sut pas plus que William Morris surmonter la contradiction entre son engagement politique socialiste et sa clientèle issue de la haute bourgeoisie.

Dès 1895, Van de Velde fut très influencé par les théories esthétiques de l'historien de l'art viennois Alois Riegl et par le psychologue munichois Theodor Lipps. Le premier insistait sur la force créatrice du *Kunstwollen* (volonté de forme artistique) de chacun, quand le second faisait de l'*Einfühlung* (empathie) la projection quasi mystique de l'ego créateur dans l'objet artistique. Ces thèmes complémentaires avaient déjà été formulés par Nietzsche en 1871 dans son livre *Die Geburt der Tragödie aus dem Geiste der Musik (La Naissance de la tragédie)*, où les tendances apollinienne et dionysiaque sont tenues pour l'irréductible dualité de la culture grecque, la première aspirant au type et à la liberté au sein de la loi, la seconde à l'excès et à une expression panthéiste. Un semblant de synthèse de ces idées, qui sont plus ou moins liées et ont informé en partie le travail de Van de Velde à partir de 1896 [78], figure dans *Abstraktion und Einfühlung (Abstraction et Einfühlung)* de Wilhelm Worringer, publié en 1908. Van de Velde lut avec attention ce livre et trouva que son propre travail semblait combiner en une même entité les deux tendances antagonistes du modèle culturel de Worringer : d'une part un penchant pour une expression fondée sur l'empathie des états psychiques vitaux, de l'autre une aspiration à la transcendance par l'abstraction.

Tout en penchant pour une culture vitaliste et empathique de la forme, Van de Velde restait conscient de la tendance intrinsèque de toute architecture à l'abstraction. Dans cette perspective, son respect jamais renié pour le gothique peut être tenu pour la nostalgie d'une architecture où la vitalité immédiate de la « forme-force » serait transcendée par le sublime de l'abstraction structurelle du tout. L'incarnation d'une telle force était à la base de sa propre esthétique, depuis les meubles « Yachting Style » qu'il créa en 1895 pour la Maison de l'Art nouveau de Samuel Bing à Paris, jusqu'à la formulation théorique en 1902, à Weimar, des principes de « l'ornement structurellement linéaire ».

Van de Velde maintint une subtile distinction entre « ornementation » et « ornement », arguant que la première, parce qu'elle est appliquée, reste étrangère à son objet, alors que le second, du fait de sa fonction (structurelle), lui est intégré. Cette définition de l'ornement fonctionnel était indissolublement liée à l'importance que Van de Velde attachait à la ligne émanant du geste « artisanal » [77], nécessaire trace anthropomorphique de la création humaine. « La ligne, écrivit-il en 1902, porte la force et l'énergie de qui l'a tracée. » Pour lui, les pulsions « quasi érotiques » réglant le tracé d'une ligne devaient donc être considérées comme un texte sans alphabet.

La tendance très anti-décorative de cette conception puriste de la culture s'accentua en 1903, quand Van de Velde revint d'un voyage en Grèce et au Moyen-Orient durant lequel il avait été subjugué par la puissance et la pureté des formes mycéniennes et assyriennes. Dès lors, il s'éloigna à la fois des fantaisies de la Sécession et de la rationalité du classicisme. Il s'agissait de créer une forme organique « pure » – forme que l'on ne pourrait trouver, selon lui, que dans le berceau de la civilisation ou dans les mystérieux gestes monumentaux de l'homme néolithique. Ceci explique les masses telluriques des maisons qu'il réalisa à Chemnitz et à Hagen entre 1903 et 1906. Pourtant, malgré le caractère étrangement mégalithique de ces édifices, tout le travail de Van de Velde après 1903 garde une trace du classicisme que son goût pour l'archaïsme n'avait pas entièrement tempéré. Cela est particulièrement visible dans les objets domestiques créés jusqu'en 1915, qui semblent refléter sa passion pour les qualités classiques qu'il avait rencontrées au Parthénon :

*Sur l'Acropole, les colonnes qui se dressent vivantes nous enseignent qu'elles n'existent pas, qu'elles ne portent pas de charge, ou plutôt qu'elles sont espacées selon un dessein très différent de celui pour lequel elles furent apparemment érigées. Même là où elles sont encore reliées par un entablement, elles clament la preuve que les colonnes autour du Parthénon n'existent pas, mais qu'entre elles des vases parfaits et gigantesques sont en équilibre, porteurs de vie, d'espace et de soleil, de mer et de montagnes, de nuit et d'étoiles. L'entasis [renflement] des colonnes est modifié jusqu'à ce que l'espace résultant entre l'une et l'autre ait atteint une forme parfaite, éternelle.*

La conversion, que l'on pourrait qualifier d'apollinienne, de Van de Velde coïncida avec l'apogée de sa carrière à Weimar : conseiller artistique pour l'industrie et l'artisanat du grand-duché de Saxe-Weimar depuis 1901, il fut nommé en 1904 professeur à l'École des arts et métiers qui venait d'être créée. Ce poste fut accompagné de la commande des nouveaux locaux pour l'école ainsi que pour l'Académie des beaux-arts existante – noyau de ce qui deviendra, quatorze ans plus tard, le Bauhaus de Weimar. Avant l'inauguration des bâtiments en 1908, Van de Velde poursuivit ses cours à Weimar et son *Kunstseminar* pour la formation culturelle des artisans stagiaires. Pourtant, l'apogée de sa carrière fut

79. Van de Velde, théâtre de l'exposition du Werkbund, Cologne, 1914.

assombri par de grands doutes personnels qui l'amenèrent à s'interroger sur les prérogatives de l'artiste en matière de détermination de la forme des objets. Il écrivit ainsi en 1905 : « Ai-je vraiment le droit d'imposer au monde mon goût et mes aspirations personnels ? Soudain je ne vois plus de liens entre mon idéal et le monde. » Comme Gottfried Semper et Peter Behrens, Van de Velde chercha à renforcer ces liens par le biais du théâtre, voyant dans la réunion des acteurs et des spectateurs la forme la plus achevée de vie sociale et spirituelle. Dans la lignée de scénographes tels que Max Reinhardt ou Gordon Craig, il promut la scène tripartite, qu'il intégra d'abord dans un projet pour le théâtre Dumont à Weimar en 1904. Il revint sur ce thème en 1911, dans son projet revu pour le théâtre des Champs-Élysées à Paris (finalement réalisé, sous une forme modifiée, par Auguste Perret en 1913 [86]), puis dans le théâtre de l'exposition du Werkbund à Cologne en 1914 [79]. Ce dernier, très expressif mais éphémère, représente l'apothéose de sa période d'avant-guerre et a inspiré les mots suivants à Erich Mendelsohn : « Seul Van de Velde, avec son théâtre, est vraiment à la recherche d'une forme nouvelle. Du béton utilisé dans le style Art nouveau, mais d'une conception et d'une expression fortes. » Ses puissantes masses témoignent d'une extrême maîtrise de la forme selon une voie qui inspirera la silhouette de la tour Einstein de Mendelsohn, construite à Potsdam en 1919 [98].

Le très admiré théâtre du Werkbund sera la dernière expression de l'esthétique de la « forme-force » de Van de Velde. Opérant une fusion entre les acteurs et le public, mais aussi entre la salle et le paysage, comme dans les arènes en plein air de l'homme néolithique, il restera une expression unique de l'empathie. Une telle expression n'avait bien sûr pas sa place dans la modeste maison modulaire préfabriquée que Van de Velde se construisit après la Première Guerre mondiale. Le rêve du Werkbund d'un monde transformé par la gute Form et la grande industrie s'avéra aussi vain que les aspirations réformistes de la bourgeoisie dotée d'une conscience sociale, dont les cinquante ans de soutien aux Arts & Crafts et à l'Art nouveau furent brutalement interrompus par la première guerre industrialisée. Il était en effet désormais impossible de fantasmer sur une société transformée par l'art, la création industrielle et le théâtre, quand la recherche d'un abri minimum relevait de l'extrême urgence.

# Tony Garnier et la Cité industrielle, 1899-1918

*Notre cité est une imagination sans réalité ; disons cependant que les villes de Rive-de-Gier, Saint-Étienne, Saint-Chamond, Chasse, Givors, ont des besoins analogues à ceux de la ville imaginée par nous. La région du Sud-Est de la France est celle dans laquelle nous situons le lieu de cette étude, et ce sont les matériaux en usage dans cette région qui seront employés par nous comme moyens de construction.*

*La raison déterminante de l'établissement d'une pareille cité peut être la proximité de matières premières à ouvrer, ou bien l'existence d'une force naturelle susceptible d'être utilisée pour le travail, ou encore la commodité des moyens de transport. Ici, c'est la force du torrent qui est à l'origine ; il y a aussi des mines dans la région, mais on peut les imaginer plus éloignées.*

*Le lit du torrent est barré ; une usine hydro-électrique distribue la force, la lumière, le chauffage aux usines et à toute la ville.*

*L'usine principale est établie dans la plaine, à la rencontre du torrent et du fleuve. Une voie ferrée de grande communication passe entre l'usine et la ville, celle-ci très au-dessus sur un plateau. Plus haut encore, s'espacent les établissements sanitaires ; ils sont, ainsi que la ville même, abrités des vents froids, exposés au midi, en terrasses du côté du fleuve. – Chacun de ces éléments principaux (usine, ville, établissements pour malades) est isolé de manière à rendre l'extension possible en cas de nécessité [...].*

*En cherchant les dispositions qui donnent le mieux satisfaction aux besoins matériels et moraux de l'individu, nous avons été amené à créer des règlements concernant ces dispositions, règlements de voirie, règlements sanitaires, etc., et à supposer déjà réalisés certains progrès d'ordre social d'où résulterait pour ces règlements une extension normale, que les lois actuelles n'autorisent point. Nous avons donc admis que la Société a désormais la libre disposition du sol, et que c'est à elle à s'occuper de l'alimentation en eau, pain, viande, lait, médicaments, en raison des soins multiples que réclament ces produits.*

Tony Garnier, *Une cité industrielle*, 1917

Difficile d'imaginer une liste plus précise des principes économiques et techniques de base pour la fondation et l'organisation d'une ville moderne. La lucidité même de cette esquisse – la seule théorique de la carrière de Tony Garnier – reflète par son ton et son contenu la nature profondément radicale de la vie et de l'œuvre de son auteur. Né à Lyon en 1869, élevé dans un quartier ouvrier militant, il servit avec constance la cause socialiste jusqu'à sa mort en 1948.

La formation de Garnier comme sa carrière professionnelle sont étroitement liées à sa ville natale. La forte présence du syndicalisme et du socialisme à Lyon s'explique par le fait qu'il s'agissait d'un des centres industriels les plus développés de la France du XIXe siècle, avec des industries de la métallurgie et de la soierie déjà bien implantées à l'époque de la naissance de Garnier. Jouissant d'une situation favorable dans le couloir du Rhône et de la Saône, Lyon avait vu sa croissance stimulée à partir de 1850 par la création de l'une des premières grandes liaisons ferroviaires de France. Dès les années 1880, avec l'électrification des tramways et des réseaux ferroviaires locaux, elle était en bonne position pour devenir un important centre d'innovation technique et industrielle. La photographie, le cinématographe, les centrales hydro-électriques, la production automobile, l'aviation y firent leurs premiers pas entre 1883 et la fin du siècle. Ce milieu technique a certainement influencé le projet de Garnier pour une « Cité industrielle » [80], exposé pour la première fois en 1904 et qui illustrait sa conviction que les villes du futur devaient être fondées sur l'industrie.

D'autres aspects de la culture lyonnaise transparaissent aussi dans les plans de la Cité de Garnier, plus particulièrement le régionalisme qui prônait la revitalisation de la culture locale et concernait de ce fait les questions politiques plus vastes du fédéralisme et de la décentralisation. Ainsi Garnier inclut-il une ville médiévale aux confins de sa Cité industrielle. L'importance que revêtait pour lui de telles bases se reflète dans l'emplacement qu'il donna à la gare principale, tout près de ce centre régional.

La municipalité de Lyon joua également un rôle important, même dans la jeunesse de Garnier, par son approche progressiste de l'urbanisation. Les rues de la ville avaient été régularisées entre 1853 et 1864 ; après 1880 – dans le cadre d'un programme de résorption des taudis – la cité avait entrepris d'améliorer son infrastructure sanitaire ; et vers 1883, elle se dota de nombreux équipements publics : écoles, logements sociaux, bains, hôpitaux et abattoirs.

Dès ses débuts à l'École des beaux-arts de Lyon en 1886, puis à Paris en 1889, Garnier subit l'influence de Julien Guadet ; professeur de théorie depuis 1894, il n'enseignait pas seulement les bases du classicisme rationnel mais aussi l'analyse des programmes et les divers types de construction. Ses *Éléments et Théories de l'architecture* de 1902 étaient une mise à jour pragmatique des principes sur la combinaison rationnelle de formes types publiés par Durand en 1805. Cette approche de la conception par éléments inspirera les travaux des meilleurs élèves de Guadet : Garnier et Auguste Perret. Cependant, tous deux connurent des carrières très différentes car, tandis que Garnier remportait, dix ans après sa venue à Paris, le Premier Grand Prix de Rome en 1899, passant ensuite quatre années à la Villa Médicis, Perret quittait les Beaux-Arts en 1897, après seulement trois ans d'enseignement académique, pour travailler auprès de son père. Ainsi, quand la Cité industrielle fut exposée en 1904, Perret s'était déjà fait un nom comme architecte et constructeur avec l'immeuble précurseur à structure en béton armé de la rue Franklin.

À partir de 1892, année où Garnier entra pour la première fois en loge pour le Prix de Rome, il baigna dans l'ambiance toujours plus radicale de Paris, dominée par la figure de Jean

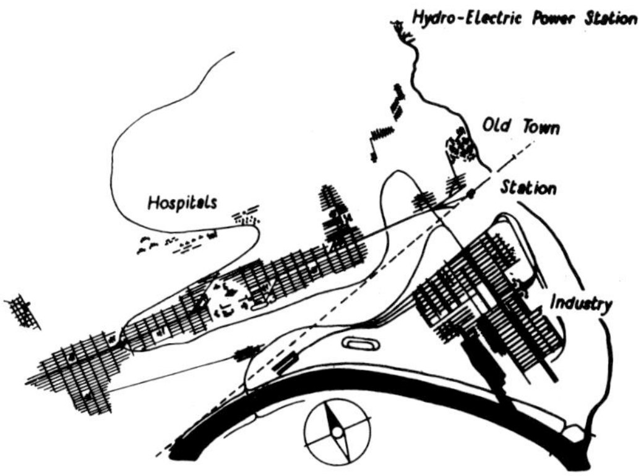


80. Garnier, Cité industrielle, plan schématique, 1904-1917. En-dessous des hôpitaux se trouve le centre administratif et culturel, flanqué de logements.

Jaurès, élu député socialiste en 1893. La scène politique parisienne fut galvanisée après 1897 par l'affaire Dreyfus, qui fit d'Émile Zola un avocat passionné des réformes radicales. Son premier roman socialiste utopique, *Fécondité*, fut publié en feuilletons en 1899 dans le journal *L'Aurore*. Garnier appartenant de longue date à la Société des amis d'Émile Zola, il est certain qu'il a lu ce texte. Quoi qu'il en soit, ses premiers croquis pour la Cité industrielle, qui datent de la même année, semblent refléter la vision du nouvel ordre socio-économique de Zola, vision qu'il développera en 1901 dans son second roman utopique, *Travail*.

Malgré la vive opposition qu'il rencontra à la Villa Médicis, Garnier s'obstina à travailler sur son projet de Cité pendant son séjour romain. Pour l'« obligation réglementaire », il envoya toutefois une reconstitution d'une ville romaine implantée sur la colline de Tusculum. Celle-ci fut exposée à Paris en 1904, avec la première version de la Cité industrielle, alors que Garnier rentrait triomphalement à Lyon. Durant les trente-cinq années qui suivront, il travaillera exclusivement à et pour Lyon, répondant principalement à des commandes du maire progressiste Édouard Herriot ; et c'est à Lyon que Charles-Édouard Jeanneret (futur Le Corbusier) le rencontra, au début de sa carrière publique, en 1908.

Implantée au bord d'une rivière dans un paysage vallonné typique de la région lyonnaise, la Cité industrielle [81] qu'imagina Garnier, pour abriter 35 000 habitants, n'était pas seulement un centre régional de taille moyenne habilement intégré dans le paysage, mais aussi un organisme urbain anticipant, par son recours au zoning, les principes de *La Charte d'Athènes*, publiée à la suite du quatrième congrès des CIAM de 1933. Dans cette cité socialiste sans murs ni propriétés privées, sans église ni caserne, sans commissariat ni palais de justice, toute la surface non bâtie était traitée comme un parc. Dans les zones construites, Garnier établit une typologie complète de logements, conforme à des normes strictes concernant la lumière, la ventilation et les espaces verts. Ces modèles et leurs différentes combinaisons étaient modulés selon une hiérarchie de rues de différentes largeurs, bordées d'arbres. La hauteur moyenne étant de seulement deux niveaux, le plan très lâche conduisait à une faible densité ; Garnier lui ajoutera des secteurs d'habitat plus denses dans l'édition de 1932. Diverses catégories d'écoles étaient intégrées dans les quartiers résidentiels, tandis que les équipements d'enseignement technique et professionnel se trouvaient entre les secteurs résidentiel et industriel.

Garnier n'a pas conçu sa Cité dans un isolement complet. En effet, un de se condisciples à l'Académie de France, Léon Jaussely, avait été Grand Prix de Rome en 1903 avec un projet intitulé « Une place du peuple dans la métropole d'un grand État démocratique », projet qui rappelait à bien des égards le plan, le programme et l'esprit du centre culturel et administratif de la Cité de Garnier. Ce centre regroupait « l'ensemble des établissements publics », à savoir un musée, une bibliothèque, une salle de spectacles, un stade et une grande piscine publique couverte, ou bâtiment d'hydrothérapie, situés de part et d'autre de l'axe du bâtiment réunissant salles de réunion et d'assemblée. L'élément régulant l'organisation de ce bâtiment en forme de losange était un péristyle en béton armé cernant des salles de réunion pour les syndicats ou commissions et une salle d'assemblée circulaire pour 3 000 personnes, flanquée d'une part d'une salle d'amphithéâtre de 1 000 places et d'autre part de deux salles rectangulaires contiguës de 500 places. Clairement consacrées à des fins démocratiques allant du débat avec les élus aux conférences en passant par les travaux de comités et les projections cinématographiques, les réunions auraient eu lieu sous l'image rationaliste d'une horloge de vingt-quatre heures et d'une immense frise en entablement ornée de reliefs dans le style de Courbet et de deux extraits de *Travail* de Zola. Le premier se référait au programme saint-simonien de conquête de l'harmonie universelle par la production industrielle et la communication, le second à la célébration rituelle d'une utopique moisson socialiste :

81. Garnier, Cité industrielle : le centre (avec le bâtiment des salles d'assemblée en forme de losange) et les logements, 1917.

*C'était la bonne production incessante des époques de paix, des rails, et encore des rails, pour que toutes les frontières fussent franchies et pour que tous les peuples, rapprochés, fissent un seul peuple, sur la terre entière sillonnée de routes. C'étaient de grands navires en acier, non plus d'abominables navires de guerre, portant la dévastation et la mort, mais des navires de solidarité, de fraternité, échangeant les produits des continents, décuplant la richesse familiale de l'humanité, à ce point qu'une prodigieuse abondance régnait partout.*

*Il fut résolu que la fête aurait lieu en plein air, près du bourg, dans un vaste champ, où se dressaient, pareilles aux colonnes symétriques d'un temple géant, de hautes meules couleur d'or sous le clair soleil. À l'infini, jusqu'au lointain horizon, la colonnade se prolongeait, disant la fécondité inépuisable de la terre.*

Ce dernier passage évoque de toute évidence la vie et les paysages arcadiens classiques que Garnier avait pu contempler lors de son premier voyage en Grèce en 1903. À l'instar d'une agora, dont il devait être l'équivalent moderne, le bâtiment des salles d'assemblée [82] était représenté peuplé d'ombres vêtues dans le style Biedermeier évoquant une atmosphère classique. Les maisons devaient être tout aussi simples, sans corniches ni moulures, et organisées dans de nombreux cas autour de cours où des *impluvia* auraient assuré l'écoulement des eaux. Ainsi, malgré l'emploi des dernières méthodes de construction, l'adoption générale du béton armé (système Hennebique) et l'utilisation de grandes portées en acier dans la zone industrielle, comme à la galerie des Machines réalisée par Ferdinand Dutert et Victor Contamin en 1889, la Cité industrielle demeurait avant tout une sorte d'Arcadie socialiste méditerranéenne.

Bien qu'à Rome Garnier ait été influencé par d'autres urbanistes français importants comme Jaussely ou Eugène Hénard, dont les premiers articles sur la transformation des villes parurent en 1903, l'intérêt exceptionnel de sa Cité tenait autant à son extraordinaire niveau de détails qu'à la « modernité » de sa vision. Le projet de Garnier ne posait pas seulement les principes et le tracé d'une hypothétique ville industrielle ; il dessinait, à différentes échelles, la substance même d'une typologie urbaine, tout en donnant des indications précises sur son mode de construction en béton et en acier. Aucun projet aussi audacieux n'avait été proposé depuis la cité idéale de Chaux de Ledoux, en 1804. *Une cité industrielle* ne fut publié qu'en 1917, mais la contribution de son auteur à l'urbanisme contemporain fut reconnue dès 1920, puisque Le Corbusier publia des extraits du premier album *in folio* de la Cité dans la revue puriste *L'Esprit nouveau.*

Si le rôle de la Cité dans la pensée urbaine de Le Corbusier est évident, son influence demeura limitée car, en dehors des bâtiments isolés de Garnier à Lyon, ses propositions fondamentales ne furent jamais testées ni largement publiées.

82. Garnier, Cité industrielle, vue rapprochée du bâtiment d'assemblée, 1904-1917.

Contrairement au principe de cité-jardin d'Ebenezer Howard de 1898, qui fut mis en œuvre avec la cité-jardin de Letchworth en 1903, on ne pouvait guère s'y référer comme à un modèle établi. Ces deux organisations ne pouvaient au demeurant être plus opposées : tandis que la Cité de Garnier était par nature extensible et dotée d'une certaine autonomie parce qu'elle était fondée sur l'industrie lourde, la Rurisville de Howard était d'une taille limitée et économiquement dépendante car elle reposait sur l'industrie légère et sur une agriculture à petite échelle. Tandis que la Cité de Garnier, tout comme le projet pour Barcelone de Jaussely de 1904, influencera les modèles théoriques d'urbanisme des premières années de l'Union soviétique, le schéma d'Howard conduira quant à lui à la prolifération réformiste de cités-jardins communautaires et, finalement, au programme tout aussi pragmatique de villes nouvelles anglaises après la Seconde Guerre mondiale.

La pensée urbaine de Garnier transparaît dans ses *Grands Travaux de la Ville de Lyon*, publié en 1920, où figurent les abattoirs de 1906-1932, l'hôpital Grange-Blanche de 1909-1930 et le quartier des États-Unis, conçu en 1924 et réalisé en 1935. Chacun de ces ensembles représente une cité en miniature qui réaffirme, dans ses aménagements, la souveraineté de la cité comme force civilisatrice – mission que les cités-jardins anglo-saxonnes pouvaient difficilement remplir.

83. Garnier, abattoirs de La Mouche, Lyon, 1917.

# Auguste Perret : l'évolution du rationalisme classique, 1899-1925

*À l'origine, il n'est d'architecture que de charpente en bois.*
*Pour éviter le feu, on construit en dur.*
*Et le prestige de la charpente en bois est tel qu'on en reproduit tous les traits, jusqu'aux têtes de chevilles.*

Auguste Perret,
*Contribution à une théorie de l'architecture*, 1952

En 1897, Auguste Perret interrompit de brillantes études à l'École des beaux-arts et abandonna l'enseignement académique de son maître Julien Guadet afin de travailler dans l'entreprise familiale de construction, où il exerçait déjà à mi-temps. Parmi ses œuvres de la période commençant en 1890, celles qu'il a conçues après avoir quitté les Beaux-Arts sont les plus intéressantes car elles posèrent des jalons pour le reste de sa carrière. Deux d'entre elles ont une grande importance : le casino de Saint-Malo, en 1899 [84], et l'immeuble avenue de Wagram, à Paris, en 1902. Le premier est un exercice de rationalisme structurel dans le style « national romantique », alors en vogue dans les villas rustiques d'Hector Guimard, le second une tentative « Louis-XV-et-Art-nouveau » sur huit niveaux de pierre de taille. Il peut être considéré comme un premier pas fondamental pour Perret, car il témoigne de son retour délibéré au classicisme, un retour qui précédait de quelques années la « cristallisation », en 1907, de la Sécession dans le travail de Peter Behrens, Josef Hoffmann ou Joseph Maria Olbrich.

L'immeuble de l'avenue de Wagram est en saillie sur la rue grâce à deux bow-windows s'élevant jusqu'à une colonnade au cinquième étage ; cette modénature est subtilement complétée par des pampres sculptés qui s'élèvent en sinuant depuis le rez-de-chaussée pour s'épanouir en une abondance pétrifiée sous la corniche de la colonnade. Encore fidèle au symbolisme, Perret évoquait par ce décor l'imagerie florale de la Belle Époque. De même, afin de ne pas perturber l'ordonnance de cette voie parisienne, il a aligné les moulures des baies avec celles des façades classiques des immeubles mitoyens. Tout cela entre pourtant en contradiction avec les règles du rationalisme structurel : ici, l'architecture ne dévoile rien du fonctionnement de la structure, comme le prônait Eugène Viollet-le-Duc. La structure n'y est pas non plus naturellement expressive et vernaculaire, comme dans le casino de Saint-Malo.

Deux livres semblent avoir incité Perret à adopter une structure de type poteaux-poutres en béton pour l'immeuble de la rue Franklin de 1903 [85] : la monumentale *Histoire de l'architecture*, publiée en 1899 par Auguste Choisy, et le manuel de Paul Christophe sur le système Hennebique, *Le Béton armé et ses applications*, datant de 1902. Alors que le premier voyait dans l'entablement des temples grecs l'antécédent de telles structures, le second décrivait précisément leurs techniques de fabrication et de conception.

Professeur d'architecture à l'École des ponts et chaussées, Choisy avait une vision déterministe de l'Histoire, où les différents styles n'apparaissaient

84. Perret, casino de Saint-Malo, 1899.

85. Perret, immeuble 25 bis, rue Franklin, Paris, 1903-1911.

pas comme des jouets de la mode mais comme la conséquence logique des progrès techniques. Ses styles favoris, ainsi techniquement déterminés, étaient, tout comme pour Viollet-le-Duc, le grec et le gothique – même si, bien sûr, c'est sa référence au premier qui fit de lui le dernier grand théoricien du rationalisme classique. Choisy appartenait à cette grande lignée de rationalistes qui remonte à Guadet et Labrouste puis aux théoriciens du XVIIIe siècle Cordemoy et Laugier. Comme la plupart des tenants de cette école, Choisy ne voyait rien d'irrationnel à la transposition par les Grecs de formes en bois dans les éléments de pierre de l'ordre dorique.

Les premières utilisations du béton armé par Perret sont en accord avec les thèses de Choisy sur le gothique, qu'il tenait pour une architecture de nervures et de remplissage. En terme de composition, l'immeuble de la rue Franklin est une compression de la solution adoptée un an plus tôt avenue de Wagram. Dans les deux cas, les façades sur rue comptent cinq travées, les deux extérieures étant en porte-à-faux sur la rue ; elles comportent six ou sept étages, plus un niveau supplémentaire de couronnement avant un dernier étage en retrait. Avenue de Wagram, ce couronnement est mis en valeur par une colonnade engagée, alors que rue Franklin son caractère élémentarisé est souligné par le cadre porteur de deux loggias ouvertes. Ici s'achèvent toutefois les similitudes : l'immeuble de l'avenue de Wagram s'étale comme un monolithe horizontal, quand celui de la rue Franklin est articulé et tend à s'amincir vers le haut. L'articulation des poteaux et les retraits très abrupts du sommet de l'édifice confèrent une sorte de caractère gothique à cet ensemble par ailleurs très orthogonal, qui n'est pas sans rappeler l'œuvre d'un Mansart au XVIIe siècle. C'est ici que Perret suit au plus près les instructions détaillées de Viollet-le-Duc. La forme en U concave par rapport à la rue, avec ses retraits vers le haut typiques du gothique, est en fait éminemment pragmatique : Perret obtient plus de surface de plancher en plaçant la cour réglementaire à l'avant de l'immeuble plutôt que sur l'arrière. Avec une semblable ingéniosité, il habille le mur arrière de tuiles de verre pour ne pas enfreindre une réglementation urbaine.

Après 1903, Perret, tout comme Choisy, considéra la *charpente* comme la quintessence de la forme construite. L'ossature en béton armé de l'immeuble de la rue Franklin est habillée de faïence de façon à suggérer une structure de poteaux et linteaux en bois – le reste de la façade étant constitué soit de fenêtres soit de panneaux pleins revêtus de céramique. Alors que les fleurs en grès flammé de ces panneaux lui donnaient un aspect Art nouveau fossilisé typique de la fin de la Belle Époque, l'ossature – et l'organisation ouverte en plan qu'elle permettait – laisse préfigurer les spéculations ultérieures sur le plan libre de Le Corbusier.

L'entreprise Perret frères, avec Gustave et Claude auprès d'Auguste, joua un rôle essentiel dans l'évolution du style de Perret. En 1905, ils érigèrent un remarquable garage sur quatre niveaux, doté d'une plate-forme mobile mécanique, rue de Ponthieu, puis en 1912, un hôtel particulier dessiné par Paul Guadet, le fils de Julien. Réalisés en béton armé, ces deux ouvrages s'achevaient par un attique ou une frise couronnée par une corniche en saillie. Ils témoignent du raffinement progressif du « style maison » des Perret, rationnel et à entablement. Si le premier préfigure la manière de résoudre les programmes ecclésiastiques que Perret traitera par la suite, le second doit être vu comme sa façade prototype, un gabarit modulaire qui sera parachevé après-guerre avec la reconstruction du Havre.

Les années 1911-1913 virent la réalisation du tour de force du théâtre des Champs-Élysées [86], à la suite de la houleuse confrontation entre Perret et Henry Van de Velde. Engagé par l'imprésario Gabriel Astruc en 1910, Van de Velde comprit rapidement que la taille insuffisante de la parcelle rendait nécessaire l'emploi du béton armé ; il fit donc appel aux frères Perret comme entrepreneurs. Décision malheureuse : Perret contesta la faisabilité structurelle du projet et proposa une autre option, assez proche, de son cru. En six mois, les idées de Perret l'emportèrent et Van de Velde fut réduit au statut d'« architecte consultant ».

Si le plan et la façade du théâtre des Champs-Élysées sont essentiellement de Van de Velde, la réalisation témoigne de la maîtrise du détail par Perret et des prouesses techniques de l'entreprise familiale. Le programme comprend trois salles de 1250, 500 et 150 places, ainsi que de nombreux espaces servants comme la scène, les coulisses, les foyers, les vestiaires, etc. – le tout sur un terrain d'environ 37 mètres de largeur sur 95 mètres de profondeur. Perret suspendit la grande salle circulaire à huit « pylônes » périphériques portant deux à deux quatre arcs tendus, ces éléments constituant un cadre monolithique relié au radier de fondation. La matrice de base de ce squelette fut intelligemment complétée par des porte-à-faux et des poutres armées qui permirent de faire rentrer les volumes prescrits par le programme dans le terrain. Cette structure dynamique n'est que peu exprimée en façade ; à l'arrière et sur les côtés, on

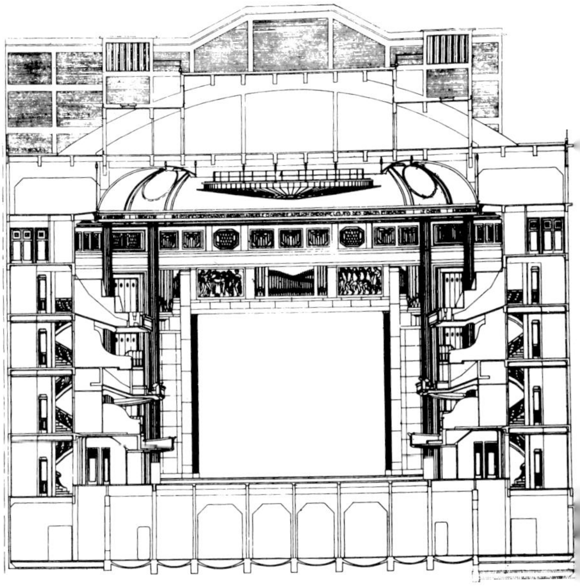

86. Perret, théâtre des Champs-Élysées, Paris, 1911-1913. Coupe de la grande salle, avec les bas-reliefs de Bourdelle.

discerne juste les poutres des planchers et un remplissage de briques. La façade principale, cependant, est traitée de manière classique, avec un revêtement de pierre régulier qui ne rappelle que de très loin la riche disposition des colonnes à l'intérieur du foyer. Par ailleurs, la culture symboliste parisienne héritée de la Belle Époque trouve encore une certaine expression – à l'intérieur et à l'extérieur – dans les bas-reliefs et les frises d'Antoine Bourdelle, ainsi que dans les peintures murales de Maurice Denis. Leur nostalgie d'une Antiquité mythique transparaît également dans les mains courantes, les luminaires et le mobilier, dessinés par Perret lui-même.

Au cours des dix années qui suivirent l'inauguration du théâtre en 1913, les Perret réalisèrent une remarquable série de bâtiments utilitaires en béton armé, notamment des docks à Casablanca et divers ateliers et usines dans Paris et ses environs. C'est en 1922 que survint la première commande d'église de Perret, Notre-Dame du Raincy, achevée en 1924. Il parvint ici à la formulation la plus pure de son vocabulaire du béton armé, presque vingt ans après la première apparition de ce matériau dans l'immeuble de la rue Franklin. L'importance de l'église tient non seulement à ses élégantes proportions et au raffinement de sa syntaxe, mais aussi à l'expression de l'articulation de la colonne cylindrique à l'intérieur d'une enveloppe non porteuse. Les préceptes de Choisy sont intégralement respectés, depuis les murs-écrans perforés et préfabriqués jusqu'aux colonnes cannelées effilées – chaque composant étant réduit à son essence structurelle la plus explicite.

Immédiatement après Le Raincy, deux bâtiments temporaires couronnèrent la première partie de la carrière de Perret : la galerie d'exposition construite pour le Salon des Tuileries en 1924 avec des sections standard de bois (qui furent réutilisées après le démontage) et le petit théâtre de l'Exposition des Arts décoratifs de 1925 [87]. Alors que la galerie (appelée Palais de Bois) était, tout comme l'église du Raincy, l'une des structures les plus articulées de Perret, le théâtre temporaire, de construction légère, était dessiné pour donner l'impression d'une lourde structure monolithique. En fait, elle comprenait des colonnes de bois circulaires portant une trame de poutres légères en bois ou en béton léger. À l'intérieur, toutes les surfaces étaient enduites de plâtre ou habillées de pans de bois, tandis que les murs extérieurs étaient revêtus de fausse pierre. En cela, Perret s'éloignait totalement de la vérité structurelle, constitutive de la thèse rationaliste. Ce « mensonge » fut justifié par son auteur au prétexte que, si le théâtre avait été permanent, il l'aurait construit en béton armé.

Malgré son impureté, le théâtre des Arts décoratifs est l'intervention la plus juste et lyrique que Perret ait jamais faite. Huit colonnes intérieures indépendantes supportaient une poutre « annulaire » au plafond qui, grâce à d'ingénieux dispositifs aux quatre angles, supportait un caisson lumineux surélevé au-dessus de la scène cruciforme. Les charges transversales de cette structure intérieure étaient transmises à une poutre périphérique portée par un système de colonnes libres régulièrement espacées tout autour de la salle. À l'extérieur, l'expression gardait cependant quelque chose d'étrange : ces colonnes apparemment redondantes, qui ordonnaient les murs nus, reflétaient le désir nourri par Perret de créer un nouveau « classicisme français » – obsession qui limitera sérieusement l'évolution de son travail ultérieur.

En dehors de la lucidité de son architecture et de l'extraordinaire raffinement de son œuvre construit, l'importance du Perret théoricien repose sur sa pensée aphoristique et dialectique – avec l'attention qu'il portait à certains binômes comme l'ordre contre le désordre, l'ossature contre le remplissage, le permanent contre l'éphémère, le fixe contre le mobile, la raison contre l'imagination, etc. On peut trouver des oppositions comparables dans tout le corpus conceptuel de Le Corbusier. Lors de l'Exposition des Arts décoratifs de 1925, les chemins des deux hommes avaient déjà commencé à diverger, dans leurs édifices comme dans leur théorie : rien ne pouvait être plus éloigné des principes de Perret que les « 5 points d'une architecture nouvelle » publiés pour la première fois par Le Corbusier un an plus tard, en 1926.

87. Perret, théâtre, Exposition des Arts décoratifs, Paris, 1925.

# Le Deutscher Werkbund, 1898-1927

*La Grande-Bretagne, qui était en avance sur son temps, trouva plus profitable d'investir son surplus à l'étranger que de moderniser le cadre de vie et la production chez elle. L'élan industriel du XX^e siècle ne vit donc pas le jour en Grande-Bretagne. Il le vit dans une nation plus récemment industrielle, l'Allemagne ; comme elle souhaitait pénétrer de nouveaux marchés outre-mer qui étaient traditionnellement protégés par les puissances maritimes anciennes, elle étudia systématiquement les produits de ses concurrents ; puis, grâce à une sélection typologique et une re-conception, elle participa à la création de l'esthétique de la machine du XX^e siècle.*

Clive M. Chipkin, « Lutyens et l'impérialisme »,
*RIBA Journal*, 1969

Après que les Prussiens eurent réprimé en 1849 la révolution saxonne – révolution dans laquelle Mikhail Bakounine et Richard Wagner jouèrent des rôles importants –, l'architecte Gottfried Semper, qui avait été un partisan de cette révolte, s'enfuit de Dresde pour s'installer à Paris puis, deux ans plus tard, à Londres, où l'attendait une commande. C'est dans cette ville qu'à l'occasion de l'exposition de 1851 il écrivit son célèbre ouvrage *Wissenschaft, Industrie und Kunst* (science, industrie et art), publié en allemand en 1852 ; il y examinait l'influence de l'industrialisation et de la consommation de masse sur l'ensemble du champ des arts décoratifs et de l'architecture. Dix ans avant que William Morris et son entourage ne produisent leurs premiers objets d'usage courant, Semper critiquait la civilisation industrielle : « Nous avons des artistes mais pas réellement d'art. » Farouchement opposé à la rêverie préraphaélite du retour à une ère pré-industrielle, il soutenait :

*La science, tout comme la vie, s'enrichit constamment de matériaux utiles récemment découverts et de forces naturelles qui font des miracles, avec des méthodes et des techniques nouvelles, avec des machines et des outils nouveaux. Il est d'ores et déjà évident que les inventions ne sont plus, comme elles le furent par le passé, des moyens de satisfaire un manque et de stimuler la consommation ; le manque et la consommation servent au contraire à commercialiser les inventions. L'ordre des choses a été renversé.*

Plus loin, il analysait l'effet des méthodes et des nouveaux matériaux sur la conception :

*Le porphyre et le granit les plus durs sont coupés comme du beurre et polis comme de la cire, l'ivoire est adouci et mis en forme, le caoutchouc et la gutta-percha sont vulcanisés et utilisés pour produire de trompeuses imitations de sculptures en bois, en métal ou en pierre, surpassant ainsi de loin l'aspect naturel des matériaux simulés. [...] L'abondance de moyens est le premier grand danger auquel l'art doit s'attaquer. L'expression est en fait un paradoxe – il n'y a pas abondance de moyens, mais plutôt incapacité à les maîtriser – et pourtant elle est justifiée en ce qu'elle décrit correctement l'absurdité de notre situation. [...] Où mènera la dépréciation du matériau due à son traitement par les machines, aux substituts que lui trouvent tant de nouvelles inventions ? Et la dépréciation du travail, des tableaux, des beaux-arts, de l'ameublement, qui résultent des mêmes causes ? [...] Comment le temps ou la science mettront-ils de l'ordre dans cet état de choses, pour l'heure totalement chaotique ? Comment empêcheront-ils que la dévaluation générale s'étende au travail manuel à l'ancienne, pour que l'on puisse y trouver plus que de l'attachement, qu'une manie de l'antique, qu'une apparence superflue, que de l'obstination ?*

Semper soulevait ainsi les questions essentielles du siècle, et évoquait des problèmes qui, aujourd'hui encore, sont loin d'être résolus. Ses idées firent peu à peu partie de la théorie culturelle allemande du XIX^e siècle, surtout après la publication de son ouvrage théorique majeur, *Der Stil in den technischen und tektonischen Künsten oder praktische*

*Ästhetik* (le style dans les arts techniques et tectoniques, ou esthétique pratique), de 1860-1863.

Son propos général quant à l'influence du social et du politique sur le style fut incompris jusqu'au rapide essor industriel de l'Allemagne dans le dernier quart du XIX<sup>e</sup> siècle. En 1876, à l'exposition du centenaire de Philadelphie, les produits d'art appliqué ou industriels allemands furent tenus pour inférieurs à ceux d'Angleterre et d'Amérique. Franz Reuleaux, un ingénieur en fluides qui travaillait depuis dix ans avec Semper à l'Eidgenössische Technische Hochschule (ETH) de Zurich, écrivit l'année suivante que les produits allemands étaient « bon marché et de mauvais goût » : « L'industrie allemande doit cesser de se focaliser sur la seule compétitivité des prix [et utiliser plutôt] le potentiel intellectuel et l'habileté des ouvriers pour affiner les produits, et cela à un niveau d'autant plus important que ceux-ci s'approchent de l'art ».

Durant les vingt années qui suivirent l'unification de l'Allemagne en 1870, son industrie n'eut ni le temps ni les raisons de prendre en compte une telle critique. Sous le régime stable de Bismarck, elle ne s'intéressa qu'au développement et à l'expansion. La fondation en 1883 par Emil Rathenau de l'Allgemeine Elektricitäts Gesellschaft (AEG) à Berlin fut un facteur déterminant de ce développement. La compagnie électrique devint en sept ans une immense entreprise industrielle produisant une large gamme de produits et ayant des intérêts dans le monde entier.

Le départ de Bismarck en 1890 bouleversa le climat culturel de l'Allemagne. De nombreux critiques considéraient qu'une conception plus attentive, dans l'artisanat comme dans l'industrie, était un gage de prospérité à venir, et que l'Allemagne, dépourvue de sources de matériaux bon marché et de débouchés immédiats pour ses articles à bas prix, ne pourrait être compétitive sur le marché mondial qu'avec des produits de très bonne qualité. Cet argument fut développé par le nationaliste et sociodémocrate chrétien Friedrich Naumann dans son ouvrage de 1904, *Die Kunst im Maschinenzeitalter* (l'art à l'époque de la machine). Il y prônait, contrairement au luddisme (mouvement anglais contre les machines) de William Morris, qu'une telle qualité ne pourrait être atteinte que par des gens dotés d'une culture artistique et ouverts à la production mécanique. Cette poussée de nationalisme pangermanique en faveur de l'industrie incita les technocrates prussiens à réagir contre le philistinisme de l'Allemagne de Guillaume II et à stimuler le renouveau des arts et métiers naissant pour une culture authentiquement allemande. C'est dans ce but qu'Hermann Muthesius fut envoyé à Londres en 1896, en tant qu'attaché à l'ambassade d'Allemagne, afin d'étudier l'architecture et les arts décoratifs anglais. À son retour en 1904, il devint conseiller privé du ministère du Commerce prussien, avec pour mission de réformer l'enseignement des arts décoratifs. Cette réforme officielle de la Kunstgewerbeschule (école des arts et métiers) avait été précédée par la fondation en 1898 des Werkstätten für Handwerkskunst (ateliers d'arts appliqués de Dresde) par Karl Schmidt. En 1903, ce mouvement avait pris une ampleur considérable, avec la nomination de Peter Behrens au poste de directeur de la Kunstgewerbeschule de Düsseldorf. L'année suivante, Muthesius fit la promotion d'un modèle idéal de culture artisanale locale dans son livre *Das Englische Haus* (la maison anglaise). Pour lui, l'importance de l'architecture et du mobilier Arts & Crafts britanniques tenait à leur démonstration que la connaissance du métier et l'économie étaient à la base de toute bonne conception.

Deux ans plus tard, en 1906, Muthesius, alors *Arbeitskommissar* de la troisième exposition allemande des arts et métiers à Dresde, rejoignit Naumann et Schmidt dans leur lutte contre le groupe d'artistes et d'artisans conservateurs et protectionnistes connu sous le nom d'Alliance pour les arts appliqués allemands. Il critiqua sévèrement l'état de l'art décoratif en Allemagne, tout en préconisant une production de masse. L'année suivante, les trois hommes fondèrent le Deutscher Werkbund, qui réunissait alors douze artistes indépendants et douze entreprises d'artisanat. Les artistes étaient Behrens, Theodor Fischer, Josef Hoffmann, Wilhelm Kreis, Max Laeuger, Adelbert Niemeyer, Joseph Maria Olbrich, Bruno Paul, Richard Riemerschmid, Jakob Julius Scharvogel, Paul Schultze-Naumburg et Fritz Schumacher ; les entreprises Peter Bruckmann & Söhne, Deutscher Werkstätten für Handwerkskunst Dresden-

Hellerau und München, Eugen Diederichs, Gebrüder Klingspor, Kunstdruckerei Kunstlerbund Karlsruhe, Poeschel & Trepte, Saalecker Werkstätten, Vereinigte Werkstätten für Kunst und Handwerk München, Werkstätten für deutschen Hausrat Theophil Müller Dresden, Wiener Werkstätten, Wilhelm & Co., Gottlob Wunderlich.

Les membres du Werkbund se consacrèrent à l'amélioration de la formation artisanale et à la création d'un centre dévolu aux objectifs de leur association. Comme on pouvait le craindre au vu de l'hétérogénéité du groupe fondateur, le Werkbund n'était en rien attaché à l'idéal de Muthesius, c'est-à-dire à une conception normalisée de la production industrielle. Il est significatif que le lieu initialement proposé pour la cérémonie de fondation du Werkbund ait été Nuremberg – ville où est située l'action du célèbre opéra de Wagner, *Les Maîtres chanteurs*...

L'évolution du Werkbund, particulièrement dans ses relations avec l'industrie, est inséparable de la période de la carrière de Behrens qui débuta en 1907 avec son engagement comme architecte et designer de l'AEG. Il devait y développer un style « maison » [88] allant du graphisme au dessin de produits et à la conception d'usines. Il releva ce défi grâce à ses dons de dessinateur et à son expérience précoce de décorateur Jugendstil lors de son séjour à la colonie de Darmstadt de 1899 à 1903. Son style de Darmstadt sera transformé par l'influence qu'eurent sur lui les principes de supériorité de la proportion et de l'harmonie tels qu'ils étaient édictés par l'école de Beuron (fondée par le moine Desiderius Lenz) et mis en pratique par l'architecte hollandais Johannes Ludovicus Mattheus Lauweriks, qui rejoignit Behrens à Düsseldorf en 1903 lorsque celui-ci y prit la direction de l'École des arts appliqués.

La Vorhalle que Behrens réalisa pour l'exposition internationale de Turin de 1902 représente parfaitement son style « empathique », dit « style Zarathoustra » ; la combinaison de lignes sinueuses énergiques et de formes courbes expressives cherchait à évoquer la « volonté de forme » nietzschéenne. Sous l'influence de Lauweriks, cette rhétorique fit place à un « atectonisme » étouffant, exprimé pour la première fois dans les pavillons

88. Behrens, affiche pour les ampoules AEG, avant 1910.

construits par Behrens à Oldenburg en 1905. Cette manière « beuronique » néoquattrocento fut mise au point par Behrens dans le crématorium réalisé à Hagen en 1906 et adapté, avec quelques traits néoclassiques, pour le pavillon de l'AEG à l'exposition de la construction navale de Berlin en 1908.

Dans son travail pour l'AEG, Behrens fut confronté à la dure réalité de la puissance industrielle. Il dut abandonner ses vues juvéniles sur la revitalisation de la vie culturelle allemande par un rituel mystique longuement mûri, et accepter l'industrialisation comme le destin tout tracé de la nation allemande ; ou, selon son analyse, comme la synthèse du *Zeitgeist* et du *Volksgeist*, à laquelle il était de son devoir, en tant qu'artiste, de donner forme. Ainsi la halle aux turbines de l'AEG [90] était-elle en 1909 une réification délibérée de l'industrie comme seul rythme de la vie moderne. Loin d'un simple projet en fer et en verre (telles les verrières des gares du XIX^e siècle), il s'agit d'une œuvre d'art consciente, un temple élevé à la gloire de la puissance industrielle. Tout en acceptant l'ascendant de la science et de l'industrie avec une résignation pessimiste, Behrens chercha à faire rentrer l'usine dans la catégorie de la ferme pour retrouver dans la production industrielle le sens, inhérent à l'agriculture, de l'objectif collectif : un sentiment pour lequel la main-d'œuvre peu qualifiée et récemment urbanisée de Berlin gardait probablement une certaine nostalgie. Comment expliquer autrement le toit à plusieurs pans de la halle aux turbines, ou l'implantation sur la Brunnenstrasse du complexe AEG de 1910 [91], rappelant une cour de ferme qui aurait été conçue par Camillo Sitte ? En rejoignant l'entreprise électrique, Behrens avait modifié son ancien style Oldenburg : il en avait gardé la puissance formelle mais délaissé la géométrie rigide. Ainsi, la légère ossature en acier de la façade sur rue de la halle aux turbines s'achève, à ses extrémités, par de lourds éléments d'angle bossagés, dont les surfaces sont traitées de façon à leur nier toute capacité à reprendre des charges. Cette solution atectonique, consistant à épauler des travées de portiques légers par des angles massifs, caractérise plus ou moins tous les bâtiments industriels de Behrens pour AEG. Quand l'ossature n'était pas une donnée fonctionnelle préalable, comme dans l'ambassade d'Allemagne à Saint-Pétersbourg de 1912 de style néoclassique [89], cette insistance toute schinkelienne sur les angles persiste, mais de manière moins prononcée.

En 1908, Behrens dévoila son conservatisme viscéral dans un essai intitulé *Was ist monumentale Kunst ?* (qu'est-ce que l'art monumental ?) : quelle que soit l'époque, il s'agit toujours pour lui de l'expression du groupe au pouvoir. Dans ce texte, il se rallie à la théorie de Semper qui fait découler les formes des contraintes techniques et matérielles. Il rejette cependant l'importance accordée par ce dernier aux éléments tectoniques types – telle la colonne porteuse de l'architecture classique. En revanche, Behrens fut profondément marqué par la théorie élitiste d'Aloïs Riegl du *Kunstwollen*, ou « volonté de forme artistique ». Pour Riegl, cette force devait s'opposer aux tendances techniques propres à chaque époque. Dans cet esprit, la conception par Behrens des produits AEG relevait plus du style que de la technique.

Le fossé entre *norme* et *forme*, entre *type* et *individualité* préoccupa bientôt les membres du Deutscher Werkbund. Il domina le discours de Muthesius lors de leur exposition à Cologne en 1914. Son programme en dix points, très influencé par les écrits de Naumann, portait particulièrement sur le besoin d'améliorer des objets-types (que l'on songe à « l'objet-type » de Le Corbusier). Dans les points 1 et 2, il soutenait que l'architecture et la création industrielle ne pouvaient prendre du sens que par l'élaboration et le perfectionnement des types *(Typisierung)* ; dans les points 3 à 10, il abordait le besoin pour l'Allemagne de produits haut de gamme susceptibles d'être écoulés facilement sur le marché mondial. Le point 9 traitait de la production de masse : « L'existence de grandes entreprises compétentes, au goût impeccable, est un préalable à l'exportation. Des objets uniques, conçus par des artistes, ne satisferaient même pas la demande allemande. »

Cet appel opportuniste à la conception d'objets « cultivés » pour les classes moyennes du monde entier fut aussitôt contesté par Van de Velde, qui rejeta l'art d'« exportation » et proclama la souveraineté créatrice essentielle de l'artiste en tant qu'individu. Pour lui comme pour Behrens, seul le processus naturel du *Kunstwollen* de Riegl pouvait susciter l'apparition progressive d'une *norme* civilisée. En dépit de nombreuses oppositions sur cette question, la position de Van de Velde bénéficiait du soutien de personnalités aussi diverses que Walter Gropius et Karl Ernst Osthaus. Muthesius dut donc retirer son programme, non sans avoir présenté de manière circonstanciée à l'assemblée ce qu'il entendait par type : « La voie menant de l'individualisme à la création de types est la voie

89. Behrens, ambassade d'Allemagne, Saint-Pétersbourg, 1912.

90. Behrens, halle des turbines, AEG, Berlin, 1908-1909.

91. Behrens, complexe industriel AEG, Berlin, 1912. À gauche, les ateliers de haute tension ; à droite, les chaînes d'assemblage.

naturelle du développement. [...] Elle passe aujourd'hui par la manufacture, où le produit [...] est régulièrement amélioré. » Il déclara encore : « L'architecture tend essentiellement au typique. Le type se débarrasse du conjoncturel et apporte l'ordre. » Ainsi, pour Muthesius comme pour Semper avant lui, le type avait deux connotations : l'« objet manufacturé », progressivement amélioré par la production, et l'« objet tectonique », plus petit élément de construction fonctionnant comme unité de base du langage architectural.

Le besoin d'une telle syntaxe, lié à la soudaine faillite du Jugendstil, conduisit la plupart des architectes de l'exposition de 1914 du Deutscher Werkbund, dont Muthesisus, Behrens et Hoffmann, à s'exprimer dans un néoclassicisme revisité. Les deux seules exceptions furent le théâtre du Werkbund de Van de Velde [79], que son esthétique de la « forme-force » nimbait d'une aura quasi théosophique, et son proche rival, le pavillon de verre de Bruno Taut [94, 95], qui rappelait le mysticisme ritualisé de la Vorhalle de Behrens à Turin.

L'exposition de 1914 présenta au grand public une nouvelle génération d'artistes du Werkbund, au nombre desquels figuraient Gropius et Adolf Meyer, qui avaient travaillé ensemble dans l'agence de Behrens jusqu'en 1910. L'activité de Gropius entre 1910 et 1914 suivit de près la carrière berlinoise de Behrens. En mars 1910, il soumit à Rathenau, de l'AEG, un rapport sur la rationalisation de la production de maisons, qu'il illustra par son projet de maisons ouvrières à Janikow (Poméranie) de 1906. Ce texte d'un jeune homme de vingt-six ans reste l'un des exposés les plus complets et clairvoyants sur les conditions nécessaires à la réussite de la préfabrication, de l'assemblage et de la distribution d'unités de logement standardisées. En 1911, l'association récemment nouée entre Gropius et Meyer fut chargée par Karl Benscheidt de réaliser l'usine Fagus de formes à chaussures à Alfeld-an-der-Leine [92]. En 1913, le *Jahrbuch* (almanach) du Deutscher Werkbund comprenait un article de Gropius sur les constructions industrielles, illustré par des photographies de silos à grains et d'usines construites sur plusieurs étages, appartenant au paysage industriel du Nouveau Monde. Gropius commença la même année son activité de designer industriel en dessinant la carrosserie et le profil d'une locomotive Diesel, puis l'intérieur d'un wagon-lit.

92. Gropius et A. Meyer, vue de la façade de l'usine Fagus, Alfeld-an-der-Leine, 1911.

Gropius et Meyer ont adapté dans l'usine Fagus la syntaxe de la halle aux turbines de Behrens à une esthétique architecturale plus ouverte. Les angles servent toujours à cerner la composition, comme dans tous les grands bâtiments pour AEG de Behrens mais, alors que les angles de ce dernier sont toujours en maçonnerie, ceux de l'usine de Fagus sont en verre. Les pans de verre verticaux, en saillie par rapport au revêtement de brique, donnent l'illusion d'être miraculeusement suspendus au bandeau de l'attique. Cet effet de « tombé », de même que les angles transparents, inverse la composition de la halle aux turbines, la planéité parfaite de la façade de verre étant accentuée par le renflement « classique » de la peau de brique enveloppant l'ossature. Malgré ces transpositions, l'influence de Behrens est évidente dans le vitrage atectonique et la nostalgie classique de l'usine.

Cette disposition particulière, qui se manifestait du point de vue de la composition par la mise en valeur des angles et des corniches d'étage, caractérisera tous les édifices publics de Gropius et Meyer, jusqu'au projet du premier pour le Bauhaus de Dessau en 1924. Elle fut donc adoptée dans leur ensemble industriel modèle réalisé pour l'exposition du Werkbund de 1914 [93]. La paroi de verre y était traitée comme une membrane continue enveloppant les escaliers en spirale disposés à chaque extrémité du bâtiment. À l'intérieur de cette peau limpide s'élevait une ossature en brique ; sa dissociation par rapport à la peau était accentuée par les deux pavillons placés aux extrémités, coiffés chacun d'un toit plat au large débord, à la manière de Frank Lloyd Wright. Malgré ce spectaculaire renversement des rôles du verre et de la maçonnerie, le plan-masse était conventionnel, par son axialité mais aussi par la séparation hiérarchique et syntaxique qu'il opérait entre les espaces de l'administration et ceux de la production. La façade publique, classique, des cols blancs était mise en avant, cachant le bâtiment à ossature d'acier des cols bleus, privé et utilitaire, à l'arrière. Jamais Behrens n'aurait accepté une solution aussi binaire, aussi articulée qu'elle fût.

Le fossé entre Muthesius et Van de Velde porta au grand jour le caractère réactionnaire qui était déjà évident dans de nombreux ouvrages du Werkbund à l'époque de l'exposition de 1914. Alors que les almanachs de 1913 et 1914, respectivement consacrés à « l'art dans l'industrie et le commerce » et au « transport », présentaient l'aménagement de bâtiments industriels, du matériel roulant, de la marine et de l'aviation, la livraison de 1915 portait un titre inquiétant – « la forme allemande en temps de guerre » – et ouvrait avec nostalgie ses pages aux œuvres néo-Biedermeier de l'exposition de 1914. Comment prévoir que les promesses et le triomphe d'un État industriel avancé allaient bientôt être emportés par une guerre industrialisée ? Cette tragédie ne serait pas transcendée par la qualité des tombes militaires dont le dessin fut commandé aux artistes du Werkbund et qui constituèrent l'unique sujet de l'almanach de 1916-1917.

Behrens était devenu un autre homme après la guerre – le *Volksgeist* n'était manifestement plus le même. Aussi abandonna-t-il sa raideur classique et sa volonté de représentation du pouvoir industriel pour se tourner vers la quête d'un nouvel art de construire qui exprimerait le véritable esprit du

93. Gropius et A. Meyer, un des bâtiments du complexe industriel modèle, exposition du Werkbund, Cologne, 1914, avec les bureaux sur la gauche.

peuple allemand – revenant ainsi, à travers la revue de Bruno Taut, *Frühlicht*, aux formes du Moyen Âge, par-delà son passé néoromantique nietzschéen. Pourtant, sa foi dans le salut par la « volonté de forme » de Riegl restait intacte. Quand la société IG Farben (aujourd'hui Hoechst) commanda à Behrens des bâtiments à Francfort en 1920, il tenta de réinterpréter la syntaxe perdue de l'architecture civile médiévale dans un édifice de brique et de pierre. Au cœur de celui-ci, un espace mystique de rituel et de régénération collective (rappelant sa Vorhalle de Turin) prend la forme d'un hall d'une hauteur de cinq étages, avec des parois de briques disposées en porte-à-faux croissant, coiffé d'une verrière cristalline. Il s'agit d'une allusion à l'espace théâtral de représentation sociale qui avait inspiré sa jeunesse, au *Kultursymbol* qui l'obsédait tout autant que les membres de la Gläserne Kette de Bruno Taut (voir chapitre suivant). Une volonté proche animait les petits espaces d'exposition qu'il réalisa dans les années 1920 : la Dombauhütte (loge des maçons des cathédrales) légèrement inclinée avec des bandes diagonales de brique, créée pour le Kunstgewerbeschau de Munich de 1922, et la serre de verre inspirée de Wright construite à l'Exposition des arts décoratifs de Paris en 1925. Dès lors, le travail de Behrens resta proche du style Art déco, alors que l'avenir du Deutscher Werkbund était indissolublement lié au mouvement de la Neue Sachlichkeit ; celui-ci connut son apothéose en 1927, sous les auspices du Werkbund, lors de l'Exposition internationale de l'habitat à Stuttgart, où était présentée la célèbre cité du Weissenhof.

# « Die gläserne Kette » : l'expressionnisme architectural européen, 1910-1925

*Notre civilisation est dans une certaine mesure un produit de notre architecture : si nous voulons élever son niveau, nous devons donc, bon gré mal gré, transformer notre architecture. Et cela ne sera possible que si nous faisons en sorte que les pièces dans lesquelles nous vivons n'aient plus ce caractère clos. Le seul moyen d'y parvenir est l'adoption d'une architecture de verre, qui laisse pénétrer la lumière du soleil et la clarté de la lune et des étoiles dans les lieux d'habitation non seulement par quelques fenêtres, mais également par le plus grand nombre possible de murs – des murs entièrement en verre, et en verre de couleur.*

Paul Scheerbart, *L'Architecture de verre*, 1914

Cette conception d'une civilisation élevée grâce à l'emploi du verre, telle qu'elle était prônée par le poète Paul Scheerbart, catalysa pour ainsi dire la volonté d'élaborer une sensibilité non répressive, volonté exprimée pour la première fois à Munich en 1909 lors de la fondation de la Neue Künstler Vereinigung (association pour un renouveau artistique). Ce mouvement artistique pré-expressionniste mené par le peintre Wassily Kandinsky fut soutenu dès l'année suivante par deux publications anarchistes, la revue d'Herwarth Walden *Der Sturm* (la tempête) et le journal de Franz Pfemfert *Die Aktion*. Ces périodiques berlinois prônaient une contre-culture opposée au règne de la culture d'État qui avait débuté avec la fondation du Deutscher Werkbund. En 1907, Scheerbart avait déjà de son côté proposé l'image d'un futur utopique, teintée de science-fiction et hostile au réformisme bourgeois comme à la culture de l'État industriel.

L'exposition du Werkbund à Cologne en 1914 mit au jour une fracture idéologique à l'intérieur du Werkbund même, entre l'acceptation collective d'une forme normative *(Typisierung)* d'une part, et une volonté de forme *(Kunstwollen)* artistique de l'autre. Reflétée dans le contraste entre la Festhalle néoclassique de Peter Behrens et le théâtre organique de Henry Van de Velde [79], cette fracture rappelait à bien des égards la différence entre l'usine modèle de Walter Gropius et Adolf Meyer [93] et le pavillon fantasmagorique de Bruno Taut pour l'industrie du verre [94, 95]. Ce parallèle confirme que la scission affecta plusieurs générations de concepteurs du Werkbund. Quand Behrens et Gropius tendaient au normatif, c'est-à-dire au classique, Van de Velde et Taut exprimaient librement leur *Kunstwollen* dans leurs édifices.

Tandis que le livre d'aphorismes de Scheerbart, *Glasarchitektur (L'Architecture de verre)*, était dédié à Bruno Taut, le Pavillon de verre de ce dernier était orné de phrases extraites de l'ouvrage du poète : « La lumière veut le cristal », « Le verre apporte une ère nouvelle », « Nous sommes désolés pour la culture de la brique », « Sans palais de verre, la vie devient un fardeau », « Construire en brique ne nous fait que du mal », « Le verre coloré détruit la haine ». Ces mots dédiaient le pavillon de Taut à la lumière que filtrait sa coupole à facettes et ses murs en pavés de verre, illuminant une salle étagée sur sept niveaux selon son axe de composition et recouverte de mosaïque en pâte de verre. Cet édifice cristallin façonné dans la continuité de son pavillon de l'acier réalisé à Leipzig en 1913 avait été conçu, d'après son auteur, dans l'esprit des cathédrales gothiques. Il s'agissait en effet d'une Stadtkrone, ou « couronne pour la ville », la forme pyramidale posée par Taut comme le paradigme universel de tout édifice religieux ; par la foi qu'il inspirerait, cet élément urbain essentiel devait contribuer à la restructuration de la société.

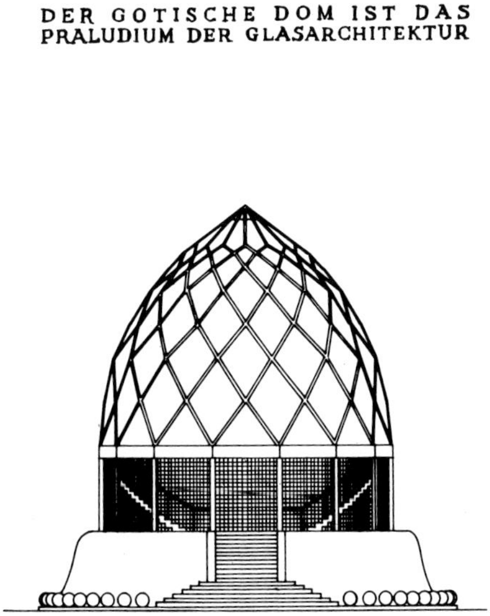


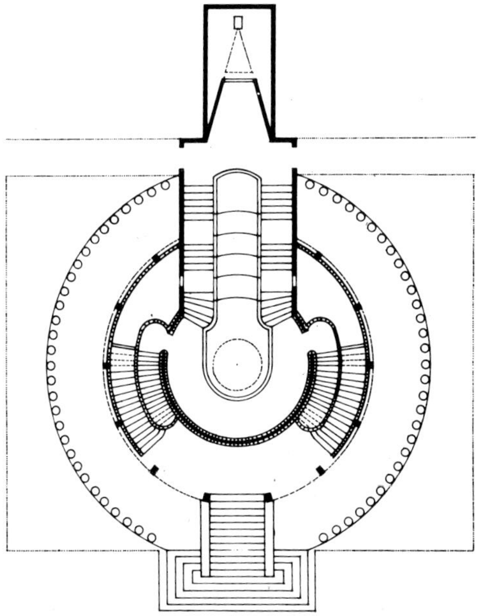

94 et 95. Taut, Pavillon de verre, exposition du Werkbund, Cologne, 1914. Ci-dessus : élévation et plan. À droite : espace intérieur avec les emmarchements et la cascade centrale.

Les implications socioculturelles des conceptions de Scheerbart furent soulignées dès 1918 par l'architecte Adolf Behne :

*Que l'architecture de verre apporte une nouvelle culture n'est pas le caprice insensé de quelque poète. C'est un fait. Les nouvelles institutions d'entraide, les hôpitaux, les inventions, les innovations et améliorations techniques – rien de cela n'apportera une nouvelle culture – mais l'architecture de verre le fera. [...] Les Européens ont donc raison de craindre que l'architecture de verre risque de devenir inconfortable. Elle le sera certainement. Et ce n'est pas son moindre mérite. Car les Européens doivent avant toute chose être arrachés à leur confort.*

Après l'armistice de 1918, Taut et Behne organisèrent l'Arbeitsrat für Kunst (Conseil du travail pour l'art), qui fusionna ensuite avec le Novembergruppe, fondé à la même époque. Ce conseil ouvrier en faveur de l'art proclama ses principaux objectifs dans l'*Architekturprogramm* de Taut en décembre 1918. Ce texte plaidait pour une nouvelle œuvre d'art totale, laquelle devait être créée avec la participation active du peuple. Au printemps 1919, le manifeste de l'Arbeitsrat für Kunst réaffirma ce principe : « L'Art et le peuple doivent former une entité. L'art ne doit plus être le luxe de quelques-uns, mais ressenti et apprécié par les masses. L'objectif est l'alliance des arts sous l'aile protectrice d'une architecture majeure. » Dirigé par Behne, Gropius et Taut, proche des peintres du mouvement Die Brücke, l'Arbeitsrat für Kunst comptait quelque cinquante artistes, architectes et mécènes vivant à Berlin ou dans ses environs ; parmi eux, les artistes Georg Kolbe, Gerhard Marcks, Lyonel Feininger, Emil Nolde, Hermann Finsterlin, Max Pechstein et Karl Schmidt-Rottluff, et les architectes Otto Bartning, Bernhard Hoetger, Adolf Meyer, Erich Mendelsohn et Max Taut, le frère de Bruno. En avril 1919, ces derniers organisèrent une présentation d'œuvres visionnaires lors de leur « Exposition d'architectes inconnus ». Le texte introductif de Gropius était, de fait, une première ébauche de son programme pour le Bauhaus de Weimar, publié plus tard le même mois :

*Nous devons vouloir, imaginer et créer en coopération les nouveaux concepts architecturaux. Peintres, sculpteurs, abattez les barrières autour de l'architecture et devenez les constructeurs associés et compagnons d'armes au service du but ultime de l'art : l'idée créatrice de la cathédrale du futur qui, une fois encore, embrassera tout en une seule forme – l'architecture et la sculpture et la peinture.*

Cet appel à un nouveau bâtiment religieux, capable d'unifier l'énergie créatrice d'une société comme au Moyen Âge, fut repris par Behne en 1919 dans sa réponse à un questionnaire publiée sous le titre *Ja ! Stimmen des Arbeitsrates für Kunst in Berlin* (oui ! voix du Conseil du travail pour l'art de Berlin) :

*La chose la plus importante me semble être la construction d'une maison de Dieu idéale, religieuse et non confessionnelle. [...] Nous ne devons pas attendre qu'une nouvelle religiosité advienne, car il se peut qu'elle nous attende alors que nous l'attendons.*

La répression de la révolte spartakiste en 1919 mit fin aux activités apparentes de l'Arbeitsrat für Kunst : les énergies du groupe se muèrent en une série de lettres connues sous le nom de « Die gläserne Kette » (la chaîne de verre). Il s'agissait de la « correspondance utopique » de Bruno Taut, qui débuta en novembre 1919, après qu'il eut suggéré : « Chacun de nous dessinera ou écrira régulièrement, de manière informelle, selon son inspiration, [...] les idées qu'il aimerait partager avec notre cercle. » La correspondance réunit quatorze personnes, dont seule la moitié créa une œuvre reconnue par la postérité. Hormis Bruno Taut, qui se baptisa « Glas » (verre), il y avait Gropius (« Mass », pour mesure), Finsterlin (Prométhée), et Max Taut, qui signait de son nom. À ce premier cercle s'ajoutaient des architectes qui ne s'étaient engagés auparavant que de manière marginale dans l'Arbeitsrat, notamment les frères Hans et Wassili Luckhardt et Hans Scharoun. La « correspondance utopique » ne se contenta pas de nourrir la revue de Taut, *Frühlicht* (l'aube), elle permit d'exposer et de développer les diverses attitudes au sein du cercle. Taut et Scharoun insistaient ainsi sur le rôle créateur de l'inconscient ; Scharoun écrivit en 1919 :

*Nous devons créer tout comme le sang de nos ancêtres produisit des vagues de créativité ; et nous serons satisfaits si nous sommes ensuite capables de révéler une totale compréhension de la nature et de la causalité de nos créations.*

Pourtant, dès 1920, la solidarité de la Gläserne Kette se fissura, quand Hans Luckhardt fit le constat que la forme inconsciente libre et la production préfabriquée rationnelle étaient à certains égards incompatibles :

*La tendance aux processus automatiques s'oppose aux efforts profondément spirituels. L'invention du Taylor System en est typiquement caractéristique. Il serait complètement faux de refuser de reconnaître cette tendance de notre temps car c'est un fait historique. Plus encore, on ne peut en aucune manière prouver qu'elle est hostile à l'art.*

Bien que ce rationalisme eût pour effet de ramener le débat aux questions qui avaient divisé le Werkbund en 1914, Taut reprit les idées de Scheerbart (qu'il avait exprimées à l'origine dans des livres comme *Alpine Architektur* et *Die Stadtkrone* de 1919) en publiant en 1920 son célèbre ouvrage *Die Auflösung der Städte* (la dissolution des villes). Comme les urbanistes socialistes de la révolution russe, il préconisait l'abandon des villes et le retour des citadins à la terre. Dans les passages les plus pratiques, il tentait même de formuler des modèles de communautés agricoles fondés sur l'artisanat ; dans les plus fantasques, il prévoyait la construction de temples en verre dans les Alpes. Son principe de village circulaire organisé selon des lignes radiales était inspiré de Kropotkine. Au centre, trois zones résidentielles, une pour chaque classe de citoyens – *Künder, Künstler und Kinder* (les « éclairés », les artistes et les enfants) –, étaient chacune organisées autour de cours en forme de losange. Cette organisation tripartite menait, dans l'axe, au Haus des Himmels (maison du paradis), central et cristallin, où se réunissaient les dirigeants de la communauté. Paradoxalement, dans le socialisme anarchiste de Taut, les institutions sociales hiérarchiques, pour ne pas dire autoritaires, imaginées pour les communautés portaient en germe un fascisme qui serait peu après vulgarisé dans la culture « du sang et du sol » du national-socialisme.

Nommé architecte de la ville de Magdebourg en 1921, Taut chercha à concrétiser sa Statdtkrone l'année suivante dans le projet d'un hall d'exposition municipal. Mais les idées que soutenait la revue *Frühlicht* étaient alors sur le déclin. Tout comme Hans Luckhardt avant lui, Taut se mit à accepter les dures réalités de la République de Weimar ; les besoins sociaux concrets n'y laissaient guère place à la réalisation du paradis de verre de Scheerbart. Il est à cet égard significatif qu'il ait dès 1923 travaillé avec son frère Max sur le premier programme public de logements bon marché.

Paradoxalement, ce n'est pas Taut mais Poelzig qui réalisa l'essence même de la cristalline « couronne pour la ville ». Son théâtre de 5 000 places [96], construit pour Max Reinhardt à Berlin en 1919, rappelait davantage Scheerbart – avec sa dissolution scintillante de la forme et de l'espace dans la lumière – qu'aucune des réalisations de Taut après-guerre. Wassili Luckhardt a dit de ce fantastique espace intérieur à stalactites :

*À l'intérieur du vaste dôme, une infinie variété de pendentifs est suspendue. La concavité de la coupole où ils sont attachés procure un mouvement légèrement incurvé ; il s'ensuit donc une impression de dissolution et d'infini – surtout quand la lumière tombe sur les minuscules réflecteurs que forme chaque pointe des stalactites.*

Après son installation en tant qu'architecte à Breslau (aujourd'hui Wroclaw) en 1911, Poelzig réalisa deux ouvrages qui ouvraient la voie au langage formel ultérieur de Taut ou de Mendelsohn : un château d'eau à Posen – incarnation de la Stadtkrone s'il en fut – et un immeuble de bureaux à Breslau, qui mènera au principe architectural de l'immeuble que Mendelsohn construira pour le journal *Berliner Tageblatt* en 1921. En outre, l'usine chimique en brique que Poelzig réalisa à Luban en 1912 [97] était presque aussi intéressante, avec ses masses très articulées, que le style industriel mis au point par Behrens pour l'AEG.

Après la guerre, en 1919, Poelzig reprit dans son allocution en tant que président du Werkbund la controverse sur la *Typisierung*, et se prononça à nouveau pour le *Kunstwollen.* La même année, il afficha son affinité avec les artistes de la Gläserne

96. Poelzig, Grand Théâtre, Berlin, 1919.

97. Poelzig, usine chimique, Luban, 1912.

Kette dans son projet pour le Festspielhaus de Salzbourg : le motif des pendentifs, qu'il venait d'inventer, était superposé comme dans une image de Stadtkrone aux proportions héroïques. Dans le projet de Freundschafsthaus (maison de l'amitié) à Istanbul de 1917, les arcs étaient aussi assemblés de façon à créer une ziggourat ; l'intérieur évoquait une caverne prismatique presque entièrement faite d'éléments suspendus dans le vide. Si l'on excepte ses décors pour *Le Golem*, film de Paul Wegener de 1920, le Grand Théâtre conçu pour Reinhardt fut la dernière œuvre pleinement expressionniste de Poelzig. Dès 1925, avec le cinéma Capitol à Berlin, il retournait à un style plus ou moins classique.

Mendelsohn réalisa sa propre version de la Stadtkrone avec l'observatoire qu'il bâtit pour Albert Einstein à Potsdam de 1917 à 1921 [98]. Combinant les formes sculpturales du théâtre du Werkbund de Van de Velde [79] et la silhouette du Pavillon de verre de Taut, l'édifice trouvait sa source dans l'exposition du Werkbund de 1914. Ses lignes définitives témoignaient cependant d'une parenté formelle avec l'architecture vernaculaire aux toits de chaume des architectes hollandais Adolf Eibink et Jan A. Snellebrand qui, avec Theo Wijdeveld, représentaient l'aile organique la plus extrême de l'expressionnisme hollandais, unie autour du magazine de Wijdeveld, *Wendingen* (tournants). Il n'est donc pas étonnant que, juste après l'achèvement de la tour Einstein, Mendelsohn se soit rendu en Hollande à l'invitation de Wijdeveld, afin d'apprécier par lui-même le travail du cercle de *Wendingen*. Il visita à Amsterdam de nombreux chantiers de logements expressionnistes ; ces derniers faisaient partie du plan de Berlage pour le sud d'Amsterdam, avec notamment les quartiers Eigen Haard (1913-1919), de Michel de Klerk, et De Dageraad (1918-1923), de Piet Kramer. Réalisées en maçonnerie de brique moulée revêtue de céramique, ces opérations témoignaient d'une approche bien plus structurelle que celle des architectes « vernaculaires » du cercle de Wijdeveld. En dehors de l'école d'Amsterdam et de ses membres Wijdeveld, De Klerk et Kramer, Mendelsohn rencontra un bon nombre d'architectes hollandais d'opinions très différentes qui le marquèrent fortement, tel le rationaliste Jacobus Johannes Pieter Oud à Rotterdam ou le wrightien Willem Marinus Dudok à Hilversum. Dans une lettre à sa femme, Mendelsohn expliquait que ni l'école d'Amsterdam ni celle de Rotterdam ne le convainquaient totalement :

*Rotterdam l'analytique refuse toute vision ; Amsterdam la visionnaire ne comprend pas l'objectivité. L'élément primordial est certainement la fonction, mais la fonction sans la sensibilité reste de la pure construction. Plus que jamais, je revendique mon programme de conciliation. [...] Sinon Rotterdam poursuivra son programme de pure construction, avec une froideur mortelle dans les veines, et Amsterdam sera détruite par le feu de son propre dynamisme. Le défi, c'est la fonction plus la dynamique.*

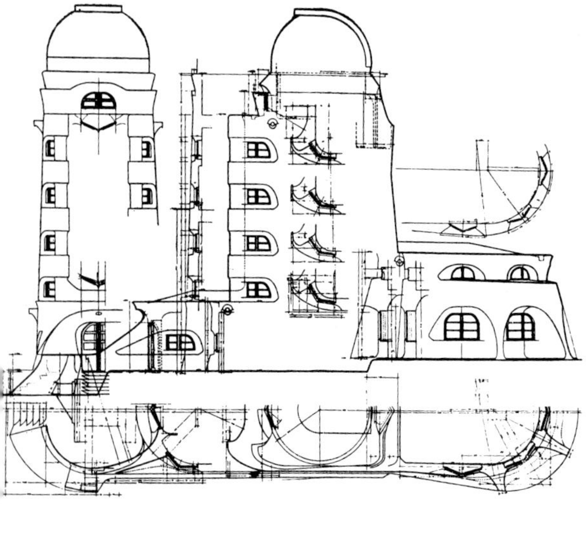

98. Mendelsohn, tour Einstein, Potsdam, 1917-1921. Élévations frontale et latérale et plan partiel.

Comme le suggère cette lettre, les expressionnistes hollandais les plus concernés par les questions de structure influencèrent directement Mendelsohn. À son retour des Pays-Bas, il se détourna de la plasticité de l'observatoire de Potsdam pour se concentrer sur l'expressivité structurelle intrinsèque des matériaux, ce dont témoigna la chapellerie qu'il construisit à Luckenwalde en 1921-1923 [99]. Les toits à forte pente des ateliers de teinture et les sheds de la halle de production, qui évoquaient De Klerk, formaient un contraste saisissant avec la centrale énergétique, lisse et au toit plat, et dont le caractère « cubiste » lié aux couches superposées de brique et de béton évoquait le premier Dudok. Le principe mis au point dans la chapellerie – la confrontation entre des formes industrielles spectaculairement élancées et des éléments horizontaux pour les bâtiments administratifs – fut repris en 1925 par Mendelsohn dans un projet d'usine textile à Leningrad. Une nouvelle étape y fut franchie, car la barre de l'administration annonçait la forme des grands magasins métropolitains qu'il construisit à Breslau [100], Stuttgart, Chemnitz et Berlin entre 1927 et 1931. Comme l'a observé Reyner Banham, Mendelsohn pensait désormais « en termes d'assemblages structurels d'unités géométriques simples qui apparaissaient comme des arêtes soigneusement profilées ».

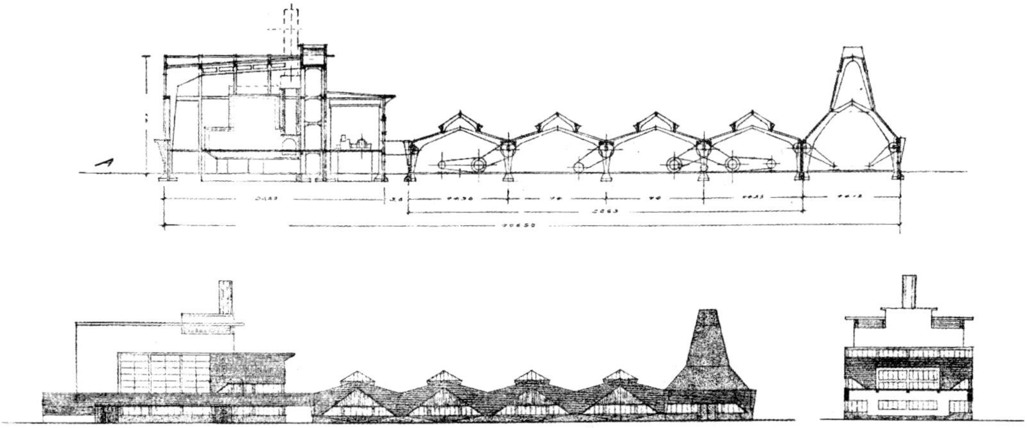

99. Mendelsohn, chapellerie, Luckenwalde, 1921-1923. En haut : coupe ; ci-dessus : façade latérale et façade arrière du bâtiment de tête.

100. Mendelsohn, grand magasin Petersdorff, Breslau (Wroclaw), 1927.

101. Häring, ferme à Garkau, 1924. Bâtiments pour les animaux (en haut à gauche) et granges.

Le chef-d'œuvre d'Hugo Häring – les corps de ferme de Garkau, près de Lubeck, construits en 1924 [101] – fit un usage expressif assez proche des toitures à forte pente contrastant avec des masses tectoniques et des angles arrondis. Quelques années plus tôt, Häring avait partagé un bureau à Berlin avec Ludwig Mies van der Rohe, de quatre ans son cadet, et il est certain que, pendant une brève période, tous deux s'influencèrent mutuellement. Cela est particulièrement clair au vu de leurs réponses respectives au célèbre concours de 1921 pour un immeuble de bureaux sur la Friedrichstrasse ; une approche organique similaire génère leurs formes. De manière prévisible, c'est Mies – et non Häring – qui proposa une construction toute en verre [146]. L'obsession de Mies pour les réflexions potentielles de ce matériau, héritée de Scheerbart, est encore exprimée dans l'extraordinaire projet de gratte-ciel en verre, publié en 1922 dans le dernier numéro de la revue dirigée par Taut, *Frühlicht*.

Tout comme Mendelsohn, Häring croyait en la primauté de la fonction, mais il tenta de transcender le caractère primitif de la pure utilité en puisant ses formes dans une compréhension élargie de la notion de programme. Tout comme Scharoun, sa manière de traiter les masses relevait souvent d'une imitation naïve des formes biologiques. À cet égard, on peut considérer que le bâtiment de Scharoun pour l'Exposition de l'habitat et du travail de Breslau en 1928 fut influencé par le projet d'habitation des Prinz Albrecht Garten, conçu par Häring en 1924. Malgré son penchant ouvertement expressionniste, Häring resta préoccupé par la source intrinsèque de la forme, avec ce qu'il appelait l'*Organwerk*, ou essence programmatique de l'« organisme », par opposition à l'expression de sa surface, ou *Gestaltwerk*. Il écrivit à propos de cette dualité :

*Nous voulons examiner les choses et leur permettre de découvrir leurs propres images. Il est contre nature de leur proposer une forme de l'extérieur. [...] Dans la nature, l'« image » résulte de l'assemblage de nombreuses parties en vue de permettre le tout, de même que la vie la plus remplie et la plus efficace pour chacune de ses parties. [...] Si nous cherchons à découvrir la forme organique « vraie » plutôt qu'à imposer une forme étrangère, nous agissons en accord avec la nature.*

À l'exposition de la Sécession de Berlin en 1923, Hans et Wassili Luckhardt, ainsi que Mies et quelques autres contemporains, témoignèrent d'une pensée de la construction plus fonctionnelle et objective ; cette évolution les amena à former le Zehnerring l'année suivante. Jusqu'en 1925, date où ce mouvement prit le nom de Der Ring, avec Häring pour secrétaire, nul conflit entre les diverses positions n'était apparu car l'énergie collective était employée à résister à la politique réactionnaire de l'architecte de la ville de Berlin, Ludwig Hoffmann.

Mais en 1928, quand cette bataille fut gagnée, l'intérêt de Häring pour l'« organique » le fit naturellement entrer en opposition avec Le Corbusier lorsqu'il participa, en tant que secrétaire de Der Ring, à la réunion de fondation des Congrès internationaux d'architecture moderne (CIAM) à La Sarraz, en Suisse. Alors que Le Corbusier prônait une architecture fonctionnaliste aux formes géométriques pures, Häring tenta, vainement, de gagner le Congrès à sa propre conception de la construction organique. Son échec traduit le caractère non normatif et non situé de son approche, mais aussi l'éclipse finale du rêve de Scheerbart. Scharoun a prolongé cette vision après-guerre avec l'immeuble de logements Roméo et Juliette, construit à Stuttgart de 1954 à 1959, et avec son ultime chef-d'œuvre, la Philharmonie de Berlin, réalisée en 1956-1963, mais le caractère idiosyncrasique de l'approche organique n'a connu, depuis, que peu d'occasions de s'affirmer.

# Le Bauhaus : l'évolution d'une idée, 1919-1932

*Formons donc une nouvelle corporation sans ce mur de mépris qui sépare artisans et artistes ! Nous devons désirer, concevoir et créer ensemble la nouvelle architecture du futur qui fera un tout de l'architecture, de la sculpture et de la peinture et qui, tel le symbole cristallin d'une foi nouvelle, des mains de millions d'ouvriers se dressera un jour dans le ciel.*

Programme de l'école du Bauhaus de Weimar, 1919.

Le Bauhaus est né d'une volonté constante de réforme de l'enseignement des arts décoratifs en Allemagne au tournant du XX<sup>e</sup> siècle. Il y eut d'abord la création, en 1898, des Ateliers d'arts appliqués allemands par Karl Schmidt, les Dresden Werkstätten, qui devinrent les Deutschen Werkstätten et s'installèrent en 1908 dans la cité-jardin d'Hellerau ; puis la nomination, en 1903, de Hans Poelzig et de Peter Behrens à la direction des écoles d'arts décoratifs de Breslau et de Düsseldorf ; enfin la fondation, en 1906, de l'École des arts décoratifs du Grand-Duché à Weimar, dirigée par l'architecte belge Henry Van de Velde.

Malgré les espaces novateurs qu'il conçut pour l'Académie des beaux-arts et pour l'École des arts décoratifs, Van de Velde ne parvint à instituer durant son mandat de directeur qu'un *Kunstseminar* relativement modeste pour les artisans. Poussé à la démission en 1915 au motif qu'il était étranger, il recommanda au ministre de l'État de Saxe comme successeurs potentiels Walter Gropius, Hermann Obrist et August Endell. De longues discussions eurent lieu tout au long de la guerre entre le ministère et Fritz Mackensen, qui était à la tête de l'Académie des beaux-arts du Grand-Duché, sur les rôles et principes respectifs de l'enseignement des beaux-arts et de celui des arts décoratifs. Gropius, favorable à une autonomie relative de ces derniers, préconisait une formation fondée sur l'atelier, pour les artistes comme pour les artisans ; Mackensen, attaché à l'idéalisme prussien, tenait en revanche à ce que les artisans soient formés dans une académie des beaux-arts. Ce conflit idéologique trouva en 1919 un compromis : Gropius fut nommé directeur d'une institution mixte regroupant l'Académie des beaux-arts et l'École des arts décoratifs – dispositif qui sera une pomme de discorde conceptuelle durant toute l'existence du Bauhaus.

Les propositions sur l'architecture de Bruno Taut pour l'Arbeitsrat für Kunst (Conseil du travail pour l'art) publié à la fin de 1918 annonçaient le Programme du Bauhaus, proclamé en 1919 [102]. Taut soutenait qu'une nouvelle unité culturelle ne pouvait être obtenue que grâce à un nouvel art de bâtir, dans lequel chaque discipline contribuerait à la forme finale : « Il n'y aura alors plus de frontière entre les corps de métier, la sculpture et la peinture ; le tout sera un : Architecture. »

Cette reconfiguration désordonnée de l'idéal du *Gesamtkunstwerk* fut réélaborée par Gropius dans un pamphlet d'avril 1919 pour l'« Exposition des architectes inconnus », organisée par l'Arbeitsrat für Kunst, puis dans le Programme du Bauhaus. Le premier texte appelait tous les artistes à rejeter l'art de salon et à retourner à l'artisanat au service d'une métaphorique cathédrale du futur – « pour pénétrer dans les bâtiments, les enrichir de féeries [...] et *construire en imagination*, sans se soucier des difficultés techniques » – tandis que le second exhortait les membres du Bauhaus à créer « une nouvelle corporation sans ce mur de mépris qui sépare artisans et artistes ».

Le mot même de « Bauhaus », que Gropius dut faire accepter comme l'appellation officielle du nouvel établissement à un gouvernement d'État réticent, évoquait délibérément les *Bauhütte* du Moyen Âge, ou ateliers des maçons. Une lettre d'Oskar Schlemmer en 1922 confirme le caractère intentionnel de cette connotation :

*À l'origine, le Bauhaus fut fondé dans la perspective d'ériger la cathédrale du socialisme, et les ateliers furent constitués à la manière des loges des cathédrales* [Dombauhütten]. *L'idée de cathédrale est pour l'instant reléguée au second plan, de même que certaines idées bien arrêtées de nature artistique. Aujourd'hui nous devons penser au mieux en termes de maison, peut-être même seulement y* penser. [...] *Face au marasme économique, nous devons nous faire les pionniers de la simplicité, c'est-à-dire trouver une forme simple pour tous les besoins vitaux, qui soit en même temps respectable et authentique.*

102. Feininger, gravure sur bois pour le Programme du Bauhaus, 1919. La *Zukunfskathedrale*, ou cathédrale du futur, figure l'avenir du socialisme.

Pendant ses trois premières années, le Bauhaus fut dominé par la présence charismatique du peintre et enseignant suisse Johannes Itten, arrivé à l'automne 1919. Il avait fondé trois ans auparavant sa propre école d'art à Vienne, sous l'influence de Franz Cizek. Dans un climat très tendu, marqué par les actions à l'encontre de la Sécession du peintre Oskar Kokoschka et de l'architecte Adolf Loos, Cizek avait mis au point une pédagogie originale qui reposait sur la stimulation de la créativité individuelle par la réalisation de collages de différents matériaux et textures. Sa méthode avait vu le jour dans un milieu imprégné de théories éducatives progressistes qui allaient des systèmes de Friedrich Fröbel ou de Maria Montessori au mouvement « learning-through-doing » (apprendre en faisant) de l'Américain John Dewey, lequel avait été diffusé avec enthousiasme en Allemagne à partir de 1908 par le réformateur de l'éducation Georg Kerschensteiner. L'enseignement d'Itten dans son école viennoise et dans le *Vorkurs* (cours préliminaire) qu'il créa au Bauhaus se situait dans la lignée de Cizek, mais était enrichi par la théorie de la forme et de la couleur de son propre maître, Adolf Hölzel. L'objectif du cours d'Itten, qui était obligatoire pour tous les étudiants de première année, était de libérer la créativité personnelle et de permettre à chaque étudiant de mesurer ses capacités et talents propres.

Jusqu'en 1920 – date à laquelle, à la demande d'Itten, les artistes Schlemmer, Paul Klee et Georg Muche rejoignirent le Bauhaus –, il enseignait seul quatre corps de métier en plus du *Vorkurs*, tandis que Gerhard Marcks et Lyonel Feininger dispensaient respectivement des cours complémentaires de céramique et d'imprimerie. La réponse d'Itten à un référendum sur l'hypothèse d'un fonds de soutien aux artistes par l'État éclaire ses positions anarchistes :

*L'esprit existe hors de toute organisation. Là où il a malgré tout été organisé (religion, Église), il est devenu étranger à sa propre nature.* [...] *L'État* doit *veiller à ce qu'aucun de ses citoyens ne meure de faim, mais il* ne doit pas subventionner l'art.

La position anti-autoritariste, mais aussi mystique, d'Itten [103] fut accentuée en 1921 à la suite de son long séjour au centre mazdéiste de Herrliberg, près de Zurich. Il revint au Bauhaus au

103. Itten, dans le costume de travail mazdéiste qu'il avait conçu pour lui-même, 1921.

milieu de l'année en vue de convertir ses élèves et son collègue Muche à cette version modernisée d'une religion de la Perse archaïque. Le culte requérait un mode de vie austère, des jeûnes réguliers et un régime végétarien accompagné de fromage et d'ail. Le bien-être physique et spirituel, jugé essentiel à la créativité, était en outre assuré par des exercices de respiration et de relaxation. Itten écrivit plus tard sur cette tendance à l'introversion :

*Les pertes terribles et les horribles événements de la Première Guerre mondiale ainsi qu'une étude approfondie du* Déclin de l'Occident *de Spengler m'ont fait comprendre que nous avions atteint un point crucial de notre civilisation technique et scientifique. Pour moi, il n'était pas suffisant d'adopter les slogans du « retour à l'artisanat » ou de « l'art et la technique main dans la main ». J'ai étudié la philosophie orientale, cherché dans les enseignements du mazdéisme persan et du yoga indien, et je les ai comparés avec les débuts du christianisme. Je suis arrivé à la conclusion que nous devons compenser nos recherches scientifiques et nos réflexions techniques tournées vers l'extérieur par une pensée et une pratique tournées vers l'intérieur. J'ai cherché, pour moi-même et pour mon travail, sur quoi fonder un nouveau mode de vie.*

Le désaccord croissant entre Gropius et Itten fut exacerbé par l'arrivée à Weimar de deux fortes personnalités : l'artiste hollandais du mouvement De Stijl Theo van Doesburg, qui s'installa durant l'hiver 1921, et le peintre russe Wassily Kandinsky, qui rejoignit l'école à la demande d'Itten pendant l'été 1922. Alors que le premier prônait une esthétique rationnelle et anti-individualiste, le second proposait une approche de l'art émotionnelle, voire mystique. Si les deux hommes n'entrèrent pas en conflit direct, la position de Van Doesburg contre l'architecture traditionnelle faite de murs massifs et simples séduisit de nombreux étudiants du Bauhaus. L'enseignement de Van Doesburg eut non seulement une influence immédiate sur la production des ateliers, mais remit directement en cause les préceptes du programme initial du Bauhaus. La marque du Hollandais se refléta jusque dans l'ameublement du propre bureau de Gropius, et dans sa composition

104. Gropius et A. Meyer, projet pour l'immeuble du *Chicago Tribune*, 1922.

asymétrique (conçue avec Adolf Meyer) pour le concours du *Chicago Tribune* de 1922 [104].

Cette même année, alors que Van Doesburg avait fait du prosélytisme pendant neuf mois, la crise économique poussa Gropius à modifier le programme d'origine, orienté vers les métiers d'art. Ses griefs envers Itten refirent surface dans une circulaire aux maîtres du Bauhaus, où il critiquait indirectement le rejet quasi monastique du monde par le peintre. Ce texte est en fait une esquisse de son essai *Idee und Aufbau des Staatlichen Bauhauses Weimar* (théorie et organisation du Bauhaus), publié à l'occasion de la première exposition du Bauhaus à Weimar en 1923 :

*L'enseignement de l'artisanat est supposé préparer à la conception de la production de masse. En commençant avec les outils les plus simples et les travaux les moins compliqués,* [l'apprenti du Bauhaus] *acquiert progressivement la capacité à maîtriser des problèmes plus délicats et à travailler avec des machines, tout en gardant le contact avec le processus de production dans son ensemble, du début à la fin, alors qu'un ouvrier d'usine ne dépasse jamais la connaissance d'une phase du processus. Ainsi le Bauhaus noue-t-il délibérément des liens avec des entreprises industrielles existantes en vue d'une mutuelle stimulation.*

Cette argumentation aux termes soigneusement pesés en vue d'une réconciliation de la conception artisanale et de la production industrielle provoqua la démission immédiate d'Itten. Son poste fut aussitôt repris par l'artiste hongrois socialiste László Moholy-Nagy. Réfugié à Berlin en 1921 à l'issue de l'éphémère révolution hongroise, il avait contacté à son arrivée El Lissitzky, qui se trouvait alors en Allemagne en vue de préparer l'exposition russe de 1922. Cette rencontre le renforça dans ses propres tendances constructivistes. Ses peintures comportent dès lors des éléments suprématistes, des croix et rectangles modulaires qui constitueront bientôt la substance de ses célèbres tableaux « téléphone » réalisés en acier émaillé :

*En 1922, je commandai par téléphone à une usine de panneaux signalétiques cinq tableaux en porcelaine émaillée. J'avais leur gamme de couleurs devant moi et j'esquissai mes tableaux sur du papier millimétré. Au bout du fil, le directeur avait le même type de papier. Il nota les formes dictées dans la bonne position.*

Cette spectaculaire démonstration de production artistique planifiée semble avoir impressionné Gropius : il invita Moholy-Nagy l'année suivante à reprendre le cours préliminaire et l'atelier de métal. Sous son influence, la production s'orienta immédiatement vers un « élémentarisme constructiviste » que tempérera, au fil des ans, la prise en compte de l'aspect pratique des objets. Dans le même temps, il introduisit dans le cours préliminaire, qu'il partageait avec Josef Albers, des exercices sur des structures en équilibre dans de nombreux matériaux parmi lesquels le bois, le métal, le fil de fer et le verre. L'objectif n'était plus de témoigner d'une sensibilité au contraste entre les matériaux et les formes, le plus souvent assemblés en relief, mais de révéler les propriétés statiques et esthétiques de structures asymétriques autoporteuses. Le plus remarquable de ces « exercices » fut la construction de son propre *Modulateur espace-lumière*, qui l'occupa de 1922 à 1930.

Le style élémentariste-constructiviste, que Moholy-Nagy tenait en partie de l'enseignement des Vkhoutemas (ateliers supérieurs de technique et d'art) d'Union soviétique, cohabitait au Bauhaus avec l'influence De Stijl de Van Doesburg et une approche post-cubiste de la forme, visible dans les ateliers de sculpture dirigés par Schlemmer à partir de 1922. Une des premières manifestations de cette esthétique élémentariste, immédiatement adoptée comme un style « maison » après la démission d'Itten, fut la typographie sans empattements utilisée par Herbert Bayer et Joost Schmidt lors de l'exposition du Bauhaus de 1923.

Deux maisons modèles, en grande partie construites et aménagées par les ateliers du Bauhaus, ont marqué cette période de transition, et révélé des points communs et des différences radicales. Ce sont la maison Sommerfeld, conçue par Gropius et Meyer, achevée à Berlin-Dahlem en 1922, et la Versuchshaus (maison expérimentale) du Bauhaus, dessinée par Muche et Meyer pour l'exposition du Bauhaus de 1923 [105]. Si la première fut pensée comme une maison traditionnelle en bois dans le Heimatstil, avec un riche intérieur doté de bois sculpté et de vitraux créant un *Gesamtkunstwerk*, la seconde se présentait comme un objet *sachlich*, aux finitions parfaitement lisses, équipé des derniers appareils visant à réduire le travail ménager, qui en faisaient une véritable *Wohnmaschine* (machine à habiter). Cette maison à circulation minimum était organisée autour d'un atrium – non pas une cour ouverte mais un salon éclairé par une verrière et cerné sur tous les côtés par des chambres à coucher et des espaces de service. Chacune des chambres périphériques était aménagée de manière austère : radiateurs apparents en fonte, fenêtres et portes en acier, meubles basiques et tubes électriques nus. La plupart de ces éléments furent réalisés à la main dans les ateliers du Bauhaus. Meyer insista, dans sa présentation de la maison dans l'ouvrage *Bauhausbücher 3* de 1923, sur le caractère standard de l'équipement des salles de bains et des cuisines, ainsi que sur la nouveauté des matériaux et méthodes de construction.

Le tournant idéologique du Bauhaus fut encore plus clairement exprimé dans un article de Gropius paru dans la même livraison des *Bauhausbücher* ; intitulé « Wohnhaus-Industrie » (industrie de l'habitat), il accompagnait la présentation d'un remarquable projet de maison ronde dû à Karl Fieger, dont la conception centrée, légère, annonçait la maison Dymaxion de Richard Buckminster Fuller de 1927. Gropius publia également ses propres « Serienhäuser », ou unités de maisons répétitives, pensées comme les prototypes de la Bauhaussiedlung, une cité qu'il espérait construire aux environs de Weimar. Cet ensemble de maisons en série fut finalement réalisé en 1926 : il s'agit des résidences des maîtres du Bauhaus de Dessau.

Après 1923, l'approche du Bauhaus devint extrêmement « objective », se rapprochant du mouvement de la Neue Sachlichkeit. Cette parenté qui se reflète, malgré une répartition des masses assez formelle, jusque dans les bâtiments du Bauhaus de Dessau [106, 107], sera encore plus prononcée après la démission de Gropius en 1928. Les deux dernières années à l'école de celui-ci furent surtout marquées par trois événements : le déménagement forcé, pour raisons politiques, mais effectué sans heurts, de Weimar à Dessau ; l'achèvement des bâtiments du Bauhaus de Dessau ;

105. Muche et A. Meyer, maison expérimentale, exposition du Bauhaus, Weimar, 1923.

106. Gropius, Bauhaus, Dessau, 1925-1926. Vue aérienne montrant la composition en svastika.

107. Gropius, Bauhaus, Dessau, 1925-1926. Le bâtiment-pont de l'administration reliant l'aile des ateliers et celle des salles de cours, le jour de l'inauguration en 1926.

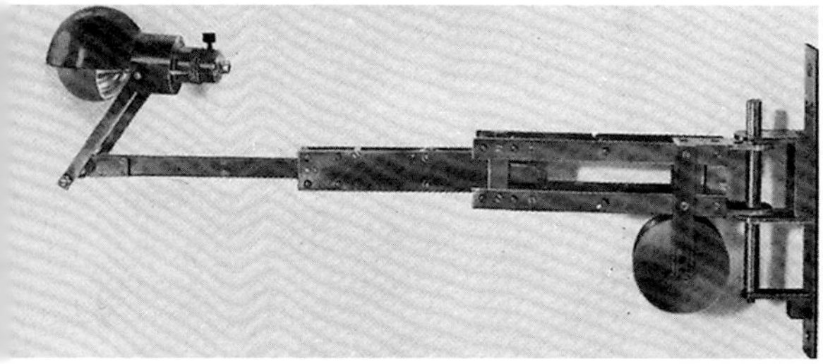

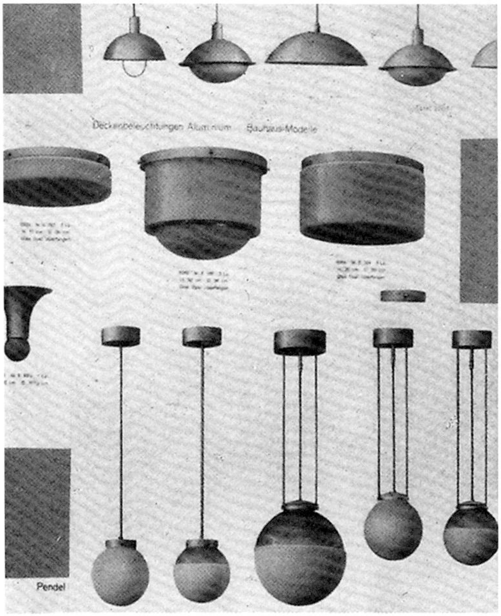


109. Luminaires en métal et verre opalescent, produits en masse sous la direction de H. Meyer.

l'apparition progressive d'une approche typique du Bauhaus, portant l'accent sur la nécessité de déduire la forme du mode de production, des contraintes des matériaux et des nécessités fonctionnelles.

Sous l'excellente direction de Marcel Breuer, les ateliers de mobilier produisirent dès 1926 des chaises légères en tubes d'acier et des tables pratiques, faciles à nettoyer et économiques. Ces meubles, de même que les appareils électriques de l'atelier de métal, équipèrent l'intérieur des nouveaux bâtiments du Bauhaus [110]. En 1927, la production industrielle sous licence de ces créations battait son plein ; elle comprenait le mobilier de Breuer, les tissus de Gunta Stadler-Stölzl et de ses collègues, ainsi que les élégantes lampes et objets en métal de Marianne Brandt. Cette même année, la typographie du Bauhaus parvint à maturité avec les rigoureuses mises en page de Bayer et les caractères sans empattements qui deviendront célèbres dans le monde entier avec leur refus des lettres majuscules. En 1927 est également créé le département d'architecture, placé sous la direction de l'architecte suisse Hannes Meyer. De nombreux projets de maisons préfabriquées dûs à Breuer datant de cette période attestent de l'influence de Meyer, qui fit également venir son talentueux confrère Hans Wittwer, comme lui ex-membre du groupe de gauche ABC à Bâle (voir chapitre suivant).

Début 1928, Gropius présenta sa démission au maire de Dessau et désigna Meyer pour lui succéder. La relative maturité de l'école, les attaques incessantes dont Gropius faisait l'objet et le succès de son agence l'avaient convaincu que l'heure du changement avait sonné. Cette décision bouleversa le Bauhaus mais paradoxalement, vu le climat réactionnaire croissant à Dessau, l'école s'orienta toujours plus à gauche et vers la Neue Sachlichkeit. Pour diverses raisons, Moholy-Nagy,

110. Gropius, Bauhaus, Dessau, 1926. Grande salle équipée de chaises de Breuer.

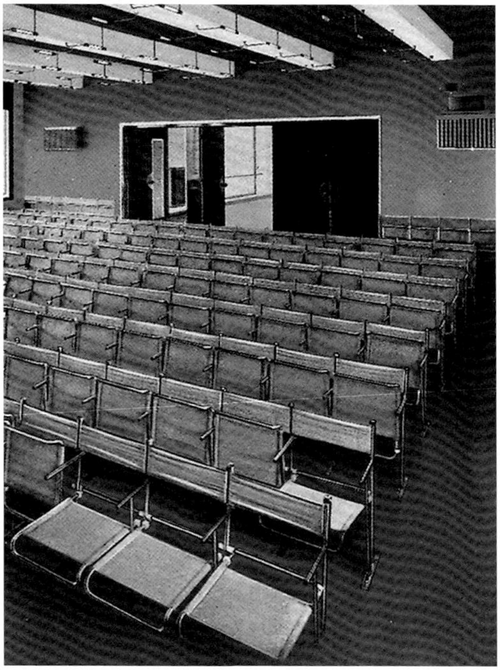

Breuer et Bayer suivirent Gropius et démissionnèrent également. Comme l'indiqua Moholy-Nagy dans sa lettre de démission, il n'appréciait pas l'insistance avec laquelle Meyer le pressait d'adopter de rigoureuses méthodes de conception :

*En tant que créateur et en tant qu'homme, je ne peux pas me permettre de poursuivre sur cette base spécialisée, purement objective et utilitaire. [...] L'exigence de spécialisation ne cessant de se renforcer, [...] je ne pourrais poursuivre dans cette voie qu'avec un technicien à mes côtés. Or des raisons économiques excluent cette hypothèse.*

Libéré de la présence contraignante des enseignants vedettes de Gropius, Meyer orienta le travail du Bauhaus vers un programme « socialement responsable ». Des meubles simples en contreplaqué, démontables et bon marché, remportèrent un certain succès, et une gamme de papiers peints fut produite. Les produits de l'école étaient plus que jamais manufacturés [109], quoique l'accent portât désormais sur des considérations sociales plus qu'esthétiques. Meyer organisa le Bauhaus en quatre départements : architecture (désormais nommée « construction » pour des raisons idéologiques), publicité, production en bois et en métal, textiles. Des cours scientifiques supplémentaires, notamment sur l'organisation industrielle et la psychologie, furent introduits dans tous les départements, tandis que l'enseignement de la construction s'intéressait dorénavant surtout à l'optimisation économique des plans et aux méthodes de calcul précis de la lumière, de l'ensoleillement, des gains ou déperditions de chaleur et de l'acoustique. Ce programme ambitieux nécessitait de nouveaux savoirs ; ainsi, à la nomination du technicien Wittwer s'ajouta bientôt celle de l'architecte-urbaniste Ludwig Hilberseimer, de l'ingénieur Alcar Rudelt et d'une équipe pour les ateliers comprenant Alfred Arndt, Karl Fieger, Edvard Heiberg et Mart Stam.

Malgré la volonté de Meyer d'empêcher que le Bauhaus ne devienne un outil des partis de gauche (il interdit la création d'une cellule communiste d'étudiants), une campagne impitoyable menée contre lui força le maire, Fritz Hesse, à demander sa démission. L'architecte exposa sa compréhension de la situation dans une lettre ouverte à ce dernier :

*C'est en vain que je déclarai qu'un « groupe local Bauhaus » du parti communiste était un non-sens dans l'organisation de ce parti. En vain que j'assurai que mon activité ne pouvait être considérée comme politique que sous l'angle culturel et non partisan. [...] De vous, la politique municipale attend que le Bauhaus présente des succès retentissants, une façade éblouissante et un directeur représentatif.*

La politique municipale et la droite allemande réactionnaire exigèrent en fait beaucoup plus : la fermeture du Bauhaus et la couverture de sa façade *sachlich* par un toit « aryen » à double pente. Ils demandèrent que les marxistes soient accusés de trahison et les émigrés de gauche proscrits avec leurs obscures œuvres d'art, plus tard qualifiées de dégénérées. La tentative désespérée du maire de Dessau pour sauver le Bauhaus, au nom de la démocratie, en désignant à sa tête Mies van der Rohe, était vouée à l'échec. Le Bauhaus resta pourtant à Dessau encore deux ans. En octobre 1932, ce qu'il en restait déménagea dans un vieil entrepôt aux environs de Berlin, mais les vannes de la réaction étaient déjà ouvertes et, neuf mois plus tard, le Bauhaus fut définitivement fermé.

111. Yamawaki, *La Fin du Bauhaus de Dessau*, collage, 1932.

# La Nouvelle Objectivité : Allemagne, Pays-Bas et Suisse, 1923-1933

*C'est moi qui ai fabriqué l'expression* Neue Sachlichkeit *en 1924. Un an plus tard, l'exposition de Mannheim reçut le même nom. Cette expression allait devenir l'étiquette du nouveau réalisme teinté de socialisme. Elle rejoignait le sentiment de résignation et de cynisme qui était alors général en Allemagne, après une phase d'espoirs exubérants (qui s'étaient exprimés dans l'expressionnisme). Le cynisme et la résignation représentent la face négative de la* Neue Sachlichkeit *; la face positive est son enthousiasme pour la réalité immédiate, qui résulte de la volonté de prendre les choses d'une manière totalement objective, sur une base matérielle, sans les investir aussitôt d'implications idéales. Cette saine désillusion trouve sa plus claire expression, en Allemagne, dans l'architecture.*

G. F. Hartlaub, lettre à Alfred H. Barr Jr, juillet 1929

Dans le monde de la culture allemande, le terme *Sachlichkeit* était courant bien avant 1924, lorsque le critique d'art Gustav Friedrich Hartlaub lança l'expression « *die Neue Sachlichkeit* » (la Nouvelle Objectivité) pour qualifier une école de peinture anti-expressionniste de l'après-guerre. Le mot Sachlichkeit semble avoir été employé pour la première fois dans un contexte architectural dans une série d'articles rédigés par Hermann Muthesius pour la revue *Dekorative Kunst* entre 1897 et 1903. Les articles attribuaient cette qualité au mouvement anglais Arts & Crafts, particulièrement à sa manifestation dans les corporations d'artisans (telle celle d'Ashbee) et les premières cités-jardins. Pour Muthesius, la Sachlichkeit devait signifier une posture fonctionnaliste « objective » et résolument pragmatique en matière de conception d'objets, qui tendait à une réforme de la société industrielle elle-même. Heinrich Wölfflin lui donna une connotation quelque peu différente dans son livre de 1915 *Kunstgeschichtliche Grundbegriffe (Principes fondamentaux de l'histoire de l'art)*, écrivant, à propos de la vision « linéaire » de 1800 : « La nouvelle ligne vient servir une nouvelle objectivité. » La Sachlichkeit avait donc été qualifiée de « nouvelle » bien avant que Hartlaub n'intitule « Die Neue Sachlichkeit » son exposition de 1925 ; celle-ci regroupait des peintres « magiques réalistes » qui, depuis la Première Guerre mondiale, décrivaient tout à la fois l'apparence et l'essence d'une difficile réalité sociale. Pourtant, comme l'a observé l'historien Fritz Schmalenbach :

*En réalité, ce n'était pas « l'objectivité » de la nouvelle peinture que le terme était censé formuler en premier lieu et avant tout, mais quelque chose de plus universel, qui soustendait cette objectivité et dont il était l'expression : une révolution dans la mentalité de l'époque, une nouvelle* Sachlichkeit *générale de la pensée et de la sensibilité.*

Au début des années 1930, l'expression avait déjà beaucoup circulé et en était venue à connoter, comme Hartlaub l'avait souhaité, une approche de la nature de la société dénuée de sentiments, alors qu'en 1926, elle servait à désigner une attitude architecturale « nouvelle-objective », explicitement socialiste. Pourtant – cela n'a pas échappé à Schmalenbach –, ce transfert de signification ne tient pas à une similitude stylistique entre le « réalisme magique » et la « nouvelle architecture ». Le premier usage polémique, après 1918, du mot « objet » *(Gegenstand)* en Allemagne trouve en effet sa source directe en Russie, et introduit dans l'évolution de l'architecture Neue Sachlichkeit un ensemble précis de connotations politiques.

Avec la révolution russe de 1917 puis l'effondrement militaire de l'Allemagne, la Russie et l'Allemagne furent toutes deux confrontées à l'hostilité des États occidentaux. Tandis que l'Union soviétique devait lutter, en pleine guerre civile, contre les incursions étrangères et les pénuries dues au blocus économique, l'Allemagne était paralysée par les mesures consécutives aux accords de Versailles. La fin de la guerre civile en 1921 et le relâchement des pressions internationales poussèrent Lénine à engager une nouvelle politique économique (NEP), destinée à attirer les capitaux étrangers. L'Allemagne ratifia peu après une série de négociations antérieures avec les Soviétiques : elle signa ainsi en 1922 le traité de Rapallo qui rétablissait leurs relations diplomatiques et les engageait à une mutuelle coopération économique. Ce rétablissement des relations germano-russes permit à El Lissitzky et Ilya Ehrenbourg de se rendre à Berlin en tant qu'ambassadeurs culturels officieux de l'Union soviétique, avec pour mission d'organiser une exposition officielle de l'art russe d'avant-garde. En mai 1922, ils publièrent le premier numéro d'une revue d'art trilingue, *Viechtch/Gegenstand/Objet*, qui arborait en couverture [112] des images significatives : la photographie d'une locomotive chasse-neige et les icônes du suprématisme, un carré noir et un cercle noir. *Viechtch* désignait ainsi l'objet technique *sachlich* et le monde « non objectif » du suprématisme.

112. Lissitzky, couverture de la revue *Viechtch/Gegenstand/Objet*, 1922.

En 1923, Lissitzky s'engagea plus avant dans cette propagande culturelle en publiant, avec Hans Richter et Werner Gräff, le premier numéro du magazine berlinois *G* (pour *Gestaltung*, mise en forme) et en présentant ses idées architecturales dans le *Prounenraum* (Espace proun) réalisé à la Grosse Berliner Kunstausstellung (grande exposition d'art de Berlin) de cette année-là. En créant le néologisme « Proun » (de *Pro-Unovis*, « projet pour l'affirmation du nouveau »), Lissitzky évoquait une nouvelle discipline artistique qui se situait entre la peinture et l'architecture. À propos de son *Prounenraum*, une petite cellule carrée animée par des aplats de couleur et des motifs en relief sur les murs et au plafond, il écrivit :

*La salle [...] est conçue à partir de formes et de matériaux élémentaires [...] et de surfaces étalées à plat sur les murs (couleur) ou de surfaces perpendiculaires aux murs (bois). [...] L'équilibre auquel je souhaite parvenir dans la pièce doit être élémentaire et capable d'évoluer, afin qu*'il ne puisse pas être dérangé par un téléphone ou quelque meuble standard. *La pièce est là pour l'être humain, non l'être humain pour la pièce.*

Ici comme sur la couverture de *Viechtch*, l'abstraction suprématiste est tenue pour compatible avec les objets standard. Contrairement à Frank Lloyd Wright dans le Larkin Building [40], Lissitzky n'éprouvait nul besoin de « restyler » des objets manufacturés comme le téléphone, quoiqu'il ait, dès 1920, rejeté l'utilitarisme « anti-art » proclamé par les constructivistes et Vladimir Tatline. Si Lissitzky reconnaissait que des structures conçues de manière empirique *(sachlich)* pouvaient receler à la fois une beauté spatiale et une signification symbolique, son projet de Tribune pour Lénine de 1920 illustrait sa manière de mêler subtilement technique et suprématisme : la structure de base était une poutre-treillis inclinée, couronnée d'un écran avec un photomontage de Lénine, tandis que la tribune et le socle étaient traités comme des formes élémentaires flottant dans l'espace. Cette étrange juxtaposition d'éléments abstraits, non-objectifs, et d'une forme dictée par les lois de la technique caractérisera l'œuvre de Lissitzky jusqu'au début des années 1930. Bien que cette synthèse ne soit pas totalement compatible avec la notion de Sachlichkeit, la démarche de Lissitzky servira de point de départ à un style architectural international et « objectif ».

En 1922, l'architecte hollandais Mart Stam, alors âgé de vingt-trois ans, se rendit à Berlin pour travailler chez Max Taut. Alors qu'il répondait en son nom propre à un concours pour un immeuble de bureaux à Königsberg, il fit la connaissance de Lissitzky et les deux hommes restèrent très proches durant le reste de leur séjour berlinois. En 1923, Lissitzky conçut un projet d'immeuble de bureaux « suspendu » pour Moscou, le Wolkenbügel (« porte-nuages » ou « fer à repasser le ciel »). Deux versions en furent élaborées : l'une par lui seul, l'autre avec Stam. Lorsque, vers la fin de 1923, Lissitzky contracta la tuberculose et dut partir pour Zurich, Stam l'accompagna. Ils firent des adeptes en Suisse et, en 1925, principalement à l'instigation de Lissitzky, formèrent le groupe de gauche ABC, basé à Bâle, avec Emil Roth de Zurich et Hans Schmidt, Hannes Meyer et Hans Wittwer de Bâle. Tous se consacrèrent à la conception de bâtiments socialement responsables et conformes à des principes scientifiques.

En 1924, le groupe ABC commença à diffuser ses idées dans la revue *ABC: Beiträge zum Bauen*, publiée par Stam, Schmidt et Lissitzky en collaboration avec Roth. Certes, ils n'adoptèrent pas l'expression « Neue Sachlichkeit », mais manifestèrent clairement leur orientation *sachlich*. Le premier numéro de la revue comprenait l'article de Stam « Kollektive Gestaltung » (conception collective) et le texte programmatique de Lissitzky « Element und Erfindung » (élément et invention), dans lequel il soulignait la dualité de son approche – synthèse d'une structure fonctionnelle et d'éléments abstraits. La deuxième livraison présenta l'intérêt du groupe pour la normalisation, avec un essai de Paul Artaria sur la standardisation des formats de papier. Le numéro suivant, double, comprenait un article sur la construction en béton armé ; il était illustré par le système « Dom-Ino » mis au point par Le Corbusier en 1914-1915 [133], les projets de gratte-ciel en verre de Mies van der Rohe de 1922 [146] et les propositions de maisons transformables et d'immeuble à Königsberg de Stam, datant de la même année. Une comparaison spectaculaire des poids et épaisseurs relatifs des châssis de fenêtre en métal et en bois permettait d'insister sur l'économie propre aux techniques modernes. Peu après, le groupe ABC résuma son rejet de l'architecture massive dans l'équation : « construction x poids = monumentalité ».

La publication du projet de 1926 pour la Petersschule [115] de Meyer et Wittwer à Bâle paracheva le programme fonctionnaliste et anti-monumental du groupe ABC. La description qu'en donna Meyer témoigne de la préoccupation d'ABC pour la précision du calcul et la pertinence sociale, qui doivent être actualisées dans des techniques légères :

*L'idéal serait d'éclairer zénithalement toutes les pièces [...] et de trouver un nouveau terrain qui serait rattaché à la ville. Aujourd'hui, il ne semble pas y avoir de possibilité en la matière ; ce qui suit est un compromis fondé sur les modes de construction anciens. [...] L'école proprement dite est hissée le plus haut possible au-dessus du sol, à une hauteur où l'on trouve soleil et air pur. Au rez-de-chaussée, seuls le bassin et le gymnase occupent un espace fermé. Le reste de l'aire de récréation est libéré pour la circulation*

113. Prise de position du groupe ABC contre la Mairie de Stockholm construite par Östberg, la gare de Stuttgart de Bonatz et une maison imaginée en 1923 par Van Doesburg et Van Eesteren, parue dans la revue *ABC*, 1926.

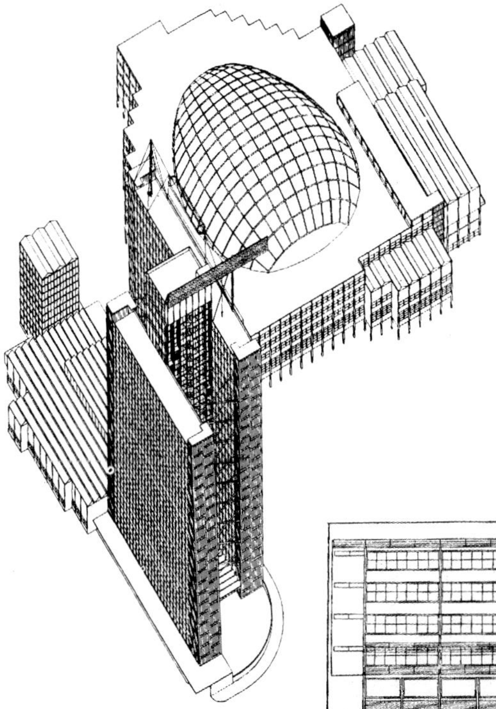

*publique et le stationnement automobile. À la place d'un terrain de jeu, les enfants bénéficient de deux espaces à l'air libre (plates-formes suspendues) et de toutes les toitures plates du bâtiment. Le poids propre de celui-ci sert de contrepoids, à l'aide de quatre câbles, à l'ossature d'acier en porte-à-faux des deux plates-formes suspendues.*

Ce bâtiment « constructiviste » en acier rappelle le projet des Vkhoutemas pour un restaurant suspendu [154], publié par Stam dans *ABC* en 1924. Le mobilier d'inspiration machiniste de l'école, ses fenêtres en acier, ses portes en aluminium, ses sols en caoutchouc et son revêtement en amiante-ciment annonçaient les finitions du projet de Meyer et Wittwer pour le concours de la Société des Nations en 1927 [114].

114. H. Meyer et Wittwer, projet de concours pour le siège de la Société des Nations, Genève, 1926-1927. À comparer avec le projet de Le Corbusier [144].

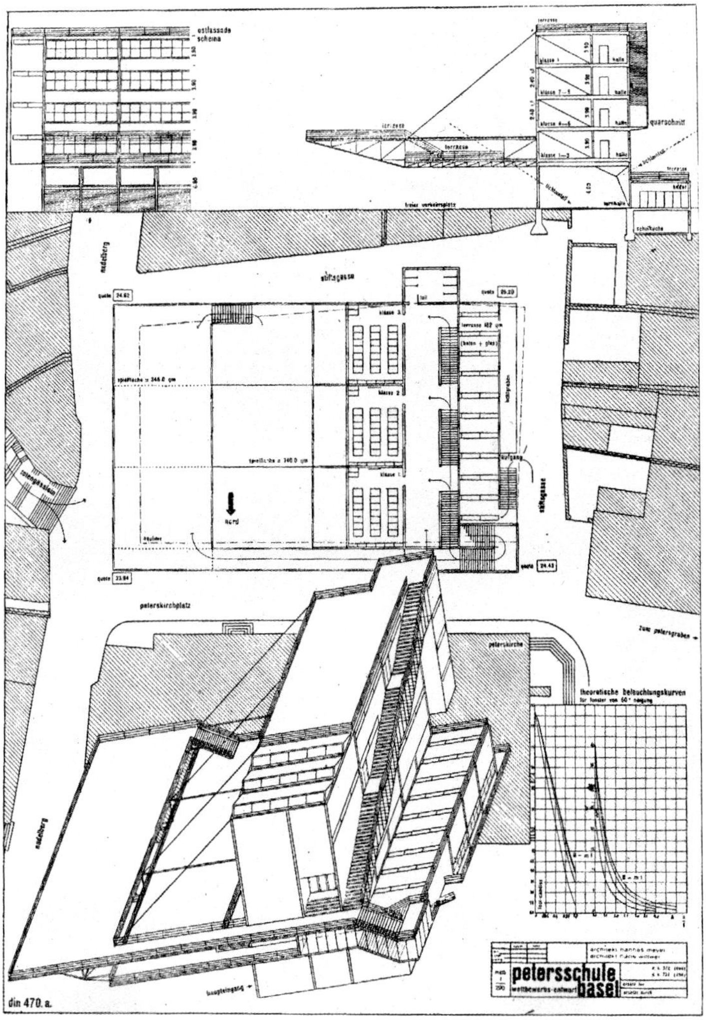


115. H. Meyer et H. Wittwer, projet pour la Petersschule, Bâle, 1926.

L'affirmation de Meyer et Wittwer selon laquelle leur projet pour la Société des Nations présentait une solution scientifique mérite examen. Elle est défendable du point de vue structurel : le recours à un module standard aurait été, en effet, très approprié à la préfabrication. Comme dans le Crystal Palace de Joseph Paxton [17], la variation des sections des modules aurait permis de préserver l'ordre général de l'édifice. En outre, l'érection de la salle d'assemblée sur des poteaux était plus que justifiée par la présence d'un parking en dessous. L'« objectivité » de Meyer, proclamée haut et fort, transparaissait également dans la coupe de la grande salle d'assemblée, dont la pente était déterminée par des calculs acoustiques poussés. On peut en revanche s'interroger sur cette « objectivité » au vu des cages d'ascenseur vitrées (comme dans les modèles constructivistes russes) afin de révéler l'« esthétique de la machine » en action. D'autres doutes proviennent des qualités indéniablement pittoresques de la composition. Même si Meyer soutenait dans son rapport que « notre construction ne symbolise rien », et que son indifférence objective au site dépassait toute évaluation esthétique, il dévoila une certaine intention symbolique lorsqu'il écrivit :

*Si les intentions de la Société des Nations sont sincères, alors elle ne peut enfermer une organisation sociale aussi neuve dans la camisole de force d'une architecture traditionnelle. Pas de pièces de réception à colonnades pour des monarques las, mais des salles de travail hygiéniques pour les représentants affairés de leur peuple. Pas de coins sombres pour une diplomatie d'antichambre, mais des espaces largement vitrés pour les négociations publiques entre honnêtes hommes.*

Le symbolisme latent du fonctionnalisme de Meyer apparut aussi dans sa proposition de classer les utilisateurs du bâtiment d'assemblée en fonction de la position de leur place de parking, puis de les conduire discrètement de celle-ci à leur siège dans la grande salle au-dessus.

L'engagement d'ABC en faveur d'une approche objective de la construction comme de la vie était fondé sur la volonté de ne servir que les besoins collectifs, à propos desquels Stam écrivit dans « Kollektive Gestaltung » :

*La perception dualiste de la vie – le ciel et la terre, le bien et le mal – l'idée d'un conflit intérieur éternel ont porté l'accent sur l'individu et l'ont détourné de la société. [...] L'isolement de l'individu l'a assujetti à ses émotions. Mais le regard moderne [...] voit la vie comme la manifestation unique d'une force* unique. *Cela signifie que le particulier et l'individuel doivent s'incliner devant ce qui est commun à tous.*

Meyer exprima une idée proche dans l'article « Die Neue Welt » (le monde nouveau), publié dans la revue *Das Werk* en 1926 :

*La standardisation de nos besoins est illustrée par : le chapeau melon, la coupe au bol, le tango, le jazz, la production coopérative, la norme DIN, etc. [...] Le syndicat, la coopérative, la société anonyme, le cartel, le trust et la Société des Nations sont les formes dans lesquelles les regroupements sociaux d'aujourd'hui trouvent une expression, et la radio et la rotative sont leurs moyens de communication. La coopération domine le monde. La collectivité domine l'individu.*

En 1925, Stam retourna en Hollande pour travailler sous la direction de Leendert Cornelius van der Vlugt en tant que chef de projet sur l'usine Van Nelle, aux poteaux-champignons en béton armé, achevée en 1929 [116-117]. Si l'on considère le projet de Meyer et Wittwer pour la Société des Nations comme l'œuvre paradigmatique du groupe ABC, alors l'usine de conditionnement de tabac, de thé et de café Van Nelle est la concrétisation de présupposés techniques et esthétiques semblables. De la même manière que dans le projet de Meyer et Wittwer, la structure et les modes de déplacement sont mis en évidence – même si, bien sûr, le mouvement principal dans un process d'emballage n'est pas celui d'ascenseurs mais de convoyeurs vitrés reliant en diagonale les ateliers d'emballage clos par des murs-rideaux et les entrepôts situés le long d'un canal. La portée d'une telle expression, ouverte et dynamique, n'échappa pas à l'observateur attentif qu'était Le Corbusier, qui vit dans l'usine la confirmation de ses aspirations utopiques au collectivisme, lorsqu'il se rendit à Rotterdam en 1931 :

*La route qui pénètre entre les bâtiments de l'usine est lisse, plate, bordée de trottoirs, en carrelages bruns ; c'est propre comme un parquet de salle de danse. Verre brillant et métal*

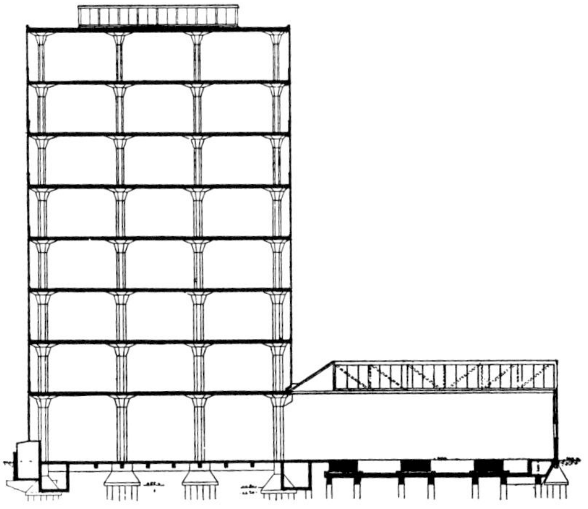

116-117. Brinkman et Van der Vlugt (chef de projet : Stam), usine Van Nelle, Rotterdam, 1927-1929. Coupe transversale montrant la construction avec les poteaux-champignons en béton et vue générale.

*gris, voici les pans de façades à pic coupées net sur le ciel, très haut. [...] C'est d'une sérénité complète.* Tout est ouvert au dehors. *Ceci signifie quelque chose pour ceux qui, sur huit étages, travaillent à* l'intérieur. *[...] L'usine des tabacs Van Nelle de Rotterdam, création des temps modernes, efface sa signification désespérante au mot de « prolétaire ». Cette dérivation du sentiment de propriété égoïste vers un sentiment d'action collective nous conduit à ce phénomène heureux de l'*intervention personnelle *en chaque point de l'entreprise humaine.*

Malgré le rôle majeur joué par Stam dans ce projet, il ne faut pas sous-estimer celui tenu par Van der Vlugt ; celui-ci réalisa en effet plus tard, en 1933, un ensemble d'une « objectivité » comparable et ce, sans l'aide de Stam : les immeubles de logement *Existenzminimum* du Bergpolder à Rotterdam. Mais c'est sans conteste à Stam que revient l'introduction du débat sur l'objectivité dans l'architecture hollandaise, quand bien même Jacobus J. P. Oud avait alors déjà construit de nombreux logements ouvriers fonctionnalistes au toit plat, notamment dès 1925 dans la cité Kiefhoek à Rotterdam. Dans tout son travail d'architecte de la ville de Rotterdam, Oud resta fidèle aux préceptes urbains traditionnels de Berlage qui considérait la rue comme une pièce extérieure close.

L'intensité du combat de Stam contre cette tradition était manifeste dans son projet de 1926 pour le quartier Rokin à Amsterdam, où une haute barre de bureaux sur des poteaux rompait la continuité d'une rue existante. Cette barre était desservie par un escalier roulant et un chemin de fer aérien, le sol étant libéré pour le stationnement automobile, la circulation piétonne et les commerces. Ce projet stimulant, mais d'une viabilité économique incertaine, est typique des aspirations de Stam à bouleverser les modèles urbains traditionnels. Il symbolisa ainsi sa conception de la « ville ouverte » à la fin des années 1920 :

*Le trafic toujours croissant dû à une lutte économique toujours plus ardue fait de l'organisation de la circulation le facteur déterminant de la planification. La pensée architecturale doit se libérer des approches esthétiques des générations précédentes. La conception d'une ville comme un espace clos fait partie de celles-ci ; elle doit laisser place à la ville ouverte.*

L'extrême matérialisme de Stam l'isola du groupe fonctionnaliste Opbouw, installé à Rotterdam dès 1920. Malgré leur attachement à la « *Nieuwe Zakelijkheid* », certains membres de l'Opbouw, tels Johannes Andreas Brinkman et Van der Vlugt, ainsi que leur client l'industriel Kees van der Leeuw, cherchaient à transcender l'« objectivité » par une attention aux valeurs « spirituelles » universelles. Ils exprimèrent cette idée en participant au mouvement théosophique hollandais et par la construction en 1930 d'un petit bâtiment à Ommen pour Krishnamurti et ses adeptes.

118. Duiker et Bijvoet, maison, Aalsmeer, 1924.

119. Duiker, sanatorium Zonnestraal, Hilversum, 1928.
Les bâtiments centraux de l'administration et des consultations, et les ailes rayonnantes des dortoirs.

120. Duiker, École de plein air, Amsterdam, 1930.

Des aspirations spirituelles semblables animaient le travail de Johannes Duiker et de Bernard Bijvoet, lesquels avaient abandonné en 1924, avec leur maison à Aalsmeer, le style wrightien qui les caractérisait auparavant [118]. Cette construction asymétrique à clins de bois et au toit à une pente inaugura la période « Zakelijkheid » de Duiker, qui culmina dans deux édifices en béton armé et verre délibérément constructivistes : le sanatorium Zonnestraal construit à Hilversum en 1928 [119] et l'École de plein air à Amsterdam en 1930 [120]. Bien que Duiker ait accepté certaines distorsions programmatiques, comme dans l'aile asymétrique du gymnase de l'École de plein air, son idéalisme latent s'exprimait dans son goût marqué pour les organisations symétriques. Il n'abandonna son parti caractéristique « en ailes de papillon » qu'à la fin de sa vie, au profit d'une approche plus « aformelle », sérielle, à la Stam, comme dans le cinéma Cinéac d'Amsterdam en 1934 et dans l'hôtel Gooiland à Hilversum, achevé après sa mort en 1936 par Bijvoet.

En 1928, après la réalisation d'un immeuble dans la cité du Weissenhof, près de Stuttgart, Stam quitta de nouveau la Hollande pour l'Allemagne ; il s'installa cette fois à Francfort où il travailla sous la direction de l'architecte en chef de la ville, Ernst May, au projet de Hellerhof – un quartier d'habitat qui faisait partie de l'ambitieux plan d'aménagement de la « Neue Frankfurt » du même May. Toujours en 1928, dans l'improbable compagnie de Gerrit Rietveld et de Berlage, Stam représenta la Hollande lors de la fondation des Congrès internationaux d'architecture moderne (CIAM) à La Sarraz, en Suisse. Peu après, le mouvement Nieuwe Zakelijkheid fut renforcé par la fusion du cercle fonctionnaliste d'Amsterdam, connu sous le nom de De 8, avec le groupe Opbouw. Cette nouvelle formation, baptisée De 8 en Opbouw, fit office de délégation hollandaise aux CIAM jusqu'en 1943.

L'avènement de la Neue Sachlichkeit en Allemagne ne peut être dissocié du programme de logements de masse de la République de Weimar, rendu possible par la création d'une nouvelle devise, le Rentenmark, en novembre 1923. La même année, Otto Haesler, pionnier du logement en bande *(Zeilenbau)*, acheva la cité de l'Italienischer Garten à Celle, près de Hanovre. Son vocabulaire moderne – toits plats et façades polychromes – servit de référence à May pour les premiers ensembles construits à Francfort en 1925. En 1924, dans la cité, ou *Siedlung*, Georgsgarten, sa deuxième œuvre à Celle, Haesler fit du modèle des maisons en bande conçues à Alte Heide par Theodor Fischer en 1919 un système général dans lequel les maisons étaient alignées à une distance optimale pour l'ensoleillement et la ventilation. Ce modèle, fondé sur la règle de l'Heiligenthal [125] selon laquelle les rangées de maisons doivent être distantes d'au moins le double de leur hauteur, devint une norme de la Neue Sachlichkeit ; il fut répété à l'envi dans les lotissements réalisés en Allemagne entre 1925 et 1933. Dans de tels plans-masses inspirés de Haesler, les salons exposés au sud ou à l'ouest donnaient sur un espace vert collectif. À Georgsgarten, Haesler ajouta de petits immeubles orientés au sud aux bandes allant du nord au sud, créant ainsi une série d'espaces verts en L donnant sur les lotissements adjacents. Ceux-ci étaient divisés en parcelles dévolues à des potagers familiaux (comme dans la cité Heuberg d'Adolf Loos à Vienne de 1926 [73]).

À Georgsgarten, Haesler mit aussi au point un appartement type, dont il déclinera de nombreuses variantes tout au long de sa carrière. Les logements étaient distribués deux à deux par un escalier desservant les trois niveaux des immeubles. Ils comprenaient un salon-salle à manger, une petite cuisine, des W. C. et trois à six chambres. Le remplacement de la traditionnelle *Wohnküche* (cuisine à vivre) par une cuisine séparée représentait un changement social radical dans le logement de masse ; le centre du foyer était désormais une version austère du « salon » bourgeois. Haesler améliorera son plan type dans la Siedlung Friedrich Ebert-Ring à Rathenow en 1929, ajoutant une salle de bains dans l'unité standard des édifices dépourvus d'ascenseur.

Ces deux ensembles précurseurs étaient dotés d'équipements collectifs : buanderies, salles de réunion, bibliothèques, terrains de sport, etc. ; la cité Georgsgarten disposait même d'un jardin d'enfants, d'un café et d'un coiffeur. Les espaces aménagés sommairement – avec des meubles standard Thonet et des ampoules électriques nues – et agrémentés de tuyaux et de conduits électriques aux détails soignés, synthétisaient l'intérieur Neue Sachlichkeit type : froid, austère et pourtant lumineux. Ces qualités se retrouvaient à l'extérieur, où les enduits lisses, les fenêtres en acier, les baies vitrées et les garde-corps en métal étaient combinés en une syntaxe *sachlich* universelle.

La cité du Weissenhof du Werkbund allemand, réalisée non loin de Stuttgart en 1927, adopta plus ou moins cette expression, malgré les divergences nationales et idéologiques des dix-sept architectes engagés, parmi lesquels figuraient, pour la seule Allemagne, des personnalités aussi diverses que Peter Behrens, Richard Döcker, Walter Gropius, Ludwig Hilberseimer, Adolf Rading, Hans Scharoun, Adolf Schneck, Ludwig Mies van der Rohe et les frères Taut.

Haesler s'éloigna par la suite de la conception de la Siedlung comme unité sociale, pour faire de ses maisons en bande des éléments autonomes, reproductibles à l'infini. En 1929, son premier plan pour la cité Rothenburg à Cassel est à cet égard typique, non seulement de son travail mais aussi de la plupart des logements Neue Sachlichkeit d'alors.

Lorsque May fut nommé architecte de la ville de Francfort en 1925, la construction des cités ouvrières fut lancée à une échelle sans précédent. Pourtant, du fait de la double formation de May – auprès de Fischer à Munich et de Raymond Unwin à Londres –, son rationalisme était tempéré par un certain sens de la tradition. Tandis qu'Haesler réalisait des redents continus à Georgsgarten et un plan-masse répétitif à Rothenburg, May (tout comme Bruno Taut et Martin Wagner dans leurs logements de la même période à Berlin-Britz) s'attachait surtout à créer des espaces urbains indépendants, inspirés des villages prussiens traditionnels, les *Anger*. La première opération de May pour Francfort, Bruchfeldstrasse en 1925 [121], conçue avec C. H. Rudloff, consistait donc en un vaste îlot

121. May et Rudloff, cité Bruchfeldstrasse, Francfort, 1925.

122. Schütte-Lihotzky, cuisine de Francfort type, 1926.

ouvert de constructions en zigzags autour d'un jardin collectif minutieusement dessiné. Ce dessin très original, qui rappelle formellement la Cité moderne conçue par Victor Bourgeois pour Bruxelles en 1922, fit place en 1926 à une approche plus générale dans le plan d'aménagement pour la Neue Frankfurt et dans les cités Römerstadt, Praunheim, Westhausen et Höhenblick, construites entre 1925 et 1930 dans le cadre de l'urbanisation de la vallée de Nidda.

Les 15 000 logements achevés sous la direction de May représentent plus de 90% de l'habitat construit à Francfort durant cette période. Ce chiffre impressionnant n'aurait certainement pas été atteint sans l'attention que May portait à l'efficacité et à l'économie, en termes de conception comme de construction. Cette attitude objective, étayée par la réalité des coûts de chantier, conduisit inévitablement à la formulation d'espaces standard « d'existence minimum » ; tel fut d'ailleurs le thème du deuxième CIAM, qui eut lieu justement à Francfort en 1929. En opposition à l'appel idéaliste de Le Corbusier pour un « espace maximum », les standards minimaux de May reposaient sur le recours systématique à d'astucieux rangements intégrés, aux lits escamotables et surtout à la mise au point d'une cuisine-laboratoire à l'efficacité maximale, la *Frankfurte Küche* conçue par l'architecte Grete Schütte-Lihotzky [122]. La hausse des prix conduisit May à concevoir un système de construction innovant par panneaux préfabriqués en béton (le « système May »), qui fut utilisé dans les quartiers Praunheim et Höhenblick dès 1927.

L'édifice réalisé pour le Bauhaus à Dessau par Gropius en 1926 [106, 107] et ses logements de la cité Törten en 1928 représentent deux étapes de sa conversion progressive aux principes de la Neue Sachlichkeit. Alors que le plan en peigne de la cité Törten [123] exprime la standardisation des unités ainsi que leur processus linéaire d'assemblage le long du chemin de grue, l'édifice du Bauhaus reste une composition formaliste d'éléments asymétriques. Son plan centrifuge en hélice, qui rappelle la manière du groupe De Stijl, avait déjà été expérimenté par Gropius et Meyer en 1922 dans leur projet de concours pour le *Chicago Tribune* [104], puis reformulé en 1924 selon une distribution horizontale de masses asymétriques dans leur projet pour une Académie à Erlangen. À Dessau, l'expression de cette esthétique nécessita un effacement délibéré de l'ossature, qui fut compensé par les détails *sachlich* du second-œuvre : radiateurs, percements, garde-corps, dispositifs d'éclairage. Quoi qu'il en soit, l'articulation du croisement de ces grandes masses n'aurait pu se faire sans le recours à des changements de couleur et au subtil modelé des façades, qui rappelle la modénature du bâtiment réalisé par les mêmes Gropius et Meyer à l'exposition du Werkbund de 1914 [93].

L'œuvre la plus clairement Neue Sachlichkeit de Gropius est son projet de Théâtre total [124], conçu en 1927 pour la Volksbühne d'Erwin Piscator à Berlin. Piscator avait fondé le Théâtre prolétarien en 1924 sur le modèle de l'« Octobre théâtral » lancé par le metteur en scène révolutionnaire russe Vsevolod Meyerhold à Moscou en 1920. La « Piscatorbühne » de Gropius était donc pensée pour satisfaire aux exigences d'une scène « bio-mécanique » et fournir l'espace d'un « théâtre de l'action » promu par Meyerhold et les émules du Proletkult. L'acteur-acrobate était le protagoniste idéal de ce genre de théâtre, dans lequel une sorte de spectacle de cirque mécanisé était représenté sur l'avant-scène. Le mot d'ordre de Meyerhold en faveur d'une production bio-mécanique s'accompagnait quasi nécessairement d'un contenu politique :

*La salle doit être éclairée en permanence, un contact visuel permanent étant ainsi maintenu entre les acteurs et le public. [...] Il faut proscrire la « camelote spirituelle » de la scène bourgeoise. Le théâtre ne doit pas être tenu pour*

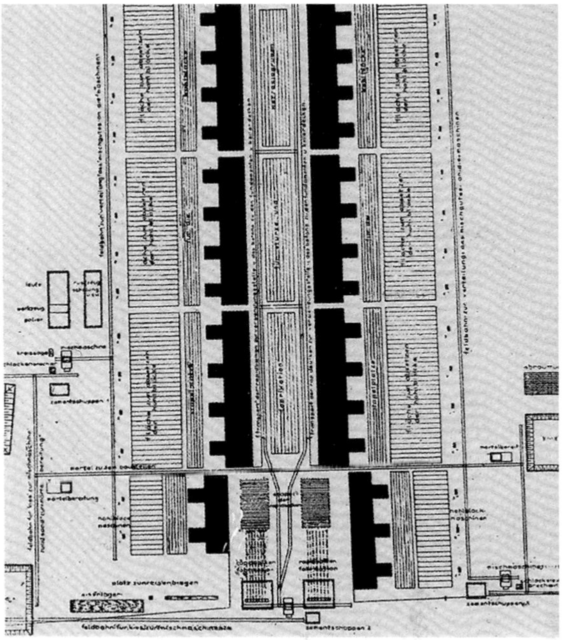

123. Gropius, logements rationalisés, Dessau-Törten, 1928. Le bâti est organisé en fonction du chemin de grue.

124. Gropius, projet de Théâtre total, 1927. Coupe perspective vue du dessus et plans montrant trois configurations : avec proscénium, avec avant-scène et en cirque.

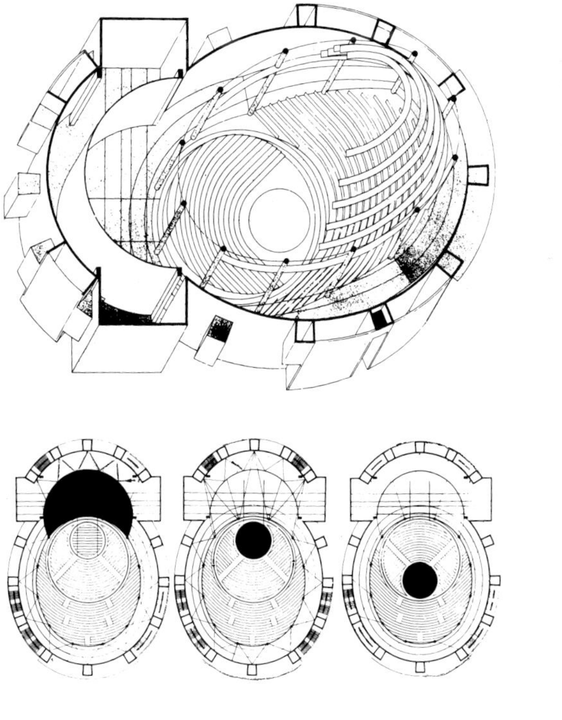

8

c

d

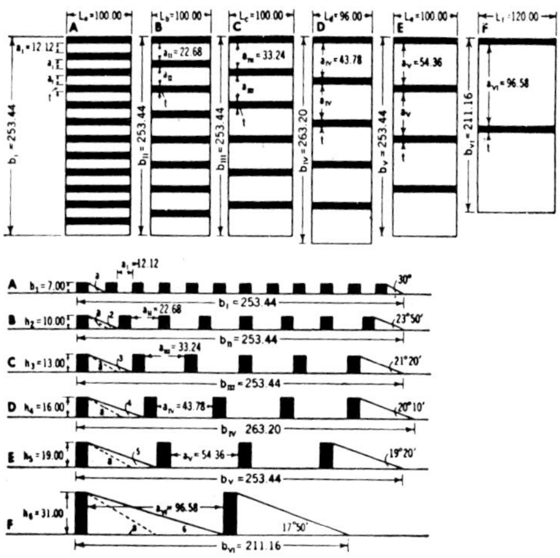

125. Gropius, diagramme présenté au CIAM de 1930, montrant l'augmentation de la densité et des espaces libres grâce aux barres de grande hauteur.

culturellement indépendant. *La scène doit être utilisée comme un forum politique ou comme le stimulant d'intenses expériences sociales.*

Dans son projet remarquablement élégant et modulable, Gropius offrit à Piscator une salle qui pouvait rapidement adopter l'une des trois formes de salles « classiques » : l'amphithéâtre, le théâtre à l'italienne et l'arène centrale. Gropius décrivit mieux que personne le fonctionnement de cette transformation et ses finalités dramaturgiques. En 1934, lors d'une conférence à Rome, il déclara : *Mais on ne réalise une transformation complète du bâtiment qu'en faisant tourner le grand-plateau de 180° autour de son axe ! C'est alors que l'avant-scène devient une arène circulaire qui, entourée de tous côtés par les rangs en gradins de spectateurs [...] se retrouve au milieu du théâtre ! Cette rotation peut se faire pendant la représentation elle-même. [...] En déplaçant à l'improviste le public et le centre du spectacle, on annule les critères usuels, on donne au spectateur une conscience nouvelle de l'espace, puisée dans une sensation physique, et on fait de lui l'un des protagonistes de l'action.*

La salle modulable était également pourvue d'une scène périphérique, permettant à l'action d'encercler le public. Ce *Spielring* pouvait être dissimulé derrière des panneaux formant des écrans pour la projection de films qui complétaient l'action se déroulant sur la scène. Un cyclorama démontable similaire était aussi disponible sur celle-ci. La flexibilité de la salle était encore accrue par un équipement d'acrobatie suspendu juste au-dessus de l'arène centrale. Cette scène aérienne aurait eu pour effet de transformer le vide à la forme ovoïde en un espace de « jeu » réellement tridimensionnel, le public entourant l'action ou étant entouré de toutes parts par elle. Enfin, la salle même était une boîte transparente donnant à voir sa structure de base, le gril ovoïde de couverture étant ingénieusement raccordé aux liaisons des poteaux porteurs avec la poutre en ellipse ceinturant l'ensemble (comme dans la grande salle de la Société des Nations de Meyer et Wittwer).

Les projets de logements Haselhorst et d'un sanatorium à Elberfield, dessinés par Marcel Breuer et Gustav Hassenpflug en 1928, ainsi que l'École fédérale des syndicats de Hannes Meyer, achevée à Bernau en 1930, sont contemporains du Théâtre total. Le projet de sanatorium et l'école, deux édifices *sachlich*, sont comparables : ils comportent tous deux des séquences asymétriques d'éléments répétitifs disposés en gradins, qui satisfont simultanément aux contraintes du programme, de l'orientation et de la topographie. Alors que les pavillons du sanatorium, portés par une superstructure en béton, sont implantés en retrait afin de dégager, pour chacun d'eux, une série de terrasses-solariums, l'école de Meyer est composée de corps de bâtiments destinés au logement sur trois niveaux, décalés à leurs angles de façon à casser la longueur totale. Les deux constructions sont implantées sur des terrains en léger dénivelé et disposent librement et fonctionnellement les éléments atypiques de leurs programmes : blocs opératoires et services de radiologie du sanatorium, salles de cours et locaux collectifs de l'école.

Après qu'il eut démissionné du Bauhaus en 1927, Gropius s'intéressa toujours plus à l'habitat : parallèlement aux grandes opérations sociales qu'il réalisa à la fin des années 1920 à Dessau, Karlsruhe et Berlin, il réfléchit d'un point de vue théorique à l'amélioration des standards de l'habitat et au développement d'ensembles mixtes dans des cités collectives. Ses projets non réalisés pour Berlin de 1929 représentaient un progrès considérable par rapport à ses travaux antérieurs : le confort était meilleur et les équipements sociaux plus complets. En 1931, son principe d'habitat en hauteur pour classes moyennes, donnant sur le Wannsee près de Berlin, proposait pour la première fois un immeuble collectif autonome, équipé en toiture d'un restaurant et d'un gymnase-solarium. Les idées de Gropius se situaient alors à gauche du courant social-démocrate, comme le montre son article de 1929 « Die Soziologischen Grundlagen der Minimalwohnung » (« Les Fondements sociologiques de l'habitation minimale ») ; il s'y livre à un plaidoyer socialiste classique en faveur de l'engagement de l'État dans la construction de logements :

*Comme la technique travaille dans le cadre industriel et bancaire et qu'elle doit exploiter en première ligne toute économie réalisée au profit de la rentabilité du privé, elle ne peut proposer des habitations différentes et moins chères que si l'État soutient l'intérêt de l'économie privée pour la production de logements en prenant des mesures d'aide sociale renforcées. Ainsi, pour pouvoir réaliser l'habitation minimale avec des loyers accessibles, il faut exiger de l'État qu'il :*

*1. empêche de gaspiller les fonds publics pour la réalisation d'habitations trop grandes, et aide en revanche à se procurer l'argent nécessaire à la construction d'habitations minimales, dont il convient de fixer la superficie maximale ;*

*2. diminue les coûts d'équipement de l'habitation minimum ;*

*3. mette à disposition des terrains à bâtir et les soustraie à la spéculation immobilière ;*

*4. allège dans la mesure du possible les règlements concernant l'urbanisme, ainsi que la technique du bâtiment et des travaux publics.*

Ces mesures ne devançaient que de peu la politique du logement de la République de Weimar qui subventionna, entre 1927 et 1931, la conception et la construction d'environ un million de logements grâce à l'assurance sociale et à l'impôt foncier – soit près de 70 % des habitations neuves de cette période.

Un État-providence d'une telle ampleur ne put survivre à l'effondrement de la Bourse qui accompagna la crise économique mondiale de 1929. Le commerce extérieur s'écroula, les crédits furent suspendus et l'Allemagne se retrouva plongée dans le chaos économique et politique. L'opinion vira à droite, ce qui régla plus ou moins le sort des architectes allemands Neue Sachlichkeit, qui furent contraints à l'émigration ; chacun partit là où sa conviction politique le portait [126]. May s'installa en Union soviétique peu après 1930 avec une équipe d'architectes et d'urbanistes, afin de travailler au plan directeur d'un complexe industriel et d'une ville à Magnitogorsk, dans l'Oural. Il était accompagné de Fred Forbat, Gustav Hassenpflug, Hans Schmidt, Walter Schwagenscheidt et Mart Stam. À la même époque, Hannes Meyer partit enseigner à Moscou. D'autres, comme Arthur Korn et Bruno Taut, les suivirent dans les années 1930. Lors de la prise de pouvoir nationale-socialiste en 1933, les architectes Neue Sachlichkeit plus modérés durent cesser leur activité ou quitter le pays ; Gropius et Breuer émigrèrent précipitamment en Angleterre en 1934, puis vers l'Amérique.

126. Un architecte quitte l'Allemagne pour l'Union soviétique : couverture de la livraison de *Das Neue Frankfurt* de septembre 1930, consacrée aux « Allemands construisant en URSS ».

CHAPITRE SEIZE

# De Stijl : le néoplasticisme, 1917-1931

*1. Il y a deux connaissances des temps : une ancienne et une nouvelle.*
*L'ancienne se dirige vers l'individualisme.*
*La nouvelle se dirige vers l'universel.*
*Le débat de l'individualisme contre l'universel se révèle autant dans la guerre du monde que dans l'art de notre époque.*
*2. La guerre détruit l'ancien monde avec son contenu : la domination individuelle à tous les points de vue.*
*3. L'art nouveau a mis au jour ce que contient la nouvelle connaissance des temps : proportions égales de l'universel et de l'individuel.*
*4. La nouvelle connaissance des temps est prête à se réaliser dans tout, même dans la vie extérieure.*
*5. Les traditions, les dogmes et les prérogatives de l'individualisme (le naturel) s'opposent à cette réalisation.*
*6. Le but de la revue d'art « Le Style » est de faire appel à tous ceux qui croient dans la réformation de l'art et de la culture pour annihiler tout ce qui empêche le développement, ainsi que ses collaborateurs ont fait dans le nouvel art plastique en supprimant la forme naturelle qui contrarie la propre expression de l'art, la conséquence la plus haute de chaque connaissance artistique.*

Extrait du premier manifeste de De Stijl, 1918

Le mouvement hollandais De Stijl (le style), qui dura à peine quatorze ans, tourne autour de l'œuvre de trois hommes : les peintres Piet Mondrian et Theo Van Doesburg, et le concepteur de meubles et architecte Gerrit Rietveld. Les autres membres du noyau originel de 1917 étaient, sous la houlette de Van Doesburg, les peintres Bart Van der Leck, Georges Vantongerloo et Vilmos Huszar, les architectes Jacobus Johannes Pieter Oud, Robert Van't Hoff et Jan Wils et le poète Anthony Kok ; tous s'éloignèrent rapidement, chacun de leur côté, de la voie principale du mouvement. Tous signèrent cependant, à l'exception de Van der Leck et de Oud, le manifeste en huit points publié en 1918 dans le deuxième numéro de la revue *De Stijl.* Ce premier manifeste appelait à un nouvel équilibre entre l'individuel et l'universel, et à la libération de l'art vis-à-vis des contraintes de la tradition comme du culte de l'individualité. Influencés par la philosophie de Spinoza et par leur origine calviniste, les signataires cherchaient une culture qui transcenderait la tragédie de l'homme en portant l'accent sur les lois éternelles. Cette tendance à l'universel et à l'utopie est résumée dans leur aphorisme : « Le but de la vie est l'homme, le but de l'homme est le style. »

En 1918, le mouvement était déjà influencé par la philosophie néoplatonicienne, et même théosophique, du mathématicien Mathieu Hubertus Schoenmaekers, dont les ouvrages majeurs, *Het nieuwe Wereldbeeld* (la nouvelle vision du monde) et *Beginselen der Beeldende Wiskunde* (éléments de mathématiques expressives) avaient paru respectivement en 1915 et 1916. À la conception métaphysique du monde de Schoenmaekers s'ajoutèrent des points de vue plus concrets et des principes hérités directement de Hendrik Petrus Berlage et de Frank Lloyd Wright, ce dernier étant connu en Europe depuis la publication en 1910 et 1911 des deux fameux volumes que l'éditeur allemand Wasmuth consacra à son œuvre. Berlage était par ailleurs connu pour ses positions critiques concernant la société et la culture ; c'est à lui que les artistes de De Stijl empruntèrent leur appellation « Le Style » – qu'il avait sans doute lui-même tirée de l'ouvrage de Gottfried Semper paru en 1860, *Der Stil in den technischen und tektonischen Künsten oder praktische Ästhetik.*

Les premières compositions post-cubistes de Mondrian, toutes en lignes horizontales et verticales se croisant, correspondent à son retour en Hollande en juillet 1914, après un séjour parisien, et à la période où il était, de même que Van der Leck, en contact presque quotidien avec Schoenmaekers. Le terme « néoplasticisme » vient de ce dernier ; on lui doit aussi la limitation de la palette aux couleurs primaires, dont il décrivit la signification cosmique dans *Het nieuwe Wereldbeeld* : « Les trois couleurs principales sont essentiellement le jaune, le bleu et le rouge. Ce sont les seules couleurs existantes. [...] Le jaune est le mouvement du rayon (vertical). [...] Le bleu contraste sur le jaune (le firmament horizontal). [...] Le rouge est la rencontre du jaune et du bleu. » Il justifia de la même manière, toujours dans ce texte, la restriction aux éléments orthogonaux : « Les deux contraintes fondamentalement opposées qui donnent forme à la terre et à tout ce qui provient de la terre sont : la ligne horizontale d'énergie, c'est-à-dire la trajectoire de la terre autour du soleil, et le mouvement vertical et profondément spatial des rayons provenant du centre du soleil. »

Malgré son influence initiale, Schoenmaekers ne joua aucun rôle direct dans l'évolution de De Stijl, contrairement à Van der Leck et Vantongerloo, que leur farouche indépendance artistique éloigna pourtant vite de Van Doesburg. Sans leur contribution, l'esthétique propre à De Stijl n'aurait certainement pas été formulée si rapidement et avec autant de clarté. Ainsi, il ne fait aucun doute que la célèbre toile abstraite de Van Doesburg, *La Vache*, de 1916, doit beaucoup à Van der Leck, tandis que la sculpture de Vantongerloo, *Interrelation de masses*, de 1919, annonce de toute évidence la disposition des volumes dans les projets de logements conçus en 1923 par Van Doesburg et Cor Van Eesteren. Même le distant Mondrian reconnut en 1932 sa dette envers Van der Leck dans le dernier numéro de *De Stijl* (dédié à la mémoire de Van Doesburg), en saluant son utilisation dès 1917 de couleurs primaires saturées.

Entre 1914 et 1916, Mondrian, qui habitait à Laren, rencontrait fréquemment Schoenmaekers. C'est à cette époque qu'il écrivit son texte théorique fondamental « De Nieuwe Beelding in de Schilderkunst » (le néoplasticisme en peinture), qui parut en 1917 dans le premier numéro de *De Stijl*. L'isolement et la méditation forcés des années de guerre firent prendre un nouveau départ à Mondrian. Son œuvre consistait désormais en compositions de plans rectangulaires de couleur flottant sur la toile. Avec Van der Leck, ils étaient parvenus à ce qu'ils considéraient comme un ordre plastique totalement nouveau et pur ; Van Doesburg, qui était beaucoup plus jeune, les suivait de près. Mais quand Mondrian se cantonnait à des compositions en deux dimensions à l'intérieur de l'« espace sans profondeur » de la surface du tableau, comme dans *Composition avec plans de couleur sur fond blanc* de 1917, Van der Leck et Van Doesburg parvenaient à une structuration linéaire du plan de la toile grâce à d'étroites bandes de couleur insérées dans un champ blanc. *La Vache* de Van Doesburg date de cette période, tout comme le *Rythme d'une danse russe* de 1918 – deux œuvres influencées par Van der Leck.

Le premier œuvre architectural lié à De Stijl est dû à Van't Hoff. Celui-ci avait vu des bâtiments de Wright lors d'un voyage en Amérique avant la guerre, et réalisa en 1916, à Huis ter Heide aux alentours d'Utrecht, une villa très convaincante dans cette manière. En dehors de ce bâtiment précurseur en béton armé et de quelques édifices moins élégants inspirés par Wright, l'activité architecturale des premières années de De Stijl fut assez limitée. Oud, nommé architecte de la ville de Rotterdam en 1918 à vingt-huit ans, ne fit jamais vraiment partie du mouvement. Il ne signa pas le manifeste de 1918 et s'attacha par la suite à conserver son indépendance artistique. Il semble avoir trouvé dans l'œuvre de l'Autrichien Josef Hoffmann une manière de se détacher de l'intérêt plus « structural » de De Stijl. Seule exception, son projet pour une usine à Purmerend de 1919, où des éléments néoplastiques sont timidement plaqués sur des masses par ailleurs sans intérêt. Il n'y eut au fond que très peu d'architecture néoplasticiste avant 1920, date de son apparition dans l'œuvre de Rietveld. Avant 1915, ce dernier avait suivi des cours chez l'architecte Piet Klaarhamer qui, bien que ne s'étant jamais rallié à De Stijl, travaillait alors avec Van der Leck.

En 1917, Rietveld créa le célèbre fauteuil bleu et rouge. Ce meuble simple, inspiré de la traditionnelle chaise longue pliante, fut la première projection en trois dimensions du néoplasticisme. Sa forme concrétise et articule dans l'espace les barres et les plans des compositions de Van der Leck. En outre, le fauteuil utilise exclusivement des couleurs primaires qui contrastent avec le noir de l'ossature ; cette combinaison constituera, avec le gris et le blanc, la palette chromatique du mouvement De Stijl. Le fauteuil témoigne d'une composition architecturale ouverte et libérée de l'influence de Wright. Il se veut encore un *Gesamtkunstwerk* (œuvre d'art totale), mais sans les analogies végétales du symbolisme du XIXe siècle, c'est-à-dire de l'Art nouveau.

Rares, parmi les contemporains de Rietveld, sont ceux qui auraient pu imaginer l'influence des modestes meubles qu'il conçut entre 1918 et 1920 – buffet [127], voiture d'enfant et brouette. Dans le droit fil du fauteuil bleu et rouge, il s'agissait d'assemblages de montants et surfaces planes en bois, simplement chevillés. Pourtant, aucun de ces meubles n'anticipait véritablement l'ambiance architecturale imaginée par Rietveld pour le bureau du Dr Hartog, réalisé à Maarssen en 1920. Là, chaque meuble – y compris les suspensions électriques – semblait « élémentarisé » ; l'ensemble suggérait, comme les tableaux ultérieurs de Mondrian, une série infinie de coordonnées dans l'espace.

Van Doesburg incarna à maints égards le mouvement à lui seul, puisqu'en 1921 la composition du groupe avait radicalement changé : Van der Leck, Vantongerloo, Van't Hoff, Oud, Wils et Kok avaient déjà tous pris leurs distances, et Mondrian se réinstallait comme artiste indépendant à Paris. Cette défection des Hollandais convainquit Van Doesburg de la nécessité de faire du prosélytisme à l'étranger. Le sang neuf introduit en 1922 reflète cette orientation internationale. Un seul des nouveaux membres était hollandais : l'architecte Van Eesteren ; les autres étaient russe et allemand – l'architecte, peintre et graphiste El Lissitzky et le cinéaste Hans Richter. C'est à l'invitation de ce dernier que Van Doesburg découvrit l'Allemagne en 1920 ; ce voyage fut suivi d'une invitation au Bauhaus par Walter Gropius en 1921. Le bref séjour de Van Doesburg à Weimar provoqua une crise interne dans l'établissement ; les répercussions en sont devenues légendaires, car l'impact de ses idées sur les étudiants et les enseignants fut à la fois intense et instantané. Même Gropius, qui avait de quoi être inquiet, dessina en 1923 pour son propre bureau une suspension électrique qui évoquait indéniablement les appareils conçus par Rietveld pour Hartog.

La rencontre de Van Doesburg et Lissitzky fut décisive pour la deuxième période de De Stijl, qui dura jusqu'en 1925. Lissitzky avait élaboré en 1923 son propre mode d'expression élémentariste avec Kasimir Malevitch à l'école suprématiste de Vitebsk. Les origines distinctes des élémentarismes

127. Rietveld, buffet, 1919.

russe et hollandais – suprématiste pour le premier, néoplasticiste pour le second – n'empêchèrent pas le travail de Van Doesburg d'être transformé. Après 1921, encore marqué par les Proun de Lissitzky, le Hollandais projeta avec Van Eesteren une série d'architectures imaginaires en axonométrie ; elles étaient toutes composées d'un ensemble asymétrique de surfaces flottant dans l'espace et articulées autour d'un volume central. Van Doesburg demanda à Lissitzky d'adhérer à de De Stijl et, en 1922, sa fable typographique abstraite pour enfants de 1920, « L'Histoire des deux carrés », parut dans la revue. Cette dernière changea même de format pour l'occasion, Van Doesburg remplaçant la composition de la couverture et son logotype en bois gravé, conçu par Huszar, par une mise en page asymétrique élémentariste et un logo « constructiviste ».

Van Doesburg et Van Eesteren synthétisèrent en 1923 le vocabulaire architectural du néoplasticisme grâce à une exposition de leurs travaux à la galerie parisienne Léonce Rosenberg, L'Effort moderne [128]. Cette manifestation connut un vif succès, et fut donc présentée à nouveau dans un autre lieu à Paris, puis à Nancy. En dehors des études axonométriques déjà évoquées, elle présentait leur projet de maison pour Rosenberg et deux autres œuvres prémonitoires, une esquisse d'aménagement pour un hall d'université et un projet de maison pour un artiste.

Parallèlement, en Hollande, Huszar et Rietveld travaillaient à la conception d'une petite salle pour la Grosse Berliner Kunstausstellung de 1923 ; Huszar conçut l'espace et Rietveld l'ameublement, avec notamment la fameuse chaise de Berlin. Dans le même temps, Rietveld entreprit la conception de l'ensemble et des détails de la maison Schröder à Utrecht [129, 130]. Construite au bout d'une rangée de maisons du XIX^e siècle, elle concrétise les principes de Van Doesburg publiés en 1924, à l'époque de son achèvement, sous le titre « Tot een beeldende architectuur » (« Les 16 points d'une architecture plastique »). Respectueuse des prescriptions de ce texte, elle était « élémentaire, économique et fonctionnelle ; non monumentale et dynamique, anti-cubique dans sa forme et anti-décorative »

128. Van Eesteren (à gauche) et Van Doesburg préparant l'exposition Rosenberg à Paris, 1923, avec une maquette de leur maison pour un artiste.

dans sa couleur. Le niveau principal d'habitation, à l'étage, illustre – par son « plan transformable » et malgré la construction traditionnelle en brique sur une ossature en bois – le postulat d'une architecture dynamique libérée de l'encombrement des murs porteurs et des contraintes des baies dans les murs. Le onzième point de Van Doesburg ressemble à une description idéalisée de la maison :

*La nouvelle architecture est anti-cubique, c'est-à-dire qu'elle n'essaie pas de figer les diverses cellules spatiales fonctionnelles en un cube fermé. Elle projette plutôt vers l'extérieur les cellules spatiales fonctionnelles (ainsi que les plans en surplomb, les volumes des balcons, etc.) du centre du cube. Et, grâce à ce moyen, la hauteur, la largeur, la profondeur et le temps (c'est-à-dire une entité imaginaire à quatre dimensions) sont presque une expression plastique totalement nouvelle des espaces ouverts. L'architecture acquiert ainsi un aspect plus ou moins flottant qui, d'une certaine façon, travaille contre les forces de gravité de la nature.*

La troisième et dernière phase de l'activité de De Stijl, de 1925 à 1931, s'ouvrit par la spectaculaire rupture entre Mondrian et Van Doesburg :

129-130. Rietveld, maison Schröder, Utrecht, 1924. À droite : plans de l'étage, « fermé » (en haut) et « ouvert » (en bas).

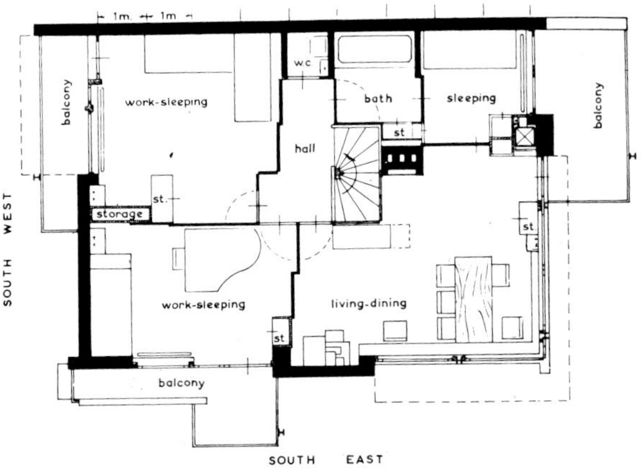


52. Schröder House, plan, upper floor, closed

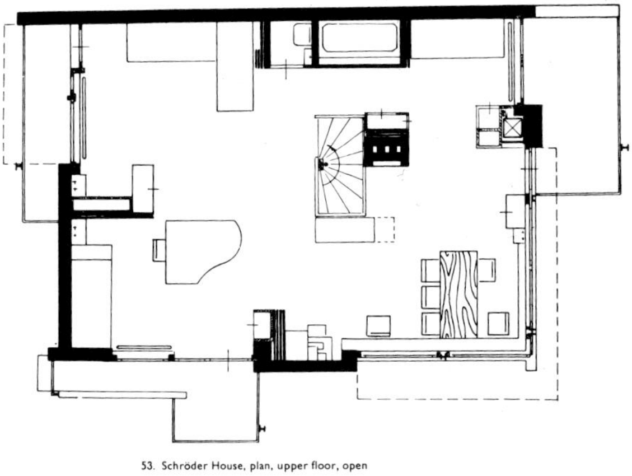

53. Schröder House, plan, upper floor, open

ce dernier avait introduit des diagonales dans ses tableaux de la série de « contre-compositions » achevée en 1924. L'unité initiale était désormais perdue, autant du fait de l'incessante activité polémique de Van Doesburg que de sa modification arbitraire du dogme néoplasticiste. Son travail avec Lissitzky l'avait amené à considérer la société et la technique comme d'importants déterminants de la forme, et ce indépendamment de l'intérêt qu'il portait encore à l'idéal d'harmonie universelle de De Stijl. Vers 1925, il comprit que l'universalité ne pouvait que produire une culture artificiellement limitée qui, en raison de son aversion pour les objets quotidiens, entrait nécessairement en contradiction avec le but initial de De Stijl, auquel souscrivait même Mondrian : l'unification de l'art et de la vie. Van Doesburg résolut ce dilemme par une attitude similaire à celle de Lissitzky : le statut de l'objet et l'échelle de son environnement devaient déterminer leur degré de manipulation possible, conformément à une conception abstraite. Si les meubles et l'équipement produits par toute la société étaient acceptés comme des ready-made de notre culture, le cadre bâti pouvait et même devait encore se conformer à un ordre supérieur.

Van Doesburg et Van Eesteren donnèrent une version idéalisée de cette position dans leur manifeste « Vers une construction collective », publié en 1923 ; ils prônaient une solution plus objective et technique au problème de la synthèse architecturale :

*Nous devons nous rendre compte que la vie et l'art ne sont plus des domaines séparés. C'est pourquoi l'« idée » de l'« art » en tant qu'illusion séparée de la vie réelle doit disparaître. Le mot « art » ne veut plus rien dire pour nous. À sa place, nous demandons la construction de notre environnement selon des lois créatrices basées sur un principe fixe. Ces lois, suivant celles de l'économie, des mathématiques, de la technique, de l'hygiène, etc., conduisent à une nouvelle unité plastique.*

Plus loin, le 7e point de ce manifeste aborde l'essence de l'esprit qui animera la dernière grande œuvre de Van Doesburg, le café L'Aubette de 1928 :

*Nous avons donné la vraie place de la couleur dans l'architecture et nous déclarons que la peinture séparée de la construction architecturale (c'est-à-dire le tableau), n'a aucune raison d'exister.*

Rietveld n'eut plus guère de contacts avec Van Doesburg après 1925. Son travail évolua cependant dans une direction similaire : il abandonna l'élémentarisme de la maison Schröder et de ses premiers meubles orthogonaux au profit de solutions plus « objectives » issues de la technique. Il amorça ce changement en faisant des assises et dossiers de ses chaises des plans incurvés : leurs formes étaient plus confortables, mais aussi structurellement plus performantes. Cela l'amena naturellement à la technique du bois stratifié ; puis, une fois qu'il eut abandonné l'inhibante esthétique du néoplasticisme, il en arriva au moulage d'une chaise entière dans une simple feuille de contreplaqué. Sa maison pour un chauffeur, construite à Utrecht en 1927, résultait d'une approche semblable : malgré – ou plutôt à cause de – son recours à une technique de pointe, il subsistait très peu de l'esthétique originelle De Stijl. Les couleurs primaires étaient abandonnées au profit d'une peinture noire recouvrant l'ossature d'acier apparente et les panneaux de béton, lesquels reçurent une deuxième couche peinte de carrés blancs. Loin de l'espace anti-cubique défini par Van Doesburg dans le manifeste « Les 16 points d'une architecture plastique », cette maison devait plus à la technique qu'à quelque aspiration à une forme universelle.

Le café L'Aubette, réalisé à Strasbourg en 1928 [131], comprenait deux grandes salles et des espaces annexes dans une enveloppe du XVIIIe siècle. Les salles furent conçues et réalisées par Van Doesburg, associé à Hans Arp et Sophie Täuber Arp. Tandis que le premier supervisait l'ensemble, chaque artiste était libre de concevoir sa propre pièce. Exception faite de la fresque d'Arp, tous les murs étaient modulés par de subtils reliefs ; la couleur, l'éclairage et l'équipement étaient intégrés dans chaque composition. Celle de Van Doesburg consiste en fait dans la reprise de son projet de 1923 pour un hall d'université, où une composition diagonale élémentariste était délibérément plaquée sur toutes les surfaces d'un espace à dominante orthogonale. La salle de Van Doesburg à L'Aubette était de la

131. Van Doesburg, café L'Aubette, Strasbourg, 1928-1929.

même manière dominée et déformée par les lignes d'un immense relief, ou contre-composition, en diagonale, superposé obliquement sur toutes les surfaces. À cette fragmentation par le relief – qui prolongeait le travail de Lissitzky dans les espaces Proun de 1923 – s'ajoutait l'absence de meubles élémentaristes. Van Doesburg créa à leur place des chaises standard en bois courbé et employa par ailleurs des détails extrêmement neutres : les rambardes tubulaires étaient simplement soudées, l'éclairage principal était assuré par des ampoules électriques branchées sur deux tubes de métal suspendus au plafond. Il écrivit à propos de cette composition :

*Les mouvements de l'homme dans l'espace (de la gauche vers la droite, du devant vers l'arrière, du haut vers le bas) acquirent une importance fondamentale pour le rôle de la peinture dans l'architecture. [...] Dans cette peinture, l'idée n'est pas de conduire l'homme le long de la surface peinte d'un mur pour qu'il puisse observer le développement pictural de l'espace d'un mur à l'autre ; le problème est de susciter l'effet simultané de la peinture et de l'architecture.*

Achevé en 1929, L'Aubette est le dernier grand chantier architectural néoplasticiste. Par la suite, les artistes encore affiliés à De Stijl, y compris Van Doesburg et Rietveld, furent de plus en plus influencés par la Neue Sachlichkeit (nouvelle objectivité) et de ce fait soumis aux valeurs culturelles du socialisme international. La propre maison de Van Doesburg, construite à Meudon vers 1929, ne respecte quasiment aucun des seize points du manifeste de 1924. C'est un simple atelier utilitaire avec une ossature en béton armé et des parpaings enduits, qui ressemble à première vue aux maisons en série pour artisans imaginées par Le Corbusier au début des années 1920. Van Doesburg réalisa les fenêtres avec des châssis industriels français standard ; pour le mobilier, il conçut une version personnelle de chaise *sachlich* en tubes d'acier. Vers 1930, l'idéal néoplasticiste de réunion des arts et de dépassement de la séparation entre l'art et la vie était abandonné et renvoyé à ses origines dans la peinture abstraite, et à l'« art concret » des contre-compositions de Van Doesburg accrochées dans l'atelier de Meudon. Pourtant, il restait intéressé par l'idée d'un ordre universel, comme en témoigne son dernier texte de 1930, *Manifeste sur l'art concret* : « Si les moyens d'expression sont libérés de toute particularité, ils sont en harmonie avec la finalité ultime de l'art qui doit réaliser un langage universel. » Comment les libérer dans le cas de l'art décoratif, qu'il s'agisse de mobilier ou d'équipement ? Un an plus tard, Van Doesburg mourut à l'âge de quarante-huit ans dans un sanatorium à Davos ; avec lui s'éteignit la flamme du néoplasticisme. Parmi les premiers membres de De Stijl, seul Mondrian resta fidèle à l'orthodoxie de ses principes : l'orthogonalité et les couleurs primaires fondent encore l'œuvre de sa maturité. Il continua ainsi à représenter l'harmonie d'une utopie irréalisable, et écrivit en 1937, dans « L'Art plastique et purement plastique » : « L'Art n'est qu'un substitut, tandis que la beauté de la vie est encore incomplète. Il disparaîtra proportionnellement au fur et à mesure que la vie gagnera en équilibre. »

# Le Corbusier et l'Esprit nouveau, 1907-1931

*On met en œuvre de la pierre, du bois, du ciment ; on en fait des maisons, des palais ; c'est de la construction. L'ingéniosité travaille.*
*Mais, tout à coup, comme vous me prenez au cœur, vous me faites du bien, je suis heureux, je dis : c'est beau. Voilà l'architecture. L'art est ici.*
*Ma maison est pratique. Merci, comme merci aux ingénieurs des chemins de fer et à la Compagnie des Téléphones. Vous n'avez pas touché mon cœur.*
*Mais les murs s'élèvent sur le ciel dans un ordre tel que j'en suis ému. Je sens vos intentions. Vous étiez doux, brutal, charmant ou digne. Vos pierres me le disent. Vous m'attachez à cette place et mes yeux regardent. Mes yeux regardent quelque chose qui énonce une pensée. Une pensée qui s'éclaire sans mots ni sons, mais uniquement par des prismes qui ont entre eux des rapports. Ces prismes sont tels que la lumière les détaille clairement. Ces rapports n'ont trait à rien de nécessairement pratique ou descriptif. Ils sont une création mathématique de votre esprit. Ils sont le langage de l'architecture. Avec des matériaux inertes, sur un programme plus ou moins utilitaire que vous* débordez, *vous avez établi des rapports qui m'ont ému. C'est l'architecture.*

Le Corbusier, *Vers une architecture*, 1923

Le rôle central et précurseur de Le Corbusier dans l'architecture du XX^e^ siècle justifie à lui seul une étude détaillée de ses débuts. L'importance de son œuvre peut être mesurée à l'aune des influences aussi profondes que variées qu'il subit entre la première maison qu'il réalisa à La Chaux-de-Fonds en 1905, à l'âge de dix-huit ans, et les dernières œuvres qu'il y réalisa en 1916, un an avant son installation à Paris. Les lointaines ascendances albigeoises et cathares de sa famille (par ailleurs calviniste), porteuses d'une vision manichéenne du monde restée en partie latente, pourraient être à l'origine de sa tournure d'esprit « dialectique ». Je pense au jeu incessant qu'il établit entre des notions contraires – le contraste des pleins et des vides, de la lumière et de l'obscurité, l'opposition d'Apollon à Méduse –, jeu présent dans ses réalisations. On retrouve par ailleurs cet état d'esprit dans la plupart de ses écrits théoriques.

Le Corbusier est né en 1887 à La Chaux-de-Fonds, petite ville suisse célèbre pour son industrie horlogère, située dans le massif du Jura, près de la frontière française. Une des premières images de son enfance a dû être cette ville industrielle quadrillée, très rationnelle, reconstruite en 1867 après un terrible incendie. Durant sa formation de peintre-graveur à l'école d'art locale, Charles-Édouard Jeanneret (son véritable nom) s'engagea, à moins de vingt ans, dans le mouvement Arts & Crafts qui touchait alors à sa fin. Le caractère Jugendstil de sa première maison, la villa Fallet de 1905, cristallisait tout ce que lui avait appris son maître Charles L'Éplattenier, qui dirigeait le cours supérieur de l'École d'art de La Chaux-de-Fonds. L'Éplattenier avait été fortement marqué par le livre d'Owen Jones, *The Grammar of Ornament (La Grammaire de l'ornement)*, un recueil de motifs intemporels d'art décoratif paru en 1856. Il souhaitait créer une école d'arts appliqués et de construction propre à la région du Jura ; comme Jones, il apprit à ses étudiants à puiser leurs ornementations dans leur environnement naturel immédiat. Le décor et la typologie vernaculaire de la villa Fallet sont à cet égard exemplaires : la forme générale est essentiellement une variation sur les fermes en pierre et bois du Jura, tandis que les éléments décoratifs sont inspirés de la flore et la faune locales.

L'Éplattenier avait été formé à Budapest. Aussi, malgré son admiration pour Jones, Vienne restait pour lui le centre culturel de l'Europe ; sa grande ambition était que son meilleur élève y travaille auprès de Josef Hoffmann. À l'automne 1907, Jeanneret fut donc envoyé à Vienne. Il fut reçu cordialement mais semble avoir rejeté l'offre de travail d'Hoffmann, et par là même l'enseignement Jugendstil, qui était alors devenu presque convenu. Les projets qu'il conçut à Vienne et réalisa ensuite, vers 1909, à La Chaux-de-Fonds témoignent du peu d'influence d'Hoffmann. Cette désaffection pour le Jugendstil déclinant fut accentuée par la rencontre de Tony Garnier à Lyon, pendant l'hiver 1907, alors que ce dernier mettait au point son projet de Cité industrielle. Les penchants pour le socialisme utopique de Jeanneret et sa réceptivité à une approche typologique – pour ne pas dire classique – de l'architecture remontent certainement à cette rencontre. Il nota alors : « Cet homme discernait la naissance proche d'une nouvelle architecture appuyée sur le phénomène social. Ses plans dénotent une grande habileté. Ils sont la suite de cent années d'évolution architecturale en France. »

1907 apparaît comme une année décisive pour Jeanneret : non seulement il rencontra Garnier, mais il accomplit un voyage déterminant à la chartreuse d'Ema, en Toscane. Il y expérimenta pour la première fois une « commune » vivante, qui deviendra le modèle social de sa réinterprétation concrète du socialisme utopique hérité de L'Éplattenier et de Garnier. Il décrira plus tard la chartreuse comme une organisation dans laquelle « une aspiration humaine authentique est comblée : le silence, la solitude ; mais aussi le commerce (le contact quotidien) avec les mortels ».

En 1908, Jeanneret fut engagé à mi-temps chez Auguste Perret à Paris, lequel avait acquis dès 1904 une réputation de « domestiqueur » du béton armé grâce à son immeuble de la rue Franklin. Les quatorze mois de Jeanneret à Paris bouleversèrent sa conception de la vie et du travail. La capitale lui offrit, outre une formation technique de base sur le béton armé, la possibilité d'élargir sa culture classique française par la fréquentation assidue des musées, bibliothèques et salles de conférences. Au grand dam de L'Éplattenier, il acquit par ailleurs la certitude que le béton armé était le matériau de l'avenir. En plus de son monolithisme et de sa malléabilité, de sa duralité et de son caractère économique, Perret voyait dans la charpente en béton le moyen de résoudre l'éternel conflit entre la vérité structurelle du gothique et l'humanisme de la forme classique.

Le projet que Jeanneret esquissa pour une école d'art appliqué à son retour à La Chaux-de-Fonds, en 1909, nous fait mesurer l'importance de ces expériences. Le bâtiment, bien sûr en béton armé, réunissait deux niveaux de modules d'ateliers d'artistes décalés, chacun d'eux étant doté d'un petit jardin privé, autour d'un espace central commun couronné d'une verrière pyramidale. Cette libre adaptation des cellules des Chartreux, avec ses connotations communautaires, est le premier exemple dans lequel Le Corbusier réinterprète un type connu pour l'adapter à un programme entièrement nouveau. De telles variations typologiques à partir de références spatiales et idéologiques feront ensuite partie intégrante de sa méthode de conception. Cette approche synthétique étant par définition impure, ses œuvres sont nécessairement chargées de plusieurs références à la fois, et ce de manière sans doute en partie inconsciente. Quoi qu'il en soit, le projet de 1909 pour l'école doit être considéré tout autant comme l'héritier du Familistère de Godin de 1856 que comme une réinterprétation de la chartreuse d'Ema. Cette dernière restera enfouie dans l'imaginaire de Le Corbusier comme une image d'harmonie et sera convoquée en d'innombrables occasions, d'abord à grande échelle dans son projet d'Immeuble-villas de 1922 puis, plus indirectement, dans les immeubles de logement qu'il conçut durant les années qui suivirent dans le cadre de ses projets de villes théoriques.

Jeanneret partit en 1910 pour l'Allemagne a priori afin de perfectionner sa connaissance du béton armé mais en fait il étudia, à la demande de l'École d'art de La Chaux-de-Fonds, la situation des arts décoratifs dans ce pays. Cette mission, qui déboucha sur la rédaction d'un petit livre, lui permit de rencontrer toutes les personnalités importantes du Deutscher Werkbund, notamment

Peter Behrens et Heinrich Tessenow, architectes qui influenceront deux de ses bâtiments ultérieurs à La Chaux-de-Fonds, la villa Jeanneret, de 1912, et le cinéma La Scala, de 1916. Parallèlement, ses contacts avec le Werkbund attirèrent son attention sur les réalisations techniques modernes – navires, automobiles, avions – qui constitueront plus tard (en 1921) la matière de l'un de ses textes polémiques majeurs, « Des yeux qui ne voient pas ». À la fin de 1910, après cinq mois passés dans l'agence de Behrens, où il rencontra certainement Ludwig Mies van der Rohe, il quitta l'Allemagne à la demande de L'Éplattenier pour enseigner à La Chaux-de-Fonds. Cependant, avant de rentrer en Suisse, il entreprit un grand voyage dans les Balkans et en Asie mineure. L'architecture ottomane aurait désormais une influence silencieuse mais profonde sur son travail – son très lyrique récit de voyage *Le Voyage d'Orient* rédigé en 1911 et publié en 1965 en témoigne.

La période 1911-1916 détermina l'orientation de sa future carrière parisienne. La rupture définitive avec L'Éplattenier et le rejet simultané de Frank Lloyd Wright, dont il devait connaître les travaux grâce à l'ouvrage que lui consacra l'éditeur allemand Wasmuth en 1910-1911, le rendirent réceptif aux possibilités de la production rationnelle en béton armé. En 1913, il monta sa propre agence à La Chaux-de-Fonds, dont le papier à en-tête revendiquait une « spécialité de béton armé ».

En 1915, avec son ami d'enfance l'ingénieur suisse Max du Bois, il développa deux idées déterminantes pour son travail des années 1920 : d'une part, la réinterprétation de la structure d'Eugène Hennebique dans l'ossature Dom-Ino, qui constituera la base structurelle de la plupart de ses maisons jusqu'en 1935, d'autre part, les « villes pilotis », dont le principe de rue surélevée provenait de la « rue future » mise au point par Eugène Hénard en 1910.

1916 marque l'apogée de la première partie de sa carrière, à La Chaux-de-Fonds, avec la construction de la villa Schwob, extraordinaire synthèse de ses travaux antérieurs. Il s'agit d'une savante exploitation du potentiel spatial du système Hennebique, qui lui permet de plaquer sur l'ossature porteuse des éléments stylistiques tirés d'Hoffmann, de Perret et de Tessenow. On y décela même l'évocation érotique d'un sérail, qui est à l'origine de son surnom de « villa turque ». C'est aussi la première fois que Jeanneret conçoit une maison de prestige, c'est-à-dire comme un palais. Le système de baies alternativement larges et étroites ainsi que l'organisation symétrique du plan confèrent à l'édifice une composition indéniablement palladienne. De telles références classiques sont évoquées dans le texte signé Julien Caron qui accompagne la publication de la villa dans la revue *L'Esprit nouveau* en 1921 :

*Le Corbusier eut à résoudre un problème délicat ; s'étant donné pour tâche de faire une œuvre de pure architecture, il s'imposa un plan dont les masses ont été de géométrie primaire : le carré et le cercle. On a rarement tenté cette gageure dans la construction des maisons d'habitation, sauf à la Renaissance.*

Pour la première fois également, Le Corbusier employait des « tracés régulateurs », un procédé classique pour maîtriser les proportions d'une façade, manifeste ici dans la disposition des percements selon le nombre d'or. Dans les années qui suivirent, ce thème de la « maison-palais » réapparut dans des constructions de deux échelles différentes, aux connotations socioculturelles proches mais distinctes : d'une part, la villa isolée aux références palladiennes, concrétisée dans les chefs-d'œuvre de la fin des années 1920 ; d'autre part, l'ensemble de logements collectifs conçu comme un palais baroque, dont le plan à redents pouvait rappeler les connotations idéologiques du phalanstère.

Peu après son arrivée à Paris en octobre 1916, Le Corbusier eut la chance d'être présenté par Perret à Amédée Ozenfant, avec qui il développera l'important mouvement dédié à l'esthétique de la machine qu'est le purisme. Fondé sur la philosophie néoplatonicienne, le purisme s'intéressa à toutes les formes d'expression plastique, de la peinture de chevalet à l'architecture en passant par le dessin industriel. En somme, il s'agissait rien de moins que d'une théorie générale de la civilisation, qui prêchait activement la purification délibérée de tous les types existants. Ainsi, ce mouvement était autant contre ce que Le Corbusier et Ozenfant considéraient comme les déformations injustifiées du cubisme en peinture (voir leur premier manifeste de 1918, intitulé *Après le cubisme*) qu'en faveur de la perfection « évolutionnaire » des meubles Thonet en bois courbé et de la vaisselle standard des cafés, par exemple. La première formulation de cette esthétique parut en 1920 dans leur article « Le Purisme », dans le numéro 4 de *L'Esprit nouveau*, la revue littéraire et artistique qu'ils avaient fondée avec le poète Paul Dermée et qu'ils publieront jusqu'en 1925. La phase la plus fertile de leur collaboration fut sans conteste celle de la gestation de *Vers une architecture* qui, avant sa sortie sous forme de livre en 1923, fut pour la plus grande part publiée en articles dans *L'Esprit nouveau*, sous le pseudonyme double de Le Corbusier-Saugnier.

Ce texte – signé simplement Le Corbusier dans sa forme livresque – présente la dualité conceptuelle autour de laquelle le reste de son œuvre s'articulera : d'un côté, le besoin impératif de satisfaire les exigences fonctionnelles par des formes empiriques ; de l'autre, le recours à des éléments abstraits pour toucher les sens et nourrir l'esprit. Cette vision dialectique de la forme, introduite par l'article « Esthétique de l'ingénieur, architecture », était illustrée par les structures de génie civil les plus avancées de l'époque : le viaduc de Garabit d'Eiffel de 1884 et les usines Fiat de Giacomo Matté Trucco de 1915-1921.

L'autre aspect de l'esthétique de l'ingénieur – la conception de produits – était représenté par les « paquebots », les « autos » et les « avions » dans trois sous-chapitres regroupés sous le titre général « Des yeux qui ne voient pas ». La troisième partie renvoyait le lecteur à la dualité de l'architecture classique et à la poétique rigoureuse de l'Acropole d'Athènes, sur laquelle revenait l'avant-dernier chapitre de *Vers une architecture*, « Architecture, pure création de l'esprit ». Le Corbusier était si fasciné par la précision technique qu'il célébra les modénatures du Parthénon pour leur analogie avec celles qui étaient désormais usinées par les machines : « Toute cette mécanique de la plastique est réalisée sur le marbre avec la rigueur que nous avons appris à pratiquer dans la machine. Impression d'acier décolleté et poli. »

Pendant les cinq premières années de cette intense activité parisienne, il passa tous ses moments de liberté à peindre ou à écrire. Il gagnait sa vie, le jour, en dirigeant une usine de matériaux de construction et une briquetterie à Alfortville. En 1922, il renonça à ce travail pour fonder une agence d'architecture avec son cousin Pierre Jeanneret, association qui dura jusqu'au début de la Seconde Guerre mondiale. L'une de leurs premières occupations fut de développer l'idée « constructive » qui avait été ébauchée avec du Bois au début de la Première Guerre, la maison Dom-Ino [132-133] et les villes pilotis.

Le prototype Dom-Ino laissait évidemment place à différentes interprétations. S'il s'agissait d'un procédé de construction, c'était aussi un jeu sur le mot « Dom-Ino », appelation industrielle brevetée évoquant une maison standardisée comme un domino. L'idée acquit la force d'un jeu de mots littéral : les poteaux peuvent être vus en plan comme les points d'un domino et le motif en zigzag de l'assemblage de ces maisons ressemble à un jeu de dominos étalé. La symétrie de ces motifs leur confère cependant des connotations spécifiques, soit en rappelant le plan-type de palais baroque du phalanstère de Fourier, soit en évoquant le « boulevard à redans » conçu par Hénard en 1903. Avec sa propre « rue à redents » de 1920, Le Corbusier combina l'image du phalanstère et sa croisade contre la rue « corridor ». Le principe Dom-Ino était par ailleurs pour lui un équipement analogue, par sa forme et par son mode d'assemblage, à quelque pièce d'un produit industriel. De tels éléments étaient vus par Le Corbusier comme des « objets-types », dont les formes avaient déjà été épurées pour répondre à des « besoins-types ». Dans *Vers une architecture*, il écrit :

*Si l'on arrache du cœur et de l'esprit les concepts immobiles de la maison, et qu'on envisage la question d'un point de vue critique et objectif, on arrivera à la maison-outil, maison en série accessible à tous, saine, incomparablement plus que l'ancienne (et moralement aussi) et belle de l'esthétique des outils de travail qui accompagnent notre existence. Elle sera belle aussi de l'animation qu'un sens artiste peut apporter à ses stricts et purs organes.*

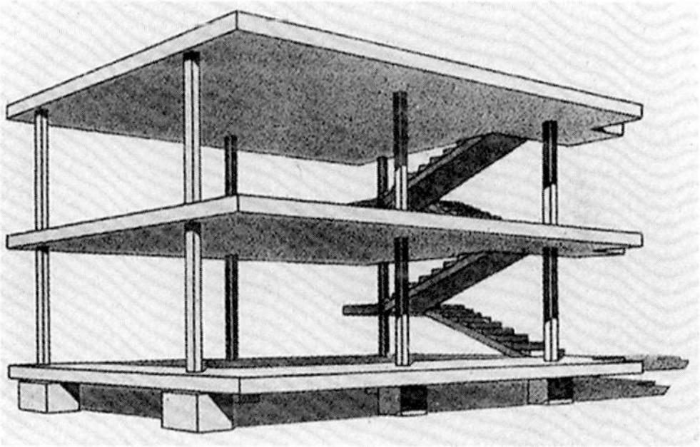

132-133. Le Corbusier, maison Dom-Ino, 1915.
Ci-dessus : perspective et plan montrant les groupements possibles ; ci-contre : ossature « Dom-Ino ».

La tentative, après la guerre, de pénétration du marché du logement français par la compagnie d'aviation Voisin avec la production en série de maisons en bois fut saluée avec enthousiasme par Le Corbusier dans le numéro 2 de *L'Esprit nouveau.* Il comprit cependant qu'une telle production ne pourrait advenir que grâce à la présence de talents de premier ordre dans les usines, circonstance rare dans l'industrie du bâtiment. Il prit en compte cette donnée dans son principe Dom-Ino qui, hormis l'ossature en béton et l'armature en acier, pouvait être construite par une main-d'œuvre non qualifiée. Dès 1919, il avait adopté une approche « collagiste » comparable de la construction, proposant d'utiliser des tôles d'amiante cintrées comme coffrages permanents pour les voûtes en béton des toitures de ses maisons Monol.

En 1922, les procédés de la maison Dom-Ino et des villes pilotis furent perfectionnés dans la maison Citrohan et « Une ville contemporaine de 3 millions d'habitants », deux projets exposés au Salon d'automne la même année. Tandis que la seconde rappelait beaucoup, du moins en coupe, la « rue future » de Hénard, la première utilisait l'ossature Hennebique pour créer un long volume rectiligne, ouvert à une extrémité, se rapprochant de la traditionnelle *mégaron* méditerranéenne. À l'intérieur de ce type de base – qui connut deux versions successives –, Le Corbusier projeta pour la première fois son espace de séjour à double hauteur, avec une mezzanine dévolue au sommeil et des chambres d'enfant supplémentaires sur le toit. En dehors des racines puisant dans le vernaculaire grec, ce type, qu'il mit au point dès 1920, semble inspiré d'un restaurant populaire de la rue de Babylone, où il déjeunait tous les jours avec son cousin. Ils empruntèrent à ce bistro la coupe et la disposition générale que l'on retrouve dans la maison Citrohan [134] : « Simplification des sources lumineuses : une seule grande baie à chaque extrémité ; deux murs portants latéraux ; un toit plat dessus ; une véritable boîte qui peut être utilement une maison. »

Alors que la maison Citrohan, dont certaines variantes sont juchées sur pilotis, anticipait « Les 5 points d'une architecture nouvelle » que Le Corbusier formula en 1926, elle ne pouvait être en réalité utilisée qu'en banlieue. Il en élaborera une version à cette fin pour les lotissements réalisés à Liège et Pessac en 1926. Parmi la cinquantaine de maisons en béton armé construites à Pessac pour l'industriel Henri Frugès [135], dominait un type

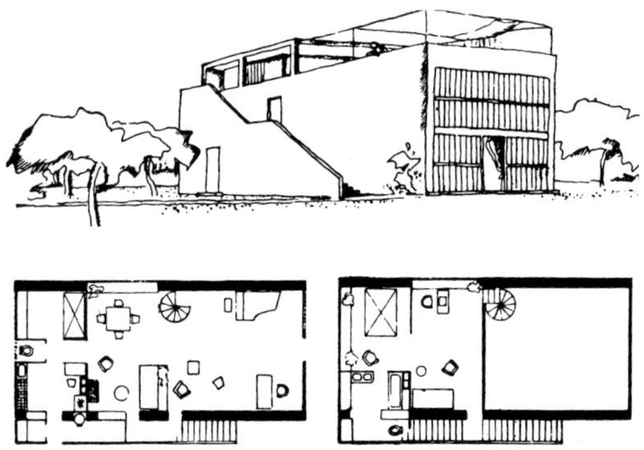

134. Le Corbusier, maison Citrohan, 1920.
Perspective et plans du rez-de-chaussée et de l'étage.

135. Le Corbusier, cité de Pessac, près de Bordeaux, 1926, le jour de l'inauguration.

136. Gropius (à gauche), Mme Gropius et Le Corbusier dans un café parisien.

connu sous le nom de « gratte-ciel » qui était, en fait, une synthèse de la maison Citrohan et des unités adossées qu'il avait conçues pour la « cité » d'Audincourt, toujours en 1926. Aucune vraie version du type Citrohan ne fut cependant réalisée avant sa contribution à l'exposition du Weissenhof à Stuttgart en 1927. Le mélange des types de Pessac marque le point culminant de ses tentatives du début des années 1920 pour construire des logements standardisés. Le nom « Citrohan » était un jeu de mots sur la célèbre marque d'automobiles, soulignant qu'une maison devait être standardisée comme une voiture. Pessac représentait en outre la première intégration délibérée d'une polychromie puriste dans l'architecture :

*Le lotissement de Pessac est très serré. Les maisons grises en ciment faisaient un insupportable amas compressé, sans air.*
*La couleur pouvait nous apporter l'espace.*
*Considérer la couleur comme apporteuse d'espace.*
*Voici comment nous avons établi des points fixes : certaines façades peintes en* terre de sienne brûlée *pure.*
*Nous avons fait fuir au loin des lignées de maisons : bleu outremer clair.*
*Nous avons confondu certains secteurs avec le feuillage des jardins et de la forêt : façades vert pâle.*

Contrairement à ses contemporains Gropius et Mies van der Rohe [136], Le Corbusier désirait vivement développer les aspects urbains de son architecture. La « ville contemporaine de 3 millions d'habitants » en est, en 1922, la meilleure démonstration. Influencée par les villes quadrillées de gratte-ciel des États-Unis et par la « couronne de la ville » proposée par Bruno Taut dans son livre de 1919 *Die Stadtkrone*, elle était pensée comme une ville capitaliste élitiste au service de l'administration et du contrôle ; les cités-jardins des ouvriers étaient situées, à l'instar de l'industrie, au-delà de la « zone de sécurité » de la ceinture verte entourant la ville.

Conçu comme un tapis d'Orient d'une surface quatre fois supérieure à celle de Manhattan, le projet regroupe des immeubles résidentiels de 10 à 12 étages et 24 tours de bureaux de 60 étages au centre ; l'ensemble était entouré d'un parc au tracé pittoresque qui, à l'instar des anciens glacis, matérialisait la séparation sociale entre l'élite, dans le centre ville, et le prolétariat, en banlieue. Les tours de bureaux cruciformes – dites « gratte-ciel cartésiens » – dont les formes rappelaient les temples khmers ou indiens à degrés, étaient conçues pour remplacer les édifices religieux de la ville traditionnelle en tant que centres laïques du pouvoir. Leur puissance était suggérée par leur proportion relative à la trame de la ville, dont elles occupaient, en plan, une section d'or, à l'intérieur du double carré de la ville entière.

Rien de cela n'échappa au journal communiste *L'Humanité,* qui tint tout le projet pour réactionnaire. Son analyse de la proximité entre l'approche de Le Corbusier et les méthodes saint-simoniennes d'organisation et de contrôle de la société fut confirmée par la publication en 1925 de son livre *Urbanisme,* dont la dernière planche représentait Louis XIV surveillant la construction des Invalides. Même l'auteur fut gêné par cette image, au point de placer en légende une phrase spécifiant que la gravure ne devait pas être prise comme un soutien au groupe d'extrême droite Action Française.

Le projet de « ville contemporaine » n'était pas moins idéologique dans l'organisation détaillée de ses quartiers résidentiels, composés de deux prototypes d'immeubles : la cité-jardin [138] et le lotissement à redents – chacun symbolisant une conception urbaine différente. La première restait attachée à une idée de ville close faite de rues, alors que le second présupposait une « ville ouverte » sans murailles, vision reprise dans le projet de « Ville radieuse », densément bâtie au-dessus de la surface d'un parc continu. La posture d'opposition tacite à la rue de cette vision fut explicitée dans un article intitulé « La rue », que Le Corbusier écrivit en 1929 pour le quotidien *L'Intransigeant.*

En plus d'offrir les « joies essentielles » du soleil et de la verdure, la ville ouverte devait faciliter la circulation, selon l'aphorisme néo-industriel de Le Corbusier : « Une ville faite pour la vitesse est une ville faite pour le succès. » Cette rhétorique accompagnait la proposition de Plan Voisin [137] pour Paris en 1925 : l'idée paradoxale en était que l'automobile, qui avait réussi à détruire la grande ville, pouvait maintenant être exploitée comme un outil pour son salut. En dépit de son support financier, le constructeur d'automobiles et d'avions Gabriel Voisin n'était sans doute que trop conscient de l'impossibilité économique et politique d'élever de grandes tours cruciformes près de l'île de la Cité.

137. Le Corbusier et Jeanneret, Plan Voisin, proposition pour Paris, 1925. La main indique le nouveau centre des affaires de la ville.

La contribution la plus importante et pérenne de la « Ville contemporaine » fut l'Immeuble-villas, adaptation de la maison Citrohan à un type général d'habitat dense en hauteur : les unités, composées de cinq étages doubles, comprenaient des terrasses-jardins (une pour chaque duplex) – dispositif qui semble aujourd'hui l'une des rares solutions acceptables pour le logement familial en hauteur. Dans les blocs périphériques, ces rangées de duplex s'ouvraient au niveau du sol sur un espace clos rectangulaire doté d'équipements de loisirs à usage collectif. La disposition marginale d'espaces communs complémentaires, à l'intérieur de l'ensemble et sur sa périphérie, ainsi que l'intention initiale de fournir partout un service hôtelier, situent cette proposition quelque part entre l'immeuble bourgeois et l'immeuble collectif socialiste (tels le phalanstère et les aérodromes de Borie). Un prototype de cellule d'Immeuble-villas fut présenté à l'Exposition des arts décoratifs de Paris en 1925, dans le cadre du Pavillon de l'Esprit nouveau [139]. Mais les tentatives pour lancer ce principe sur le marché, soit comme petite maison de ville en accession, soit comme villa en banlieue, n'eurent pas de succès.

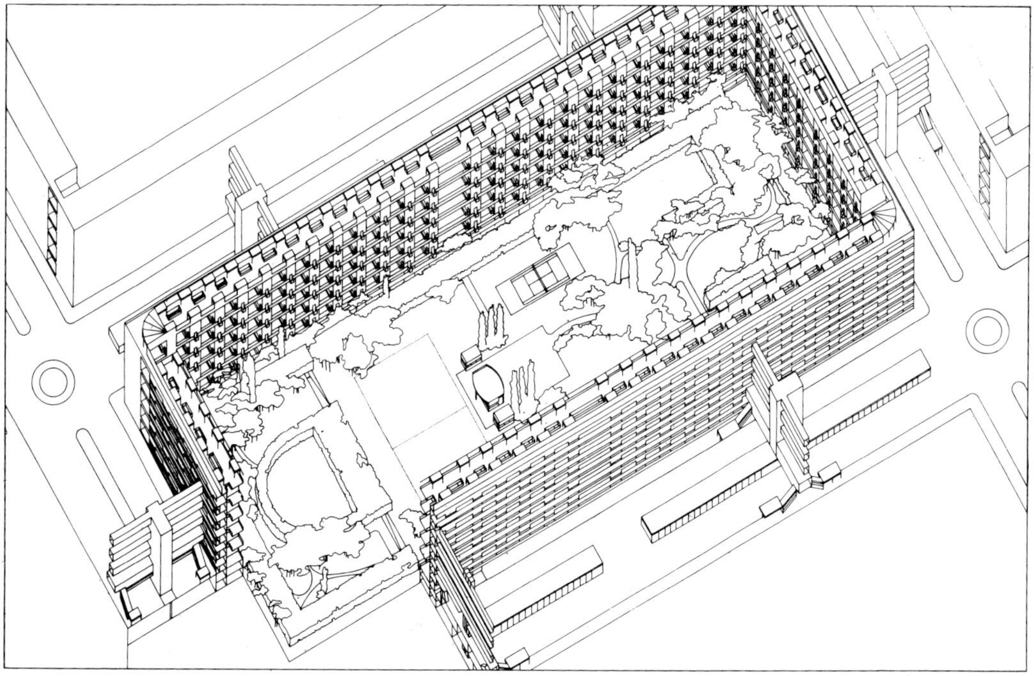

138. Le Corbusier, Ville contemporaine, 1922. Barre composée d'unités d'Immeubles-villas.

139. Le Corbusier, Pavillon de l'Esprit nouveau, Exposition des arts décoratifs, Paris, 1925, meublé d'« objets-types » et de toiles puristes de Léger et de Le Corbusier.

Le Pavillon de l'Esprit nouveau offrait un condensé puriste de la foi dans la machine et dans la ville : bien que clairement conçu pour une production de masse et un plan-masse très dense, il était meublé, selon le dogme puriste, d'« objets-types », c'est-à-dire de fauteuils club anglais, de meubles Thonet en bois courbé et de mobilier standard des jardins publics parisiens en fonte, avec des « objets-tableaux » d'origine puriste, des tapis d'Orient et des poteries d'Amérique du Sud. Cette rencontre entre objets folkloriques, artisanaux et usinés, inspirée d'Adolf Loos, était ici placée sous les auspices du ministère des Beaux-Arts, en un geste de provocation à l'encontre du mouvement Art déco.

Vers 1925, Le Corbusier retourna également au thème de la villa bourgeoise, d'abord avec la maison Cook de 1926, qui est comme une mise en pratique des « 5 points d'une architecture nouvelle », puis avec le projet de villa pour Madame Meyer de 1927, qui anticipe la villa Stein à Garches, également de 1927 [140], et la villa Savoye, commencée à Poissy en 1929. L'éloquence de ces maisons reposait sur la syntaxe des « 5 points » : 1. les pilotis, élevant la masse au-dessus du sol ; 2. le plan libre, obtenu par la dissociation des poteaux porteurs et des cloisons divisant l'espace ; 3. la façade libre, corollaire vertical du plan libre ; 4. la fenêtre en longueur ; et finalement, 5. le toit-terrasse, restituant en hauteur, à l'air libre, la surface de terrain correspondant à l'emprise au sol de la maison.

140. Le Corbusier, villa Stein, Garches, 1927.

141. Villa Malcontenta de Palladio, 1560 (en haut) et villa Stein de Le Corbusier, avec schémas de leur rythme de proportions.

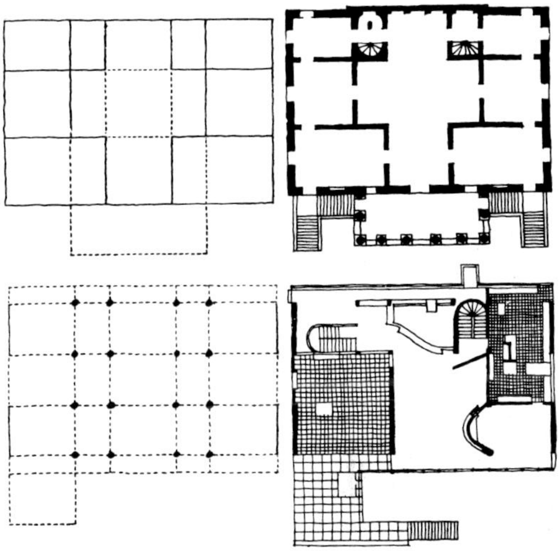

Le potentiel du système Hennebique dans la maison Dom-Ino et les murs latéraux massifs de la maison Citrohan déterminaient à un degré égal le parti fondamental de ces maisons : utilisation généreuse des poteaux isolés, façades dotées de fenêtres en bande et planchers en porte-à-faux. La partition structurelle de la maison Dom-Ino (la formule rythmique AAB comprenant deux larges baies plus une autre, étroite, contenant l'escalier) relie le palladianisme explicite de la villa Schwob au palladianisme réprimé de la villa de Garches, toutes deux étant organisées de façon semblable sur le rythme classique palladien ABABA, comme l'a remarqué l'historien Colin Rowe. La composition en plan du long côté de la villa Malcontenta de Palladio, de 1560, et celle de la villa Stein de Le Corbusier, construite 350 ans plus tard [141], reposent l'une comme l'autre sur l'alternance de travées doubles et simples produisant un rythme 2 : 1 : 2 : 1 : 2. Rowe a observé qu'un rythme syncopé similaire se répète dans l'autre dimension :

*Si la distribution des coordonnées de base est dans les deux cas fort semblable, il n'en existe pas moins de légères mais significatives différences relatives à la disposition de ces éléments porteurs parallèles aux façades. Ainsi, à Garches, toujours de l'avant à l'arrière, le module de base obéit aux rapports : ½ : 1½ : 1½ : 1½ : ½, tandis qu'à la Malcontenta, la séquence est de : 2 : 2 : 1½. Autrement dit, en utilisant une demi-unité en porte-à-faux, Le Corbusier réalise une compression de la travée centrale, déplaçant ainsi le centre d'intérêt, tandis que Palladio assure la prépondérance de la zone centrale en mettant l'accent sur les portiques et en concentrant l'intérêt sur ces deux éléments. […] Dans les deux cas, un élément saillant – terrasse en avancée ou portique intégré – occupe une profondeur de 1½ unité.*

Rowe a ensuite relevé le contraste entre la centralité de la Malcontenta et le caractère centrifuge de la villa de Garches :

*À Garches, le point focal est éclaté, la concentration en quelque point que ce soit est désintégrée, et les fragments disloqués du centre deviennent une série d'incidents périphériques, déplaçant l'intérêt vers les extrémités du plan.*

En dehors de la superposition puriste des plans frontaux dans l'espace et du jeu avec une transparence tantôt littérale, tantôt phénoménale, qu'ont relevés Rowe et Robert Slutzky, la maison de Garches est remarquable par la solution qu'elle apporte à un problème initialement posé par Loos : comment combiner le confort et le caractère informel d'un plan Arts & Crafts avec la rigueur d'une forme géométrique, voire néoclassique – comment réconcilier le domaine privé de la commodité moderne avec la façade publique de l'ordre architectural. Comme le montre l'auto-analyse par le texte et par le dessin que constituait « Les 4 compositions » [143] de 1929, la villa Stein y parvient avec une élégance qui fut refusée à Loos, grâce aux translations permises par le plan libre. De même, la disjonction, pour ainsi dire, de

142 Le Corbusier, villa Savoye, Poissy, 1931.
Le jardin suspendu du premier étage.

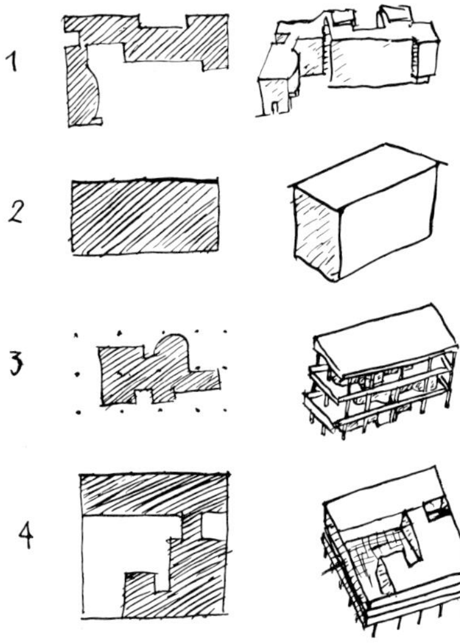


143 Le Corbusier, « Les 4 compositions », 1929 : 1) maison La Roche, 2) villa Stein, 3) villa Baizeau à Carthage, 4) villa Savoye.

l'intérieur complexe n'est pas visible sur la face publique, grâce à l'élision qu'autorisait la façade libre.

Si l'on peut établir un lien entre la villa de Garches et la Malcontenta, la villa Savoye doit être quant à elle comparée, comme l'a remarqué Rowe, à une autre villa de Palladio, la Rotonda. Son plan presque carré, avec un rez-de-chaussée en partie elliptique et la rampe centrale, peut être lu comme une métaphore complexe du plan central bi-axial de la Rotonda. Ici s'arrête cependant la similitude, Palladio insistant sur la centralité et Le Corbusier jouant, à l'intérieur du carré, sur le dynamisme de l'asymétrie, de la rotation et de la dispersion à la périphérie. Néanmoins, dans son livre *Précisions sur un état présent de l'architecture et de l'urbanisme* de 1930, il revendique clairement le classicisme de la villa Savoye [142] :

*Les habitants, venus ici parce que cette campagne agreste était belle avec* sa vie de campagne, *ils la contempleront, maintenant intacte, du haut de leur jardin-suspendu ou des quatre faces de leurs fenêtres en longueur. Leur vie domestique sera insérée dans un rêve virgilien.*

Nous arrivons, avec la villa Savoye, à la dernière des « 4 compositions ». La première était la maison La Roche de 1923, présentée comme une version puriste du plan en L « gothic revival » – un « genre plutôt facile, pittoresque, mouvementé » ; la deuxième – la villa de Garches – fut montrée comme un prisme idéal, et la troisième et la quatrième (la villa Baizeau à Carthage et la villa Savoye) comme des alternatives pour concilier les deux premières, la villa de Carthage étant fondée sur une intégration subtile des deux premières compositions et la villa Savoye sur l'inscription de la première composition dans un prisme.

Pour le concours international du siège de la Société des Nations à Genève en 1927 [144], Le Corbusier et Pierre Jeanneret produisirent leur premier grand projet public – ils s'étaient jusqu'ici intéressés à la maison et à la simplicité concomitante du prisme pur. Ils abordaient désormais la nécessaire complexité du « palais » comme type. Le programme du concours prévoyait deux bâtiments : l'un pour le secrétariat, l'autre pour les réunions. Cette dualité conduisit les architectes à une approche élémentariste : une fois les « éléments » constituants calés, ils furent manipulés pour créer plusieurs compositions alternatives. Ce prolongement de l'élémentarisme professé au tournant du siècle par le maître des Beaux-Arts Julien Guadet était parvenu à Le Corbusier par l'intermédiaire de Garnier et de Perret, tous deux élèves de Guadet. Les premières esquisses pour le projet de concours du palais des Soviets de 1931 [145] montrent qu'il adoptera généralement cette méthode pour ses grandes compositions. La légende sous les huit combinaisons alternatives indique : « Les diverses étapes du projet, où l'on voit les organes, déjà fixés indépendamment les uns des autres, prendre petit à petit leurs places réciproques pour aboutir à une solution synthétique. » Une remarque comparable accompagne un tracé symétrique (évidemment plus rationnel du point de vue opérationnel) pour la Société des Nations, publié dans le livre *Une maison, un palais* de 1928 : « Ici (à petite échelle), proposition de variante, avec emploi des mêmes éléments de composition. » L'organisation asymétrique finalement adoptée suggère un conflit entre la logique de circulation du tracé symétrique et la préférence toute classique d'une approche axiale de la façade de représentation du bâtiment principal.

Le projet pour la Société des Nations correspond à la fois à l'apogée du début de carrière de Le Corbusier et à une période de crise : un triomphe qui lui fut aussitôt refusé puisque le projet fut disqualifié en raison (si nous l'en croyons) de la reproduction mécanique de son rendu. Il représente le point culminant de la période puriste, car il coïncide avec l'introduction, dans la peinture de l'architecte, d'éléments figuratifs et de ce qu'il appellera par la suite des « objets à réaction poétique ». Sa peinture devint alors organique et figurative, tandis que son architecture, du moins publique, gagna en symétrie. Rétrospectivement, le projet pour la Société des Nations doit être considéré comme un point de rupture non seulement au sein de son œuvre mais aussi entre lui-même et ses disciples à l'intérieur du Mouvement moderne international, notamment avec ceux politiquement ancrés à gauche. Les penchants constructivistes du projet de la Société des Nations, son asymétrie flottante, son innovation technique, son secrétariat sur pilotis (qui rappelait en plan le Wolkenbügel d'El Lissitzky), son système de nettoyage automatique, la climatisation de sa grande salle de réunion (mais aussi son acoustique, sa sonorisation et sa lumière) ne purent en 1927 que lui valoir le soutien enthousiaste des jeunes, indépendamment de leurs convictions politiques. Mais l'indéniable monumentalité, exprimée par le revêtement de pierre et par le système d'entrée hiérarchisé en sept étapes menant les diverses catégories d'utilisateurs à la place qui leur était affectée dans la grande salle, semble avoir finalement suscité quant à elle une certaine méfiance d'ordre idéologique.

La volonté de Le Corbusier de résoudre la dichotomie entre l'esthétique de l'ingénieur et l'architecture, c'est-à-dire d'animer la fonctionnalité par la richesse du mythe, ne pouvait que conduire à l'affrontement avec les fonctionnalistes socialistes de la fin des années 1920. Sa « Cité

144. Le Corbusier, projet pour le concours du siège de la Société des Nations, Genève, 1927 (comparer avec le projet de H. Meyer et Wittwer [114]).

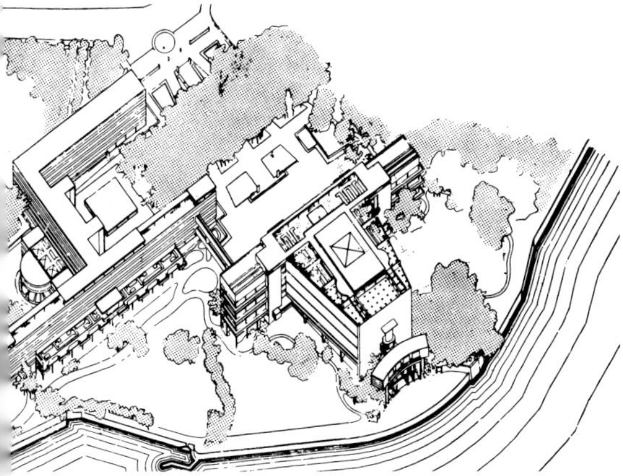

145. Le Corbusier, projet pour le concours du palais des Soviets, Moscou, 1931. Quatre esquisses différentes utilisant les mêmes éléments.

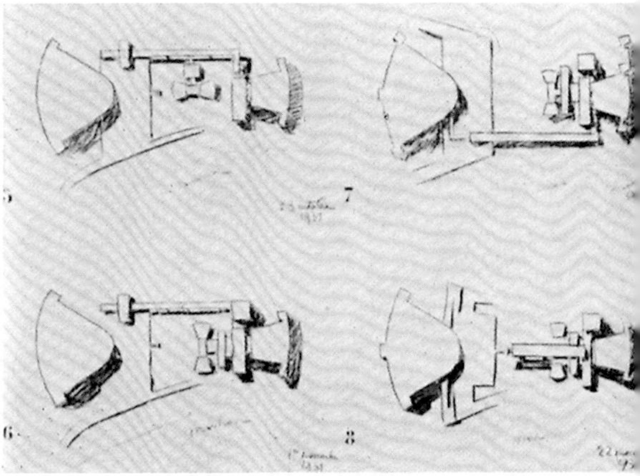

mondiale », conçue en 1929 comme un centre de la pensée mondiale à Genève, provoqua une vive réaction de la part de son admirateur tchèque, l'artiste et critique de gauche Karel Teige. Ce n'était pas tant le contenu que la forme de la Cité qui suscita les objections de Teige, particulièrement la ziggourat hélicoïdale du Musée mondial (également appelé Mudaneum). En 1927, Teige avait publiquement soutenu Le Corbusier dans la polémique internationale autour de son projet pour la Société des Nations, et avait appelé d'autres artistes tchèques à faire de même. À peine deux ans plus tard, il l'attaquait avec une telle véhémence que Le Corbusier lui répondit dans le long article intitulé « Défense de l'architecture », écrit pour la revue de Teige, *Stavba*. Dans sa diatribe, Teige avait cité des extraits du texte d'Hannes Meyer de 1929, *Bauen* (construire) :

*Toutes les choses de ce monde sont le produit de la formule : fonction* x *économie. Toutes ces choses ne sont donc nullement des œuvres d'art. Tout l'art est composition et répugne par là à toute utilité. Toute la vie est fonction et est par là non artistique. L'idée de la composition d'un dock suffit à faire éclater de rire un chat. Mais qu'est-ce qu'un plan de ville ou un projet de logement ? Composition ou fonction ? Art ou vie ?*

Le Corbusier plaça cette citation au début de son article, montrant ainsi clairement que sa réponse était dirigée contre Meyer autant que contre Teige, puis il écrivit :

*Aujourd'hui, dans les avant-gardes de la « Neue Sachlichkeit », on a tué deux mots :* Baukunst *(architecture) et* Kunst *(art). On les a remplacés par* Bauen *(construire) et par* Leben *(vie). Deux notions précisées par l'effet des cultures, on préfère les ramener à une masse d'origine infiniment plus vaste et plus imprécise aussi ; on y perd de la clarté, mais on y consent, à vrai dire, dans le désir de rechercher les origines pures d'un fil conducteur qu'on estime dévié aujourd'hui. On le redressera. Cela fait, on ne pourra parler objectivement de la question qu'en employant les termes compréhensibles « d'architecture » et « d'art ». [...] J'ai écrit dans* Une maison-Un palais *que tout acte humain tendant à la solution d'un problème posé impliquait la fonction d'architecture et qu'aujourd'hui où le machinisme nous avait entraînés à une production gigantesque, l'architecture était partout, dans le navire de guerre (M. Hannes Meyer) comme dans la conduite d'une guerre, comme dans la forme d'un stylo ou d'un appareil téléphonique. L'architecture est un phénomène de création, suivant un ordonnancement. Qui dit ordonnancer, dit composer. La composition est le propre du génie humain ; c'est là que l'homme est architecte et voilà bien un sens précis au mot architecture.*

La même année, Le Corbusier reconnut dans *Précisions* que le Mundaneum avait été mal reçu par les architectes de gauche allemands, mais ne vit aucune raison de modifier sa position fondamentale :

*Les bâtiments projetés sont strictement utilitaires,* fonctionnels *avec la rigueur d'une machine : tout particulièrement ce « Musée mondial » en hélicoïde, si violemment incriminé. [...] Les plans de la Cité Mondiale apportent, avec des bâtiments qui sont de vraies machines, une certaine magnificence où l'on veut à tout prix découvrir des inspirations archéologiques. Mais, à mon point de vue, cette qualité harmonieuse provient d'autre chose que de la simple réponse à un problème utilitaire bien posé ; je l'attribue purement et simplement à un certain état de lyrisme.*

Il ne put néanmoins nier que la composition du site de la Cité mondiale avait été déterminée par des « tracés régulateurs » comparables à ceux utilisés pour régler la façade de la villa Stein : une façade qui, quelle qu'ait été son respect des canons de l'esthétique puriste de la machine, restait tout aussi classique que le plan-type palladien qui l'avait inspirée.

# Mies van der Rohe et la signification des faits, 1921-1933

*Il devint alors clair pour moi que l'architecture n'avait pas pour tâche d'inventer des formes. J'essayai de comprendre quelle était cette tâche. J'interrogeai Peter Behrens mais il ne put me donner une réponse. Il ne se posait pas la question. D'autres déclaraient : « Ce que nous construisons est l'architecture », mais cette réponse ne nous satisfaisait pas [...]. Puisque nous savions qu'il s'agissait d'une question de vérité, nous essayâmes de trouver ce qu'était vraiment la vérité. Nous fumes tout à fait satisfaits de la définition de la vérité par saint Thomas d'Aquin :* Adequatio intellectus et rei, *ou bien, comme le dit dans le langage d'aujourd'hui un philosophe moderne, « la vérité est la signification des faits ».*

*Berlage était un homme d'un grand sérieux qui ne pouvait rien accepter de faux ; selon lui, rien ne devait être réalisé qui ne fût clairement construit. Et c'est exactement ce qu'il fit. Et il le fit tant et si bien que son célèbre édifice d'Amsterdam, la Bourse, a un caractère médiéval sans être médiéval. Il utilisa la brique comme le faisaient les gens du Moyen Âge. C'est de là que me vint l'idée d'une construction claire, comme l'une des choses fondamentales que nous devrions accepter. Nous pouvons en parler facilement, mais il n'est pas facile de la réaliser. Il est très difficile de s'en tenir à cette construction fondamentale, puis de l'élever au rang de structure. Je dois insister sur le fait qu'en anglais on appelle tout structure. Pas en Europe. Nous appelons une cabane une cabane et pas une structure. Structure, pour nous, a un sens philosophique. La structure est un tout de haut en bas, jusqu'au moindre détail – avec les mêmes idées. Voilà ce que nous appelons structure.*

Mies van der Rohe, cité par Peter Carter
dans *Architectural Design*, mars 1961

Cette citation le montre clairement, Ludwig Mies – il ajouta plus tard à ce nom celui de sa mère, van der Rohe – fut autant inspiré par l'œuvre de l'architecte hollandais Hendrik Petrus Berlage que par l'école prussienne néoclassique, dont il fut un héritier direct. Contrairement à son contemporain Le Corbusier, il ne fut pas formé à la sensibilité Arts & Crafts du Jugendstil. À l'âge de quatorze ans, il rentra dans l'entreprise de taille de pierre et maçonnerie de son père puis, après deux ans d'école professionnelle et une période d'apprentissage chez un entrepreneur de stuc local, il quitta en 1905 sa ville natale d'Aix-la-Chapelle pour Berlin, où il travailla chez un architecte mineur spécialisé dans les constructions en bois. Il collabora ensuite avec le créateur de meubles et architecte Bruno Paul, avant de s'établir à son compte en 1907 et de construire sa première maison qui, par la sobriété de son style *englische*, rappelait l'œuvre de l'architecte du Werkbund Hermann Muthesius. Il rejoignit enfin Peter Behrens, dont la nouvelle agence berlinoise commençait alors à développer une ligne « maison » pour l'entreprise d'électricité AEG [88, 90, 91].

Au cours des trois années qu'il passa chez Behrens, Mies se familiarisa avec la tradition Schinkelschüler qui, en dehors de sa filiation néoclassique, restait attachée à l'idée de *Baukunst* (art de bâtir), non seulement comme idéal d'élégance technique, mais aussi comme concept philosophique. Le bâtiment de la Bauakademie de Schinkel à Berlin, avec sa façade en brique et ses détails traités comme dans les entrepôts, fut par la suite comparé par Mies à la très aboutie Bourse d'Amsterdam [52, 53, 54], qu'il avait découverte lors d'un voyage en Hollande en 1912. En 1911, il quitta l'agence de Behrens ; après une brève mission d'architecte d'exécution pour l'ambassade d'Allemagne à Saint-Pétersbourg conçue par Behrens [89], Mies ouvrit sa propre agence et réalisa la maison Perls à Berlin-Zehlendorf la même année. Ce fut la première d'une série de cinq villas qu'il conçut avant la Première Guerre mondiale dans un style néo-Schinkel. Il succéda en 1912 à Behrens comme architecte de Madame Kröller, qui souhaitait faire réaliser près de La Haye une galerie et une résidence pour abriter la célèbre collection Kröller-Müller : une maquette en toile et bois fut montée à échelle réelle sur le site, avant que le projet ne soit inexplicablement abandonné. Cette même année, Mies répondit aussi à un concours pour un monument dédié à Bismarck ; son projet, qui rappelle la manière de Boullée, fut la dernière de ses propositions d'importance avant la Première Guerre.

En 1918, la défaite et l'effondrement de l'empire militaire et industriel allemand plongea le pays dans un chaos économique et politique ; Mies, comme tous les architectes qui avaient été au front, s'attacha à créer une architecture plus organique que celle autorisée par les canons autocratiques de la tradition de Schinkel. Dès 1919, il dirigea la section d'architecture du mouvement de gauche Novembergruppe (nommé ainsi d'après le mois de la révolution

146. Mies van der Rohe, projet de concours pour un immeuble de bureaux sur la Friedrichstrasse, Berlin, 1921. Première esquisse.

républicaine), qui cherchait à redynamiser les arts dans toute l'Allemagne. Cette association le mit en contact avec l'Arbeitsrat für Kunst et avec les idées de la Gläserne Kette de Bruno Taut (voir chap. 13). Il n'y a guère de doute que son premier projet de gratte-ciel de 1920 ait été réalisé en écho au livre *Glasarchitektur* publié par Paul Scheerbart en 1914. Le même thème d'un gratte-ciel cristallin à facettes revint dans sa proposition pour le concours de la Friedrichstrasse en 1921 [146]. La présentation de ces deux projets dans la revue de Taut, *Frühlicht*, confirme le ralliement de Mies, après-guerre, au mouvement expressionniste. Son propos était alors de faire du verre une surface réfléchissante complexe, constamment mouvante sous l'effet de la lumière. Cela transparaît clairement dans la description qui accompagne la première publication de son projet pour la Friedrichstrasse :

*Dans le cas de mon projet de gratte-ciel pour la Friedrichsbanhof à Berlin, le terrain étant triangulaire, il m'a semblé qu'une forme prismatique s'imposait ; j'ai fragmenté les façades selon des lignes biaises afin d'éviter l'impression de monotonie qui se dégage souvent des grandes surfaces vitrées. Mes recherches sur une maquette en verre m'ont montré le chemin et j'ai très vite compris que lorsqu'on utilise le verre, ce ne sont pas les effets d'ombre et de lumière qui comptent mais le jeu des reflets.*

*C'est ce qui m'a guidé dans l'autre projet que je présente ici. À première vue, le tracé du plan peut paraître arbitraire, mais il résulte de nombreuses recherches effectuées sur la maquette en verre. Car les courbes sont déterminées par l'exposition des pièces, l'impact de la construction dans son environnement et enfin le jeu des reflets. Les solutions consistant à dessiner le plan en fonction de l'ombre et de la lumière se sont avérées en maquette fondamentalement inadaptées à des façades vitrées.*

Dans ce contexte, il est intéressant de comparer le projet de Mies à celui de Hugo Häring. Alors que l'un est triangulaire, ondulé et convexe, l'autre est également triangulaire, mais à facettes et concave. Les deux solutions sont par ailleurs d'une expression semblable – coïncidence que l'on peut en partie expliquer par le fait que Häring et Mies partageaient un atelier au début des années 1920.

La période dite « G » de Mies commença en 1923, avec sa collaboration au premier numéro de la revue *G* (pour *Gestaltung*, mise en forme) publiée par Hans Richter, Werner Gräff et El Lissitzky. Ses gratte-ciel de 1922, avec leurs reflets cinétiques sur leurs surfaces translucides, avaient déjà quelque chose de la sensibilité propre à *G*, sensibilité qui semble avoir combiné une objectivité constructiviste et un goût dadaïste pour le hasard. Pourtant, l'immeuble de bureaux sur sept niveaux que Mies présenta dans le premier numéro de *G* indiquait une voie nouvelle : son matériau principal n'était pas le verre mais le béton, mis en œuvre par « plateaux » reposant en porte-à-faux sur une ossature de béton armé. Comme dans le Larkin Building de Frank Lloyd Wright de 1904 [40], les extrémités de ces plateaux étaient relevées pour loger des placards encastrés sous une bande de vitrages hauts en retrait. Avec ce projet d'immeuble, Mies s'érigeait contre le formalisme et la spéculation esthétique ; il écrivit, avec des accents hégéliens : « L'architecture est la volonté de l'époque traduite dans l'espace. Vivante. Changeante. Neuve. » Il déclara également : « L'immeuble de bureaux est un lieu de travail [...], d'organisation, de clarté, d'économie. De grands espaces de travail bien éclairés, dégagés, non pas divisés mais articulés à l'instar de l'organisme qu'est l'entreprise. Le maximum d'effet avec le minimum de moyens. Les matériaux sont le béton, l'acier et le verre. »

Malgré ce plaidoyer objectif en faveur d'une architecture « d'ossature et de peau » qui rappelait le principe Dom-Ino de Le Corbusier [133], des restes de tradition académique étaient perceptibles dans le projet, notamment dans l'élargissement des baies aux extrémités de l'immeuble afin d'accentuer les angles. Il s'agit cependant là de la dernière référence explicite de Mies au néoclassicisme de Schinkel, jusqu'à son geste en faveur d'une « nouvelle monumentalité », une décennie plus tard, avec le projet pour la Reichsbank de 1933.

En dehors de sous-entendus néoclassiques toujours présents, l'œuvre de Mies témoigne après 1923, à divers degrés, de trois influences principales : 1. la tradition de la brique selon Berlage, et l'adage que « rien ne doit être réalisé qui ne soit clairement construit » ; 2. l'œuvre de Wright avant 1910, diffusée grâce au groupe De Stijl – influence perceptible dans les lignes horizontales tendues dans le paysage de la maison de campagne en brique imaginée par Mies en 1923 [147] ; 3. le suprématisme de Kasimir Malevitch, interprété à travers l'œuvre de Lissitzky. Si l'esthétique de Wright pouvait être aisément absorbée dans la tradition Schinkelschüler du Baukunst – c'est-à-dire selon les standards les plus exigeants de la maçonnerie européenne –, le suprématisme poussa Mies à développer le plan libre. Alors que son idéal Baukunst fut réalisé dans le monument à Karl Liebknecht et Rosa Luxemburg, ainsi que dans la maison Wolf, tous deux construits en brique en 1926, le plan libre apparaîtra en 1929, pleinement maîtrisé, dans le pavillon de Barcelone.

Malgré ces nombreuses et puissantes influences, Mies semble encore avoir eu des difficultés à renoncer à l'esthétique expressionniste de la période durant laquelle il faisait partie du Novembergruppe. Une sensibilité comparable, mêlée à une sorte de sens russe de la couleur, se retrouva dans son intervention à l'exposition de l'industrie de la soie à Berlin en 1927, conçue en collaboration avec la styliste Lily Reich. Les velours noir, orange et rouge et les soies or, argent, noir et jaune citron reflétaient sans aucun doute les goûts de celle-ci, tout comme l'habillage en peau de vache vert olive des meubles du salon de la maison Tugendhat. On peut également encore déceler une tendance latente à l'expressionnisme dans la cité du Weissenhof, sorte de cité témoin qu'il conçut pour l'exposition du Deutsche Werkbund, inaugurée à Stuttgart la même année. Malgré sa propension à considérer chaque commande comme un objet isolé, Mies conçut initialement la cité comme un tissu urbain continu évoquant une ville médiévale. Elle avait même des relents de Stadtkrone, avec des gestes unificateurs à la Taut qui durent finalement être abandonnés. Dans le plan-masse final, Mies divisa le site en parcelles rectilignes sur lesquelles des maisons indépendantes de « démonstration » furent construites suivant les plans de divers architectes du Werkbund, dont Walter Gropius et Hans Scharoun. Plusieurs concepteurs étrangers furent également invités : Le Corbusier, Victor Bourgeois, J. J. P. Oud et Mart Stam.

Conçue à l'origine dans l'esprit de l'exposition originale de Darmstadt de 1901, « Ein Dokument Deutscher Kunst » (un document de l'art

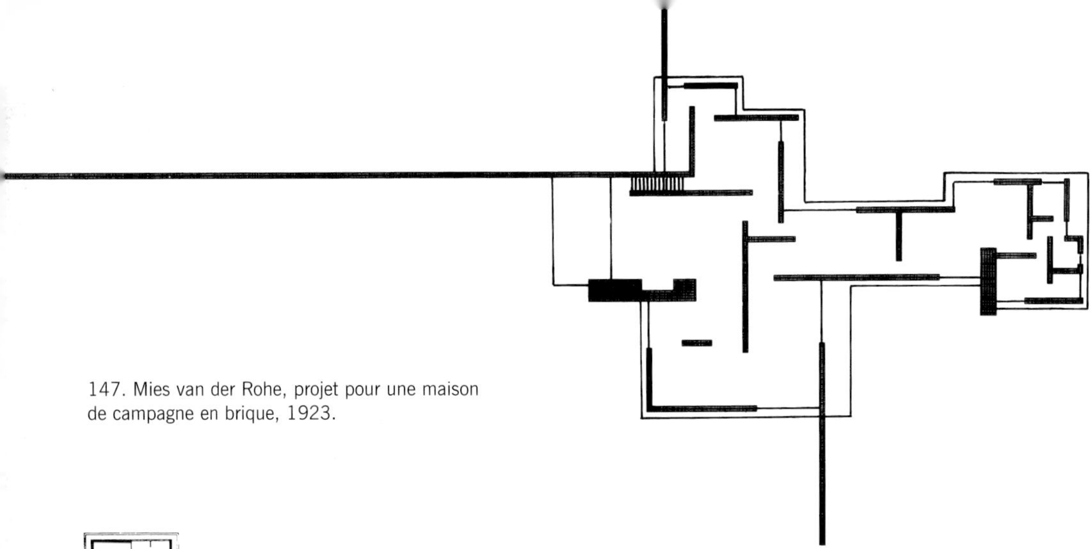

147. Mies van der Rohe, projet pour une maison de campagne en brique, 1923.

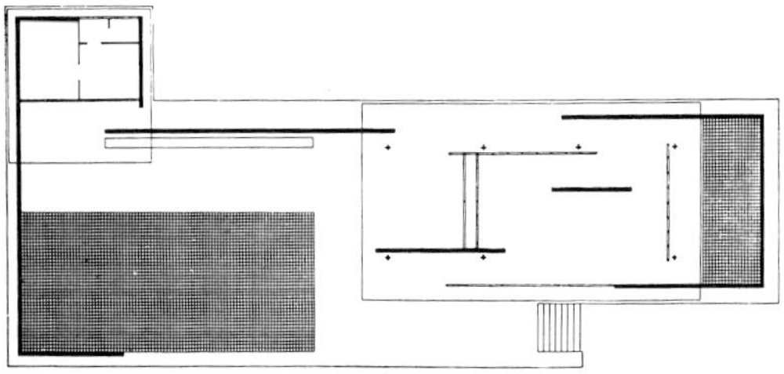

148. Mies van der Rohe, pavillon de l'Allemagne, Exposition universelle, Barcelone, 1929.

allemand), la cité de Mies fut la première manifestation internationale de l'architecture blanche, cubique, aux toits plats, qui sera identifiée en 1932 au « style international ». La contribution de Mies tant au style qu'au contenu de l'exposition fut un immeuble collectif, conçu comme la colonne vertébrale du projet. Cette construction de quatre étages ressemblait à l'immeuble *Zeilenbau* en phase d'élaboration à l'époque, mais différait de cette barre type de maisons en bande par sa capacité à proposer une grande variété de tailles et de formes de logements. Mies écrivit à ce sujet en 1927 :

*Des raisons économiques exigent aujourd'hui la rationalisation et la standardisation des immeubles locatifs. Or la différenciation toujours croissante de nos besoins en matière de logement exige d'un autre côté la plus grande liberté d'utilisation possible. À l'avenir, il sera nécessaire de tenir compte de ces deux exigences. Le bâtiment à ossature est le système de construction qui y répond le mieux. Il permet une conception rationnelle et laisse entièrement libre l'organisation intérieure de l'espace. Si on n'aménage de manière fixe que la cuisine et la salle de bains, à cause de leur équipement spécifique, et si on décide de diviser la surface habitable restante avec des cloisons mobiles, je pense qu'on pourra répondre à toutes les exigences légitimes en matière de logement.*

L'apogée du début de la carrière de Mies correspond à trois chefs-d'œuvre qu'il réalisa l'un à la suite de l'autre après la cité du Weissenhof : le pavillon de l'Allemagne à l'Exposition universelle de Barcelone en 1929 [148, 149], la maison Tugendhat à Brno (Tchécoslovaquie) en 1930 [150, 151] et la maison modèle pour l'Exposition du bâtiment à Berlin en 1931. Dans toutes ces œuvres, l'espace, centrifuge et horizontal, est divisé et articulé par des parois et des poteaux qui se dressent isolés. Si cette esthétique (annoncée dans les projets de maison de campagne de 1922 et 1923) était fondamentalement inspirée de Wright, c'était d'un Wright réinterprété selon la sensibilité du groupe G et les conceptions métaphysiques de l'espace chères à De Stijl. Comme l'a remarqué Alfred Barr, les murs porteurs de la maison de campagne de Mies sont implantés en hélice, tout comme les éléments du tableau de 1917 de Theo van Doesburg, *Rythmes d'une danse russe.*

Malgré la résonance classique de la trame régulière à huit poteaux et une large utilisation de matériaux traditionnels, le pavillon de Barcelone est indéniablement une composition suprématiste-élémentariste (voir *Les Planètes futures pour les habitants de la terre* de Malevitch de 1924 et l'œuvre de son élève indirect, Ivan Leonidov). Les photographies de l'époque témoignent du caractère ambivalent et ineffable de sa forme tant spatiale que matérielle. Ces documents d'archives nous montrent que certaines déformations des volumes sont provoquées par des illusions de perception des surfaces, telle celle due à l'emploi d'écrans vitrés teintés en vert qui agissent comme des miroirs répétant les parois principales. Celles-ci, revêtues de marbre de Tinos vert poli, reflètent à leur tour l'éclat des menuiseries en acier chromé qui maintiennent les vitrages. Un jeu comparable de textures et de couleurs est produit par le contraste entre la paroi centrale intérieure en onyx poli (équivalent de la cheminée au cœur des maisons de Wright) et le long soubassement en travertin qui flanque la terrasse principale et son grand bassin réfléchissant. Là, bornée par le travertin et mue par la brise, la surface ondulante de l'eau déforme le reflet du bâtiment. Par contraste, l'espace intérieur, animé par les poteaux et les montants verticaux, s'achève sur une cour fermée entourant un bassin revêtu de verre noir. Au centre de ce miroir parfait et implacable se trouve le *Danseur*, sculpture de Georg Kolbe. Pourtant, malgré tous ces délicats contrepoints esthétiques, la structure ne consiste qu'en huit poteaux cruciformes isolés supportant un toit plat. La régularité de cette structure et la massivité du socle en travertin mat rappellent la tradition de l'école de Schinkel, vers laquelle Mies reviendra plus tard.

Le pavillon de Barcelone donna l'occasion à Mies de créer un meuble qui allait devenir un classique – la chaise Barcelone – tout comme l'espace De Stijl à la grande exposition de Berlin en 1923 (voir p. 145) avait vu la création de la célèbre chaise rouge et bleue par Rietveld. La chaise Barcelone, en plats d'acier chromé soudés, recouverte de cuir de veau capitonné, fait partie des cinq pièces néo-Schinkel que Mies conçut en 1929-1930 ; les quatre autres sont le tabouret et la table Barcelone, le fauteuil Tugendhat et le lit de repos en cuir capitonné.

La maison Tugendhat, construite en 1930 sur un terrain en forte pente dominant la ville tchèque de Brno, adapte le principe spatial du pavillon de Barcelone à un programme domestique. On peut aussi la considérer comme une tentative pour combiner la conception en bandes successives et niveaux décalés de la Robie House de Wright – où le

149. Mies van der Rohe, pavillon de l'Allemagne, Exposition universelle, Barcelone, 1929.

150. Mies van der Rohe, maison Tugendhat, Brno, 1930.

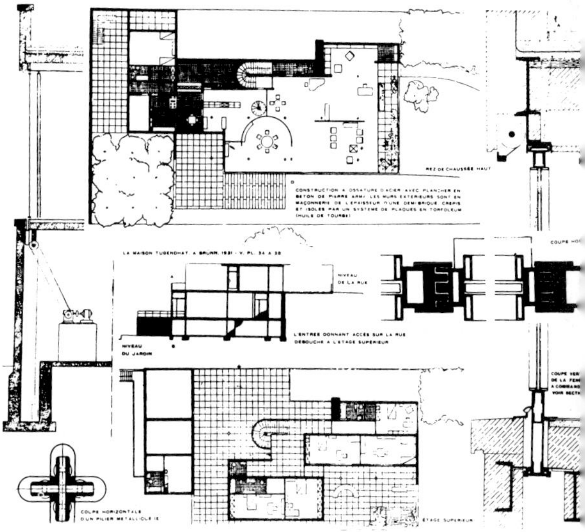

bloc des services est glissé derrière le volume principal d'habitation – avec la loggia typique des villas à l'italienne de Schinkel. Le plan libre est cependant réservé à un seul volume d'habitation horizontal ; une fois encore structuré par des poteaux chromés cruciformes, il ouvre par son long côté sur le panorama urbain et latéralement sur un jardin d'hiver protégé par de grands pans vitrés. La paroi de verre intérieure pouvait glisser verticalement dans le sol grâce à un système mécanique, transformant ainsi

151. Mies van der Rohe, maison Tugendhat, Brno, 1930. Salle à manger en retrait.

tout l'espace en belvédère, le jardin d'hiver servant de faire-valoir naturel selon un schéma symbolique de médiation entre la végétation naturelle et l'onyx fossilisé de l'intérieur. Une sorte d'alcôve cylindrique en contreplaqué revêtu de palissandre abritait les repas. Enfin, la paroi plane en onyx divisant ce niveau matérialisait, par sa surface, le degré de « mondanité » des espaces situés de part et d'autre de cette dernière – le salon et le bureau. Cette rhétorique ne régnait toutefois qu'au rez-de-chaussée bas, les chambres à coucher situées au niveau haut (celui de l'entrée sur la rue) étant traitées comme de simples boîtes hermétiques.

Avec sa maison conçue pour l'Exposition du bâtiment qui se tint à Berlin en 1931, Mies montra que l'on pouvait également appliquer le plan libre aux chambres à coucher ; au cours des quatre années suivantes, il développa ce principe dans une série de maisons à patio extrêmement élégantes, qui ne furent malheureusement jamais construites.

L'idéalisme de Mies et son affinité naturelle pour le classicisme romantique allemand l'éloignèrent de la production de masse de la Neue Sachlichkeit. L'homme et le groupe n'avaient certainement pas la même conception de l'objectivité. Ainsi, Mies afficha une position apolitique, pour ne pas dire réactionnaire, quand il accepta, en 1930, de prendre la direction du Bauhaus à la suite de Hannes Meyer. Dans son texte « Les temps nouveaux », écrit à l'époque de cette nomination, il tenta d'exprimer sa propre attitude quelque peu ambivalente. En réponse aux propos « matérialistes » tenus par Hannes Meyer dans son essai intitulé *Bauen*, il écrivit :

*Les temps nouveaux sont un fait : ils existent indépendamment de ce qu'on leur dise « oui » ou « non ». Mais ils ne sont ni meilleurs ni pires que n'importe quelle autre époque. Ils constituent une donnée pure indifférente à sa propre valeur. C'est pourquoi je ne m'arrêterai guère à tenter d'éclaircir les temps nouveaux, à montrer leurs relations ou à révéler leur structure fondamentale.*

*Nous ne voulons pas non plus surestimer la question de la mécanisation, de la standardisation et de la normalisation.*

*Et nous voulons accepter comme un fait l'évolution des relations économiques et sociales.*

*Toutes ces choses suivent leur cours fatidique et aveugle à toute valeur.*

*Seule sera décisive la manière dont nous nous affirmerons face à ces données.*

*Alors seulement commencent les problèmes spirituels. Ce qui est décisif ce n'est pas le « quoi » mais le « comment ».*

*Ni la production de biens ni la manière dont nous les fabriquons n'ont de signification spirituelle.*

*Que nous bâtissions haut ou bas, en acier ou en verre, cela ne nous dit rien sur la valeur de ce bâtiment.*

*Que l'urbanisation tende à la centralisation ou à la décentralisation est une question pratique et non de valeurs.*

*Or la question décisive est précisément celle des valeurs.*

*Nous devons définir des valeurs nouvelles, déterminer les finalités ultimes afin d'établir une échelle de valeurs.*

*Car chaque époque, donc la nôtre aussi, n'a de sens et de justification que si et seulement si elle fournit les conditions d'existence de l'esprit.*

Cet intérêt néoclassique pour les valeurs spirituelles semble avoir mené Mies à la monumentalité idéalisée de son projet pour le concours de la Reichsbank en 1933, soit l'année même où les nazis prirent le pouvoir. Les impulsions non classiques qui l'avaient jusqu'alors animé – tel l'élémentarisme suprématiste qui nourrissait sa version du plan libre – firent désormais place à une impassible monumentalité. Hormis la neutralité de la paroi, le projet n'exprimait rien d'autre que l'idéalisation de l'autorité bureaucratique. Cette sensibilité au suprématisme restera réprimée dans l'œuvre de Mies jusqu'en 1939 ; après son immigration aux États-Unis, elle ressurgira dans les premières esquisses pour le campus de l'IIT à Chicago.

# Le collectivisme : art et architecture en Union soviétique, 1918-1932

*L'idée simple et classique de l'internationalisme a radicalement changé à la fin des années 1920, quand l'espoir d'une révolution mondiale imminente s'est effacé au profit de l'étape plus autarcique de la « construction du socialisme dans un seul pays ». Dans le même temps, la conception romantique et exubérante de la technique céda la place au constat qu'en Russie, celle-ci signifiait un âpre combat pour faire d'une économie paysanne un organisme industriel moderne avec des moyens extrêmement primitifs.*
*L'incapacité des professionnels à comprendre la signification de ces transformations et à s'y adapter les a menés, comme cela s'était produit auparavant avec les formalistes, au bord de l'impuissance.*
*Le rejet de l'architecture du passé les ayant dévalorisés, ils perdirent progressivement toute confiance en eux-mêmes et dans leur rôle social. Les architectes les plus lucides tirèrent la leçon du culte de l'ingénieur et du déni de la tradition architecturale : ils abandonnèrent leur profession pour devenir des techniciens du bâtiment, des administratifs ou des planificateurs.*
*Le fossé entre le fantasme d'une technique surinvestie et la réalité d'une industrie du bâtiment primitive et passéiste [...] entraîna les autres architectes dans un esthétisme creux et mensonger, [...] identique à celui des formalistes qu'ils entendaient supplanter, dans la mesure où ils étaient acculés à reproduire les formes d'une technique de pointe, mais dépouillées de leur sens faute de moyens concrets.*
*L'autorité triomphaliste des proclamations des fonctionnalistes ne masquait ni leur vacuité doctrinale ni leur stérilité pratique. Les rares bâtiments qui restent de cette période en témoignent.*

Berthold Lubetkin, « L'architecture soviétique : notes sur l'évolution de 1917 à 1932 », *AAJ*, 1956

Le mouvement culturel panslave russe, né après l'affranchissement des serfs en 1861, donna lieu à un renouveau tous azimuts de l'artisanat slavophile. Cette tendance vit le jour peu après 1870 dans le domaine d'Abramtsevo près de Moscou. Le magnat des chemins de fer Savva Mamontov y avait fondé une colonie pour des peintres populistes (ou narodniki) qui se faisaient appeler les « Ambulants » car ils avaient quitté l'école de Saint-Pétersbourg en 1863 pour devenir des artistes itinérants et porter leur « art » vers le peuple.

Ce mouvement fut plus concrètement incarné dans la colonie de travail à domicile fondée par la princesse Tenicheva à Smolensk en 1890 dans le but de faire revivre l'artisanat slave traditionnel. Les réalisations de l'intelligentsia du cercle de Mamontov allaient du néomédiéval (ou vieux style russe) – comme dans la chapelle Abramtsevo de Victor M. Vasnetsov, de 1882 – aux décors de Leonid Pasternak pour la création, la même année, de l'opéra de Rimski-Korsakov *Snegourotchka (La Fille des neiges)*. Les œuvres de la colonie Tenicheva étaient quant à elles moins ambitieuses : simples maisons légères et sculptées, mobilier et ustensiles de cuisine aux formes essentiellement inspirées de la construction traditionnelle en rondins, avec des motifs décoratifs rappelant le plus souvent l'artisanat paysan, notamment les images gravées sur bois connues sous le nom de loubok. Les peintures populistes et expressionnistes du cercle d'Abramtsevo comptent parmi les premières tentatives d'art socialiste russe du début du XXe siècle ; elles annoncent à la fois la poésie dadaïste zaoum d'Alexeï Kroutchenik et la musique atonale de Mikhaïl Matiouchine, tandis que l'artisanat de Tenicheva préfigure la typographie en blocs de bois et pochoir de la Proletkult postrévolutionnaire.

Contrastant avec l'exubérante vitalité des arts panslaves, l'architecture russe, malgré son impressionnante production après 1870, resta stylistiquement partagée, en particulier à Moscou, entre le classicisme de la haute société pétersbourgeoise et le national romantisme naissant. Le palais néobyzantin du Kremlin, achevé par Konstantin A. Thon en 1838, est l'une des premières réalisations de ce dernier mouvement qui suscita, pendant les années 1890, la création d'un groupe de concepteurs dits néorusses. Parmi eux, on peut citer Victor Vasnetsov, Alexeï V. Chtchoussev, V. F. Walcot et surtout Fedor O. Chekhtel, dont le manoir Raïabouchinsky de 1900 rappelle le meilleur August Endell. Proche de l'Art nouveau et se référant à des figures comme Charles F. A. Voysey, Charles H. Townsend ou Henry H. Richardson, le national romantisme promut un vocabulaire expressif qui allait de la très éclectique mais profondément passéiste gare de Kazan, commencée en 1913, à la superbe galerie Tretiakov, réalisée par Vasnetsov de 1900 à 1905 : malgré son éclectisme, cette dernière peut soutenir la comparaison avec la maison Ernst Ludwig achevée par Joseph Maria Olbrich en 1901 [60]. Toutes ces œuvres ignoraient superbement les progrès de l'ingénierie, et particulièrement les travaux de l'ingénieur Vladimir Choukhov, auteur de la verrière des nouveaux comptoirs (aujourd'hui grands magasins Goum) réalisés par Alexandre Pomerantsev à Moscou de 1889 à 1893, puis de tours d'émission radiophonique légères en treillis métalliques, notamment celle composée d'hyperboloïdes de révolution achevée à Moscou en 1922.

La transformation du mouvement slavophile en force culturelle populaire inspirée des théories culturelles « scientifiques » de l'économiste Alexandre Malinovski qui, en 1895, prit le nom de « Bogdanov » (béni des Dieux), influença beaucoup l'architecture postrévolutionnaire. Après avoir abandonné les sociaux-démocrates pour les bolcheviks pendant la crise interne que connurent les révolutionnaires en 1903, Bogdanov fonda en 1906 l'Organisation pour la culture prolétarienne, ou Proletkult. Celle-ci s'attacha au renouveau de la culture par la création d'une nouvelle synthèse entre la science, l'industrie et l'art. Pour Bogdanov, la suprascience de la « tectologie » devait donner au nouveau collectivisme les moyens naturels d'élever à la fois la culture traditionnelle et sa propre production à une unité d'un ordre supérieur. Comme l'a écrit James Billington :

*À la manière de Saint-Simon plutôt que de Marx, Bogdanov affirmait que les conflits destructeurs du passé ne seraient jamais résolus sans une nouvelle religion positive, et que le rôle unificateur joué jadis dans la société par un temple central de culte et de foi religieuse devait désormais être tenu par le temple vivant du prolétariat et la philosophie pragmatique tournée vers le social de l'« empiriomonisme ».*

Bogdanov publia la première partie de son traité de tectologie, *La Science organisatrice universelle*, en 1913, l'année même de la création à Saint-Pétersbourg de la pièce futuriste de Kroutchenik *La Victoire sur le soleil* : la musique était de Matiouchine, les décors et costumes de Kasimir Malevitch. Le rideau de scène que ce dernier avait créé pour la pièce apocalyptique utilisait pour la première fois le motif du carré noir, qui deviendra le symbole du suprématisme.

À l'aube de la Première Guerre mondiale, l'avant-garde culturelle russe était déjà scindée en deux tendances distinctes mais liées. La première était représentée par une forme d'art synthétique non utilitariste qui espérait changer la vie quotidienne en un futur idéal évoqué par la poésie de Kroutchenik et de Malevitch. La seconde, menée par Bogdanov, reprenait le flambeau du mouvement des narodniki qui, à la fin du XIXe siècle, avait cherché à faire se soulever les paysans ; elle entendait forger une nouvelle unité culturelle à partir des besoins matériels et culturels de la vie et de la production collectives. Après la révolution d'Octobre, la réalité révolutionnaire du nouvel État soviétique tendit à opposer les tendances « synthétique » et « apocalyptique » ; c'est ainsi que furent créées des formes hybrides de culture socialiste, comme l'adaptation par El Lissitzky du très abstrait art apocalyptique de Malevitch aux fins utilitaires de son élémentarisme suprématiste.

En 1920, deux établissements généralistes de formation à l'art, l'architecture et la conception de mobilier – l'Inkhouk (Institut de culture artistique) et les Vkhoutemas (Ateliers supérieurs d'art et de technique) – furent fondés à Moscou. Les deux institutions servirent d'arènes au débat public qui opposait des idéalistes mystiques comme Malevitch et Wassily Kandinsky et des artistes objectifs comme les frères Antoine et Naum Pevsner à ceux qu'on appelait les « productivistes », Vladimir Tatline, Alexandre Rodtchenko et Alexeï Gan. En 1920, le défi que représentait la position de l'art pur fut parfaitement formulé par Naum Gabo (ex-Pevsner) qui, plus tard, commenta ainsi sa réaction critique à la tour Tatline :

*Je leur ai montré une photo de la tour Eiffel et dit : « Ce que vous croyez neuf a déjà été fait. Construisez des maisons et des ponts fonctionnels, ou créez de l'art pur, ou les deux. Ne les confondez pas l'un avec l'autre. Cet art n'est pas purement constructif mais simplement une imitation de la machine. »*

Malgré cette rhétorique convaincante, des idéalistes tels que Gabo ou Kandinsky se sentirent obligés de quitter l'Union soviétique, même si Malevitch avait réussi à se retrancher à Vitebsk où il avait fondé, peu après 1919, une école suprématiste appelée Unovis (école du nouvel art). Cette école sera déterminante pour l'évolution de Lissitzky, mettant un point final à ses dessins expressionnistes et l'orientant vers la voie de la création suprématiste.

Parallèlement, une culture proprement prolétarienne était spontanément née des besoins en communication de la Révolution, insufflant de la vie aux actions culturelles qui, sinon, seraient peut-être restées trop décalées par rapport à la situation contemporaine et aux besoins réels d'une population encore essentiellement mal logée, mal nourrie et, surtout, illettrée. Les arts graphiques jouèrent un rôle majeur dans la diffusion du message de la Révolution. Ils prirent la forme d'un art de rue à grande échelle, présenté dans des trains [152] et des bateaux de propagande Agit-Prop dessinés par des artistes de la Proletkult, ainsi que dans le « plan de propagande monumental », lancé par le pouvoir peu après la Révolution, avec la charge précise de couvrir toutes les surfaces possibles de slogans enflammés et d'images parlantes. La mission principale de la Proletkult était alors la diffusion des informations officielles par le biais du théâtre, du cinéma et de

152. Train d'Agit-Prop, 1919.

l'affiche de propagande, le tout sous une forme démontable et nomade. Chaque élément devait en effet être facilement transportable et réalisé avec les moyens de production les plus simples. En dehors de cette activité de propagande, des artistes productivistes comme Tatline et Rodtchenko se lancèrent dans la conception de meubles légers et pliants et dans la fabrication de vêtements de travail résistants. Tatline conçut un poêle censé donner un maximum de chaleur tout en consommant un minimum de combustibles. L'universalité de cette tendance « nomade » transparaît dans les meubles légers dessinés par les architectes européens de la fin des années 1920 – les chaises « à démonter », si ce n'est réellement démontables, conçues par Ludwig Mies van der Rohe, Le Corbusier, Mart Stam, Hannes Meyer et Marcel Breuer. Ce dernier fut particulièrement réceptif à cette influence : sa célèbre chaise Wassily de 1926 est presque identique à une chaise en tubes et toile dessinée à la même époque aux Vkhoutemas. Il est aujourd'hui évident, au vu de la correspondance entre Lazlo Moholy-Nagy et Rodtchenko, que le Bauhaus fut, après 1923, directement influencé par les Vkhoutemas.

La Proletkult parvint à son expression la plus synthétique grâce au théâtre, particulièrement avec la « théâtralisation de la vie de tous les jours » de Nikolaï Evreinov, au début des années 1920, qui prônait l'utilisation de techniques inspirées par certaines parades militaires pour reconstituer la prise du Palais d'hiver à l'occasion des fêtes commémoratives annuelles de la Révolution. Étaient organisés, pour les occasions importantes, des défilés de rue dans lesquels des mannequins constructivistes (représentant la Révolution ou ses ennemis capitalistes) servaient d'icônes pour les manifestations de masse. Un propos similaire anima la proclamation du « théâtre d'Octobre » de Vsevolod Meyerhold en 1920 : il s'agissait de traduire les manifestations Agit-Prop de rue en principes de théâtre d'agitation. Le texte prônait : 1) l'utilisation d'une scène centrale éclairée en permanence afin de rapprocher le public des acteurs ; 2) un type « antinaturaliste » de mise en scène mécanisée, un acteur-acrobate étant le type idéal sur la scène « biomécanique » de Meyerhold – scène dont la ressemblance avec celle du cirque est évidente ; 3) l'élimination de l'illusion et de toute trace de symbolisme (lequel était alors encore inhérent au spectacle bourgeois, comme dans le Théâtre des arts de Moscou de Konstantin Stanislavski). Des prescriptions similaires inspireront en 1924 la fondation du Théâtre prolétarien de Berlin par Erwin Piscator.

153. Tatline, maquette du monument à la Troisième Internationale, 1910-1920. On voit Tatline au premier plan, la pipe à la main.

Lénine en vint à se méfier – si ce n'est à craindre – l'affirmation radicale de Bogdanov selon laquelle trois voies indépendantes menaient au socialisme : économique, politique, culturelle. Pourtant, après l'éloignement du pouvoir en 1920 de Bogdanov et la soumission de la Proletkult à l'autorité du Narkompros (commissariat du peuple à l'éducation) qui s'ensuivit, l'esprit de la culture Agit-Prop survécut, particulièrement dans le théâtre de Meyerhold. Cet esprit trouva aussi à s'exprimer dans les nombreux projets de kiosques, tribunes et autres édicules d'information ou d'éducation conçus par des artistes productivistes tels que Gustav Klutsis ou Rodtchenko. Ces projets constituèrent les premières formulations d'un style d'architecture socialiste non professionnel. Bien que délibérément « irréalisable », le projet de tribune pour Lénine de Lissitzky, conçu en 1920 comme un Proun, était une alternative à cette architecture. Lissitzky avait inventé le terme *Proun* à partir de *Pro-Unovis* (pour l'école du nouvel art) – afin de désigner un domaine de création dénué de tout précédent, situé quelque part entre la peinture et l'architecture.

Le monument à la Troisième Internationale qu'imagina Tatline en 1919-1920, une tour de 400 mètres de hauteur [153], fut d'une extrême importance parmi les projets précurseurs de cette époque ; il s'agissait de deux spirales et de poteaux en treillis entrelacés, à l'intérieur desquels auraient été suspendus quatre grands volumes transparents tournant chacun à une vitesse différente : une fois par an, une fois par mois, une fois par jour, et probablement une fois par heure. Ils représentaient respectivement la législation, l'administration, l'information et la projection cinématographique. D'un côté, la tour de Tatline était un monument à la constitution et à la fonction de l'État soviétique ; d'un autre, elle voulait illustrer le programme productiviste-constructiviste qui considérait les

« matériaux intellectuels » (couleur, ligne, point, plan) et les « matériaux physiques » (fer, verre, bois) comme des éléments thématiquement égaux. En cela, on ne peut guère envisager la tour comme un objet purement utilitaire. Malgré les slogans anti-art et anti-religion du « programme du groupe productiviste » de 1920, la tour resta une métaphore monumentale de l'harmonie d'un ordre social nouveau. Sa maquette fut d'abord exposée sous une bannière portant le slogan « Les ingénieurs créent des formes nouvelles ». Le symbolisme idéalisé de sa forme comme de ses matériaux est évident dans une description de l'époque, qui paraphrase vraisemblablement les propos mêmes de Tatline :

*De même que le produit du nombre d'oscillations et de la longueur d'ondes est la mesure dans l'espace du son, la proportion entre le verre et le fer est la mesure du rythme de la matière. Par l'union de ces deux matériaux fondamentaux, une simplicité imposante et en même temps une relation sont exprimées, car tous deux, pour lesquels le feu crée la vie, forment les éléments de l'art moderne.*

Par le recours au thème de la spirale, l'inclusion de plusieurs solides platoniciens diminuant progressivement et l'exhibition rhétorique du fer, du verre et du mouvement mécanique, le tout présenté comme la substance même du paradis, la tour de Tatline annonce deux tendances distinctes de l'avant-garde architecturale russe : d'une part, celle représentée par l'école formée au sein des Vkhoutemas dans les cours de première et deuxième années de Nikolaï A. Ladovski (école structuraliste, ou plutôt formaliste, qui tenta de développer une syntaxe radicalement nouvelle de la forme plastique, fondée sur les lois de la perception humaine) et, d'autre part, une approche bien plus matérialiste et programmatique, qui apparut en 1925 sous la direction de l'architecte Moïse Guinzbourg.

En 1921, Ladovski préconisa la création d'un institut de recherche au sein des Vkhoutemas où serait étudiée de manière systématique la perception de la forme. Les esquisses élaborées sous son contrôle comportaient toujours une distinction rythmique des surfaces des formes pures ou des études sur la croissance et la diminution des formes dynamiques selon des lois de progression

154. Simbirtchev (atelier Vkhoutemas de Ladovsky), projet pour un restaurant suspendu, v. 1922-1923.

mathématique. Ces exercices comportaient souvent des volumes géométriques croissant ou décroissant en taille et en encombrement. Ils étaient parfois pensés comme des projets de bâtiment réel, tel le restaurant suspendu conçu par Simbirtchev vers 1923 [154], dont la totale transparence et l'extravagant système d'accès rappelaient l'expressionnisme utilitariste des productivistes. Cet extraordinaire projet dépassait manifestement les capacités techniques soviétiques de l'époque, et ses nombreuses différences de niveau en auraient certainement limité l'utilisation.

Le « rationalisme » revendiqué par Ladovski était en effet tout sauf programmatique : au fond, il cherchait, comme l'a observé Lubetkin, un universalisme à la Larousse. À l'instar des néoclassiques de la fin du XVIIIe siècle, il prisait les entités géométriques comme les sphères ou les cubes – formes susceptibles d'être associées à des états psychologiques précis. En 1923, Ladovski essaya de diffuser ses idées en fondant l'Asnova (association des nouveaux architectes), un groupement professionnel autour des Vkhoutemas. Cette organisation connut sa période la plus influente vers 1925, à l'époque où Lissitzky et l'architecte Konstantin Melnikov en étaient membres. Les étals de marché démontables en bois de 1924 [155] et le pavillon de l'URSS à l'Exposition des arts décoratifs de Paris en 1925 [156] de Melnikov opéraient la synthèse des aspects les plus progressistes de l'architecture soviétique du

155. Melnikov, marché Soucharev, Moscou, 1924-1925.

moment. L'habile utilisation de madriers et de planches en contreplaqué évoquait non seulement les constructions traditionnelles des steppes mais aussi les pavillons de l'Exposition de l'agriculture et de l'artisanat de toute la Russie de 1923, en particulier le kiosque des *Izvestia* par les artistes A.A. Exter, V. Gladkov et Stenberg, ainsi que le pavillon du tabac Makhorka de Melnikov. Les grandes lignes de ce pavillon rappelaient le formalisme rythmique de l'école de Ladovski. Le plan rectangulaire était animé sur toute la diagonale par une trémie d'escalier qui divisait le rez-de-chaussée en deux triangles identiques. Montant et descendant à travers la construction ouverte en bois formée de pans entrecroisés, elle menait à l'étage. Le type de toit à pans coupés décalés deviendra un dispositif « géométriquement progressiste », aussi répandu au sein de l'avant-garde russe que la spirale logarithmique de la tour de Tatline. À l'intérieur de cet édifice dynamique de Melnikov, Rodtchenko réalisa un club ouvrier idéal avec du mobilier léger typiquement productiviste, ainsi qu'un ensemble composé d'une table et de deux chaises pour jouer aux échecs, le tout dialectiquement peint en rouge et noir.

Le groupe Asnova était à la recherche d'une esthétique plus scientifique, mais aussi de nouvelles formes bâties qui satisfassent et expriment le nouvel État socialiste. D'où l'attention aux clubs ouvriers et aux équipements de loisirs, conçus pour fonctionner comme de nouveaux « condensateurs sociaux ». Cette tendance à inventer des formes nouvelles explique également la volonté de Lissitzky, en 1924, de donner au gratte-ciel

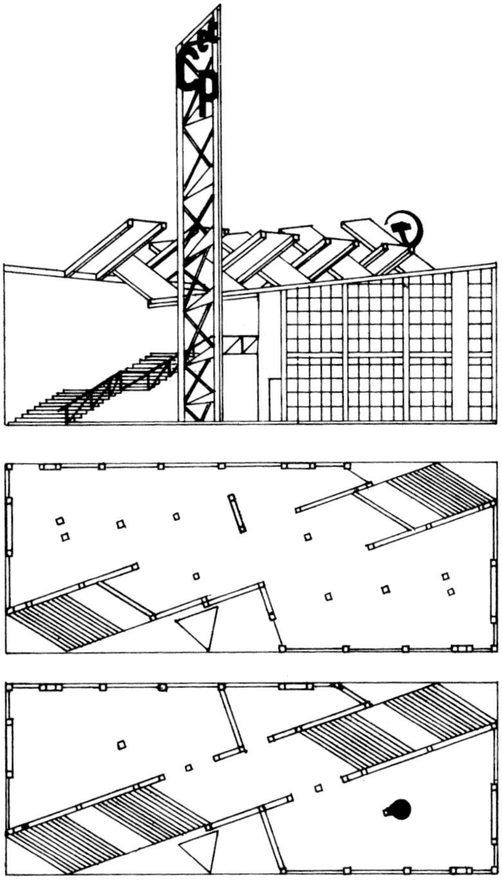

156. Melnikov, pavillon de l'URSS, Exposition des arts décoratifs, Paris, 1925. Plans du rez-de-chaussée (en bas) et de l'étage, et élévation.

américain une forme socialiste avec son projet de Wolkenbügel (accroche-nuages), sorte de propylée surélevé donnant sur le boulevard périphérique de Moscou. Cette œuvre pour le moins étrange se voulait une antithèse critique à la fois du gratte-ciel capitaliste et du portail classique.

Les premières œuvres productivistes de Melnikov furent construites pendant la période de relative stabilité économique due à la Nouvelle Économie Politique (NEP), instituée par Lénine après la guerre civile de mars 1921 pour attirer les capitaux étrangers. Sa mort en 1924 y mit fin et confronta le parti à un problème épineux : trouver le style idoine pour son tombeau. Si la manière productiviste pouvait représenter l'Union soviétique à une exposition d'art décoratif, elle manquait

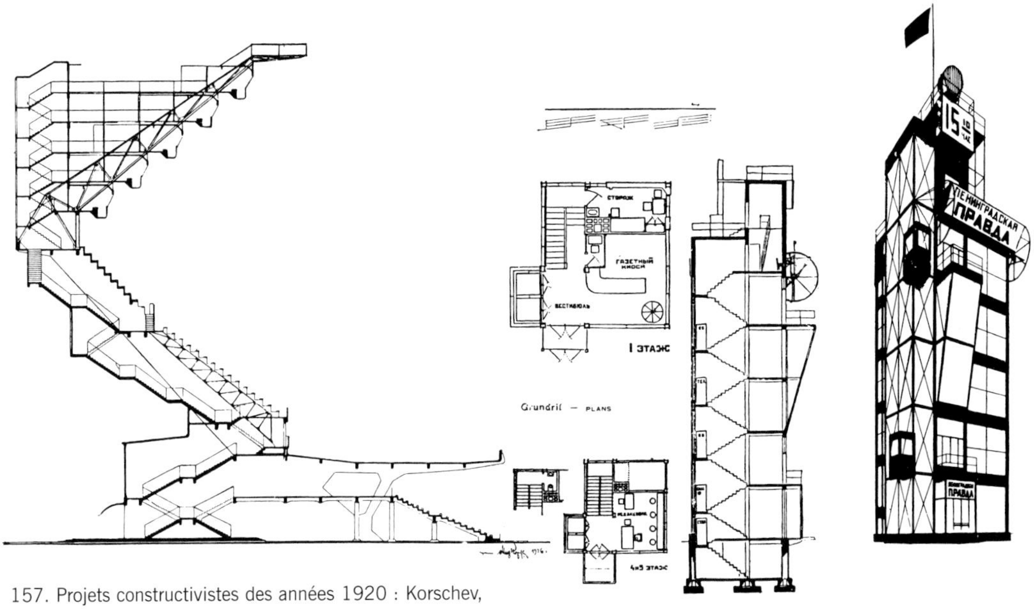


157. Projets constructivistes des années 1920 : Korschev, stade Spartakiada, Moscou, 1926 (à gauche : coupe sur les tribunes), et Vesnine, immeuble de la *Pravda*, Moscou, 1923 (à droite : plans, coupe et vue générale).

de corps pour célébrer la mémoire du fondateur du premier État socialiste. Le néoclassicisme était tout aussi inopportun du fait de ses connotations idéalistes. Les projets de l'académicien Chtchoussev pour le mausolée de Lénine reflètent cette incertitude. Le premier, une construction en bois provisoire [158], rappelait malgré sa symétrie l'esthétique productiviste. Le second, une version permanente en pierre, tentait de recréer la forme d'une tombe tartare d'Asie centrale.

La période héroïque de la révolution prit fin à la mort de Lénine. La révolution avait désormais acquis une histoire immuable, de la difficile victoire sur les Blancs pendant la Guerre civile à la tragique répression de la révolte de Kronstadt contre le parti et à l'établissement par la NEP du capitalisme d'État à l'intérieur de l'État prolétarien. Privée du charisme de Lénine, la perspective immédiate relevait plus du conflit que de la solution : guerre de succession au sein du parti, modernisation de l'industrie et de l'agriculture, campagne contre l'analphabétisme, lutte quotidienne pour se loger et se nourrir, besoin d'électrifier le pays et de créer un lien réel entre le prolétariat industriel et urbain et une paysannerie dispersée, encore marquée par le féodalisme. Surtout, il fallait

158. Chtchoussev, mausolée temporaire en bois pour Lénine, Moscou, 1924.

mener bataille tous les ans pour obliger les paysans récalcitrants, qui avaient jusqu'ici résisté aux incitations de la NEP, à fournir assez de nourriture aux citadins.

Du point de vue architectural, le problème chronique majeur était l'habitat. Aucune construction n'avait été réalisée depuis le début de la Première Guerre mondiale ; quant à la dégradation du patrimoine d'avant-guerre, elle était abordée dans les actes du treizième Congrès du parti en 1924, où le logement était déclaré « la question la plus importante dans la vie matérielle des travailleurs ». Confrontés à cette carence, quelques jeunes architectes sentirent qu'ils ne pouvaient plus se complaire dans les préoccupations formalistes des Vkhoutemas qui demeuraient sous l'emprise de Ladovski.

Leur prise de conscience accéléra la formation d'un nouveau groupe, l'Association des architectes contemporains (OSA), dont les premiers membres comprenaient, sous la direction de Guinzbourg, Mikhaïl Barchtch, Andreï Bourov, L. Komarova, Y. Kornfeld, Mikhaïl Okhitovitch, A. Pasternak, G. Vegman, V. Vladimirov et les frères Alexandre et Victor Vesnine. Peu après sa fondation, l'OSA admit des membres issus de disciplines telles que la sociologie ou l'ingénierie. L'association était aussi opposée à la culture productiviste de la Proletkult qu'à l'esthétisation de la perception de Ladovski. Elle tenta dès l'origine de modifier la manière de travailler des architectes : ceux-ci, qui entretenaient traditionnellement une relation de type artisanal avec leurs clients, devaient se transformer en professionnels d'un type nouveau et être tout d'abord des sociologues, puis des politiques et, enfin, des techniciens.

À partir de 1926, l'OSA diffusa ses idées dans la revue *Sovremennaïa Arkhitektoura* (architecture contemporaine) ou *SA*, prônant avant tout l'intégration de méthodes scientifiques dans la pratique architecturale. Dans son numéro 4, la revue lança une enquête internationale sur les constructions à toit plat et demanda à Bruno Taut, Peter Behrens, Jacobus J. P. Oud et Le Corbusier de commenter la fiabilité technique et les avantages du toit-terrasse. L'OSA entreprit aussi de formuler les programmes nécessaires et les formes types de la société socialiste naissante, tout en s'intéressant aux questions plus vastes de distribution d'énergie et de répartition de la population. Ses préoccupations principales étaient donc l'habitat collectif et la création d'unités sociales pertinentes, puis les processus de distribution, c'est-à-dire le transport sous toutes ses formes.

L'OSA lança une seconde enquête en 1927 dans *SA* en vue de définir la forme du nouveau logement communautaire ou domkommuna (maison-commune). Les réponses servirent de base à un concours informel visant à élaborer un nouveau prototype d'habitat, dans la lignée du phalanstère de Fourier. La plupart des projets donnèrent une importance symbolique et fonctionnelle à un large couloir intérieur – volume généré par le croisement d'appartements en duplex montant et descendant. Ce dispositif sera repris par Le Corbusier dès 1932 dans la coupe transversale des barres d'immeuble types de la Ville radieuse. Toutes ces initiatives amenèrent le gouvernement à fonder un collectif de recherche sur la standardisation de l'habitat, placé sous la direction de Guinzbourg. Le travail du collectif produisit plusieurs unités Stroïkem, dont l'une fut utilisée en 1929 par Guinzbourg dans l'immeuble Narkomfin à Moscou. Un système de rues intérieures et une passerelle menaient à un immeuble regroupant une cantine, un gymnase, une bibliothèque, une crèche et un jardin sur le toit-terrasse, mais Guinzbourg était bien conscient que cette communauté implicite ne pouvait être imposée aux habitants par la seule forme :

*Il est impossible, en ce moment, de rendre obligatoire l'utilisation collectiviste d'un immeuble donné, comme on a essayé de le faire chez nous jusqu'à présent, ce qui, généralement, a donné des résultats négatifs. Il faut faire en sorte que l'immeuble permette le passage progressif et naturel à l'utilisation de services communautaires dans toute une série de domaines. C'est pourquoi, nous nous sommes efforcés de maintenir une isolation absolue d'une cellule à l'autre, c'est pourquoi, il nous a paru nécessaire de créer une cuisine-alcôve constituée par un élément*

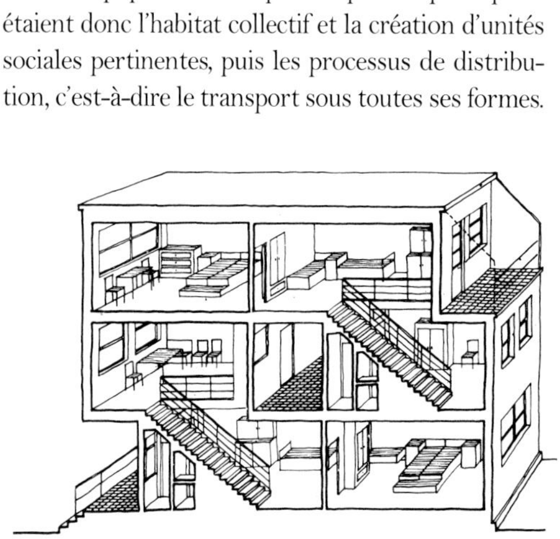

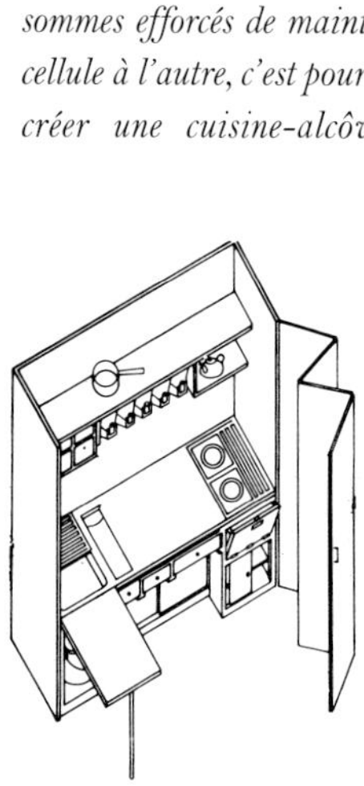

159. Ol, Ivanov et Lavinsky. Appartements en duplex emboîtés avec couloir central, concours OSA, 1927.

160. Projet pour un module de cuisine compact, occultable par des écrans, Comité de la construction du Conseil économique de l'URSS, 1928.

*standard, […] qui pourra être ultérieurement supprimée, permettant ainsi, au moment voulu, de n'utiliser que les services de la cantine. Nous avons considéré qu'il était indispensable de créer un certain nombre d'éléments qui stimuleraient le passage à des formes de vie sociale supérieures.* Qui le stimuleraient mais ne le décrèteraient pas.

Un an auparavant, l'OSA s'était attachée à la conception d'un autre type de « condensateur social », le club ouvrier. Anatole Kopp a observé qu'« à partir de 1928, une nouvelle mutation aura lieu dans l'architecture du club. Aux réalisations existantes, même aux plus modernes, celles de Melnikov et de I. Golossov, il sera reproché, malgré le renouvellement qu'elles traduisent, d'être encore conçues essentiellement autour de la salle de spectacle, du théâtre professionnel ».

Le disciple de l'OSA, Ivan Leonidov, conçut un club d'un type résolument différent, plus tourné vers les équipements éducatifs et sportifs. Il produisit à partir de 1928 des projets qui étaient tous, au fond, des variantes de sa remarquable proposition pour l'Institut Lénine conçue pour un terrain des monts Lénine, près de Moscou un an plus tôt. Ce projet d'Institut d'études supérieures comportait deux formes primaires vitrées : une tour rectangulaire abritant une bibliothèque et un auditorium sphérique reposant sur un seul point. L'ensemble, comme suspendu dans les airs, était stabilisé par des câbles et aurait été relié à la ville par un funiculaire surélevé. Cette vision de science-fiction d'un club ouvrier comme mégastructure suprématiste, de toute évidence influencée par l'œuvre de Malevitch, culmina en 1930 avec le projet de Palais de la culture du même Leonidov [161] : ses auditoriums, planétariums, laboratoires et jardins d'hiver, tous vitrés, étaient implantés selon une trame rectiligne faisant peu de concessions au paysagisme traditionnel. Les surfaces bien délimitées, quasi métaphysiques, étaient adoucies par des bosquets de végétation et par des prismes transparents qui, s'ils révélaient les espaces intérieurs, étaient dénués de fonction précise. Le mât d'amarrage et le dirigeable qui appartenaient pleinement à la composition auraient servi à représenter les technologies légères également utilisées pour les bâtiments dotés de fondations et dont la structure tridimensionnelle annonçait le travail d'ingénieurs des années 1950 comme Konrad Wachsmann ou Buckminster Fuller.

Leonidov imaginait que ces complexes seraient le théâtre permanent d'activités éducatives et récréatives : rencontres d'athlétisme, démonstrations scientifiques, réunions politiques, projections de films, expositions botaniques, meetings d'aviation et de planeurs, courses automobiles, exercices militaires. Cet idéalisme pour le moins utopique fut la cible du groupe prostalinien Vopra (acronyme pour Association de toute la Russie des architectes prolétariens), qui condamnait de tels projets au nom de leur angélisme stérile.

Avant que la doctrine architecturale du parti, figée par un texte officiel en avril 1932, ne mette fin à l'extraordinaire diversité de l'avant-garde architecturale soviétique, l'OSA affronta le problème de la « condensation sociale » à une échelle plus vaste : celle de la planification régionale, alors à l'état embryonnaire en tant que science

161. Leonidov, projet pour un palais de la Culture, d'après la couverture de *SA*, 1930. De gauche à droite, le secteur de culture physique, le « champ de manifestations » et le « secteur d'activités populaires ».

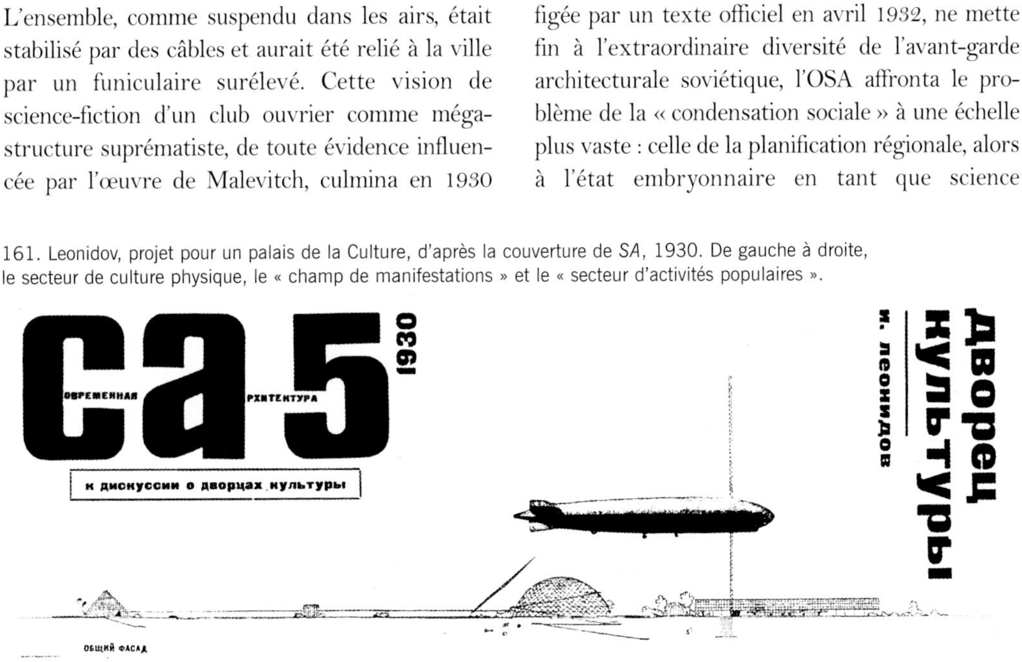

appliquée. Pour le théoricien principal de la planification à l'OSA, M. Okhitovitch, l'électrification de l'Union soviétique représentait un objectif d'infrastructure modèle pour toutes les formes d'aménagement régional. Sa stratégie de désurbanisation du pays, qui devait littéralement suivre les lignes des réseaux électrique et routier, était une critique implicite de la maison-commune et des super-communes, ou *kombinats*, proposées par le principal théoricien de l'urbanisation, L. Sabsovitch. Okhitovitch écrivit en 1930 :

*Nous sommes aujourd'hui déçus par la « commune » qui prive le travailleur d'espace de vie au profit de circulations et passages chauffés. La pseudo-commune qui ne permet au travailleur de ne faire à la maison qu'une chose, dormir, la pseudo-commune qui le prive à la fois d'espace de vie et de confort personnel (voir les files d'attente devant les salles de bains, les vestiaires et la cantine), tout cela commence à provoquer l'agitation des masses.*

En fait, les communes « super-collectives » furent rejetées, non seulement pour leur inadaptation sociale, mais aussi parce que leur échelle aurait nécessité le recours à des techniques sophistiquées et à des matériaux rares. Les propositions de désurbanisation d'Okhitovitch et de Nikolaï Milioutine recueillirent pendant quelque temps un écho favorable chez les dirigeants. Il s'avéra toutefois plus facile d'obtenir un accord sur une théorie politique que de promouvoir un mode d'occupation du territoire applicable à l'ensemble du pays ; durant le reste de son existence, l'OSA fut divisée sur la meilleure manière de réaliser cet objectif. À la suite des villes linéaires d'Arturo Soria y Mata, l'association proposa des implantations en bande qui, bien qu'ingénieuses, étaient souvent parfaitement arbitraires dans leur configuration précise. Le projet de ville verte de Barchtch et Guinzbourg pour l'extension de Moscou, publié en 1930, en est un bon exemple. Très original, il comprenait une curieuse colonne vertébrale d'unités de logement pour célibataires, juchées sur des poteaux ; par-delà sa fonction résidentielle, cette colonne semble surtout avoir été conçue pour signifier la présence de la ville. De part et d'autre de cette arête centrale, des équipements collectifs étaient implantés tous les 500 mètres. Ils étaient complétés par les habituels terrains de sport et piscines réalisés à l'intérieur de parcs longitudinaux de chaque côté de ladite arête ; ces bandes vertes de largeurs variées étaient délimitées par le flux des routes à sens unique irriguant tout le système. La stratégie globale de Guinzbourg consistait à utiliser ces artères pour la décantation progressive de la population de Moscou, laissant ainsi la vieille capitale se détériorer et retourner peu à peu à l'état d'espace vert, en partie campagnard, à l'intérieur duquel les monuments importants seraient conservés pour rappeler la culture passée.

La proposition de loin la plus abstraite et fondée de manière théorique fut toutefois la ville linéaire de Milioutine qui prônait, en 1930, une ville continue composée de six bandes ou zones parallèles :

*Ces zones doivent être organisées selon l'ordre suivant : 1) le territoire des voies ferrées (bande d'éloignement) ; 2) le territoire (la zone) des entreprises de production et des services collectifs, des entrepôts, des gares, ainsi que des établissements d'enseignement scientifique et technique qui s'y rattachent ; 3) une bande verte (zone de protection) avec une grande voie routière ; 4) une zone résidentielle, où sont situées respectivement : a. la bande des équipements collectifs (réfectoires, dispensaires, siège du soviet local, etc.) ; b. la bande des bâtiments d'habitation ; c. la bande destinée aux enfants, c'est-à-dire celle des crèches, des jardins d'enfants, des internats ; 5) une zone de parcs avec équipements destinés au repos, les terrains sportifs, les plans d'eau ; 6) une zone de sovkhozy horticoles, laitiers et potagers (champs d'épandage, fermes et autres entreprises agricoles).*

Un véritable propos politique et économique inspirait ce dispositif. Les ouvriers industriels et agricoles étaient réunis dans la même zone d'habitat, alors que les surplus de production, industriel ou agricole, étaient directement dirigés vers les entrepôts situés dans la zone de chemins de fer ou la zone verte, pour y être entreposés provisoirement puis redistribués à travers le pays. Selon le même modèle « biologique », les déchets solides de la zone résidentielle étaient évacués vers la zone agricole afin d'être recyclés en engrais. D'après le Manifeste du Parti communiste de 1848, toute l'éducation secondaire et technique aurait été fournie sur le lieu de travail, assurant ainsi l'unité de la théorie et de la pratique. Milioutine écrivit à propos de ce schéma biologique :

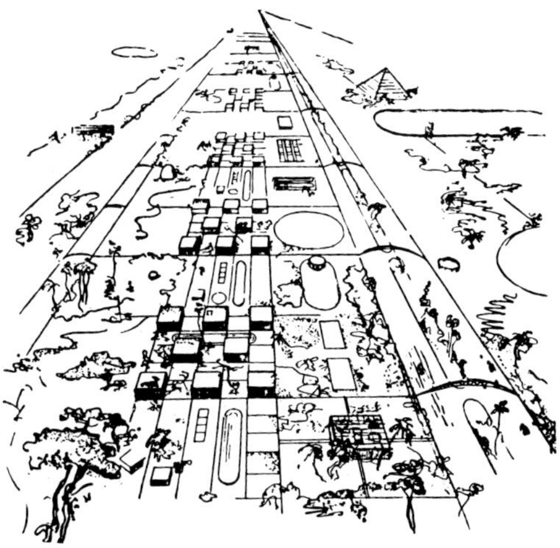

162. Leonidov, projet pour Magnitogorsk, 1930. Une route de 32 km relie l'usine à une communauté agricole.

*L'immixtion à l'intérieur de ces six zones principales d'édifices de destination différente ne doit en aucun cas être tolérée, puisque non seulement elle détruirait le plan d'ensemble, mais aussi elle condamnerait le développement de chaque partie, et de l'agglomération dans son ensemble, et génèrerait des conditions de vie antihygiéniques, mettant en cause les avantages immenses qu'offre le système fonctionnel de la chaîne de production.*

En janvier 1929, le gouvernement soviétique annonça son intention de fonder la ville de Magnitogorsk, dans l'Oural oriental, pour y exploiter le minerai de fer. Tout comme d'autres architectes de l'OSA tels Guinzbourg ou Leonidov, Milioutine soumit des propositions de principe pour cette nouvelle ville. Ces esquisses, aussi diverses qu'abstraites, furent rejetées par le pouvoir qui décida plutôt de charger l'architecte allemand Ernst May et son équipe de la municipalité de Francfort de tracer le plan officiel de la ville. Les interminables discussions théoriques au sein de l'avant-garde architecturale – avec les arguments et contre-arguments complexes des « urbanistes » et des « désurbanistes » – avaient poussé les autorités soviétiques à ignorer ces débats oiseux et à inviter les architectes de gauche de la République de Weimar, plus pragmatiques et expérimentés, à mettre en œuvre leur approche normative de la planification et de la production (plan-masse en peigne ou *Zeilenbau* et modes de construction rationnels) pour le premier plan quinquennal.

L'incapacité de l'OSA à mettre au point des propositions assez concrètes pour planifier à grande échelle ou créer des types d'immeubles de logement en rapport avec les besoins et les ressources d'un État socialiste aux abois, conjuguée au climat de paranoïa qui s'installa sous Staline avec la censure et le contrôle de l'État, eut pour conséquence d'éclipser l'architecture « moderne » en Union soviétique. En dépit des déclarations sur la nécessité d'une culture prolétaire fondée sur le « développement organique de toutes ces masses de savoir que l'humanité a accumulées sous le joug du capitalisme », la répression de la Proletkult par Lénine en octobre 1920 représenta une sorte d'étape inaugurale dans la voie opposée. Il s'agit certainement de la première manœuvre de contrôle de la remarquable créativité qui avait été libérée par la Révolution. La NEP de Lénine marqua clairement l'étape suivante en donnant des limites à l'application du communisme. Surtout, ce compromis économique entraîna le retour (et l'emploi) d'experts « politiquement non fiables » de l'ère bourgeoise, tel Chtchoussev, à qui l'on confia – ironie de l'Histoire – le projet du mausolée de Lénine. Malgré son pragmatisme, cette cooptation de professionnels bourgeois sous contrôle de l'État équivalait à une profonde compromission, qui porta atteinte aux principes de la Révolution tout en freinant le développement d'une culture collective. Par ailleurs, le contexte historique empêchait le peuple d'adopter le mode de vie proposé par l'intelligentsia socialiste. De plus, l'avant-garde architecturale ne sut donner à ses visions le niveau adéquat de performance technique, perdant ainsi toute crédibilité face aux autorités. Enfin, l'appel de cette avant-garde à une culture socialiste internationale entra en complète opposition avec la politique soviétique d'après 1925, quand Staline décida de « constuire le socialisme dans un seul pays ». Il n'avait que faire d'un internationalisme élitiste, ce qui fut officiellement confirmé en 1932 par le célèbre slogan culturel populiste et nationaliste d'Anatole Lounatcharsky, « des colonnes pour le peuple ». L'architecture soviétique était désormais engagée dans une forme régressive d'historicisme.

# Le Corbusier et la Ville radieuse, 1928-1946

*Le rouage social, profondément* perturbé, *oscille entre une amélioration d'importance historique ou une catastrophe. L'instinct primordial de tout être vivant est de s'assurer un gîte. Les diverses classes actives de la société* n'ont plus de gîte convenable, *ni l'ouvrier, ni l'intellectuel.*
*C'est une question de bâtiment qui est à la clé de l'équilibre rompu aujourd'hui : architecture ou révolution.*
Le Corbusier, *Vers une architecture*, 1923

Après le concours pour la Société des Nations de 1927, l'esthétique de l'ingénieur et l'architecture semblèrent se dissocier toujours plus au sein même de la pensée de Le Corbusier, plutôt que fonctionner comme une opposition susceptible d'être transcendée en une synthèse. Dès 1928, la scission était manifeste dans le contraste entre l'indéniable monumentalité de la Cité mondiale et les délicats meubles en tubes d'acier qu'il conçut à la même époque avec Charlotte Perriand – le Fauteuil à dossier basculant, le Grand confort, la Chaise longue, la table Tubes d'avion et le Siège tournant – qui furent tous exposés au Salon d'automne de 1929. Cette double approche avait déjà été plus ou moins rationalisée par la théorie esthétique puriste : plus la relation entre un homme et un objet est étroite, plus ce dernier doit refléter les contours de la forme humaine, autrement dit plus il doit se rapprocher, d'un point de vue ergonomique, de l'esthétique de l'ingénieur ; réciproquement, plus la relation est relâchée, plus l'objet doit tendre à l'abstraction – c'est-à-dire à l'architecture.

La détermination de la forme construite par la proximité vis-à-vis de l'homme et par l'usage était complexifiée par la production à grande échelle et la nécessaire distinction entre la création d'un monument unique et le potentiel offert par la fabrication rationnelle de logements. Cette distinction explique sans doute que Le Corbusier ait abandonné l'Immeuble-villas [138] au profit d'une forme plus adaptée à la production de masse : l'immeuble à redents de la Ville radieuse, conçu comme un ruban continu de logements. Inspiré du « boulevard à redans » d'Eugène Hénard de 1910 (le terme redan, comme celui de boulevard, est emprunté au vocabulaire des fortifications), le *redent* de Le Corbusier consistait en une longue bande ininterrompue, dont la façade se déployait alternativement et régulièrement en retrait ou à l'alignement des rues.

L'organisation des deux types était aussi différente que leur forme extérieure. Alors que l'Immeuble-villas était déterminé (comme son nom l'indique) par les dispositions *qualitatives* de la maison, avec un « jardin suspendu » comme entité autonome, le type de la Ville radieuse semblait plus orienté vers des standards *quantitatifs* de production en série. Alors que l'Immeuble-villas incorporait une vaste terrasse-jardin et un espace intérieur à double hauteur, de dimensions immuables quelle que soit la taille de la famille, la cellule de la Ville radieuse (VR) était un appartement modulable sur un seul niveau, d'une surface variable, plus économique en termes d'espace que la coupe à double hauteur du duplex des Immeubles-villa. Un logement VR [163] optimisait chaque centimètre carré, l'épaisseur des cloisons étant réduite au point de ne plus pouvoir assurer l'isolation acoustique. Pour des raisons semblables, les espaces de service – cuisines et salles de bains – étaient réduits au minimum. Les appartements bénéficiaient en outre d'une flexibilité permettant de modifier la configuration des lieux, grâce à des cloisons coulissantes. Fermées, celles-ci séparaient les diverses pièces réservées au sommeil ; ouvertes, elles dégageaient un espace de jeux pour les enfants donnant sur le salon. Ces dispositifs rendaient les appartements du type VR aussi efficaces du point de vue ergonomique que des compartiments de wagon-lit, auxquels Le Corbusier emprunta au demeurant beaucoup de normes spatiales. La climatisation et les façades étanches témoignaient d'une tentative de créer l'équipement standard de l'âge de la machine. Plus proche du produit industriel que de l'architecture au sens strict, l'immeuble VR était aux antipodes de l'éthique de la Cité mondiale.

Le passage du bloc indépendant connu sous le nom d'Immeuble-villas à la barre continue, et du standard bourgeois « classique » de la villa à une norme industrialisée répondait certainement au défi technique lancé par l'aile gauche des CIAM – celle des architectes Neue Sachlichkeit allemands et tchèques que Le Corbusier avait probablement rencontrés lors du premier congrès des CIAM en 1928 (voir p. 136). Ces concepteurs « matérialistes » s'opposèrent encore à Le Corbusier lors de la première véritable réunion de travail des CIAM à Francfort, en 1929, consacrée à l'*« Existenzminimum »*, c'est-à-dire à la définition des critères optimum du logement standard minimum. Rejetant l'approche réductrice d'un Ernst May ou d'un Hannes Meyer, Le Corbusier proclama avec emphase les normes spatiales de sa « maison maximum » – jeu de mots sur le nom du véhicule économique qu'il avait conçu avec Jeanneret l'année précédente, la « voiture maximum » [164]. L'avenir leur donna raison : cette voiture devint le prototype des automobiles produites à grande échelle en Europe durant la période d'austérité qui suivit la Seconde Guerre mondiale.

La confrontation avec la Neue Sachlichkeit et les trois voyages de Le Corbusier en Union soviétique entre 1928 et 1930 le mirent en contact étroit avec la gauche internationale ; le critique réactionaire Alexandre de Senger eut dès lors beau jeu de le dénoncer peu après comme *Le Cheval de Troie du bolchevisme*. La découverte des prototypes des logements soviétiques OSA de 1927 [159], avec leurs duplex emboîtés, fut d'une grande importance pour la suite du travail de Le Corbusier, de même que, plus tard, celle de la ville

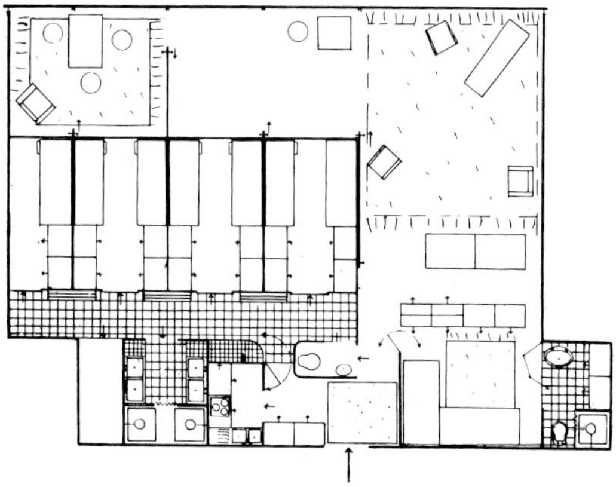

163. Le Corbusier, Ville radieuse, 1931.
Plan d'un appartement de six pièces.

164. Le Corbusier, voiture maximum, 1928.

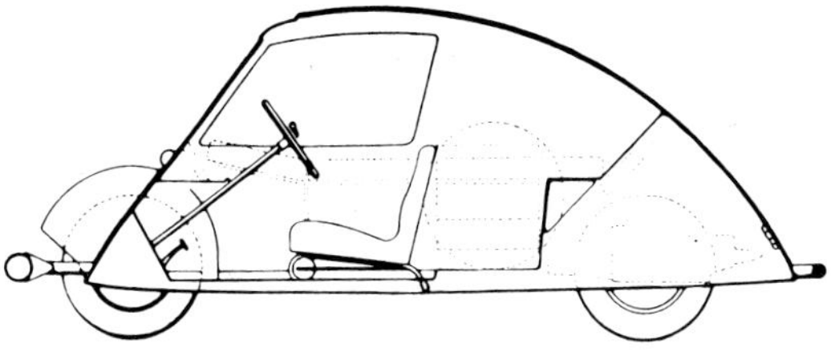

linéaire de Nikolaï Milioutine. On retrouva en effet bientôt ces deux principes dans les duplex à la coupe imbriquée de 1932 et la cité industrielle linéaire de 1935 ; ces éléments furent à leur tour reformulés vers 1945, respectivement dans la coupe type de l'Unité d'habitation et la Cité industrielle, laquelle était au cœur de sa proposition de planification régionale intitulée *Les Trois Établissements humains*. Réciproquement, Le Corbusier essaya d'introduire le murrideau de verre en Union soviétique avec l'immeuble du Centrosoyouz, techniquement « progressiste » mais laborieusement mis en œuvre à Moscou en 1929. Ce mur constitué de deux couches de vitres séparées par un vide d'air (une technique courante dans le Jura suisse, qu'il avait employée dans la villa Schwob) ne put toutefois résister aux rigueurs de l'hiver russe. Il fut cité malgré tout en 1930 en tant qu'élément technique dans une réponse à un questionnaire moscovite, intitulée « Réponse à Moscou » – document pour lequel il semble que les planches de la Ville radieuse furent conçues.

Les prototypes urbains des années 1920 de Le Corbusier subirent quelques transformations : sa Ville contemporaine « hiérarchique » de 1922 se mua en 1930 en Ville radieuse « sans classe », traduisant des changements importants dans sa conception de la ville de l'âge machiniste ; en premier lieu, signalons l'abandon du modèle de la ville centralisée au profit d'une conception théoriquement sans limites, dont le principe régulateur n'était plus l'organisation en zones, comme dans la ville linéaire de Milioutine, mais en bandes parallèles [165]. Dans la Ville radieuse, les bandes avaient des fonctions spécifiques : 1) villes satellites pour l'enseignement, 2) zone des affaires, 3) aire des transports, comprenant le chemin de fer passagers et le transport aérien, 4) zone des hôtels et des ambassades, 5) espace résidentiel, 6) bande verte, 7) industrie légère, 8) entrepôts et chemin de fer marchandises et 9) industrie lourde. Il est pour le moins paradoxal qu'une sorte de métaphore anthropomorphique humaniste apparaisse encore dans ce modèle. Des croquis explicatifs de l'époque montrent la « tête » isolée des seize gratte-ciel cruciformes au-dessus du « cœur » du centre culturel, situé entre les deux moitiés ou « poumons » de la zone résidentielle. En dehors des distorsions introduites par ces métaphores biologiques, le principe linéaire était rigoureusement respecté, permettant ainsi à des zones moins hiérarchisées de s'étendre indépendamment les unes des autres.

165. Le Corbusier, Ville radieuse, 1931. Plan montrant le zonage en bandes parallèles, des bureaux (en haut) à l'industrie (en bas) en passant par les logements (au centre).

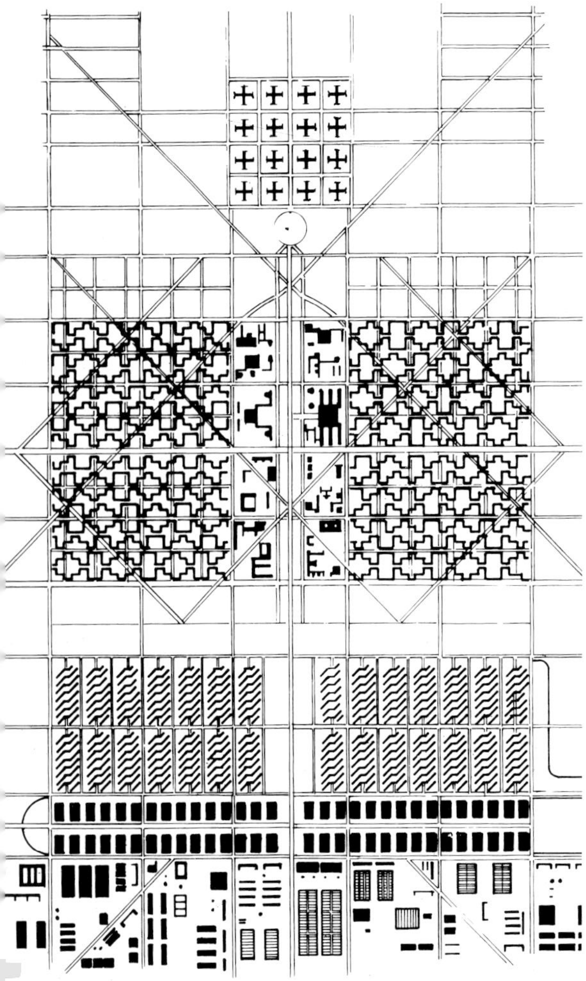

La Ville radieuse tirait les conclusions logiques du concept de ville ouverte de la Ville contemporaine ; une coupe type sur l'ensemble de la première montrait toutes les structures s'élevant au-dessus du niveau du sol, y compris les garages et les voies de desserte. Le tout étant élevé sur pilotis, la surface du sol était censée devenir un parc continu où les piétons auraient pu se promener à leur gré. La coupe transversale type d'une barre VR et le mur-rideau en verre, ou « pan de verre », qui l'enveloppait, étaient tout aussi nécessaires aux « joies essentielles » : « soleil, espace et verdure » ; la verdure était présente dans le parc mais aussi dans le jardin suspendu occupant toutes les toitures des immeubles à redents.

En 1929, avant d'achever les plans de la Ville radieuse, Le Corbusier se rendit en Amérique du Sud où, piloté par les pionniers de l'aviation comme Jean Mermoz ou Antoine de Saint-Exupéry, il découvrit l'expérience stimulante du survol d'un paysage tropical. Ainsi perçue, Rio de Janeiro lui apparut telle une ville linéaire naturelle, étirée comme un étroit ruban le long d'une corniche, avec la mer d'un côté et les montagnes volcaniques de l'autre. Cette configuration urbaine semble lui avoir suggéré l'idée de Ville viaduc ; il esquissa immédiatement une extension de Rio en forme d'autoroute côtière [166] d'environ 6 kilomètres de longueur, élevée à 100 mètres au-dessus du sol et comprenant, sous la route, quinze niveaux de « terrains artificiels » à usage résidentiel. La mégastructure était montrée en coupe, planant au-dessus de la hauteur moyenne des toits de la ville.

Cette proposition très inspirée fut directement reprise dans les différents plans conçus pour Alger entre 1930 et 1933. Le premier [167] prévoyait une mégastructure autoroutière sur toute la longueur d'une corniche tout aussi spectaculaire, à laquelle fut donnée le nom d'« Obus », la façon dont elle renfermait de manière concave la baie ressemblant à la trajectoire d'une ogive (on notera une fois de plus l'appropriation d'une terminologie militaire). Avec six étages en dessous du niveau de la route et douze au-dessus, l'idée de « Ville viaduc » était incarnée. D'une hauteur d'environ 5 mètres, chaque niveau constituait un terrain artificiel sur lequel les propriétaires individuels bâtiraient des maisons sur deux niveaux « de tout style leur semblant approprié ». Cette infrastructure publique mais pluraliste, conçue pour l'appropriation individuelle, sera attentivement étudiée par l'avant-garde architecturale anarchiste de l'après Seconde Guerre mondiale, comme en témoignent les infrastructures urbaines imaginées par Yona Friedman ou Nicolas J. Habraken.

Les lignes quasi érotiques des plans pour Rio ou Alger ont été mises en relation avec certaines transformations dans la peinture de Le Corbusier qui, à partir de 1926, passa de l'abstraction puriste à de sensuelles compositions figuratives, incluant ses fameux « objets à réaction poétique ». Des formes féminines apparurent pour la première fois à cette époque et la manière dense et charnelle dont elles sont représentées donne un certain poids à l'affirmation de l'architecte selon laquelle, comme Delacroix, il avait redécouvert l'essence de la beauté féminine dans la casbah d'Alger.

Le plan pour Alger de 1930 est la dernière grande proposition urbaine spectaculaire de Le Corbusier. Rappelant la sensualité du parc Güell d'Antoni Gaudí, l'enthousiasme extatique de son projet atteint ici la dimension d'une ode passionnée à la beauté de la Méditerranée. Par la suite, son approche de la planification des villes se fit plus pragmatique, tandis que ses types de bâtiments urbains prenaient des formes de moins en moins idéalisées. Le gratte-ciel cartésien fut ainsi

166. Le Corbusier, extensions en corniche pour Rio de Janeiro, 1930.

167. Le Corbusier, premier plan Obus pour Alger, 1930.

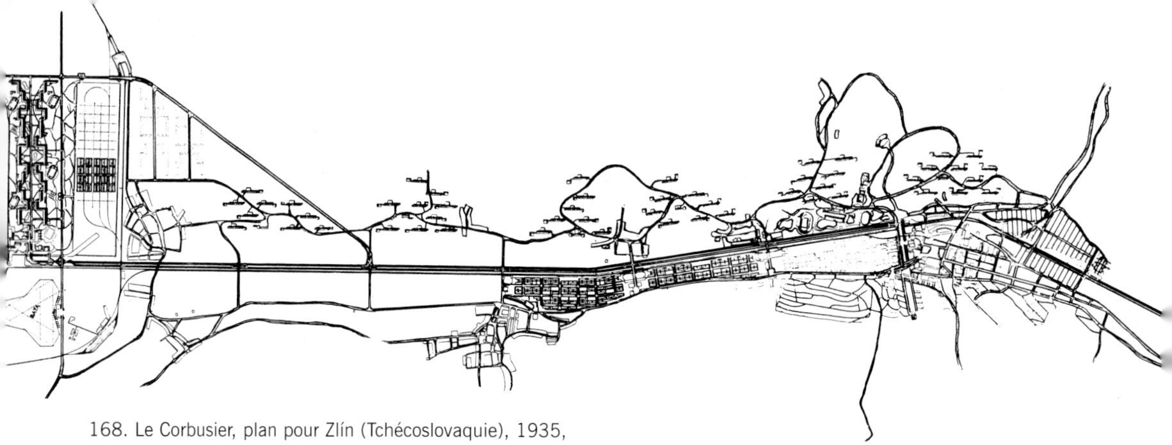

168. Le Corbusier, plan pour Zlín (Tchécoslovaquie), 1935, montrant l'organisation linéaire de la ville en bandes parallèles.

abandonné pour l'immeuble de bureaux en Y, qui permettait un meilleur ensoleillement de toutes les faces du bâtiment. De même, l'immeuble VR à redents fut déformé en une arabesque de style arabe dans le plan Obus, puis entièrement supprimé. Cette dernière modification, à la suite de laquelle il adopta la barre isolée comme type résidentiel de base (voir l'Unité d'habitation de 1952 p. 247), apparut avec ses propositions de 1935 pour les villes de Nemours (Algérie) et de Zlín (Tchécoslovaquie). Alors que ces deux plans furent conçus pour des sites très escarpés où la barre eût été spécialement appropriée, leur tracé en damier – opportunément orienté selon la pente du terrain – deviendra une formule bientôt appliquée partout sans tenir compte de la topographie. Réponse type de Le Corbusier au problème du logement à forte densité, il sera copié et recopié, avec de funestes conséquences, dans bon nombre d'opérations ; l'environnement aliénant de nombreux grands ensembles de l'après-guerre doit beaucoup à ce modèle.

En dehors du cadre qu'il constitua pour l'évolution de la barre de l'Unité d'habitation, l'importance du plan de Zlín [168], conçu pour le fabricant de chaussures Bata, tient à son habile adaptation de la ville linéaire de Milioutine à un site précis. Reliant la ville ancienne, le centre industriel au fond de la vallée et l'aéroport privé sur le plateau, la route et le chemin de fer longeaient la vallée, avec les nouvelles industries d'un côté et les logements pour la compagnie de l'autre. Zlín devint ainsi la première formulation par Le Corbusier de la ville linéaire inspirée du modèle soviétique, type qu'il désignera plus tard comme l'une des trois unités de production des *Trois Établissements humains*, les deux autres étant la traditionnelle ville concentrique et la « coopérative agricole ».

Les arguments avancés dans ce livre de 1945 réinterprètent largement les thèses d'aménagement régional avancées par le géographe allemand Walter Christaller et le théoricien espagnol de la ville linéaire Arturo Soria y Mata. Le Corbusier conçut son propre modèle à partir de la loi de développement urbain de Kristaller qui affirmait que les villes allemandes s'étaient toujours développées aux intersections de trames triangulaires ou hexagonales. Reprenant en outre l'idée de banlieue linéaire de Soria y Mata, Le Corbusier compléta simplement l'analyse de Christaller en proposant que toutes les liaisons entre les villes radioconcentriques existantes soient aménagées comme des colonies industrielles linéaires. Il montra ensuite que les interstices de la grille pourraient être occupés par des coopératives agricoles. Cette approche régionale globale nécessitait une nouvelle typologie, à une échelle plus grande. Zlín allait servir de « ville industrielle linéaire » de référence ; ainsi la Ferme radieuse et le Village radieux, conçus en 1933 pour l'ouvrier agricole syndicaliste Norbert Bezard, furent posés comme les éléments constituants de la nouvelle coopérative agricole.

Avec *Les Trois Établissements humains*, qui devaient permettre, selon Le Corbusier, l'urbanisation de la ville comme de la campagne, il s'agissait de dépasser le conflit qui avait âprement divisé les urbanistes russes, à la fin des années 1920, avec d'un côté les « désurbanistes », partisans d'une redistribution de la population à travers l'Union soviétique, et, de l'autre, ceux qui prônaient le maintien des villes existantes et la création de centres urbains complémentaires.

La Ville radieuse ne fut jamais réalisée, mais son influence sur le développement urbain de l'après-guerre fut majeure, en Europe et ailleurs. En dehors d'innombrables opérations de logements, l'organisation de deux nouvelles capitales est clairement redevable aux idées incarnées dans la Ville radieuse : le plan-masse de Le Corbusier pour Chandigarh, dès 1950, et le plan de Lúcio Costa pour Brasilia, en 1957. Le Corbusier s'accommoda à Chandigarh du tracé de cité-jardin qui y avait déjà été prévu par l'urbaniste américain Albert Mayer ; cela indique qu'il avait abandonné toute idée de créer une ville au développement limité dans le temps et qu'il soutenait dorénavant les modèles de croissance dynamique à une échelle régionale. Malgré toutes les modifications qu'il apporta au plan Mayer, sa ville « idéale » fut dès lors réduite au seul centre gouvernemental, le Capitole. Cette stratégie réaliste était déjà à l'œuvre dans son plan pour Saint-Dié de 1946. Désormais, à l'instar des maîtres de la Renaissance, Le Corbusier semblait prêt à compenser la non-réalisation du tout par la conception d'une partie représentative à l'échelle monumentale.

Pendant la première moitié des années 1930, cette tendance latente à la monumentalisation ne diminua en rien son intérêt pour l'équipement de la civilisation de l'« âge de la machine ». Il s'adressait toujours aux industriels et attirait leur attention, chaque fois que possible, sur sa capacité à concevoir en masse les « objets-types » qu'il tenait pour indispensables à l'équipement de l'ère nouvelle. Il réalisa quatre bâtiments majeurs dans cette veine entre 1932 et 1933 : l'Immeuble Clarté à Genève et, à Paris, le Pavillon suisse à la Cité universitaire, la Cité de refuge de l'Armée du salut et l'immeuble de la rue Nungesser-et-Coli [169]. Des façades modulaires à « pans de verre », en verre et acier, furent utilisées dans chacun des bâtiments afin d'exprimer l'esthétique de l'âge de la machine. En cela, elles représentaient une rupture

169. Le Corbusier, façade de l'immeuble rue Nungesser-et-Coli, Paris, 1933.

avec l'ossature en béton et le parpaing enduit des villas des années 1920. Paradoxalement, cette apothéose de « l'esthétique de l'ingénieur » advint précisément quand Le Corbusier se mettait à douter du triomphe inéluctable de l'ère machiniste. Peu après 1933, il commença à revenir sur la production rationalisée de la « machine à habiter ». Faut-il voir dans cette réaction une désillusion par rapport aux techniques modernes ou un désespoir face à un monde déchiré par la crise économique et une politique réactionnaire ? Comme l'a montré l'historien Robert Fishman, Le Corbusier fit toujours preuve d'une certaine méfiance vis-à-vis des promesses de la production de masse du taylorisme :

*La quête d'Autorité de Le Corbusier dans les années 1930 reflète en fin de compte son attitude profondément ambiguë vis-à-vis de l'industrialisation. Sa pensée sociale et son architecture reposaient sur la croyance que la société industrielle générerait automatiquement un ordre authentique et joyeux. Mais derrière cette foi se cachait la peur qu'une industrialisation pervertie et incontrôlée ne détruise la civilisation. Jeune homme, il avait vu à La Chaux-de-Fonds d'horribles montres allemandes produites en série détruire l'artisanat horloger. Il n'oublia pas la leçon.*

Quelle qu'en ait été la cause profonde, des techniques primitives firent donc leur apparition dans son travail, avec une fréquence et une liberté d'expression croissantes. D'abord, dans la maison au toit en pente et aux murs de bois et pierre, imaginée pour M. Errazuriz au Chili en 1930 [170], puis dans la villa aux murs de pierre construite pour Madame de Mandrot près de Toulon en 1931 et, enfin, dans deux bâtiments remarquables de 1935 et 1937 : la Maison de week-end couverte de voûtes en béton réalisée dans la banlieue parisienne et l'aérien Pavillon des temps nouveaux en toile, monté pour l'Exposition internationale de 1937 à Paris. Alors que le toit de la première rappelait les maisons Monol de 1919, et plus encore les constructions traditionnelles méditerranéennes à voûte en berceau, le second évoquait une tente nomade, mais aussi la reconstruction du temple hébraïque dans le désert qu'il avait choisi pour illustrer les tracés régulateurs dans son livre *Vers une architecture.* Avec ces œuvres, le potentiel expressif passait de la forme abstraite aux moyens mêmes de construction. Le Corbusier remarquera ainsi à propos de la Maison de week-end que le plan en fut particulièrement délicat à régler, puisque l'expression architecturale ne reposait que sur les éléments liés à la construction même. Malgré des références archaïques et vernaculaires, les deux édifices exploitaient encore certaines techniques de pointe : la Maison de week-end le béton armé, le contreplaqué et les briques de verre ; le Pavillon des temps nouveaux les câbles de tension en acier rappelant les techniques d'assemblage des premiers balbutiements de l'aéronautique. Ces bâtiments semblent des métaphores sophistiquées d'un futur moins doctrinaire, dans lequel les hommes pourraient librement mélanger des techniques primitives et modernes selon leurs besoins et leurs ressources.

À partir de janvier 1931, Le Corbusier explicita comment toutes les ressources pouvaient être utilisées au mieux du point de vue social et politique dans des contributions au mensuel syndicaliste *Plans*, publié par Philippe Lamour, Hubert Lagardelle, François Pierrefeu et Pierre Winter. En décembre de cette même année, dans un article intitulé « Décisions », il posa les préalables politiques nécessaires à la mise en œuvre de ses idées urbaines. Ses positions en faveur du réquisitionnement des terrains urbains par l'État apportèrent de l'eau au moulin des réactionnaires, qui n'avaient pas attendu cela pour le considérer comme un bolchevique masqué ; sa suggestion que l'État interdise par voie réglementaire la production de biens de consommation inutiles dérangea

170. Le Corbusier, projet pour la maison Errazuriz, Chili, 1930.

quant à elle probablement les technocrates de droite, qui auraient sinon pu en faire un parfait représentant de leurs intérêts.

En 1932, Le Corbusier se brouilla avec Lamour et entra au Comité d'action régionaliste et syndicaliste, où il contribua à la rédaction de la revue *Prélude*, publiée par Lagardelle. Protégé de Georges Sorel, ce dernier avait gardé des liens étroits avec l'aile gauche du fascisme italien et était ainsi prudemment profasciste. Les textes formant le livre *La Ville radieuse*, édité en 1935, avaient paru auparavant par extraits sous la forme d'articles d'abord dans *Plans* puis, après 1932, dans *Prélude*. Sans doute influencé par la forte tradition syndicaliste du Jura, Le Corbusier oscillait, comme ses camarades d'alors, entre un socialisme utopique autoritaire à la Saint-Simon et les tendances anarcho-syndicalistes latentes de Fourier. Dans *La Ville radieuse*, il prêchait ainsi, en même temps que des principes syndicalistes, un système direct de gouvernement par les « métiers » (corporations ou syndicats) ; pourtant, comme les autres rédacteurs de ces revues, il semble n'avoir eu qu'une très vague idée de la façon dont cette prise de pouvoir par les métiers pouvait s'opérer.

Acceptant implicitement la grève générale comme seul moyen d'accéder au pouvoir mais la repoussant sans cesse, les syndicalistes français des années 1930 étaient plus réformistes que révolutionnaires, et davantage en faveur de la rationalisation de l'État que de son abolition. Bien que progressistes et ardents défenseurs de l'industrialisation, ils regrettaient avec nostalgie l'harmonie préindustrielle ; opposés au capitalisme, ils prônaient toutefois une élite technocrate ; bien qu'hostiles à l'oligarchie bolchévique, ils défendaient l'autorité technocratique. Ces internationalistes et pacifistes fervents refusaient en revanche, avec une grande cohérence, le gaspillage de la production d'armements et de la consommation à tout-va. Cela explique le titre prophétique du livre le plus polémique de Le Corbusier – *Des canons, des munitions ? Merci ! Des logis… S.V.P.* [171]. Malgré tout cela, les syndicalistes ne purent établir une base populaire. Le fossé entre les dispositions de l'État providence et la possibilité d'une culture de masse de qualité n'échappa pas à Le Corbusier qui, significativement, désapprouva l'habitat prépopuliste amorcé par la loi Loucheur de 1929, sous les auspices de laquelle il avait conçu des maisons minimum pour ouvriers. Il présagea ainsi très rapidement qu'il ne réaliserait aucun de ses projets, du fait de la distance qui séparait ses plans de ce que leurs destinataires étaient potentiellement prêts à accepter en terme de modernité.

171. Le Corbusier, couverture du livre de 1938 *Des canons, des munitions ? Merci ! Des logis... S.V.P.*

# Frank Lloyd Wright et la disparition de la ville, 1929-1963

*D'après les rapports de presse, Henry Ford a lancé un mot d'ordre par lequel tous les ouvriers et employés mariés doivent, pendant leur temps libre, cultiver des légumes dans leur jardin personnel, selon les instructions détaillées données par des experts qu'il emploie à cet usage, l'idée étant que par ce moyen ils pourront subvenir à la plus grande part de leurs besoins. La surface de jardin nécessaire sera mise à leur disposition. Henry Ford a dit : « L'aide que l'on se porte à soi-même est le seul moyen de combattre la crise économique. Quiconque refusera de cultiver son jardin sera renvoyé. »*

*Die Heimstätte*, n°10, 1931

172. Wright, projet pour le National Life Insurance Building, Chicago, 1924.

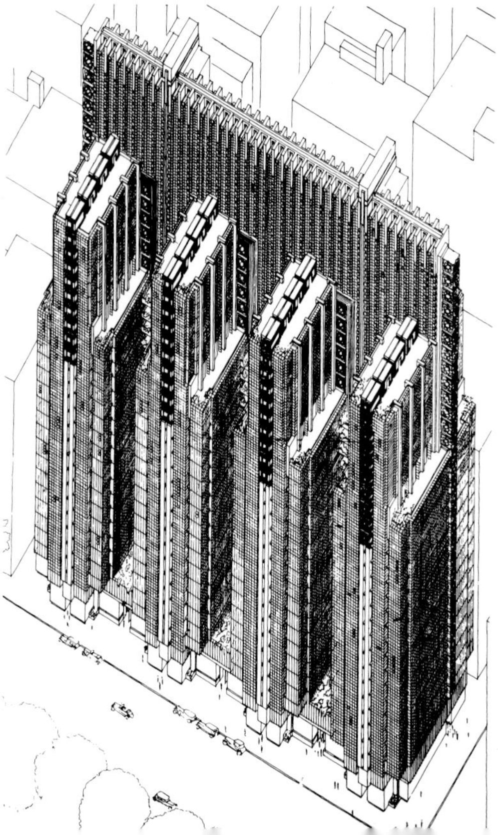

La seconde période importante de la carrière de Wright commença après ses dernières maisons en parpaings de béton à Tulsa (Oklahoma) en 1929, avec le premier de ses projets exploitant au maximum les possibilités de porte-à-faux du béton armé, l'immeuble de logements Elizabeth Noble, conçu pour Los Angeles. Son esthétique cristalline était déjà perceptible dans son projet de 1924 pour le National Life Insurance Building à Chicago [172] : sa façade scintillante en cuivre et verre proposait une traduction dans le verre de son vocabulaire des « blocs de béton texturé ».

La production en masse de l'automobile sous l'égide de Henry Ford et la crise de 1929 incitèrent Wright à sortir de ses rêves d'Eldorado, de la « culture de l'instant » de ses maisons mayas construites pour de riches esthètes récemment installés sur les luxuriantes collines de Californie du Sud. Influencé par la Neue Sachlichkeit européenne, il en vint à donner un rôle nouveau à l'architecture : la restauration de l'ordre social aux États-Unis.

Wright avait reconnu depuis sa conférence de 1901, « The Art and Craft of the Machine », que le destin de la machine était de bouleverser l'essence de la civilisation. Jusqu'en 1916, il adapta la machine à la création d'une culture artisanale de haut niveau, son style de la Prairie. Bien que l'expression « machine » semblât toujours impliquer pour lui une utilisation rhétorique du porte-à-faux – la Robie House de 1909 [41] en est un exemple typique –, il vantait les matériaux et procédés de construction traditionnels. Bien qu'annoncée dans la Coonley House de 1908 et dans les Midway Gardens de 1914 [42, 43], l'organisation de constructions entières à partir d'éléments artificiels produits en masse – tels les mosaïques de blocs de béton de ses maisons californiennes ou les murs rideaux modulaires qu'il conçut pour clore ses espaces monolithiques en béton – n'intéressa Wright qu'à partir du milieu des années 1920.

À cause du coût des matériaux et de la construction traditionnels, Wright abandonna la syntaxe horizontale du style de la Prairie et, combinant le béton armé et le verre, créa une architecture prismatique à facettes dont les parois extérieures vitrées, supportées par une ossature de plans flottants, donnaient une illusion de grande légèreté. Tout se passait comme si, à l'instar de Paul Scheerbart naguère, il avait été soudainement conquis par les qualités expressives du verre, dont la transparence se trouvait renforcée par la liberté des plans sans poteau intermédiaire. Le maître de la maçonnerie qu'était Wright célébra pour la première fois le verre comme le matériau moderne par excellence dans les célèbres conférences Kahn qu'il donna à l'université de Princeton en 1930. Il déclara, dans « Le style dans l'industrie » :

*Le verre offre désormais une visibilité parfaite ; mince lame d'air cristallisée, il permet de contenir les courants d'air au dehors comme au dedans. Sa surface également peut être modifiée, plus ou moins transparente au regard jusqu'à la perfection. La tradition n'a laissé aucune consigne à propos de la capacité de ce matériau à procurer une visibilité parfaite ; c'est pourquoi, à l'instar de la poésie, le sens du verre en tant que cristal n'a pas encore pénétré l'architecture. [...] Les ombres illustraient le « coup de pinceau » de l'Architecte d'autrefois. Que les Modernes travaillent maintenant avec la lumière, diffusée, réfléchie, réfractée, lumière pour le plaisir, les ombres étant données de surcroît ! C'est la Machine qui rend* modernes *ces possibilités neuves et rares du Verre.*

173. Wright, plan de lotissement d'un terrain type, Chicago, 1913.

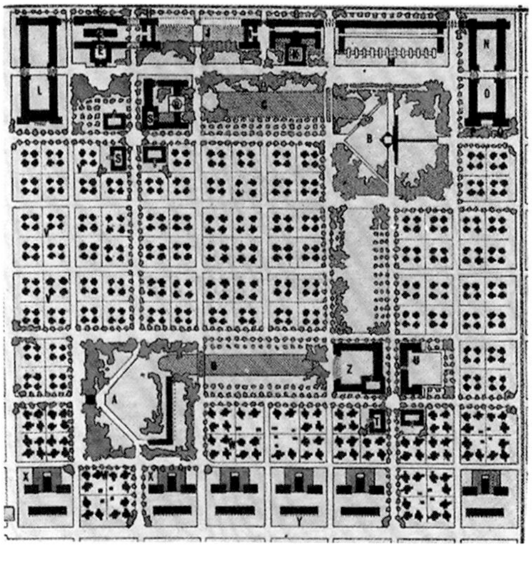

En 1928, Wright forgea le terme « Usonia » pour désigner la culture égalitaire qui devait voir spontanément le jour aux États-Unis. Il prônait un individualisme de base, populiste, mais aussi une forme nouvelle, disséminée, de civilisation, rendue possible par l'acquisition en masse d'automobiles. Mode de locomotion démocratique par excellence, la voiture serait le *deus ex machina* du modèle anti-urbain de Wright, Broadacre City ; la concentration urbaine du XIXe siècle y serait redistribuée selon un réseau fondé sur une trame agricole – annoncé dès 1913 par son projet de concours du City Club à Chicago pour l'aménagement d'une zone de banlieue [173]. Wright s'était déjà prononcé contre la ville traditionnelle dans sa dernière conférence Kahn : « La ville est-elle une forme tenace de maladie sociale, aboutissant au sort qu'ont connu toutes les villes ? L'une des ironies de notre siècle fait que Broadacre City correspond plus qu'aucune autre forme d'urbanisme socialiste aux préceptes fondamentaux du *Manifeste du Parti communiste* de 1848, qui préconise "l'abolition progressive de la distinction entre ville et campagne par une distribution plus équitable de la population dans le pays". »

Cependant, les premiers projets conçus par Wright pour cette nouvelle culture usonienne – la tour de logement Saint-Mark et l'immeuble du *Capital Journal* [174], tous deux de 1931, – ont un caractère plus urbain qu'agraire. Ils seront réalisés dans la Price Tower à Bartlesville (Oklahoma) en 1952-1955 et dans le siège social de la société Johnson Wax [175-176] à Racine (Wisconsin) en

174. Wright, projet (coupe) pour l'immeuble du *Capital Journal*, Salem, Oregon, 1931.

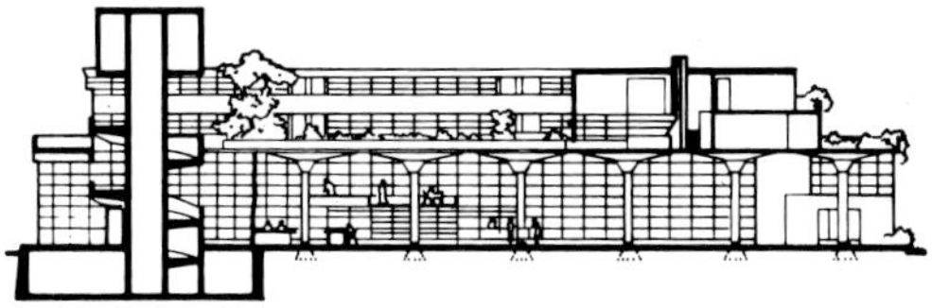

175-176. Wright, siège social de la Johnson Wax, Racine, Wisconsin, 1936-1939. Vue générale de nuit et intérieur.

1936-1939, avec porte-à-faux de béton armé coiffés d'une membrane cristalline. Ils incarnaient symboliquement la polarité fondamentale présente dans l'œuvre de Wright depuis la Martin House [38] et le Larkin Building de 1904 [40] : l'assimilation d'un côté de la construction de la maison à un processus naturel, et de l'autre celle du lieu de travail à l'idée de sacré. Cette polarisation sera reformulée, pendant la période usonienne de Wright, dans deux chefs-d'œuvre : la maison de week-end Kaufmann de 1936 à Bear Run (Pennsylvanie), mieux connue sous le nom de Falling Water (la Maison sur la cascade) [177], et le siège de la Johnson Wax, commencé la même année.

Wright utilisait le mot « organique » – il fut le premier à l'appliquer à l'architecture dès 1908 – pour qualifier le recours au porte-à-faux de béton comme s'il s'agissait d'une forme naturelle, trouvée dans les arbres. Il semble avoir vu dans cette forme un prolongement direct de la métaphore vitaliste de Louis Sullivan – la « graine germant » –, élargie au point d'inclure la structure dans son ensemble et non plus le seul ornement. Peu avant sa mort, Wright écrivit d'ailleurs à propos du bassin en forme de vulve du hall du musée Guggenheim : « La figure symbolique typique des détails de cet édifice est la cosse ovale contenant des éléments globulaires. »

Dans le bâtiment de la Johnson Wax, cette métaphore organique est exprimée par de hautes colonnes élancées en forme de champignons : amincies à la base, elles forment la structure primaire d'un espace de bureau climatisé et sur plan ouvert de 9 mètres de hauteur. Ces colonnes s'achèvent au niveau de la toiture par des sortes de grandes feuilles de nénuphar en béton, entre lesquelles est « tissée » une peau en tubes de pyrex. Ces sources horizontales de lumière sont délicatement supportées par les colonnes, elles-mêmes représentant l'apothéose de l'imaginaire technique de Wright : leur fût creux sert à l'écoulement des eaux de pluie et leur base est articulée dans un sabot en bronze. Ici s'exprime la destinée expressive d'Usonia : une ode à une technique miraculeuse surgissant de l'audacieuse inversion des éléments traditionnels ; ainsi, là où l'on aurait attendu un plein (le toit), on trouvait la lumière, et là où l'on aurait attendu de la lumière (les murs), on trouvait un plein. Wright écrivit sur cette inversion :

*Des tubes de verre posés comme des briques dans un mur composent toutes les surfaces d'éclairage. La lumière entre dans le bâtiment là où l'on trouve généralement la corniche. À l'intérieur, la structure en forme de boîte disparaît complètement. Les murs portant les nervures de verre sont en brique rouge et en grès rouge de Kasota. Toute la structure est en béton armé, des tiges de fer servant à l'armature.*

Cette ossature-champignon en béton poussa Wright à mettre au point un profil aux angles courbes et un vocabulaire à dominante circulaire. Réalisé dans des matériaux précis et durs, entièrement éclairé par des tubes translucides en verre, l'édifice a ainsi acquis une aura de modernité sur laquelle le temps n'a pas eu de prise. L'ambiance de science-fiction qui y règne en fait un espace de travail monastique et autarcique. Henry-Russell Hitchcock a écrit : « Il y a comme une illusion de ciel vu du fond d'un aquarium. » Comme dans le Larkin Building, Wright a créé un environnement dont la fermeture au monde extérieur est renforcée par les formes et les couleurs du mobilier de bureau spécialement conçu pour le bâtiment.

Alors que le siège de la Johnson Wax réinterprétait l'espace sacré du travail, Falling Water incarne l'idéal de Wright en matière de lieu de vie fondu dans la nature. Ici encore, le béton armé est le point de départ ; mais cette fois le porte-à-faux est démesuré, contrastant avec le calme de la structure-champignon de la Johnson Wax. Falling Water se projette au devant de la roche naturelle dans laquelle elle est ancrée, comme une plate-forme flottant au-dessus d'une petite cascade. Conçu en une journée, ce spectaculaire geste structurel est l'ultime déclaration romantique de Wright. Affranchies des horizontales du style de la Prairie, les terrasses apparaissent comme des plans miraculeusement suspendus dans l'espace, à diverses hauteurs au-dessus des arbres d'une ravine densément boisée. Accrochée à la pente par les poutres de ses terrasses, la maison ne se laisse pas saisir par la photographie. Sa fusion avec le paysage est totale car, grâce à la présence généreuse de baies vitrées, la nature pénètre partout à l'intérieur, lequel évoque plus une grotte aménagée qu'une maison au sens traditionnel. Les murs de pierre brute et les dalles des planchers rendent une sorte d'hommage primitif au site. L'escalier du salon confirme cet hommage : il descend vers la cascade, sans autre fonction que de mettre l'homme en communication plus intime avec l'eau. La constante ambivalence de Wright à l'égard de la technique n'a jamais été mieux exprimée que dans cette maison : le béton l'a certes rendu constructible, mais Wright persistait à considérer ce matériau comme illégitime – un « agglomérat de peu de qualité intrinsèque ». Il avait même initialement pensé recouvrir le béton de la maison de feuilles d'or – intention kitsch dont seule le dissuada la réserve de son client. Finalement, la surface fut enduite et peinte couleur abricot !

Dès lors, à part ses maisons usoniennes, remarquablement fonctionnelles, Wright poursuivit sa quête d'une sorte d'architecture de science-fiction qui, à en juger par le style de ses derniers rendus, semblait destinée à quelque peuplade d'extra-terrestres. Cet exotisme délibéré le fit sombrer dans un kitsch extrême avec le tribunal du Marin County, en Californie, commandé en 1957 et achevé en 1963, quatre ans après sa mort. Wright avait déjà avoué sa propension au fantastique en 1928 : « Usonia manquait de romanesque et de sentiment. Qu'elle ne soit pas parvenue à s'en doter importe moins que le fait qu'elle les aient recherchés. »

La vision usonienne de Wright, d'abord incarnée dans ses chefs-d'œuvre du milieu des années 1930, culmine dans le musée Guggenheim de New York, conçu à partir de 1943 [178]. Le parti structurel et muséographique remonte à une esquisse de 1925 pour le planétarium Gordon Strong : proposition de science-fiction par excellence, cette ziggourat était destinée à la satisfaction quasi religieuse de pèlerins « adorateurs de la nature ». Au Guggenheim, il inversa simplement le sens de la spirale du planétarium, transformant ainsi ce qui était auparavant une rampe pour les voitures en galerie intérieure courbe – une hélice étirée dans

177. Wright, Falling Water, Bear Run, Pennsylvanie, 1936.

178. Wright, esquisse du musée Solomon R. Guggenheim, New York, 1943.

l'espace que Wright qualifia plus tard de « vague ininterrompue ». Le musée Guggenheim doit être considéré comme l'apogée de la fin de la carrière de Wright : il combine les principes structurel et spatial de Falling Water et l'espace introverti, éclairé zénithalement, du siège de la Johnson Wax. Wright affirmait que ce musée était davantage un temple dans un parc qu'un immeuble de bureaux ou de logements ; l'assertion peut être prise comme une référence ironique au fait qu'il trouvait son origine dans ces deux types de bâtiment.

Dans son premier livre sur l'urbanisme, *The Disappearing City* (la ville qui disparaît) – dont le premier jet était intitulé *The Industrial Revolution Runs Away* (la révolution industrielle s'enfuit) –, publié en 1932 après qu'il eut terminé les études de Broadacre City [179], Wright déclara que la ville future serait partout et nulle part et « si différente de la ville ancienne ou de quelque autre ville d'aujourd'hui que nous serons sans doute incapables de la reconnaître en tant que ville ». Plus loin, il ajoutait : « L'Amérique n'a besoin d'aucune aide pour construire Broadacre City. Elle se construira elle-même, au petit bonheur. » Wright ne chercha ni trouva de solution satisfaisante à cette contradiction interne : d'un côté il soutenait que les hommes devaient scrupuleusement établir un nouveau mode d'occupation dispersée du sol, par définition anti-urbain ; de l'autre il déclarait que cela n'était pas indispensable car cela arriverait spontanément !

Le déterminisme historique de Wright l'incitait à considérer la machine comme le seul instrument avec lequel l'architecte se devait de trouver un terrain d'entente. Mais le vieux dilemme restait : comment y parvenir sans heurt ? Ici réside toute la quête de sa longue carrière. Ainsi écrivit-il en 1958 dans *The Living City* (la ville vivante) : « Les miracles d'inventivité technique dont le "laisser-faire" se moque sont – malgré leur mauvais usage – des forces nouvelles avec lesquelles toute culture locale doit compter. » S'il passait à la trappe de l'histoire la machine à vapeur et le chemin de fer, Wright s'enthousiasmait – avec ses contemporains « désurbanistes » soviétiques – pour l'électricité et pour l'automobile. Pour lui, les forces nouvelles qui transformeraient la civilisation occidentale dans ses fondements mêmes étaient : 1) l'électrification, la suppression des distances par les communications et l'éclairage artificiel permanent des activités humaines ; 2) la mobilité mécanique, l'incommensurable élargissement des contacts entre les hommes grâce à l'invention de l'avion et de l'automobile ; enfin 3) l'architecture organique qui, quoique ayant toujours échappé à une définition précise, semble avoir en fin de compte signifié pour Wright la construction économique de formes et d'espaces selon les principes gouvernant de manière latente la nature, tels qu'ils apparaissent notamment dans la mise en œuvre du béton armé. À une autre occasion, il présenta les ressources qui donneraient inéluctablement forme

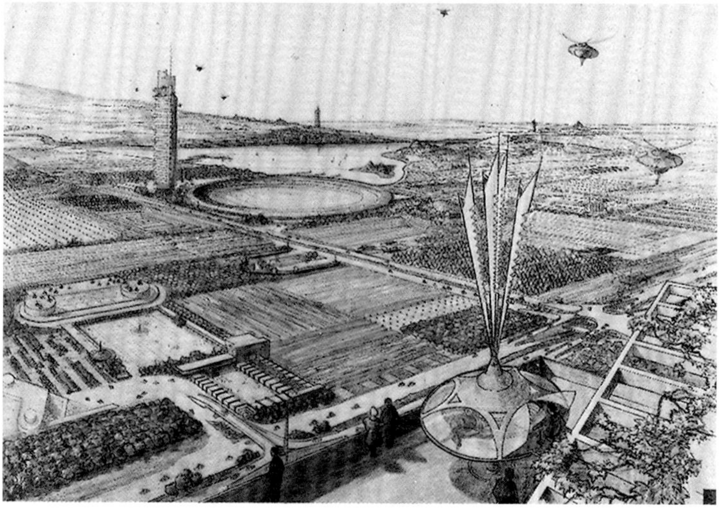

179. Wright, Broadacre City, 1934-1958.

à Broadacre City : la voiture, la radio, le téléphone, le télégraphe et, par-dessus tout, la production mécanique standardisée.

La culture usonienne et Broadacre City étaient deux concepts inséparables pour Wright, la première étant à l'origine de toutes les constructions qui constituaient la substance architecturale de la seconde. Falling Water et le bâtiment de la Johnson Wax auraient trouvé place dans Broadacre City. Pourtant, Wright entendait par Usonia quelque chose de bien plus modeste : de douillettes petites maisons au plan ouvert, pratiques et économiques. Le cœur était la cuisine « temps-déplacement », lieu de travail au plan libre ouvert sur l'espace de vie. Pour l'historien Hitchcock, il s'agit là d'une importante contribution à l'architecture domestique américaine. L'introduction par Wright, à la même époque, d'une banquette continue pour s'asseoir contre les murs et optimiser l'espace des petites maisons fut presque aussi importante pour l'intérieur moderne. Si les maisons usoniennes étaient conçues comme les modèles de base de l'habitat à Broadacre City, elles furent aussi concrétisées par Wright dans de nombreuses villas suburbaines entre 1932 et 1960. Parmi elles, citons les fameuses Suntop Homes pour quatre familles, disposées en hélice, construites dans la banlieue de Philadelphie en 1939.

Pour autant, le type de construction de loin le plus important conçu pour la ville idéale de Wright n'était pas une maison mais la ferme modèle Walter Davidson de 1932. Censé faciliter l'organisation du foyer familial comme de l'exploitation agricole, ce module était essentiel à l'économie générale de Broadacre City : les hommes devaient en effet y produire leur propre nourriture sur un arpent de terre qui leur était réservé à la naissance et dont ils pouvaient disposer à l'âge adulte.

Si l'on excepte quelques dispositions marginales comme l'impôt unique ou le crédit social – deux systèmes d'aide populaires durant la Dépression –, Broadacre City était une version mise au goût du jour de l'économie des petites exploitations indépendantes qu'avait préconisée en 1910 Pierre Kropotkine dans *Champs, Usines et Ateliers*. La reprise de ce modèle comportait toutefois au moins une contradiction que Wright, tout comme Henry Ford, refusa obstinément de reconnaître : une économie individualiste quasi agricole ne pouvait garantir sa subsistance et les bienfaits de la production de masse à une société industrialisée qui, malgré l'automatisation, requérait encore une certaine concentration de la main-d'œuvre et des matières premières. Même Kropotkine avait reconnu la nécessité de concentrer la main-d'œuvre et les ressources pour l'industrie lourde. La vision de Wright – une ville où de petits exploitants se rendraient à leur travail à temps partiel dans des usines rurales au volant de leur Ford T d'occasion – laisse entendre qu'une main d'œuvre mobile partageant de manière équitable les corvées était nécessaire au succès économique de Broadacre.

Meyer Schapiro fit à l'époque remarquer que Wright, malgré ses incessantes diatribes contre les rentiers et les spéculateurs boursiers et ses prévisions sur la dissolution de la ville, ne prit jamais en compte la question pressante du pouvoir central, question fondamentale pour le concept même de Broadacre. Tout comme Richard Buckminster Fuller, qui était alors déjà actif, il ne pouvait se résoudre à accepter que l'architecture et l'urbanisme doivent nécessairement prendre en compte la lutte des classes. Schapiro résuma avec justesse l'idéalisme de Wright en 1938 :

*Wright passe totalement sous silence les conditions économiques qui déterminent la liberté et une vie décente. Il prévoit en fait la pauvreté de ces nouveaux établissements féodaux quand il demande que l'ouvrier assemble sa propre maison usinée, morceau par morceau, en fonction de ses moyens, en commençant par les sanitaires et la cuisine, puis en ajoutant d'autres pièces au fur et à mesure qu'il gagne l'argent nécessaire par son travail à l'usine. Son indifférence vis-à-vis des questions de propriété et de l'État, et son acceptation de l'industrie privée et des Ford d'occasion dans ce monde idyllique de double travail trahissent un fond réactionnaire. Sous la dictature de Napoléon III déjà, les fermes d'État, inspirées en partie par les vieilles utopies, avaient été la solution officielle au chômage. Le démocrate Wright peut bien attaquer les rentes et l'intérêt du capital mais hormis quelques références incidentes à l'impôt unique, il évite les questions de classe et de pouvoir.*

# Alvar Aalto et la tradition nordique : romantisme national et sensibilité dorique, 1895-1957

*Le premier caractère fondamental intéressant de l'architecture carélienne réside dans l'utilisation d'un matériau unique. En Europe, on ne trouve guère d'exemple comparable. Il s'agit d'une architecture purement forestière dans laquelle le bois prédomine à presque cent pour cent. Depuis le toit, charpente et couverture, jusqu'aux parties annexes de la construction, le bois règne, nu le plus souvent, sans l'effet dématérialisant de couleurs rapportées. Le bois est également employé dans ses dimensions naturelles, à l'échelle de l'arbre. Délabré, le village carélien évoque plus ou moins un ensemble de ruines grecques dont le trait dominant tient aussi à l'utilisation d'un matériau unique, même si, au lieu du bois, tout, jusqu'aux poutres, est fait de marbre. [...] Le second trait notable tient à la manière dont s'est élaborée la maison carélienne à la fois comme aboutissement d'une évolution historique et comme solution d'un problème architectural. [...] son agencement intérieur résulte d'une souplesse réfléchie, basée sur l'évolution. La maison carélienne est à sa manière un bâtiment qui prend naissance à partir d'une unique et modeste cellule ou encore à partir de bâtiments embryonnaires dispersés, d'abris pour les hommes ou les animaux, et qui, pour s'exprimer symboliquement, grandit ensuite d'année en année. « La grande maison carélienne » est comparable à un groupe de cellules biologiques ; la possibilité d'agrandir et de perfectionner l'ensemble reste toujours ouverte. Nulle part cette souplesse, cette possibilité de croissance, ne se reflète mieux que dans ce grand principe architectural de la maison carélienne : la diversité d'inclinaison des toits.*

Alvar Aalto, « L'architecture carélienne », 1941

180. Sonck, cathédrale de Tampere, 1902. Plan du rez-de-chaussée montrant le traitement des angles évoquant les cabanes en bois.

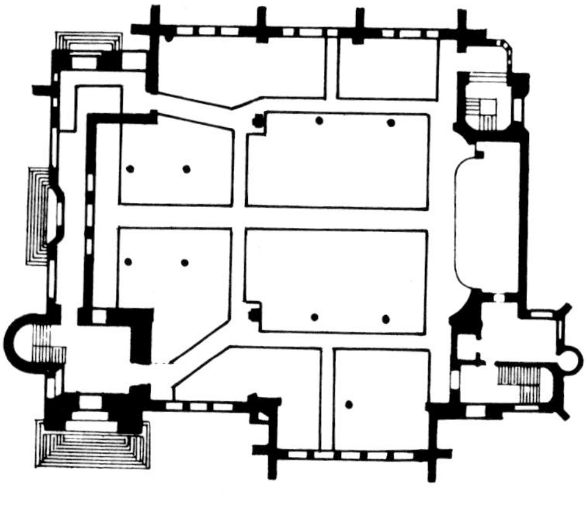

Dans cet article pénétrant sur l'architecture vernaculaire des fermes de l'est de la Finlande, Aalto évoque les deux grandes approches architecturales de la seconde moitié du XIX^e^ siècle : le classicisme romantique et le néogothique. Il insiste sur la diversité des pentes de toiture, rejoignant en cela la prescription originelle d'Augustus W. N. Pugin pour le renouveau du style domestique médiéval ; quant à son évocation d'un village carélien délabré comme une ruine grecque qui aurait été en bois et non en pierre, elle fonctionne comme une sorte d'image en miroir de la thèse d'Auguste Choisy, pour qui les métopes du Parthénon n'étaient qu'une rémanence de constructions en bois. Ce texte nous informe sur la sensibilité classique d'Aalto et sur son intérêt pour les formes vernaculaires primitives ; il introduit également deux thèmes de la tradition nordique : le romantisme national, né en 1895, et la sensibilité dorique, qui apparut en Scandinavie vers 1910. La longue carrière d'Aalto ne peut être appréciée si l'on ne se réfère pas à ces thèmes ; en effet, s'il ne fut jamais engagé dans l'une ou l'autre tendance, tout son travail témoigne d'une dette envers la richesse tactile du romantisme national mais aussi la rigueur des formes doriques.

L'origine de ces modes est significative : la première provenait du Gothic Revival revisité par le *shingle style* américain de Henry Hobson Richardson ; la seconde du classicisme romantique de Karl Friedrich Schinkel. Helsinki, fondée comme capitale de la Finlande en 1817 sur la trame orthogonale de J. A. Ehrenström, fut particulièrement marquée par le classicisme romantique, car elle s'étendait autour d'un noyau d'édifices publics classiques : le sénat, l'université et la cathédrale, tous construits après 1818 sur les plans d'un disciple de Schinkel, Carl Ludwig Engel. Quant au romantisme national, Aalto lui doit tant qu'il est nécessaire d'examiner les origines et les objectifs de ce mouvement pour comprendre les œuvres de la maturité de l'architecte.

Initialement, le romantisme national était aussi présent en Suède qu'en Finlande, particulièrement chez l'architecte Gustaf Ferdinand Boberg ; avec sa caserne de pompiers de Gävle, il introduisit en 1890 l'œuvre de Richardson en Scandinavie. Cependant, les architectes suédois échouèrent à faire de cette manière néoromane un style national convaincant. Cela fut encore plus vrai au Danemark : la mairie de Copenhague, achevée en 1892 par Martin Nyrop dans un style néomédiéval, fut très appréciée, alors qu'elle restait enracinée avec suffisance dans un historicisme savamment éclectique, aussi populaire qu'indifférent à l'intégrité de l'exemple héroïque de Richardson. Les Suédois et les Danois ne parvinrent à un authentique renouveau stylistique national que lorsque le mouvement culturel nationaliste toucha à sa fin, essentiellement dans la mairie en forme de château de Stockholm, réalisée par Ragnar Östberg de 1909 à 1923, et dans l'église pré-expressionniste de Grundtvig, conçue en 1913 par Peter Vilhelm Jensen-Klint mais seulement réalisée en 1921-1926.

En Finlande, le romantisme national était déjà une tendance importante en 1895, date à laquelle plusieurs artistes étaient simultanément parvenus à leur maturité théorique et artistique : le compositeur Jean Sibelius, le peintre Akseli Gallén-Kallela et les architectes Eliel Saarinen, Herman Gesellius, Armas Lindgren et, dans une moindre mesure, Lars Sonck. Leur source d'inspiration de base était l'épopée populaire finnoise du *Kalevala*, recueillie et transcrite par Elias Lönnroth au début du XIX^e^ siècle.

L'attrait pour le romantisme national provenait en Finlande, du moins pour une part, de l'aspiration à un style national qui ne soit pas le classicisme romantique, lequel était la manière impérialiste d'Helsinki, construite sous les auspices russes. Par ailleurs, l'acceptation et l'adaptation rapides par la Finlande de la syntaxe de Richardson tenaient à la nécessité d'exploiter le granite local très abondant ; une mission fut envoyée à Aberdeen, au début des années 1890, pour étudier la technique de construction écossaise dans ce matériau. Le premier architecte national romantique à utiliser le granite fut Sonck : il orna son église néogothique de Saint-Michel, construite en 1895 à Turku, de colonnes et détails en granite finement sculpté, qui contrastaient avec l'intérieur austère. Ce dernier, traité avec la précision d'une gravure, n'est pas sans similitudes avec l'expression des surfaces que l'on trouvera dix ans plus tard dans l'église du Steinhof d'Otto Wagner à Vienne. On pourrait expliquer cela par le fait que la génération de Sonck avait été formée à l'École polytechnique finlandaise sous la direction de Carl Gustav Nyström, spécialiste de tradition classique. Tout en étant un précurseur de la construction en granite, celui-ci s'était autoproclamé « technocrate » – à la Otto Wagner – avec le bâtiment des Archives nationales de 1890. En 1906, il affirmera son rationalisme structurel dans l'extension en acier et béton des réserves de la bibliothèque universitaire d'Engel, réalisée à l'arrière de l'édifice d'origine.

Les principaux bâtiments de Sonck – la cathédrale de Tampere en 1902 [180] et le bâtiment de la Compagnie du téléphone à Helsinki en 1905 – étaient manifestement influencés par Richardson, dont la manière de traiter la maçonnerie, comme l'a remarqué Asko Salokorpi, n'était pas sans affinités avec la tradition médiévale finlandaise. Ce style richardsonien fut bientôt adapté par Saarinen et Lindgren dans le pavillon finlandais néoroman orientalisant qu'ils réalisèrent à Paris lors de l'Exposition universelle de 1900 ; une version domestique en fut mise en œuvre dans la villa Hvitträsk [182], profondément romantique, conçue en 1902 avec Gesellius. À l'intérieur, cependant, la villa empruntait moins à Richardson ; à maints égards, elle constituait un remodelage de la cabane-atelier en rondins de Gallén-Kallela, construite à Ruovesi en 1893 [181]. En dehors de sa brillante interprétation de la tradition vernaculaire finlandaise du bois, le décor intérieur de la villa Hvitträsk réitérait la tentative de Gallén-Kallela d'évoquer les formes et les images perdues de la culture finno-ougrienne. Deux ans plus tard, en 1904, la période idyllique rappelant l'ambiance d'une Guilde qui avait réuni Saarinen, Gesellius et Lindgren – lesquels, annonçant une pratique de Frank Lloyd Wright, travaillaient mais aussi vivaient ensemble à Hvitträsk – s'acheva brutalement. La rupture fut consommée quand Saarinen participa seul au concours pour la gare de chemin de fer d'Helsinki et le remporta avec un projet qui reflétait le Jugendstil « cristallisé » d'édifices comme le palais Stoclet, réalisé par Josef Hoffmann à Bruxelles en 1905 [62, 63], et le Hochzeitsturm de Darmstadt, dû à Joseph Maria Olbrich en 1908 [61]. Saarinen n'était pas le seul Finlandais à apprécier le Jugendstil tardif : le style Wagnerschule d'Onni Tarjanne égalait, voire surpassait, celui de Saarinen, particulièrement dans le sanatorium qu'il réalisa à Takaharju en 1903 – le fait que Tarjanne n'ait dessiné le Théâtre national finlandais à Helsinki dans un style richardsonien national romantique que cinq ans plus tôt nous donne la mesure de son talent. Le chant du cygne du Jugendstil finlandais est représenté par l'œuvre extrêmement délicate, très hoffmannienne, de Selim A. Lindquist : en témoignent la centrale électrique Suvilhati à Helsinki de 1908 et la villa Ensi de 1910.

Du fait de la longue colonisation de la Finlande par la Suède puis par la Russie, le renouveau du classicisme romantique en Scandinavie – connu sous le nom de sensibilité dorique – vit le jour au Danemark grâce à des écrivains comme Vilhelm Wansher, dont les premiers articles sur le néoclassicisme parurent en 1907, et l'Allemand Paul

181. Gallén-Kallela, atelier de l'artiste à Ruovesi, 1893. Plan du rez-de-chaussée et façade principale.

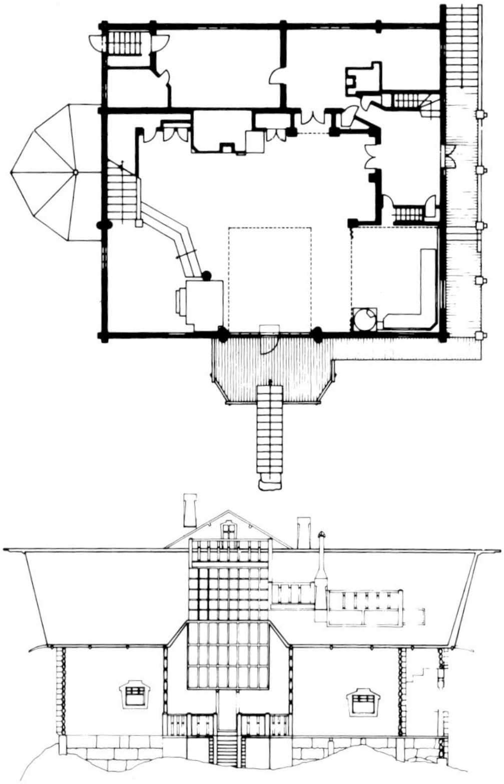

182. Saarinen, Lindgren et Gesellius, villa Hvitträsk, près d'Helsinki, 1902.

Mebes, dont le livre *Um 1800* fut publié en 1908. L'intérêt de ces auteurs – mais aussi d'autres, parmi lesquels H. Kampmann et E. Thompsen – pour une simplicité dorique primordiale dénuée d'historicisme, fondée sur des éléments primaires qui ne seraient ni classiques ni locaux, attira l'attention sur le classicisme romantique danois et sur l'œuvre de Gottlieb Bindesbøll (1800-1856) et de Christian Frederick Hansen (1756-1845). Cette sensibilité se concrétisa en 1910, après que la brasserie Carlsberg eut réclamé qu'une flèche soit ajoutée à la Fruekirche de Hansen. L'architecte Carl Petersen répondit à cette arrogante requête en organisant une exposition des dessins de Hansen. L'année suivante, un groupe de peintres commanda à Petersen le musée Faaborg, considéré comme le premier des édifices du renouveau classique romantique.

Ce mouvement ne gagna pas tout de suite la Suède. On le devine seulement dans le palais de justice de Stockholm réalisé par Carl Westman en 1915, un bâtiment à la fois national romantique et classique ; vinrent ensuite, toujours dans la capitale, la salle de concert néoclassique d'Ivar Tengbom, de 1920-1926, et la bibliothèque municipale de Gunnar Asplund, en 1920-1928 [183]. En Finlande, le mouvement culmina jusqu'à l'épuisement avec le bâtiment du Parlement de 1926-1931 par Johan Sigfried Sirén. Le renouveau classique romantique suédois, qui était tout sauf *sachlich* et normatif, fut altéré par la tendance aux déformations en plan et par l'obsession des allusions au local, manifestes dans l'organisation dissymétrique et l'iconographie du style national romantique de Ragnar Östberg. Ce mode d'expression contenu et synthétique s'appuyait toujours sur la topographie et le *genius loci*. La tendance à l'irrégularité était profondément ancrée chez Asplund qui, influencé à la fois par Östberg et par Tengbom à l'école Klara (une école d'architecture libre qu'ils avaient fondée ensemble), chercha durant toute sa vie à transcender la « bataille des styles » en unissant les manières vernaculaire et classique en une expression primitive plus authentique. Asplund put atteindre cet objectif en 1918-1920 avec la chapelle du cimetière de Woodland dans le sud de Stockholm, dessinée en collaboration avec Sigurd Lewerentz en réponse à un concours lancé en 1915. De conception classique, ce petit édifice d'une seule pièce, couvert d'un toit à quatre fortes pentes en clins de bois posé sur un péristyle toscan, évoque la « cabane primitive » qu'Asplund avait vue dans un jardin à Liselund. Jusqu'à sa brève période fonctionnaliste de 1928 à 1933, son travail subit des influences aussi diverses et éloignées dans le temps que celles des néoclassiques français, de Hoffmann et, surtout, de Bindesbøll, dont le musée Thorwaldsen à Copenhague de 1848 fournit à Asplund des motifs égyptisants et néoclassiques qui revinrent dans son œuvre pendant des années 1920, d'abord dans l'école Carl Johan à Göteborg de 1915, puis dans le cinéma Skandia à Stockholm en 1921 et, enfin, dans la bibliothèque municipale de Stockholm, achevée en 1928.

Malgré l'influence *Wagnerschule* de son professeur, U. Nyström, c'est Asplund qui fut l'agent catalyseur des premières années d'Aalto. Dès qu'il ouvrit sa propre agence en 1922, Aalto, comme Asplund avant lui, sembla prendre plusieurs directions à la fois. Les quatre bâtiments qu'il conçut pour l'Exposition industrielle de Tampere cette année-là font manifestement référence à des niveaux d'évolution culturelle très différents. Dans toute la diversité rhétorique de sa carrière ultérieure, nul contraste n'est aussi expressif que celui qui résidait entre le travail qu'il effectua à cette occasion pour le pavillon « classique » de l'industrie, réalisé en panneaux modulaires à l'instar de la gare de la Karlsplatz d'Otto Wagner en 1899, et le kiosque « vernaculaire » doté d'un toit de chaume, consacré à l'artisanat finlandais.

183. Asplund, bibliothèque municipale, Stockholm, 1920-1928.

184. Aalto, projet pour la bibliothèque de Viipuri, 1927.

Les travaux d'Aalto à Jyväskylä entre 1923 et 1927 furent très variés : un immeuble et un club pour ouvriers en 1924, une quantité impressionnante d'églises (neuves ou rénovées) et deux corps de garde civile, à Seinäjoki et à Jyväskylä, en 1927. Tous témoignent de l'influence d'Asplund, avec un style vaguement dorique qui, tout en s'inspirant des constructions populaires en bois, devait l'austérité de ses lignes à Hoffmann et son style italianisant à Schinkel. En 1927, Aalto fit un pas décisif vers le classicisme romantique dans son église de Viinika et dans son projet pour le concours de la bibliothèque de Viipuri [184]. Cette dernière, qui sera réalisée après diverses modifications en 1935, était incontestablement influencée par Asplund : elle intégrait des figures directement tirées de la bibliothèque de Stockholm. Parmi celles-ci, le plan néoclassique avec une *scala regia* axiale, la façade atectonique dotée d'une frise et la porte monumentale égyptianisante sont des motifs qu'Asplund avait lui-même repris de Bindesbøll. Le projet lauréat d'Aalto pour le concours du sanatorium de Paimio en 1928 affirma quant à lui le fonctionnalisme de la première période de sa maturité, entre 1927 et 1934.

Après Asplund, le deuxième personnage catalyseur des débuts d'Aalto fut de toute évidence l'architecte finlandais Erik Bryggman, qui était légèrement plus âgé que lui ; Aalto et sa femme Aino travaillèrent brièvement avec lui après leur installation à la fin de 1927 dans la ville en plein essor de Turku, dans le sud de la Finlande. Dans la Coopérative agricole qu'il construisit dans le style d'Asplund à Turku en 1928, Aalto dépassera bientôt le classicisme épuré de l'immeuble de logements Atrium réalisé par Bryggman en 1925. Les couleurs du théâtre – une salle bleu foncé tempérée par de magnifiques tapisseries dans les gris et rose – sont clairement inspirées du cinéma Skandia d'Asplund, tout comme la frise courant sous la corniche extérieure. La collaboration d'Aalto et Bryggman se concrétisa d'abord par un projet d'immeuble de bureaux pour la ville de Vaasa puis, en 1929, dans l'exposition célébrant le 700^e^ anniversaire de Turku. Comme dans les croquis de 1928 d'Asplund pour l'exposition de Stockholm, avec leurs structures légères apparentes en porte-à-faux, leurs enseignes lumineuses suspendues et leur graphisme « agitateur », cette commande conduisit Bryggman et Aalto à adopter la rhétorique architecturale de l'Agit-Prop soviétique.

Après l'achèvement de son immeuble pour le journal *Turun-Sanomat* à Turku en 1928 qui, influencé par le constructivisme, rappelait le projet de 1923 pour la *Pravda* des frères Vesnine, Aalto sut tirer parti de sa renommée croissante en participant à des réunions internationales sur l'architecture et la construction modernes. Lors d'une conférence sur le béton armé à Paris en 1928, il découvrit le travail du constructiviste hollandais Johannes Duiker, dont le sanatorium en béton armé de Zonnestraal [119] nourrit le projet d'Aalto pour le concours du sanatorium de Paimio, rendu en janvier 1929. Dès lors, Aalto fut incontestablement influencé par le constructivisme tant hollandais que russe, tel qu'il est particulièrement manifeste dans le travail de Duiker et dans les projets urbains des groupes Asnova et ARU (Association des architectes urbains) de Nikolaï A. Ladovsky. Les principes géométriques et sériels proposés en diverses occasions par l'ARU, comme le quartier Kostino de Ladovsky à Moscou de 1926, sont de toute évidence à l'origine du traitement du paysage et des accès à Paimio. Tout en rappelant les approches urbaines de l'ARU, cette opération marque une étape décisive dans le traitement des détails, car elle abonde en citations constructivistes.

Bien qu'il ait gardé ses distances vis-à-vis des polémiques internationales, Aalto se rapprocha étonnamment, à cette période, de la position exclusivement économique adoptée par les architectes allemands de la Neue Sachlichkeit aux CIAM à Francfort en 1929 consacrés à l'*Existenzminimum* ; ces préoccupations transparaissent dans ses projets de logements de 1930 pour la Société Arts & Crafts finlandaise, et dans son prototype de maison minimum pour le Congrès du bâtiment nordique en 1932.

À peu près à la même époque, Aalto fit la connaissance de Harry et Mairea Gullichsen – une rencontre qui ouvrit son travail à la production industrielle. Mme Gullichsen, héritière de la grande entreprise de bois, papier et cellulose Ahlström, avait vu les premiers meubles d'Aalto dans un magasin d'Helsinki et lui avait demandé de concevoir une gamme de meubles destinée à une production en série. Cette collaboration aboutit à la fondation, en 1935, de la société de meubles Artek, chargée de distribuer les meubles d'Aalto, et à la construction de l'usine de pâte à papier Sunila ainsi que de logements ouvriers à Kotka, entre 1935 et 1939. Fort opportunément, les meubles d'Aalto se prêtaient naturellement à la production en série. L'architecte avait créé des meubles en contreplaqué dès 1926 – une chaise empilable pour le corps de garde de Jyväskylä, véritable réussite suivie par un prototype de fauteuil en lamellé pour Paimio, mis en production en 1933. La conception technique en était inspirée d'un siège en bois courbé standard qu'Otto Korhonen avait produit à la fin des années 1920.

Le soutien de l'industrie du bois finlandaise dont bénéficia Aalto – les grandes firmes industrielles d'Ahlström et d'Enso-Gutzeit seront ses mécènes durant toute sa vie – l'incita à réévaluer le bois par rapport au béton comme matériau d'expression. Il semble ainsi être peu à peu retourné à l'architecture très texturée du romantisme national finnois, à l'œuvre de Eliel Saarinen, de Gallén-Kallela et de Sonck. Sa propre maison, construite en 1936 à Munkkiniemi, dans la banlieue d'Helsinki, signale cet éloignement par rapport au constructivisme international. En forme de L irrégulier, elle fut mise en œuvre comme un collage de maçonnerie enduite, de planches rainurées et de briques apparentes. Son projet suivant, lauréat du concours pour le pavillon finlandais de l'Exposition universelle de 1937 à Paris, était un bâtiment en bois significativement intitulé « Le bois est en marche ». Il s'agissait d'une mise en œuvre rhétorique de la construction en bois, les éléments porteurs exprimant les caractéristiques de ce matériau [185]. La paroi inclinée vers l'intérieur du hall principal et l'ossature périphérique de l'espace d'exposition présentaient avec virtuosité les différentes techniques d'assemblage du bois. Par-delà cette ingéniosité constructive, l'importance du pavillon finlandais réside surtout dans sa manière d'occuper le site, typique du travail ultérieur d'Aalto : un bâtiment est toujours dissocié en deux éléments distincts, et l'espace intermédiaire adopte une apparence humaine, comme dans la villa Mairea [188-190] ou l'hôtel de ville de Säynätsalo [191]. Aalto écrivit à propos du pavillon :

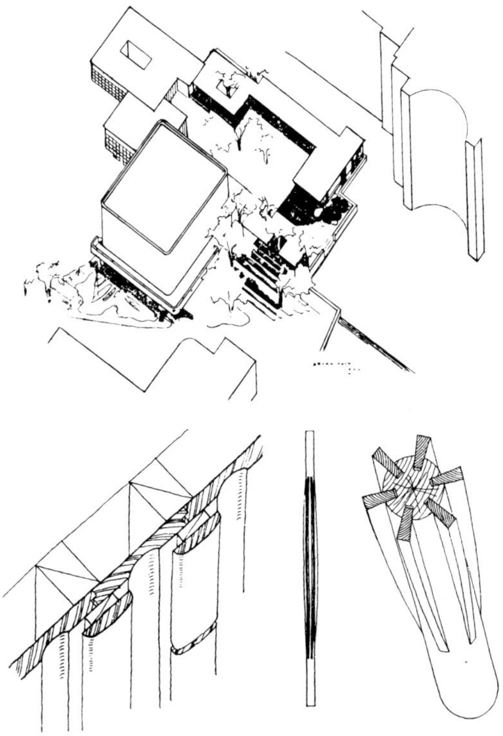

185. Aalto, pavillon finlandais, Exposition universelle, Paris, 1937. Axonométrie d'ensemble et détails (de g. à d.) du revêtement de façade, du renfort intérieur d'un poteau en bois de la loggia et des ailes saillantes raidissant un autre type de poteau.

*Un des problèmes d'architecture les plus délicats est de donner une forme à l'échelle humaine aux abords d'une construction. Dans l'architecture moderne, où la rationalité de la trame structurelle et les masses bâties menacent de dominer, il en résulte souvent une absence d'architecture dans des parties négligées du site. Il serait bon que, au lieu de remplir ce vide avec des jardins décoratifs, les mouvements organiques des gens soient intégrés dans la mise en forme du site pour créer une relation intime entre l'Homme et l'Architecture. Dans le Pavillon de Paris, ce problème a pu heureusement être résolu.*

186. Aalto, bibliothèque de Viipuri, 1927-1935. Salles de prêt et de lecture au niveau supérieur.

187. Aalto, bibliothèque de Viipuri, 1927-1935. Plan de l'étage.

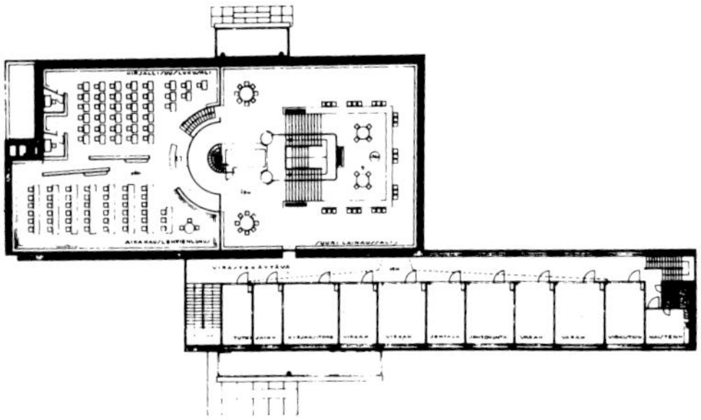

Aalto considèrera par la suite que ce changement de mode d'expression, qui le fit passer du béton armé au bois et aux matériaux naturels, joua un rôle capital dans l'évolution de son architecture. Ses meubles en lamellé exprimaient selon lui une approche intuitive, indirecte et critique du design, qui permettait de parvenir à un environnement plus souple et évolutif que celui habituellement obtenu par une logique linéaire. En 1946, il écrivit à l'occasion d'une exposition de ses meubles à Zurich :

*Pour satisfaire à des raisons pratiques et valider des formes esthétiques en harmonie avec l'architecture, on ne peut pas toujours – voire jamais – partir d'un point de vue rationnel et technique. L'imagination de l'homme doit avoir le champ libre pour s'épanouir. Ce fut généralement le cas de mes expériences avec le bois. De purs jeux formels, dénués de toute fonction concrète ou autre, m'ont parfois mené à des formes pratiques dix ans plus tard. [...] Le premier essai de réalisation de formes organiques à partir de masses de bois sans recourir à des techniques de coupe m'a conduit* a posteriori *à des solutions triangulaires qui tenaient compte de l'orientation des fibres. La partie porteuse verticale du meuble est véritablement la petite sœur de la colonne en architecture.*

Cette approche organique du design était déjà présente dans le traitement des détails de la bibliothèque de Viipuri [186, 187] et du sanatorium de Paimio. Bien que construits en béton armé, ces chefs-d'œuvre de la fin des années 1920 permirent à Aalto d'enrichir les préceptes du fonctionnalisme pour y inclure la satisfaction de toute une gamme de besoins physiques et psychologiques, qui n'est pas sans rappeler l'approche « biologique » d'un Richard Neutra. La préoccupation constante d'Aalto pour l'ambiance générale des espaces et pour la façon dont elle peut être modifiée grâce à un filtrage modulable de la chaleur, de la lumière et du son fut formulée pour la première fois dans ces édifices. À Paimio, les chambres à deux lits étaient soigneusement aménagées pour satisfaire les besoins des malades, en termes non seulement de contrôle de l'environnement mais aussi d'identité et d'intimité ; ainsi, la lumière directe et les sources de chaleur étaient éloignées de la tête des malades, les plafonds teintés pour tamiser la luminosité et les lavabos conçus de façon à fonctionner sans bruit. De même, les grandes salles de lecture de la bibliothèque de Viipuri étaient en permanence éclairées de manière indirecte – le jour grâce à des puits de lumière en forme d'entonnoir, la nuit grâce à des spots escamotables qui projetaient leur faisceau lumineux sur les murs qui leur faisaient face. Sur le plan acoustique, Aalto s'attacha à isoler soigneusement les salles de lecture du bruit de la rue, et équipa la salle de conférences rectangulaire d'un faux-plafond réflecteur ondulant sur toute la longueur de la pièce. Dans l'ensemble, les principes du « plan libre » adoptés dans la bibliothèque et dans le sanatorium fondent l'approche organique d'Aalto ; une approche qui, grâce à sa liberté intrinsèque, souffre rarement, en termes formels, de quelque perte de contrôle. Son intérêt pour l'évolution naturelle de l'environnement et pour la nature même des sites donna à son œuvre une continuité sans égale, depuis sa période fonctionnaliste de la fin des années 1920 jusqu'à sa phase plus expressive qui commença peu après 1950. Il écrivit en 1960 à propos de cette attitude anti-mécaniste :

*Rendre l'architecture plus humaine signifie faire une architecture meilleure, et cela implique un fonctionnalisme bien plus ouvert que le fonctionnalisme purement technique. Ce but ne peut être atteint que par des méthodes architecturales – par la création et la combinaison de différents éléments techniques de façon qu'ils fournissent à l'humanité la vie la plus harmonieuse.*

En 1938, Aalto conçut son chef-d'œuvre d'avant-guerre, la villa Mairea, une résidence d'été pour Mairea Gullichsen à Noormarkku. Les premières esquisses de cette construction en L [188] se référaient explicitement au romantisme national : le plan de la grande salle de séjour s'inspirait directement de celui de l'atelier réalisé à Ruovesi par Gallén-Kallela en 1893 [181]. Les deux bâtiments comportent une imposante cheminée sculpturale enduite et un séjour sur plusieurs niveaux [189] conduisant à l'escalier d'une mezzanine. Comme la maison d'Aalto à Munkkiniemi, la villa Mairea mêle briques, maçonneries enduites et revêtements en bois [190]. Plus qu'aucune œuvre d'avant-guerre d'Aino et Alvar Aalto, elle assure une liaison conceptuelle entre la tradition rationnelle-constructiviste du XXe siècle et l'héritage du mouvement national romantique. Les espaces principaux, salle à manger et salon, longent une cour-jardin abritée, dans une clairière plus ou moins circulaire au cœur d'une forêt. La masse « en strates géologiques » de la maison et le tracé irrégulier du bassin du sauna suggèrent une opposition métaphorique entre formes artificielle et naturelle. Ce principe de dualité règne partout. Ainsi la « tête » de l'atelier en forme de proue de Mme Gullichsen s'oppose à la « queue » du sauna, et le revêtement en bois des pièces collectives contraste fortement avec l'enduit blanc des parties privées. Des dispositifs complexes similaires abondent dans toute la maison : prenons comme exemple la « métonymie » de l'auvent de l'entrée, avec le rythme irrégulier de son écran en poteaux de bois qui rappelle l'espacement irrégulier des pins dans la forêt – un système repris dans la rembarde de l'escalier intérieur. La séquence se poursuit par la répétition de la même forme en plan dans l'atelier, l'auvent de l'entrée et le

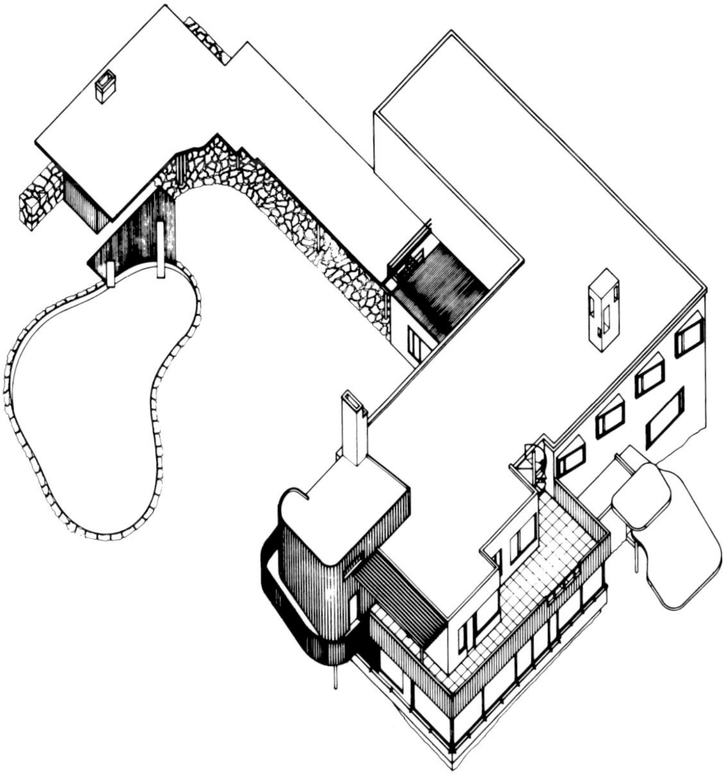

188. Aalto, villa Mairea, Noormarkku, 1938-1939. Axonométrie d'ensemble.

189-190. Aalto, villa Mairea, Noormarkku, 1938-1939. Vue vers le séjour ; vue de l'extérieur.

191. Aalto, hôtel de ville de Säynätsalo, 1949-1952.

bassin, qui évoquent tous trois les contours sinueux des lacs finlandais. Les revêtements de sol du rez-de-chaussée sont également codés à la manière d'un paysage intérieur : les changements de matériau, depuis les carreaux de céramique jusqu'au plancher en bois ou aux dalles en pierre brute, dénotent de subtiles transformations d'ambiance ou de statut des espaces, quand on passe du foyer familial au salon et à la serre. Finalement, la structure même est utilisée symboliquement pour suggérer un retour aux origines : comme dans la villa Hvitträsk [182], le sauna représente la culture indigène ; reliée à la maison principale par un mur extérieur en pierres, cette structure traditionnelle en pans de bois, avec une couverture engazonnée, est réalisée selon les canons des constructions populaires finlandaises en bois, par opposition à la tectonique sophistiquée de la maison elle-même.

Après l'exubérance du pavillon pour la Foire mondiale de New York en 1939 et le dessin moins abouti du Baker Dormitory, construit pour le MIT à Cambridge (Massachusetts) en 1947, l'œuvre d'Aalto connut un certain flottement expressif jusqu'en 1949 ; la seconde phase de sa carrière aborda alors un tournant décisif avec l'hôtel de ville de Säynätsalo [191]. Tandis que le potentiel expressif de la villa Mairea reposait sur ses revêtements en bois, à Säynätsalo, la forme tout en syncope résulte du rythme des percements et des subtiles variations dans la mise en œuvre des briques. Malgré toutes ces différences, les deux ouvrages ont cependant une même base conceptuelle, du fait de leur division en deux parties autour d'un atrium – une maison en L et un bassin dans la villa Mairea, un bâtiment administratif en U et une construction distincte pour la bibliothèque à Säynätsalo, entourant dans les deux cas une cour surélevée par rapport au sol naturel. Ce parti pris, qu'Aalto adoptera à nouveau pour l'Institut national des retraites à Helsinki, semble provenir des fermes et ensembles villageois traditionnels de Carélie, sur lesquels il avait écrit dès 1941. Une autre source de la dualité de ces compositions pourrait être la vision idiosyncrasique que se faisait Aalto du processus de création architecturale, à propos duquel il affirma, dans un article de 1947 intitulé « La truite et le torrent » :

*L'architecture et ses détails appartiennent d'une certaine manière à la biologie. Peut-être sont-ils semblables à ces grands saumons ou à ces truites qui ne naissent pas adultes, ne naissent même pas dans la mer, dans le courant où ils vivront, mais à des centaines de lieues de leur habitat, là où les fleuves ne sont que des ruisseaux, [...] aussi loin de leur milieu que les sentiments et les instincts de l'homme le sont de son travail quotidien. Et tout comme l'œuf a besoin de temps pour devenir un poisson adulte, de même il faut du temps pour tout ce qui, dans notre pensée, se développe et se cristallise. De temps, l'architecture en a besoin plus encore que toute autre forme de création.*

Chacune de ces constructions semble symboliser cette dualité de la création architecturale, qui voit le pourtour en L ou en U de la masse principale – l'élément « poisson » – contraster avec la forme indépendante de « l'œuf » adjacent. Dans la villa Mairea et dans l'hôtel de ville de Säynätsalo, la tête du poisson abrite les éléments publics les plus prestigieux – respectivement l'atelier et la salle du conseil. Cette hiérarchisation s'accompagne de modifications de matériau et de structure. À Säynätsalo, les pavés de briques du couloir d'accès et de l'escalier « séculiers » laissent place au plafond suspendu en bois de la salle du conseil. Ce changement de statut est confirmé par le soin apporté aux détails des fermes de toiture de cette salle, qui se réfèrent de toute évidence à des dispositifs médiévaux. Des changements similaires de contenu symbolique apparaissent dans l'élément « œuf » : à la villa Mairea, il s'agit de la piscine du sauna – lieu de régénération physique – tandis qu'à l'hôtel de ville c'est la bibliothèque – où sont conservées les nourritures intellectuelles. De plus, les détails eux-mêmes de l'atrium, particulièrement à Säynätsalo et à l'Institut national des retraites, évoquent de semblables intentions symboliques. Dans les deux cas, le chemin traversant l'« acropole » est traité comme un rite de passage entre une urbanité « sur-civilisée » d'un côté de l'ensemble et la rusticité indigène de l'autre. Dans les deux cas encore, l'espace est enrichi par la présence de l'eau, autre référence au processus de naissance et de régénération.

L'Institut national des retraites d'Helsinki [192], conçu pour un concours en 1948 et construit en 1952-1956, confirme la place qu'occupe Aalto au sein des maîtres de l'architecture d'après-guerre. Plus que toute autre œuvre de ses vingt-cinq dernières années, ce grand complexe de bureaux déploie une architecture qui, d'après son auteur, ajoutait « un lieu plus réceptif à la vie ». Cette intention, évidente dans la chaleur et l'efficacité des moindres détails, des sièges du foyer aux porte-manteaux des visiteurs et de l'éclairage électrique au chauffage intégré, se manifeste surtout dans les boxes pour les entretiens, alignés dans le hall éclairé zénithalement. Ce hall pavé de marbre noir et blanc donne le « la » de la hiérarchie spatiale du reste du bâtiment. Ainsi chaque espace est-il doté d'un code couleur suggérant un changement de statut – l'entrée principale en carreaux muraux blanc et bleu foncé, la cantine du personnel en marron, blanc et beige, etc.

La volonté d'Aalto de servir l'homme de la rue réapparaît dans son adaptation de l'idée d'atrium dans l'immeuble construit pour l'exposition Hansaviertel Interbau à Berlin en 1955 [193]. Ce projet propose l'un des types de logement les plus intéressants mis au point après la guerre. En comparaison, les fameux duplex de l'Unité d'habitation de Le Corbusier (qui furent tant copiés dans l'habitation social du monde entier) semblent moins aboutis en tant que demeures familiales. La qualité principale du type d'Aalto tient à ce qu'il réunit les attributs d'une maison particulière dans les limites d'un petit appartement sur un seul niveau. Chaque logement est organisé en U autour d'une terrasse ; les espaces de vie donnent sur cette pièce ouverte et sont flanqués de part et d'autre par

192. Aalto, Institut national des retraites, Helsinki, 1952-1956, façade sud.

les espaces privés des chambres et des salles de bains. La distribution des appartements dans l'immeuble est tout aussi pertinente, leur disposition en « grappes » autour de cages d'escalier éclairées naturellement permettant à Aalto d'éviter l'impression d'une infinité de cellules d'un seul type empilées dans une construction en hauteur.

Aalto chercha toute sa vie à satisfaire les besoins sociaux et psychologiques de l'homme. En cela, il se distingue des fonctionnalistes plus dogmatiques des années 1920, dont les carrières étaient déjà établies quand il conçut ses premiers ouvrages importants. Malgré son penchant initial pour le dynamisme du constructivisme russe, il s'attacha à créer des lieux propices au bien-être. Même ses œuvres les plus fonctionnalistes, comme l'immeuble du *Turun-Sanomat* de 1928, reflètent sa sensibilité à la lumière, enrichissant constamment une œuvre qui serait, sinon, dogmatique et austère.

Une approche tout aussi organique rapprocha conceptuellement Aalto de l'esprit de la Gläserne Kette de Bruno Taut, et plus encore de l'œuvre de Hans Scharoun et de Hugo Häring. On peut donc considérer qu'il appartenait au « groupe » des architectes expressionnistes d'Europe du Nord, pour qui la construction devait insuffler la vie plutôt que la réprimer. Dès lors, la tyrannie de la trame orthogonale devait toujours être fractionnée et infléchie, quand les spécificités du site ou du programme le requéraient. En 1960, l'historien Leonardo Benevolo synthétisa remarquablement l'apport d'Aalto :

*Dans les premiers bâtiments modernes, la constante de l'angle droit sert surtout à généraliser le procédé de composition, instituant* a priori *une relation géométrique entre tous les éléments, ce qui permet de traiter leurs rapports au moins sur un plan géométrique par l'équilibre des lignes, des surfaces et des volumes. L'utilisation de lignes obliques* [comme à Paimio] *introduit un processus opposé de singularisation et de concrétisation des formes, qui laisse subsister des zones de dépression et de tension équilibrées par la consistance physique des éléments ou du milieu environnant. L'architecture y perd en rigueur démonstrative, mais elle y gagne plus de chaleur, de richesse, de cordialité ; en fin de compte, c'est un élargissement de son champ d'action, car le processus de singularisation part d'une méthode de généralisation acquise, il la présuppose.*

Il s'agissait d'une manière de construire discrète mais très sensible, qui perpétuait l'essence de la tradition nordique en fusionnant le vernaculaire et le classique – l'idiosyncratique et le normatif – à travers cinquante années de production ininterrompue, de la villa Bonnier d'Östberg en 1909 à la salle de concerts Finlandia, achevée par Aalto à Helsinki à peine quatre ans avant sa mort, en 1976.

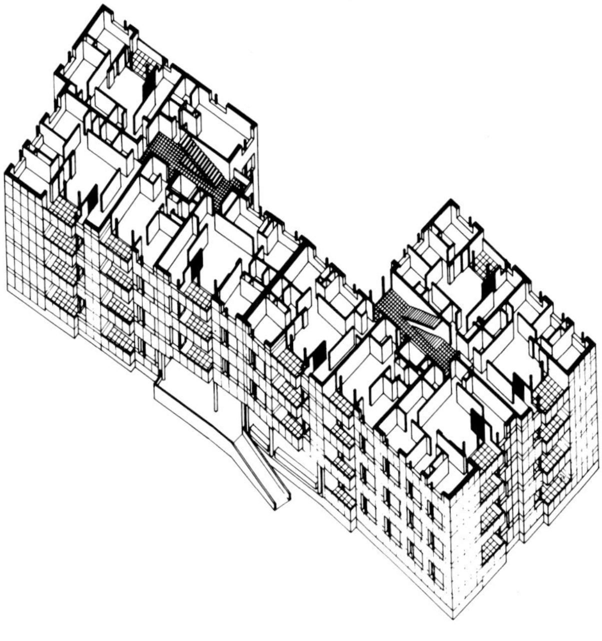

193 Aalto, immeuble dans le quartier de Hansa, Berlin, 1955.

# Giuseppe Terragni et le rationalisme italien, 1926-1943

*Nous sentons que nous ne sommes plus les hommes des cathédrales, des palais, des tribunes ; mais ceux des grands hôtels, des gares, des routes immenses, des ports colossaux, des marchés couverts, des galeries lumineuses, des voies rectilignes, des démolitions salutaires.*

Antonio Sant'Elia, *Messagio* (texte pour *La Città Nuova*, 1914, repris dans *L'Architecture futuriste, Manifeste*).

*Notre passé et notre présent ne sont pas incompatibles. Nous ne voulons pas, quant à nous, rompre avec la tradition ; c'est la tradition qui se transforme et revêt des aspects nouveaux que seuls quelques-uns peuvent reconnaître.*

Gruppo 7, « Note », *Rassegna Italiana*, décembre 1926.

Le mode d'expression à la fois classique et onirique qui vit le jour en Italie à la fin de la Première Guerre mondiale, d'abord en peinture avec le mouvement métaphysique Valori Plastici mené par Giorgio de Chirico, puis en architecture avec le groupe Novecento fondé par l'architecte Giovanni Muzio, est, de par sa complexité, autant le point de départ du rationalisme italien que l'héritier des polémiques futuristes d'avant-guerre.

Les rationalistes du « Gruppo 7 » s'exprimèrent pour la première fois dans la revue *Rassegna Italiana*, juste après avoir terminé leurs études à l'École polytechnique de Milan. Il s'agissait des architectes Sebastiano Larco, Guido Frette, Carlo Enrico Rava, Adalberto Libera, Luigi Figini, Gino Pollini et Giuseppe Terragni. Tous étaient à la recherche d'une nouvelle synthèse, plus rationnelle, entre les valeurs nationalistes du classicisme italien et la logique structurelle de l'âge de la machine. Dans leur « Note » de 1926, ils s'engageaient à explorer un champ situé entre les arcanes du Novecento – dont l'immeuble de logements Ca'Brutta, réalisé par Muzio à Milan en 1923, est un exemple significatif – et le dynamisme des formes industrielles héritées des futuristes. Le groupe témoignait aussi d'une certaine sympathie pour le Deutscher Werkbund et pour le constructivisme russe. Pourtant, malgré son enthousiasme pour le machinisme, le Gruppo 7 s'attacha plus à réinterpréter la tradition qu'à célébrer la modernité en elle-même. En 1926, ses membres critiquaient ainsi les futuristes :

*Les avant-gardes qui nous ont précédés avaient en commun une affectation, une inutile rage destructrice et confondaient le bien et le mal : la jeunesse d'aujourd'hui a en commun un désir de lucidité, de sagesse. […] Nous ne voulons pas quant à nous rompre avec la tradition. […] La nouvelle architecture, l'architecture véritable devra découler d'une stricte fidélité à la logique, à la rationalité.*

Malgré cet acte de foi en la tradition, les premières œuvres des rationalistes, particulièrement celles de Terragni, témoignaient d'une inclination pour les compositions sur des thèmes industriels. Ses projets pour une usine à gaz et une fonderie de tubes en acier, qui furent exposés à la III^e^ Biennale de Monza en 1927, semblent plus relever de l'esthétique de l'ingénieur que de celle de l'architecture, pour reprendre l'opposition établie par Le Corbusier dans son livre *Vers une architecture* ; au demeurant, cet ouvrage exerça une influence considérable sur les rationalistes, dès sa publication en 1923. Le siège du club nautique Amila, réalisé par Pietro Lingeri près de Côme en 1926, est un exemple précoce et naïf de cette influence : ses références quasi littérales au vocabulaire des paquebots rendent un hommage plutôt simpliste à Le Corbusier.

194. Piacentini *et alii*., Cité universitaire de Rome, 1932. Immeuble du conseil de l'Université le jour de l'inauguration.

Plus sensible à l'influence de Muzio, Terragni s'illustra dès 1928 avec l'immeuble Novocomun à Côme. Cette composition symétrique sur cinq niveaux, communément appelée Transatlantico, illustre l'intérêt des rationalistes pour le jeu rhétorique de la disposition des masses. Alors que les règles classiques auraient amené à renforcer les angles du bâtiment, ceux-ci sont théâtralement évidés pour mettre en valeur des cylindres vitrés qui semblent écrasés par la masse en surplomb du dernier étage, et intégrés à la composition par le balcon filant du troisième étage et la masse pleine du premier niveau. Cette solution doit manifestement plus au constructivisme qu'au purisme, notamment au premier projet d'Ilia Golossov pour le club ouvrier de Zouyev, achevé à Moscou en 1928.

Le rationalisme italien s'incarna de manière officielle dès 1930 dans le Movimento italiano per l'architettura razionale (MIAR) ; un an plus tard, la troisième exposition du Gruppo 7 avait lieu à la galerie d'art Bardi à Rome. L'influence du groupe fut de courte durée car il subit rapidement les assauts de la réaction culturelle. Si les manifestations antérieures rationalistes n'avaient guère troublé les plus conservateurs de la profession, cette exposition était accompagnée d'un pamphlet provocateur intitulé « Rapport à Mussolini sur l'architecture », dû au critique d'art Pietro Maria Bardi. Il y affirmait que seule l'architecture rationaliste pouvait exprimer les principes révolutionnaires fascistes. Une déclaration du MIAR de la même période se montrait tout aussi opportuniste :

*Notre mouvement n'a d'autre consigne morale que celle de servir sans faiblesse la révolution [fasciste] dans le difficile climat actuel. Nous comptons sur la confiance de Mussolini pour nous voir attribuer des occasions de construire.*

Mussolini inaugura l'exposition, mais son soutien n'eut que peu de poids face à l'hostilité du Syndicat national des architectes, influencé par le classiciste Marcello Piacentini. Trois semaines après le vernissage, le syndicat désapprouvait les œuvres mêmes qu'il avait auparavant soutenues, déclarant publiquement que l'architecture rationaliste était incompatible avec les exigences rhétoriques du fascisme. Piacentini concilia le traditionalisme métaphysique du Novecento et l'avant-garde rationaliste avec son très éclectique Stile Littorio (style du licteur), qui devint la manière « officielle » du parti. Inaugurée avec sa Tour de la révolution bâtie à Brescia en 1932, celle-ci trouva son accomplissement dans son palais de justice, commencé à Milan la même année.

La position de Piacentini fut renforcée par la fondation du groupe fasciste Raggruppamento Architetti Moderni qui s'interdit toute condamnation catégorique du Novecento comme du Rationalisme mais soutint le classicisme rudimentaire du Stile Littorio. Les lignes directrices que Piacentini imposa aux neuf architectes qui travaillèrent avec lui en 1932 à la nouvelle Cité universitaire de Rome [194] établirent, par la répétition d'éléments simples, les bases du style fasciste officiel. D'une logique implacable, ce style recourait presque systématiquement à des masses de quatre niveaux en brique ou en pierre, couronnées de grossières corniches et animées par la seule modulation d'ouvertures rectangulaires. Une relative irrégularité ou asymétrie était permise dans les détails, le caractère expressif étant concentré dans les entrées auxquelles colonnades, bas-reliefs et inscriptions en frise donnaient une touche classique. Bien qu'aucun membre du Gruppo 7 n'ait travaillé pour la Cité universitaire, trois bâtiments de l'équipe de Piacentini trahissent un certain rationalisme : l'École de mathématiques de Gio Ponti, le bâtiment de minéralogie de Giovanni Michelucci et, surtout, l'élégant Institut d'hygiène et de physique en brique de Giuseppe Pagano.

Ce dernier contribua dès 1932 au débat sur ce que devait être le style national : il collaborait depuis 1930 à la revue *Casabella*, avec le critique d'art et graphiste turinois Edoardo Persico. Dans leurs éditoriaux, tous deux cherchaient à convaincre les indécis du Novecento d'abandonner le Stile Littorio de Piacentini pour adopter le rationalisme de Terragni. Persico décrivit ainsi cette situation délicate dans *Domus* en 1934 :

*Les artistes d'aujourd'hui doivent aborder le problème le plus épineux de la vie italienne : la capacité à croire en des idéologies précises et la volonté de mener jusqu'à son terme la lutte contre les prétentions d'une majorité « anti-moderniste ».*

En 1932, Terragni réalisa la Casa del Fascio (aujourd'hui Casa del Popolo) à Côme [195], qui allait devenir le paradigme du rationalisme italien. Inscrite dans un carré parfait d'une largeur de 33 mètres, égale au double de sa hauteur, cette moitié de cube est au fondement de la stricte géométrie rationaliste. L'intérieur révèle l'organisation structurelle des travées mais aussi le code « rationnel » qui sous-tend la composition en bandes horizontales de la façade. Sur chaque face du parallélépipède (sauf celle au Sud-Est, qui met en valeur l'escalier principal), les percements et les niveaux du bâtiment expriment la présence de l'atrium central. Les premières esquisses montrent que, comme d'autres œuvres de Terragni (telle son école Sant'Elia, toujours à Côme, de 1936), la Casa del Fascio a d'abord été conçue autour d'une cour ouverte, sur le modèle du *palazzo* traditionnel. Ce n'est que dans des phases ultérieures du projet que ce *cortile* devint un hall à double hauteur, éclairé zénithalement et entièrement ceinturé de galeries, bureaux et salles de réunion. Comme dans le pavillon de l'Allemagne réalisé par Mies van der Rohe à Barcelone en 1929 [149], la monumentalité de l'ensemble tient à son élévation sur un socle en maçonnerie, décrit par Terragni comme un *piano rialzato* (étage surélevé). Le programme politique initial de l'équipement est exprimé en termes presque littéraux par la batterie de portes vitrées qui sépare le hall de l'esplanade. Ouvertes toutes en même temps grâce à un dispositif électrique, celles-ci établissent une continuité entre l'agora intérieure du cortile et l'esplanade, laissant ainsi s'écouler librement le flux ininterrompu des masses de manifestants de la rue vers l'intérieur [24]. De semblables connotations politiques apparaissent dans le traitement de la grande salle de réunion [196], avec un photomontage en relief de Mario Radice et le mémorial dédié aux fascistes défunts. Bien évidemment, cette œuvre transcende en partie ces considérations idéologiques par la création d'effets métaphysiques : le bâtiment est traité comme une matrice spatiale continue, dénuée d'orientations comme le haut, le bas, la gauche ou la droite. Ainsi, les propriétés réfléchissantes du verre sont utilisées dans le plafond du hall pour créer l'illusion d'une succession infinie de travées, alors que les

195. Terragni, Casa del Fascio, Côme, 1932-1936.
Composition de la façade et plan du rez-de-chaussée.

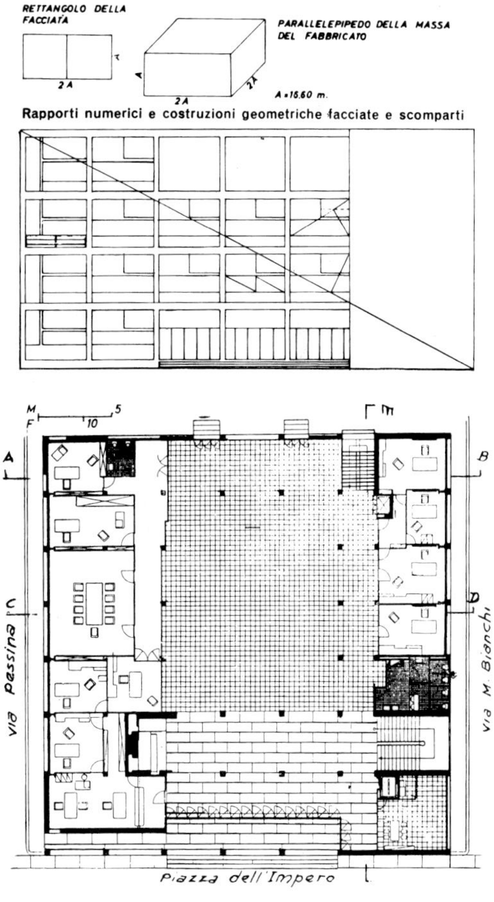

volumes sont en fait occupés très différemment. Par ailleurs, l'implantation subtile de l'édifice dans le centre historique de la ville, son revêtement en marbre de Botticino et le recours au volume verrier pour signaler l'espace d'honneur contribuent à créer une œuvre à la fois tectonique, précieuse et monumentale.

Cette symbolisation idéale du fascisme n'est en rien isolée. D'autres expressions rhétoriques du parti furent données par les rationalistes, avant la désillusion des années 1940. Parmi celles-ci, citons le bâtiment pour la « Mostra della Rivoluzione Fascista », qui eut lieu à Rome en 1932, à l'occasion du dixième anniversaire de la marche sur la capitale. Cet édifice temporaire d'Adalberto Libera et Mario de Renzi rappelait à bien des égards Leonidov. Il abritait notamment une salle commémorant les événements de 1922, dessinée par Terragni, avec une sculpture murale combinant des éléments plastiques, graphiques et photographiques dans un style qui faisait penser au travail de Lissitzky pour l'exposition internationale d'hygiène de Dresde en 1930.

Au milieu des années 1930, l'architecture rationaliste était très diversifiée : elle allait de l'œuvre éminemment intellectuelle de Terragni au pâle style international de l'éphémère groupe Comasco, dont la Villa-atelier pour un artiste fut présentée à la V$^{e}$ triennale de Milan en 1933. La participation de Terragni à cette équipe de huit membres semble avoir été de peu d'effet sur la qualité finale, et l'on peut détecter une perte d'intensité similaire lorsque l'on compare le tout premier bâtiment de Figini et Pollini, la Casa Elettrica réalisée pour la IV$^{e}$ triennale en 1930, à la villa construite pour la triennale suivante. Tout indique clairement que dès la V$^{e}$ triennale, le rationalisme italien commençait à se diluer soit dans un modernisme banal soit dans un historicisme réactionnaire.

En 1934, Persico et Marcello Nizzoli conçurent la célèbre salle Medaglia d'Oro [197] pour le Salon aéronautique de Milan : un élégant labyrinthe de tasseaux de bois blanc s'élevant très en hauteur supportait une forêt de dessins et de photographies qui semblaient flotter dans l'espace et s'avancer ou reculer sur toute la profondeur de la salle. Cette structure suspendue créa un nouveau standard d'exposition qui exercera une grande influence jusque bien après la Seconde Guerre mondiale. Dès cette époque, si l'on excepte quelques rares chefs-d'œuvre comme l'extraordinaire espace de Persico et Nizzoli, le rationalisme italien était sur le déclin. Cela est manifeste dans le travail ultérieur de Persico lui-même : en deux ans, il passe de projets d'une grande vivacité et sophistication à la monumentalité froide et sèche du Salon d'honneur pour la

196. Terragni, Casa del Fascio, Côme, 1932-1936. Salle de réunion principale. Le panneau sur le mur du fond, réalisée par Radice, intègre un portrait de Mussolini.

triennale de 1936, conçu avec Nizzoli, Palanti et Fontana. Seul Terragni, qui travaillait avec Pietro Lingeri et Cesare Cattaneo, sut maintenir l'intensité intellectuelle de l'approche rationaliste, avec son souci d'intégration totale des formes conceptuelles, structurelles et symboliques.

Après la mort prématurée de Persico en 1936, les problèmes politiques et culturels du rationalisme se durcirent. Pagano, toujours proche des cercles officiels, se compromit plus avant en collaborant avec Piacentini au plan de l'Esposizione Universale Roma 42 (EUR) qui devait avoir lieu aux environs de Rome en 1942. Comme les villes nouvelles fascistes de Littoria, Sabaudia, Carbonia et Pontinia (cette dernière ayant été gagnée sur les marais pontins), les bâtiments permanents de l'EUR 42 (musées, monuments et palais) devaient, selon Mussolini, former le cœur de la Troisième Rome. Le talent de Pagano ne put empêcher cet extravagant geste idéologique de dégénérer en un collage indigeste de formes néoclassiques. Son élément principal, le Palazzo della Civiltá italiana de Guerrini, La Padula et Romano, n'est que l'ultime vulgarisation de l'idéal du mouvement Valori Plastici, quand bien même ses volumes vides dotés d'arcades auraient sans doute profondément ému De Chirico. Comme le plan de 1931 de Mussolini pour une « haussmannisation » de Rome (qui proposait d'éliminer tout le tissu médiéval des ruines antiques), l'EUR 42 de Piacentini était coincée, à l'instar des diverses tendances architecturales d'alors (y compris rationalistes), entre un élan post-futuriste tendu vers la création d'une civilisation moderne et le besoin de légitimer cette même civilisation par le rappel du glorieux empire romain. L'axe principal de l'EUR est ainsi tourné vers la côte tyrrhénienne, et l'un de ses monuments porte cette inscription prophétique : « La Troisième Rome s'étendra sur les autres collines du fleuve sacré [le Tibre] jusqu'aux rivages de la mer. » Leonardo Benevolo a caractérisé ainsi l'engagement des rationalistes dans cette entreprise faustienne :

*Le compromis tenté par Pagano se révèle donc impossible : à force de poursuivre les « liaisons idéales » avec l'époque romaine, on arrive à un résultat unique, le conformisme néoclassique ; les différences d'accent entre l'archéologie appliquée de Brasini, la mesure dans la simplification de Foschini, l'élégance sophistiquée des jeunes Romains et les rythmes calculés des jeunes Milanais, ces différences qui semblaient importantes sur les dessins disparaissaient définitivement dans l'exécution. L'aventure allemande, russe, française se répète : c'est l'*internationale des pompiers.

Le climat politique et architectural réactionnaire qui dominait l'Italie du milieu des années 1930 fut en partie contrebalancé par les aspirations saint-simoniennes d'un homme, Adriano Olivetti. Il prit en 1932 la suite de son père à la

197. Persico et Nizzoli, salle Medaglia d'oro, premier Salon aéronautique italien, Milan, 1934.

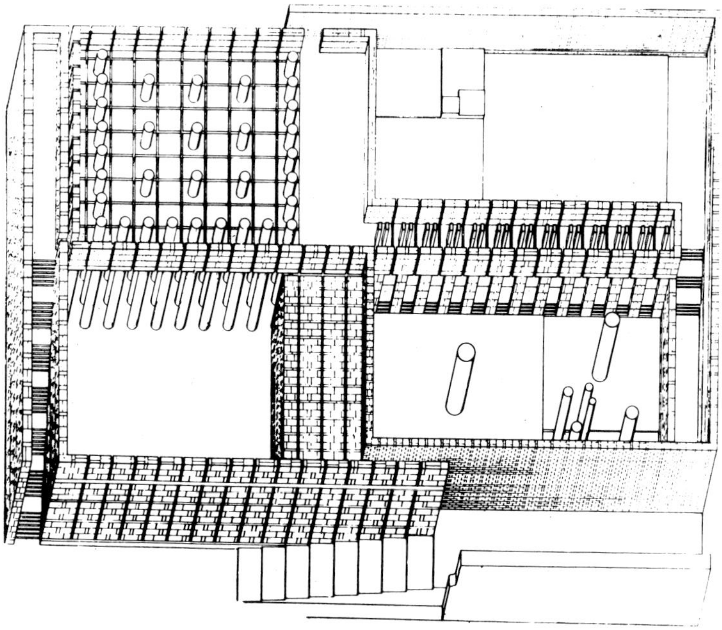

198. Terragni, projet du Danteum, Rome, 1938.

tête de leur célèbre entreprise de matériel de bureau. En 1934, il marqua son intérêt pour l'apport potentiel de la modernité à l'industrie en commandant à Figini puis à Pollini une série de bâtiments pour son site de production à Ivrea : d'abord un centre administratif en 1935, puis des logements ouvriers et des équipements collectifs entre 1939 et 1942. En 1937, il étendit sa maîtrise d'ouvrage à l'échelle régionale, demandant à Figini et Pollini et à l'agence BBPR (Gian Luigi Banfi, Lodovico Barbiano di Belgiojoso, Enrico Peressutti et Ernesto Nathan Rogers) un plan d'aménagement pour le Val d'Aoste.

Entre-temps, une série de projets très cohérents sortait de l'atelier de Terragni, telles ses réponses aux concours pour le Palais des licteurs à Rome en 1937 et pour le Palais des congrès de l'EUR en 1938, conçues avec Cattaneo et Lingeri. A peu près à cette époque, Terragni conçut son projet le plus métaphysique, le Danteum [198], un monument qui devait participer à l'embellissement de la via de l'Impero (aujourd'hui via dei Fori Imperiali), taillée par Mussolini à travers la vieille ville. Ce labyrinthe de blocs de moins en moins denses d'espaces rectangulaires symbolisant les étapes successives de l'Enfer, du Purgatoire et du Paradis était à maints égards une abstraction du parti qu'il avait adopté à l'EUR.

L'obsession de Terragni pour une architecture « transparente » – qui sublimait la volonté futuriste de faire pénétrer l'espace public de la rue à l'intérieur des bâtiments – apparut pour la première fois dans la Casa del Fascio. Elle devint par la suite une constante de son œuvre publique, depuis le Monument à Roberto Sarfatti, construit au Col d'Echele en 1934, jusqu'au projet pour le Palais des congrès de l'EUR. En dehors de l'ultime état de « lucidité » obtenu dans le volume du Paradis du Danteum, avec ses trente-trois poteaux de verre et sa verrière de couverture, Terragni créa une atmosphère de transparence conceptuelle, principalement grâce à deux procédés qu'il combina ingénieusement en 1936-1937 dans un immeuble de logements sur huit niveaux, la Casa Rustici à Milan. Le premier procédé était le recours à une dualité qui, comme dans son monument aux morts réalisé en 1931 à Côme, se présentait généralement sous la forme de deux masses rectilignes parallèles séparées par un vide ; le second, la création de vides ou de masses simples implantés frontalement, selon des plans successifs perçus comme des tableaux depuis un point d'observation (balcons filants ou loggias en porte-à-faux dans la Casa Rustici, barres de bureaux vitrées dans le projet pour le Palais des licteurs, dont les masses en gradins dégageaient au rez-de-chaussée des espaces de service ainsi que des auditoriums).

Terragni utilisa de manière asymétrique cette formule frontale de pleins et de vides parallèles successifs dans sa proposition pour l'EUR et, sous une forme densifiée, dans sa dernière œuvre, l'immeuble sur quatre niveaux Giuliani Frigerio, achevé à Côme en 1940. Comme dans la Casa del Fascio, Terragni semble avoir voulu infléchir l'orientation du volume en distinguant une façade primaire et une façade secondaire, disposées à angle droit. Une telle composition, « cubiste » par rotation, apparaissait déjà dans ses premières villas ; le même principe fut adopté par Cattaneo dans l'immeuble de logements qu'il construisit à Cernobbio en 1938.

La dernière œuvre de la série, à laquelle Terragni ne participa pas, est la Maison des syndicats fascistes à Côme, construite entre 1938 et 1943 non loin de la Casa del Fascio sur les plans du meilleur élève de Terragni, Cattaneo, avec Lingeri, Augusto Magnagni, L. Origoni et Mario Terragni [199]. Cet édifice à ossature orthogonale, organisé selon une trame palladienne ABABABABA dans une direction et une trame modulaire régulière mais syncopée dans l'autre, est à maints égards la résolution la plus sublime des compositions et typologies élaborées par les rationalistes de Côme : on peut même avancer que ce projet constitue l'une des sources principales de ce que l'on appellera, dans les années 1970, « l'architecture autonome » de la Tendenza italienne, qu'illustrent bien les logements étudiants réalisés par Giorgio Grassi en 1974 à Chieti (avec Monestiroli, Conti et Guazzoni). La Maison des syndicats consiste en deux barres de cinq niveaux, séparées par une cour dans laquelle un bâtiment annexe de deux niveaux sur pilotis regroupe un socle d'accès, un secrétariat et une salle de réunion de 500 places.

L'achèvement de ce bâtiment en 1943 coïncida avec les morts prématurées de Terragni et

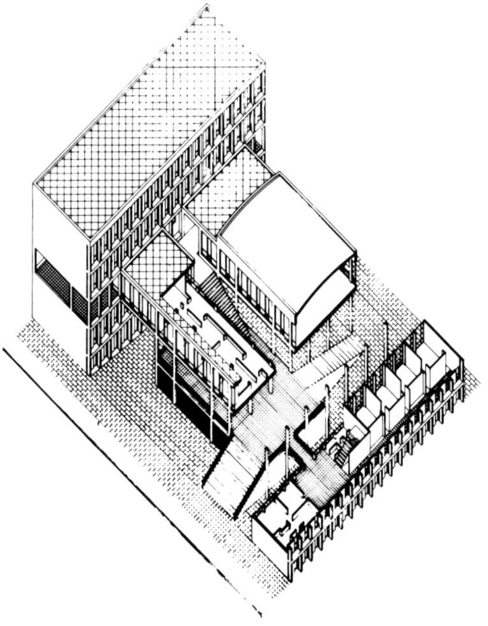

199. Cattaneo, Lingeri, Magnagni, Origoni et Terragni. Maison des syndicats, Côme, 1938-1943. Vue axonométrique éclatée.

Cattaneo. Si leur décès mit fin brutalement au rationalisme, leur œuvre témoigne encore de la volonté de réaliser un cadre idéal pour une société à la fois organisée rationnellement et dénuée de classes culturelles. Sylvia Danesi a très bien expliqué en 1977 comment cet idéal atteignit son épanouissement dans la logique transparente de leur architecture plutôt que dans la société dans son ensemble :

*Ils avaient tous les deux une confiance absolue dans le rôle moteur de la classe moyenne et dans sa capacité à organiser l'administration comme le pivot du contrat social. Ils n'ont pas vu venir la crise qui allait laminer leur génération. Ils pensaient que la classe dont ils faisaient partie saurait parfaitement mener à bien la tâche qui lui était assignée par le reste du pays. Ils ne comprirent pas que la classe moyenne industrielle locale perdait peu à peu du terrain au profit de la nouvelle bourgeoisie nationale qui vit le jour à la faveur de la crise de 1929 (nationalisation des banques, fondation de l'IRI, etc.) et nous gouverne encore ; une classe qui s'accommodait des intérêts du grand capital et du régime totalitaire.*

# De l'Art déco au Front populaire : l'architecture française de l'entre-deux-guerres

*L'art décoratif est un terme inconcis et inexact par lequel on représente l'ensemble des* objets-membres humains. *Ceux-ci répondent avec une certaine exactitude à des besoins d'ordre nettement objectif. Prolongements de nos membres, ils sont adaptés aux fonctions humaines qui sont des fonctions-types. Besoins-types, fonctions-types, donc objets-types, meubles-types. L'objet-membre humain est un serviteur docile. Un bon serviteur est discret et s'efface pour laisser son maître libre.*
*L'art décoratif est de l'outillage, du bel outillage.*

Le Corbusier,
*L'Art décoratif d'aujourd'hui*, 1925.

La « cristallisation » de l'Art nouveau, que discernait l'historien Robert Schumtzler dans les carreaux de céramique presque abstraits (malgré leurs motifs en forme de tournesols) de l'immeuble réalisé par Auguste Perret rue Franklin à Paris en 1903 [85], trouva une apothéose dans l'Exposition des arts décoratifs qui se tint à Paris en 1925. Cette manifestation, dont l'intitulé complet, « Exposition internationale des arts décoratifs et industriels modernes », reflétait bien le fossé qui séparait alors les arts appliqués des productions industrielles, avait été planifiée dès 1911, pour se tenir en 1915. Fait significatif, cette date fut repoussée à cause de la première guerre « industrialisée » mondiale. L'opposition, qui remontait alors à un bon siècle, entre art décoratif et production industrielle, entre artisanat et industrie n'était donc pas initialement identifiée en tant que telle par les organisateurs de l'exposition.

Une autre fracture importante fut révélée par l'attitude ambiguë de nombreux architectes modernes qui conçurent des pavillons pour cette exposition. Certains, qui se croyaient compromis par leur participation à une manifestation consacrée aux arts décoratifs, exprimèrent leur scepticisme vis-à-vis de la notion même d'art appliqué. Curieusement, Auguste Perret fut des leurs ; à ses yeux, l'Exposition de 1925 n'atteignait pas le niveau esthétique de l'Exposition universelle de 1900, et il n'hésita pas à déclarer : « L'art décoratif est à supprimer. Je voudrais d'abord savoir qui a accolé ces deux mots : art et décoratif. C'est une monstruosité. Là où il y a de l'art véritable, il n'est pas besoin de décoration. »

La dissociation entre art appliqué et architecture apparaissait également dans les pavillons construits pour l'exposition : d'un côté, d'immenses boîtes à bijoux fantasmagoriques (comme les édifices commandités par les grands magasins parisiens, notamment celui de l'« atelier d'art » Primavera, réalisé par Henri Sauvage pour le Printemps), de l'autre, les constructions dues aux architectes modernes, qui proposaient une nouvelle syntaxe normative. Toute l'avant-garde était représentée : à droite, Perret, avec son quasi classique « théâtre de bois » [87], était à la recherche d'un nouveau rationalisme français ; à gauche, Constantin Melnikov qui, en bouleversant le volume orthogonal du pavillon de l'URSS [156] par l'introduction d'une diagonale, créait, à partir de sections de bois standard, une architecture « Agit-Prop ». Entre ces deux pôles – le presque traditionnel et le révolutionnaire –, quelques positions semblaient plus mesurées, telle celle de Le Corbusier, dont le pavillon de l'Esprit nouveau [139], qui se voulait une contre-proposition puriste à la politique culturelle de l'exposition, position polémique exprimée la même année dans son livre *L'Art décoratif d'aujourd'hui*.

Parmi les architectes résolument modernes, seul Robert Mallet-Stevens parvint à transcender la double scission croisée de l'industrie contre l'artisanat et de l'architecture contre la décoration. Ainsi son pavillon du Tourisme fut-il fort apprécié, notamment par Melnikov. Dans cette œuvre étonnante, influencée par le néoplasticisme hollandais et réglée (comme plusieurs édifices du Viennois Josef Hoffmann) par une trame carrée imperceptible, l'architecte formé à l'École spéciale de Paris montra qu'un détail décoratif pouvait être non seulement contrôlé mais aussi inspiré par une architecture dynamique et abstraite. Malgré la collaboration de nombreux artistes à ce pavillon (vitraux de Louis Barillet, éclairages de Pierre Chareau, mobilier de Francis Jourdain et sculptures des frères Jan et Joël Martel), il frappait par son unité. Huit ans après l'exposition, Mallet-Stevens se montrait pourtant extrêmement critique à son égard :

*Les temps sont à la décoration. Il suffit de jeter un coup d'œil sur quelques photos de l'Exposition de 1925 ; elle est aussi démodée qu'un film d'avant-guerre. Comme mode, il ne lui manque ni le goût ni le charme ; elle a son côté arbitraire qui est plaisant d'une manière, fantasque, mais qui ne peut être considéré comme un style. On mélange trop facilement style et mode. Des guirlandes de serviettes nouées en deux points ne constituent pas un style moderne ; ni les fontaines, les carrés ou les triangles empilés les uns sur les autres ; tous ces motifs décoratifs sont en vogue comme un chapeau ou un fox-trot, mais ils ont le désavantage de dater et ainsi de vieillir.*

S'il devait autant au néoplasticisme qu'à Adolf Loos, Mallet-Stevens a su opérer une synthèse suffisamment ouverte pour aborder des thèmes modernes – comme dans le garage Alfa-Romeo, réalisé rue Marbeuf à Paris en 1927 – et s'éloigner, par sa neutralité programmatique, de l'avant-gardisme intellectuel, notamment du purisme. Ainsi le pavillon du Tourisme reprenait-il des fragments de la

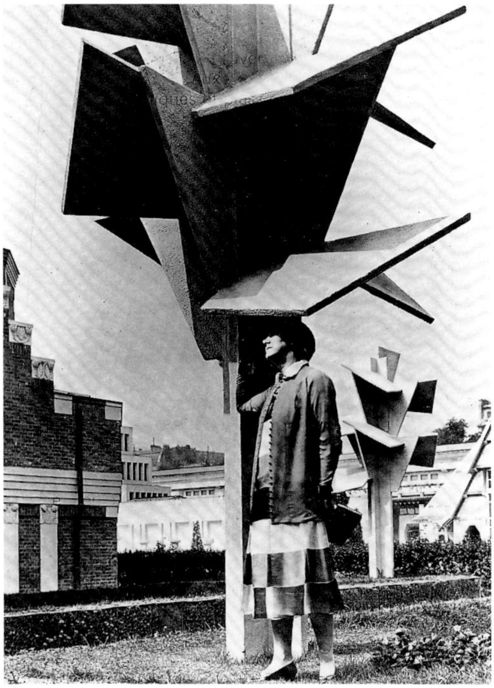

200. Mallet-Stevens, les arbres en béton réalisés par les frères Martel pour l'Exposition des Arts décoratifs de 1925 à Paris. Au premier plan, le modèle Paulette Pax porte un ensemble dessiné pour l'occasion par Sonia Delaunay.

syntaxe moderniste que Mallet-Stevens élaborait par ailleurs dans ses décors de films – notamment ceux réalisés en 1923 pour *L'Inhumaine* et en 1926 pour *Le Vertige*, deux films de Marcel L'Herbier. Cette mondanité moderniste, qu'il nommait pour sa part « cubisme mondain » par opposition au « cubisme théorique » de Le Corbusier, le rendit populaire auprès de nombreux artistes cubistes et futuristes de l'époque, lesquels, pour la plupart, participèrent à l'Exposition de 1925 : les frères Martel, Fernand Léger, Henri Laurens et, surtout, Robert et Sonia Delaunay. Cette dernière apporta une ultime touche au pavillon du Tourisme avec la collection de vêtements qu'elle conçut à l'occasion de l'exposition, et qui fut présentée par les mannequins de Jacques Heim devant l'entrée de cet édifice ou, de manière plus saisissante encore, sous les arbres en béton [200] imaginés par Mallet-Stevens et réalisés par les frères Martel pour le

« jardin cubiste » aménagé sur l'esplanade des Invalides.

Les œuvres les plus significatives de Mallet-Stevens, dont la carrière fut aussi spectaculaire que brève, datent cependant de la seconde moitié des années 1920. Il s'agit essentiellement de luxueuses maisons privées, dont les volumes étaient influencés par le Raumplan de Loos – lequel marqua plusieurs autres concepteurs français, surtout après son installation à Paris en 1922. Le renom de Mallet-Stevens est né avec la grande et somptueuse villa qu'il aménagea pour le vicomte de Noailles à Hyères entre 1923 et 1928. Plusieurs hôtels particuliers suivirent cet ensemble pour le moins extravagant, notamment celui de Mme Collinet, construit en 1926 à Boulogne-sur-Seine, qui fut bientôt côtoyé par deux autres constructions de style proche, la villa Cook de Le Corbusier et une maison de ville de Raymond Fischer. Mallet-Stevens conduisit en même temps, dans le quartier d'Auteuil, l'opération immobilière de la rue qui porte désormais son nom [201] : il y réalisa en 1927 sa propre habitation et un atelier attenant. Sa dernière commande privée fut la spectaculaire villa revêtue de briques de M. Cavroix, qu'il acheva à Croix, dans le Nord, en 1932.

Contrairement aux espaces très complexes en plan et en coupe de la villa Cook ou de la maison Schröder [129, 130], les volumes domestiques de Mallet-Stevens restaient assez statiques. Toujours dans l'esprit du Raumplan, les pièces étaient relativement conventionnelles : en effet, en dehors de la création, ici ou là, d'un demi-niveau ou d'un escalier en spirale, et du recours occasionnel à un volume à double hauteur ou à une large porte coulissante, les potentialités modernes de manipulation de l'espace n'étaient que suggérées. Là réside sans doute la raison pour laquelle Sigfried Giedion refusa d'accepter Mallet-Stevens comme

201. Rue Mallet-Stevens, vue depuis son extrémité, 1927.

202. Lurçat, hôtel Nord-Sud, Calvi (Corse), 1930, vue de la façade sur mer.

délégué français officiel aux CIAM lorsque Le Corbusier suggéra son nom pour le remplacer au congrès de 1929.

Bien que de huit ans le cadet de Mallet-Stevens et formé à la traditionnelle École des beaux-arts et non à l'École spéciale, André Lurçat fit des débuts proches de ce dernier et à la même époque. En 1926, à l'âge de 32 ans, Lurçat avait ainsi déjà construit huit ateliers d'artistes dans la cité Seurat à Paris, ainsi que la villa Guggenbühl près du parc Montsouris et deux autres villas « cubistes » à Versailles. Un fossé idéologique et culturel sépare cependant les deux hommes, fossé visible dans les différences entre la cité Seurat et la rue Mallet-Stevens : alors que la première est un méthodique exercice d'urbanisme fondé sur la déclinaison d'un atelier type, la seconde, destinée à une clientèle plus fortunée et bourgeoise, est une mise en scène sculpturale plutôt que typologique. Pour autant, on retrouve dans les deux opérations certains traitements de détail similaires. Ainsi, la rampe en ligne brisée de l'escalier menant au jardin de la maison Michel à Versailles, de Lurçat, aurait presque pu être de la main de Mallet-Stevens.

Les aptitudes formelles de Lurçat apparurent clairement dans la villa Hefferlin, achevée à Ville-d'Avray en 1931, et dans l'hôtel Nord-Sud, réalisé en 1930 à Calvi (Corse) : ce simple édifice à un étage, abritant huit chambres-ateliers, était subtilement intégré aux rochers de la côte méditerranéenne. L'aspect de l'ensemble variait du tout au tout selon qu'on l'appréhendait depuis les terres ou depuis la mer ; de ce dernier côté, la façade [202] était scandée par les fenêtres des studios et leurs terrasses en porte-à-faux au-dessus d'un jardin ornemental ; de l'autre, la façade blanche et nue n'était animée que par les meurtrières du couloir desservant les chambres.

Lurçat avait affiché une sensibilité de gauche dès la fin des années 1920, mais sa carrière d'architecte engagé prit un tour décisif lorsqu'il remporta le concours du groupe scolaire Karl-Marx [203] de Villejuif en 1930, concours qui avait été organisé par le maire communiste de la ville, Paul Vaillant-Couturier. Lurçat voulait que son projet soit une « école active », où les contraintes répressives des institutions du XIX^e^ siècle n'auraient plus cours. Il expliquera à Moïse Guinzbourg lors de son séjour en URSS que, lorsqu'il disait à propos de l'école « pour nous, c'est la révolution », il se référait en fait essentiellement à l'utilisation de cloisons mobiles, garante de la suppression de l'immémoriale inégalité entre les sexes.

La stature de héros mythique du Front populaire de Lurçat vient sans doute de son investissement dans le traitement des détails de cette école, dont la grande qualité d'exécution est certainement liée aux nombreux plans à l'échelle 1/20^e^ qu'il dessina avec ses assistants durant le chantier. Cet équipement fut moderne

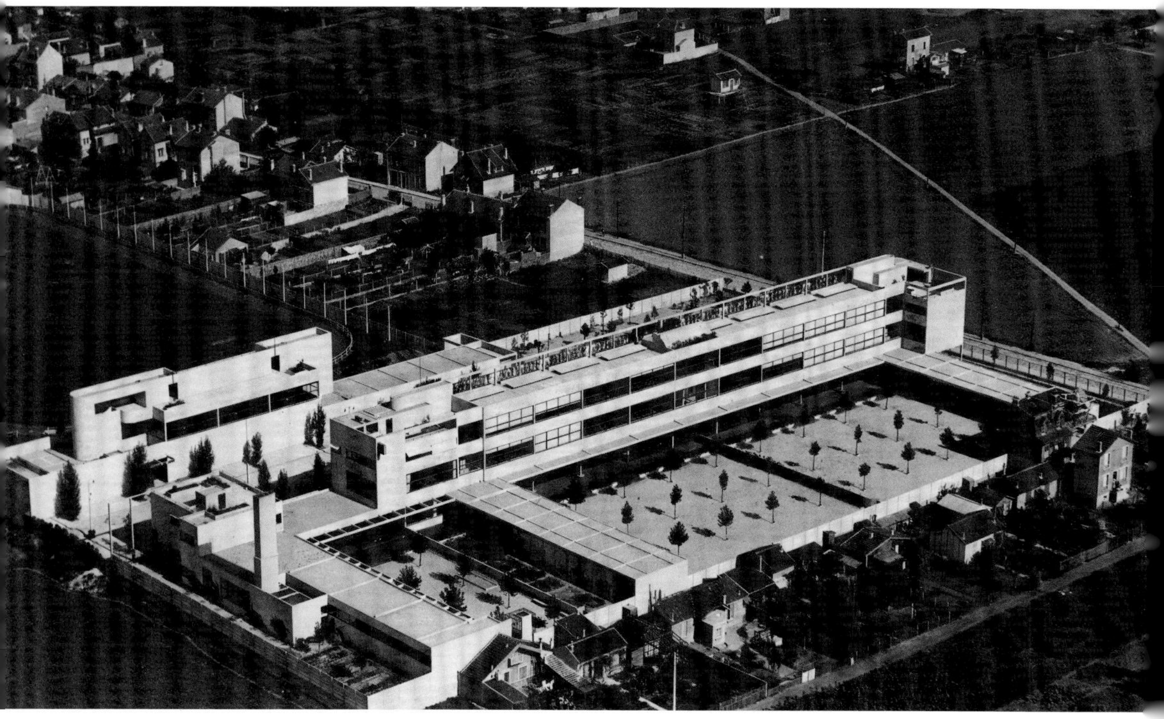

203. Lurçat, groupe scolaire Karl-Marx, Villejuif, 1931-1933, vue aérienne.

à de nombreux égards, depuis l'efficacité et la précision de l'organisation de l'intervention des différents corps de métier lors de la construction jusqu'à l'aménagement intérieur avec des meubles Thonet. Sa véritable dimension sociale et didactique se révéla toutefois à l'usage, avec la présence d'éléments inhabituels comme un solarium, un aquarium, un stade et, surtout, un gymnase transformable en théâtre. À l'instar de l'ensemble « Latitude 43 », réalisé par Georges-Henri Pingusson à Saint-Tropez en 1932, qui réunissait un hôtel de cent chambres et des équipements sportifs, l'école Karl-Marx fut pensée comme un « condensateur social », un lieu de liesse populaire, une pièce urbaine type pour un avenir métropolitain encore inconnu, mais aussi un modèle pour la société socialiste à venir. Elle fut inaugurée le 9 juillet 1933 par une grande fête à laquelle assistèrent près de 20 000 personnes, et fut exploitée à maintes occasions, à la fois dans des films et dans des photographies, par le Parti communiste français, tout au long des années 1930.

En 1933 toujours, Lurçat radicalisa sa position, sans doute à la suite des attaques sans cesse plus réactionnaires contre l'architecture moderne dans la presse française, notamment sous la plume de Camille Mauclair, critique d'art au *Figaro* et auteur d'un pamphlet significativement intitulé *L'Architecture va-t-elle mourir ?* Lurçat forma un atelier collectif et se rendit en janvier 1934, parrainé par l'Association des écrivains et artistes révolutionnaires (AEAR), en Union soviétique. La dichotomie de sa personnalité artistique – qui le faisait osciller entre l'utilisation d'un vocabulaire moderne international et le souhait de retrouver une culture française classique, plus accessible au grand nombre – se trouva comme accentuée par cette expérience. Ainsi, alors qu'il rencontrait en URSS les personnalités les plus marquantes de l'avant-garde cinématographique et théâtrale – Dziga Vertov, Vsevolod Poudovkine, Sergei Eisenstein et Vsevolod Meyerhold –, il proclama son opposition à l'avant-garde architecturale de l'Occident…

alors qu'il participait activement aux premiers CIAM ! Il se révéla particulièrement virulent contre Le Corbusier, auquel il devait pourtant beaucoup : le livre qu'il publia en 1929, *Architecture*, était comme sous influence de *Vers une architecture*, et les « 5 points d'une architecture nouvelle » ont participé de l'élaboration de son style. L'historien Jean-Louis Cohen a toutefois montré que Lurçat était trop imprégné de culture classique pour accepter en bloc lesdits « points » :

*Face aux « 5 points d'une architecture nouvelle », présentés par Le Corbusier et Pierre Jeanneret, et vainement proposés comme « programme commun » à La Sarraz, Lurçat exhibe ses « éléments nouveaux », curieusement aussi au nombre de cinq : 1) la terrasse, 2) les pilotis, 3) la fenêtre, 4) la couleur, et 5) l'électricité, la lumière artificielle, la force et le chauffage.*

Malgré cette dette, Lurçat dénonça devant l'Union des architectes soviétiques à la fois l'indifférence à la lutte des classes de Le Corbusier et l'excès d'importance qu'accordaient au chantier et à l'économie de la production les architectes allemands marxistes de la Neue Sachlichkeit – lesquels travaillaient déjà en Union soviétique. Dans un esprit similaire, Lurçat en vint à reconsidérer sa formation Beaux-Arts à l'aune du « classicisme » qui voyait le jour dans le nouvel Etat communiste. Ainsi, tout en ayant approuvé le choix du projet académique de Boris Iofan pour le Palais des Soviets, il conserva une syntaxe épurée dans son propre travail, ce dont témoigne le projet de dom-Komune qu'il présenta officiellement lors de son deuxième voyage à Moscou en juillet 1934. Malgré une arcade monumentale sur quatre niveaux élevée face à la place publique comme une sorte de fausse entrée « représentative », ce projet était à l'évidence proche de l'immeuble Clarté à Genève et du pavillon suisse à la Cité universitaire de Paris, de Le Corbusier, achevés en 1932. Lurçat s'installa à Moscou en octobre 1934 pour trois ans, à l'issue desquels le climat de suspicion et de répression instauré par Staline le poussa à rentrer en France.

Dans un texte inédit de 1934, intitulé « Néoclassicisme ou constructivisme », Lurçat posa les termes du débat délicat qui le hantera durant toute sa vie. Refusant à la fois les aspects potentiellement pompiers du premier style et la systématisation réductrice du second, il tenta de réconcilier technique moderne et ordre classique. En témoignent ses plans pour la seconde Faculté de médecine de Moscou, en chantier dès 1936 (un projet marqué par l'influence de Tony Garnier, dont Lurçat admirait l'œuvre et la pensée), de même que les nombreux ensembles qu'il réalisera pour la reconstruction de Saint-Denis en tant qu'architecte en chef de la ville communiste, de 1945 jusqu'à quelques années avant sa mort, en 1970.

De nombreux architectes de l'avant-garde parisienne étaient d'origine étrangère, ce qui reflétait bien le cosmopolitisme ambiant : ainsi, Eileen Gray venait d'Irlande, Jean Badovici (rédacteur de *L'Architecture vivante* de 1923 à 1933), de Roumanie, Jean Ginsberg et Bruno Elkouken, de Pologne. Le Corbusier (lui-même d'origine suisse) aurait classé la plupart de leurs travaux comme du « bel outillage », qu'il s'agisse d'un modeste immeuble de rapport ou d'un simple meuble, comme la chaise Transat conçue par Eileen Gray pour la villa qu'elle construisit avec Jean Badovici pour elle-même à Roquebrune-Cap-Martin. Véritable icône de la

204. Eileen Gray, maison E-1027 à Cap Martin, 1929. Axonométrie.

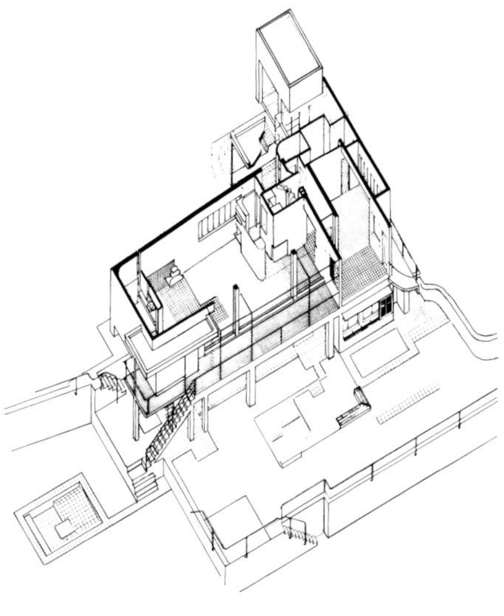

modernité [204, 205], cette maison reçut le nom énigmatique de « E-1027 » – une nomenclature « aéropoétique » qui était en fait un acrostiche crypté des initiales de Gray et de Badovici. Comme les meubles puristes que Charlotte Perriand, Pierre Jeanneret et Le Corbusier avaient exposés au salon d'automne de 1929, le mobilier d'Eileen Gray pour E-1027 constitue un tour de force en matière de « poésie de l'ameublement », véritable chef-d'œuvre méconnu du Mouvement moderne. Les conventions fonctionnalistes en matière de culture et de comportement étaient par ailleurs subtilement remises en cause dans la villa. Ainsi, les frontières entre architecture et ameublement semblaient se dissoudre, et on ne pouvait dissocier l'aspect pratique des éléments mobiles (stores, cloisons…) de leur célébration lyrique des transformations journalières auxquelles nous sommes tous soumis, c'est-à-dire de la façon dont l'individu sensible s'adapte aux variations climatiques et temporelles du jour et de la nuit, mais aussi aux besoins psychophysiologiques qui varient selon ces changements.

Une telle construction transcendait l'idée même d'art décoratif : les cloisons étaient comme dématérialisées en une symphonie abstraite de plans bleus, mauves et jaunes ; ceux-ci se détachaient les uns par rapport aux autres, avançant ou reculant, ou simplement pivotant, comme autant de couches fragmentaires, pour devenir des plans de travail, des miroirs ou des plateaux métalliques en porte-à-faux ; ils se combinaient avec le mobilier indépendant – et avec les écrans perforés, les matelas, les tapis et les coussins –, tous apportant une nuance particulière dans cet environnement de luxe nomade. En fait, Gray et Badovici cherchaient à traiter d'une manière non sentimentale leur recherche d'une création

205. Eileen Gray, maison E-1027 à Cap-Martin, 1929, vue générale du living-room.

fonctionnaliste. Ils s'en expliquèrent dans un dialogue fictif intitulé « De l'éclectisme au doute », qui accompagna la présentation de la villa dans *L'Architecture vivante* en 1929 :

*— Tu veux que l'architecture soit une symphonie où se trouvent exprimées toutes les formes de la vie intérieure.*

*— Exactement. Le rêve et l'action trouvent en elle un soutien égal.*

*— La décoration pourrait aider puissamment.*

*— C'est l'architecture qui doit être à elle-même sa propre décoration. Le jeu des lignes et des couleurs doit être tel, répondre si exactement à l'exigence de l'atmosphère intérieure, que toute peinture détachée, tout tableau, apparaissent non seulement inutile, mais nuisible à l'harmonie du tout.*

*— N'est-ce pas ce qu'a voulu faire l'architecture dite d'avant-garde ?*

*— En un sens oui, mais en un sens seulement. Car pour elle la création architecturale doit se suffire à elle-même, sans égard à l'atmosphère que réclame la vie intérieure. C'est une création de proportions parfois savantes, mais comme détachée de son objet principal qui est l'homme vivant.*

Vers la fin du texte, une des voix résume leur attitude vis-à-vis de la norme et du type : *Je crois que la plupart des gens se trompent sur le sens qu'il convient de donner à ce mot « type ». Pour eux « type » est synonyme de création simplifiée à l'extrême et destinée à être reproduite en série. Mais je comprends autrement. Une maison type n'est pour moi qu'une maison dont la construction a été réalisée selon les procédés techniques les meilleurs et les moins coûteux, et dont l'architecture réalise, pour une situation donnée, le maximum de perfection : c'est-à-dire qu'elle est comme un modèle qu'on devra, non pas reproduire à l'infini, mais dont on s'inspirera pour construire dans le même esprit d'autres maisons.*

Cet intérêt réaliste pour la déclinaison d'un type selon les circonstances informe aussi les premiers bâtiments de Jean Ginsberg, dont la maturité précoce fut vraisemblablement liée à sa formation et à ses premières expériences. En effet, il fut d'abord l'élève de Mallet-Stevens à l'École spéciale de 1924 à 1929, ensuite

206. Ginsberg et Lubetkin, immeuble, 25 avenue de Versailles, Paris, 1931-1932. Façade sur l'avenue.

stagiaire chez Le Corbusier puis chez André Lurçat, avant d'obtenir sa première commande personnelle : un étroit immeuble de rapport (huit niveaux de deux appartements chacun) qu'il réalisa avec le jeune émigré russe Berthold Lubetkin au 25, avenue de Versailles à Paris en 1932 [206]. Après cette élégante réinterprétation des « 5 points » de Le Corbusier, Ginsberg réalisa un immeuble d'angle, associé cette fois à François Heep, au n°42 de la même avenue. Les deux constructions sont de savants exercices sur l'art de distribuer des appartements dans des parcelles très petites, par ailleurs remarquables par leur niveau de finition et la subtilité de leurs détails, telles les fenêtres à guillotine aux proportions horizontales, la répétition des lignes horizontales de leurs garde-corps tubulaires (au n°25) ou les balcons de verre et le calepinage précis mais dénué de toute stérilité académique du revêtement en pierre (au n°42).

Autre architecte d'origine étrangère alors actif en France, Bruno Elkouken construisit quatre élégants immeubles de logements à Paris, avant d'émigrer précipitamment en Amérique en 1937. Le plus abouti d'entre eux est certainement celui qui superposait des ateliers d'artistes à un cinéma de 500 places, le studio Raspail, achevé sur le boulevard du même nom en 1932. Sa composition peut être analysée comme la modernisation du parti adopté par Perret dans l'immeuble de la rue Franklin : une façade à doubles bow-windows symétriques (mais sans baie centrale en renfoncement), avec des retraits successifs à partir du septième étage. Les fines huisseries métalliques des baies – divisées verticalement au niveau de l'allège puis formant des bandes horizontales – expriment, au niveau de l'épiderme de la façade, la superposition de l'atelier à double hauteur sur le niveau d'habitation qui lui est associé.

Le conflit qui domina l'architecture française des années 1920 et 1930 opposait les valeurs persistantes de l'Art déco, dominantes après le triomphe populaire de l'Exposition de 1925, aux normes traditionnelles du classicisme académique – lesquelles l'emportèrent, finalement, au concours de la Société des Nations en 1927. Cet épisode provoqua notamment, outre la création des CIAM, la formation en 1929 de l'Union des artistes modernes (UAM) ; cette organisation était plus un regroupement de type syndical pour lutter contre l'isolement artistique de ses membres vis-à-vis des goûts du public et contre le style Art déco et l'académisme qu'elle ne reposait sur une base idéologique et formelle commune. Le caractère ambigu de cette association apparaît dans la diversité d'intérêts représentés par ses membres fondateurs : Pierre Chareau, Josef Cszaky, Sonia Delaunay, Eileen Gray, René Herbst, Francis Jourdain, Robert Mallet-Stevens, Charlotte Perriand, Jean Prouvé et Jean Puiforcat. Mallet-Stevens était le seul architecte, les autres étant des peintres, décorateurs, ferronniers ou artistes qui souhaitaient couper les ponts avec la toute-puissante Société des artistes décorateurs pour emprunter une voie résolument nouvelle dans l'aménagement intérieur et la conception d'objets. À l'époque de la publication du long manifeste de l'UAM,

207. Chareau, Maison de Verre, rue St-Guillaume, Paris, 1931. Axonométrie.

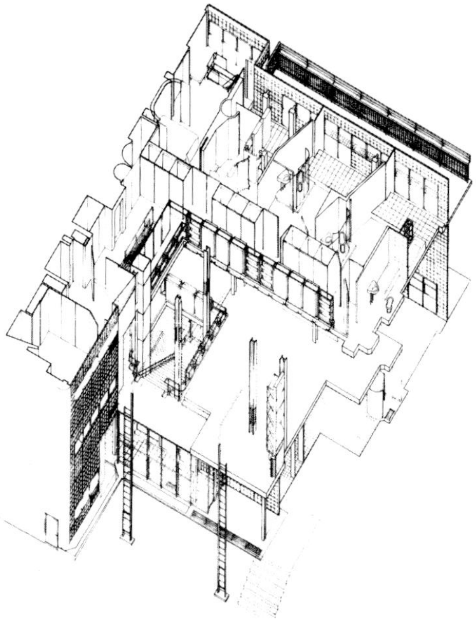

208. Chareau, Maison de Verre, Paris, 1931, vue du grand salon.

en 1934, certains des membres les plus créatifs avaient pourtant déjà quitté le groupe, comme Delaunay et Gray. La seule ligne esthétique commune de l'UAM semble, au fond, la volonté d'inscrire l'environnement moderne dans le verre et le métal : à cet égard, la Maison de Verre [207, 208], réalisée par Pierre Chareau (avec la collaboration de l'architecte hollandais Bernard Bijvoet et de l'entrepreneur Louis Dalbet) en 1932, radicalement avant-gardiste, reflète bien la ligne de l'UAM.

Jusqu'alors, l'expérience de Chareau s'était limitée à la création de meubles et à des aménagements intérieurs, ce qui explique peut-être la nature hybride de cette maison. Les clients, le docteur Dalsace et son épouse, avaient pensé démolir le corps de logis d'un hôtel particulier existant qui occupait le centre du terrain qu'ils avaient acquis. Mais une locataire, dont le statut d'occupation était protégé par la loi, refusait de quitter le deuxième étage où elle habitait. Il fallut donc opérer une reprise en sous-œuvre et étayer ce niveau occupé pour libérer les deux premiers niveaux de la construction existante, afin d'y créer trois nouveaux étages. Une fois le parti global accepté et l'espace dégagé clos de verre, Chareau et ses commanditaires insérèrent les éléments souhaités comme s'il s'agissait des fragments d'un collage. Le rez-de-chaussée fut alloué au cabinet médical, le premier étage aux espaces de réception et le second aux activités privées. Cette stratégie « collagiste » se retrouve dans le traitement des sols : les parties publiques furent revêtues de dalles de caoutchouc pastillé blanc, les espaces semi-publics – comme le boudoir du premier étage et le bureau –, de carreaux de céramique noire, et les parties privées, de parquet.

La maison fut d'emblée conçue comme une machine de lumière, son plan libre étant inondé par la lueur diffuse qui entrait par les façades avant (sur la première cour) et arrière (sur jardin), toutes deux quasi intégralement traitées en panneaux de pavés de verre Colorado, insérés dans de minces cadres métalliques recouverts de ciment. Ce type de « non-percement » peu orthodoxe fut à l'origine d'une série de déplacements poétiques, le plus spectaculaire étant certainement la métamorphose de la maison, de nuit, en immense lanterne : la lumière, artificielle désormais, irradie de l'intérieur vers l'extérieur. Cet effet inhabituel peut à son tour être inversé si l'on éclaire l'intérieur par les projecteurs fixés à l'extérieur de la paroi de verre. Cette transformation de la nuit en jour, de la masse en membrane, de l'opacité en transparence est complétée par une « poésie de l'outillage » qui règle, verticalement, la distribution du courant électrique dans des tubes dissociés des murs et, horizontalement, la circulation de l'air chaud dans des conduits encastrés dans les différences de niveau.

Sous l'influence de Le Corbusier, Chareau avait conçu la Maison de Verre comme une « machine à habiter » transformable : son plan était libre, non seulement dans le sens où il existait une dissociation entre les points porteurs et les cloisons, mais aussi dans celui où chaque espace pouvait prendre un autre aspect, ou être utilisé différemment, grâce à la manipulation d'éléments mobiles (portes pivotantes, écrans suspendus, cloisons coulissantes, de hauteur et de largeur variables). Le dispositif le plus fonctionnel assurait l'isolation acoustique du bureau et du boudoir du premier étage, mais les possibilités de modifier les ambiances intérieures concernaient, comme dans la villa E 1027 de Gray, l'ensemble de la maison, notamment grâce aux vasistas d'angle en tôle commandables à distance qui ventilaient le volume central. Peu après l'achèvement de la maison, l'architecte et critique Julius Posener (sous le pseudonyme de Julien Lepage) apprécia ainsi ce potentiel de transformation mécanisée :
*Partout on remarque le même souci de rendre visible une fonction, d'exprimer jusqu'aux possibilités d'une fonction, de ne pas pourvoir seulement aux besoins réels du propriétaire, mais d'organiser jusqu'à ses besoins possibles, ou de susciter en lui, en les satisfaisant d'avance par un mécanisme raffiné, de nouveaux désirs dont lui, le propriétaire, ne s'est pas rendu compte. [...] Dans ce sens-là, il n'y a pas de machinisme dans cette maison. Tous les appareils n'ont rien de menaçant. Ils sont traités avec tant de légèreté, leur fonctionnement est si bien accusé, que ce sont des organes plutôt que des instruments.*

Cet organicisme était accentué par la diversité des expériences culturelles convoquées par la maison (à l'instar de ce qui se passait dans les espaces aménagés par Loos). Ainsi, les façades ont certaines qualités des *shoji* japonais – un exotisme qu'évoquent aussi les parois de séparation pivotantes laquées de noir, les poteaux rivetés en acier peints en rouge minium et, sur un autre registre, les fauteuils anthropomorphes en bois et cuir, conçus par Chareau et réalisés avec une qualité d'ébénisterie digne d'un Émile Ruhlmann. Ce chef-d'œuvre de l'entre-deux-guerres est donc aussi ambigu que polyvalent : il s'agit d'un prototype de maison modulaire, conçu en vue d'une production industrielle et, pourtant, c'est un travail absolument artisanal. Il représente en outre une sorte d'apothéose du design ergonomique, et son « ultra-fonctionnalisme » peut être envisagé comme une surenchère ironique : comment expliquer, sinon, une telle abondance de bidets dans la maison d'un gynécologue ? La Maison de Verre récupère également avec brio des éléments hérités du fonctionnalisme de la fin du XIXe siècle, comme les fenêtres de compartiments de chemin de fer, réinterprétées dans les chambres à coucher du deuxième étage, et semble imprégnée d'une sorte d'érotisme de la machine, qui incite à la comparer au *Grand Verre* (ou *La mariée mise à nu par ses célibataires, même*) de Marcel Duchamp.

Si le traitement des girons de l'escalier en métal et verre de l'immeuble Clarté à Genève témoigne de la connaissance que Le Corbusier avait de la Maison de verre, celle-ci était dans l'ensemble bien trop idiosyncrasique pour jouir d'une reconnaissance d'envergure. Le premier écho de la maison fut donc assez limité et seuls

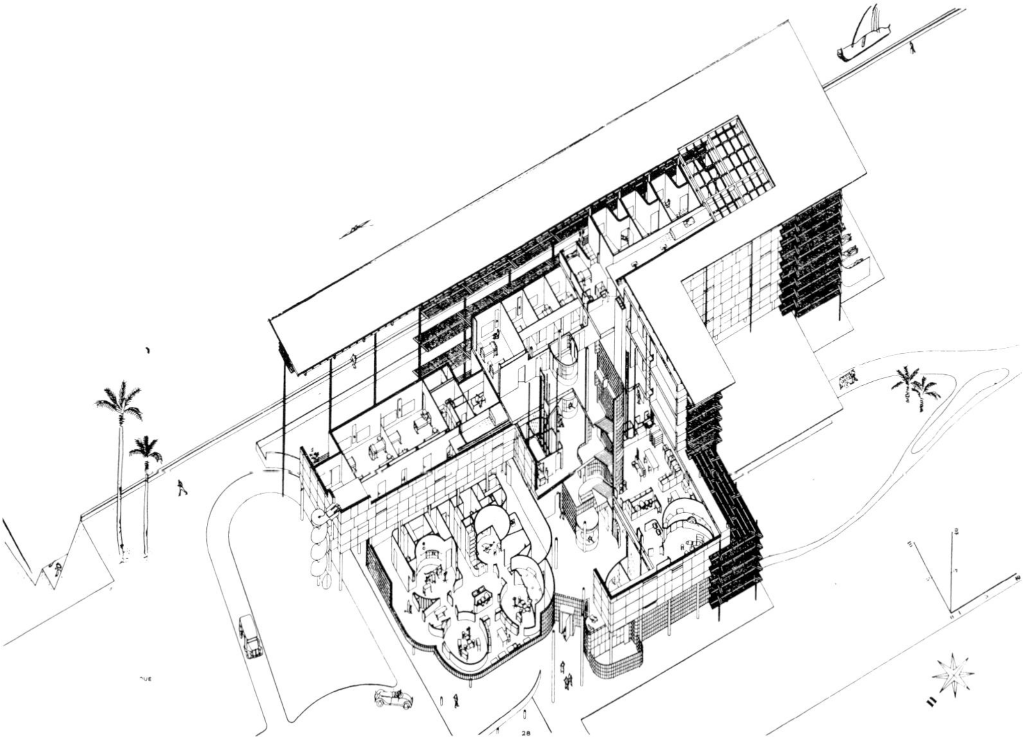

209. Nelson, hôpital à Ismaïlia pour la Cie du Canal de Suez, 1936. Axonométrie du pavillon de chirurgie.

le jeune artisan ferronnier Jean Prouvé et l'architecte américain Paul Nelson, installé en France après la Grande Guerre, s'en inspirèrent à cette époque. En effet, ce dernier avait été très impressionné par la Maison de verre ; il se souvint :

*Je visitai pour la première fois la maison de Verre un après-midi vers quatre heures. J'attendais en bas dans le cabinet. La lumière commença à faiblir peu à peu pendant que j'attendais. On alluma soudain les lumières extérieures, et tout l'intérieur de la maison fut inondé d'une lumière merveilleuse. En haut dans la grande salle on jouait un concerto de Mozart au piano. Je ressentis une sensation de joie des plus intenses et indescriptibles, tandis que j'attendais dans cette lumière inattendue et que j'écoutais.*

Il reprit au demeurant le parti « en microcosme » de Chareau dans l'hôpital [209] qu'il réalisa à Ismaïlia pour la Compagnie du canal de Suez en 1936 : il y protégea de la chaleur l'ensemble de la construction par ce qu'il appelait une « enveloppe parasolaire » sous laquelle il installa, notamment, une zone stérile revêtue de briques de verre. Cette maison de verre en miniature abritait à son tour quatre salles d'opération ovoïdes, dont le type sera réinterprété en 1947 par Nelson dans l'hôpital franco-américain de Saint-Lô. Le même thème apparaît encore, sous une forme plus élaborée et presque surréaliste, dans son projet théorique de Maison suspendue en 1937.

Dans les années 1930, trois grandes agences travaillaient en France, chacune d'elles ayant un positionnement idéologique spécifique. Seule celle d'Eugène Beaudouin et Marcel Lods était engagée dans la cause moderne au sens avant-gardiste. Les deux autres – celle de Michel Roux-Spitz et celle des frères Perret – se servaient de la nécessité de modernisation comme d'un outil pour réinterpréter et épurer les traits dominants de la tradition classique française. Ces trois agences reçurent à l'époque le titre de « grands constructeurs », honneur qu'elles ne partagèrent qu'avec le bureau de l'ingénieur Eugène Freyssinet.

Beaudouin et Lods occupèrent sans peine le devant de la scène technique française à partir de leur première commande importante, la cité de la Muette à Drancy achevée en 1933, et ce jusqu'à leur dernière œuvre d'envergure avant la Seconde Guerre mondiale – la Maison du Peuple à Clichy, de 1939 [210, 211]. Entre-temps, deux réalisations de nature comparable et un projet marquèrent cette période : l'aéro-club Roland-Garros à Buc et l'école de plein air de Suresnes, réalisés l'un et l'autre en 1935 ; la proposition audacieuse de 1934 pour un hall d'exposition entièrement en acier, conçu en collaboration avec l'ingénieur Vladimir Bodiansky, et couvrant un espace de 120 000 mètres carrés sans support intermédiaire.

Plus intéressés par l'invention technique en elle-même que Perret, Beaudouin et Lods conçurent leurs immeubles de Drancy selon les contraintes strictes d'une production rationalisée. Ils employèrent à cette fin le système de charpente en acier Mopin, sur laquelle étaient fixés des modules préfabriqués en béton de planchers, de murs ou de fenêtres. Réalisées dans la cadre de la loi Loucheur, les cinq tours et les dix barres de la cité de la Muette qui abritaient en tout 590 logements étaient également une vitrine de la technologie française à un autre titre : un système de vide-ordures à aspiration collectant les déchets de toute la cité vers un incinérateur central fut étudié, mais ne put être mis en œuvre pour des raisons budgétaires. Malgré une composition et une modénature très Beaux-Arts, l'ensemble était aussi normalisé que n'importe quelle *Siedlung* allemande de la fin des années 1920. Mais le recours à des masses diversifiées en hauteur et en longueur le différenciait des standards de la Neue Sachlichkeit : il juxtaposait en effet des tours et des barres. Répétée à l'envi après 1945, cette formule entraînera les dégâts urbains que l'on sait. L'échec urbanistique qui devait suivre avait été comme annoncé par une tragique ironie de l'histoire : la cité de la Muette servit en effet, de 1941 à 1944, de camp de transit pour les Juifs avant leur déportation vers les camps d'extermination, puis, en 1946, de lieu d'enfermement pour les collaborateurs avec l'occupant allemand, en attente de leur jugement à la Libération.

L'École de plein air réalisée à Suresnes en 1935 par Beaudoin et Lods est l'un de ces ouvrages inventifs qui abondèrent dans les premières années du Mouvement moderne. L'originalité de l'établissement tient certainement à ce qu'il répondait aux besoins particuliers d'enfants à la santé fragile. Face à un petit parc, il comprenait deux éléments principaux. Le premier, formant en plan un boomerang, abritait les équipements communs : accès, réfectoire, préau, bureaux, services, etc.

210. Beaudoin et Lods, Prouvé, Bodiansky, Maison du Peuple, Clichy, 1939. Vue de l'étage lorsque le plancher est disposé au-dessus du marché et la cloison périphérique ouverte.

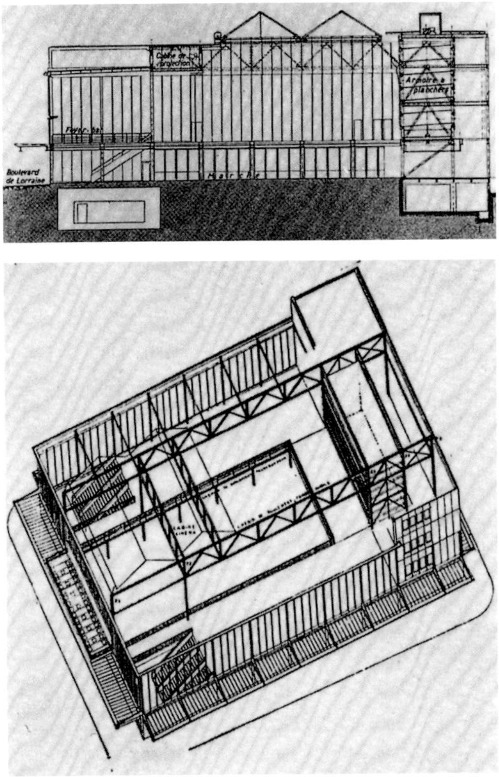

211. Beaudoin et Lods, Prouvé, Bodiansky, Maison du Peuple, Clichy, 1939. Coupe transversale et axonométrie de l'ensemble avec la verrière retirée.

Le second comprenait huit pavillons de classe, reliés entre eux et au bâtiment central par des galeries couvertes. Avec leurs portes coulissantes et repliables donnant sur le parc, et leurs toitures-terrasses accessibles par des rampes, ces pavillons incarnaient une authentique – et insurpassée – « poésie d'outillage ».

Marcel Lods s'intéressant à la construction légère en métal, Jean Prouvé devint assez logiquement un de ses proches collaborateurs ; leur association permit la réalisation de deux remarquables constructions à parois métalliques avant la Seconde Guerre mondiale : le petit aéroclub de Buc de 1935 et la Maison du Peuple à Clichy. Que l'on range cette dernière parmi les bâtiments ou les machines ne change rien à l'efficacité de sa structure totalement préfabriquée, qui témoignait de l'excellence de l'association Lods-Prouvé : sur un terrain limité, ils étaient parvenus à répondre à toutes les exigences d'un programme dense et complexe.

Rétrospectivement, la Maison du Peuple, tout comme l'école de Lurçat à Villejuif, est une sorte de symbole du Front populaire. Sa structure transformable complexe reflétait bien la soif d'innovation de l'époque. Le programme de la municipalité consistait à réunir, en un même lieu, le marché au rez-de-chaussée, un cinéma de 700 places, une salle de réunion pour 2 000 personnes et plusieurs petits bureaux. Lods, Prouvé et l'ingénieur structure Vladimir Bodiansky y répondirent par un « bâtiment-machine » qui autorisait un processus de transformation en trois étapes. La première permettait de fermer le volume central au-dessus du marché – qui fonctionnait avec une double hauteur pendant la journée – par un plancher amovible constitué de sept plates-formes préfabriquées suspendues latéralement à de hauts portiques, créant ainsi le sol d'une salle de réunion pour le soir. La deuxième consistait à « encercler » l'espace central, qui devenait alors une salle de cinéma, par des écrans en métal pliables et coulissants ; la dernière offrait la possibilité d'effacer virtuellement le toit, puisque la verrière de couverture, coulissante, permettait une utilisation de la salle en plein air. Il est troublant de constater que cette construction extraordinairement élégante et efficace, aujourd'hui âgée de près de 70 ans, occupe encore une place importante au sein des ouvrages high-tech de la fin du XX$^{e}$ siècle.

Dans le débat qui opposa durant l'entre-deux-guerres la modernité à la tradition, Michel Roux-Spitz, Grand Prix de Rome en 1920, fait figure de médiateur ; il a en effet occupé une position intermédiaire entre les architectes d'avant-garde, influencés par le cubisme et le futurisme (Le Corbusier, Mallet-Stevens et Lurçat), et l'école du rationalisme structurel de Perret, qui sut exploiter l'ossature en béton armé pour réconcilier les deux grandes traditions constructives de l'architecture française, le gothique et le classicisme. Ce que l'on pourrait appeler l'« école » de Tony Garnier – formée par Garnier lui-même et son

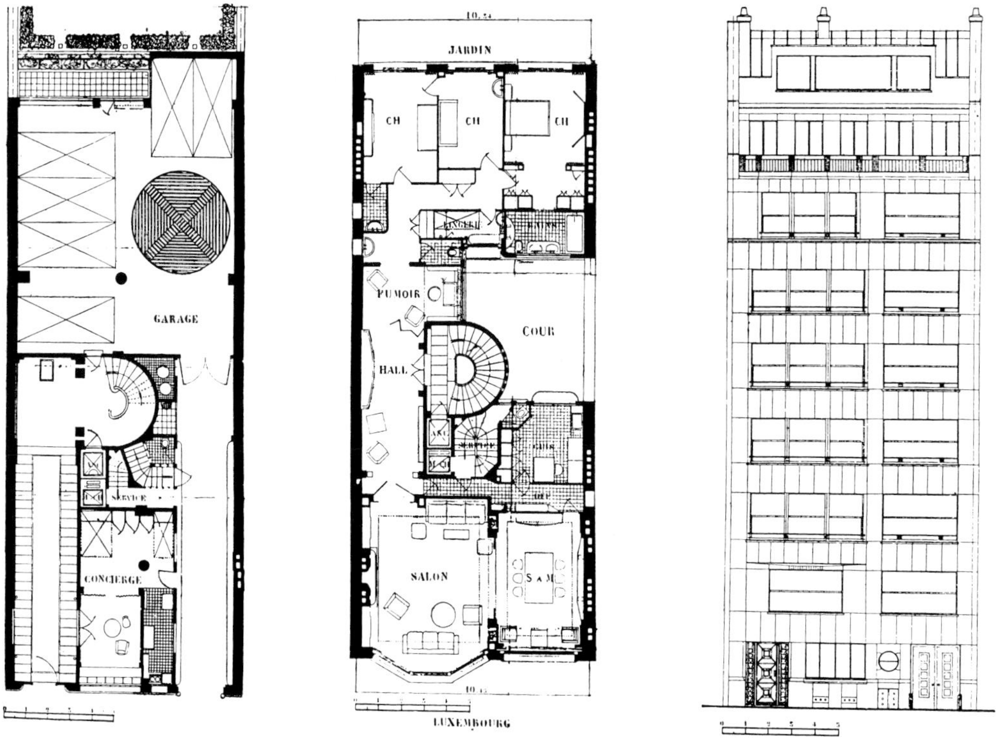


212. Roux-Spitz, immeuble rue Guynemer, Paris, 1925. Plans du rez-de-chaussée et d'un étage courant, façade sur rue.

élève Roux-Spitz – n'exprimait toutefois l'ossature que lorsque la taille ou le type de construction le permettaient, comme dans les abattoirs de la Mouche [83], achevés par Garnier à Lyon en 1917, ou dans l'annexe de la Bibliothèque nationale, commencée par son cadet à Versailles en 1932. La composition des immeubles de logement parisiens des débuts de Roux-Spitz était contrôlée par l'utilisation de tracés régulateurs, comme chez Le Corbusier ou Mallet-Stevens. Mais son travail se distinguait de ce que l'on stigmatisait alors comme « l'architecture du plâtre » par l'importance qu'il accordait aux qualités de la pierre polie, dont étaient systématiquement revêtus ses immeubles. Pour autant, on ne peut considérer que son premier immeuble, achevé rue Guynemer en 1927, soit traditionnel [212] : en dehors du bandeau à modillons qui court le long de l'allège du sixième étage, la façade en pierre entièrement polie, avec des joints réduits au minimum, ne fait aucune concession au vocabulaire haussmannien. Ainsi, malgré son opposition au nudisme de l'avant-garde, Roux-Spitz était autant préoccupé par la recherche d'un « degré zéro de l'architecture » et par la disparition de l'ornementation que Garnier et Loos avant lui.

Comme ce dernier, il compensa ce silence opposé à la sphère publique par la richesse des espaces intérieurs privés. L'un des appartements de l'immeuble rue Guynemer fut ainsi intégralement aménagé dans le style Art déco : murs et placards revêtus de bois exotiques, meubles laqués, éclairage opalescent, capitonnages de velours, fourrures, coussins, grands panneaux en miroir et pilastres cannelés sans chapiteau – ici régnaient luxe, calme, confort et exotisme. Le bâtiment inaugurait un type d'immeuble mitoyen que Roux-Spitz répétera, avec les variations appropriées aux terrains, trois fois : quai d'Orsay et sur les boulevards Montparnasse et Inkermann (ce dernier étant à Neuilly). Dans la lignée des rationalistes français qui va de Durand [3] à Garnier et Perret via Guadet, il y montra sa maîtrise du plan et son aisance à adapter les éléments de service modernes – cuisines, buanderies, salles de bains, parkings souterrains, etc. – tout en conservant, dans les pièces principales, un sens de l'enfilade classique et de la convenance. Outre ces trois luxueux immeubles mitoyens, Roux-Spitz réalisa un ensemble d'ateliers d'artistes dans la rue de la Cité universitaire et un grand immeuble isolé avenue Henri-Martin, en face du bois de Boulogne - cinq édifices érigés presque simultanément entre 1928 et 1931.

De 1925 à 1932, le traitement des détails par Roux-Spitz s'éloigna toutefois de l'influence Art déco, surtout dans ses aménagements intérieurs : ainsi, dans le bureau pour un écrivain de 1931 et dans l'appartement qu'il meubla avenue Henri-Martin en 1932, les murs sont sobres et l'éclairage moins théâtral ; plus surprenant, le mobilier club capitonné en cuir voisine avec des pièces de Le Corbusier et Charlotte Perriand.

Deux grandes commandes de l'État, toutes deux mises en chantier en 1932, firent ensuite la carrière publique de Roux-Spitz : le central des chèques postaux de Paris et l'annexe de la Bibliothèque nationale de Versailles. Il fut pendant vingt ans le principal architecte de ces deux institutions nationales, ce qui lui permit de moins pâtir que ses confrères de la crise des années 1930 puis de la guerre. Ironie de l'histoire, l'élève le plus talentueux de Garnier aura évolué, politiquement, bien à la droite de son maître : sans se soucier des changements de gouvernement, Roux-Spitz a en effet servi infailliblement l'État de 1932 à 1957. Cela explique sans doute qu'il ait été nommé, en 1943, professeur de théorie à l'École nationale supérieure des beaux-arts – et, dans une moindre mesure, qu'il ait de plus en plus opté pour le néoclassicisme au fil des années. À cet égard, son discours inaugural aux Beaux-Arts, au ton nationaliste, voire réactionnaire, est explicite :

*Ce n'est pas vers un ensemble désordonné de créations industrielles et mécaniques, ni par besoin d'évasion vers un culte romantique de la fantaisie que nous conduit notre dure époque ; ce n'est pas non plus, je le répète, vers une « nostalgie du passé », mais c'est bien vers un nouvel ordre, un nouveau classicisme, à riches dessous scientifiques et techniques, vers une humanisation et une normalisation des applications de la science, de toutes ces découvertes qui ébranlent notre civilisation européenne, c'est vers un nouvel humanisme que nous marchons. Il y faut un sens aigu de l'action, de l'action avant tout. C'est elle qui assurera la continuité française. Voilà l'oxygène qui nous régénérera.*

En 1923, Auguste Perret cofonda, avec Albert Morancé, *L'Architecture vivante*, revue qui contribua à asseoir la stature intellectuelle du célèbre architecte. Le *credo* anti-académique et vitaliste de l'architecte – significativement placé sous l'autorité d'une citation littéraire (un extrait du dialogue *Eupalinos ou l'architecte* publié par Paul Valéry en 1920) –, qui parut dans la première livraison de la revue, témoignait de son engagement aux côtés des fonctionnalistes et de sa croyance en la possibilité d'une revitalisation de l'esprit classique par le recours à des proportions dynamiques et à un panthéisme symboliste. La maison qu'il construisit pour l'affichiste Cassandre à Versailles en 1927 – période fort fertile puisqu'il s'agit aussi de celle du Palais de bois à la porte Maillot et du théâtre de l'exposition des Arts décoratifs – suggère ce que pouvait être une architecture qui se voulait « autre » : une architecture qui, comme le Raumplan de Loos, cherchait à concilier l'asymétrie induite, en plan, par les contraintes fonctionnelles, avec la symétrie, en façade, d'un rythme palladien du type ABABA. Perret opta ici, comme dans ses maisons plus modestes, pour une structure porteuse en béton, avec des murs divisés en panneaux toute hauteur et de largeur variable, dont certains étaient entièrement vitrés. Contrairement à Roux-Spitz qui préférait les fenêtres à guillotine horizontales ou à Le Corbusier qui prônait l'usage systématique de fenêtres en longueur coulissantes, Perret utilisait en effet les traditionnelles portes-fenêtres à la française dans presque tous ses bâtiments à usage privé, et les défendait sur la base d'un argument anthropomorphique : « La fenêtre en hauteur, c'est le cadre de l'homme. »

Conformément à sa conception de l'architecture, suivant laquelle chaque élément a une place définie dans la hiérarchie socioculturelle – ainsi, les charpentes avec entablement sont appropriées aux villas mais pas aux petites maisons –, Perret ne délaissa la fenêtre en hauteur au profit de grandes baies vitrées que dans des espaces non domestiques, comme celui de l'atelier du rez-de-chaussée de la maison Cassandre ou celui de sa propre agence, qu'il aménagea dans le socle de l'immeuble qu'il construisit rue Raynouard à partir de 1929. Ouvrant le dialogue entre ossature en béton coulée en place et remplissage par panneaux de béton préfabriqués, l'édifice inaugurait en outre, dans le répertoire des Perret, des techniques récentes comme la vibration mécanique, pour consolider le matériau, et le bouchardage,

213. Perret, salle Cortot de l'École normale de musique, Paris, 1929, vue intérieure.

pour enlever la laitance du béton et dégager visuellement les agrégats le composant.

Dès la fin des années 1920, Perret avait entrepris d'élaborer la grammaire d'une architecture « classique » normative, perceptible dans les façades de l'immeuble de la rue Raynouard et de la petite salle Cortot de l'École normale de musique [213], achevée en 1929. Tandis que l'immeuble de la rue Raynouard lui permit d'explorer les complexités de la question du remplissage – sur une trame orthogonale, qu'il emploiera à grande échelle après-guerre pour la reconstruction du Havre –, dans la salle Cortot, il proposa une réinterprétation de la frise d'attique sous la forme d'un bandeau de béton formant des chicanes pour assurer la ventilation naturelle de la salle de concert.

Par-delà le tour de force qui consistait à insérer une salle de 350 places dans une parcelle extrêmement étroite, Perret dépassa les espérances acoustiques de son client, le pianiste et professeur Alfred Cortot, grâce à la géométrie intérieure mais aussi en revêtant les parois de béton de feuilles de bois d'okoumé. Le musicien se serait exclamé : « Vous m'aviez promis un violon, mais vous ne nous aviez pas dit que ce violon serait un Stradivarius ! » Par ailleurs, l'attitude de Perret à l'égard des équipements techniques semble ici proche de celle du philosophe Ludwig Wittgenstein, lorsque celui-ci « réifia » les radiateurs d'angle qu'il avait spécialement dessinés pour la maison Stonborough réalisée pour sa sœur à Vienne en 1928. On est ici à l'opposé du concept puriste d'« objet-type » de Le Corbusier, qui consistait à prendre et implanter tels quels les produits présentés dans les catalogues des fabricants. Cette acceptation quasi dadaïste de ready-made industriels n'a effectivement rien à voir avec les objets scrupuleusement élaborés par Wittgenstein ni avec l'usage très raisonné que fit Perret d'éléments standard de radiateurs, les assemblant selon un dispositif bien précis en croix et les plaçant loin des murs dans le foyer.

La manière normative et française de Perret prit de l'ampleur dans son projet pour le concours du palais des Soviets en 1931 : le rationalisme à la Durand y était admirablement combiné au dispositif baroque du poché. L'architecte raffina par ailleurs son approche de la modénature classique dans la villa Arakel Nubar Bey, construite à Garches en 1932. La grammaire de l'ossature et du remplissage qui y fut mise en œuvre dans le béton semble préfigurer celle que Ludwig Mies van der Rohe développera bientôt pour la structure en acier. Au fond, les deux architectes ont cherché à perfectionner une approche véritablement tectonique pour leur matériau de prédilection ; avec elle, ils pouvaient traiter une vaste gamme de types et programmes, du logement social aux monuments publics.

Lorsqu'il commença dès 1936 à travailler sur le projet du Musée des travaux publics (aujourd'hui siège du Conseil économique et social), Perret avait déjà développé un style où la même syntaxe de base pouvait être modulée pour passer, à l'intérieur d'une même famille de formes, d'une composition avec des murs pleins à une colonnade périptère. Cette progression dans la hiérarchie des formes, qui va de la masse à l'ossature, permit à Perret d'aborder de nombreuses constructions à partir d'un même code de base : de l'atelier qu'il réalisa pour Chana Orloff, villa Seurat à Paris à partir de 1926, au Garde-Meuble du Mobilier national, achevé en 1936.

Malgré son classicisme – ou peut-être à cause de lui –, Perret voyait dans la Renaissance l'expression d'une décadence culturelle plutôt qu'un renouveau de l'art et de la science de la construction. Versailles ne trouva pas davantage grâce à ses yeux en 1933 : « Versailles est mal construit, et quand le temps aura exercé son pouvoir souverain sur ce palais, il ne nous restera pas une ruine, mais une masse de déblais non identifiable. Ce n'est pas ça l'Architecture, l'Architecture, c'est ce qui fait de belles ruines. » Cette valorisation du critère posthume, qui rappelle la « Loi des ruines » édictée par Albert Speer, fut exprimée de la manière la plus explicite dans le Musée des travaux publics, où les détails de construction rendirent le recours au plâtre superflu, comme l'a remarqué l'historien Peter Collins, qui a également relevé la précision tectonique des colonnes périptères de l'édifice.

Au début des années 1930, les répercussions de l'effondrement de Wall Street n'épargnèrent pas l'économie française. Combinée à la croissance du chômage – 300 000 sans emploi en France, contre six millions en Allemagne –, cette crise entama sérieusement la stabilité de la société, les gouvernements se succédant à un rythme effréné, de même que les scandales politiques. Mais, tandis que Mussolini et Hitler triomphaient dans leur pays, le Front populaire remporta les élections de 1936. Blum ne resta qu'un an au pouvoir, après quoi les forces réactionnaires reprirent le dessus ; toutefois, pendant cette année, de nombreuses réformes sociales (et donc des programmes architecturaux nouveaux) virent le jour.

L'Exposition universelle de Paris de 1937 refléta ces bouleversements, mais aussi la réaction culturelle qui commençait à affecter, de diverses façons, la production architecturale. De tous les pavillons construits pour la manifestation, le pavillon tchécoslovaque de Jaromir Krejcar était assurément le plus moderne : son ossature en acier apparente était en partie recouverte de panneaux en tôle de métal déployé : cette construction à sec, dont la syntaxe était ouvertement constructiviste, annonçait les réalisations high-tech les plus audacieuses. Quoi de plus novateur, en effet, que ses porte-à-faux, sa plate-forme suspendue en tôle percée de lentilles de verre, son enseigne au néon, son mât haubané ou son belvédère ?

En revanche, le monumental pavillon soviétique de Boris Iofan annonçait déjà le réalisme socialiste. Il symbolisait le triomphe de la révolution russe par un groupe colossal de deux ouvriers – un homme et une femme – se hâtant vers un futur qui ne pouvait qu'être radieux, en portant les inséparables icônes soviétiques, le marteau et la faucille. Ce groupe futuriste était posé sur une base monumentale qui évoqua pour le monde entier un bouchon de radiateur géant. L'ensemble faisait pendant, d'un point de vue tant politique que formel, à la « révolution » totalitaire de droite, c'est-à-dire au pavillon du IIIe Reich d'Albert Speer. Composé de pilastres classiques et couronné par l'emblème nazi d'un aigle tenant une svastika ceinte de lauriers, il exposait notamment le projet lauréat de Speer pour l'aménagement du complexe de salles publiques, stades et avenues pour les rassemblements du parti nazi qui sera construit près de Nuremberg durant les cinq années suivantes. Malgré son attachement aux rites et aux fastes du passé, l'acceptation réaliste par le Reich de la modernisation apparaissait au même moment dans la section allemande du pavillon international. À la veille d'émigrer aux États-Unis, Mies van der Rohe y apportait, une fois de plus, un témoignage de son extrême sensibilité, teintée de suprématisme, dans la présentation de matériaux plastiques, de produits métallurgiques et d'équipements scientifiques.

Contrairement à la manifestation de 1925, l'Exposition universelle de 1937 était résolument internationale. En dehors du musée d'Art moderne [aujourd'hui palais de Tokyo], au style Art déco classicisé, ensemble monumental dont Jean-Claude Dondel et Albéric Aubert achevaient alors la construction après avoir remporté le concours pour sa conception en 1934, aucun édifice n'incarnait la fierté et les prouesses de la culture contemporaine française. Perret brillait par son absence. L'UAM remplit ce vide avec des contributions exposées dans le pavillon du groupe, conçu par Pingusson, qui se distinguait par l'élégance aérienne de son escalier droit, en tôle d'acier plié, dû à Jean Prouvé.

Les pavillons des différents pays indiquaient déjà le refus de l'uniformisation du Style international tel qu'il avait été défini par Henry-Russell Hitchcock et Philip Johnson ; chacun d'eux apportait en effet sa propre expression au sein de la langue commune du Mouvement moderne, avec son mélange spécifique de mythe, d'artisanat, de matériau et d'adaptation au climat local. À cet égard, les pavillons du Danemark (de Hvaas), de la Finlande (d'Alvar Aalto), de la Suède (de Sven Markelius), de la Pologne (de Bodan Pniewski), de l'Espagne (de José Luis Sert et Luis Lacasa) et du Japon (de Junzo Sakakura) annonçaient tous la direction qu'allait prendre, chez eux, le style national, après la Seconde Guerre.

Comme en 1925, Le Corbusier prit littéralement ses distances, construisant son propre pavillon, baptisé « des Temps nouveaux », en toile et câbles d'acier, sur un terrain à l'écart. On entrait dans cette tente bleu, blanc, rouge, par une porte pivotante rouge, dont la section évoquait le profil aérodynamique d'une aile d'avion. Cet ouvrage léger, nomade et optimiste, était encore empreint de l'esprit du Front populaire. L'organisation de l'intérieur – entrée dans l'axe, derrière la « croix » machiniste d'une maquette d'avion suspendue comme dans le sillage du futur – indiquait les connotations liturgiques de l'espace. Ce climat était renforcé par la présentation des articles de la Charte d'Athènes de 1933 comme s'il s'agissait d'une nouvelle Bible, ainsi que par la présence d'une tribune sur le côté, derrière laquelle se dressait le baldaquin d'une conque acoustique. Sur cette dernière apparaissait un des grands slogans du Front populaire : « Une ère nouvelle a commencé – une ère de solidarité. »

Le chant du cygne de la culture architecturale française de l'entre-deux-guerres fut donné par la Reconstruction qui suivit la Seconde Guerre. Celle du Havre fut menée par Perret de 1947 jusqu'à sa mort en 1954. Comme le plan de Mies van der Rohe pour le campus IIT à Chicago de 1939, elle ne se conformait pas au pittoresque alors dominant. L'unité spatiale et tectonique fut assurée par l'effet conjugué de deux modules : un rythme de 6,24 mètres pour l'espacement des points porteurs, et une progression géométrique de multiples de 52 centimètres pour le dimensionnement des éléments de remplissage. L'ensemble des trente nouveaux îlots furent organisés à partir d'un boulevard central, l'avenue Foch, qui reliait la vaste place de l'Hôtel-de-Ville à la porte Océane, du côté du port [214]. Seuls deux édifices furent conçus par Perret lui-même : l'hôtel de ville et la spectaculaire église Saint-Joseph.

214. Perret, reconstruction du Havre, vue générale des années 1950 avec au premier plan l'avenue Foch et, plus loin, l'église Saint-Joseph.

Pensée dans la pure tradition de l'urbanisme Beaux-Arts et menée avec la méthode et l'assurance des grands urbanistes coloniaux français (les Ernest Hébrard, Henri Prost ou Maurice Rotival), la reconstruction du Havre fut le dernier grand témoignage urbain du nouveau rationalisme français, dont les racines puisaient dans le volontarisme haussmannien et dans la magnificence axiale de Versailles. Cette opération incarne le « lien entre les aspirations individuelles et les grands buts collectifs » que Giorgio Grassi a défini comme l'objectif même de l'architecture. Longtemps très critiquée à cause de l'uniformité et la tristesse de son béton, la reconstruction du Havre de Perret fait pourtant figure de provocation face à notre incapacité actuelle à penser une architecture publique ambitieuse : le centre de la ville est un monument, non seulement pour les nombreux architectes qui travaillèrent à sa réalisation, mais aussi pour l'identité de ses habitants. Parmi les grands ensembles construits après la Seconde Guerre, Le Havre semble la seule œuvre réellement imprégnée d'une unité tectonique et d'une authentique ambition culturelle.

En 1965, André Lurçat mesurait ainsi la dégénérescence que les idéaux modernes de l'entre-deux-guerres avaient subie au cours de la Reconstruction :

*Alors qu'entre 1925 et 1939 la commande était rare et que les architectes promoteurs du mouvement fonctionnaliste avaient le temps de réfléchir, d'étudier, d'analyser et d'édifier lentement une doctrine... 1945 vit tout a coup apparaître une réalité d'un tout autre caractère... Le temps de la réflexion était passé, il fallait produire dans des conditions particulièrement dures... Les principes encore peu contrôlés du fonctionnalisme... furent immédiatement adoptés par l'ensemble des architectes... Cependant, appliqués la plupart du temps mécaniquement, ils furent à l'origine de multiples erreurs... Mal assimilés, ils devaient conduire à des solutions simplistes. C'était en apparence une victoire complète des idées directrices du fonctionnalisme, mais en réalité il n'en était retenu le plus souvent que certains aspects rudimentaires où l'imagination créatrice était remplacée par des applications systématiques et incontrôlées.*

# Architecture et État : idéologie et représentation, 1914-1943

*La route décrit une courbe et suit imperceptiblement une pente. Soudain, sur la droite, un paysage de tours et de dômes s'élève à l'horizon, illuminés de rose et de beige ensoleillés dansant sur le ciel bleu, frais comme un verre de lait, somptueux comme Rome. Tout près, au premier plan, un arc blanc.*
*La voiture sort de l'avenue principale et, s'approchant de la base rouge du gigantesque monument, s'arrête. Le voyageur inspire. Devant lui, montant doucement, un chemin gravillonné ouvert sur une perspective infinie suggère l'intervention d'une lunette de réduction : à son extrémité, au-dessus des faîtes verts des arbres, scintille le siège du gouvernement, la huitième Delhi, quatre carrés sur une éminence – dôme, tour, dôme, tour, dôme, tour, rouge, rose, crème et or délavé, éclatant dans le soleil du matin.*

Robert Byron, « New Delhi »,
*The Architectural Review*, 1931

Le Mouvement moderne ayant tendance à réduire toute forme à une abstraction, il ne parut pas approprié pour représenter le pouvoir et l'idéologie des États. Cette inaptitude iconographique explique en grande partie la survivance de l'historicisme dans l'architecture de la seconde moitié du XXᵉ siècle. L'historien de l'art Henry-Russell Hitchcock pointa très tôt la nécessité de reconnaître la persistance de cette tradition. L'expression « Nouvelle Tradition », qu'il forgea en 1929 pour désigner un certain conservatisme dans le travail des premiers modernes, n'a toutefois pas résisté au temps : les qualités et la chronologie qu'il attachait à cette tradition étaient trop floues pour être largement acceptées. Pour autant, les questions de représentation – ou de manque de représentation – ne firent que croître au fil des ans, et l'on ne saurait exclure de notre étude critique le problème culturel soulevé par le réalisme social au sens large. D'une manière générale, ce terme peut être vu comme la preuve que la forme abstraite est incapable de communiquer. Cela étant, comme l'écrivit Hitchcock en 1958, « l'historien *doit* tenter de prendre en compte d'une façon ou d'une autre des choses comme la mairie de Stockholm ou le Woolworth Building ».

L'origine de la Nouvelle Tradition, hors du courant majeur du Mouvement moderne, se situe dans l'apparition, entre 1900 et 1914, d'une manière historiciste délibérément « modernisée ». Tout d'abord, le style générique de l'establishment, qui hésitait à la fin du XIXᵉ siècle entre le néogothique et le néobaroque, entama son déclin. En Angleterre et en Allemagne en particulier, il dégénéra en un éclectisme qui ne sut déboucher sur une expression architecturale convaincante. Au même moment, le courant dominant du classicisme européen, le style Beaux-Arts, entra dans l'impasse du style pompier lors de l'Exposition universelle de Paris de 1900. La rhétorique, brillante mais amphigourique, du Grand Palais, par exemple, n'était de toute évidence pas armée pour représenter l'idéologie progressiste d'une société industrialisée avancée. Après tout, qu'est-ce qui pouvait mieux symboliser la répression que l'emprisonnement, dans une savante mise en scène de pierre, de l'intérieur en fer et verre du Grand Palais ? La tentative qui s'ensuivit de revivifier cette inclination séculaire pour la pierre grâce à l'emploi de sinueux motifs floraux Art nouveau déboucha sur des objets tout aussi sinistres, d'un classicisme pétrifié alourdi de pesantes touches symbolistes, comme l'hôtel Lutétia, réalisé par Louis-Hyppolite Boileau à Paris en 1911, et fort décrié par Le Corbusier.

Par ailleurs, le *Free Style* (style libre) anglo-saxon, essentiellement opposé à l'establishment, ou son épigone européen plus libre encore, l'Art nouveau, avait alors dégénéré en une expression figée, rigide. De plus, comme s'en rendit compte Henry Van de Velde en 1908, l'idée même d'œuvre d'art totale *(Gesamtskunstwerk)* avait pour malheureuse conséquence de désocialiser la signification culturelle de ladite œuvre. Le mythe préraphaélite d'un retour à une économie artisanale et agricole ne pouvait – pas plus que l'exotisme policé de l'Art nouveau – incarner la démocratie parlementaire ou le socialisme progressiste. Peter Behrens lui-même, qui abordait vers 1910 une nouvelle stylistique normative vouée à la représentation de la grande entreprise, voire de l'État industriel moderne (le *Machtstaat* de Max Weber), perdra en créativité à l'époque de l'exposition du Werkbund de 1914 pour se retrancher dans la sécurité de la solution, tout sauf néoclassique, de la Werkbund Festhalle.

Une extraordinaire déclinaison du Free Style pour représenter une institution publique fut adoptée par Ragnar Östberg dans la mairie de Stockholm qu'il réalisa entre 1909 et 1923. Cette réussite iconographique tint sans doute à ce qu'elle symbolisait plus un port marchand traditionnel qu'un État industriel. En cela, elle montrait la voie à la politique architecturale du Troisième Reich, qui réservera certains styles à des fins idéologiques précises.

À la veille de la Première Guerre mondiale, plusieurs édifices représentatifs de la Nouvelle Tradition, « historicistes » mais d'une conception globale bien peu déterminée historiquement, virent le jour. Ainsi, les détails gothiques du Woolworth Building, achevé par Cass Gilbert à New York en 1913, étaient anecdotiques par rapport à la rigueur de son organisation et à la nouveauté de sa silhouette, qui préfiguraient les gratte-ciel de l'après-guerre de Frank Lloyd Wright et de Raymond Hood.

La Nouvelle Tradition fut plus timide en Europe, avec des édifices qui rompaient avec le vocabulaire public courant du néobaroque pour retourner à l'esprit, sinon à la forme, de la gravité et la clarté de la Rome ancienne ; citons la gare de Stuttgart de Paul Bonatz, construite en 1913-1927, et la New Delhi d'Edwin Lutyens, qui fut commandée dès 1912 mais achevée seulement en 1931.

La fondation officielle par George V de New Delhi en tant que capitale lors d'un « durbar » – spectaculaire reconstitution historique organisée en son honneur – était un pur geste symbolique pour masquer l'opportunisme que constituait le transfert par les Britanniques de leur capitale indienne de Calcutta à Delhi en 1911. En retrouvant la pompe de la cour moghole – au nom de la souveraineté du Raj au cœur de l'Empire –, les Britanniques espéraient de toute évidence poursuivre leur politique ambivalente, favorable à l'autonomie mais attachée à l'économie coloniale. Le fait que le triomphe impérial ait été considérablement atténué parce que le roi était entré dans la ville à cheval plutôt qu'à dos d'éléphant n'est pas sans importance : ce compromis diplomatique avait altéré le rituel traditionnel au point que le roi passa les portes de New Delhi pour ainsi dire incognito. Les efforts répétés entre 1913 et 1918 pour parvenir à un style anglo-indien convaincant, susceptible de satisfaire toutes les parties, montrent à quel point la construction de New Delhi représentait la précaire incarnation d'un geste idéologique. Ils finirent surtout par convaincre Lutyens que la ville moghole de Fatehpur Sikri était la seule architecture indienne intégrable à la tradition humaniste. L'humanisme, c'est-à-dire le classicisme, avait été réévalué à la va-vite dans l'architecture anglaise après le tournant du siècle, d'abord dans les réalisations de Richard N. Shaw et de Lutyens, puis, avec une grande sophistication théorique, dans l'ouvrage de Geoffrey Scott publié en 1914, *The Architecture of Humanism.*

La nécessité d'assimiler une grande culture orientale tout en affirmant des valeurs humanistes entraîna Lutyens à un niveau d'abstraction, de précision et d'équilibre qu'il n'avait jamais atteint et qu'il ne retrouvera que dans ses monuments aux morts de la Première Guerre mondiale – le Cénotaphe inauguré à Londres en 1920 et l'Arc de Thiepval de 1924, dédié aux morts et aux disparus de la Somme [30]. Dans le palais du vice-roi réalisé à New Delhi de 1923 à 1931 [215], Lutyens transcenda l'historicité surannée de ses maisons de campagne pour affirmer, tout comme

215. Lutyens, palais du vice-roi, New Delhi, 1923-1931.

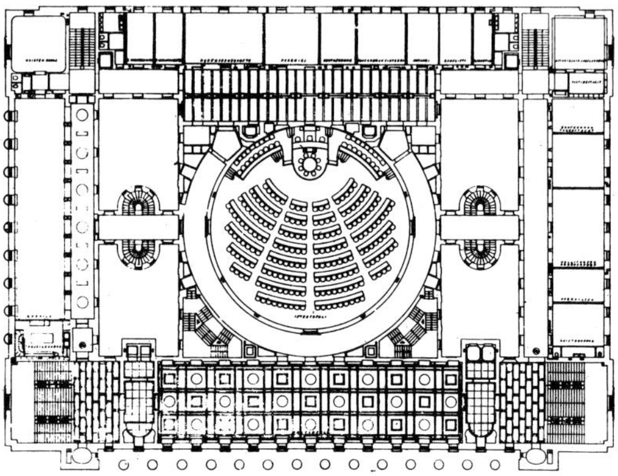

216. Sirén, Parlement finlandais, Helsinki, 1926-1931. Plan du niveau principal.

Wright, la possibilité d'une « culture de la frontière », sur laquelle le soleil ne se coucherait jamais. Ironie de l'histoire, les Britanniques ne devaient gouverner l'Inde que durant quinze années encore, alors que New Delhi était l'ensemble le plus monumental qu'ils aient jamais construit (le palais du vice-roi occupe à lui seul une surface au sol équivalente au château de Versailles). À l'instar de Versailles, la commande de New Delhi, en 1912, inaugurait une période où l'architecture serait à nouveau exploitée au nom de l'État : d'abord pour représenter de nouvelles nations, devenues des démocraties indépendantes à la suite du cataclysme de la Première Guerre, puis pour célébrer le « millennium » révolutionnaire sous ses divers aspects entre 1917 et 1933 – dans un premier temps en Union soviétique, puis dès 1922 dans l'Italie fasciste, et enfin dans le Troisième Reich. En fait, l'architecture était censée représenter la renaissance et la destinée du capital monopolistique, à la fois avant et après la crise boursière de 1929.

Le poids idéologique de l'architecture officielle de cette période et la culture classique, voire Beaux-Arts, des architectes qui la réalisèrent éloignèrent ces derniers des aspirations progressistes du Mouvement moderne. Dans la plupart des cas, cet isolement semblait souhaité. Le Parlement finlandais, érigé par Johan Sigfrid Sirén de 1926 à 1931 à Helsinki [216] pour ce tout nouvel État indépendant, affirme la norme néo-néoclassique de la Nouvelle Tradition. Sa brillante *Riksolagshus* est dans le droit fil du renouveau néoclassique scandinave et, en tant que telle, très proche de la Bibliothèque municipale de Stockholm [183] de Gunnar Asplund, datant de 1920-1928. L'œuvre de Sirén paraît cependant presque théâtrale comparée à celle d'Asplund : son péristyle bas n'est qu'un relief scénographique au-dessus d'une construction à l'organisation rigoureuse, dont la masse aurait sinon été dépourvue de toute inflexion.

Une confrontation directe entre Mouvement moderne et Nouvelle Tradition eut lieu à l'occasion du concours pour le siège de la Société des Nations en 1927 ; un jury composé de professeurs des Beaux-Arts et de vétérans de l'Art nouveau – notamment John Burnet, Charles Lemaresquier ou Carlos Gato d'une part, Josef Hoffmann, Victor Horta et Hendrik Berlage d'autre part – sélectionna vingt-sept projets qui témoignaient des trois principales approches du moment. Neuf représentaient le style Beaux-Arts ; huit le Mouvement moderne, avec les célèbres propositions de Le Corbusier [144] et de Hannes Meyer [114], et dix la Nouvelle Tradition, dont les réponses de Louis Hippolyte Boileau, de Paul Bonatz et de Marcello Piacentini. Le projet définitif [217] fut commandé à trois concurrents Beaux-Arts et à Josef Vago, dont le travail relevait de la Nouvelle Tradition. L'édifice se rapprocha finalement, de façon surprenante, du classicisme dépouillé du réalisme socialiste russe.

## L'Union soviétique, 1931-1938

Mouvement moderne et Nouvelle Tradition s'affrontèrent à nouveau lors du concours pour le palais des Soviets, organisé en 1931 pour répondre à celui de la Société des Nations. L'influence de ce concours sur l'architecture soviétique s'avéra décisif : il attira en effet des projets du monde entier, dont ceux de Le Corbusier, d'Auguste Perret, de Walter Gropius, de Hans Poelzig et de Berthold Lubetkin, et suscita également une grande activité en Union soviétique même, avec de nombreux projets individuels, mais aussi des réponses émanant des principales organisations architecturales, telles l'ASNOVA, l'OSA et la Vopra.

Le projet de Le Corbusier [145] est le plus constructiviste de son œuvre, avec une emphase portée sur la structure apparente de la couverture des grandes salles et la transparence totale de la peau extérieure. Pourtant, malgré l'austérité de ces éléments, le symbolisme du projet était rendu explicite par la tribune présidentielle située à l'extrémité de la masse de la bibliothèque surplombant le socle de la *res publica*, à l'arrière de la plus grande salle. Peu de réponses affectèrent ainsi à la lettre une valeur symbolique à la fonction de chaque élément. Par son organisation et sa forme, le projet de Le Corbusier était aussi didactique que le théâtre conçu quatre ans plus tôt par Gropius pour Piscator [124]. Le jury trouva cependant qu'il « se complaisait dans un culte trop prononcé du machinisme et de l'esthétisation ».

On aurait pu en dire autant de nombre de projets russes qui n'étaient souvent que de savants exercices de rhétorique techniciste, pensés comme des métaphores de l'État socialiste nouvellement industrialisé. Paradoxalement, la ligne réaliste socialiste, qui sera officiellement adoptée par le Comité central du parti en avril 1932, n'était pas déclinée dans le projet du groupe situé le plus à gauche politiquement, le Proletkult, ou Association panrusse des architectes prolétariens (Vopra). Cette ligne apparut en fait timidement dans le projet lauréat de Boris M. Iofan, dont les salles constructivistes se présentaient comme des ailes en demi-cercle bornant une cour classique rectangulaire. Au centre de cette cour, une tour tout aussi classique était surmontée de la statue d'un travailleur. Cette figure se voulait vraisemblablement un pendant à la Statue de la Liberté, son bras dressé projetant la lumière de la révolte, à défaut de celle de la liberté. La mise au point du projet après 1933 par Iofan, en collaboration avec les académiciens Vladimir Gelfreikh et Vladimir Chtchouko, accentua cette rhétorique. Dès 1934, les deux salles du projet d'origine avaient été absorbées dans une « pièce montée » [218] de colonnades en gradins et de sculptures faisant office de pinacles, culminant en une statue géante de Lénine tendant

217. Nénot, Broggi, Vago et Lefebvre, Societé des Nations, Genève. Salle du Conseil, peintures murales de José Maria Sert.

218. Iofan, projet pour le palais des Soviets, Moscou, 1934.

la main à l'univers – à 450 mètres au-dessus du sol. Trois ans plus tard, bien que la forme générale soit restée la même, la masse globale fut réduite et les colonnades regroupées en pilastres Art déco.

Après 1932, des académiciens comme Alexandre V. Chtchoussev (dont l'éclectique gare de Kazan à Moscou, de style national romantique, était en chantier en 1913), qui étaient déjà installés avant la Révolution mais restés dans l'ombre depuis, construisirent des séries de monuments « pseudonéoclassiques ». La Bibliothèque nationale Lénine de 1938 est un prototype de ce style hybride mêlant des volumes asymétriques, des pilastres lisses et des éléments classiques incohérents ornés de sculptures.

L'apparition de la Nouvelle Tradition en Union soviétique tient à différents facteurs. Il y avait tout d'abord le défi doctrinal lancé par la Vopra aux intellectuels constructivistes, et resté sans réponse, selon lequel seul le prolétariat pouvait créer une culture prolétarienne ; ensuite, les académiciens d'avant-guerre, désormais réhabilités et qui, bien que techniquement indispensables au programme général de construction, restaient plutôt opposés au constructivisme ; il y avait enfin le parti lui-même, qui pressentait que le peuple ne pouvait comprendre l'esthétique abstraite de l'architecture moderne. L'opportunisme idéologique du réalisme socialiste, affirmé en 1932, explique les sophismes proférés par Anatole Lounatcharsky l'année suivante – son apologie excessive de ce réalisme socialiste et l'accent qu'il mit sur le fait que « ce berceau de la civilisation et de l'art » qu'était la culture hellénique pouvait encore servir de modèle à l'architecture soviétique, malgré son éloignement dans le temps et dans l'espace. Nul n'a évalué avec autant de pertinence le succès de cette culture d'État qui resta la ligne officielle durant plus de quarante ans que Berthold Lubetkin en 1956 :

*Festonnés de colifichets, drapés dans une théâtrale marginalité et enveloppés dans les pages obsolètes d'un catalogue de monuments funéraires, quelques bâtiments soviétiques (si ce n'est tous) peuvent déjà former – du fait de leurs vigoureux plans-masses, usant et abusant des espaces extérieurs hors d'échelle – de majestueux ordonnancements dont l'effet sera difficile à oublier par les architectes occidentaux à l'heure des fragments pittoresques et du « développement mixte ».*

## L'Italie fasciste, 1931-1942

L'architecture fasciste italienne connut un conflit analogue entre modernité et tradition, de 1922 (date de la Marche sur Rome de Mussolini) à 1931, qui vit le Syndicat des architectes, soutenu par le gouvernement, retirer son soutien au jeune Movimento Italiano per l'Architettura Razionale (MIAR) et rejoindre, derrière Piacentini, le Raggruppamento Architetti Moderni Italiani en vue de réconcilier les factions rivales en une seule formation. L'idéologie fasciste se développa après la Première Guerre à partir de deux aspects distincts du futurisme d'avant 1914 : sa soif de révolution et de restructuration de la société ; son culte de la guerre et son adoration de la machine. Tous deux comportaient des éléments aisément récupérables par la rhétorique fasciste, mais la guerre et ses conséquences s'avérèrent désastreuses – détruisant même le futurisme – et l'idée d'une « culture de la machine » fut soudainement considérée avec un grand scepticisme, par le peuple mais aussi par l'intelligentsia.

En effet, un mouvement culturel opposé au futurisme était né avant même que celui-ci soit véritablement apparu, d'abord avec l'ouvrage de Benedetto Croce de 1908-1917, *Filosofia come scienza dello spirito* (la philosophie de l'esprit), qui insiste sur le caractère exclusivement formel de l'art, puis avec le tableau de Giorgio De Chirico de 1912, *L'Énigme de l'heure*, qui représente des arcades sous une lumière déclinante [220] – image métaphysique obsédante semblant préfigurer la forme et l'esprit de la Nouvelle Tradition italienne.

Influencée par De Chirico et les peintres métaphysiques du mouvement Novecento – qui connaissaient la modernité mais n'avaient pas succombé à ses charmes –, l'avant-garde architecturale milanaise, menée par Giovanni Muzio, revisita les formes classiques méditerranéennes en une antithèse délibérée du culte futuriste de la machine. Son œuvre inaugurale, l'immeuble Ca'Brutta de Muzio, construit via Moscova à Milan en 1923, fut autant un point de départ pour les rationalistes italiens qu'une source d'inspiration pour le Stile Littorio de Piacentini, qui vit

219. Affiche pour l'Exposition universelle, Rome, 1942, présentant le projet de Libera pour un arc conduisant vers le site et le futur.

le jour avec l'université de Rome, commencée sous sa direction en 1932 [194]. Muzio rédigea en 1931 une défense de la tradition classique qui témoignait de sa conscience de l'universalité de la Nouvelle Tradition, laquelle transcendait ses propres inclinations piranésiennes. Il y décrit le Novecento comme une croyance antifuturiste et soutient que les principes classiques du passé sont toujours applicables, pour se demander ensuite : « Peut-être anticipons-nous un mouvement dont la naissance imminente est annoncée à travers l'Europe par des symptômes hésitants mais omniprésents ? »

Le conflit entre modernité et tradition prit une forme particulièrement subtile en Italie car les jeunes rationalistes étaient tout aussi concernés que Muzio et Piacentini par la réinterprétation de la tradition classique. Mais l'approche du MIAR était extrêmement intellectuelle, et il manquait à ses œuvres austères une iconographie accessible. Conscient que le futurisme ne pouvait être une idéologie nationaliste, le pouvoir fasciste opta en 1931 pour un classicisme simplifié facilement reproductible, dont l'apothéose fut l'exposition avortée de l'EUR de 1942 [219]. Cette création pleine d'espoir d'une nouvelle capitale aux confins de la Ville éternelle témoignait d'aspirations aussi utopiques et réactionnaires que la fondation de New Delhi. Elle postulait une monumentalité entièrement déconnectée de la réalité sociale, *L'Énigme de l'heure* de De Chirico étant presque littéralement incarnée dans le Palazzo della Civiltà Italiana [221] – empilement d'arcades posé à l'extrémité de l'axe principal du site.

220. De Chirico, *L'Énigme de l'heure*, 1912.

## Le Troisième Reich, 1929-1941

L'affrontement italien entre deux interprétations de la tradition classique – rationaliste ou historiciste – n'eut pas lieu en Allemagne, où le rationalisme du Mouvement moderne fut étouffé dès la prise du pouvoir, en janvier 1933, par le parti national-socialiste. L'architecture moderne, jugée cosmopolite et dégénérée, fut interdite, sauf quand une production industrielle performante et

221. Guerrini, La Paluda et Romano, Palazzo della Civiltà Italiana, EUR, 1942.

la bonne marche d'une usine nécessitaient une approche fonctionnaliste. Mais le style de la « révolution sociale » d'Hitler ne pouvait être trouvé, comme en Italie ou en Russie, à l'issue d'un conflit débouchant sur un vocabulaire unique, exploitable dans presque toutes les situations : les subtilités idéologiques du Troisième Reich n'étaient pas compatibles avec une solution unitaire.

Pour représenter au niveau public le national-socialisme comme l'accomplissement héroïque du destin allemand, les nazis souhaitaient répondre au souhait populaire d'une architecture psychologiquement sécurisante, et enrayer l'érosion de la société traditionnelle, victime de la guerre industrialisée, de l'inflation et de l'instabilité politique. Cette dichotomie stylistique reflétait de manière perverse la fracture idéologique qui avait imprégné l'histoire du Mouvement moderne – une opposition qu'Augustus W. N. Pugin avait identifiée dès les années 1830 entre les normes utilitaires universelles de la production industrielle (réifiées dans une forme néoclassique) et l'aspiration chrétienne au retour aux racines des valeurs de l'économie artisanale agricole. Pour les standards industriels, les nazis n'avaient qu'à se tourner vers la culture prussienne des Lumières, celle d'un État autoritaire exprimée dans la philosophie de Hegel et l'architecture de Schinkel ; pour le retour aux valeurs profondes, ils pouvaient revenir au mythe germanique du *Volk* (peuple), culte anti-occidental défini par le patriote prussien Friedrich Ludwig Jahn en 1806.

Les nationaux-socialistes exhumèrent la philosophie de Jahn avec la publication en 1929 du livre de Richard Walter Darré, *Das Bauerntum als Lebensquell der nordischen Rassen* (le paysan comme source vitale de la race nordique), où était avancée pour la première fois l'idée d'une culture « du sang et de la terre » et prêché le retour à la terre. Darré, agronome de formation, jouera un rôle décisif dans l'élaboration de l'idéologie raciale et anti-urbaine du national-socialisme. Bien que ses idées n'aient jamais été complètement adoptées par l'élite nazie, elles constituèrent le socle rationnel de l'*Heimatstil*, habitat régionaliste construit sous les auspices du parti après 1933.

Les idéologies divergentes au sein du Troisième Reich ne pouvant être correctement exprimées par deux pôles stylistiques, d'autres manières durent être adoptées. Les lointaines écoles politiques du parti qu'étaient les *Ordensburgen* furent bâties à la manière de châteaux pseudo médiévaux, tandis que les divers équipements de loisirs de la *Kraft durch Freude* (force par la joie) de Robert Ley [222] requéraient un style particulier sur le thème de l'évasion. Des motifs décoratifs populaires pseudo rococo furent appliqués sans discernement à l'intérieur des théâtres, bateaux et autres constructions vouées à la détente. Cette schizophrénie fit que certaines parties d'un même ensemble étaient traitées de manières totalement différentes ; l'usine Heinkel réalisée à Oranienburg par Herbert Rimpl en 1936 [223] mit ainsi en œuvre une gamme de styles qui allait du portique néoclassique du bâtiment de l'administration au *Heimatstil* des logements ouvriers en passant par le fonctionnalisme de l'usine même.

222. Affiche de la Kraft durch Freude, 1936. La Volkswagen faisait partie intégrante du mouvement de R. Ley.

L'architecte Paul Schultze-Naumburg soutint avec enthousiasme le soudain changement d'apparence des logements financés par l'État : les cubes au toit plat de la République de Weimar devinrent sous le Troisième Reich des formes surmontées de toits en pente. Malgré son vocabulaire austère, Schultze-Naumburg s'était depuis longtemps opposé à l'architecture fonctionnaliste. Associé à Heinrich Tessenow dans la création d'un *Heimatstil* aux façades blanchies à la chaux et aux toits en pente, il avait cherché dès le milieu des années 1920 à résister aux tendances internationalistes et mécanistes de la vie moderne. Sa rhétorique antirationaliste était née de l'intérêt tardif des Arts & Crafts pour les formes organiques, simples et ancrées dans la terre – intérêt que partageaient Tessenow, Hugo Häring et Hans Scharoun. La question de la forme avait cependant pour Schultze-Naumburg des résonances politiques : en s'opposant à l'architecture Neue Sachlichkeit de la République de Weimar, il adopta bientôt des positions de droite, voire racistes, très proches de l'idéologie réactionnaire des nazis. Quand il rejoignit en 1930 le front culturel d'Alfred Rosenberg, le Kampfbund für deutsche Kultur, Darré avait déjà préparé le terrain pour une attaque de toute la culture moderne avec une diatribe contre l'urbanisation industrielle et la destruction de la paysannerie. Les communautés agraires n'étaient pas seulement pour lui les forteresses du patriotisme, mais aussi l'habitat à venir d'une race nordique pure.

Schultze-Naumburg rejoignit cette position dans son livre publié en 1932 sous l'égide du Kampfbund, *Kampf um die Kunst* (combat pour l'art) : il y fustige les nomades des métropoles qui ont perdu tout sens de leur terre natale. Ailleurs il vante, paraphrasant quasiment Darré, la maison allemande au toit incliné, profondément ancrée dans le sol, et l'oppose à l'architecture au toit plat d'un peuple déraciné. Il avait déjà exprimé cette idée en 1926 quand il écrivait que le toit plat « est immédiatement reconnaissable comme l'enfant d'un autre sang et d'autres cieux » – commentaire qui semble avoir inspiré le grinçant photomontage représentant le Weissenhofsiedlung de Stuttgart

223. Rimpl, logements ouvriers (en haut) et usine Heinkel, Oranienburg, 1936.

en village arabe, avec bédouins et chameaux. Schultze-Naumburg développa ses préjugés raciaux dans son livre *Kunst und Rasse* (art et race) de 1928, où il tentait de prouver que la « décadence » culturelle de l'Allemagne avait des origines biologiques. Dans son deuxième ouvrage théorique publié en 1929, *Das Gesicht des Deutsches Hauses* (le visage de la maison allemande), il écrivit à propos de l'habitat allemand :

*[Il] donne l'impression de pousser dans le sol comme l'un de ses produits naturels, à l'instar d'un arbre qui plonge ses racines loin dans la terre et lui est uni. C'est cela qui nous donne notre compréhension du foyer* [Heimat], *du lien entre le sang et la terre* [Erden] *; pour certains hommes, c'est la condition de leur vie et le sens de leur existence.*

Qu'il fût approprié ou non au logement de masse, le *Heimatstil* « du sang et de la terre » ne pouvait guère représenter le mythe d'un Reich millénaire. Aussi le parti tira-t-il profit de l'héritage classique de Friedrich Gilly, de Karl G. Langhans et de Schinkel. Paul Ludwig Troost et Albert Speer – qui furent successivement les architectes personnels d'Hitler de 1933 au milieu des années 1940 – firent donc d'une version appauvrie de la tradition Schinkelschüler le style emblématique de l'État. Un même classicisme spartiate hante les embellissements de Munich par Troost pour en faire la « capitale du parti » et les immenses compositions de Speer pour l'État nazi à son apogée – le stade Zeppelinfeld pour le grand rassemblement de Nuremberg en 1937 et la Nouvelle Chancellerie, achevée à Berlin l'année suivante.

L'abandon délibéré, au nom de l'avènement d'une ère nouvelle, de la délicatesse des proportions de Schinkel prit des formes proches, que ce soit dans la version frigide de l'ordre toscan chez Troost ou dans les colonnes rectangulaires ou cannelées chères à Speer. Cette stérilisation du classicisme romantique – mise en œuvre avec une précision fanatique – n'advint que quand les immenses ensembles monumentaux furent utilisés pour les réunions de masse, selon un rituel que Speer avait initialement formulé avec ce qu'il appelait la « cathédrale de glace », une colonne virtuelle de drapeaux et de projecteurs créée pour le rassemblement de Tempelhof à Berlin en 1935. Sous la direction de Goebbels, de telles arènes devinrent des lieux d'apprentissage de l'idéologie nazie, sur place mais aussi à travers tout le Reich. Pour la première fois, l'idée d'« État comme œuvre d'art » pouvait en effet être retransmise au moyen des médias de masse que sont la radio et le cinéma. Dans le documentaire de Leni Riefenstahl sur le rassemblement de Nuremberg de 1934, *Triumph des Willens* (le triomphe de la volonté), l'architecture fut pour la première fois mise au service de la propagande cinématographique – en l'espèce grâce au cadre éphémère créé par Speer. Ainsi, les stades réalisés par ce dernier à Nuremberg étaient autant déterminés par les angles de prise de vue des caméras que par des critères architecturaux. Cette exploitation cinématographique de l'architecture était en contradiction avec l'attachement de Speer à la maçonnerie porteuse, qui devait assurer au stade Zeppelinfeld un avenir de ruine sublime. Cette « loi des ruines » idiosyncratique, qui interdisait tout recours à des renforts métalliques, était une référence nostalgique aux Lumières (Speer

224. Kreis, projet pour un Totenburg, Kutno, 1942.

pensait notamment aux gravures de Paestum par Piranèse) ; dans le même esprit, Wilhelm Kreis insistait pour que l'esprit de la terre allemande et le culte populaire de la *Heimat* trouvent une expression néoclassique.

La version nationale-socialiste de la Nouvelle Tradition ne put transcender cette réduction de l'« espace de représentation publique » à une hystérie de masse, cette subordination de toutes les réalités relationnelles à l'illusion du film ou aux rituels théâtraux des *Thingplätze* – sortes de théâtres de plein air réalisés après 1934 dans lesquels la nature était adorée et des rites teutons célébrés. Le langage du classicisme romantique, désormais dépouillé de l'iconographie et de la foi des Lumières, était réduit à une simple scénographie. À la notable exception du stade olympique réalisé par Werner March en 1936 et des ouvrages d'art autoroutiers contemporains de Paul Bonatz, la Nouvelle Tradition dégénéra en mégalomanie dépourvue de signification, pour s'achever en 1941 avec les *Totenburgen* [224] de Kreis, « châteaux aux morts » brillamment dessinés à la manière de Boullée et construits dans toute l'Europe de l'Est, quand le temps ne faisait pas défaut, pour immortaliser les dépouilles des défunts.

## Le modernisme aux États-Unis, 1923-1932

La Nouvelle Tradition, traitée dans un classicisme dépouillé, devint le goût dominant dans les années 1930, lorsque le pouvoir voulait se présenter sous un jour positif et progressiste. Speer remarqua ainsi que le pavillon soviétique de l'Exposition universelle de Paris en 1937 recourait à une syntaxe pseudo-classique quasiment identique à celle du pavillon allemand qu'il avait lui-même conçu pour la même circonstance [225]. Le goût de la monumentalité néoclassique n'était pas réservé, nota Speer, aux États totalitaires : on le retrouvait à Paris dans des œuvres comme le musée d'Art moderne de Jean-Claude Dondel, André Aubert, Paul Viard et Marcel Dastugue ainsi que dans le musée des Travaux publics (aujourd'hui Conseil économique et social) d'Auguste Perret, tous deux achevés en 1937. Ce goût était également présent aux États-Unis, où il dérivait du néoclassicisme Beaux-Arts – style « officiel » depuis l'Exposition colombienne de 1893 de Chicago jusqu'à la Première Guerre mondiale. Les travaux d'embellissement néoclassiques de Washington, tel le Lincoln Memorial d'Henry Bacon de 1917, montrent que le gouvernement fédéral était trop conservateur pour promouvoir la Nouvelle Tradition. Les universités étant plus ou moins vouées, au début du XX^e^ siècle, aux copies conformes gothiques, les seuls clients susceptibles de soutenir un style

225. Exposition universelle, Paris, 1937. La représentation du Troisième Reich par Speer (à gauche) fait face au pavillon de l'URSS d'Iofan (à droite).

moins convenu semblent avoir été les compagnies de chemins de fer : en témoignent l'éclectisme néoroman des gares de New York construites pendant la décennie précédant la Première Guerre mondiale – la Grand Central Station de Warren & Wetmore en 1903-1913 et la Pennsylvania Station de McKim, Mead & White en 1906-1910 – et la modernité de la Cincinnati Union Station de Feilheimer & Wagner en 1929.

Les autres vecteurs de modernité furent, bien évidemment, les immeubles de bureaux de grande hauteur. À partir du Woolworth Building réalisé par Cass Gilbert en 1913, la Nouvelle Tradition pencha, en matière de gratte-ciel, pour le gothique. Cette tendance fut renforcée en 1922 par les résultats du concours pour le siège du *Chicago Tribune*. Les projets primés à ce concours international promurent à nouveau un style dominant. Ainsi, le projet classé deuxième d'Eliel Saarinen influença beaucoup le travail ultérieur de Raymond Hood, qui remporta le premier prix avec John Mead Howell. Cela apparaît clairement dans le développement du « style gratte-ciel » de Hood, depuis l'American Radiator Building noir et or qu'il acheva à New York en 1924 jusqu'à ses premières esquisses de 1930 pour le Rockefeller Center dans la même ville. Comme Jacques Greber le fit remarquer en 1920, le « gothique dénudé » permettait à Hood de résoudre le problème du grand nombre de fenêtres « grâce à des nervures très marquées qui accentuaient la verticalité et, partant, l'aspect impressionnant des tours ».

La version américaine de l'Art déco, ou modernisme, puisait autant ses racines dans les courants dominants du Mouvement moderne que dans le style du tournant du siècle. Elle se référait d'abord à l'expressionnisme allemand (Poelzig, Fritz Höger, etc.), ce dont atteste le travail new-yorkais de McKenzie, Voorhees, Gmelin et Walker, du Barclay-Vesey Building de 1923 au Western Union Building de 1928. On ne peut cependant attribuer à une source unique le mérite de ce style éminemment synthétique, né du désir spontané de célébrer le triomphe de la démocratie et du capitalisme dans le Nouveau Monde. Du point de vue américain, la Première Guerre mondiale s'était bien terminée : les États-Unis apparaissaient comme un pays créditeur et le boom des années 1920 était imminent. Dans quel style exprimer cet enthousiasme pour le « progrès » ? Certainement pas dans les manières historicisantes d'une puissance européenne affaiblie, ni dans l'avant-gardisme de l'Europe nouvelle. Forrest F. Lisle le remarquera à propos de l'exposition « Century of Progress » de Chicago en 1933, les sources d'inspiration se devaient d'être plus ouvertes et éclectiques :

*L'exposition de Paris de 1925, Frank Lloyd Wright, le cubisme, l'éthique de la machine, les formes mayas, les motifs pueblos, dudok, la Sécession viennoise, les intérieurs modernes, les règles de prospect : ces nombreuses sources peu corrélées, bien identifiées comme les fondements de la modernité en Amérique, en vinrent à suggérer les contours vagues, vastes, englobants, moins fermes, plutôt sans distinction, donc démocratiques, du Mouvement moderne américain, opposés en cela aux formes impersonnelles, réductrices, exclusives, plus idéalistes, plus moralisantes, de l'avant-garde européenne de l'époque.*

Certaines intentions du Mouvement moderne peuvent être appréhendées à partir de la façon dont il a été appliqué. En dehors des intérieurs domestiques, son vocabulaire était réservé au monde pragmatique des bureaux, des immeubles de logement en centre-ville, des hôtels, des banques, des grands magasins et des bâtiments destinés aux médias modernes – journaux, grandes maisons d'édition, télécommunications, etc. Il s'agissait donc d'un style exclusivement urbain : le travail en banlieue d'architectes modernes comme Ely-Jacques Kahn ou Hood – maisons privées et country clubs – consistait généralement en variations sur le Free Style anglais, tempérées ici ou là par quelque portique colonial. Leur sens de la convenance stylistique y est comparable à la « ligne du parti » des pays totalitaires : un style pour les bureaux, un autre pour le calme suburbain, et un autre encore pour l'idylle universitaire – ce dernier ne s'éloignant souvent guère de la touche médiévale de Ralph Adams Cram.

La manière précise dont le modernisme fut inscrit dans la trame idéologique et historique de son époque est excellemment démontrée par l'histoire du Rockefeller Center [227] : ce fut d'abord un grand projet immobilier mené par la compagnie du Metropolitan Opera, qui désirait construire une nouvelle salle. Cela se termina en spéculation foncière risquée sur fond de crise économique – sans opéra, ce qui est assez significatif, mais avec les récentes et florissantes industries de la communication, la Radio Corporation of America et ses filiales NBC et RKO étant les principaux clients. Ainsi, au lieu d'être centrée sur une esplanade de type *« city beautiful »* devant la façade Art déco d'un opéra, comme dans le projet de 1928 de B. W. Morris, l'opération fut transformée, d'un point de vue à la fois idéologique et architectural, en *Radio City* « au cœur de la ville ». Les promoteurs du Rockefeller Center étaient bien conscients qu'un projet aussi gigantesque, économiquement risqué en cette période de grave dépression, devait être présenté comme une véritable contribution au bien public. Dans ce but, ils incitèrent leur principal client à demander à Roxy (alias Samuel L. Rothafel), célèbre figure de la radio et du music-hall, de travailler avec les architectes sur la salle de 6 200 places du Radio City Music Hall, prévue pour accueillir des spectacles de divertissement allant du music-hall au cinéma, et sur le luxueux cinéma de 3 500 places, le Center Theater. Le caractère essentiellement populaire de Radio City – la ville de l'illusion et du divertissement au cœur de la crise (le slogan de Roxy était « Une visite à Radio City vaut un mois à la campagne ») – fut accentué en 1936 quand l'échec commercial des magasins de l'esplanade en contrebas provoqua la transformation de cet espace en patinoire à l'air libre flanquée de restaurants.

Il revient à Hood, leader de la troïka architecturale formée par les agences Reinhard & Hofmeister, Corbett Harrison & Macmurray et Hood & Fouilhoux, d'avoir su contrôler non seulement la composition générale et les détails,

226. Van Alen, Chrysler Building, New York, 1928-1930, entre le RCA Victor Building (maintenant General Electric Building) de Cross & Cross et le Waldorf Astoria de Schultze et Weaver, tous deux de 1930-1931.

227. Reinhard & Hofmeister, Corbett Harrison & Macmurray, Hood & Fouilhoux, Rockefeller Center, New York, de 1932-1939. Le bâtiment le plus haut, au centre, est le RCA Building. En dessous à droite, le Radio City Music Hall. Entre le RCA Building et la 5e Avenue (en bas) se trouvent les jardins en contrebas avec la statue de Prométhée et deux bâtiments bas avec des toitures terrasses, de part et d'autre d'une promenade agrémentée d'une fontaine.

mais aussi une bonne partie du programme. C'est par exemple lui qui eut l'idée de traiter les toits-terrasses en jardins suspendus. Sous sa houlette, le projet, comptant finalement huit blocs et quatorze bâtiments, vit son cœur – le RCA Building de soixante-dix étages et son esplanade, ainsi que le Radio City Music Hall – achevé en dix-huit mois, à temps pour le gala d'ouverture à la fin de 1932.

La formule de Roxy – un spectacle joué sur scène par les Rockettes, plus un film – était culturellement aussi improvisée et provisoire que le programme artistique du centre entier : toutes les œuvres artistiques, qu'il s'agisse de sculptures ou de peintures murales, avaient pour thèmes la lumière, le son, la radio, la télévision, l'aviation ou le progrès en général. Deux œuvres majeures furent placées dans l'axe central de la composition : le *Prométhée* doré de Paul Manship, entouré par le zodiaque et surplombant l'esplanade en contrebas et la peinture murale *Man at the Crossroads* (l'homme à la croisée des chemins) de Diego Rivera, qui occupait le hall du RCA Building. Cette dernière connut un sort malheureux du fait de son programme iconographique ouvertement révolutionnaire, qui incluait même une image de Lénine, plaçant dès lors ses commanditaires dans l'obligation de la retirer. Ce geste contradictoire du capitalisme typique du New Deal – la commande en connaissance de

228. Ferriss, « Le Centre des Affaires », 1927, d'après *The Metropolis of Tomorrow*, 1929.

cause d'une œuvre emblématique à un artiste communiste – nous semble aujourd'hui aussi invraisemblable et fantasque que le Manhattan dessiné par Hugh Ferriss dans son livre de 1929, *The Metropolis of Tomorrow (La Métropole du futur)* – succession infinie de gratte-ciel en ziggourats [228]. Rappelant les gratte-ciel Art déco qui étaient alors achevés ou en chantier et annonçant l'apothéose du Rockefeller Center, cette vision de science-fiction d'une ville de tours au style pour le moins spectaculaire était une nouvelle Babylone issue de l'euphorie de la spéculation foncière et des réglementations en matière de prospect à New York en 1916.

### La nouvelle monumentalité, 1943

À part en Union soviétique, le New Deal de Roosevelt et la Seconde Guerre mondiale portèrent un coup fatal à la Nouvelle Tradition ; pourtant des architectes comme Oud avaient déjà subi son influence, comme en témoigne son immeuble de 1938 pour la Shell à La Haye. Après la guerre, en Occident, l'ambiance générale était hostile à toute monumentalité. La Société des Nations était discréditée, les Anglais avaient accordé l'indépendance à l'Inde, et les régimes pour qui la Nouvelle Tradition avait été un instrument de politique nationale faisaient l'objet d'anathèmes. De plus, les avantages qu'il y avait à manipuler des modes de représentation idéologique moins pérennes mais plus économiques, souples et efficaces que l'architecture apparurent clairement. Le recours intensif et triomphant à la radio et au film par la propagande du Troisième Reich, ainsi que les productions populaires de masse de la RCA et de Hollywood durant la crise l'avaient annoncé : les gouvernements devinrent plus sensibles au message et à l'impact des médias qu'aux formes bâties. Et plus ce message était rhétorique et fort, plus les formes se faisaient abstraites et dépourvues de contenu iconographique. L'extrême abstraction de l'extension du Rockefeller Center, réalisée à l'ouest de la 6e Avenue, à partir de 1956 pour Time Inc., par Exxon et McGraw-Hill témoigne de ce processus d'appauvrissement.

Les raisons de l'éclipse de la Nouvelle Tradition moderniste en 1939 n'étaient pourtant pas seulement idéologiques. D'une part, l'artisanat de grande qualité qui était encore disponible pour participer à la réalisation d'édifices remarquables comme le Chrysler Building [226] de William van Alen, à New York, en 1930, fut en grande partie absorbé, puis réduit à néant, par l'effort de guerre. D'autre part, l'enthousiasme avec lequel l'élite américaine accueillit le Mouvement moderne ne cessa de croître après l'exposition de 1932 d'Henry-Russell Hitchcock et Philip Johnson, « Modern Architecture », au point qu'en 1945, alors que le New Deal battait son plein, l'architecture fonctionnaliste était le style plus ou moins dominant ; en attestent les travaux de William Lescaze, de Richard Neutra ou des frères Bowman.

Non sans ironie, la fin de la Nouvelle Tradition et le triomphe du Mouvement moderne ont coïncidé avec le regain d'intérêt pour la monumentalité au cœur même dudit mouvement. Seuls cinq ans séparent les conférences Charles Eliot Norton prononcées par Sigfried Giedion à l'université de Harvard en 1938-1939 et publiées en 1941 sous le titre *Space, Time and Architecture*, de ses très polémiques « Nine points on monumentality », écrits en 1943 avec Fernand Léger et José Luis Sert, dont voici les articles les plus importants :

*1)* Les monuments sont des signes *que les hommes ont dressés comme des symboles de leurs idéaux, de leurs buts, de leurs actes. Ils sont faits pour survivre à l'époque dans laquelle ils sont nés et constituent un legs destiné aux générations futures. Ils assurent la liaison entre le passé et l'avenir.*

*2)* Les monuments sont l'expression des besoins culturels les plus élevés de l'homme. *Leur rôle est de satisfaire la volonté, toujours renouvelée dans un peuple, de traduire en symboles sa force collective. Les monuments qu'on peut qualifier de « vivants » sont précisément ceux qui expriment le sentiment et la pensée de cette force collective. [...]*

*4) Les cent dernières années ont connu la* dévaluation de la monumentalité. *Cela ne signifie pas qu'on n'a pas construit de monuments, ni que des échantillons architecturaux prétendant servir d'exemples manquent. Mais les monuments du passé le plus récent – ou du moins ce que l'on appelle monuments – sont en fin de compte, à de rares exceptions près, des coquilles vides. Ils n'expriment en aucune manière l'esprit ou le sentiment collectif de leur temps. [...]*

*6) Nous sommes au début d'une nouvelle étape de ce développement. Les modifications apportées par l'après-guerre dans toute la structure économique des États* entraîneront, dans les villes, une réorganisation de la vie collective qui, jusqu'à présent, a été négligée.

*7)* Si des édifices sont créés pour exprimer la conscience sociale et la vie collective d'un peuple, celui-ci exigera qu'ils ne soient pas simplement fonctionnels.

Ce texte doctrinal – qui constituera le programme du 8e congrès des CIAM en 1952 – constitue une approche extrêmement discriminatrice, sans doute aussi pertinente aujourd'hui que lors de sa rédaction. Premièrement, il reconnaît que ni la monumentalité de la Nouvelle Tradition ni le fonctionnalisme du Mouvement moderne n'ont su représenter les aspirations collectives des peuples. Deuxièmement, il part implicitement du principe qu'une collectivité ne peut véritablement exprimer ses valeurs et son inscription dans l'histoire qu'à un niveau régional ou municipal, et que les grands États centralisés ou autoritaires sont par définition incapables de représenter réellement les espoirs et les aspirations d'un peuple. Depuis 1943, la question de la représentation – problème fondamental de la signification en architecture – n'a cessé d'être posée et reposée, et n'a rencontré comme réponse que la répression et le déni, ou le refuge dans le sens supposé spontané, donc populaire, de la publicité et des médias au sein même de l'économie de consommation. La pratique de l'architecture retourne désormais au « silence » – voir le livre publié en 1973, *Progetto e Utopia*, de Manfredo Tafuri – voire au discrédit, et ce au seul motif qu'elle refuse avec constance d'aborder ce qui devrait être l'un de ses principaux objets : la société. Malheureusement, les institutions politiques susceptibles de repenser cette forme de signification sont aujourd'hui aussi fragiles que la culture de l'architecture.

CHAPITRE VINGT-SIX

# Le Corbusier et la monumentalisation du vernaculaire, 1930-1960

*Cette construction, exécutée par les entrepreneurs locaux, est formée de planchers de béton armé, portés par des murs en maçonnerie apparente de pierre du pays. Malgré l'emploi de la maçonnerie ordinaire, les thèses habituellement exploitées dans nos maisons se retrouvent ici. Ceci veut dire que la classification est faite très nettement entre les murs portants, qui sont considérés comme des chevalets portant les planchers, et les parois vitrées qui remplissent les espaces laissés vides.*

*La composition est ordonnée sur le paysage. La maison occupe un petit promontoire dominant la plaine derrière Toulon, elle-même barrée par la magnifique silhouette des montagnes. On a tenu à conserver la sensation de surprise qu'offre le spectacle inattendu de cet immense développement paysagiste et, pour cela, on a muré les chambres du côté de la vue et l'on a tout simplement percé une porte qui, lorsqu'on l'ouvre, dégage sur un perron d'où le spectacle fait comme une explosion.*

Le Corbusier, *Œuvre complète*, 1929-1934

Le Corbusier et Pierre Jeanneret pensaient que leur architecture de la fin des années 1920 entretenait un lien étroit avec l'environnement naturel, mais n'avaient jamais imaginé ce lien à une échelle monumentale. Avec la maison de vacances d'Hélène de Mandrot, construite près de Toulon en 1931, mais aussi avec le projet de 1930 pour la maison Errazuriz [170], sur un site reculé du Chili, ils envisagèrent leurs édifices comme s'ils embrassaient des paysages aux proportions colossales. Cette subtile inflexion vers une sensibilité à la topographie tranche avec leur acceptation de la construction « vernaculaire » comme mode d'expression. Bien qu'ils aient déjà utilisé des murs de refend porteurs, ils n'avaient encore jamais exploité les qualités d'expression de la maçonnerie brute.

Cette rupture avec l'esthétique dogmatique du purisme, qu'annonçait la peinture de Le Corbusier dès 1926, coïncide avec le moment de sa carrière où il abandonna sa foi dans les bienfaits *inévitables* de la civilisation machiniste. Dès lors, ayant perdu ses illusions sur la réalité industrielle et étant de plus en plus influencé par le « brutalisme » du peintre Fernand Léger, il travailla simultanément dans deux directions opposées. D'une part il retourna, au moins dans son travail à l'échelle domestique, au langage vernaculaire ; d'autre part, comme dans son projet pour la Cité mondiale de Paul Otlet en 1929, il adopta une monumentalité d'une grandeur toute classique, pour ne pas dire Beaux-Arts.

Cependant, envisager ce schisme comme une simple différenciation expressive entre « construction » et « architecture » serait simplifier à l'excès la pratique architecturale de Le Corbusier à cette époque. Car, malgré un « doute intérieur », non seulement il n'avait pas totalement abandonné l'esthétique machiniste – nous pouvons en juger par les « murs-rideaux » construits entre 1930 et 1933 – mais une réalisation comme l'appartement de Beistegui fit apparaître un aspect surréaliste inattendu dans son imaginaire. Cet exercice quasi onirique – qui rappelle les espaces intérieurs d'Adolf Loos pour la maison Tzara de 1926 – manifestait des dichotomies « esthétiques » à plus d'un titre. Alors que l'étrangeté des objets domestiques était accentuée (la pelouse du solarium était conçue comme un tapis végétal, donc vivant), transparaissaient aussi des associations urbaines (topographiques) improbables, comme la proximité formelle de la fausse cheminée du solarium et de l'Arc de Triomphe, qui semblait comme posé en équilibre sur l'horizon artificiel défini par le mur entourant la terrasse. Cette sensibilité surréaliste, qui fait penser à Magritte ou à Piranèse, figure dans toutes les œuvres qui marquent le retour de Le Corbusier au vernaculaire, de la maison de Mandrot en 1931 à la chapelle de Ronchamp en 1955.

Dans de nombreux projets « vernaculaires » antérieurs à Ronchamp, l'éloignement même du site dictait le mode de construction. L'exemple le plus significatif en est la maison bon marché construite aux Mathes, près de Royan, en 1935, sans que l'architecte ne suive le chantier. Le Corbusier écrivit à ce sujet :

*L'impossibilité d'envisager une surveillance de chantier et la nécessité d'employer un petit entrepreneur de village ont conduit à la conception même du plan.*
*Trois étapes successives, absolument tranchées, de l'œuvre de la maison : a) une maçonnerie pour soi, faite totalement d'une fois ; b) une charpente pour soi, venant s'installer librement et totalement, après la maçonnerie ; c) une menuiserie comportant fenêtres, portes, cloisons et placards et obéissant à un standard, à un principe unitaire de construction : bâtis indépendants avec remplissages variés de verre, de contreplaqué ou de ciment amiante.*

Si des raisons d'ordre financier peuvent être avancées pour les maisons Errazuriz et de Mandrot, elles ne sauraient guère entrer en ligne de compte dans le cas de la Maison de week-end construite à La Celle-Saint-Cloud en 1935 [229]. Un vocabulaire local y fut pourtant délibérément utilisé, pour sa présence matérielle et sa capacité à enrichir le caractère abstrait, réducteur, du purisme :

*L'établissement des plans d'une telle maison a demandé un soin extrême, les éléments de construction étant les seuls moyens architectoniques. L'assiette architecturale est fournie par une travée type dont l'effet s'étend jusqu'au petit kiosque situé dans le jardin. Ici se trouvent en présence : de la maçonnerie de pierre apparente, naturelle au dehors, peinte de blanc à l'intérieur ; le bois du plafond et des murs ; la brique brute de la cheminée ; la céramique blanche du sol ; la maçonnerie de verre des briques « Nevada » ; le marbre cipolin de la table.*

Bref, nous voici confrontés, comme à Toulon et aux Mathes, à un bricolage expressif. La juxtaposition de matériaux contrastés devint dès lors un aspect essentiel du style de Le Corbusier, en tant que palette expressive et moyen de construction.

Ce retour à des matériaux naturels et à des méthodes primitives eut des conséquences qui dépassèrent une simple modification de technique ou de style. Il représentait surtout l'abandon de l'enveloppe classique des villas de la fin des années 1920 au profit d'une architecture définie par la force d'expression d'un seul élément architectural, que ce soit un toit à une pente reposant sur des murs de refend ou un mégaron voûté. Alors que le premier type (déjà mis en œuvre aux Mathes) apparaît dans les murs en pisé et les appentis couverts de papier goudronné, branchages et mottes de gazon des maisons Murondins, conçues en 1940 pour abriter les réfugiés, le second était le principe structurel de base de la Maison de week-end et du complexe agricole conçu en 1942 à Cherchell, en Algérie. Une série de constructions issues de ce dernier et menant, via les logements en gradins Roq et Rob imaginés pour Cap-Martin en 1949 [230], à la maison Sarabhai à Ahmedabad en Inde et aux maisons Jaoul à Neuilly-sur-Seine (achevées en 1955), montre que l'intérêt de Le Corbusier pour la Méditerranée prit après la Seconde Guerre mondiale une forme plus vernaculaire que classique.

Comme James Stirling l'a explicité dans un article de *The Architectural Review* en 1955, la conception des maisons Jaoul [231] fut reçue

229. Le Corbusier et Jeanneret, Maison de week-end, La Celle-Saint-Cloud, 1935.

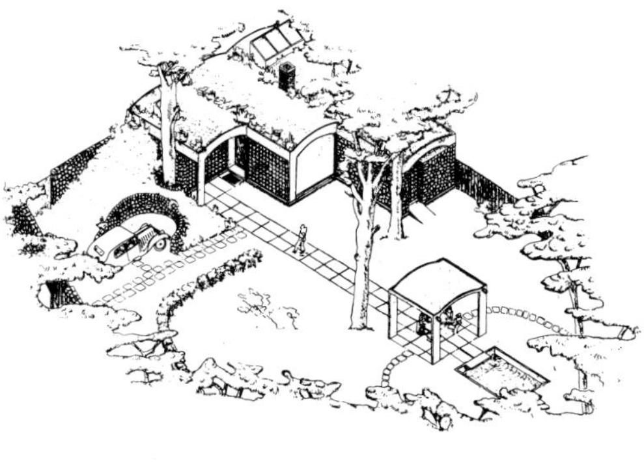

comme un affront par ceux qui étaient imprégnés du mythe selon lequel l'architecture moderne devait être faite de surfaces lisses et industrialisées, insérées dans une ossature clairement exprimée. Il leur fut difficile d'accepter que l'ensemble avait été « construit par des ouvriers algériens munis d'échelles, de marteaux et de clous » et que, en dehors du verre, nul matériau de synthèse n'avait été utilisé. Pour Stirling, ces techniques quasi moyenâgeuses suffisaient à reléguer l'œuvre au domaine de l'art pour l'art ; il la considérait, non sans raison, comme totalement opposée à la tradition rationaliste du Mouvement moderne. Cependant, l'« arationalité » de Le Corbusier dépassait l'utilisation anachronique, bien que pertinente, des voûtes catalanes, des maçonneries en briques apparentes ou du béton brut de décoffrage. Les gouttières en béton et les étroits percements (le plus souvent dotés de volets en contreplaqué) ménagés dans les murs transversaux semblaient afficher une certaine hostilité vis-à-vis du monde extérieur. La fenêtre type n'était plus la fenêtre en longueur à travers laquelle le regard se perdait, mais une pièce rapportée, divisée en panneaux et cadrée, sur laquelle le regard devait se porter. « L'œil, étant attiré par chaque partie de la surface de grossier enduit, poursuit Stirling, ne cherche pas, comme à Garches, à s'évader de la vue d'une finition sèche et dénuée de texture en examinant les contours et la forme de la façade. » À la place

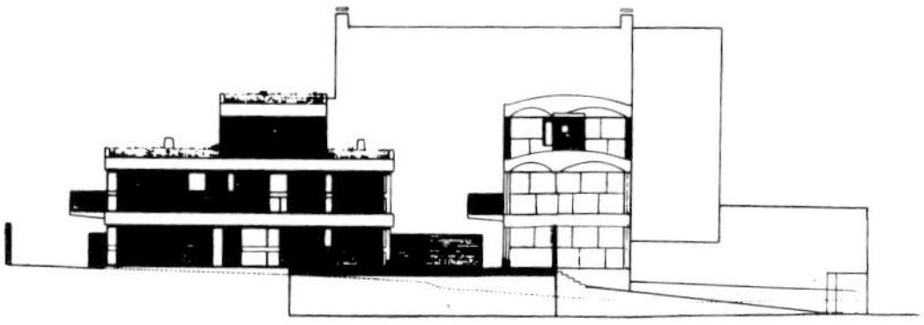

231. Le Corbusier, maisons Jaoul, Neuilly-sur-Seine, 1955. Façade nord-est.

des formes puristes, les maisons Jaoul offraient une réalité tactile très éloignée des positions utopiques de la fin des années 1920 ; ce pragmatisme s'adaptait, comme l'a observé Reyner Banham, aux contradictions et ambiguïtés de l'univers suburbain.

Les maisons Jaoul réinterprétaient sur un mode monumental les constructions méditerranéennes vernaculaires ; leur force venait autant de leur introspection que de leur échelle. Cette syntaxe surréaliste ne pouvait guère être utilisée dans l'immeuble en hauteur de l'Unité d'habitation de Marseille (1947-1952). Et pourtant, en abandonnant la légèreté du machinisme de l'avant-guerre, l'Unité s'avéra tout aussi engagée dans les méthodes de construction « brutalistes ». Cela apparaît particulièrement dans sa structure primaire en béton, coulée dans un coffrage de bois brut – une mise en valeur délibérée du mode constructif que Le Corbusier justifiera par des arguments quasi existentiels. Derrière son apparente simplicité, l'Unité a une organisation bien plus complexe que les bâtiments types de la Ville radieuse d'avant-guerre. Les brise-soleil expriment le volume des cellules de logement en duplex qui traversent le bâtiment sur toute sa largeur – telles des mégarons construits comme des éléments indépendants puis insérés à l'intérieur de la structure en béton, à la manière dont des bouteilles sont rangées dans un casier [232]. Des « rues » intérieures assurent, un niveau sur trois, la distribution horizontale des appartements imbriqués deux à deux en coupe.

Cette morphologie exprime l'assemblage des logements, alors que la rue marchande et les équipements collectifs du toit-terrasse représentent le domaine public. Le prestige de

230. Le Corbusier, projet Roq et Rob, Cap-Martin, 1949. Réinterprétation de la Maison de week-end en prototype de logement.

l'ensemble est exprimé au rez-de-chaussée par des piliers au profil soigneusement dessiné. Ces pilotis, proportionnés selon le *Modulor*, suggèrent l'invention de quelque ordre « classique » nouveau. Les 337 logements sont fédérés grâce à la rue marchande et au toit-terrasse [233], et deviennent un « condensateur social » à l'instar des immeubles communautaires soviétiques des années 1920.

La chapelle de Ronchamp, conçue dès 1950, et le couvent dominicain de La Tourette, achevé à Éveux, près de Lyon, en 1960, représentent les deux grands types auxquels Le Corbusier s'intéressa dans les années 1950 : l'édifice pour le culte et celui pour la retraite. Le couvent [234], qui combine les deux programmes, lui rappelait le paradigme de « solitude et communion » qui l'avait tant ému lors de sa visite de la chartreuse d'Ema en 1907. Il réinterprète ce modèle idéal selon un schéma bipartite comprenant la chapelle « publique » et le cloître « privé ». Élevé au-dessus du sol et non encastré dans le terrain, l'ensemble crée une

233. Le Corbusier, Unité d'habitation, Marseille, 1947-1952. La pataugeoire des enfants sur le toit.

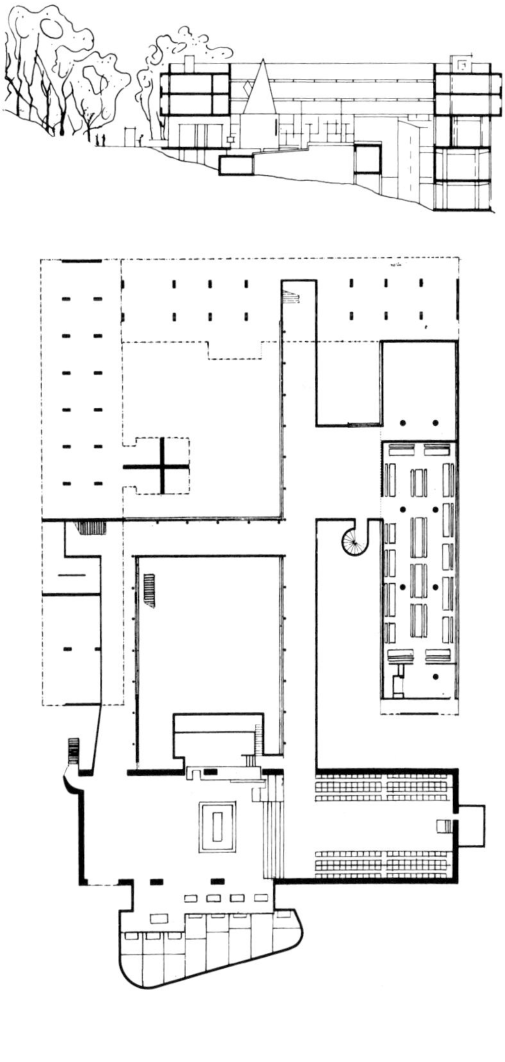

234. Le Corbusier, monastère de La Tourette, Éveux, près de Lyon, 1957-1960. Coupe et plan du deuxième étage.

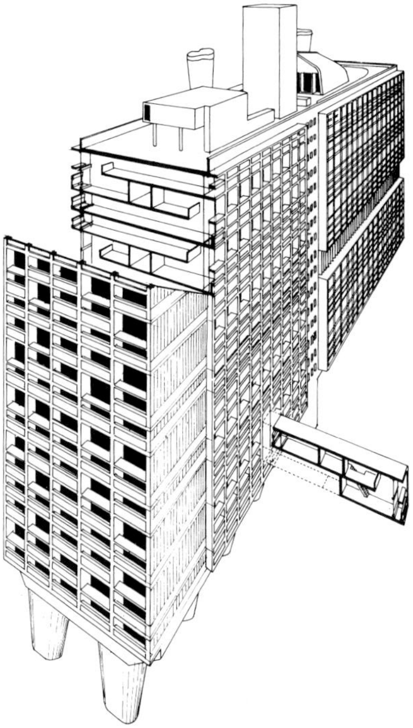

232. Le Corbusier. Unité d'habitation, Marseille, 1947-1952.

235. Le Corbusier et Jeanneret, pavillon des Temps nouveaux, Exposition universelle, Paris, 1937.

236. Le Corbusier, chapelle de Ronchamp, près de Belfort, 1950-1955.

opposition entre le volume vertical de la chapelle et la bande horizontale du déambulatoire, accentuée par la pente du terrain, comme l'a relevé Colin Rowe :

*À La Tourette, le site est tout et n'est rien. Il est doté d'une pente abrupte et d'une contre-pente tout à fait accidentée. Ce n'est en aucun cas une condition locale qui justifierait réellement l'établissement dominicain quintessencié qui semble avoir été préconçu. C'est plutôt l'inverse ; l'architecture et le paysage, expériences lucides et séparées, sont comme les protagonistes rivaux d'un débat, contredisant et clarifiant progressivement la signification de l'autre.*

Rien de plus éloigné de cela que le rapport entre construction et site à Ronchamp [236, 237], où la forme de crustacé de l'ensemble – le toit en carapace de crabe doté d'une gargouille géante, les chapelles latérales et l'autel – répond à « l'acoustique visuelle » d'un paysage tout en courbes. Ronchamp renvoie au Le Corbusier des années 1930 : celui de la maison de Mandrot, par son intégration au site, mais aussi celui du pavillon des Temps nouveaux à l'Exposition de Paris de 1937 [235]. Cette structure suspendue par des câbles métalliques est en effet une sorte de prototype originel de Ronchamp, car elle s'inspire de la reconstruction du Temple hébreu dans le désert que Le Corbusier avait reproduit en 1923 dans *Vers une architecture*. Le toit en coque de béton – autre transposition de cette métaphore – rappelle la couverture en toile et câbles du pavillon. La réapparition de cette silhouette dans le Capitole de Chandigarh, mais aussi dans son œuvre postérieure, laisse penser que Le Corbusier essayait de faire de cette forme l'équivalent, pour le XX$^{e}$ siècle, du dôme de la Renaissance – un signe du sacré.

Par-delà ces remarques, Ronchamp résiste à l'analyse – à la fois tombe de Malte et construction locale d'Ischia : ses chapelles en demi-cylindres éclairées par le haut grâce à des verrières circulaires orientées selon la trajectoire solaire rappellent que ce site chrétien avait été jadis celui d'un temple dédié au soleil. Avec sa structure en béton armé non apparente, son caractère vernaculaire est ici plus simulé qu'interprété à une échelle monumentale. Le remplissage en maçonnerie est recouvert de béton projeté mais la finition n'a rien à voir avec la précision machiniste du purisme, mais plutôt avec la texture granuleuse des constructions méditerranéennes blanchies à la chaux.

Le Corbusier avait exprimé la résonance sculpturale d'une construction avec son site dès 1923, décrivant l'Acropole et ses propylées comme le point où l'« on a sacrifié, nettoyé, jusqu'au moment où l'on ne pouvait plus rien enlever, ne laisser que ces choses, concises et violentes, sonnant clair et tragique comme des trompes d'airain ». Cette image récurrente acquit des accents toujours plus pathétiques vers la fin de sa vie. C'était là autant le principe sous-jacent de l'« acoustique visuelle » de Ronchamp que la raison des petites masses ressemblant à des montagnes volcaniques miniatures qui saillent sur le toit de l'Unité d'habitation de Marseille.

Une approche plus cartésienne motive la conception de Chandigarh [238], capitale administrative du Penjab fondée en 1951. Le site étant plat, la disposition des monuments fut déterminée par une grille proportionnelle. Le Corbusier avait déjà utilisé des « tracés régulateurs » à une échelle urbaine dans la Cité mondiale de 1929 et dans le projet pour la reconstruction du centre de Saint-Dié en 1945. Sa description du Capitole montre combien il était convaincu que de tels raffinements étaient perceptibles à quelque distance que ce soit : « La composition du parc du Capitol [*sic*], si vaste que soit celui-ci, est réglée aujourd'hui à un centimètre près en chacune de ses mesures d'ensemble ou de détail. Tels sont les moyens, les pouvoirs et les devoirs du "proportionnement" ! » Le Corbusier ne manqua pas de remarquer que des procédés modulaires semblables avaient été utilisés par sir Edwin Lutyens pour New Delhi [215] : la nouvelle capitale « construite par Lutyens il y a plus de trente ans, avec beaucoup de soin, de talent et un réel succès peut bien être critiquée, mais la réussite d'une telle entreprise mérite le respect ».

Contrairement à New Delhi ou à la Cité mondiale, Chandigarh parvient à la monumentalité sans se référer au vocabulaire du classicisme occidental. Les silhouettes saisissantes de ces trois monuments sont avant tout une réponse à la rigueur du climat. Contrairement à Lutyens, qui n'avait exploité que les éléments secondaires de l'architecture moghole, Le Corbusier s'appropria le concept traditionnel du « parasol » de Fatehpur Sikri comme un outil de codification de la monumentalité, variable d'un édifice à l'autre. En utilisant cette forme en coque comme un prélude (l'auvent d'entrée du bâtiment de l'Assemblée), une constante (le toit voûté de la Haute Cour) ou une dominante (le parasol couronnant le projet de palais du Gouverneur), il put suggérer le statut de chacune des institutions. Les profils subtils de ces coques provenaient en partie de la faune et de la flore de la région [239] : à l'évidence, le propos était de représenter une identité indienne moderne libérée de toute association avec son passé colonial.

237. Le Corbusier, chapelle de Ronchamp, près de Belfort, 1950-1955.

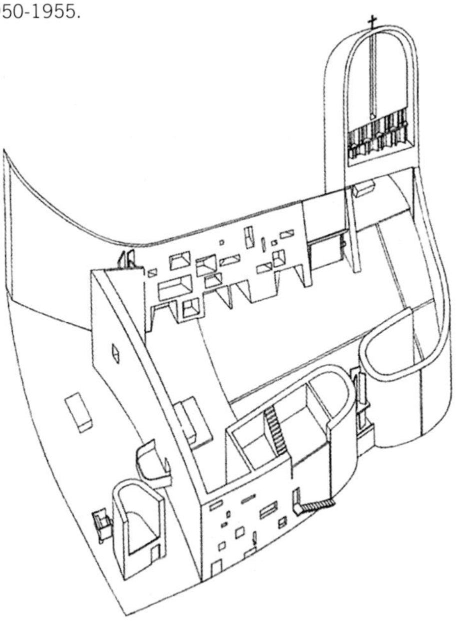

238. Le Corbusier, avec Jeanneret, Drew et Fry, Chandigarh, 1951-1965. Le Capitole (en haut du plan) est représenté sous la forme d'une maquette de bois au premier plan, avec (de gauche à droite) le Secrétariat, l'Assemblée, le palais du Gouverneur et la Haute Cour.

En même temps, l'échelle immense du Capitole le privait des qualités d'un « cœur de ville ». Comme J.-L. Sert l'avait déclaré au 8e congrès des CIAM à Hoddesdon en 1952, ce cœur dépendait « des longueurs à parcourir à pied et des perspectives visuelles de l'homme ». À l'intérieur du *temenos* du Capitole, où plus de vingt minutes sont nécessaires pour se rendre à pied du Secrétariat à la Haute Cour, la présence de l'homme est plus métaphysique que réelle – rappelant, une fois encore, De Chirico. L'héritage néoclassique de Le Corbusier avait ressurgi pour évoquer un paysage du « genre terrible » : les bâtiments représentatifs des « trois pouvoirs » [240] – la Haute Cour, l'Assemblée et le Secrétariat – n'étaient pas liés, comme à l'Acropole, par la configuration du site, mais plutôt par des lignes de perspective abstraites, fuyant au loin, générant un raccourci progressif dont les seules limites semblaient être les montagnes à l'horizon.

La réalisation même de Chandigarh, sous la forme d'un plan abstrait et mal conçu, ne peut guère être séparée (comme l'a suggéré Stanislas von Moos) des aspirations politiques de l'Inde au moment de son indépendance. Car Chandigarh était plus que la capitale du Penjab : c'était le symbole de l'Inde nouvelle. Elle incarnait l'idée d'un État industriel moderne, le destin utopique que Nehru avait envisagé pour l'Inde, en totale opposition avec la volonté de Gandhi. Ainsi Chandigarh avait-elle déjà été tracée comme une banlieue pittoresque inféodée à l'automobile par l'urbaniste américain Albert Mayer avant d'être précipitamment rationalisée en un réseau routier plus ou moins orthogonal par Le Corbusier, associé à Pierre Jeanneret, Jane Drew et Maxwell Fry. La crise naissante de la rationalité occidentale, son incapacité à entretenir une culture existante ou même à préserver le sens de ses propres formes classiques, son manque de réel objectif au-delà de la course à l'innovation technique et à la croissance économique, tout cela semble résumé dans la tragédie de Chandigarh : une ville dessinée pour les automobiles, dans un pays où la plupart des gens ne possèdent même pas de bicyclette.

239. Le Corbusier, Chandigarh, v. 1951. Dessins d'animaux domestiques et de formes d'habitation vernaculaire, et coupe sur le Secrétariat.

240. Le Corbusier, avec Jeanneret, Drew et Fry. Chandigarh, Capitole, 1957-1965. Les bâtiments du Secrétariat (à gauche) et de l'Assemblée.

# Mies van der Rohe et la monumentalisation de la technique, 1933-1967

*En architecture, il n'y a qu'un homme que même les jeunes peuvent défendre, c'est Mies van der Rohe. Mies est toujours resté à l'écart de la politique et s'est toujours opposé au fonctionnalisme. Personne ne peut accuser ses maisons de ressembler à des usines. Nous pouvons consacrer Mies comme le nouvel architecte pour deux raisons principales. Premièrement, Mies est respecté par les conservateurs. Même le Kampfbund für Deutsche Kultur ne lui reproche rien. Deuxièmement, Mies vient de gagner [...] le concours du nouveau bâtiment de la Reichsbank. Le jury était composé d'architectes âgés et de représentants de la banque.*
*Si – et ce sera sans doute un long si – Mies parvient à construire ce bâtiment, sa position s'en trouvera confirmée. Une Reichsbank moderne répondrait à la nouvelle soif de monumentalité ; plus encore, elle montrerait aux intellectuels allemands et aux autres pays que la nouvelle Allemagne n'aspire pas à détruire tous les chefs-d'œuvre d'art moderne récemment construits.*

Philip Johnson, « Architecture in the Third Reich », *Horn and Hound*, 1933

Le projet de Mies van der Rohe pour le concours de la Reichsbank de 1933 [241] marque un tournant dans son œuvre, le menant de l'asymétrie informelle à la symétrie monumentale. Ce passage à la monumentalité aboutira à un mode de conception extrêmement rationalisé, largement adopté dans les années 1950 par l'industrie américaine du bâtiment et par ses clients des grandes entreprises. La proposition pour la Reichsbank annonce à bien des égards cette évolution : elle témoigne d'une inclination pour la symétrie, mais aussi pour un travail sur la matière qui prend ses distances vis-à-vis des effets spatiaux dynamiques des débuts de Mies. Par ailleurs, le client est une institution – un type de commanditaire que l'architecte servira durant toute sa carrière américaine.

Le projet de la Reichsbank n'est pas seulement un retour à Schinkel, qui reste une influence latente chez Mies, sauf au début des années 1920. Il s'agit plutôt d'un retour à la tectonique de son immeuble de bureaux en béton, publié dans la revue *G* en 1923 ; dans ces deux projets, l'accent est mis sur le potentiel expressif d'une construction objective, conçue logiquement et exécutée rigoureusement. En 1924, Mies qualifia l'architecture de « volonté de l'époque traduite dans l'espace ». En termes hégéliens, cette volonté lui apparaissait comme une technique historiquement déterminée, un fait évident en lui-même, que seul l'esprit devait raffiner. La monumentalité intrinsèque de son travail ultérieur repose sur un tel raffinement. Pour Mies, la technique était une manifestation culturelle de l'homme moderne ; aussi la Reichsbank doit-elle être regardée comme sa première tentative de monumentalisation de la technique, ce qui explique sa ressemblance avec un entrepôt et le traitement neutre, à peine modulé, du mur-rideau.

241. Mies van der Rohe, projet pour la Reichsbank, Berlin, 1933.

Entre 1933 et le début des années 1950, le travail de Mies oscillera entre asymétrie et symétrie, entre la technique comme objet donné et la monumentalisation de cette technique comme forme. Cette variation dans l'expression se retrouve d'une construction à l'autre, mais aussi à l'intérieur d'un même bâtiment. Mies résumera l'apport de cette culture de la technique dans un discours à l'Illinois Institute of Technology en 1950 :

*La technique est enracinée dans le passé. Elle domine le présent et s'étend au futur. C'est un véritable mouvement historique – un des grands mouvements qui modèlent et représentent leur époque. On ne peut lui comparer que la découverte classique de la personnalité de l'homme, la volonté de puissance chez les Romains et le mouvement religieux du Moyen Âge.*

*La technique est beaucoup plus qu'une méthode, elle est un monde à elle seule. En tant que méthode, elle est inégalée de presque tous les points de vue. Mais ce n'est que lorsqu'elle est entièrement livrée à elle-même, comme dans les constructions de machines ou dans les réalisations [...] des ingénieurs, que la technique révèle sa vraie nature. [...] Chaque fois que la technique atteint à son véritable accomplissement, elle se transcende en architecture. Il est vrai que l'architecture dépend de conditions factuelles, mais son véritable champ d'action se situe dans le domaine de la signification.*

À partir du milieu des années 1930, Mies s'attacha à concilier deux systèmes opposés. Le premier était l'héritage du classicisme romantique qui, exprimé dans une ossature d'acier, tendait à la dématérialisation de l'architecture, à la mutation des formes en plans mobiles suspendus dans un espace immatériel – c'est-à-dire l'image du suprématisme. Le second était une architecture de travées, issue de l'Antiquité, avec ses éléments immuables : le toit, la poutre, la colonne et le mur. Tiraillé ainsi entre « espace » et « structure », Mies voulait exprimer *et* la transparence *et* la matérialité. Cette dichotomie apparut de la manière la plus sublime dans son traitement du verre. Il l'utilisait de façon à ce qu'il passe, sous l'effet de la lumière, de la présence d'une surface réfléchissante à sa dissolution dans une pure transparence : d'une part, la révélation du rien, de l'autre, un évident besoin de support.

À cet égard, le premier projet pour le campus de l'Illinois Institute of Technology (IIT) à Chicago [242], conçu en 1939, soit deux ans après l'installation de Mies aux États-Unis, dégage une forte aura suprématiste, qui rappelle certaines parties du Pavillon de Barcelone de 1929 [148, 149]. Comme dans le projet pour la Reichsbank, le plan est organisé autour d'un seul axe de symétrie.

242. Mies van der Rohe, première esquisse pour l'Illinois Institute of Technology, Chicago, 1939.

Tous les bâtiments ont quatre niveaux et arborent une forme de prisme pur enveloppé d'un mur-rideau de papier millimétré, animé par les reflets du ciel changeant. Ces murs ont parfois l'air de se glisser derrière des massifs d'arbres ou de se dissoudre dans les pans de briques en saillie, recouverts de lierre, placés aux extrémités des masses compactes. En dehors de l'emphase néo-classique portée sur les angles par les pans de briques, leur aspect rappelle l'esthétique suprématiste d'Ivan Leonidov, telle qu'elle s'exprimait notamment dans son projet de palais de la Culture de 1930 [161].

Mies semble alors s'attaquer au problème générique du rapport entre une colonne et un mur, particulièrement quand ledit mur est en majeure partie vitré. La solution implicite dans son premier projet pour l'IIT (et dans la Reichsbank) consiste à placer les poteaux derrière le pan de verre ; pourtant, dans la dernière version de 1940, ils sont intégrés dans la paroi. Cette évolution est explicite dans le premier bâtiment du campus. L'articulation des rangées de poteaux avec le pan de verre sera toujours plus idéalisée et monumentale au fil des édifices.

Cette idéalisation progressive reposa sur le remplacement des poteaux de section cruciforme, typiques du début des années 1930, par des profils standard américains en I. Les plans asymétriques et centripètes du Pavillon de Barcelone et de la Villa Tugendhat de Brno [151] nécessitaient un type de poteau non directionnel, semblable aux points porteurs utilisés par Mies dans sa Maison pour un célibataire réalisée pour l'Exposition du bâtiment à Berlin en 1931. À l'opposé, sa préférence, à partir de la Reichsbank, pour un axe de symétrie unique favorisa l'articulation des façades selon la direction suggérée par les poutres en I. Son travail à l'IIT, depuis le Minerals and Metals Research Building [243] et la bibliothèque de 1942 jusqu'à l'Alumni Memorial Hall de 1945, tend à l'idéalisation du système poteau-poutre en I, idéalisation qui culmine avec les piles en béton carrées capotées d'acier de l'Alumni Memorial Hall.

La bibliothèque et l'Alumni Memorial Hall marquent un tournant dans la typologie et la syntaxe structurelle de Mies. Avec la bibliothèque, il projetait pour la première fois un édifice dont la monumentalité reposait sur la taille – gigantisme qui n'a cessé d'obséder, depuis, l'architecture de Chicago (voir la production des plus grandes firmes comme Skidmore, Owings & Merrill ou CF Murphy & Associates). Mies proposa une audacieuse structure de 20 mètres de portée, des panneaux vitrés de 5,50 sur 3,70 mètres et un volume unique à triple hauteur d'une superficie de 91 mètres sur 61, seulement interrompu par un rayonnage toute hauteur, un patio intérieur et une mezzanine suspendue. Si la bibliothèque annonce le type ultérieur des grands volumes libres sur un seul niveau de Mies (explicite pour la première fois dans son projet de restaurant *drive-in* de 1946), l'Alumni Hall préfigure ses barres en hauteur, où les vitrages, leurs huisseries et la structure extérieure forment une façade savamment articulée. Alors que la bibliothèque de l'IIT conduit, via le *drive-in*, au projet pour le théâtre de Mannheim de 1953 – monument technique par excellence, constitué d'un immense toit plat de 162 mètres sur 81 suspendu à 7 portiques d'acier –, les détails de l'Alumni Hall formulent le langage que Mies allait bientôt utiliser dans l'immeuble du 860, Lake Shore Drive à Chicago [244, 245].

243. Mies van der Rohe, Minerals and Metals Research Building, IIT, Chicago, 1942.

Ces deux tours d'appartements réalisées entre 1948 et 1951 reprennent la cuisine, la salle de

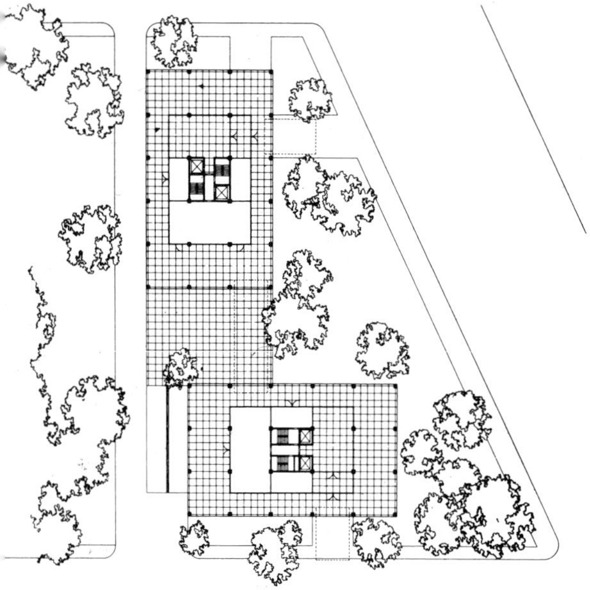

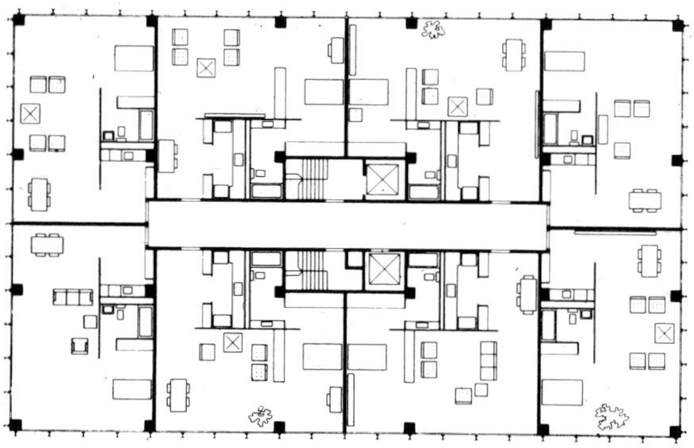

244. Mies van der Rohe, 860, Lake Shore Drive, Chicago, 1948-1951. Plan du rez-de-chaussée des tours et plan d'étage courant.

bains et les espaces de circulation mis au point par Mies en 1927 dans son immeuble du Weissenhof, en les comprimant autour de deux ascenseurs au milieu de chaque tour épaisse. Cette distribution permet d'accéder, après un noyau de service comprenant cuisine et salle de bains, à un espace de vie continu courant le long des façades, divisible selon la taille et le type des appartements. Les articulations mur/poteau de l'Alumni Hall furent ici interprétées dans une façade subtilement modulée, qui s'adaptait à la disposition en hélice, toute suprématiste, des deux tours. Peter Carter a écrit à ce sujet :

*La structure et son remplissage de verre entrent en fusion, chacun perdant une part de son identité propre en créant une nouvelle réalité architecturale. Le raidisseur a en quelque sorte servi de catalyseur à cette transformation. Ses dimensions, ainsi que celles des poteaux, déterminent la largeur des fenêtres. Les deux fenêtres centrales (dans chaque travée structurelle) sont de ce fait plus larges que celles adjacentes à un poteau. Ces variations produisent une très riche cadence visuelle d'intervalles s'élargissant ou se contractant : poteau – fenêtre étroite – fenêtre large, puis l'inverse : fenêtre large – fenêtre étroite – poteau, et ainsi de suite. À cela s'ajoute l'alternance de l'opacité de l'acier et de la réflexion du verre, et l'effet de miroitement dû à la multiplicité des raidisseurs.*

Bref, plus que dans tout autre ouvrage de Mies, la paroi prend ici l'aspect – selon le mot d'ordre de Semper – d'un tissage : la subtile intégration de la structure et des baies fait preuve de la même capacité à limiter l'expansion de l'espace qu'un mur porteur massif.

Cette restriction a sans doute contribué, comme l'a suggéré Colin Rowe, à la quête

245. Mies van der Rohe, 860, Lake Shore Drive, Chicago, 1948-1951.

miesienne d'un espace unitaire sur un seul niveau, sans point porteur ni obstacle intermédiaire – un autre type qui l'occupera à partir de la bibliothèque de l'IIT. Cet archétype formel était par essence public, même s'il fut souvent employé dans des constructions privées. Il fut ainsi incarné pour la première fois à une échelle domestique dans la maison conçue en 1946 pour Edith Farnsworth [246], achevée quatre ans plus tard à Plano (Illinois). Un seul espace de 23 mètres sur 9 est pris en sandwich entre les dalles du toit et du plancher, à quelque 1,50 mètre au-dessus du sol, porté par des poteaux extérieurs en I placés tous les 6,70 mètres. La boîte qui en résulte est enveloppée d'une peau de verre, apothéose de la formule de Mies du *beinahe nichts*, c'est-à-dire du « presque rien ».

L'évidente asymétrie, en partie inspirée du suprématisme, est magnifiquement pondérée par la symétrie de la tradition *Schinkelschüler*. Ainsi, le podium de l'entrée – un plan lisse que portent six poteaux, par opposition au parallélépipède de l'habitation porté par huit piles – glisse sous la base de la maison : l'asymétrie apparaît clairement grâce au chevauchement de deux éléments symétriques. Malgré sa petite taille, la maison est ainsi élevée au statut de monument. Le podium, les marches, la terrasse et le plancher sont revêtus de travertin. La structure apparente en acier a été peinte en blanc après avoir été meulée, afin de faire disparaître toute trace de soudure. Les fenêtres ont été habillées de rideaux en shantung naturel blanc cassé. Il n'est guère surprenant que le coût démesuré de la maison ait abouti à une rupture entre Mies et Edith Farnsworth. Devenue ensuite résidence de week-end d'un milliardaire, elle resta meublée mais inoccupée la plupart du temps, comme un sanctuaire Shinto bien entretenu mais oublié, avant d'être rachetée par une institution publique qui assure désormais sa conservation.

À une échelle publique, le volume unitaire de Mies trouva sa réalisation la plus « classique » dans le Crown Hall de l'IIT, construit entre 1952 et 1956 [247], et son expression la plus monumentale dans le projet pour le palais des Congrès

246. Mies van der Rohe, Farnsworth House, Fox Driver, Plano, Illinois, 1946-1950.

247. Mies van der Rohe, Crown Hall, IIT, Chicago, 1952-1956.

de Chicago, de 1953. Alors que le premier éloigna Mies du suprématisme de ses débuts américains – c'est-à-dire de ses projets de 1939 à 1950 –, le second doit être considéré comme son ultime acte de foi suprématiste. Non réalisé, cet édifice de 18 mètres de hauteur, hissé à 6 mètres au-dessus du sol, dont l'ossature en acier contreventée par des membrures diagonales était enveloppée de panneaux de marbre, devait abriter une salle d'assemblée sous une toiture d'une seule portée immense de 220 mètres.

Le Crown Hall, conçu à peu près à la même époque que le théâtre de Mannheim, marque un net retour à la tradition de Schinkel [248], en particulier à l'Altes Museum de Berlin, auquel Mies vouait une grande admiration. Cette forme-type Schinkelschüler apparaît comme un paradigme de composition dans tout le travail de Mies de la fin des années 1960, de l'immeuble de bureaux Bacardi à Mexico de 1963 à l'École d'administration et de service social de l'université de Chicago en 1965. Il va sans dire que les programmes ne purent pas toujours être bien logés dans un paradigme aussi simple. Ainsi, alors que l'École de service social et sa bibliothèque centralisée à l'arrière ont autorisé une transposition plus ou moins directe du portique d'entrée et de la rotonde de l'Altes Museum, le Crown Hall ne put reprendre que certains de ces éléments et seulement aux dépens du programme.

Colin Rowe a avancé que l'évolution du style international en architecture a été conditionnée par un schisme conceptuel entre espace centripète et espace centrifuge, le premier venant de Palladio, le second dérivant, en dernière analyse, de l'antimonumentalisme issu de la reprise par Frank Lloyd Wright des plans Free Style anglais. Rowe détecte ce schisme dans le Crown Hall – qui abrite, significativement, l'école d'architecture de l'IIT ; la boîte de verre de 67 mètres sur 37 est sans équivoque une composition centrée :

*Comme la composition palladienne typique, le Crown Hall est un volume symétrique, dont l'organisation est apparemment mathématique. Toutefois, à l'inverse de la composition palladienne typique, il ne s'agit pas d'une organisation hiérarchisée projetant verticalement son thème centré sous la forme d'une toiture pyramidale ou d'un dôme. Contrairement à la Villa Rotonda, mais comme bien des compositions des années 1920, le Crown Hall ne possède aucun vrai espace central où l'observateur pourrait se placer pour en avoir une vue d'ensemble. […] À l'intérieur, au lieu d'une apothéose spatiale, l'édifice offre un noyau central massif, sans doute pas très énergiquement affirmé mais néanmoins identifié, autour duquel l'espace circule dans le*

248. L'Altes Museum de Schinkel, Berlin. 1823-1830 (en haut) et le Crown Hall de Mies van der Rohe, Chicago, 1952-1956.

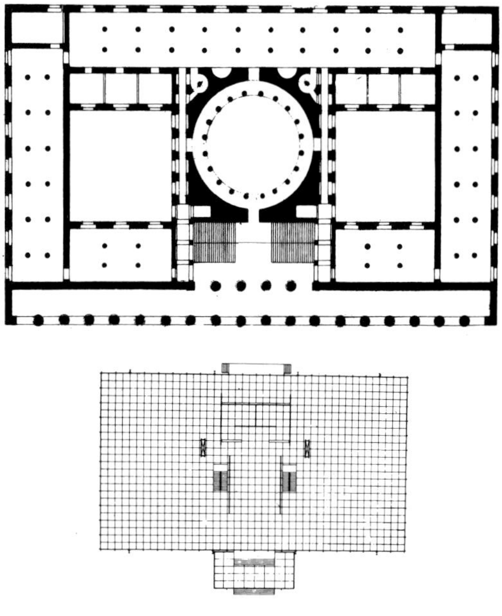

*sens des baies constituant l'enceinte. De surcroît, la dalle plate du toit produit une certaine poussée vers l'extérieur ; pour cette raison, en dépit de l'action centralisatrice du hall d'entrée, l'espace évoque (encore que sous une forme très simplifiée) l'organisation circulaire et centripète des années 1920 plutôt que la composition à dominante centrée du plan proprement palladien ou classique.*

La suppression systématique de tout ce qui était programmatiquement incompatible avec la monumentalité se manifesta avec force dans le Crown Hall : le département du design industriel fut relégué au sous-sol – ainsi placé, littéralement et symboliquement, au-dessous du prestigieux département d'architecture. Malgré les diktats de ses préjugés idéalistes, Mies ne fut pourtant jamais pompeux, et ses bâtiments étaient plutôt bon marché, surtout quand ils comportaient des éléments répétitifs, comme dans ses nombreux immeubles résidentiels ou de bureaux.

Le vocabulaire de Mies offrait à ses clients désireux de publicité une parfaite image de puissance et de prestige. Après que le chantier du 860, Lake Shore Drive fut achevé en 1951 pour le promoteur Herbert Greenwald, Mies travailla de plus en plus pour le monde de l'immobilier et des institutions ; l'ultime consécration fut, en 1958, la commande, par l'intermédiaire de l'agence de Phyllis Lambert, du Seagram Building, une tour de bureaux de 39 étages à New York. Dans cet édifice en bronze et verre fumé, Mies réalisa à nouveau un maillage dans l'esprit de Semper entre les baies et la structure. Mais ici, contrairement à Lake Shore Drive, la composition axée fait face à une esplanade en granite, la tour étant placée en retrait de 27 mètres par rapport à l'alignement, comme pour rendre hommage au Racquet Club de 1917 de McKim, Mead and White, situé de l'autre côté de Park Avenue. Cette concession à la rentabilité de la parcelle faite par son client permit à Mies de bâtir son seul et unique monument à Manhattan, qui rivalise de magnificence avec la seule réalisation new-yorkaise qu'il admirait depuis longtemps, le pont George Washington.

En tant que directeur du département d'architecture de l'Illinois Institute of Technology de 1939 à 1959, Mies put développer une « école » architecturale au sens le plus large du terme, et créer une culture de la construction, simple et logique, ouverte aux raffinements *(Baukunst)* et à l'utilisation optimale des techniques industrielles. En revanche, il ne put malheureusement pas transmettre avec autant de succès la sensibilité Schinkelschüler qui était une seconde nature chez lui. Et si la force de l'école tenait à la clarté de ses principes, les disciples de Mies s'avérèrent incapables de prolonger son raffinement, son sens de la proportion exacte des profils qui, à lui seul, assurait sa maîtrise de la forme.

249. Mies van der Rohe et Johnson, Seagram Building, New York, 1958.

# L'éclipse du New Deal : Richard Buckminster Fuller, Philip Johnson et Louis Kahn, 1934-1964

*Les personnes qui, à l'instar de Kahn, font preuve d'un individualisme farouche dans un monde où le travail d'équipe est toujours plus valorisé, les personnes qui veulent construire pour l'éternité dans une société de consommation échappent, en un certain sens, aux contingences de leur temps. Et c'est cette posture qui assoit leur personnalité. Celle de Kahn évoque la synthèse maîtrisée d'éléments contradictoires. Tout en étant, de fait, classique par la stabilité et la symétrie de ses formes, il est romantique dans sa nostalgie du Moyen Âge. Il applique avec enthousiasme les techniques les plus sophistiquées mais cela ne l'empêche pas d'employer des piliers porteurs en pierre dans la maison Adler. Son art de la distribution dépasse les schémas du fonctionnalisme mais il a souvent recours à une esthétique fonctionnaliste. Il voue un culte à la stéréotomie rationaliste, qu'il semble pourtant renier dans les revêtements minces et la transparence totale de ses masses. Il maîtrise les concepts essentiels de l'organicisme mais ne partage pas ses formes déroutantes.*

Enzo Fratelli, *Zodiac*, n°8, 1960

La crise économique et politique des années 1930, puis les mesures sociales du New Deal de Franklin D. Roosevelt engendrèrent aux États-Unis la formation d'une intelligentsia de réfugiés, ainsi que le lancement de nombreux nouveaux programmes sociaux. Le Museum of Modern Art et l'université de Harvard jouèrent certes un rôle majeur dans l'assimilation culturelle de ces immigrés, mais le gouvernement fédéral assura l'infrastructure de base des nombreux grands travaux engagés entre le Housing Act de Roosevelt en 1934 et la fin de la Seconde Guerre mondiale. Les projets d'aménagement les plus connus du New Deal furent ceux de la Tennessee Valley Authority et les Greenbelt New Towns (villes nouvelles de la ceinture verte) de Clarence Stein, lesquels furent menés par la Federal Resettlement Administration. Contrairement aux remarquables barrages [250], aiguillages et bassins de rétention réalisés dans la vallée du Tennessee, les implantations de la Greenbelt de Stein ne donnèrent pas lieu à une architecture raffinée. De ce point de vue, des résultats plus probants virent le jour dans les villages ouvriers financés à la même période par la Farm Security Administration ; un bon exemple en est la communauté agricole en adobe réalisée à Chandler (Arizona) en 1937 sur les plans de Vernon de Mars. Un standard de qualité tout aussi élevé et élégant fut atteint dans d'autres villages financés par d'autres administrations, comme New Kensington (Pennsylvanie), réalisé en 1940 par Walter Gropius et Marcel Breuer, et les Channel Heights à San Pedro (Californie), conçus par Richard Neutra en 1943. Le manque de finesse des logements Carver Court à Coatesville (Pennsylvanie), conçus en 1944 sous

250. Architectes et ingénieurs de la Tennessee Valley Authority, barrage Norris, 1933-1937.

les mêmes auspices par George Howe, Oscar Stonorov et Louis Kahn, reste inexplicable, d'autant que Kahn avait déjà fait ses preuves en travaillant sur les Jersey Homesteads de Hightstown (New Jersey) en 1935-1937.

Quelles que soient leurs qualités architecturales, toutes ces constructions témoignent de l'existence d'une « Nouvelle Objectivité » aux États-Unis. Mais ce « mouvement » était bien moins délibéré et critique que son homologue européen car son fondement idéologique n'était pas comparable. Cependant, le mouvement devait élargir son adhésion populaire ; son refus de toute monumentalité s'exprima principalement par le biais d'une utilisation de matériaux locaux et d'une exploitation des caprices de la topographie et du climat.

Richard Buckminster Fuller, personnalité isolée et contestée de l'avant-garde architecturale américaine du New Deal, avait adopté dès 1927 une attitude ouvertement « objective » – pour ne pas dire constructiviste ; il conçut en effet cette année-là la première version de sa Dymaxion House – un néologisme signifiant « dynamisme plus efficacité ». Fuller, à l'instar des plus extrémistes du groupe suisse ABC, ne se souciait guère d'idiosyncrasie ou de contexte ; il pensa sa maison comme le prototype d'une production en série. De plan hexagonal, prise en sandwich entre deux dalles creuses, elle était suspendue et triangulée (sur le principe de la roue à rayons) à partir d'un mât central. Elle fut présentée sous cette forme, ainsi que l'automobile Dymaxion conçue par Fuller en 1933, encore plus surprenante, comme étant la seule solution possible. Fuller, qui n'était jamais à court de formules emphatiques, décrivit cette maison métallique légère dans la revue *Shelter* de mai 1932 comme la synthèse entre le gratte-ciel américain et la pagode orientale. Ingénieusement équipée d'un mât hexagonal creux regroupant toutes les alimentations en énergie et en eau, elle fut la première d'une suite d'édifices à plan centré, qui culmina avec le dôme géodésique, beaucoup plus simple, que Fuller adapta pour la première fois à un usage domestique, et pour son propre compte, à Carbondale (Illinois) en 1959. L'éthique fruste et minimaliste du pionnier solitaire transparaît dans le refrain parodique, chanté sur l'air de *Home on the Range*, que Fuller composa lorsqu'il était professeur invité à l'université de Yale dans les années 1950 : *Erre jusqu'au dôme de ta maison / Où jadis géorgien et gothique furent / Maintenant seules des liaisons chimiques gardent nos blondes / Et même la plomberie a de l'allure.*

Cette autocomplaisance utilitariste semble bien éloignée des propositions que Fuller avait fait sérieusement, en 1932, pour la transformation des gratte-ciel de bureaux vidés par la crise économique en logements d'urgence. Fuller expliquait que, d'ici la fin de cette année-là, 90 % des gens habitant encore la ville ne seraient plus capables de payer leurs impôts ou de se nourrir. Plus que toute autre considération, ceci confirme la proximité qui existait entre la Neue Sachlichkeit européenne et le groupe Structural

251. Fuller, salle de bains préfabriquée, brevetée en 1938-1940.

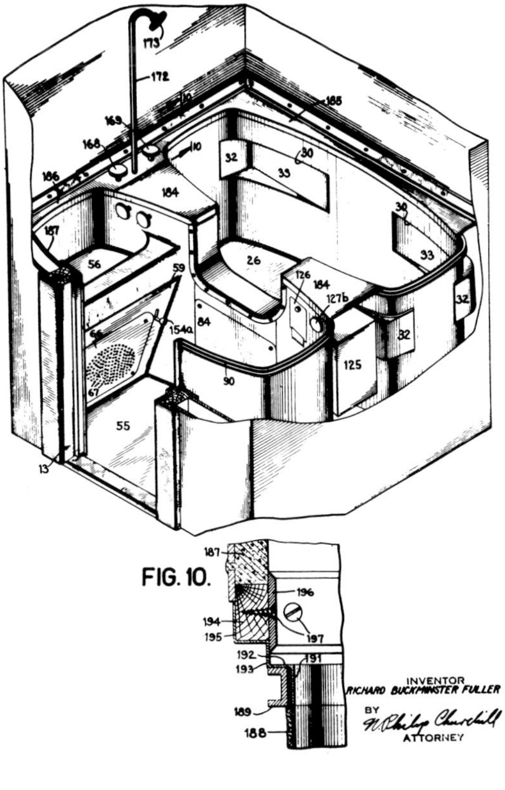

Study Associates, réunissant Simon Breines, Henry Churchill, Theodore Larsen et Knud Lönberg-Holm autour de Fuller, lorsqu'il fut brièvement rédacteur en chef de *Shelter* en 1932.

L'année 1945 marque une étape charnière entre l'engagement social du New Deal et l'aspiration naissante à une monumentalité. Cette aspiration venait des exigences d'une Amérique récemment élevée au statut de puissance mondiale et du malaise culturel consécutif à la guerre. Deux ouvrages publiés en 1945 illustrent bien le climat de cette époque : *Built in USA. 1932-1944*, d'Elizabeth Mock, qui accompagnait une exposition au MoMA de New York, et dont plus de la moitié des illustrations concernaient les réalisations du New Deal, et *New Architecture and City Planning*, de Paul Zucker qui réunissait les actes d'un colloque que celui-ci venait d'organiser. Ce colloque avait été consacré au besoin croissant d'expression monumentale, thème brillamment formulé par Sigfried Giedion dans son article de 1944, « The Need for a New Monumentality » (« Sur une nouvelle monumentalité »). Kahn affirma à cette occasion :

*La monumentalité est énigmatique. Elle ne peut être créée intentionnellement. Une œuvre de caractère monumental n'a besoin ni des matériaux les plus raffinés ni de la technologie la plus avancée, pour la même raison que l'encre la plus subtile n'a pas été nécessaire pour dessiner la* Magna Carta.

La question réapparut en 1950 dans le premier numéro de *Perspecta – The Yale Architectural Journal*, fondé par George Howe ; Henry Hope Reed y soutenait que le New Deal avait porté un coup sévère à la culture de l'abondance et que les mesures de crise avaient fini par inhiber toute monumentalité :

*Assurément, le New Deal s'est avéré le plus grand protecteur des arts de la décennie, mais jamais au nom du décorum et du cérémonial, ni du prestige national ou de la grandeur de la démocratie. Au contraire, le gouvernement a tendu une main charitable et amicale aux artistes affamés ; ce ne fut pas la main d'un mécène somptuaire et « prodigue ». Il n'est donc guère surprenant que les architectes et les urbanistes aient reçu avec bienveillance un message d'Outre-Atlantique qui concernait un style nouveau refusant tout « gaspillage » et ne tolérant que le fonctionnel, affirmant que la maison était une machine à habiter – formule fort appropriée à l'âge de la technique.*

Reed en avait conclu que les outils pour créer des monuments étaient perdus ; la suite lui donna tort, l'Amérique entrant dans une frénétique période de construction de monuments. Un premier signe apparut lors du colloque de Zucker en 1944, qui fut confirmé, en 1949, par Philip Johnson avec sa petite mais monumentale Glass House (Maison de verre) à New Canaan (Connecticut) [252-253]. Bien qu'inspirée des esquisses de Ludwig Mies van der Rohe de 1945 pour la maison Farnsworth [246], elle s'affranchit de la volonté d'exprimer la logique de la structure. La description de la Maison de verre par Johnson en 1950 indique qu'elle annonçait l'usage décoratif qu'il ferait plus tard de la syntaxe miesienne :

*De nombreux détails de la maison sont adaptés de l'œuvre de Mies, en particulier le traitement des angles et la relation entre les poteaux et les huisseries des baies vitrées. L'utilisation de sections standard d'acier apporte un fini à la fois puissant et décoratif à la façade, typique du travail de Mies à Chicago. S'il devait jamais y avoir quelque « décoration » dans notre architecture, sans doute viendrait-elle de la manipulation du répertoire d'éléments structurels comme ceux-ci (l'étape suivante ne serait-elle pas du maniérisme ?)*

La volonté de cacher la structure derrière des surfaces caractérisera le style de Johnson au cours de la décennie qui suivra. Cette approche, pleinement inaugurée en termes monumentaux en 1954 avec la synagogue de Port Chester (New York), trouvera son accomplissement dans le New York State Theater du Lincoln Center à New York et dans la Klein Laboratory Tower de l'université de Yale à New Haven, tous deux livrés en 1963.

Alors que la Graduate School of Design de Harvard (dirigée par Gropius à partir de 1963) contribuait à renforcer l'approche fonctionnaliste, anti-historiciste et « objective » du New Deal, la School of Architecture de Yale, placée sous la direction de George Howe après 1950, joua un rôle décisif pour le développement de la

252-253. Johnson, Maison de verre, New Canaan, Connecticut, 1949.

254. Kahn, galerie d'Art de l'université de Yale, New Haven, Connecticut, 1950-1954.

monumentalité dans l'Amérique de l'après-guerre. La carrière d'architecte libéral de Howe fut aussi diversifiée que celle de Gropius, allant du plus pur conservatisme de ses maisons de campagne de Philadelphie au fonctionnalisme avant-gardiste de son éphémère association, en 1929, avec William Lescaze. Howe fut le champion de la monumentalité, non seulement pour avoir fondé la revue *Perspecta*, mais aussi à cause de son rôle dans la sélection des architectes chargés d'édifier le programme d'extensions de Yale dès le début des années 1950. De fait, quand l'article de Reed parut dans *Perspecta* en 1950, Kahn avait déjà été retenu pour la galerie d'Art de l'université.

Avec l'achèvement de cette dernière [254] en 1954, Kahn fit de la monumentalité américaine de l'après-guerre une tendance à part entière, et ce avec un édifice que l'on ne peut guère associer à la rhétorique sommaire de l'architecture américaine officielle des années 1950. Cette rhétorique trouve une incarnation dans l'ambassade des États-Unis d'Edward Durrell Stone, construite à New Delhi en 1957, monument « impérialiste » typique de l'époque ; sa monumentalité décorative, pour ne pas dire laborieuse, ne sera surpassée, en ce qui concerne ses connotations autoritaires, que par l'ambassade des États-Unis à Londres, achevée en 1960 par Eero Saarinen – édifice par ailleurs bien supérieur.

La galerie d'Art de Yale, tout comme la Maison de verre de Johnson, repose sur une subtile transposition de la dernière manière de Mies. Mais alors que celui-ci donnait toujours le dernier mot à l'expression de la structure, Kahn et Johnson cachèrent la leur, du moins à l'extérieur, et insistèrent sur la monumentalisation d'éléments que l'on pourrait considérer comme « secondaires » – tels les murs, les planchers et les plafonds. De même, alors que Mies renforçait toujours l'axialité de ses compositions, Kahn et Johnson masquèrent la symétrie inhérente à leurs édifices en en occultant la structure. Pour ce faire, Kahn utilisa l'opacité de la brique, et Johnson le potentiel de réflexion du verre ; il exploita cette capacité propre au matériau, lorsque ses surfaces sont parfaitement alignées, d'apparaître comme une membrane continue, semblant appartenir à la même substance métallique et au même ordre formel que la structure. Les deux bâtiments partagent cependant plus que cette approche « hermétique » de la surface. Dans les deux cas, le volume orthogonal principal est animé par une forme cylindrique qui abrite les éléments essentiels au service : l'escalier d'accès principal dans la galerie, la cheminée et la salle de bains dans la maison. Si le schéma de principe de la Maison de verre – un cercle dans un rectangle – est également le parti de la galerie de Kahn, c'est Kahn – et non Johnson – qui élabora le principe du cylindre comme élément servant et du rectangle comme élément servi, dans le cadre dialectique d'une théorie architecturale globale.

Ces premiers bâtiments de Johnson et de Kahn créèrent une sorte d'espace post-miesien : une architecture asymétrique du « presque rien », qui ne repose plus sur l'affirmation de la structure mais sur la manipulation des surfaces comme facteur ultime pour révéler la lumière, l'espace et ce qui porte. Ainsi l'espace de la galerie d'Art de Kahn est-il tout autant déterminé par la structure tridimensionnelle tétraédrique en béton de ses planchers [255] que par la trame régulière des poteaux rectangulaires qui organisent le volume intérieur en quatre grandes parties. Comme l'a observé Reyner Banham :

*L'exacte division du plan en parties égales ne contribue guère à son organisation fonctionnelle ou à l'expérience visuelle du visiteur. En d'autres termes, aucune promenade architecturale significative ne ressort du rythme de la trame structurelle, ou du moins pas une qui, de quelque façon que ce soit, ne transcende la disposition sporadique et changeante des cloisons de la galerie.*

À partir du début des années 1950, Johnson puis Kahn s'employèrent à réactiver les systèmes formels du passé. L'« historicisme » de Johnson – manifeste dans le néoclassicisme de la Maison de verre – provenait directement de sa compréhension du dernier Mies et donc, comme Mies une fois de plus, du classicisme romantique de Schinkel. Il est plus difficile de dater l'intérêt de Kahn pour le passé. Formé à la manière Beaux-Arts par Paul Cret à Philadelphie, mais proche à la fin des années 1930 et dans les années 1940 du radicalisme d'un Buckminster Fuller ou d'un Frederick Kiesler, Kahn commença à se tourner, après le New Deal, vers des traditions historiques plus lointaines, avec la recherche d'un ordre hiérarchique fondé sur des structures massives. C'est toute son approche qui changera avec le Centre judaïque de Trenton en 1954, deux ans après son séjour sabbatique à l'American Academy de Rome.

Dès le milieu des années 1950, les références devinrent plus complexes : tandis que Johnson délaissait Schinkel au profit de John Soane, tout en gardant un œil sur les expérimentations baroques alors menées, en toute indépendance, par Oscar Niemeyer à Brasilia, Kahn s'intéressait désormais à l'idée de totalité architecturale, dont le fondement historique devait s'avérer plus islamique qu'occidental.

Ce tournant de la carrière de Kahn renvoie à l'un des paradoxes centraux du travail et de

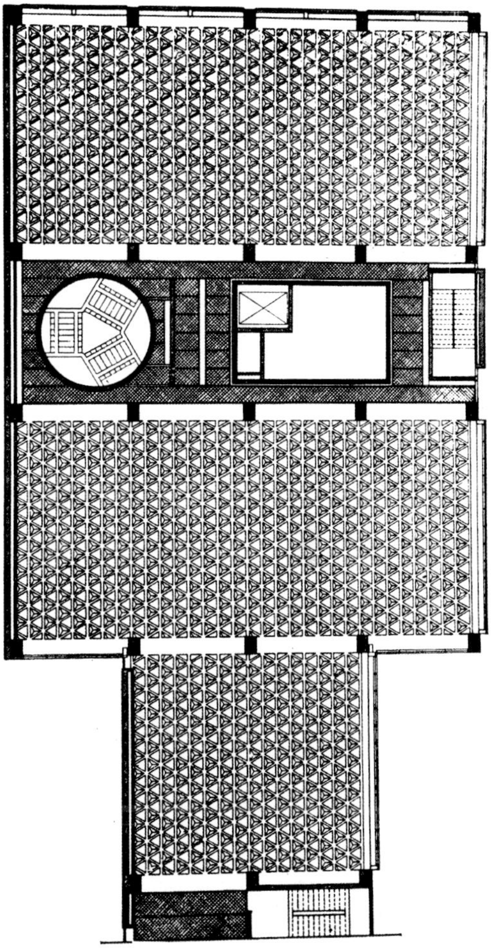

255. Kahn, galerie d'Art de l'université de Yale, New Haven, Connecticut, 1950-1954. Plan d'étage montrant la trame du plafond.

l'influence de Buckminster Fuller. Car si Fuller, tout comme ses disciples, voyait dans son œuvre la seule démarche véritablement fonctionnaliste de son temps, il est aujourd'hui clair que ses systèmes structurels géodésiques doivent être tenus, du fait de leur géométrie universelle, pour une approche essentiellement mystique de la forme et de la vie. Le travail ultérieur de Kahn portera profondément la marque de cet aspect de la pensée de Fuller, et ce surtout lors de son association avec Ann Tyng, qui était une fervente disciple de Fuller. Les différentes versions de la tour de l'hôtel de ville de Philadelphie [256], imaginées par Kahn avec Tyng entre 1952 et 1957, témoignent de cette période durant laquelle il fut le plus marqué par Fuller. Le concept de base – un gratte-ciel géodésique stabilisé par des planchers tétraédriques en béton, « une poutre dressée verticalement au vent » – permit à Kahn de retrouver une intention architecturale que n'aurait pas reniée Viollet-le-Duc. Elle est affichée dans l'une des déclarations d'intention les plus claires de l'architecte :

*À l'époque gothique, les architectes construisaient en pierres pleines. Maintenant, nous pouvons construire avec des pierres creuses. Les vides définis par les membres d'une structure sont aussi importants que ces membres. Ces espaces changent d'échelle, depuis les vides d'un panneau d'isolation – les vides permettant à l'air, à la lumière et à la chaleur de circuler – jusqu'aux espaces assez grands pour qu'on puisse les traverser et y vivre. Le désir d'exprimer de manière positive les vides dans un bâtiment est attesté par l'intérêt et le travail croissants dans le domaine des structures tridimensionnelles. Les formes ainsi explorées sont issues d'une connaissance plus intime de la nature et d'une recherche constante de l'ordre. Les habitudes de conception qui faisaient cacher la structure n'ont plus leur place dans cet ordre implicite. De telles habitudes retardent le développement de l'art. Je crois qu'en architecture, comme dans tout art, l'artiste garde instinctivement les traces qui révèlent comment une chose a été faite. Le sentiment que notre architecture a besoin d'embellissements vient en partie de notre tendance à garder les joints hors du regard, à cacher la façon dont les parties sont assemblées. Les structures devraient être conçues pour intégrer les équipements en fluides des pièces et des espaces. [...] Si nous devions nous entraîner à dessiner comme nous construisons, de bas en haut, en arrêtant notre crayon pour faire une marque à l'endroit des joints de coulage ou de montage, l'ornement naîtrait de notre amour de l'expression de la méthode. Il s'en suivrait que le fait d'étouffer la construction par des matériaux acoustiques légers, de coffrer les canalisations, conduits et autres tuyaux indésirables et tortueux deviendrait intolérable. Le désir d'exprimer la fabrication pénétrerait l'ensemble du monde du bâtiment, jusqu'à l'architecte, l'ingénieur, l'entrepreneur et le dessinateur.*

256. Kahn et Tyng, projet pour l'hôtel de ville de Philadelphie, 1952-1957. Maquette.

Les principaux thèmes du travail ultérieur de Kahn sont tous évoqués dans ce remarquable extrait, depuis la transposition conceptuelle des pleins et des vides – voir la référence aux pierres creuses – à l'intégration apparente des fluides dans la structure et son important corollaire, le principe d'organisation universelle (« ce que le bâtiment veut être », selon Kahn), qui ne peut se manifester que par l'exposition du processus de construction.

L'intégration de ces principes, de la galerie d'Art de Yale aux laboratoires Richards, construits pour l'université de Pennsylvanie, de 1957 à 1964, conduisit à la première période de la maturité tardive de Kahn. Dans ces deux bâtiments, Kahn a recours à une méthode et à une expression où les détails concrets du programme n'ont que peu ou pas d'effet sur la forme générale. C'est en fait la fonction qui dut s'adapter – comme autrefois – à la forme, dans la seule mesure où la forme était issue d'une compréhension profonde de la mission globale du projet. Dans les laboratoires Richards [257], la problématique consistait à savoir si la forme générale se justifiait d'un point de vue typologique. Les problèmes rencontrés, par la suite, dans l'utilisation du bâtiment suggèrent que ce n'était pas le cas. Nous semblons confrontés ici à la tendance typiquement américaine de l'idéalisation du lieu de travail – la monumentalisation des espaces de production –, évidente dans les laboratoires Richards comme dans la Klein Tower de Johnson. Il semble que Wright soit à l'origine de tout cela – ce qui n'est guère surprenant –, d'abord avec le Larkin Building de Buffalo de 1904 [40], puis avec le complexe pour la firme Johnson de Racine (Wisconsin), construit en 1936-1939 [175, 176]. Ironie de l'histoire, Kahn et Johnson ont débattu en 1953, dans un numéro de *Perspecta*, de la pertinence de l'extension du complexe de Racine par Wright en 1946 avec la tour des laboratoires. Ignorant superbement la vocation sociale du programme de la tour, Kahn observa :

*Cela a à voir avec toute la complexité de la fabrication d'une architecture qui marche du point de vue psychologique. Elle marche parce qu'elle est pensée pour ça. Elle comble les désirs et les besoins. Et c'est ainsi que la tour doit marcher, comme une satisfaction psychologique.*

D'un point de vue plus esthétique, et avec plus de panache, Johnson proclama pour sa part son indifférence à la question de la fonction :

*C'est le terrible problème de l'homme qui veut un beau bâtiment, alors que la seule chose qu'il doit construire est un laboratoire. Wright en a fait une tour. Elle ne marche pas ; elle n'a pas besoin de marcher. Wright avait conçu la forme bien avant de savoir ce qu'elle allait abriter. J'affirme que c'est ici que l'architecture commence, avec le concept.*

La réussite et la pérennité de son influence tiennent à ce que le « concept » était exactement le lieu où l'architecture avait toujours commencé pour lui, même s'il avait assez de souplesse pour permettre que la « forme » (terme de Kahn pour « type ») initiale soit modifiée par les exigences du programme. Pour lui, construire était un acte spirituel ; ce n'est donc pas un hasard si ses œuvres les plus abouties correspondent à des programmes religieux ou à des institutions prestigieuses. Il conféra une connotation éminemment spirituelle à ses nombreuses commandes ultérieures, particulièrement au centre de recherche qu'il conçut pour le Dr Jonas Salk à La Jolla (Californie) entre 1959 et 1965. La division de l'ensemble en secteurs de travail, de réunion et d'habitat semble avoir libéré Kahn de son besoin compulsif de réduire l'espace du laboratoire à une forme idéale. Dans la version réalisée, il accepta que les services soient aussi « réprimés » et cachés que dans n'importe quel immeuble de bureaux de Mies. Kahn conçut sous chaque laboratoire un étage entier de services [258] – solution aujourd'hui courante –, ce qui offrit une flexibilité de l'espace bien supérieure à celle de son ensemble de laboratoires réalisé quelques années plus tôt à Philadelphie. Le bâtiment des salles de réunion, jamais réalisé, fut pour Kahn la première occasion de développer son dispositif « anti-éblouissement » en plaçant « un bâtiment dans un bâtiment » – un schéma qu'il avait abordé, à un niveau conceptuel, dès ses esquisses de 1959 pour le consulat américain à Luanda (Angola). Cette idée, destinée à rester sur le

257. Kahn, Laboratoires A. N. Richards, université de Pennsylvanie, Philadelphie, 1957-1961. Plan d'étage.

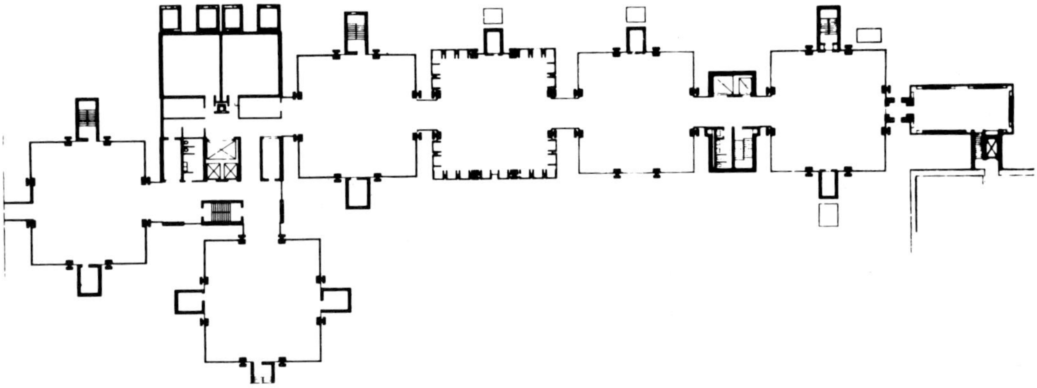

258. Kahn, Salk Institute, La Jolla, Californie, 1959-1965. Coupe sur une aile du laboratoire.

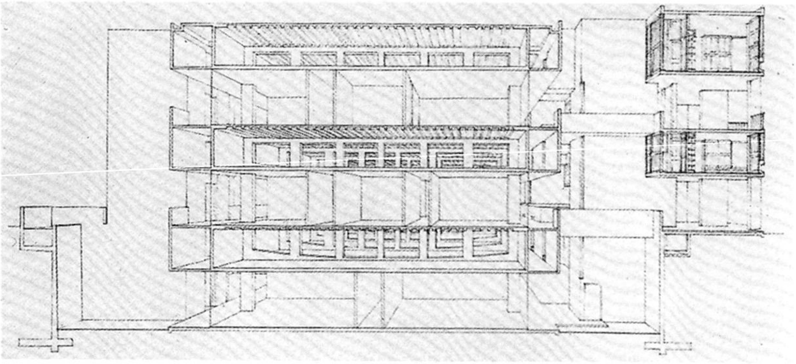

259. Kahn, complexe « dock », projet pour Philadelphie, 1956, comprenant un parking-silo entouré d'immeubles résidentiels et de bureaux.

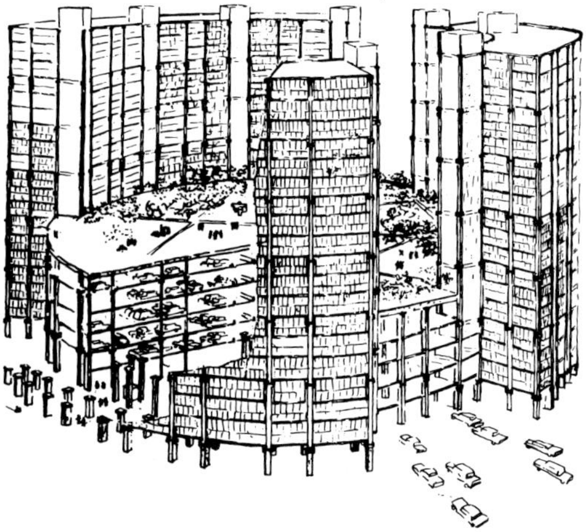

papier, même à La Jolla, sera le thème majeur de son impressionnant édifice pour l'Assemblée nationale à Dacca, au Pakistan oriental (aujourd'hui Bangladesh), de 1965 à 1974.

Le rejet par Kahn d'un fonctionnalisme naïf, tout socialement engagé qu'il fût, au profit d'une architecture transcendant l'utilité l'amena à établir un parallèle avec la forme urbaine. Là encore, ce tournant reflétait son évolution personnelle : il passa ainsi d'une projection de la Ville radieuse sur le centre de Philadelphie (dans ses études en 1939-1948 pour ce qu'il appelait la « Ville rationnelle ») au postulat, dans sa maturité, selon lequel il était nécessaire d'opérer une distinction explicite entre « l'architecture du viaduc » et la construction à échelle humaine. Cela ne fut peut-être jamais aussi spectaculairement exprimé que dans son plan pour le centre de Philadelphie de 1956, dans lequel il essaya d'adapter les formes de la Rome de 1762 de Piranèse aux contraintes de la ville moderne. Pourtant, malgré la poésie rationnelle de ce plan et l'ingéniosité de ses subtils systèmes de circulation – avec la distinction, par exemple, entre les voies express ou « fleuves » et les rues réglées par des feux de circulation ou « canaux » –, ses propositions restèrent paradoxalement vagues quant aux relations précises entre piétons et voitures. Conscient de l'irréductible antagonisme entre l'automobile et la ville, et du lien fatal entre la société de consommation, les centres commerciaux de banlieue et la déshérence des centres urbains (un lien qui venait des effets combinés des subventions fédérales allouées après-guerre pour la construction d'autoroutes et des taux d'intérêt favorables accordés aux GI), Kahn ne put, pas plus qu'aucun autre architecte, concevoir un mode d'échange satisfaisant entre l'échelle humaine et celle de la voiture. En 1956, son projet piranésien de « dock » [259] – un silo cylindrique abritant 1 500 voitures sur six niveaux, entouré d'immeubles de dix-neuf étages – était dépourvu, comme toutes les mégastructures de l'époque, des éléments susceptibles d'établir une échelle humaine au niveau du sol. Les limites de l'authentique historicisme de Kahn ne furent jamais aussi saisissantes que dans sa volonté de calquer son plan pour le centre de Philadelphie sur celui de Carcassonne. Le raisonnement selon lequel la mise en ordre du mouvement à l'intérieur de la ville préviendrait nécessairement celle-ci de la destruction par l'automobile relevait, à l'évidence, du vain espoir utopique.

# Troisième partie

## Perspective critique et regard sur l'actualité, de 1925 à la fin du XXe siècle

260. Foster Associates, immeuble Willis-Faber & Dumas, Ipswich, 1974.

CHAPITRE UN

# Le Style international : thème et variations, 1925-1965

*L'effet de masse, de solidité statique qui était jusqu'à maintenant la qualité première de l'architecture a presque disparu ; il est remplacé par un effet de volume ou plus précisément de surfaces planes délimitant un volume. Le symbole architectural primordial n'est plus la brique lourde mais la boîte ouverte. La grande majorité des édifices sont dans leur réalité, et par les effets qu'ils produisent, de simples surfaces planes enserrant un volume. Avec la construction à squelette enveloppée uniquement d'un écran protecteur, l'architecte ne peut qu'obtenir cet effet de surface sur un volume à moins que, se soumettant à la conception architecturale en termes de masse, il ne s'écarte de sa route pour rechercher l'effet contraire.*

Henry-Russell Hitchcock et Philip Johnson,
*Le Style international*, 1932
(catalogue d'exposition, MoMA, New York)

À bien des égards, le « Style international » n'est guère plus qu'une expression commode pour désigner une approche cubiste de l'architecture, diffusée dans l'ensemble du monde occidental à l'époque de la Seconde Guerre mondiale. Son apparente homogénéité est pourtant trompeuse, ses formes lisses et nues étant subtilement modulées en fonction des contextes climatiques et culturels : contrairement au néoclassicisme à la fin du XVIIIe siècle, le Style international ne fut jamais véritablement universel. Il impliquait néanmoins un universalisme dans la manière d'aborder les problèmes, avec un certain penchant pour les techniques légères, les matériaux artificiels modernes et les éléments modulaires standard optimisant la fabrication et la mise en œuvre. En règle générale, la flexibilité du plan libre était recherchée ; c'est pourquoi la construction à ossature était préférée à la maçonnerie traditionnelle. Cette inclination devint formelle quand les conditions climatiques, culturelles ou économiques ne se prêtaient pas à l'application d'une technologie légère de pointe. Les villas idéales conçues par Le Corbusier à la fin des années 1920 annonçaient ce formalisme dans la mesure où elles arboraient des formes blanches, unitaires et produites par des machines, alors qu'elles étaient en réalité construites en parpaings enduits autour d'une ossature en béton armé coulé en place.

La Health House (maison de santé) du Dr Philip Lovell, réalisée à Los Angeles en 1927 par l'architecte d'origine autrichienne Richard Neutra [261], peut être considérée comme l'apothéose du Style international, son vocabulaire dérivant directement de son ossature en acier habillée d'une peau légère en matériaux artificiels. Construite à pic au-dessus d'un parc romantique plus ou moins sauvage, sa composition asymétrique de niveaux spectaculairement suspendus dans le vide rappelle

261. Neutra, Lovell Health House, Griffith Park, Los Angeles, 1927.

les maisons en blocs de béton que Frank Lloyd Wright réalisait sur la côte Ouest des États-Unis dans les années 1920. Cette proximité formelle montre déjà la diversité des sources de la supposée homogénéité du Style international.

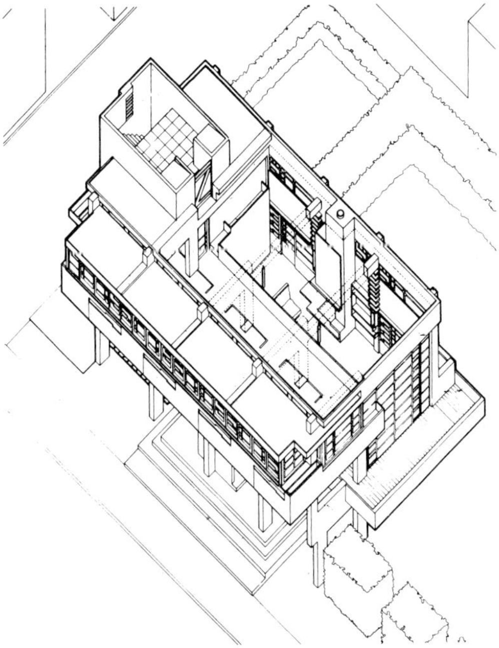

262. Schindler, Lovell Beach House, Newport Beach, Californie, 1925-1926.

263. Rudolf Schindler (à droite) avec Richard et Dione Neutra et leur fils dans la maison de Schindler sur Kings Road (1921-1922), Los Angeles, 1928.

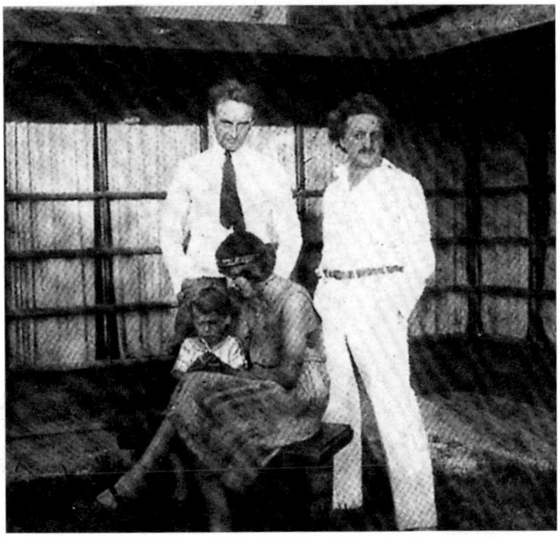

Il se trouve que le plan ouvert de la maison reflétait à merveille la personnalité extravertie de Lovell et son mode de vie centré sur la recherche de la santé et de la beauté. Comme le suggère David Gebhard dans son étude sur le compatriote et premier associé de Neutra, Rudolph Schindler [263] – qui avait réalisé, pour Lovell également, une maison à Newport Beach un an plus tôt [262] –, Lovell incarnait en lui-même le caractère « athlétique » et progressiste du Style international :

*Le Dr Lovell était un pur produit de la Californie du Sud. Il n'aurait certainement pas pu faire carrière ailleurs. Sa chronique dans le* Los Angeles Times, *intitulée « Les soins du corps », et le Centre de culture physique du Dr Lovell lui offraient une audience qui dépassait de beaucoup la culture du corps. Il était progressiste, et souhaitait être considéré comme tel, aussi bien dans les domaines de la culture physique que de l'éducation libérale ou de l'architecture.*

Les idées de Lovell et leur traduction dans la Health House marquèrent beaucoup l'œuvre ultérieure de Neutra. Désormais, celle-ci sera d'autant plus performante que le programme contribuera au bien-être physique et mental des occupants. Le thème central des bâtiments comme des écrits de Neutra sera l'impact positif sur le système nerveux humain d'un environnement bien conçu. Si ce qu'il appelait son « bioréalisme » reposait en grande partie sur des arguments qu'aucune preuve n'étayait, arguments selon lesquels un lien existerait entre la forme architecturale et la santé, en revanche son extraordinaire sensibilité et son approche « extrafonctionnelle » suscitèrent l'adhésion. Rien de plus éloigné des considérations purement formelles du Style international selon Hitchcock et Johnson que les préoccupations d'ordre biologique abordées par Neutra en 1954 dans son livre *Survival through Design (Construire pour survivre)* :

*Il est désormais impératif qu'en concevant notre environnement physique nous posions délibérément la question fondamentale de la survie au sens le plus large du terme. Toute conception altérant la santé ou imposant une trop grande tension sur l'environnement humain naturel doit être écartée ou modifiée dans l'intérêt de notre système nerveux et [...] de notre fonctionnement physiologique total.*

Ainsi, le propos principal de Schindler et de Neutra – qui avaient tous deux suivi un apprentissage américain chez Wright –, n'était pas la forme abstraite en tant que telle mais plutôt la modulation du soleil et de la lumière, et l'articulation sensible des écrans de végétaux situés entre le bâtiment et son contexte. Cette ambiance hédoniste ne fut jamais exprimée plus subtilement que dans les Sachs Apartments que Schlinder réalisa à Los Angeles en 1929 ou dans le deuxième chef-d'œuvre de Neutra, la Kaufmann House, ou Maison dans le désert, bâtie à Palm Springs (Californie) en 1946-1947 [264].

Pour Alfred Roth, qui exerçait à Zurich dans les années 1930, la pierre de touche du Style international était une approche sensible, et très stricte du point de vue doctrinal, de la création de la forme construite. Dans son remarquable recueil trilingue d'exemples de 1940, *La Nouvelle Architecture*, il s'est employé à démontrer que la Neue Sachlichkeit connut son apothéose à une époque où ni la technique de pointe ni le plan libre n'étaient une fin en soi. Un bon programme et des détails prenant en compte l'environnement importaient plus que des exploits spatiaux ou techniques. Roth faisait ainsi autant de place aux mises en œuvre traditionnelles, comme la maçonnerie porteuse, qu'aux systèmes évolués d'ossature en bois ou en acier. Ces derniers furent utilisés à Los Angeles en 1934 par Neutra dans son école de plein air, simple mais magnifiquement réalisée, tandis que les premières seront employées dans les logements en bande sur deux niveaux construits en adobe par Vernon de Mars au Nouveau Mexique en 1939, ainsi que dans la Neubühl Siedlung, réalisée à Zurich sur les plans des compatriotes de Roth, Max Haefeli, Carl Hubacher, Rudolf Steiger, Werner Moser, Paul Artaria et Hans Schmidt [265]. Tout en satisfaisant aux critères non-rhétoriques (c'est-à-dire antimonumentaux), sociaux et techniques du groupe ABC, auquel appartenait la majorité de ses concepteurs, le lotissement de Neubühl parvint à humaniser le rigoureux plan-masse en peigne *(Zeilenbau)* typique de la Neue Sachlichkeit, en infléchissant les rangées de maisons selon la pente naturelle du terrain, mais aussi grâce à un aménagement paysager très raffiné.

Présentant d'autres œuvres aussi sobres et élégantes, comme la piscine Bad-Allenmoos réalisée à Zurich par Werner Moser en 1935 ou l'immeuble résidentiel Doldertal que Roth construisit pour Sigfried Giedion dans la même ville en 1936 (sur des plans qu'il avait dressés avec Marcel Breuer et avec son propre frère Emil Roth), *La Nouvelle Architecture* proclamait la

264. Neutra, Kaufmann House, Palm Springs, Californie, 1946-1947.

265. Haefeli, Hubacher, Steiger, Moser, Artaria et Schmidt, Neubühl Siedlung, Zurich, 1932. Plan-masse (en pente du bas vers le haut) et façades en gradins.

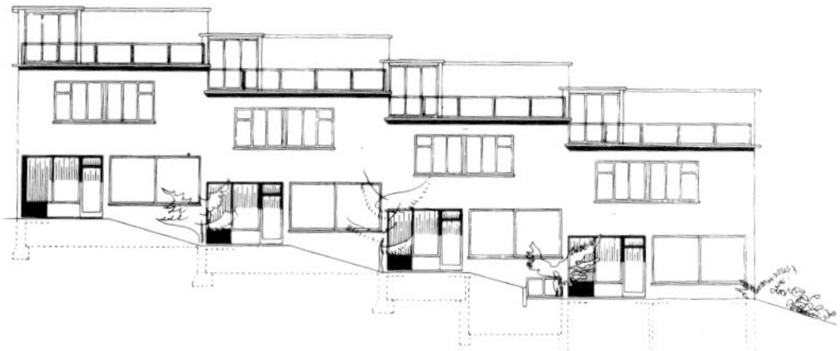

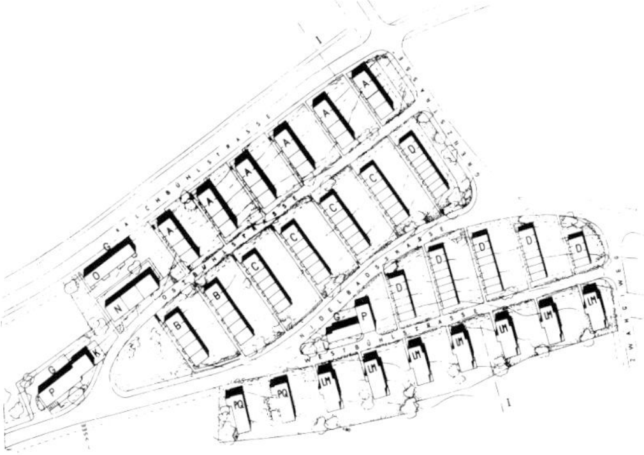

maturité du Mouvement moderne suisse. Mais malgré son très net engagement en faveur des membres des CIAM, le recueil de Roth présentait une sélection tout aussi cosmopolite que celle du *Style international* de Hitchcock et Johnson, ce dernier ouvrage présentant des opérations tchèques, anglaises, finlandaises, françaises, hollandaises, suisses, italiennes et suédoises, et témoignant ainsi de la présence de la « nouvelle architecture » (pour reprendre l'expression de Roth) dans tous ces pays à la fin des années 1930. La France était représentée par deux réalisations, l'école de plein air construite à Suresnes par Eugène Beaudouin et Marcel Lods, et la maison réalisée aux Mathes par Le Corbusier en 1935, dont les murs en moellons et la charpente en bois annonçaient le brutalisme. La Hollande figurait avec le travail du groupe Opbouw (la branche hollandaise des CIAM), notamment les œuvres des agences Brinkman & Van der Vlugt et Van Tijen & Maaskant. Quant à la Grande-Bretagne, elle était présente avec le chef-d'œuvre singulier de l'ingénieur Owen Williams : la célèbre usine pharmaceutique des laboratoires Boots à Beeston, de 1932 [266]. Williams était une figure à part dans le recueil puisqu'il n'était ni architecte ni membre des CIAM. Son usine en béton armé et verre rivalisait pourtant de brio avec l'usine de conditionnement Van Nelle [116-117], achevée par Brinkman & Van der Vlugt près de Rotterdam en 1929. L'audace du recours à de gigantesques poteaux champignons supportant des travées dont les dimensions atteignaient en plan 9,75 sur 11 mètres donnait à ce bâtiment industriel de trois étages un caractère sculptural d'une précision et d'une force remarquables. En revanche, l'effet plastique obtenu par les débords à 45° accrochés sur les pignons de l'enveloppe en mur-rideau n'était pas délibéré : il était seulement prévu que l'usine puisse s'étendre de ce côté-là.

Le seul pays à n'avoir jamais été bien présenté dans les publications sur le Style international est la Tchécoslovaquie, et une histoire sérieuse du fonctionnalisme tchèque fait toujours défaut. Le livre de Roth montrait toutefois les bureaux de la Caisse générale de retraite de Prague, achevés en 1934 par Josef Havlíček et Karel Honzík, tandis

266. Williams, usine de produits pharmaceutiques Boots, Beeston, Nottinghamshire, 1932.

267. Kysela, magasin de chaussures Bata, Prague, 1929.

268. Lubetkin et Tecton, Highpoint 1, Highgate, Londres, 1935.

que dans *Le Style international* était reproduite la « maison double » d'Otto Eisler datant de 1926 ainsi que le pavillon de l'exposition « formaliste » de Bohuslav Fuchs en 1929, tous deux construits à Brno. Ces deux ouvrages montraient surtout le magasin de chaussures Bata de Prague [267], entièrement vitré sur ses huit niveaux, livré en 1929 par Ludvik Kysela. Hitchcock et Johnson omirent cependant d'inclure une personnalité aussi remarquable que Jaromir Krejcar, mais il est vrai que son œuvre la plus spectaculaire, le pavillon de la Tchécoslovaquie à l'Exposition universelle de Paris en 1937, n'était pas encore réalisée. Plus grave en revanche, ils ne mentionnèrent pas non plus le rôle catalyseur joué par le critique Karel Teige ; son groupe Devenstil constitua pourtant une des forces actives du mouvement fonctionnaliste tchèque, situé à gauche.

Aux États-Unis, le Style international fut d'abord l'œuvre d'émigrés viennois et suisses ; de même, en Angleterre, il prit forme au départ chez des architectes étrangers. Il y eut d'abord la maison de Peter Behrens pour Wenman Joseph Bassett-Lowke, appelée New Ways, construite à Northampton en 1926. Puis vint celle de l'archéologue Bernard Ashmole – High and Over –, construite à Amersham en 1930 par le néo-zélandais Amyas Connell, qui s'était installé en Grande-Bretagne à la fin des années 1920 et avait fondé peu après à Londres la firme Connell, Ward and Lucas. L'architecte russe Berthold Lubetkin fut de loin l'immigré le plus influent de l'époque, même si la part qu'il a prise à l'évolution de l'architecture moderne en Angleterre reste mal analysée. Après une carrière modeste mais brillante à Paris, Lubetkin fonda en 1932 l'agence Tecton, à laquelle il conféra une logique d'organisation inédite dans l'architecture moderne anglaise. L'immeuble de logements de Highgate, achevé à Londres en 1935, Highpoint 1 [268], est un chef-d'œuvre, même selon des critères d'aujourd'hui : son organisation intérieure et son implantation sur un terrain difficile en firent un modèle tant formel que fonctionnel. Malgré la réussite de leur travail ultérieur pour les zoos de Londres et de Whipsnade, Lubetkin et son équipe de Tecton – composée d'Anthony Chitty, Lindsay Drake, Michael Dugdale, Valentine Harding, Godfrey Samuel et Francis Skinner, rejoints en 1946 par Denys Lasdun – n'atteignirent plus jamais ce niveau. L'immeuble Highpoint 2, de 1938, accuse déjà une nette réaction maniériste. On pourrait presque croire que Lubetkin, authentique anarcho-socialiste, avait été gagné par le réalisme socialiste : ses textes des années 1950 sur l'architecture soviétique témoignent au demeurant de sa sympathie pour cette orientation. Les différences de vocabulaire entre Highpoint 1 et Highpoint 2 furent relevées à l'époque ; le débat qui s'ensuivit jeta les bases des affrontements idéologiques des années 1950. La question centrale de la primauté du parti architectural et de la signification fondamentale de la forme construite fut abordée dès 1938 par Anthony Cox à propos de Highpoint 2 :

*Highpoint 1 est juché sur la pointe de ses pieds et déploie ses ailes, quand Highpoint 2 repose bien assis sur son derrière comme un Bouddha. Les membres de Tecton seraient sans doute les premiers à reconnaître que cet effet est voulu ; on dirait qu'une* forme *a été imposée aux pièces (ce qui est tout autre chose que de donner forme aux* pièces*). Comme si, au cours des trois années qui séparent ces deux bâtiments, on en était arrivé à des conclusions rigides sur ce qui est formellement nécessaire en architecture. Peu importe que l'on apprécie ou non, à titre personnel, ces conclusions formelles, en revanche il s'agit de déterminer si de telles conclusions rigides sont pertinentes.*

*[...] La démarche intellectuelle qui a produit ce que nous connaissons sous le nom d'architecture moderne est fondamentalement une démarche fonctionnaliste. C'est un fait acquis pour la plupart d'entre nous. Le fonctionnalisme est un sale nom pour l'antithèse du formalisme, parce qu'il traîne derrière lui des idées de déshumanisation que personne ne souhaite défendre ; mais pris au sens large le mot exprime, je pense, la méthode de travail sous-jacente à ce mouvement. [...] J'affirme que le travail récent de Tecton s'écarte de cette voie. La déviation n'est pas que d'apparence ; c'est une déviation de propos. Cela dépasse les ajustements à l'intérieur de limites légitimes ; cela ouvre la voie consistant à faire primer les valeurs formelles sur les valeurs d'usage, et marque le retour du* parti *comme ressort du projet.*

Soucieuse de créer une architecture moderne à la portée de tous, l'agence Tecton semble avoir été tentée d'intégrer, après 1938, la rhétorique baroque à la rigueur cubiste. L'adhésion critique au maniérisme néocorbuséen de Tecton, attestée par le Finsbury Health Centre de Londres en 1938, conféra à Lubetkin une place prépondérante sur la scène britannique juste après la guerre, et les années 1945-1955 furent de fait dominées par le langage qu'il avait mis au point avec ses collègues durant la décennie précédente. Le Royal Festival Hall en est l'exemple le plus ambitieux : conçu en 1950 par une équipe comprenant Leslie Martin, Robert Matthew et Peter Moro, il est entièrement redevable à Lubetkin. Il en va de même du travail de la jeune agence composée d'anciens associés de Tecton, Lindsay Drake et Denys Lasdun, dont les logements de Bishop's Bridge, réalisés dans le quartier de Paddington à Londres en 1953, exacerbent le façadisme de Lubetkin en un déguisement grossier de la réalité, avec des élévations aux percements rythmiques et ornées de colonnes rapportées.

L'aile anglaise des CIAM, le groupe MARS – pour Modern Architectural Research Group –, fut fondée en 1932 à l'initiative de l'émigré canadien Wells Coates, qui représenta MARS au congrès de 1933 consacré à « La ville fonctionnelle ». Si le groupe avait, en tout cas à ses débuts, l'énergie nécessaire pour attirer les professionnels britanniques les plus avant-gardistes – Connell, Basil Ward et Colin Lucas, Lubetkin, Edwin Maxwell Fry et l'historien et critique Philip Morton Shand –, sa seule réalisation, en dehors de l'exposition « New Architecture » aux Burlington Galleries en 1938, fut l'impressionnant, mais cependant très utopique, plan de Londres dessiné au début des années 1940 sous la direction de l'architecte allemand Arthur Korn et de l'ingénieur viennois Felix Samuely. Le groupe MARS attendait naïvement un avenir « à planifier, plutôt qu'un passé à rapiécer », pour reprendre les termes de Coates. Pourtant, contrairement à Tecton, ce groupe ne parvint pas à élaborer une méthodologie réellement progressiste pour organiser ce futur. Lubetkin fut sans doute le premier à percevoir cette lacune ; il quitta MARS à la fin de 1936 pour rejoindre le groupe de gauche ATO (Architects' and Technicians' Organization) qui s'intéressera exclusivement, jusqu'au début des années 1950, au logement des classes ouvrières.

Un groupe d'opposition similaire vit le jour en Espagne après 1930, mené par les architectes socialistes José Luis Sert et Fernando Garcia Mercadal. Il s'agissait à l'origine d'un mouvement culturel catalan créé en 1929, puis réorganisé sur une base nationale en tant qu'aile espagnole des CIAM et baptisé GATEPAC (Grupo de Arquitectos y Técnicos Españoles para el Progreso de la Arquitectura Contemporánea). Des personnalités aussi importantes que Sixte Yllescas, Germa Rodríguez Arias et José Torres Clave en firent partie. Au cours des huit années qui précédèrent la guerre d'Espagne, ces hommes produisirent trois importantes études théoriques, dont le plan Maciá pour Barcelone de 1933, conçu avec Le Corbusier. Ce remarquable projet de logements sur deux niveaux permettait une densité de 1 000 habitants à l'hectare. La réalisation la plus significative du GATEPAC fut l'immeuble collectif de six étages Casa Bloc, achevé à Barcelone en 1936 ; il comprenait des duplex, une bibliothèque, une crèche, une école maternelle et une piscine – type inspiré du modèle de l'Immeuble à redents de la Ville contemporaine de Le Corbusier.

Le dernier grand geste du Mouvement moderne espagnol fut accompli sous l'égide de la Seconde République, alors déjà condamnée, avec le

269. Sert, pavillon espagnol montrant le *Guernica* de Picasso, Exposition universelle, Paris, 1937.

pavillon de l'Espagne à l'Exposition universelle de Paris de 1937 dû à Sert [269]. C'est là que fut présenté pour la première fois *Guernica* de Picasso, qui commémorait le bombardement aérien de ladite ville. Commandée par le gouvernement républicain pour faire office de monument aux morts de Guernica, l'œuvre se voulait un reproche solennel adressé à la communauté internationale qui avait trahi la cause républicaine.

Après l'exposition de 1932 de Hitchcock et Johnson, le Style international s'épanouit, en dehors de l'Europe et de l'Amérique du Nord, en Afrique du Sud, en Amérique du Sud et au Japon. Le mouvement précurseur sud-africain, qui dura de 1929 à 1942, fut un cas à part car Le Corbusier s'y associa directement, en dédiant la deuxième édition du premier volume (1910-1929) de son *Œuvre complète* à Rex Martienssen et à son groupe Transvaal. La reproduction de sa lettre formant dédicace commence ainsi :

*C'est très touchant de parcourir vos cahiers « The South African Architectural Record ». Tout d'abord parce qu'on s'émerveille de trouver quelque chose de si vif dans cette pointe lointaine d'Afrique, au-delà des forêts équatoriales. Mais surtout parce qu'on y découvre tant de foi juvénile, de tendresse pour l'architecture et un désir si fervent d'atteindre à une philosophie des choses.*

Un lien étroit unissait déjà le groupe Transvaal et Le Corbusier, depuis la contribution de ce dernier à un numéro de la revue *South African Architectural Record* ; en outre, des architectes comme Rex Martienssen ou Norman Hanson construisaient à Johannesburg des maisons dans un style postcorbuséen très maîtrisé. Mais en 1942, avant même que le groupe devienne la branche sud-africaine des CIAM, Martienssen était décédé et Hanson avait remis en cause la validité socio-économique de la planification selon Le Corbusier, stigmatisant l'abstraction et la *tabula rasa* de son urbanisme simplificateur.

Au Brésil, l'architecture moderne puise ses origines dans l'association, au cours des années 1920, de Lúcio Costa et Gregori Warchavchik, architecte d'origine russe marqué par le futurisme au cours de ses études à Rome et auteur des premières maisons cubistes au Brésil. Après la révolution menée par Getúlio Vargas en 1930 et la nomination en 1931 de Costa à la tête de l'École des beaux-arts à Rio de Janeiro, l'architecture moderne fut adoptée de manière officielle au plan national. En 1936, Le Corbusier joua un rôle direct en Amérique du Sud : il fut invité au Brésil en tant que conseiller pour la conception du nouveau bâtiment du ministère de l'Éducation à Rio. Après avoir travaillé avec Costa et son équipe, il semble avoir accepté la solution de la barre de quinze étages, pourtant radicalement différente de ses esquisses initiales. Or l'édifice réalisé, juché sur des pilotis, met en œuvre pour la première fois à une échelle monumentale de nombreux éléments caractéristiques de Le Corbusier comme le toit-jardin, le brise-soleil et le pan de verre. Les jeunes disciples brésiliens de Le Corbusier adaptèrent immédiatement ces éléments puristes à la sensualité expressive locale, dont l'exubérance plastique n'est pas sans rappeler le baroque brésilien du XVIII$^{e}$ siècle. Le plus brillant interprète de ce vocabulaire fut Oscar Niemeyer, qui avait travaillé avec Costa, Affonso Eduardo Reidy, Jorge

270. Niemeyer, Costa et Wiener, pavillon du Brésil, Foire internationale, New York, 1939.

Moreira et quelques autres à la réalisation du ministère de l'Éducation. Le pavillon du Brésil, qu'il conçut de manière très libre avec Costa et Paul Lester Wiener pour la Foire internationale de New York de 1939 [270], fit gagner au mouvement brésilien une reconnaissance hors de ses frontières, et confirma les dons exceptionnels de Niemeyer. Celui-ci porta en effet le concept corbuséen de plan libre à un niveau inédit de fluidité et de communication spatiales. À l'origine organisé autour d'un jardin intérieur exotique empli de flore et de faune brésiliennes – un paysage amazonien en miniature, avec orchidées et serpents –, ce concept plastique évoquait la corniche tropicale de Rio. La conception du jardin était due au peintre Roberto Burle Marx, dont les créations paysagères réalisées à partir de 1936 furent décisives pour le mouvement brésilien. Burle Marx exploita le concept puriste de « mariage de contours » pour créer des « jardins de paradis » composés de plantes prélevées par lui-même dans la jungle. Les paysages de Burle Marx ont donné naissance à un nouveau style national, essentiellement fondé sur la végétation indigène du Brésil.

Le génie de Niemeyer atteignit son apogée en 1942 avec la réalisation, alors qu'il n'était âgé que de 35 ans, de son chef-d'œuvre, le casino de Pampulha [271]. Il y réinterprète, dans une composition spatiale à la fois équilibrée et dynamique, la notion corbuséenne de « promenade architecturale ». L'édifice est éminemment narratif, de l'accueillant foyer à double hauteur aux rampes scintillantes montant à l'étage des jeux, et des

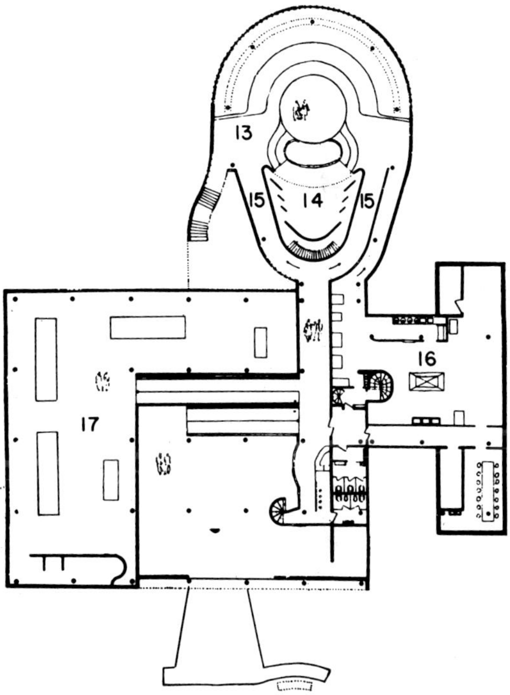


271. Niemeyer, casino de Pampulha, Minas Gerais, Brésil, 1942. Plan de l'étage.

couloirs en ellipse menant au restaurant à l'ingénieux accès à l'aire de danse par les coulisses. Bref, la promenade explicite articule l'espace du bâtiment à la manière de la structure d'un jeu élaboré – un jeu aussi complexe que les activités qui s'y déroulent et pour lesquelles il a été conçu. Le restaurant, avec son système d'entrées sophistiqué et labyrinthique, définit non seulement les trajectoires mais aussi les rôles sociaux des différents « protagonistes » du lieu : clients, animateurs, serveurs. D'un traitement général fort et hédoniste, le bâtiment offre une atmosphère sévère mais théâtrale ; ce contraste tient à la finition précise des façades revêtues de travertin et de pierre de Juparana ainsi qu'à l'exotisme de l'espace intérieur bordé de verre rosé, de satin et d'azulejos traditionnels aux couleurs éclatantes. Rendu fonctionnellement obsolète par l'interdiction des jeux d'argent, le bâtiment a été reconverti en musée d'art. Niemeyer était tout à fait conscient, dès 1950, des limites d'un tel travail dans une société sous-développée :

*L'architecture doit exprimer l'esprit des forces techniques et sociales dominantes à une époque donnée ; mais quand ces forces ne sont pas équilibrées, le conflit qui en résulte porte préjudice au contenu de l'œuvre et à l'œuvre dans son ensemble. On ne peut comprendre la nature des plans et des dessins qui apparaissent dans cet espace qu'en gardant cela en tête. J'aurais vraiment bien aimé pouvoir présenter une réalisation plus réaliste, un genre d'œuvre qui reflète non seulement le raffinement et le confort mais aussi la collaboration positive entre un architecte et toute la société.*

Bien que cette collaboration ait été réellement recherchée par le président de la République et réformateur Juscelino Kubitschek, pour qui Niemeyer travailla dès 1942, un tel équilibre restait difficile à atteindre. L'ensemble réalisé par Reidy à Pedregulho, près de Rio, de 1948 à 1954, qui associe des appartements, une école primaire, un gymnase et une piscine, constitua un prototype remarquable d'unité de voisinage. Pourtant, durant tout le mandat de Kubitschek, à partir de 1955, très peu de projets furent construits au nom de la société tout entière.

Brasilia, dessinée par Costa au milieu des années 1950, porta l'architecture progressiste brésilienne à un point critique. Cette crise, qui provoquera le rejet général des préceptes du Mouvement moderne, transparaît dans le projet tout entier, dans chaque bâtiment comme dans le plan d'ensemble. La rupture conceptuelle, qui avait déjà été consommée à Chandigarh dès 1951, entre la monumentalité isolée du quartier officiel conçu par Le Corbusier et le reste de la ville, est répétée à Brasilia, où le plan d'ensemble est pourtant d'un esprit moins systématique. Alors que Chandigarh [238, 239, 240] rend hommage, ne serait-ce qu'en apparence, à la logique séculaire de la grille coloniale, Brasilia, malgré la trame orthogonale de ses *supercuadras*, est fondée sur une figure en croix. Tout porte à croire que les principes mythiques de l'humanisme européen, tels qu'ils furent réinterprétés à travers les œuvres tardives de Le Corbusier, ont déterminé la structure de Brasilia – avec des conséquences malheureuses, du moins en ce qui concerne l'accessibilité. De plus, peu après sa fondation, Brasilia a pris la forme de deux villes : une ville monumentale pour le gouvernement et les affaires, où des bureaucrates viennent régulièrement travailler par avion depuis Rio [272], et des bidonvilles ou *favelas*, dont les habitants sont au service de la « splendeur » de la première ville. Même à l'intérieur de son périmètre, Brasilia, tout comme la Ville radieuse de Le Corbusier en 1933, est une ville divisée, séparée en différents quartiers selon la classe sociale de ses habitants. Non seulement cette composition renforce les inégalités sociales mais elle produit des dispositifs formalistes et répressifs au niveau de sa propre représentation. On peut soutenir à cet égard que la Chandigarh de Le Corbusier annonce une phase critique de la carrière de Niemeyer : l'œuvre du Brésilien devint en effet de plus en plus simpliste et monumentale après la publication des premières esquisses de la capitale du Penjab.

Si Niemeyer n'a jamais su retrouver la délicatesse formelle du casino de Pampulha, sa maîtrise de la forme libre, en partie liée à sa constante association avec Burle Marx, est devenue puissance lyrique, du restaurant de Pampulha en 1942 à l'extraordinaire maison « organique » qu'il se construisit à Gavea, sur les hauteurs de Rio, en 1953-1954. Niemeyer s'éloigna alors du fonctionnalisme informel qui fondait ses plans fluides pour se concentrer sur la forme pure ; autrement dit, il essaya de se rapprocher de la tradition néoclassique. Son projet de 1955 pour le musée d'Art moderne de Caracas nous permet de dater cette rupture ; il y proposait une spectaculaire pyramide inversée au bord d'un précipice. Inversée ou non, cette pyramide marque un retour aux invariants classiques, et l'on peut en dire autant de

272. Niemeyer et Costa, Brasilia, 1956-1963. Vue de l'axe entre les bâtiments des ministères vers la place des Trois-Pouvoirs. À droite, la cathédrale.

son travail à Brasilia qui, avec la grille de Costa, évoque le « genre terrible », affirmation d'une forme absolue face à une nature hostile : au-delà de l'ordre du centre de Brasilia bordé d'un lac artificiel, des paysages sauvages s'étendent en effet à l'infini. Paraphrase littérale de Chandigarh, la place des Trois-Pouvoirs de Brasilia, placée au sommet de l'axe Est-Ouest, abrite les pouvoirs exécutif, législatif et judiciaire, établissant un parallèle programmatif, sinon formel, avec le Secrétariat, la Haute Cour et le bâtiment de l'Assemblée de Chandigarh. Dans les deux cas, le Capitole est situé exactement à l'emplacement conceptuel et symbolique de la « tête », zone que le projet initial de Ville radieuse avait affectée aux fonctions administratives. La « tête » de Brasilia, représentée par les barres jumelles du Secrétariat de Niemeyer, agit comme une « cible » sur l'axe qui sépare le dôme convexe du Sénat de la coupe concave de la Chambre des députés.

Contrairement à la façade nord du ministère de l'Éducation à Rio, judicieusement équipée de brise-soleil mobiles quelque vingt ans plus tôt, les murs-rideaux de Brasilia n'ont pas été protégés du soleil, bien que réalisés en verre traité pour absorber la chaleur. Cette indifférence au climat semble née de la volonté de représenter les institutions gouvernementales par de purs solides platoniciens, contrastant avec les barres vitrées répétitives des ministères. Parmi ceux qui comprirent que l'exubérance initiale de l'architecture moderne brésilienne portait en elle les germes d'un formalisme décadent figurait Max Bill, lequel condamna en ces termes le palais de l'Industrie de São Paulo réalisé par Niemeyer en 1954 :

*Dans une rue de São Paulo, j'ai vu un bâtiment en chantier dont la structure sur pilotis est poussée aux limites du possible. J'ai vu des choses choquantes, le naufrage de l'architecture moderne, un immense gaspillage social, dénué de tout sens des responsabilités, vis-à-vis des commerces qui l'occupent comme des clients. [...] Des pilotis gros, des pilotis minces, des pilotis aux formes bizarres, sans rime ni raison structurelle, placés à tort et à travers. [...] Tant de barbarisme a de quoi surprendre, venant d'un pays doté d'un groupe CIAM, d'un pays où se tiennent des congrès sur l'architecture moderne et une biennale d'architecture, et où une revue comme* Habitat *est publiée. Car ces ouvrages sont nés d'un esprit dénué de toute décence ou responsabilité envers les besoins humains. C'est l'esprit du décor, diamétralement opposé à l'esprit animant l'architecture qui est l'art de bâtir, art social par excellence.*

Le Japon, ouvert sur l'Occident depuis plus de cinquante ans, était prêt quant à lui à assimiler le Style international ; on peut en dater l'arrivée en 1923, avec la réalisation de la première maison en béton armé à Tokyo par Antonin Raymond, pour son propre usage [273]. Une fois encore, ce style était introduit sous sa forme la plus aboutie par un émigré. D'origine américano-tchèque, Raymond s'était installé à Tokyo fin 1919 pour superviser le chantier de l'hôtel Impérial de Wright. Comme avec Neutra et Schindler aux États-Unis, le Style international provenait d'un homme originaire d'Europe centrale, formé en Europe avant de passer entre les mains de Wright. Fait significatif,

273. Raymond, maison de l'architecte, Reinanzaka, Tokyo, 1923.

Neutra, Schindler et Raymond s'affranchirent tous trois du carcan stylistique de Wright peu de temps après l'avoir quitté.

La maison de Raymond était remarquable à bien des égards. Ce fut l'une des premières fois qu'une ossature en béton était traitée avec des détails rappelant la construction traditionnelle en bois du Japon – une solution qui deviendra une caractéristique tectonique de l'architecture nippone après la Seconde Guerre mondiale. L'intérieur était également en avance sur les standards contemporains du Style international, avec une des premières utilisations de mobilier en tubes d'acier en porte-à-faux qui préfigurait les chaises de Mart Stam et de Marcel Breuer. Les baies étaient équipées de menuiseries métalliques, et une treille en tubes d'acier prolongeait la maison. Raymond s'efforça également d'intégrer des éléments directement tirés des constructions vernaculaires, telles les gouttières en corde à la place des descentes d'eau pluviale occidentales. En revanche, par ses auvents plats coiffant les fenêtres, la maison évoquait assez explicitement le style du Temple unitarien réalisé par Wright en 1905 [39].

Alors que Wright avait su « interpréter » avec brio la culture japonaise sur le sol américain, son hôtel Imperial à Tokyo ne parvint guère, et ce en dépit d'un usage ingénieux du béton armé par Paul Mueller, à montrer la voie d'une adaptation intelligente des traditionnelles constructions légères japonaises tant son style était ampoulé. L'hôtel était stylistiquement plus proche des châteaux isolés des XVI$^{e}$ et XVII$^{e}$ siècles que des édifices shinto des aristocrates de l'ère Heian ; contrairement à l'opinion formulée par Louis Sullivan en 1924 (voir *supra* p. 63), l'hôtel était fort éloigné des principaux courants de la culture architecturale locale. Néanmoins, la spectaculaire résistance de l'hôtel au tremblement de terre de 1923 justifia de fait l'investissement en structures antisismiques, particulièrement pour des bâtiments publics. Cette « preuve » des capacités de la construction monolithique armée permit à Raymond d'exploiter au mieux la technologie la plus avancée du béton dans ses principaux édifices de la fin des années 1920, notamment dans les bureaux de la Rising Sun Petroleum Company en 1926 et dans le très raffiné Tokyo Golf Club, réalisé non loin de la capitale en 1930. Raymond sembla ensuite avoir fait allégeance stylistique à Auguste Perret ; sans doute comprit-il intuitivement que l'on ne pouvait guère trouver une syntaxe pertinente pour le béton chez Wright.

Avec les maisons Akaboshi et Fukui de 1933-1935, Raymond et sa femme Noemi Pernessin atteignirent le sommet de leur carrière naissante au service de la classe des industriels nouvellement enrichis. De la construction à l'ameublement jusqu'au choix des tissus, ils réglaient tout ensemble. Ils produisirent durant ces années une série de maisons pour divers membres de la famille Akaboshi, essayant d'intégrer ici ou là leur propre mobilier de bon goût à la sévérité des planchers traditionnels en tatamis et aux surfaces lisses des écrans des *shoji*. Leur style eurasien parvint à son apothéose dans la maison et les bains de la famille Fukui, réalisés dans la baie d'Atami en 1935, où la réinterprétation des formes traditionnelles leur permit enfin de se libérer des influences de Wright comme de Perret.

En 1926, un mouvement japonais relativement indépendant se développa autour du groupe de la Sécession japonaise. Parmi ses premiers membres, Mamoru Yamada conçut le Central télephonique de Tokyo en 1926 et Tetsuro Yoshida, la Poste

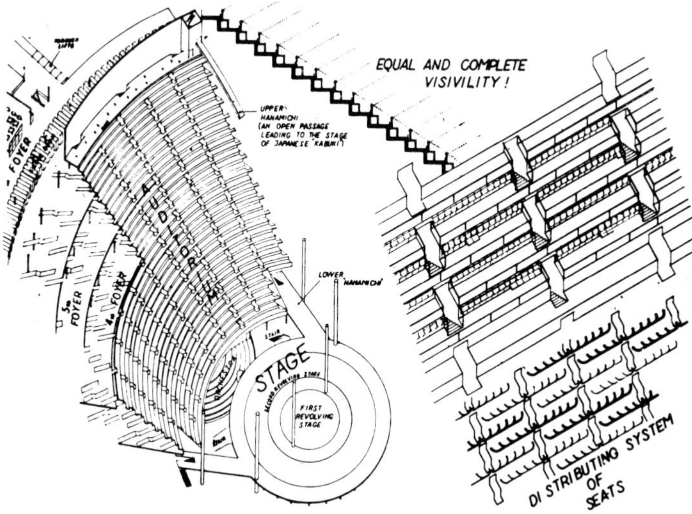


274. Kavakita, projet pour le théâtre de Kharkov, 1931.

275. Tange, gymnases olympiques nationaux, Tokyo, 1964. Vue aérienne montrant le petit stade pour le basket-ball, et le grand abritant les piscines, avec une vue intérieure de ce dernier.

principale de cette même ville en 1931. Au même moment, quelques architectes plus jeunes comme Kunio Maekawa et Junzo Yoshimura travaillèrent pour Raymond ou partirent étudier à l'étranger. Certains d'entre eux fréquentèrent le Bauhaus à la fin des années 1920, alors que d'autres, tels Maekawa et Junzo Sakakura, travaillèrent dans l'atelier de Le Corbusier. Sakakura put même parfaire son expérience européenne en réalisant une œuvre d'envergure internationale, le pavillon du Japon à l'Exposition universelle de Paris de 1937 ; l'ordre tectonique de la maison de thé traditionnelle y était réinterprété en termes modernes, pour ne pas dire corbuséens. Le plan ouvert, la structure et la liaison entre le dehors et le dedans opérée par une rampe n'avaient qu'une lointaine ressemblance avec la hiérarchie spatiale de l'architecture japonaise.

Une interprétation plus timide de la tradition informe la production domestique d'Isoya Yoshida. Face à un tel conservatisme, il y avait toutefois l'audace d'hommes comme Rentchitchiro Kavakita, dont le projet pour le concours du théâtre soviétique de Kharkov [274] était en 1931 bien éloigné du modernisme convenu de l'époque : il prenait en effet autant ses distances vis-à-vis des motifs constructivistes que de la tradition japonaise, portant l'accent sur l'attrait des mouvements mécaniques et sur la rhétorique de l'inventivité

structurelle à grande échelle. Ce projet annonçait certainement l'audace tout à fait extraordinaire du travail de Kenzo Tange après-guerre, qui culmina avec les stades olympiques jumeaux [275] qu'il réalisa pour les Jeux de Tokyo en 1964. Tange n'était pas intéressé par le mouvement, mais les volumes elliptique et circulaire des stades étaient couverts de toitures en métal en porte-à-faux, suspendus aux « cornes » en forme de proue des poutres de rive elliptiques en béton qui portaient également les gradins supérieurs.

Juste avant de réaliser en 1955 son désormais célèbre mémorial de la Paix à Hiroshima, qui marque l'épicentre de la première bombe nucléaire,

Tange, ancien assistant de Maekawa, commença sa carrière par une série de commandes publiques : d'abord avec des mairies plutôt simplistes pour Shimizu et Tokyo en 1952-1954, puis avec les magnifiques préfectures de Kagawa, de 1955-1958 [276], et mairie de Kurashiki, de 1957-1960. Alors que la mairie de Tokyo est une méticuleuse mais laborieuse parodie en béton de la technique Jomon de travail du bois, la préfecture de Kagawa parvient à un équilibre quasi classique : par son organisation des espaces très efficace, elle opère la synthèse entre des principes hérités de l'ère Heian et des éléments discrètement empruntés au Style international. Malgré son historicité et ses références à des modèles tirés à la fois du bouddhisme et du shintoisme, cet édifice a fait de Tange l'une des figures majeures du Japon de l'après Seconde Guerre mondiale. Bien qu'ils plongent tous deux leurs racines dans l'œuvre de Le Corbusier, les deux ensembles de la fin des années 1950 que sont la place des Trois-Pouvoirs de Niemeyer à Brasilia, d'un classicisme simpliste, et la préfecture de Tange à Kagawa, aux détails d'une extraordinaire précision, sont on ne peut plus différents l'un de l'autre. Tange était profondément conscient de l'énergie dégagée par l'intense essor industriel du Japon, ainsi que du rôle ambivalent qu'allait jouer la tradition face à cette force socialement « libératrice » ; en témoigne l'analyse incisive et optimiste qu'il fit à l'époque de l'achèvement de la préfecture :

*Jusqu'à une date récente, le Japon a toujours été contrôlé par un État absolu, et l'énergie culturelle du peuple dans son ensemble – l'énergie par laquelle de nouvelles formes auraient pu être créées – fut contenue et réprimée. Cela fut surtout le cas pendant la période Tokugawa, quand le gouvernement s'attacha sans répit à empêcher tout changement social. Ce n'est qu'aujourd'hui que l'énergie dont je viens de parler commence à se libérer. Elle travaille encore selon des moyens confus, et il reste beaucoup à faire avant qu'un véritable ordre ne soit atteint, mais il est sûr que cette énergie fera beaucoup pour convertir la tradition japonaise en quelque chose de nouveau et de créatif.*

La génération antérieure, celle d'hommes nés au début du siècle tels que Maekawa ou Sakakura, continua d'apporter des contributions significatives, bien que moins spectaculaires : on pense notamment à l'œuvre théorique de Maekawa qui remit en question la manière d'envisager l'architecture du XX^e siècle et son lien inéluctable avec

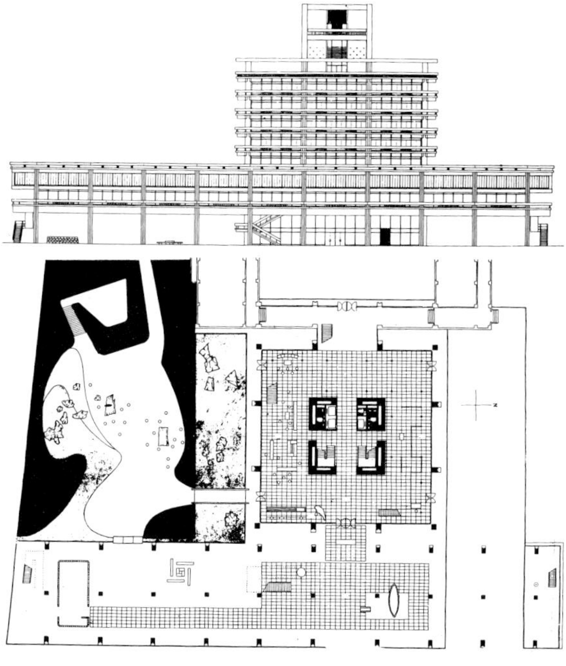

276. Tange, préfecture de Kagawa, Takamatsu, 1955-1958. Élévation et plan du rez-de-chaussée.

des objectifs occidentaux. Le musée d'Art moderne de Kamakura, achevé par Sakakura en 1951, et l'immeuble Harumi de Maekawa à Tokyo en 1957 [277] sont deux œuvres hybrides qui révèlent une certaine dépendance culturelle : le premier est véritablement néoclassique au sens transculturel, le second doit beaucoup à l'Unité d'habitation de Le Corbusier à Marseille. Si Tange finit par perdre tout sens de l'échelle humaine et du lieu dans les gigantesques mégastructures d'habitat qu'il imagina dès la fin des années 1950 – ainsi le projet pour la baie de Boston en 1959 ou la proposition pour la baie de Tokyo de 1961 –, Maekawa tentera pour sa part une audacieuse synthèse des modes de vie occidental et japonais dans les nombreux étages d'une immense structure antisismique. Il reconnut pourtant lui-même que l'immeuble Harumi et le mode de vie synthétique qu'il était censé abriter ne pouvaient rencontrer, au mieux, qu'un succès modéré. En 1965, dans ses « Pensées sur la civilisation en architecture », il en arriva à la conclusion suivante, assez désenchantée :

*L'architecture moderne est et doit être résolument fondée sur les résultats confirmés de la science moderne, de la technologie et de l'ingénierie. Pourquoi donc tend-elle si souvent à l'inhumain ? Je crois que l'une des raisons principales est qu'elle n'est pas toujours seulement créée pour satisfaire les besoins humains, mais pour d'autres raisons, parmi lesquelles le profit. Ou l'on tente de faire rentrer l'architecture dans un budget établi par les opérations mécaniques de la puissante bureaucratie d'un État moderne, ce budget n'étant en rien concerné par des considérations humaines. Ou, peut-être, des éléments inhumains interviennent à l'intérieur même de la science, de la technologie et de l'ingénierie. Lorsque l'on cherche à comprendre un phénomène, la science l'analyse en le réduisant à ses éléments les plus simples. Ainsi, en ingénierie, lorsque l'on cherche à comprendre un phénomène, les méthodes adoptées sont la simplification et l'abstraction. Se pose alors la question de savoir si le recours à ces méthodes ne risque pas de nous éloigner des réalités humaines. [...] L'architecture moderne doit se souvenir de ses bases, de ses principes initiaux en tant qu'architecture humaine. Alors que la science et le génie civil sont les produits du cerveau humain, l'architecture et les villes modernes qu'ils construisent tendent à devenir inhumaines. Ce qui a obscurci les principes de base de l'architecture moderne, ce qui altère sa mission, c'est l'éthique actuelle de l'action, et les jugements de valeur dissimulés derrière cette éthique. Ces critères de valeur et cette éthique sont les forces motrices de la civilisation moderne ; mais ils mettent en danger la dignité humaine et font fi de la Déclaration des droits de l'Homme. La conclusion de cette tragédie est tout sauf simple. Nous devons retourner aux sources de la civilisation occidentale et découvrir si l'on peut vraiment trouver dans l'inventaire de celle-ci la force pour une telle révolution éthique. Sinon, nous devrons la rechercher, avec Toynbee, en Orient, ou peut-être au Japon.*

Cette proposition paradoxale – la culture japonaise pourrait encore survivre dans son essence et devenir la seule force susceptible de racheter les excès technocratiques de l'Occident – mit un point final à l'ère du Style international, au Japon comme dans le reste du monde.

277. Maekawa, immeuble Harumi. Tokyo, 1957.

# Le nouveau brutalisme et l'architecture de l'État-providence : la Grande-Bretagne, 1949-1959

*En janvier 1950, je partageais des locaux avec mes confrères architectes Bengt Edman et Lennart Holm. Ils travaillaient alors sur le projet d'une maison à Uppsala. Au vu de leurs dessins, je les ai qualifiés, non sans une pointe de sarcasme, de « néobrutalistes » […]. L'été suivant, au cours d'une soirée animée avec des amis anglais, dont Michael Ventris, Oliver Cox et Graeme Shankland, le terme fut à nouveau mentionné par jeu. Lors de ma visite à ces mêmes amis à Londres l'année dernière, ils me dirent qu'ils avaient rapporté le terme avec eux en Angleterre, qu'il s'était propagé avec la rapidité de l'éclair, et qu'il avait été adopté, de manière un peu surprenante, par un groupe de jeunes architectes anglais.*

Hans Asplund, lettre à Éric de Maré,
*Architectural Review*, août 1956

Après la Seconde Guerre mondiale, la Grande-Bretagne n'avait ni les ressources matérielles ni la confiance en sa propre culture pour formuler quelque expression monumentale que ce soit. Au contraire, elle tendait vers la direction opposée : en architecture comme dans d'autres domaines, elle était en train d'abandonner son rang impérial. Tandis que l'indépendance de l'Inde amorçait la désintégration de l'Empire, le conflit de classes qui avait divisé le pays durant la Grande Dépression fut en partie apaisé grâce aux mesures sociales du gouvernement travailliste de Clement Attlee. Deux lois importantes donnèrent à la reconstruction sociale de l'après-guerre son essor : l'Education Act de 1944, qui éleva l'âge de la scolarité obligatoire à quinze ans, et le New Towns Act de 1946. Cette dernière loi fut l'instrument efficace d'un ambitieux programme gouvernemental qui permit la construction d'environ 2 500 écoles en dix ans et la création, sur le modèle de la cité-jardin de Letchworth, de dix villes nouvelles pouvant accueillir de 20 000 à 69 000 habitants.

Une grande partie de ce chantier – en dehors du précoce Hertfordshire County Council, pionnier de la préfabrication en masse d'écoles sous la direction de C. H. Aslin – sera réalisée dans un style néogéorgien « simplifié », typique de l'architecte municipal lambda, ou dans un style dit contemporain, très marqué par l'architecture officielle de l'État-providence suédois. Ce style – que l'on considérait sans doute comme suffisamment « populaire » pour accompagner les réformes sociales anglaises – était fait de toits à faible pente, de murs de briques, de pignons bardés verticalement et de fenêtres à peu près carrées avec des huisseries en bois, ces dernières étant laissées nues ou peintes en blanc. Ce supposé « vocabulaire décoratif populaire », agrémenté de quelques touches locales, sera adopté par les architectes de gauche qui travaillaient au LCC – London County Council ; il sera plus largement répandu par les très dynamiques rédacteurs de *The Architectural Review*, James M. Richards et Nikolaus Pevsner qui, après avoir été partisans d'une stricte modernité, opteront dès le début des années 1950 pour une approche moins rigide de l'architecture. Dans ses conférences Reith, consacrées en 1955 à « The Englishness of English Art » (le caractère anglais de l'art anglais), Pevsner affirma que l'absence de formalisme pittoresque était l'essence même de la culture britannique. Cette version humanisée du Mouvement moderne fut même baptisée « The New Humanism » (le nouvel humanisme) dans un éditorial de *The Architectural Review*.

Le Festival of Britain de 1951 donna à cette politique culturelle ouverte une dimension

278. Alison et Peter Smithson, école secondaire, Hunstanton, Norfolk, 1949-1954.

progressiste et moderne en parodiant l'iconographie héroïque des constructivistes soviétiques. La rhétorique structurelle des deux principaux bâtiments symboliques de ce courant, le Skylon de Philip Powell et John Hidalgo Moya et le Dôme de la découverte de Ralph Tubbs, n'avaient pas plus d'importance que « les jeux » de la vie pour laquelle du « pain » serait certainement bientôt fourni. Le festival n'était certes pas dénué de contenu, mais il était présenté de façon gratuite.

Le travail d'Edman et Holm a peut-être provoqué l'invention du terme « nouveau brutalisme », mais c'est en Angleterre, et non en Suède, que s'est d'abord élevée la réaction radicale qu'il supposait. Le populisme de bon ton du Festival of Britain fut d'emblée rejeté par Alison et Peter Smithson, partisans de la première heure de l'éthique brutaliste, qui comptaient parmi leurs sympathisants une bonne partie de la génération de l'immédiat après-guerre, dont Alan Colquhoun, William Howell, Colin St John Wilson et Peter Carter. Ceux-ci travaillaient tous au début des années 1950 au LCC sans souscrire à la « ligne suédoise ». Reyner Banham a décrit ainsi cette situation :

*L'attitude négative de la jeune génération est parfaitement résumée par cette affirmation irritée de James Stirling : « Regardons les choses en face, William Morris était suédois ! » Ne nous arrêtons pas à l'exactitude de cette déclaration ; c'est sa vérité émotionnelle comme rejet absolu de toutes les formes de l'architecture de l'État-providence qui importe. Le retour à William Morris ou au* People's Detailing [style décoratif populaire], *quel que soit le terme utilisé afin de railler les tentatives pour ressusciter les constructions en briques du XIXe siècle avec leur petites fenêtres à arcade, etc., a parfois été élevé au titre pompeux de « Nouvel Humanisme » ; ce dernier était tiré d'un terme inventé (par* The Architectural Review*) pour signifier le retrait des Suédois de l'Architecture moderne, le « Nouvel Empirisme ».*

Dans la mesure où le brutalisme comportait une note clairement palladienne, sa réplique au Nouvel Humanisme de *The Architectural Review* se devait de se référer à l'ancien humanisme – lequel avait toujours été, de toutes façons, latent dans le Mouvement moderne d'avant-guerre. La parution en 1949 des *Architectural Principles in the Age of Humanism* de Rudolf Wittkower *(Les Principes de l'architecture à la Renaissance)* eut un effet inattendu, celui de susciter l'intérêt de la génération montante pour la méthode et les objectifs de Palladio. Par ailleurs, les brutalistes réagirent au problème du « style décoratif populaire » en se référant directement aux racines socio-anthropologiques de la culture populaire, tout en rejetant la respectabilité petite-bourgeoise de l'empirisme suédois. Cet esthétisme anthropologique – dont l'esprit est comparable au culte anti-art de l'Art brut du peintre Jean Dubuffet – amena les Smithson à entrer en contact, au début des années 1950, avec le photographe Nigel Henderson et le sculpteur Eduardo Paolozzi, deux personnalités remarquables auxquelles le brutalisme doit beaucoup de son caractère existentiel.

Les années 1951-1954 furent déterminantes pour l'adaptation de cette sensibilité à l'architecture. Alors que l'école de Hunstanton (Norfolk) [278], influencée à la fois par Palladio et par Mies, conçue dès 1949 et achevée cinq ans plus tard, était déjà bien avancée, les Smithson conçurent en réponse à des concours une série de projets extrêmement originaux : projets qui, comme l'a remarqué

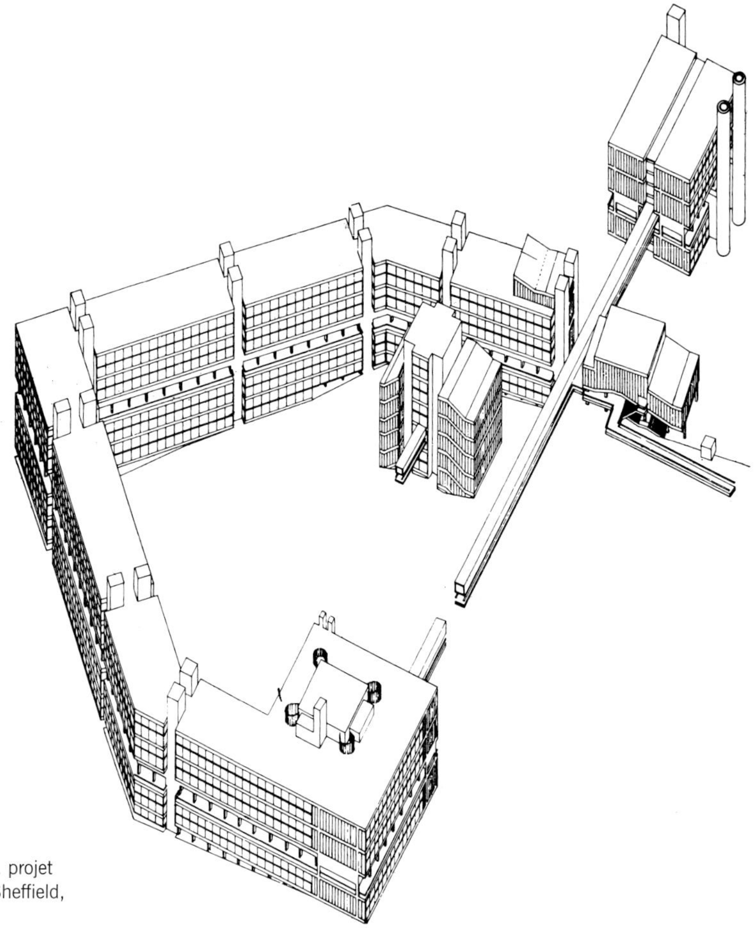

279. Alison et Peter Smithson, projet d'extension de l'université de Sheffield, 1953.

Banham, peuvent être considérés comme des tentatives d'invention d'une architecture résolument « autre ». En effet, le peu de palladianisme encore présent dans leurs projets de cette période est fortement dilué, que ce soit dans la proposition pour la cathédrale de Coventry de 1951, dans les logements de Golden Lane (Londres) de 1952 ou dans le projet d'extension, tout aussi remarquable, de l'université de Sheffield [279] en 1953. Ces solutions sont d'une certaine manière « constructivistes », même si la retenue dans l'expression de leur structure semble, avec le temps, plus influencée par le Japon que par la Russie. Aucun de ces projets ne fut malheureusement retenu, et il suffit de voir l'extrême banalité des édifices finalement réalisés pour comprendre la perte que cela a signifié pour la culture architecturale anglaise.

L'esprit sousjacent à la sensibilité brutaliste originelle des Smithson – qui transcendait son palliadianisme – fut porté à l'attention du public pour la première fois lors de l'exposition « Parallel of Life and Art » à l'Institute of Contemporary Arts (ICA) de Londres en 1953. L'assemblage didactique d'images – photos d'actualité et de mystérieuses sources archéologiques, anthropologiques et zoologiques –, commenté par Henderson, Paolozzi et les Smithson, « offrait des scènes de violence et des vues déformées ou anti-esthétiques de l'être humain, et toutes les photographies avaient un grain grossier que les organisateurs prenaient de toute évidence comme l'une de leurs principales vertus ». Il y avait quelque chose de foncièrement existentiel dans cette exposition qui montrait le monde comme un paysage dévasté par la guerre, la décrépitude et la maladie – couches de cendres sous lesquelles on parvenait néanmoins à distinguer quelque trace de vie, quoique microscopique, palpitant dans les ruines. À propos de son travail de cette époque, Henderson déclara : « Je me sens plus heureux parmi les objets au rebut [...] rejetés par les aléas de la vie, encore tout imprégnés d'une effervescence vitale. Chargés d'ironie, ils symbolisent en partie l'activité d'un artiste. »

Telle était l'impulsion souterraine du brutalisme des années 1950 ; cela n'échappa pas aux visiteurs de l'exposition « This is Tomorrow », organisée en 1956 par l'Independent Group de l'ICA sous la direction de Lawrence Alloway à la Whitechapel Art Gallery. Toujours avec Henderson et Paolozzi, les Smithson créèrent un *temenos* symbolique – un abri métaphorique dans une arrière-cour tout aussi métaphorique, interprétation ironique de la cabane primitive de l'abbé Laugier de 1753, adaptée à une très concrète cour du quartier de Bethnal Green, à propos de laquelle Banham remarqua :

*On ne pouvait s'empêcher de penser que cet abri de jardin, avec ses roues de bicyclettes rouillées, sa trompette cabossée et autres vieilles saletés, avait été déterré après un holocauste atomique, et identifié comme faisant partie d'une tradition européenne de planification remontant au-delà de la Grèce archaïque.*

Ce geste n'était pourtant en rien totalement rétrospectif, car dans la métaphore énigmatique et quasi fortuite de l'abri, le passé lointain et le futur immédiat se rejoignaient. En effet, l'installation *Patio and Pavilion* était certes meublée d'une vieille roue et d'un modèle réduit d'avion, mais aussi d'une télévision. Bref, au sein d'un tissu urbain ravagé et en ruines (c'est-à-dire bombardé), « l'abondance » d'une société mobile de consommation était déjà envisagée, voire bienvenue, comme substance vitale d'un nouveau registre vernaculaire industriel. Le collage ironique de Richard Hamilton pour cette exposition, intitulé *Just what is it that makes today's homes so different, so appealing*, inaugurait la culture Pop tout en cristallisant l'image domestique du brutalisme. La *House of the future* des Smithson, présentée en 1956 à l'exposition dédiée à la Maison idéale du *Daily Mail*, était bien sûr destinée au personnage tout en muscles de l'œuvre d'Hamilton et à sa sensuelle compagne.

Partagés entre la traditionnelle solidarité ouvrière et les promesses de la société de consommation, les Smithson étaient piégés dans l'ambivalence inhérente à un hypothétique populisme. Dans la seconde partie des années 1950, ils se détournèrent de leur sympathie pour le mode de vie du prolétariat au profit des idéaux de la classe moyenne, fondés sur la consommation de masse et la généralisation de l'automobile. En même temps, ils n'étaient guère enthousiasmés par le risque évident que cette « mobilité » nouvellement découverte représentait à la fois pour la structure et pour la densité des villes traditionnelles. Dans leur étude sur les routes de Londres de 1956, ils tentèrent de résoudre ce dilemme en faisant de l'autoroute surélevée une nouvelle donnée urbaine. Parallèlement, ils continuèrent à considérer la présence de l'objet chromé dans des intérieurs très différents (du plus décrépit au plus design) comme le symbole même de leur style voué à la conciliation.

Jusqu'au milieu des années 1950, l'attachement aux matériaux resta un principe essentiel de l'architecture brutaliste, exprimé d'abord par un intérêt obsessionnel pour l'articulation des éléments structurels et des gaines de ventilation, comme dans l'école d'Hunstanton, puis dans le style plus normatif mais néanmoins antiesthétique de la petite maison de Soho de 1952, également due aux Smithson. Pensée en briques avec des linteaux en béton apparent et des parois intérieures non enduites, cette boîte sur quatre niveaux faisait référence, un an avant la publication de l'avant-projet tout aussi brutaliste des maisons Jaoul de Le Corbusier à Neuilly, aux entrepôts britanniques de la fin du XIX^e^ siècle. La maison annonçait les divers projets pour des villages de relogement conçus par James Stirling, William Howell et les Smithson eux-mêmes, qui furent présentés en 1953 au congrès des CIAM d'Aix-en-Provence.

Vers le milieu des années 1950, le brutalisme dépassa les préoccupations hermétiques d'Henderson, de Paolozzi et des Smithson.

Dès 1955, Howell et Stirling faisaient partie d'un groupe brutaliste, même si Stirling a ensuite nié s'être jamais considéré comme tel. Si son projet de 1953 pour le concours de l'université de Sheffield rappelle Tecton, son projet de village de cette même année renvoie quant à lui à l'esthétique utilitaire de la brique au XIX$^{e}$ siècle ; il reste cependant éloigné, du fait de sa composition néoplastique en plans entrecroisés, de la brutale aura « anti-art » de la maison de Soho des Smithson. Entre-temps, des architectes du LCC comme Colquhoun, Carter, Howell et John Killick commencèrent à réaliser quelques opérations de logement dans le style de Le Corbusier, dont l'aboutissement fut en 1958 une parodie de Ville radieuse, l'Alton East Estate à Roehampton.

Si le campus de l'IIT de Mies avait été la source majeure de la première construction des Smithson, le brutalisme trouva par la suite une grande partie de son vocabulaire dans l'œuvre du dernier Le Corbusier. Sa revitalisation du vocabulaire vernaculaire méditerranéen, manifeste dans le projet Roq et Rob de 1948, fut essentielle dans la formation de la sensibilité brutaliste ; les Smithson, qui avaient d'abord été enthousiasmés par Mies, entreprirent une subtile reconfiguration

280. Stirling et Gowan, logements à Ham Common, Richmond (Surrey), 1955-1958.

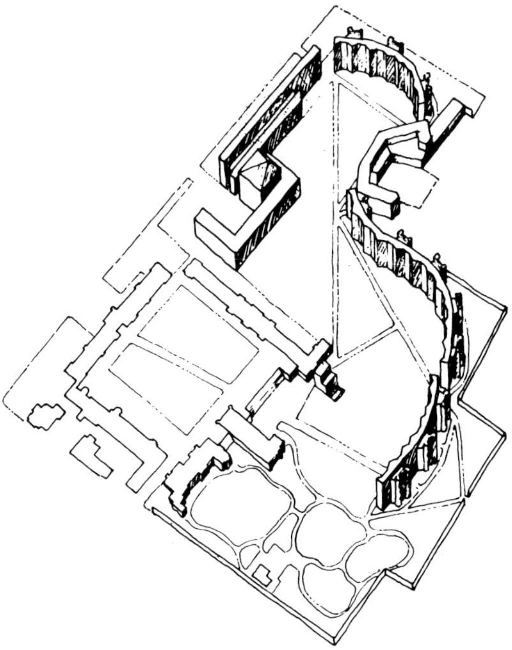

281. Stirling et Gowan, projet pour le Selwyn College, Cambridge, 1959.

du travail du béton brut de Le Corbusier. Ils déclarèrent ainsi en 1959 : « Mies est génial, mais Corbu communique. » De même, le choc ressenti par Stirling lors de sa visite des maisons Jaoul en 1955 fut bientôt dépassé par son enthousiasme à suivre cet exemple. La proximité formelle des maisons Jaoul et de son ensemble de logements à Ham Common de 1955 [280] est indéniable, et ce quand bien même les refends porteurs y sont utilisés à des fins architecturales radicalement différentes.

L'ultime intégration de l'esthétique brutaliste britannique – la fusion de son formalisme et de son populisme contradictoires en un vocabulaire vernaculaire où l'usage du verre et de la brique rappelait les bâtiments industriels du XIX$^{e}$ siècle – apparut dans les œuvres de Stirling et de son associé James Gowan en 1959 : le projet de dortoir pour le Selwyn College à Cambridge [281] et l'école d'ingénieurs (Engineering Building) de l'université de Leicester [283]. Rappelons en passant l'œuvre d'Edward Reynolds, dont les projets structurellement expressifs, pour ne pas dire expressionnistes, conçus alors qu'il était encore

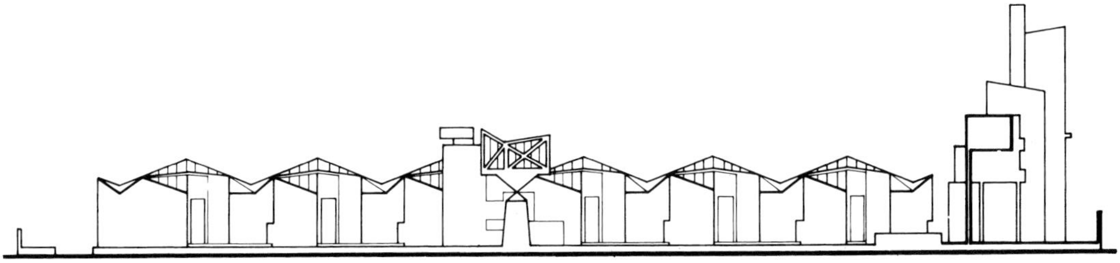

282. Reynolds, projet d'entrepôts, Bristol, 1958.

étudiant, exercèrent une influence décisive sur le brutalisme, notamment sur le projet de Howell et Killick pour le concours du Churchill College à Cambridge en 1958, puis sur le bâtiment de Stirling à Leicester.

La proposition de Stirling et Gowan pour le Selwyn College reprend non seulement la plasticité cristalline qui caractérisait le style de leurs débuts mais aussi le thème d'un « devant » opposé à un « arrière » ; s'inspirant du traitement plein ou vitré, selon les faces, des barres de la Ville radieuse, ce thème deviendra une de leurs formules récurrentes. Il semblerait qu'une fois de plus le projet d'entrepôts de Reynolds [282] ait été déterminant pour la forme de l'école d'ingénieurs de Leicester, édifice qui marque l'aboutissement du style de Stirling et Gowan. La barre du Pavillon suisse de Le Corbusier est ici réinterprétée (via l'entrepôt de Reynolds) dans la masse horizontale du laboratoire et de sa toiture cristalline, tandis que le bloc indépendant de l'entrée chez Le Corbusier réapparaît comme une structure en grappe verticale, superposant des laboratoires, des salles de conférences et des bureaux. Le bâtiment transcende les contradictions inhérentes au premier brutalisme en recombinant des formes canoniques du Mouvement moderne avec des éléments tirés des constructions populaires industrielles et commerciales de la ville natale de Stirling, Liverpool (par exemple, le travail précurseur de Peter Ellis). Du paradigme puriste de la fin des années 1920 subsistent seulement quelques détails « paquebot » – garde-corps, échelles de coupée, écoutilles – qui avaient été publiés de manière polémique dans *Vers une architecture.* Pour le reste, l'école d'ingénieurs de Leicester est un tour de force éclectique qui rappelle, par sa remarquable juxtaposition d'éléments divers, le travail de Telford et Brunel, mais aussi celui de William Butterfield, notamment All Saints' Church construite sur Margaret Street à Londres en 1849. Quelle autre stratégie que le Gothic Revival aurait su combiner des éléments puristes avec l'imagerie romantique de l'ensemble réalisé pour la Johnson Wax par Frank Lloyd Wright de 1936 à 1939

283. Stirling et Gowan, école d'ingénieurs, université de Leicester, 1959.

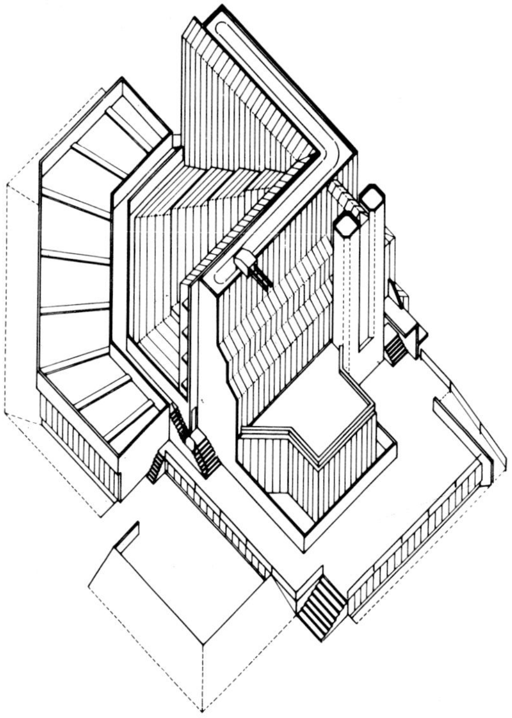

284. Stirling, faculté d'Histoire, université de Cambridge, 1964.

[175-176], tout en intégrant des composants aussi brutalistes que les planchers à trame diagonale apparente, inspirés des laboratoires Richards réalisés par Kahn en 1958 [257] ?

Alors que l'école d'ingénieurs de Leicester imposait, de fait, une trame à 45° sur une géométrie par ailleurs orthogonale, la faculté d'histoire (History Faculty Building) bâtie par Stirling à Cambridge en 1964 [284] fait de la diagonale l'axe majeur de composition du plan. Dans le même temps, l'édifice exacerbe la syntaxe en brique et verre du Selwyn College et de l'école de Leicester jusqu'au point où le caractère cristallin du verre semble l'emporter sur le contrôle de l'enveloppe en brique. Pour autant, il exhibe encore les tours d'ascenseurs jumelles : leur articulation avec l'entrée rappelle les éléments « servants » des laboratoires Richards de Kahn, mais ce dispositif typologique dénote aussi le style propre à Stirling. Il sera répété dans la dernière et sans doute moins réussie construction de sa période de brique et verre, le Florey Residential Building, conçu pour le Queen's College à Oxford en 1966. Les œuvres majeures de cette série – pour Leicester, Cambridge et Oxford – forment une sorte de catalogue de bâtiments-types de l'université moderne. Cette orientation typologique, qui tend à démanteler puis recombiner des éléments architecturaux précis, à la fois pour répondre à des besoins concrets et par volonté de « déconstruire » les formes héritées du Mouvement moderne, informe ces derniers « monuments » du brutalisme bien plus qu'aucune prise en compte des caractéristiques du lieu.

S'il a toujours répondu aux exigences programmatiques, Stirling demeure aujourd'hui important plus pour la puissance de son style et son admirable manière de traiter les matériaux que pour son attention aux spécificités du « lieu » – pourtant déterminante pour la qualité de vie. Malgré toute l'admiration de Stirling pour Aalto, ses réalisations restent en effet bien éloignées de l'ambiance accueillante et de la sensibilité retenue du Finlandais – telle qu'on peut les apprécier, notamment, dans la mairie de Säynatsalö [191]. Tout se passe comme si la maîtrise formelle de son imagination en était venue à désavouer le potentiel critique de la « création d'un lieu », qu'il était pourtant parvenu à atteindre dans son projet de village conçu pour Team X en 1955. Manfredo Tafuri a écrit sur son travail de la fin des années 1960 :

*Faisant flotter les usagers de ses bâtiments dans les limbes d'un espace qui balance avec ambiguïté entre le vide de la forme et un « discours sur la fonction » – c'est-à-dire l'architecture comme machine autonome, ainsi que le suggère la faculté d'Histoire de Cambridge et que l'explicite le projet pour Siemens AG –, Stirling agit de la manière la plus cruelle qui soit, en quittant l'enceinte sacrée où l'univers sémantique de la tradition moderne avait été enfermé. Ni attiré ni repoussé par l'indépendance des machines formelles de Stirling, l'observateur est acculé au mouvement de balancier qui suit le jeu pervers de l'architecte avec les éléments de son propre langage.*

# Les aléas de l'idéologie : les CIAM et le Team X, critique et contre-critique, 1928-1968

*1. La notion de l'architecture moderne comprend la liaison du phénomène architectural à celui de l'économie générale.*
*2. La notion de « rendement » n'implique pas une production fournissant un profit commercial maximum, mais une production réclamant un effort de travail minimum.*
*3. La nécessité du rendement le plus efficace est la conséquence inéluctable du régime appauvri de l'économie générale.*
*4. La production la plus efficace découle de la rationalisation et de la standardisation. La rationalisation et la standardisation agissent directement sur les méthodes de travail tant dans l'architecture moderne (conception) que dans l'industrie du bâtiment (réalisation).*
*5. La rationalisation et la standardisation réagissent de triple façon :*
*a – Elles réclament de l'architecte des conceptions entraînant une simplification des méthodes de travail sur le chantier et dans l'usine ;*
*b – Elles signifient pour les entreprises du bâtiment la réduction des corps de métiers ; elles conduisent à l'emploi d'une main d'œuvre moins spécialisée, encadrée d'éléments de forte capacité technique ;*
*c – Elles attendent du consommateur (c'est-à-dire de celui qui commande la maison ou qui l'habite) une révision de ses exigences dans le sens d'un réajustement aux nouvelles conditions de la vie sociale. Un tel réajustement se manifestera par la réduction de certains besoins individuels désormais sans raisons véritables, et le bénéfice de ces réductions favorisera la satisfaction aussi large que possible des besoins actuellement comprimés du plus grand nombre.*

Déclaration de La Sarraz, *Congrès internationaux d'architecture moderne*, 1928

La déclaration des CIAM de 1928, qui fut signée par vingt-quatre architectes – six pour la France, six pour la Suisse, trois pour l'Allemagne, trois pour les Pays-Bas, deux pour l'Italie, deux pour l'Espagne, un pour l'Autriche et un pour la Belgique, faisait du « fait de "contruire" », et non de l'architecture, l'« activité élémentaire de l'homme intimement liée à l'évolution et au développement de la vie humaine ». Les CIAM affirmaient que l'architecture était inévitablement tributaire de questions plus vastes d'ordre politique et économique et, plutôt que d'ignorer les réalités du monde industrialisé, elle devrait se reposer, pour assurer un niveau moyen de qualité, non pas sur les artisans mais sur l'adoption généralisée de modes de production rationalisés. Quatre ans plus tard, Henry Russell Hitchcock et Philip Johnson défendront le primat d'un style déterminé par la technique, tandis que les CIAM insistaient sur le besoin de planifier l'économie et l'industrie, refusant ainsi de considérer la productivité comme la seule manière d'accroître les profits. Ils prônaient plutôt la normalisation dimensionnelle et l'optimisation des méthodes de production – étapes préliminaires à la rationalisation de l'industrie du bâtiment. Ainsi, ce que des esthètes tenaient pour une préférence formelle pour la régularité était, selon les CIAM, la condition nécessaire pour accroître la production de logements et remplacer les méthodes artisanales d'antan. Les participants au congrès de La Sarraz se montrèrent tout aussi intransigeants en matière d'urbanisme :

*L'urbanisation ne saurait être conditionnée par les prétentions d'un esthétisme préalable : son essence est d'ordre fonctionnel. [...] Le morcellement chaotique du sol, résultant des ventes, des spéculations, des héritages, doit être aboli par une économie foncière collective et méthodique. Ce regroupement du sol, base préalable indispensable de tout urbanisme, doit comporter l'équitable répartition entre les propriétaires et la communauté des bénéfices de la plus-value résultant des travaux d'intérêt commun.*

Entre la déclaration de La Sarraz de 1928 et le dernier congrès, qui se tint à Dubrovnik en 1956, les CIAM connurent trois grandes périodes. La première, qui va de 1928 à 1933 et comprend les réunions de Francfort en 1929 et de Bruxelles en 1930, fut à maints égards la plus doctrinaire. Dominés par les germanophones de la Neue Sachlichkeit, dont la plupart étaient socialistes, ces congrès s'intéressèrent dans un premier temps à Francfort sous le titre « Die Wohnung für das Existenzminimum », aux standards du logement minimum puis, à Bruxelles lors du CIAM III intitulé « Rationnelle Bebauungsweisen », à l'optimisation de la hauteur et de l'espacement des bâtiments au regard de l'utilisation du sol et des matériaux. Réuni à l'initiative de l'architecte de la ville de Francfort, Ernst May, le CIAM II fonda également un groupe de travail, le CIRPAC (Comité international pour la résolution du problème de l'architecture contemporaine), dont la mission principale consistait à préparer les thèmes des congrès suivants.

La deuxième période des CIAM, de 1933 à 1947, fut dominée par la personnalité de Le Corbusier, qui orienta délibérément les débats vers l'urbanisme. En 1933, le CIAM IV fut sans conteste le congrès le plus influent du point de vue urbanistique, notamment en raison de l'analyse comparative de 34 villes européennes qu'il suscita. Il en résulta les articles de la *Charte d'Athènes* – laquelle, pour d'obscures raisons, ne fut publiée que dix ans plus tard. Reyner Banham a critiqué dès 1963 les résultats de ce congrès :

*Le CIAM IV – thème « la ville fonctionnelle » – eut lieu en juillet et août 1933 à bord du Patris à Athènes, et à Marseille à la fin du voyage. Ce fut le premier des congrès « romantiques », tenu dans un décor d'une spectaculaire splendeur et non dans les réalités de l'Europe industrielle, et ce fut le premier congrès dominé par Le Corbusier et les Français, et non plus par les austères réalistes allemands. La croisière sur la Méditerranée représenta de toute évidence un soulagement bienvenu face à la situation pour le moins préoccupante de l'Europe ; durant ce bref répit hors du réel, les délégués produisirent le document le plus olympien, le plus emphatique et en fin compte le plus destructeur des CIAM :* la Charte d'Athènes. *Les* [nombreux] *points de la Charte consistent, d'une part, en observations sur l'état actuel des villes et, d'autre part, en prescriptions pour corriger cet état, le tout groupé en cinq parties : habitations, loisirs, travail, circulation, patrimoine historique des villes.*

*Le ton est partout dogmatique, mais aussi général et moins directement relié aux problèmes pratiques immédiats que dans les rapports de Francfort et de Bruxelles. La généralisation a ses avantages, en ouvrant le champ de vision et en insistant pour que les villes ne soient considérées qu'en relation avec les régions alentour ; mais cette généralisation rhétorique, qui donne à* la Charte d'Athènes *l'apparence de pouvoir être appliquée universellement, dissimule une très étroite conception de l'architecture et de l'urbanisme et engagea sans équivoque les CIAM dans : a) un zoning fonctionnel rigide des plans de ville, avec des ceintures vertes entre les aires dévolues aux diverses fonctions ; b) un seul type de logement urbain, prenant la forme, selon la Charte, « d'immeubles collectifs en hauteur, implantés à grande distance l'un de l'autre là où une nécessité de forte densité de logement existe ». Trente ans plus tard, nous nous rendons compte qu'il s'agissait d'un pur choix esthétique, mais à l'époque cela avait la force d'un des Dix Commandements et paralysa de fait toute recherche d'autres formes d'habitat.*

Le consensus général sur la *Charte d'Athènes* a en effet inhibé toute recherche d'autres modèles de logement, mais le fait est que le ton avait bel et bien changé. Fini le radicalisme politique des débuts du mouvement : si le fonctionnalisme restait le *credo* de base, les articles de la *Charte* se lisaient comme un catéchisme néocapitaliste, dont les édits étaient aussi utopiquement « rationnels » que bien souvent irréalisables. Cet idéalisme fut formulé, avant-guerre, lors du cinquième congrès consacré au thème « Logis et loisirs » et qui se tint à Paris en 1937. Les CIAM prirent alors en considération non seulement les constructions historiques mais aussi l'influence de la région dans laquelle une ville était située.

Avec la troisième et dernière période des CIAM, un libéralisme idéalisé triompha totalement du matérialisme des origines. Au CIAM VI, qui se tint à Bridgewater (Angleterre) en 1947, les CIAM tentèrent de transcender la stérilité abstraite de la « ville fonctionnelle » en affirmant que « le but des CIAM est d'œuvrer à la création d'un cadre bâti qui satisfera les besoins émotionnels et rationnels de l'homme ». Ce thème fut approfondi par le groupe anglais MARS qui prépara le sujet du CIAM VIII de Hoddesdon en Angleterre en 1951 : « The Core ». En choisissant pour thème « le cœur de la ville », MARS incita le congrès à se pencher sur un sujet qui avait déjà été abordé par Sigfried Giedion, José Luis Sert et Fernand Léger dans leur manifeste de 1943 : « *Si des édifices sont créés pour exprimer la conscience sociale et la vie collective d'un peuple, celui-ci exigera qu'ils ne soient pas simplement fonctionnels.* Il demandera que soit tenu compte, dans leur construction de son besoin de monumentalité et d'élévation de l'âme. » Pour Giedion comme pour Camillo Sitte, « l'espace de représentation de la sphère publique » dépendait nécessairement de la forme monumentale des bâtiments publics qui le délimitaient, et réciproquement. Pourtant, malgré un intérêt désormais manifeste pour les qualités concrètes du lieu, la vieille garde des CIAM ne se montra pas capable d'appréhender avec réalisme la complexité des situations urbaines de l'après-guerre ; dès lors, les membres récemment entrés dans le mouvement, issus d'une autre génération, furent de plus en plus désabusés et insatisfaits.

La rupture décisive intervint lors du CIAM IX d'Aix-en-Provence en 1953 ; lorsque cette génération, menée par Alison et Peter Smithson et Aldo Van Eyck, remit en cause les fonctions de la *Charte d'Athènes* : habiter, travailler, se récréer et circuler. Au lieu de se lancer dans des abstractions alternatives, les Smithson, Van Eyck, Jacob Bakema, Georges Candilis, Shadrach Woods, John Voelcker, William et Jill Howell cherchèrent à définir les principes structurels de la croissance urbaine et l'unité signifiante qui se situerait juste au-dessus de la cellule familiale. Leur désaveu du fonctionnalisme revisité de la vieille garde – de « l'idéalisme » des Le Corbusier, Cornelis Van Eesteren, Sert, Ernesto Rogers, Alfred Roth, Kunio Mayekawa et Walter Gropius – transparut dans leur réaction au rapport officiel du CIAM VIII. Ils répondirent à son schéma simpliste du centre urbain par un modèle plus complexe et selon eux plus réceptif au besoin d'identité des gens :

*L'homme peut aisément s'identifier à son propre foyer, mais difficilement avec la ville dans laquelle celui-ci est situé. « L'appartenance » est un besoin psychologique fondamental [...]. « L'appartenance » – l'identité – engendre le caractère enrichissant du voisinage. Les petites rues étroites des taudis ont réussi là où des rénovations peu denses échouent souvent.*

Dans ce passage singulièrement pertinent, les jeunes rejetaient le sentimentalisme à la Camillo Sitte de l'arrière-garde mais aussi le rationalisme de la « ville fonctionnelle ». Leur volonté critique de définir une relation plus précise entre forme physique et besoins psychosociologiques devint le sujet du CIAM X de Dubrovnik en 1956 – la dernière réunion des CIAM – réunion que ce groupe, désormais connu sous le nom de Team X, avait organisée. La dissolution officielle des CIAM et la naissance de Team X furent confirmées dans une autre réunion qui eut lieu en 1959, dans le cadre élégiaque du musée Van de Velde à Otterloo, en présence du vieux maître. Mais la véritable épitaphe des CIAM avait déjà été écrite par Le Corbusier, dans une lettre adressée aux participants du congrès de Dubrovnik :

*Ce sont ceux* [qui ont maintenant] 40 ans, *nés autour de 1916 en pleine guerre et révolutions, et ceux qui n'étaient pas encore nés,* [qui ont] 25 ans, *nés vers 1930 en pleine fermentation d'une nouvelle guerre et au milieu des plus grandes crises économique, sociologique et politique – se trouvant ainsi en plein cœur de l'époque présente (1956) et seuls aptes à ressentir intimement, profondément, les problèmes présents, les buts à poursuivre, les moyens pour y atteindre, l'urgence pathétique dictée par la conjoncture.* Eux sont dans le bain. Leurs prédécesseurs n'y sont plus, *ils en sont sortis, ils se trouvent hors des coups directs de la conjoncture.*

Le climat culturel londonien du milieu des années 1950, marqué par l'existentialisme parisien, influença de manière décisive le brutalisme britannique, mais contribua également au caractère polémique de Team X, auquel il était étroitement lié. À cet égard, il faut insister sur le rôle joué par le photographe Nigel Henderson, dont les scènes de rues londoniennes furent exposées par les Smithson à Aix-en-Provence, et dont la vision et le mode de vie eurent une influence décisive sur la sensibilité du couple anglais. L'existence de cette sensibilité, pourtant contradictoire avec la *tabula rasa* inhérente à la grille CIAM de Le Corbusier, qui fut diffusée jusqu'en 1952, doit en effet beaucoup aux reportages d'Henderson sur la réalité de l'East End de Londres – notamment ses photographies de la vie collective à Bethnal Green. Les Smithson rendirent fréquemment visite à Henderson dans ce quartier à partir de 1950 ; ils construisirent leurs concepts d'*identité* et d'*association* à partir de leur expérience personnelle de la vie dans ces rues (aujourd'hui supprimées par les tours de logements de l'État-providence). Ainsi la voie communale (ou *bye-law street*), certes revue à l'aune de leur propre rationalisation, constitua en 1952 l'armature conceptuelle de leur projet de logements de Golden Lane.

En dépit de son apparente ressemblance avec le projet de 1937 pour « l'Ilot insalubre n°6 » de Le Corbusier, Golden Lane se voulait une critique ouverte de la Ville radieuse et du zoning urbain en quatre fonctions. Les Smithson opposèrent à ces dernières les catégories plus phénoménologiques de maison, rue, quartier et ville –, bien que ce qu'ils entendaient par ces termes devînt de plus en plus vague au fur et à mesure que l'échelle croissait. La « maison » de Golden Lane était clairement la cellule familiale, et la « rue » le système de distribution par de larges coursives dans les étages ; le « quartier » et la « ville » étaient quant à eux considérés, de façon réaliste et compréhensible, comme des aires d'étendue variable, rebelles aux définitions matérielles.

Pourtant, tout en restant opposés au déterminisme de la « ville fonctionnelle » d'avant-guerre, les Smithson s'enfermèrent avec le projet de Golden Lane dans un processus de rationalisation qui rappelait celui des CIAM. Si leurs « cours » étaient repérées comme des zones contiguës aux rues, il était clair que leurs « maisons en l'air » étaient dépourvues de tout jardin rappelant, de quelque manière que ce fût, les terrains à l'arrière des pavillons donnant sur les chemins communaux, et que les « rues » elles-mêmes, désormais détachées du sol, ne pouvaient plus être le lieu de pratiques collectives. Surtout, leur mono-orientation (elles ne desservaient les logements que sur l'un de leurs côtés) ne faisait que renforcer la linéarité des parcours, sans créer un quelconque sens du lieu. La présence de vie de part et d'autre des voies communales était manifestement à l'origine de leur vitalité sociale (comme l'indiquait une des premières esquisses des Smithson) ; or la nature de Golden Lane – une forte densité sur un petit terrain – et l'acceptation par les Smithson des normes fonctionnalistes excluaient une solution susceptible de maintenir une telle vie.

En choisissant ce mode de répartition des logements comme solution de référence, les Smithson montraient qu'ils étaient peu conscients de ces contradictions : ils s'obstinèrent à présenter leur projet de Golden Lane, répété à l'infini dans la métropole, comme s'il s'agissait d'une authentique alternative critique à la Ville radieuse de Le Corbusier. Et si la distribution arborescente aléatoire se voulait assurément une réplique aux démolitions en masse et un argument en faveur d'aménagements parcelle par parcelle, le collage du prototype de Golden Lane comme une axonométrie fantôme émergeant des ruines de Coventry [285] renvoya ses auteurs au dilemme central des CIAM : imposée sur Coventry dévastée par les bombardements, Golden Lane s'opposait à la continuité de la ville existante tout autant que les visées haussmanniennes du plan Voisin de Le Corbusier en 1925 [137]. L'axonométrie représentait les « conditions limites » entre l'ancien système de rues et le nouvel aménagement en une série d'inévitables collisions. Après que le concept de Golden Lane eut été réalisé à

Park Hill (Sheffield) en 1961 sur les plans de Jack Lynn et Ivor Smith [286], il apparut évident qu'en dehors de la forme de la barre déployée, telle qu'elle avait été incarnée par Michiel Brinkman à Spangen (Rotterdam) en 1919 – une opération que les Smithson connaissaient bien –, on ne pouvait guère obtenir de continuité entre les coursives en hauteur et les rues au niveau du sol naturel.

Bien que le Team X se soit engagé pour la ville sur plusieurs niveaux – une idée inspirée, via Le Corbusier, des conceptions d'Eugène Hénard remontant à 1910 –, les Smithson ont su rester conscients des limites de ce principe. Partant, ils n'ont pas hésité à produire l'un des schémas les plus critiques de leurs débuts : un dessin montrant qu'au-dessus du sixième étage, on perd tout contact avec le sol. Les Smithson utiliseront ce croquis pour justifier leurs mégastructures, mais le fait qu'ils aient reconnu que la hauteur d'un arbre constituait une limite expérimentale pourrait avoir déterminé, dans les années 1960, l'adoption généralisée du principe de « faible hauteur, forte densité » comme politique du logement familial. Cette conscience critique fut à l'époque amplifiée par leurs projets de villages de relogement du milieu des années 1950 – les « Fold houses » – et par l'accent qu'ils mirent, au nom de l'argument « écologique » de leur Doorn Manifesto de 1954, sur le fait que « l'habitat [devait être] intégré au paysage et non posé comme un objet à l'intérieur de celui-ci ».

En dépit de ses prises de position antifonctionnalistes du début des années 1940, Jaap Bakema ne se sentit pas concerné par le défi socio-culturel que représentait le quartier de Bethnal Green. Il fut le seul membre du Team X à rester proche des principes d'aménagement de la Neue Sachlichkeit – des rangées de maisons en bande de hauteur identique disposées à une distance optimale les unes des autres. La référence de Bakema resta toujours le plan d'extension du sud d'Amsterdam de 1934 et l'œuvre avant-guerre de fonctionnalistes hollandais comme Ben Merkelbach, Charles Karsten ou Mart Stam. Pourtant, dans les études d'Opbouw

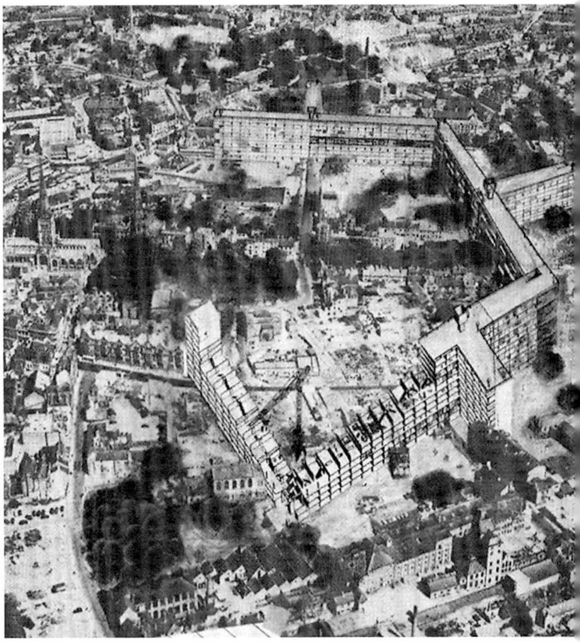

285. Alison et Perer Smithson, système des logements Golden Lane appliqué au centre de Coventry (l'église paroissiale et la cathédrale en ruines sont à gauche).

286. Lynn et Smith, Park Hill, Sheffield, 1961.

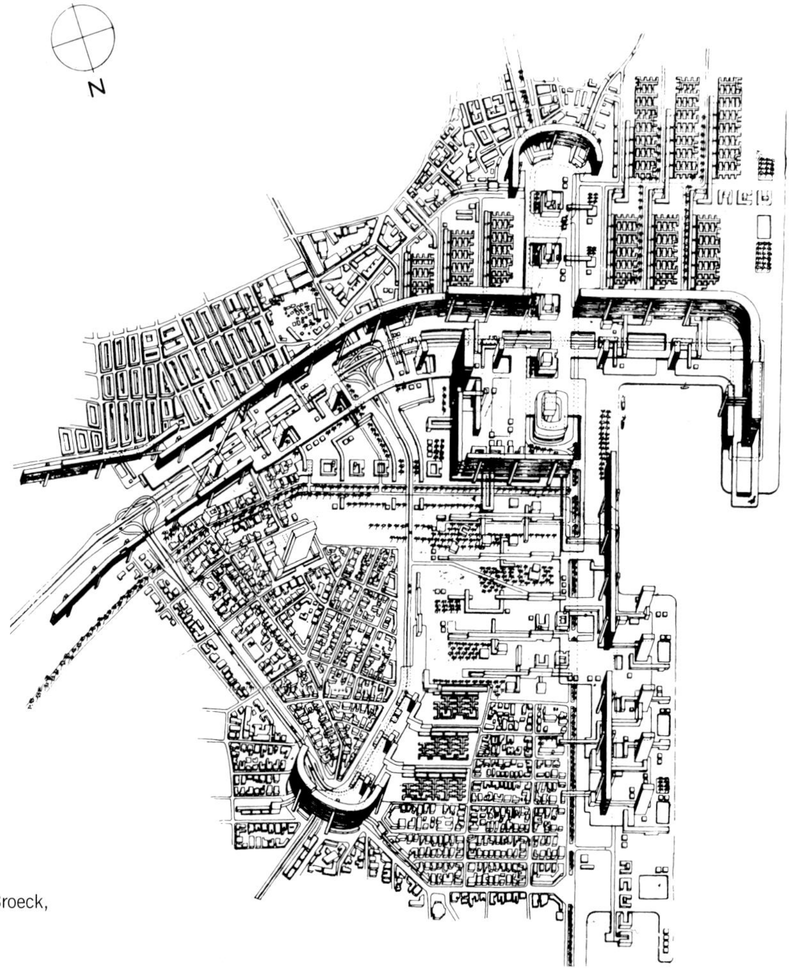


287. Bakema et Van den Broeck, projet de mégastructures à Tel-Aviv, 1963.

pour Pendrecht de 1949-1951 et pour le polder Alexander de 1953-1956, auxquelles Bakema participa, le principe rigide des barres parallèles de même hauteur fut abandonné au profit d'un tracé plus modulé, avec des groupements en svastika d'« unités de voisinage » autour d'équipements publics, piscines, écoles, etc.

Le projet de Kennermerland, conçu par Bakema avec Jan Stokla et présenté au congrès d'Otterlo en 1959, couronnait ces recherches, comme l'admit Bakema lorsque Kenzo Tange l'interrogea sur l'origine de cette proposition. Le fait que Tange comme Bakema insistassent sur l'origine rationaliste, corbuséenne, de leurs travaux témoignait de la confusion ambiante. En effet, le plan pour Kennermerland reprenait le concept abstrait de voisinage élaboré par des urbanistes allemands comme Ernst May ou Arthur Korn. Jusqu'au début des années 1960, Bakema proposait encore une forme très hiérarchisée d'organisation du voisinage, telle qu'elle était apparue dans le plan de MARS pour Londres élaboré par Korn en 1942.

Bakema ne fut guère influencé par Le Corbusier jusqu'à sa proposition pour Tel-Aviv de 1963 [287] : il y réinterprétait la mégastructure du plan Obus [167], projetée à Alger dès 1930 pour ordonner la ville dispersée. Paradoxalement, ce « super-îlot » continu ne libéra en rien Bakema de son déterminisme : s'il donnait moins d'importance à la fiction de l'unité de voisinage, sa fonction structurante était remplacée par des mégastructures qui soit tranchaient dans le vif de la topographie

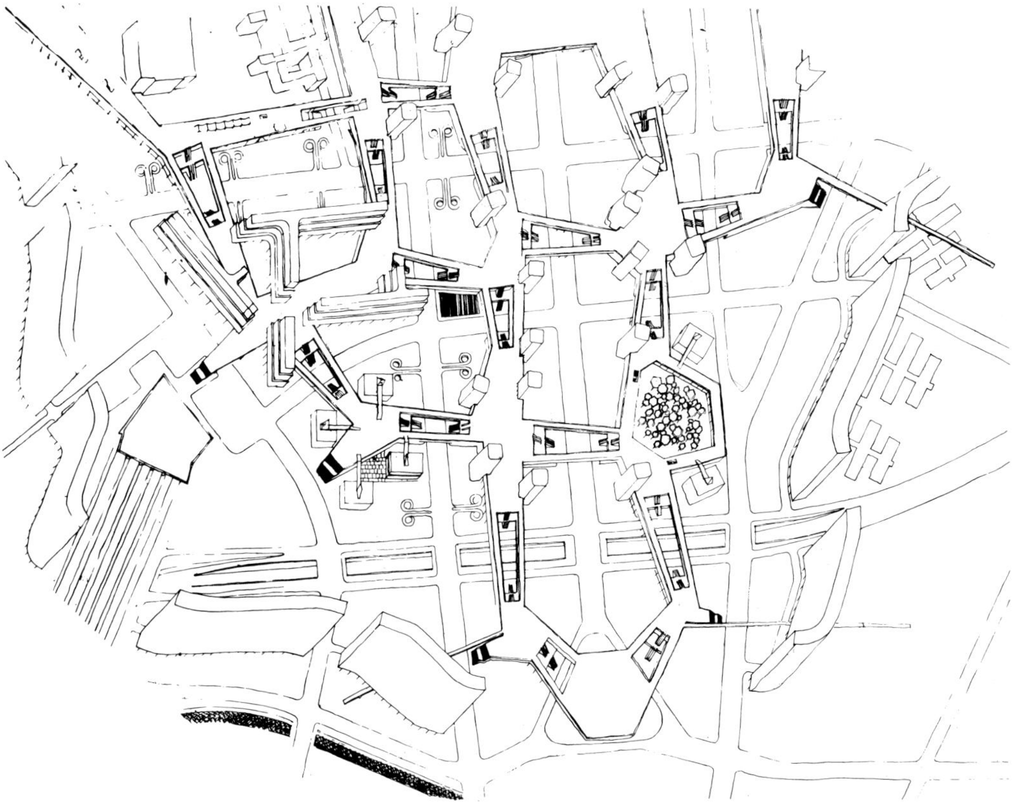

288, 289. Alison et Peter Smithson avec Sigmond, projet pour Berlin-Haupstadt, 1958. Ci-dessus : partie sud du réseau piétonnier, montrant le développement des voies nouvelles au-dessus de la trame ancienne des rues ; ci-dessous : escalier mécanique menant au niveau des commerces et aux terrasses.

(comme dans son projet de concours de 1962 pour l'université de Bochum) soit suivaient parallèlement, comme à Tel-Aviv, l'épine dorsale autoroutière traversant la ville.

Le fait que Bakema ait fait de la mégastructure une « constante » psychologique du paysage métropolitain au moment même où les Smithson commençaient à douter de la viabilité de cette structure constitue un des paradoxes du Team X. La théorie de la « ville ouverte » des Smithson, influencée par la pensée urbanistique de Louis Kahn, fut formulée à l'issue de leur voyage aux États-Unis en 1958. La même

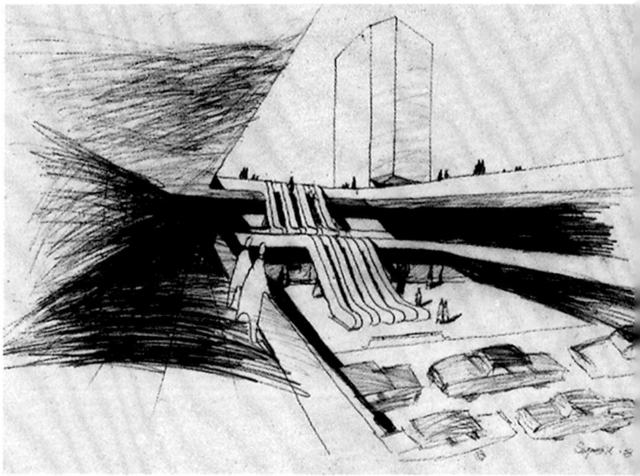

année, ils répondirent, avec Peter Sigmond, au concours pour l'aménagement du quartier Hauptstadt de Berlin [288, 289]. Dans ce projet (curieusement proche de celui de Scharoun), ils avancèrent l'idée d'une ville « en ruine » perpétuelle – au sens où les mouvements et transformations accélérés du XX^e^ siècle ne pouvaient plus s'inscrire dans les tissus existants.

Certes, Bakema et les Smithson se sentaient concernés par la notion de « permanence urbaine » – le sens du lieu établi par l'architecture à l'intérieur de « l'espace infini » de la ville de l'automobile, *Motopia* ; mais les Smithson ne s'obstinèrent pas dans la défense de la mégastructure, optant plutôt pour des enclaves ponctuelles fermées à la circulation, que ce soient les dalles surélevées de leur projet de Hauptstadt ou les *Paradeplatzen* à la Schinkel de leur proposition pour Mehringplatz de 1962. Quoi qu'il en soit, Bakema comme les Smithson étaient alors obsédés par le potentiel libérateur de la mobilité des masses, dont ils voulaient célébrer l'avènement par une forme architecturale idoine.

Des différentes stratégies mises en œuvre pour répondre à ce phénomène, celles des Smithson semblent avoir été les plus réalistes, ce dont témoigne la réalisation partielle de leurs prototypes de Hauptstadt et de Mehringplatz, le premier dans le complexe de bureaux pour *The Economist* à Londres en 1965, le second dans leurs logements de Robin Hood Gardens à Londres en 1969. Pourtant, l'indigence imposée par ces programmes, notamment aux Robin Hood Gardens, lesquels étaient tout aussi coupés de leur contexte que les tours de toute « ville fonctionnelle », suggère que les Smithson n'avaient pas encore maîtrisé les conséquences urbaines de leur principe de « château dans la campagne ».

Le pluralisme essentiel de Team X apparaît également dans une démarche très différente, celle d'Aldo Van Eyck dont la vie entière fut vouée à la recherche de la « forme du lieu » adaptée à la seconde moitié du XX^e^ siècle. Il n'eut de cesse de travailler sur des questions que la majorité des membres de Team X préférait laisser dans l'ombre ; aussi, alors que le mouvement gardait son exubérance initiale grâce à un optimisme naïf, Van Eyck était mu par une pulsion critique confinant au pessimisme. Nul autre membre de Team X ne semblait prêt à s'attaquer aux sources mêmes de l'abstraction aliénante de l'architecture moderne, sans doute parce que personne d'autre n'avait son bagage anthropologique. Son intérêt personnel pour les cultures dites primitives, et pour les aspects intemporels de la construction dont ces cultures témoignent, remontait au début des années 1940 ; ainsi, lorsque Van Eyck rejoignit les rangs de Team X, il avait déjà trouvé sa voie. Sa déclaration au congrès d'Otterlo en 1959, dans laquelle il afficha son intérêt pour la dimension intemporelle de l'homme, était presque aussi étrangère au courant dominant de Team X qu'à l'idéologie des CIAM :

*L'homme est, dans son essence, toujours et partout le même. Il a les mêmes capacités mentales, quoiqu'il les utilise différemment selon ses origines culturelles ou sociales, selon le mode de vie qui se trouve être le sien. Les architectes modernes n'ont fait que rabâcher sur ce qui est de nos jours différent, au point qu'eux-mêmes ont perdu de vue ce qui n'est pas différent, ce qui est toujours, par essence, pareil.*

L'attention que portait Van Eyck aux transitions, à l'extension du « seuil » comme intermédiaire symbolique entre des binômes universels tels que « le dedans et le dehors » ou « la maison face à la ville », se manifestera dans son travail de la fin des années 1950, en particulier dans son orphelinat à Amsterdam, alors presque achevé. Il y expérimenta son principe de « clarté labyrinthique » (voir p. 318) avec une suite de cellules « familiales » à coupole réunies sous un toit continu.

Cependant, dès 1966, ce qui avait causé son enthousiasme provoqua son désespoir. Cinq années bien remplies d'opérations urbaines le convainquirent que la profession architecturale, pour ne pas dire l'homme occidental dans son ensemble, n'avait pas su élaborer une esthétique ou une stratégie pour aborder les réalités urbaines de la société de masse : « Nous ne savons rien de la multitude – nous ne pouvons pas y faire face – que ce soit en tant qu'architectes, qu'urbanistes ou qui que ce soit d'autre. » Ailleurs, Van Eyck évoqua le vide culturel laissé par la perte du sens du local. Dans ses écrits de l'époque, il insista sur le rôle joué par l'architecture moderne dans l'éradication du *style* comme du *lieu*. Selon lui, l'urbanisme hollandais de l'après-guerre n'avait rien produit, si ce n'est le « nulle part » inhabitable et organisé de la « ville fonctionnelle ». Ses doutes sur la capacité des architectes à satisfaire les besoins de la société sans la médiation de l'échelle locale le conduisirent à remettre en question l'authenticité de la société elle-même. En 1966, il en était à se demander : « Si la société n'a pas de forme, comment les architectes peuvent-ils construire une forme qui y réponde ? »

Quelques années plus tôt, le Team X n'en était déjà plus à la phase des échanges fertiles et des collaborations – une mutation que reconnurent intuitivement les Smithson dans leur publication de 1962, *Team X Primer*. Dès lors, le Team X n'avait d'un mouvement que le nom, car les CIAM avaient déjà recueilli les fruits d'une critique constructive. Il ne se passa plus grand-chose, de fait, en matière de réinterprétation distanciée, en dehors peut-être du travail de deux hommes restés jusqu'ici en marge : l'Américain Shadrach Woods et l'Italien Giancarlo de Carlo.

Le nouveau départ pris par Woods dans son projet pour le concours Francfort-Römerberg en 1963 [290] répondait directement au vœu de « clarté labyrinthique » formulé par Van Eyck, dans la mesure où il proposait une « ville en miniature ». À la place du centre médiéval détruit durant la Seconde Guerre mondiale, Woods avait imaginé, avec Manfred Schiedhelm, un entrelacs tout aussi labyrinthique de commerces, d'espaces publics, de bureaux et d'habitations, le tout desservi par un double sous-sol réunissant les services et les parkings. Si cette proposition était un « événement » urbain, elle fut certainement conçue dans des termes différents de ceux des Smithson ou de Bakema : malgré sa « contreforme » orthogonale contrastant avec la forme médiévale du centre de la ville, elle incarnait également un

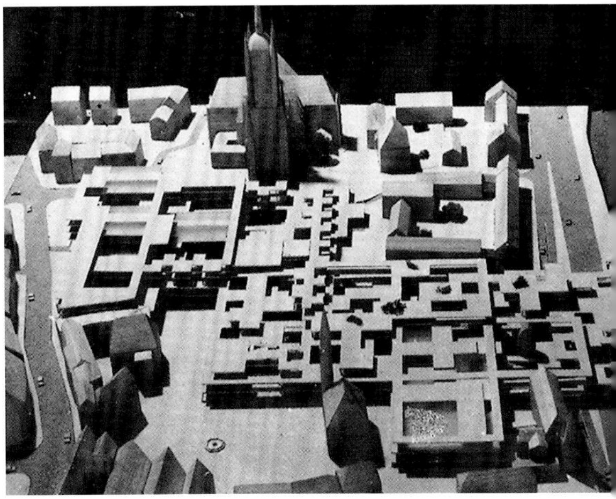

290. Candilis, Josic et Woods, projet pour Francfort-Römerberg, 1963. Maquette (projet de Woods et Schiedhelm).

système de « loft » tridimensionnel, desservi par des escaliers mécaniques et dont les espaces vacants seraient occupés à la demande. Que ce concept ait été annoncé par les infrastructures de *L'Architecture mobile*, livre de Yona Friedman publié en 1958, ne diminue en rien la portée de la contribution de Woods.

Bien que non construit, le projet de Francfort-Römerberg marqua sans doute l'apogée de la carrière de Woods : il s'agit de l'un des prototypes les plus importants développés par le Team X. Par sa relation au contexte d'une ville existante et par son refus des échappatoires que constituaient les modèles de ville « fonctionnelle » et « ouverte », il cherchait à faire une place à l'automobile et à poursuivre la tradition de la culture urbaine.

Le fait que ce projet pour Francfort, tel qu'il fut réalisé à l'Université libre de Berlin en 1973 [291], ait perdu beaucoup de sa force de conviction est principalement dû à l'absence de contexte urbain : dans le quartier berlinois de Dahlem, il fut en effet privé de la culture urbaine pour laquelle il avait été pensé et à laquelle il aurait pu répondre, eût-il été construit à Francfort. Si une université peut fonctionner comme un microcosme de ville, elle ne peut générer les mêmes diversités et animations. Par ailleurs, la flexibilité en terme d'espace du projet

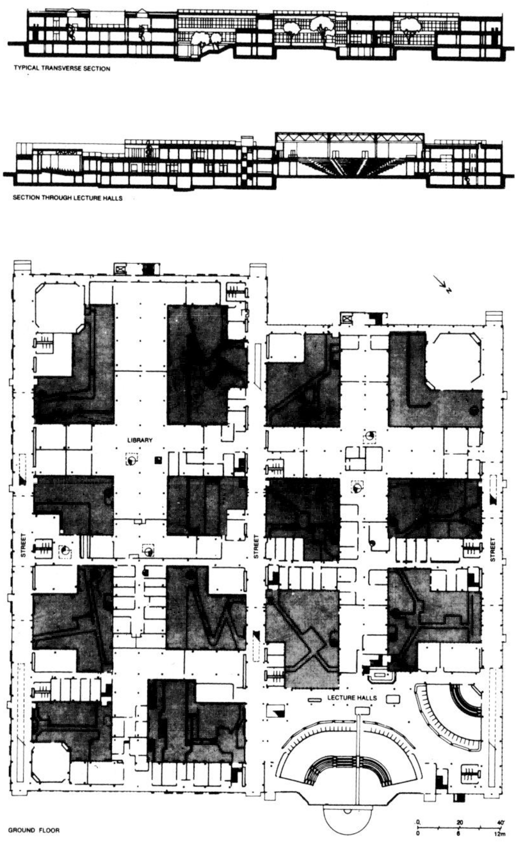


291. Woods et Schiedhelm, Université libre, Berlin-Dahlem, 1963-1973. Coupes et plan du rez-de-chaussée de la première phase.

pour Francfort fut remplacée, à Berlin, par une idéalisation de la flexibilité en termes techniques – avec le dessin « poétique » mais peu fonctionnel du bardage modulaire en acier Corten de la façade, dû à Jean Prouvé [292].

En 1964, l'idéologie implicite du projet de Woods pour Francfort trouva un écho dans le plan de De Carlo pour Urbino. Fondé sur une étude topographique exhaustive, ce plan faisait une part plus belle aux conservations et réhabilitations qu'aux nouveaux aménagements. Avec Urbino, le Team X est enfin parvenu à la complète antithèse des spéculations cartésiennes de la Ville radieuse. L'intérêt de De Carlo pour la réutilisation du bâti existant chaque fois que cela était possible est désormais salué par les études récentes sur l'habitat ; il a en effet été statistiquement démontré que, malgré les densités plus fortes généralement obtenues, jusqu'à cinquante ans sont nécessaires pour compenser la « perte d'habitabilité » causée par la durée cumulée des démolitions et des constructions de nouveaux quartiers de logements.

De telles considérations eurent pour effet de précipiter le Team X dans un domaine qu'il avait toujours soigneusement évité : la politique. Ce nouvel état d'esprit ne fut jamais aussi manifeste qu'à la Triennale de Milan de 1968 : Woods y aida des étudiants gauchistes à retirer de l'exposition ses propres œuvres. Un an plus tôt seulement, il écrivait :

*Qu'attendons-nous ? De lire les nouvelles d'une nouvelle attaque menée avec des armes toujours plus secrètes, des nouvelles qui nous viennent à travers les airs grâce à nos merveilleux instruments transistorisés, dans nos logements toujours plus saccagés ? Nos armes sont de plus en plus sophistiquées ; nos maisons de plus en plus grossières. Est-ce là le bilan de la civilisation la plus riche de tous les temps ?*

Ce thème fut repris par De Carlo dans son article « Legitimizing architecture », paru en 1968 dans la revue néerlandaise *Forum* ; il y examinait l'idéologie architecturale moderne et dressait les conséquences de la déclaration des CIAM de 1928 :

*Aujourd'hui, quarante ans après le congrès, nous voyons que ces propositions sont devenues des maisons, des quartiers et des banlieues, puis des villes entières : tous incarnent les exactions perpétrées sur les pauvres, puis sur les « pas-si-pauvres », alibis culturels d'une spéculation économique forcenée et d'une totale inefficacité politique. Et pourtant, les « pourquoi » qui avaient été tus avec une légèreté coupable à Francfort ont encore du mal à s'exprimer ouvertement. En même temps, nous avons le droit de demander « pourquoi » les logements doivent être le meilleur marché possible, plutôt que, par exemple, relativement chers ; « pourquoi » au lieu de tout faire pour les réduire au maximum en surface, en épaisseur, en matériaux, nous ne devrions pas essayer de les rendre spacieux, protégés, isolés, confortables, bien équipés, favorables à l'intimité, aux communications, aux échanges, à la créativité personnelle. Personne ne se satisfera d'une réponse fondée sur la pénurie de moyens, alors que nous savons tous ce que l'on dépense pour les*

292. Woods et Schiedhelm, Université libre, Berlin-Dahlem, 1963-1973. Panneaux de façade en acier Corten par Prouvé.

*guerres, pour la construction de missiles et de systèmes antibalistiques, pour la conquête de la Lune, pour les recherches sur la destruction des forêts abritant les révolutionnaires et pour la neutralisation des manifestants sortis des ghettos, pour le lobbying, pour la création de besoins artificiels, etc.*

Pour De Carlo, la révolution estudiantine de 1968 ne fut pas seulement l'aboutissement de la crise de l'enseignement de l'architecture, mais aussi, plus profondément et plus significativement, le reflet des dysfonctionnements de la pratique et de la théorie architecturale – cette dernière servant souvent à protéger le réseau de pouvoir et d'exploitation innervant la société tout entière. De Carlo cita à titre d'exemple les travaux du CIAM VIII, dont les déclarations sentimentales sur le « cœur de la ville » furent en grande partie responsables de l'idéologie qui permit ensuite que le centre des villes traditionnelles soit massacré (phénomène ironique, voire cynique, qui n'atteint son paroxysme qu'une décennie plus tard). Comme le maintint De Carlo, les connotations « novlangue » de cette opération n'échappèrent pas complètement aux critiques de la société occidentale, lesquels commençaient à considérer le processus de rénovation urbaine comme un euphémisme pour le déplacement des populations défavorisées.

Au milieu des années 1960, ce problème échappait encore à la plupart des membres de Team X. À l'exception de Van Eyck, Woods et De Carlo, tous préféraient, semble-t-il, ignorer la destruction de l'héritage urbain au nom de la spéculation foncière. Les capacités de réflexion de Team X se paralysèrent, son énergie créatrice s'épuisant face à une situation impossible. Paradoxalement, ce qui perdure de leur travail n'est pas tant une vision architecturale que leur regard critique sur la culture contemporaine.

# L'architecture, la production et le lieu : vers une théorie critique de la construction

*Ce que désigne le mot* Raum, *son ancienne signification va nous le dire. On appelle* Raum, Rum *une place rendue libre pour un établissement de colons ou un camp. Un espace* (Raum) *est quelque chose qui est "ménagé", rendu libre, à savoir à l'intérieur d'une limite [...]. La limite n'est pas ce où quelque chose cesse, mais bien, comme les Grecs l'avaient observé, ce à partir de quoi quelque chose* commence à être. *C'est pourquoi le concept est appelé* horismos, *c'est-à-dire limite. L'espace est essentiellement ce qui a été "ménagé", ce que l'on a fait entrer dans sa limite. Ce qui a été "ménagé" est chaque fois doté d'une place [...] et de cette manière inséré, c'est-à-dire rassemblé par un lieu, à savoir par une chose du genre du pont.* Il s'ensuit que les espaces reçoivent leur être des lieux et non de "l'"espace.

Martin Heidegger,
« Bâtir, habiter, penser », 1954

Tout examen de l'évolution récente de l'architecture doit prendre en compte le rôle ambivalent joué par cette profession depuis le milieu des années 1960, ambivalent à deux titres car tout en déclarant agir dans l'intérêt public, elle a en effet parfois contribué, sans aucun recul critique, à l'extension du domaine de la technique, mais aussi parce que beaucoup de ses plus brillants éléments ont abandonné la pratique traditionnelle soit pour agir directement sur le social, soit pour envisager l'architecture comme un art. On ne peut s'empêcher de considérer que ce dernier phénomène relève du retour à une forme de créativité réprimée, de l'implosion d'une utopie sur elle-même. Certes, les architectes s'étaient déjà adonnés à des visions très irréalistes mais, à l'exception de Piranèse ou, plus récemment, de Bruno Taut avec sa *Gläserne Kette*, leurs images avaient rarement atteint un tel degré d'inaccessibilité. Avant et après le traumatisme de la Première Guerre mondiale, les pulsions positives des Lumières parvenaient encore à convaincre. Auparavant, à l'aube du XIXe siècle, même les projets les plus ambitieux de Boullée auraient pu être construits si l'on y avait mis les moyens ; quant à Ledoux, il était autant un constructeur qu'un visionnaire. Cela valait aussi pour Le Corbusier, dont les grands projets urbains auraient pu être réalisés si les autorités s'y étaient employées. Feu le World Trade Center, complexe de deux tours jumelles à ossature tubulaire de 412 mètres de hauteur construit à New York sur les plans de Minoru Yamasaki en 1972 ou, à Chicago, la tour Sears, conçue en 1971 par Bruce Graham et Fazlur Khan de la firme Skidmore, Owings & Merrill, qui dépassait les « Twin Towers » de 30 mètres, ont montré que même le gratte-ciel d'une hauteur d'un mile (1 600 mètres), imaginé par Frank Lloyd Wright en 1956, n'était pas forcément irréalisable. Mais ces « superbâtiments » étaient trop exceptionnels pour nourrir la pratique quotidienne. Depuis, comme l'a suggéré l'historien Manfredo Tafuri, le but de l'avant-garde moderne a surtout été de s'autolégitimer dans les médias ou de se déculpabiliser en exécutant des rites d'exorcisme créatif dans une tour d'ivoire. Cette attitude était-elle une tactique de subversion (comme pour Archigram, qui souhaitait « introduire du bruit dans le système ») ou une métaphore sophistiquée à visée critique ? Cela dépendait, bien sûr, de la complexité des idées en jeu et de l'intention sous-jacente à l'entreprise.

S'agissant du groupe anglais Archigram, qui commença à imaginer des scènes néofuturistes juste avant la parution du premier numéro, en 1961, de la revue qui portait son nom, *Archigram*, sa démarche était étroitement liée à l'idéologie technique de l'Américain Richard Buckminster Fuller et de ses admirateurs britanniques, John McHale et Reyner Banham. Dès 1960, Banham avait, sur la suggestion de McHale, statufié Fuller en preux chevalier rédempteur de l'avenir dans le dernier chapitre de son livre, *Theory and Design in the First Machine Age*. L'engagement ultérieur d'Archigram en faveur d'une légèreté high-tech et infrastructurelle poussa paradoxalement le groupe à se complaire dans des formes de science-fiction plutôt qu'à imaginer des solutions véritablement indéterminées ou susceptibles d'être construites et acceptées par la société. C'est essentiellement cela qui distingue les membres d'Archigram de l'autre important disciple anglais de Fuller, Cedric Price, dont le Fun Palace de 1961 ainsi que le Potteries Thinkbelt de 1964 étaient tout à fait réalisables, en théorie du moins, et à la fois peu déterminés architecturalement et capables de répondre respectivement à une demande identifiée de loisirs populaires et d'enseignement supérieur accessible.

Par-delà un certain érotisme subversif – comme dans la parodie biologiquement fonctionnaliste du Sin Centre (centre du péché) de Michael Webb de 1962 [293] –, Archigram était plus intéressé par l'aspect séduisant de l'imagerie de la conquête de l'espace et, comme Fuller, par les tonalités apocalyptiques des dispositifs de survie que par les processus de production ou par la pertinence des techniques de pointe pour les programmes de l'époque. En dépit de leur ironie superficielle, les Walking Cities (villes en marche) de Ron Herron, de 1964 [294], étaient représentées comme déambulant dans un monde en ruine, dévasté par quelque guerre nucléaire. Comme le Glomar Explorer de Howard Hughes, elles évoquaient la cauchemardesque rédemption des hommes et des biens, après l'ultime catastrophe. Ces monstres constituaient un pendant à la proposition que fit Fuller en 1962 de couvrir le centre de Manhattan d'un immense dôme [295]. Ce poumon d'acier urbain était conçu comme un bouclier géodésique contre le smog et aurait certainement pu servir d'abri antiatomique dans l'éventualité d'une attaque nucléaire. Avec une nonchalance similaire, les

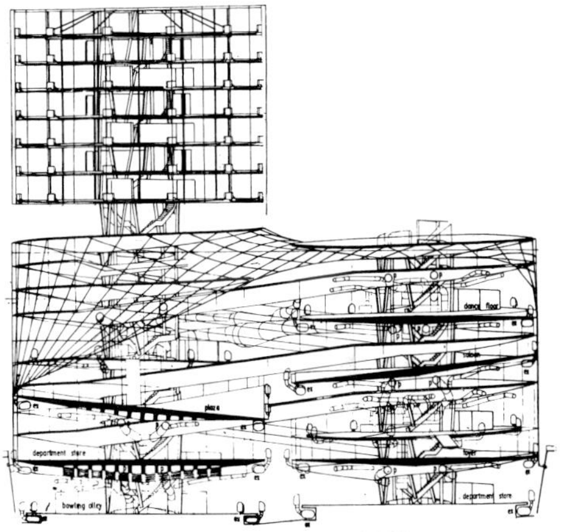

293. Webb, projet de « Sin Centre », 1962.

294. Herron, projet de « Walking City », 1964.

295. Fuller, projet pour un dôme géodésique au-dessus de Manhattan (d'une rive à l'autre, de la 64e à la 22e rue), 1962.

membres d'Archigram ne voyaient pas en quoi ils devaient se sentir concernés par les conséquences sociales et écologiques de leurs diverses propositions de mégastructures, notamment la Plug-In City (ville à brancher) de Peter Cook en 1964. De même, Dennis Crompton, Michael Webb, Warren Chalk et David Greene étaient tant obsédés par les capsules aux allures futuristes qu'ils ne ressentirent aucunement le besoin d'expliquer comment quiconque pourrait choisir de vivre dans des structures dont l'inconfort n'avait d'égal que leur coût et leur sophistication. Tout comme Banham exécutant les gestes narcissiques de Vichnou dans une bulle gonflable autosuffisante, équipée d'une chaîne haute fidélité et sans doute d'autres appareils (en hommage probablement au prosaïsme du refrain ironique de Fuller, « Roam Home to a Dome », voir p. 259), ces concepteurs proposaient tous des espaces dont les standards étaient bien inférieurs à ceux de l'*Existenz-minimum* défini par les fonctionnalistes d'avant-guerre, fonctionnalistes qu'ils étaient censés détester.

Si quelque chose devait réduire l'architecture « au niveau des activités de certaines espèces d'insectes et de mammifères » – pour citer la charge de Berthold Lubetkin contre le caractère indigent du travail des constructivistes soviétiques (il visait le groupe OSA de Moïse Guinzbourg) –, ce furent bien ces cellules de logement dessinées par Archigram. Inspirées de la maison Dymaxion de Fuller de 1927 ou de sa salle de bains Dymaxion imaginée dix ans plus tard [251], elles se voulaient des « ensembles autonomes », c'est-à-dire conçus pour des personnes vivant seules ou en couple. Cette focalisation sur les adultes sans enfant était peut-être une critique implicite de la famille bourgeoise, mais la position d'Archigram n'était au fond guère critique, comme le montre ce passage du livre publié en 1967 par Peter Cook, *Architecture: Action and Plan* :

*La commande passée aux architectes consistera souvent à étudier les « possibilités » d'un site, c'est-à-dire à utiliser l'intelligence de leur projet architectural pour tirer le profit maximum d'un terrain. On aurait tenu cela jadis pour un usage immoral du talent de l'artiste. Cela fait maintenant simplement partie du raffinement de l'ensemble du processus de construction et d'aménagement du territoire, où l'aspect financier est devenu une donnée créative du projet.*

Le travail d'Archigram était étonnamment proche de celui des métabolistes japonais qui, reprenant les mégastructures du projet de Kenzo Tange pour la baie de Tokyo en 1960, proposèrent dès la fin des années 1950 des mégastructures « à brancher » qui pouvaient s'adapter en permanence. Dans les projets de Noriaki Kurokawa, les cellules de logement étaient réduites à des coques préfabriquées accrochées à des gratte-ciel hélicoïdaux. Dans ceux de Kiyonori Kikutake [296], elles étaient rivées aux surfaces internes ou externes de grands cylindres flottant dans ou sur la mer ; ces villes flottantes de Kikutake sont certainement les visions les plus poétiques du mouvement métaboliste. Pourtant, malgré la prolifération des plates-formes de forage off-shore, elles paraissent encore plus lointaines et inadaptées à la vie quotidienne que les mégastructures d'Archigram. Le fait que la plupart des métabolistes continuèrent à construire de manière classique tandis qu'ils concevaient leurs projets théoriques

296. Kikutake, « Cité marine », projet, 1958.

297. Kurokawa, tour de capsules Nakagin, Tokyo, 1971.

témoigne du caractère rhétorique de leur avant-gardisme. À l'exception de la maison du Ciel de Kikutake en 1958 et de la tour de capsules Nakagin [297] destinée à des célibataires construite par Kurokawa dans le quartier de Ginza à Tokyo en 1971 (tour qui rappelle le principe d'appartements-capsules qu'il avait étudié en 1962), très peu de concepts métabolistes furent réalisés. Il convient d'ailleurs de distinguer la frénésie futuriste des subtiles propositions d'extensions urbaines de modérés tels que Fumihiko Maki et Masato Otaka. Le critique Gunther Nitschke évaluait ainsi le mouvement métaboliste en 1966 :

*Tant que les bâtiments seront de plus en plus lourds, durs et d'une échelle plus monstrueuse, tant que l'architecture sera un moyen d'expression du pouvoir, que ce soit de celui d'un individu ou de celui d'une quelconque institution cherchant à servir et non à diriger la société, les discussions sur la flexibilité et sur les structures totalement modulaires resteront du vent. Si l'on compare cette structure* [le projet de ville métaboliste d'Akira Shibuya de 1966] *à n'importe quelle construction japonaise traditionnelle ou aux méthodes modernes d'un Wachsmann, d'un Fuller ou, au Japon, d'un Ekuan, c'est un pur anachronisme, dépassé depuis mille ans – en tout cas pas une avancée pour l'architecture moderne, en termes théoriques et pratiques.*

Le déclin du métabolisme transparaissait dans le vide idéologique de l'Exposition universelle d'Osaka en 1970. Par la suite, la relève de la critique architecturale japonaise qui avait été portée par les métabolistes fut assurée par les membres de ce que l'on nomma la Nouvelle Vague japonaise. Leurs travaux furent connus grâce à deux architectes de la génération médiane entre les métabolistes et cette Nouvelle Vague : Arata Isozaki et Kazuo Shinohara. Si ce dernier s'est presque entièrement consacré à des résidences privées, le premier doit sa réputation à son double statut d'intellectuel et critique d'une part et d'architecte spécialisé dans les bâtiments publics d'autre part.

Isozaki fit son entrée sur la scène internationale en 1968 avec sa contribution à l'exposition intitulée « Labyrinthe électrique » lors de la 14e triennale de Milan. Véritable tour de force, cette présentation multimédia sur le désastre d'Hiroshima, qui recourait à des écrans pivotants de manière aléatoire et à des rétroprojections d'images, fit d'Isozaki un acteur de l'avant-garde européenne. La triennale lui permit aussi de rencontrer les Anglais d'Archigram et l'Autrichien Hans Hollein, qui influencèrent par la suite ses travaux. On retrouve ainsi l'exubérance high-tech du groupe anglais dans le robot

298. Isozaki, musée Gunma, Takasaki, 1974.

qu'il conçut pour le Festival Plaza de Kenzo Tange lors de l'Exposition universelle d'Osaka en 1970, tandis qu'il emprunta à l'Autrichien le goût du mélange de pièces d'artisanat de qualité et d'images artistiques ironiques, ces dernières apparaissant pour la première fois dans le siège de la banque Fukuoka Sogo, réalisée à Kitakyushu de 1968 à 1971. En dehors de son goût du détail, Isozaki a été marqué, tout comme avant lui Louis Kahn, par « l'architecture parlante » de Ledoux. À partir des solides néoplatoniciens emblématiques de ce dernier, il a développé une architecture rigoureusement tramée et d'une grande sophistication technique dans les succursales de plusieurs banques, entre 1970 et 1975, et dans ce qui fut pour un temps son grand-œuvre, le musée des beaux-arts Gunma [298]. Avec cette architecture scintillante évoquant un mirage, Isozaki a cherché à pallier la perte du traditionnel « espace des ténèbres » japonais, cette pièce privative à l'éclairage tamisé que l'écrivain Junichiro Tanizaki fut l'un des premiers à regretter, en 1933, dans son livre *Éloge de l'ombre*. Partageant l'inclination de Tanizaki pour les espaces intérieurs peu éclairés des constructions japonaises traditionnelles, mais refusant les implications réactionnaires de cette nostalgie, Isozaki a voulu créer un équivalent moderne de ce lieu traditionnel, créateur d'illusions. Cette recherche a connu une étape importante en 1971 avec la banque de Nagamsami, à propos de laquelle il écrivit :

*Le bâtiment n'a presque plus de forme ; ce n'est qu'une étendue grise. La trame sur plusieurs niveaux génère des lignes de vision mais empêche l'œil de se poser sur quelque point particulier que ce soit. À première vue, cette vague étendue grise semble indéchiffrable, très étrange. Le quadrillage disperse le regard dans l'espace.*

Depuis le début des années 1970, le travail d'Isozaki oscille entre des assemblages de trames atectoniques (les étendues grises) réglés par une superposition de formes cubiques – comme dans le musée Gunma et l'immeuble Sukosha à Fukuoka, de 1974-1975 – et des structures tectoniques à voûtes en plein cintre – comme le country club Fujimi près d'Oita, de 1972-1974, et la bibliothèque centrale de Kitakyushu, de 1972-1975. Le musée d'art contemporain de Los Angeles, datant de 1984, est une version très aboutie de ce dernier paradigme.

Contrairement aux métabolistes, Isozaki, Shinohara et d'autres membres de la Nouvelle Vague japonaise acceptaient le fait qu'il n'était plus possible d'espérer rétablir une relation signifiante entre l'unité d'un bâtiment et la totalité du tissu urbain. Cette conscience critique a trouvé une expression dans les maisons extrêmement formalistes et introverties d'architectes comme Tadao Ando, Hiromi Fujii, Hiroshi Hara, Itsuko Hasegawa ou Toyo Ito, ainsi que dans les œuvres tout aussi introspectives d'Isozaki et de Shinohara.

Ito, qui a été autant marqué par Isozaki que par Shinohara, est dans doute celui qui représente le mieux la nouvelle architecture japonaise, avec son travail à la fois très esthétique et critique. Comme ses aînés, il considère de manière fataliste la mégalopole, voyant en elle la manifestation d'un délire environnemental, vide de sens. Pour lui, la seule possibilité de créer une signification culturelle réside dès lors dans la création de domaines poétiques clos, opposés au désordre aléatoire de « l'urbain sans lieu ni borne », pour paraphraser le sociologue Melvin Webber. Une des premières œuvres urbaines importantes d'Ito fut l'immeuble PMT, réalisé à Nagoya en 1978. Cette intervention structurelle d'une extrême minceur, hermétique, essentiellement éclairée par le haut, est d'une beauté froide et distante. Il faut y voir plus une contre-forme aristocratique (Isozaki) que le masque d'un populisme condescendant (Venturi). Un article rédigé par Ito en 1978, « Collage and superficiality in architecture », exprime clairement cette idée : *La richesse apparente de la ville japonaise ne tient pas à l'accumulation de bâtiments historiques mais plutôt à une nostalgie pour notre passé architectural perdu qui est inextricablement mêlé aux icônes superficielles du présent. Ce désir infini d'une nostalgie satisfaite cache un vide dénué de substance. Ce que je souhaite créer dans mon architecture n'est pas un objet passéiste de plus mais une expression de la superficialité capable de révéler la nature du vide qu'elle dissimule.*

Nous l'avons vu, en dehors de la contre-culture des dômes géodésiques de l'Ouest américain, c'est au Japon et surtout en Grande-Bretagne que Buckminster Fuller a été le plus influent. On peut y suivre le développement continu du mouvement Dymaxion, depuis les premiers projets de « cadre-espace » et de dôme de Cedric Price et Peter Cook jusqu'aux travaux récents de Norman Foster.

Le paradigme de cette tendance est le centre Georges-Pompidou, achevé à Paris en 1977 [299, 300] sur les plans de Richard Rogers et Renzo Piano – association anglo-italienne qui ne dura que le temps d'un bâtiment. Le Centre national d'art et de culture est clairement une incarnation de la rhétorique technique et infrastructurelle d'Archigram ; l'usage en a d'ores et déjà révélé certaines performances paradoxales. D'abord, il s'agit d'un immense – et inattendu à ce point – succès populaire. Ensuite, c'est un véritable tour de force high-tech, qui rappelle les raffineries de pétrole dont il voulait reprendre la technologie. Les spécificités de son programme ont toutefois été peu prises en compte – abriter des œuvres d'art et une bibliothèque –, puisqu'il résultait de recherches sur l'indétermination et la flexibilité poussées à l'extrême. Du coup, il a été nécessaire de construire un second « bâtiment » à l'intérieur du volume défini par l'ossature, de manière à fournir suffisament de cimaises où accrocher les œuvres et à créer des salles d'exposition indépendantes ; par ailleurs, les mégapoutres

299, 300. Piano et Rogers, Centre Pompidou, Paris, 1972-1977.

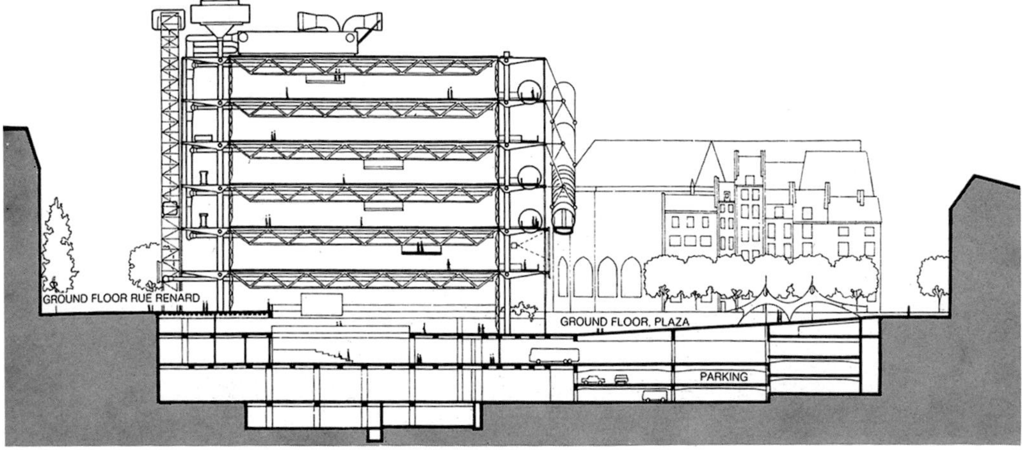

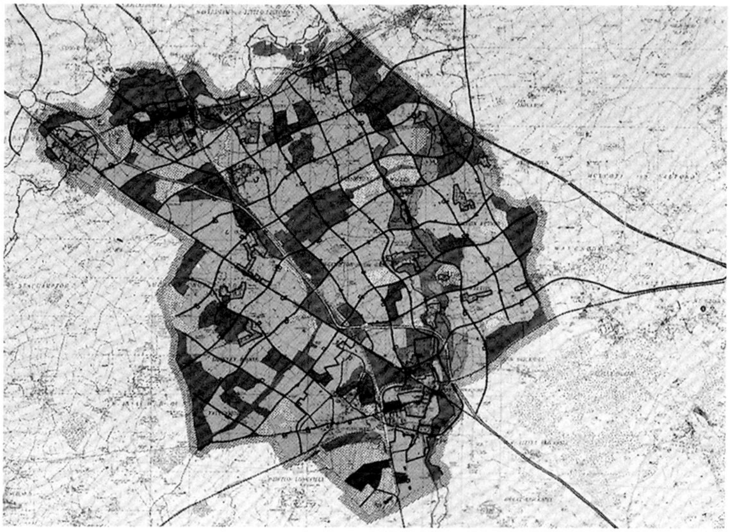

301. Llewelyn-Davies Weeks Forestier-Walker & Bor, schéma directeur de la ville nouvelle de Milton Keynes, Buckinghamshire, 1972. Le réseau viaire est superposé au paysage. Les zones résidentielles (en clair) et les zones d'activité (en sombre) se mêlent de manière irrégulière.

tridimensionnelles de 50 mètres de portée, utilisées dans tout l'édifice pour assurer un maximum de polyvalence, se sont avérées excessives. On se retrouva donc avec, d'un côté, pas assez de surfaces de murs et, de l'autre côté, trop de flexibilité. Enfin, l'échelle de la construction, totalement indifférente au contexte urbain, l'empêcha d'incarner son statut d'institution – ce qui n'a rien d'étonnant au vu de la lignée idéologique dans laquelle elle se situait, la prise en compte du caractère de représentation d'un édifice étant totalement étrangère à la « pensée Dymaxion » anglaise. Quoi qu'il en soit, un des effets non prémédités du bâtiment est la vue spectaculaire sur Paris qu'il offre depuis les boyaux vitrés qui abritent les escaliers mécaniques suspendus à la façade donnant sur la plazza d'accès.

Une approche non déterministe fut également adoptée en 1972 pour la conception de la ville nouvelle anglaise de Milton Keynes [301]. Fondée sur une trame viaire relativement irrégulière, elle fut apparemment pensée comme un instantané de Los Angeles que l'on aurait posé sur les terres agricoles du Buckinghamshire. Son réseau irrégulier de vides, dont la configuration suit la topographie, est un exercice d'indétermination poussé à l'absurde. Malgré le néoclassicisme du centre commercial, traité dans un vocabulaire inspiré de Ludwig Mies Van der Rohe, rien ici ne représente une identité municipale. Nul dispositif ne vient d'ailleurs concrétiser la notion d'arrivée dans la ville, en dehors du panneau signalétique réglementaire indiquant la limite d'agglomération. Pour le visiteur de passage, Milton Keynes semble une pure accumulation de lotissements aléatoires plus ou moins bien dessinés. On pense, par opposition, à la précision géométrique de la Broadacre City de Wright [179] où, malgré une totale dispersion du bâti, les lieux auraient acquis une certaine identité grâce à leurs frontières orthogonales. Or, à Milton Keynes, les limites ne correspondent à aucun ordre perceptible. Cela n'est au demeurant guère surprenant, puisque sa structure fut influencée par les théories urbanistiques de Melvin Webber, dont le slogan « Non-Place Urban Realm » (« l'urbain sans lieu ni borne ») était le *credo* de ses concepteurs, Llewelyn-Davies Weeks Forestier-Walker & Walter Bor. Le fait que ce propos soit lié à l'intérêt de Webber pour la théorie de la localisation des centres de Walter Christaller – qui était alors (et est toujours) le modèle le plus dynamique en matière d'optimisation de l'offre commerciale – ne pouvait échapper aux architectes et à l'établissement public de la ville : le choix de ce modèle urbanistique ouvert, adapté aux intérêts de la société de consommation, était délibéré.

À la Hochschule für Gestaltung (HfG) d'Ulm en Allemagne [302], créée en 1951 par l'architecte suisse Max Bill pour succéder au Bauhaus, une approche rigoureuse de la création et de la technique parvint, en dix ans, à défier les contradictions inhérentes à tout design d'une société de consommation. Après que Bill eut démissionné du poste de directeur de l'école en 1956, celle-ci adopta un mode de « recherche opérationnelle » dans le but de développer une approche heuristique de la création, où la forme des objets était déterminée par leurs modalités de fabrication et d'utilisation. Malheureusement, cela dégénéra rapidement en idolâtrie de la méthode, dans laquelle le purisme méthodologique exigeait avant tout que le projet soit déterminé de façon ergonomique plutôt qu'il aboutisse à une solution. Dans le département d'industrialisation du bâtiment d'Herbert Ohl, l'accent fut ainsi porté sur la conception de composants industriels et non sur l'analyse globale des fonctions spécifiques des édifices. Les véritables besoins furent souvent négligés au profit de la fabrication de prototypes d'éléments extrêmement sophistiqués, quoique relativement simples, pour une production rationnelle du bâti. Dès le milieu des années 1960, les enseignants les plus critiques, Tomás Maldonado, Claude Schnaidt et Gui Bonsiepe reconnaissaient que cette idéalisation du design de l'objet menait à une impasse et ignorait, au nom de la méthode scientifique et de l'esthétisme de la fonction, les contradictions inhérentes à la société néocapitaliste. S'agissant d'architecture, Schnaidt a exprimé ce constat de façon percutante dans un article de 1967, « Architecture et engagement politique » :

*Les pionniers de l'architecture moderne, lorsqu'ils étaient encore jeunes, pensaient comme William Morris que l'architecture devait être un art du peuple pour le peuple. Ils voulaient répondre aux besoins de la collectivité au lieu de satisfaire les goûts de quelques privilégiés. Ils voulaient construire « la maison des hommes », édifier une « cité radieuse ». Or, ils n'avaient pas compté avec la bourgeoisie mercantile qui, très rapidement, s'empara de leurs théories pour les tourner à son profit. Le concept d'utilité fut identifié à celui de rentabilité. Les formes anti-académiques constituèrent le nouveau décor de la classe dominante. Le logement rationnel se transforma en habitation minimale, la cité radieuse en grand ensemble, le dépouillement plastique en pauvreté. Les architectes des syndicats, des coopératives, des communes socialistes, se mirent au service des marchands de whisky ou de poudre à laver, de la Banque et du Département d'État Américain. L'architecture moderne qui voulait participer à la libération des hommes s'est transformée en une vaste entreprise de dégradation de l'habitat.*

302. Bill, Hochshule für Gestaltung, Ulm, 1957 ; de gauche à droite : les ateliers, la bibliothèque, le bâtiment administratif et les logements d'étudiants. Au loin, la cathédrale d'Ulm.

Plus loin dans le même article, Schnaidt critiquait les réalisations de l'avant-garde supposée alternative des années 1960 :

*Ils sont convaincus que le machinisme moderne permet toutes les audaces en architecture et en urbanisme. C'est pourquoi ils sont à la recherche de quelque chose qui soit comparable aux vaisseaux cosmiques, aux emballages, aux ordinateurs, aux raffineries, aux îles artificielles. [...] Si ces architectes néofuturistes ont le mérite de pousser la technologie jusque dans ses dernières conséquences, leur attitude s'achève le plus souvent en technolâtrie. La raffinerie ou la capsule spatiale peuvent servir de modèles de perfection technique et formelle, mais si elles deviennent l'objet d'un culte, la leçon manquera complètement son effet. Cette confiance illimitée dans les possibilités de la technique s'accompagne, d'autre part, d'une naïveté surprenante en ce qui concerne l'avenir de*

303. Superstudio, « Un voyage de A à B », 1969. « Les routes ou les places n'auront d'autre raison ».

*l'homme. [...] Ces visions tranquillisent beaucoup d'architectes : devant tant de technicité, face à une telle confiance en l'avenir, ils se sentent rassurés, justifiés dans leur démission sociale et politique.*

Si l'on peut mettre en doute son efficacité, l'avant-garde architecturale des années 1960 n'avait pourtant pas abdiqué tout sens des responsabilités sociales. Il existait ainsi de nombreux groupes dont le propos était franchement politique, et l'appréhension des techniques de pointe, résolument critique. Parmi eux, les Italiens de Superstudio étaient sans doute les plus doués de sensibilité poétique. Ils étaient influencés par le concept d'« urbanisme unitaire » de l'Internationale situationniste et de Constant – lequel, dans la « Nouvelle Babylone » de 1960, prônait un tissu urbain en constante évolution pour répondre aux aspirations « ludiques » de l'homme. Mené par Adolfo Natalini, le groupe Superstudio produisit dès 1966 des projets que l'on peut regrouper en deux grandes familles : d'une part, la représentation formelle du « Monument continu » comme signe urbain muet ; d'autre part, des suites de vignettes illustrant un monde d'où les biens de consommation auraient été éliminés. Ces projets allaient de la conception d'immenses mégalithes impénétrables revêtus de verre-miroir à la description de paysages de science-fiction dans lesquels la nature aurait été rendue bienveillante – quintessence de la contre-utopie architecturale. Les membres du groupe écrivirent en 1969 :

*Par-delà les convulsions de la surproduction, un état de calme peut naître, dans lequel prendra forme un monde sans produits ni déchets, une zone où l'esprit sera énergie et matière première, mais aussi produit fini, seul objet de consommation intangible.*

Au-delà du principe de rendement, qui pour le philosophe Herbert Marcuse caractérisait la vie en termes d'instruments et de biens de consommation, Superstudio projeta une utopie, antifuturiste et techniquement optimiste.

Il est significatif que Superstudio ait choisi de représenter ce monde non répressif par une architecture virtuellement invisible [303] – ou, quand elle était visible, totalement inutile et conçue pour s'autodétruire (ainsi le barrage en verre-miroir autodestructible pour les chutes du Niagara). Si la représentation de la contradiction du « Monument continu » par une masse impénétrable était une réminiscence de Boullée, elle constituait néanmoins une image métaphysique, aussi fugitive et énigmatique que les œuvres suprématistes de Malevitch ou les emballages de bâtiments par Christo (qui, après avoir enveloppé la Kunsthalle de Berne en 1968, a empaqueté – et ainsi « réduit au silence » – de nombreux édifices institutionnels du monde occidental).

La prise de conscience croissante, au début des années 1960, de l'absence totale de correspondance, dans la pratique, entre les valeurs des architectes et les besoins et habitudes des usagers conduisit à une série de propositions qui cherchaient, par diverses contre-utopies, à surmonter le fossé entre les créateurs et l'homme de la rue. Leurs auteurs remettaient en cause l'inaccessibilité de la syntaxe abstraite de l'architecture contemporaine et essayaient d'élaborer des dispositifs par lesquels ils se mettraient au service des couches défavorisées de la société – ce qui n'était pas dans les habitudes de la profession. Dans son livre de 1961 *De dragers en de mensen : het einde van de massawoningbouw* (des supports et des hommes : la fin du logement de masse), Nikolaas Johannes Habraken fut le premier à s'atteler au problème de la construction de lieux résidentiels capables de répondre aux besoins variables et changeants de ses usagers. John Turner et William Mangin, quant à eux, décrivirent dès 1963 leurs expériences dans les quartiers illégaux qui naissaient alors spontanément à la périphérie des grandes villes sud-américaines. La situation évoquée par Mangin rappelle celle de bien d'autres villes :

*La formidable croissance de la population au Pérou, combinée à la centralisation du potentiel politique, économique et culturel à Lima, la capitale, a engendré la récente augmentation des flux migratoires des provinces vers Lima. On peut affirmer qu'au moins la moitié de ses deux millions d'habitants sont nés hors de la ville. L'explosion du nombre des émigrants vers la capitale, donc les conditions de vie atroces dans la plupart des zones autogérées sans aucune aide publique, les « barriadas », a suscité une attention considérable, au Pérou et ailleurs. [...] Sans doute la ville grandissait-elle jadis à peu près de la même manière, mais l'importance et la visibilité du récent flux en a fait un phénomène nouveau.*

De tels problèmes dépassent certes le cadre de l'architecture en tant que discipline autonome, et sont même étrangers aux processus d'occupation du sol et de construction dans leur acception courante. Mais leur échelle, leur prégnance et la nécessité d'y répondre en aidant les habitants illégaux à mieux construire (notamment par la création d'infrastructures d'adduction d'eau ainsi que d'égouts) formaient un cadre général dans lequel les solutions de la Neue Sachlichkeit datant de quarante ans – la destruction des taudis puis le relogement en masse – furent pour la première fois totalement remises en cause. Selon Habraken, c'est toute la méthode qui devait être repensée pour répondre au mécontentement croissant des habitants, dans le Tiers Monde comme dans les pays industrialisés.

Mais les pratiques alternatives se sont avérées pour le moins insaisissables ; la panacée de la « participation des usagers » (difficile à mettre sur pied et encore plus à réaliser) n'a fait que nous rendre plus conscients de la difficulté du problème et de la nécessité d'une approche au cas par cas et d'une prise en compte des spécificités de chaque situation. Néanmoins, l'*advocacy planning* reste un outil novateur hérité des années 1960, aussi divers qu'en aient été les résultats, depuis la manipulation politique des personnes défavorisées jusqu'à la réalisation, dans la seconde moitié des années 1970, des logements en nappe de faible hauteur à Terni [304], au nord de Rome, conçus par Giancarlo de Carlo sur un programme issu de nombreuses discussions avec les associations locales et les syndicats : ce processus a débouché sur un habitat remarquable par sa qualité et sa variété, même si la manière dont furent interprétés les souhaits des futurs habitants demeure discutable.

S'agissant de la transformation des pratiques héritées de la Neue Sachlichkeit, Habraken et sa fondation pour la recherche architecturale (SAR), basée à Eindhoven, firent le maximum en matière technique et institutionnelle pour concrétiser les promesses de Yona Friedman en matière d'approche infrastructurelle, d'« architecture mobile ». C'est ainsi qu'ils conçurent une structure de soutien, basse et à plusieurs niveaux dont la disposition en plan n'était pas arrêtée, hormis les points fixes des accès, des cuisines et des salles de bains. En dehors de ces zones, les occupants étaient libres d'aménager à leur gré le volume qui leur était attribué.

304. De Carlo, village Mateotti, Terni, 1974-1977.

Malheureusement, Habraken voulut équiper cette matrice spatiale d'éléments modulaires préfabriqués comme dans l'industrie automobile, d'une sophistication technique et d'une tolérance dimensionnelle rares, même de nos jours. En outre, tout comme Friedman, il avait tendance à négliger le fait qu'une grande partie de la « liberté » inhérente au système disparaîtrait dès que ce dernier serait repris par le capitalisme monopolistique. Après tout, le logement était destiné à devenir un bien de consommation comme les autres. Heureusement, le succès – ou l'échec – du concept de la SAR ne reposait pas que sur la technologie, et Habraken a ouvert une voie de recherche qui reste encore à explorer. Une œuvre tout à fait remarquable porte vraisemblablement les traces de cette pensée : les logements en bande modulables (avec possibilité d'extension) réalisés sur Genterstrasse à Munich, en 1971, par Otto Steidle avec Doris et Ralph Thut.

**Populisme**

Adolf Loos avait observé que l'urbanisation s'accompagnait d'une perte d'identité culturelle ; au milieu des années 1960, les architectes durent se rendre à l'évidence de l'exactitude de cette analyse, tandis qu'ils prenaient conscience que les codes réducteurs de l'architecture contemporaine avaient conduit à un appauvrissement du contexte urbain. Les causes exactes de cet appauvrissement – était-il dû aux tendances à l'abstraction inhérente à la rationalité cartésienne ou à une exploitation économique sans merci – font encore débat. Nous ne pouvons toutefois nier que le dessèchement de la *tabula rasa* du Mouvement moderne a joué un rôle déterminant dans la destruction de la culture urbaine. Aussi ne pouvons-nous que nous féliciter de ce que le postmodernisme ait insisté sur le respect de l'existant. Cette posture critique contextualiste, anti-utopique, remonte aux années 1960 : d'abord avec l'approche de la forme urbaine, inspirée de Camillo Sitte, qu'élabora Colin Rowe (qu'il l'enseigna à Cornell University et synthétisa en 1979 dans son livre *Collage City*), puis avec Roberto Venturi, qui écrivait en 1966 dans *Complexity and Contradiction in Architecture (De l'ambiguité en architecture)* : *La justification essentielle de l'emploi d'objets de pacotille dans un ordre architectural est leur existence même. Ils sont ce que nous avons, le matériau dont nous disposons. Les architectes peuvent se lamenter, essayer de les ignorer ou même de les abolir, mais ils ne disparaîtront pas. [...] Je pars d'un point de vue étroit, je l'admets, mais le point de vue étroit, que les architectes ont tendance à sous-estimer, est aussi important que le point de vue du visionnaire, qu'ils ont tendance à glorifier mais qu'ils n'ont pas réalisé. Le plan à court terme, qui combine utilement l'ancien et le nouveau, doit accompagner le plan à long terme. L'architecture est réformiste autant que révolutionnaire. En tant qu'art elle doit reconnaître ce qui est, et ce qui devrait être, l'immédiat et l'utopique.*

Avec la publication en 1972 de *Learning from Las Vegas (L'Enseignement de Las Vegas)* de Venturi, Denise Scott-Brown et Steve Izenour, l'analyse sensible et sensée par Venturi des réalités culturelles auxquelles la pratique quotidienne doit faire face – le besoin de mettre de l'ordre dans le désordre, et inversement – passa de l'acceptation du monde des bars délabrés à sa glorification ; d'une appréciation modérée de la Main Street comme « presque bien » à une conception du *billboard strip* (routes longées de panneaux publicitaires) comme transfiguration de l'utopie des Lumières, image de science-fiction transplantée en plein désert !

Cette rhétorique, qui voudrait nous faire prendre les parkings pour les « tapis verts » de Versailles ou le Caesar's Palace pour l'équivalent moderne de la villa d'Hadrien, relève de la pure idéologie. L'ambivalence avec laquelle Venturi et Scott-Brown ont exploité cette idéologie pour nous amener à ne voir dans le kitsch forcené de Las Vegas que le masque normatif de la brutalité de notre environnement témoigne des visées esthétisantes de leur théorie. Et si leur distance critique leur permit de s'offrir le luxe de décrire un casino type comme le paysage impitoyable de la séduction et du contrôle (ils insistèrent sur les miroirs sans tain et l'atemporalité sombre et désorientante des espaces intérieurs), ils veillèrent à se démarquer de telles valeurs ;

ce qui ne les empêcha pas d'en faire un modèle de restructuration des formes urbaines :

*À l'extrémité de la ville, une zone jonchée de canettes de bière vides marque la seule transition entre le Strip et le désert de Mojave. Dans la ville, la transition est tout aussi brutale. Les casinos dont les façades s'accordent subtilement à la route tournent leurs arrières mal soignés vers l'environnement local, exhibant les formes et les espaces résiduels des installations de climatisation et les zones de service.*

L'ironie avec laquelle des architectes ont cherché, de Lutyens à Venturi, à transcender de manière spirituelle les circonstantes contradictoires dans lesquelles on leur demande de travailler semble ici dégénérer en une totale soumission ; et le culte « du laid et de l'ordinaire » devient indifférentiable des conséquences de l'économie de marché sur le cadre bâti. Les auteurs en viennent à voir, entre les lignes, l'architecture comme une touche de superflu dans une société mue par les seules forces économiques ; une société qui n'a rien de plus important à représenter que les gigantesques enseignes au néon qui longent n'importe quel *strip*. À la fin de leur analyse, ils reconnaissent presque que la disparition des monuments ne peut guère être compensée par les sophismes du « hangar décoré » :

*Le casino à Las Vegas est un grand espace bas de plafond. C'est le modèle de tous les espaces intérieurs publics dont la hauteur a été baissée pour des raisons budgétaire ou de conditionnement d'air. [...] Aujourd'hui, la portée n'est plus un problème difficile et le volume est gouverné par des limitations de hauteur qui sont d'ordre thermique et économique. Mais les gares, les restaurants et les arcades commerçantes dont la hauteur ne dépasse plus 3 mètres reflètent également un changement d'attitude envers la monumentalité dans notre environnement. [...] L'espace monumental de Pennsylvania Station a été remplacé par un métro aérien et celui du Grand Central Terminal ne demeure que grâce à sa magnifique reconversion en support publicitaire.*

Venturi insistait pour présenter Las Vegas comme l'expression sincère et spontanée de l'imaginaire populaire. Mais, comme le rappela Maldonado en 1970 dans son livre *La Speranza Progettuale*, la réalité tendait à prouver le contraire : Las Vegas était le couronnement pseudocommunicatif de « plus d'un demi-siècle de violence et de manipulation déguisées visant à la création d'un cadre urbain apparemment libre et joyeux dans lequel les hommes n'ont plus aucune soif d'innovation ».

Venturi et ses adeptes ne furent cependant pas les seuls à nourrir des penchants populistes. Bien au contraire, ils furent bientôt rejoints par des sympathisants issus des milieux universitaires mais aussi professionnels. L'historien et critique Vincent Scully donna ainsi une préface élogieuse au *Complexity and Contradiction* de Venturi, puis réaffirma en 1974 ce soutien avec un article polémique, « The shingle style revisited » (retour sur le style du bardage). Des architectes comme Charles Moore ou Robert Stern, malgré une approche plus circonstanciée de la manipulation des formes, étaient également ouverts à l'exploitation de la nature essentiellement atectonique du *balloon-frame*, construction traditionnelle américaine en fermettes de bois préfabriquées.

Ces prises de position provoquèrent, du moins dans les milieux anglo-saxons, le rejet de tout le vocabulaire moderne de l'architecture – une situation que l'architecte et critique Charles Jencks ne tarda pas à qualifier de « post-moderne ». Dans son livre de 1977, *The Language of Post-modern Architecture*, il définit en effet le postmodernisme comme l'art populiste et pluraliste de la communication immédiate. À la fin de la première édition de cet ouvrage, Jencks qualifiait d'exemplairement pré-moderne la Casa Battló (1906) d'Antoni Gaudí. Cet immeuble est en effet aisément compréhensible pour le peuple pouvant interpréter et s'identifier à l'iconographie séparatiste catalane qu'il incarne (Jencks se réfère à la tour en forme de lance et au toit en dos de dragon, symboles de la victoire de Saint Georges, héros catalan, sur le dragon, Madrid). Mais on n'invente pas de mythe nationaliste tous les jours. En fait, bien des bâtiments censément populistes ne communiquent rien d'autre qu'un aimable confort ou un commentaire désabusé sur l'absurdité du kitsch dans les banlieues. Le plus souvent, les architectes postmodernes profitent de leurs commandes privées pour donner libre cours à des obsessions personnelles, ce qui n'est que trop clair dans la vulgarité des maisons Hot-Dog et Daisy de Stanley Tigerman, réalisées au milieu des années 1970.

Le populisme américain sembla gagner un peu plus de terrain chaque année, avec ses parodies éclectiques qui allaient du maniérisme Art déco de la maison Brant, construite par Venturi à Greenwich (Connecticut) en 1974, ou de la maison Ehrman, réalisée en 1975 à Armonk (état de New York) par Robert Stern [305], à l'autoproclamé « machinisme populaire » (en fait un néo-Art déco) des gratte-ciels cristallins de Helmut Jahn [306], immenses constructions verticales enveloppées de murs-rideaux en verre évoquant quelque juke-box géant. De telles extravagances populistes indiquaient que la simplicité rédemptrice « du banal et de l'ordinaire » – pour reprendre la formule de Venturi – appartenait désormais au passé, de même que les sobrement élégantes maisons Trubeck et Wislocki, construites à Cape Cod en 1972.

Avec ses mises en scène singeant des motifs classiques ou traditionnels, réduisant l'architecture à une pure parodie, le populisme s'attaquait aux capacités de la société à perpétuer une culture signifiante du construit. Dès lors, l'architecture dérivait irrémédiablement vers une sorte de « haute vulgarisation » – expression heureuse mais ambiguë de Jencks pour qualifier la théâtralisation de l'espace créée par

306. Jahn, Bank of the South West, Houston, 1982.

305. Stern, maison Ehrman, Armonk (NY), 1975.

Charles Moore et William Turnbull dans le Kresge College de l'université de Santa Cruz (Californie) en 1974. Moore a par la suite avoué, notamment dans son récit de la conception de la Piazza d'Italia à La Nouvelle-Orléans en 1979 [307], le cynisme qui le guidait :

*Je me suis souvenu que les ordres architecturaux étaient italiens, et un peu grecs aussi. Alors nous avons en l'idée de poser des colonnes toscanes, doriques, ioniques et corinthiennes sur la fontaine ; mais elles lui faisaient trop d'ombre et cachaient la forme de l'Italie. Nous avons donc ajouté à la place un « ordre delicatessen ».*

307. Moore, Piazza d'Italia, Nouvelle-Orléans, 1975-1979.

*Nous avions imaginé qu'il pourrait évoquer les saucissons suspendus dans les vitrines des charcuteries, illustrant ainsi ses origines transalpines. Mais je crois qu'il y aura un restaurant italien et pas de saucisses. [...] Comme il restait un peu d'argent, nous avons pensé balancer un temple sur le devant pour montrer que notre piazza se trouvait derrière. Il y avait aussi de l'argent pour construire un campanile à côté du temple, pour montrer qu'on était là et diversifier les motifs avec les verticales du gratte-ciel qui se trouve derrière.*

Contrastant avec l'éclectisme sans consistance de Moore (qui abandonna la pureté constructive de son ensemble californien Sea Ranch de 1966), l'œuvre domestique de Frank O. Gehry, notamment sa propre « anti-maison » (à l'instar de l'anti-peinture de Marcel Duchamp), dé-construite à Santa-Monica en 1979 [308], fit entendre une voix vraiment discordante dans le concert décadent de l'architecture populiste américaine. Mais cet acte de résistance fut de peu de poids face à l'adoption acritique du populisme américain par la culture européenne dominante. Ce transfert culturel eut lieu lors de la biennale de Venise de 1980, dans la section d'architecture dirigée par Paolo Portoghesi et portant le double titre de « La présence du passé » et de « La fin de la prohibition ». Il est significatif que les façades à échelle grandeur imaginées par Portoghesi pour la Strada Novissima [326], érigée à l'intérieur de l'Arsenal, aient été réalisées par des créateurs de décors qui travaillaient pour l'industrie cinématographique italienne. La seule exception fut le projet de Leon Krier : sans doute par égard « moral » pour son cher Heinrich Tessenow (voir le livre *Handwerk und Kleinstadt* [artisanat et petite ville] de ce dernier), il insista pour que sa façade soit construite dans des matériaux réels.

**Rationalisme**

Rien n'est plus éloigné du propos populiste que le mouvement néorationaliste italien « Tendenza », qui chercha à sauver l'architecture et la ville des griffes envahissantes du consumérisme des mégalopoles. Ce retour aux « limites » de l'architecture vit le jour avec la parution de deux livres fondateurs, *L'Architettura della citta* d'Aldo Rossi en 1966 *(L'Architecture de la ville)* et *La Costruzione logica dell'architettura* de Giorgio Grassi un an plus tard. Le premier soulignait le rôle que devaient jouer dans la morphologie urbaine telle qu'elle évoluait avec le temps les types de construction déjà éprouvés ; le second essayait de formuler les règles de composition et de combinaison nécessaires à l'architecture – c'est-à-dire la logique intrinsèque qui permit à Grassi de forger son propre vocabulaire, d'une extrême sobriété. Tout en rappelant que les besoins quotidiens devaient être satisfaits, Rossi et Grassi rejetaient l'idée que la forme dût découler de la fonction, affirmant au contraire l'autonomie *relative* de l'architecture.

308. Gehry, maison de l'architecte, Santa Monica, Cal., 1979.

Conscient des risques de dilution du sens dans une rationalité excessive, Rossi organisa son œuvre autour d'éléments historiques susceptibles de rappeler, ou même de transcender, les paradigmes rationnels (voire arbitraires) des Lumières : les formes pures, exprimées à la seconde moitié du XVIIIe siècle par Piranèse, Ledoux, Boullée et Lequeu. L'aspect le plus énigmatique, pour ne pas dire hermétique, de sa pensée résidait dans l'intérêt, jamais explicité, qu'il nourrissait pour le panoptique (voir le livre *Surveiller et Punir* de Michel Foucault, publié en 1975) ; il aurait certainement classé dans cette typologie – à l'instar d'Augustus W. N. Pugin dans ses *Contrasts* de 1843 – l'école, l'hôpital et la prison. Rossi revint de façon obsessionnelle sur ces institutions régulatrices, voire punitives. Avec le monument et le cimetière, elles constituaient pour lui les seuls programmes susceptibles de représenter les valeurs essentielles de l'architecture. Reprenant la thèse de Loos dans son article de 1910, « Architektur », il trouvait que la plupart des programmes modernes ne pouvaient incarner cette essence de l'architecture ; il devait donc recourir à une architecture qu'il qualifiait d'« analogue ». Les origines et éléments de celles-ci étaient tirés de la construction traditionnelle au sens le plus large du terme. Ainsi, l'immeuble du quartier Gallaratese [309] dans la banlieue de Milan, qui fait partie du grand ensemble d'habitation réalisé par Carlo Aymonino à partir de 1973, lui permit d'évoquer l'architecture des logements ouvriers traditionnels milanais. De même, il donna à son projet pour le siège de la région de Trieste en 1973 la forme d'une prison, en hommage à la tradition constructive locale du XIXe siècle, mais aussi pour apporter une note critique grinçante à l'encontre de la bureaucratie moderne. Comme Léon Krier, Rossi a tenté d'esquiver les deux chimères de la modernité – le positivisme et la foi aveugle dans le progrès – en retournant à la fois à la typologie et aux formes de la seconde moitié du XIXe siècle. Il écrivit ainsi à propos de l'ensemble Gallaratese :

*Mon projet pour l'immeuble du quartier Gallaratese de Milan (1969-1973) noue une relation analogue avec des ouvrages de génie civil, librement mêlés à la typologie de la distribution par coursive et à la réminiscence d'une impression que j'ai toujours ressentie dans les logements ouvriers traditionnels milanais ; la coursive y signifie un mode de vie plongé dans la quotidienneté, l'intimité domestique et les diverses relations entre habitants. Mais Fabio Reinhart m'a indiqué un autre aspect de ce projet : nous étions en train*

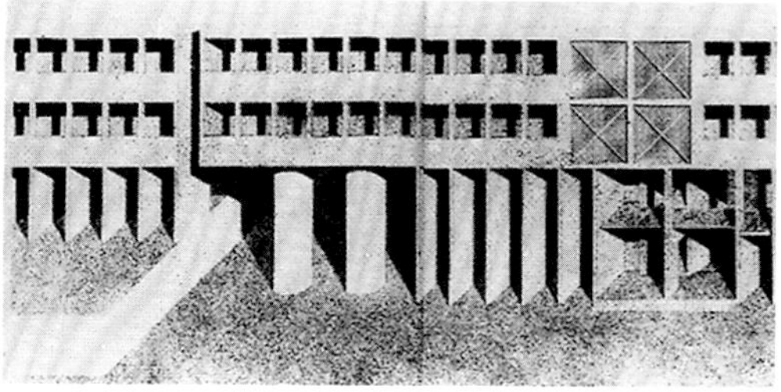

309. Rossi, immeuble pour le quartier Gallaratese de Milan, 1969-1973.

310. Rossi, projet pour le cimetière de Modène, 1971. Perspective aérienne.

*de rouler sur le col du Saint-Bernard, comme souvent pour rejoindre Zurich depuis la vallée du Tessin ; Reinhart me fit remarquer la répétitivité du système des tunnels ouverts sur un côté et, partant, du modèle qui leur est inhérent. Je compris alors [...] combien j'avais dû être sensible à cette structure [...] sans avoir nécessairement nourri l'intention de l'exprimer dans un projet architectural.*

Cette approche par analogie – suspendue entre « inventaire et mémoire » – innerve toute son œuvre, de son projet de monument à la Résistance pour la ville de Cuneo en 1962, en forme de bunker, au cimetière construit à Modène en 1971 [310], qui fait référence aux ossuaires traditionnels mais aussi, par association, aux usines et aux fermes traditionnelles de Lombardie.

Les autres architectes italiens qui ont significativement contribué à la Tendenza sont Vittorio Gregotti – son livre *Il territorio dell'architettura (Le Territoire de l'architecture)*, paru en 1966, rencontra un grand écho – et Enzo Bonfanti qui, avec Massimo Scolari, publia la revue néorationaliste *Contraspazio* à partir de la seconde moitié des années 1960. Il faut également mentionner Tafuri, dont les écrits influencèrent de manière décisive le mouvement, ainsi que Franco Purini et Laura Thermes : leurs projets théoriques ont exploré le potentiel de la syntaxe néorationaliste. Paradoxalement, les membres de la Tendenza ont très peu construit en Italie, mais ils ont influé sur l'urbanisme des villes italiennes et sur la sauvegarde des centres historiques ; l'analyse menée par Pier Luigi Cervellati et Roberto Scannavini sur Bologne détermina par exemple le développement de cette ville dans les années 1970.

Hors d'Italie, c'est en Suisse, dans la région du Tessin, que la Tendenza a suscité le plus de réalisations : une école rationaliste très dynamique s'y épanouit dès le début des années 1960. Si Bruno Reichlin et Fabio Reinhart restaient proches de Rossi, ce dont témoigna leur maison Tonini de Torricella en 1974 [311], d'autres architectes de l'École du Tessin élargirent leur inspiration. Ainsi, la maison Rotalinti fut réalisée par Aurelio Galfetti à Bellinzona dans un vocabulaire néocorbuséen dès 1961, soit presque dix ans avant que la Tendenza ne soit vraiment influente. Les Tessinois entretenaient par ailleurs un rapport privilégié avec le rationalisme italien d'avant-guerre, en particulier avec Alberto Sartoris et Rino Tami (voir p. 342).

311. Reichlin et Reinhart, maison Tonini, Torricella, 1974.

À partir de la fin des années 1960, le néorationalisme gagna toute l'Europe. Citons, en France, l'ensemble de logements « La Noiseraie », achevé par Henri Ciriani dans la ville nouvelle de Marne-la-Vallée en 1980 [312]. En Allemagne, le néorationalisme s'est surtout manifesté avec les travaux sur la typologie d'Oswald Mathias Ungers, Jürgen Sawade et Josef Paul Kleihues. L'extension du bâtiment de la Foire et le musée d'architecture, tous deux réalisés par Ungers à Francfort au début des années 1980, en témoignent, de même que, à Berlin, l'îlot de logements Vinetaplatz (dans le quartier de Wedding) datant de 1978 [313], et l'hôpital du quartier de Neukölln, de 1984, tous deux dus à Kleihues.

Lorsqu'il revint des États-Unis en 1975, Ungers procéda à une révision du néorationalisme appliqué à la forme urbaine, qui aura une grande influence sur l'urbanisme allemand. Sa thèse d'alors était que le futur nous amènerait à planifier plutôt la réduction des villes que leur extension ou leur rénovation. Il préconisait une stratégie de fragmentation, avec des opérations limitées et adaptées aux terrains et aux programmes. Cette préoccupation transparaît dans ses projets pour l'hôtel Berlin de 1976 et pour un bâtiment polyvalent sur la place du Marché de Hildesheim [314]. Dans le premier, il opta pour une « ville miniature » introvertie, rappelant le site dévasté de la Lutzowplatz historique, tandis que dans le second, il rationalisa et réinterpréta le type de la halle de marché médiévale. Parallèlement à ces projets théoriques, il réalisa en 1982, avec une grande attention au contexte, un îlot de logements Schillerstrasse à Berlin.

Ungers fut un grand professeur et théoricien néorationaliste ; il a enseigné à l'université technique de Berlin puis aux États-Unis, à Cornell University, dont il a dirigé le département d'architecture de 1967 à 1974. L'application systématique des principes de transformation typologique, dans son enseignement et dans sa pratique personnelle, lui conféra une grande force pédagogique qu'il a évoquée en 1982 :

*Si l'on considère l'architecture comme un processus continu d'intégration dialectique de thèses et d'antithèses, comme un processus dans lequel l'histoire importe autant que l'anticipation sur l'histoire, dans lequel le passé pèse autant que le futur, alors la transformation n'est plus seulement un instrument, mais la raison même de la conception. Dès lors on peut se référer à la réalité de chaque site où une architecture sera construite – donc au* genius loci *– pour découvrir et exprimer la poésie du lieu. Ainsi le site sera-t-il utilisé au mieux.*

*Le principe de transformation agit dans tous les domaines de la nature, de la vie et de l'art. Ce principe de formalisation* [Gestaltungsprinzip] *peut organiser des éléments hétéroclites en un tout planifié. Ainsi peut-il également – comme on le voit dans l'évolution du plan de la ville de Trèves – faire d'une organisation stable un chaos ou finalement, si le hasard en décide ainsi, un ordre nouveau. Les organisations planifiées sont noyées au fil du temps dans les aléas et les opportunités, qui produisent finalement des organisations radicalement différentes de celles qui avaient été prévues – des organisations dictées par le pragmatisme et la réalité.*

312. Ciriani, ensemble de logements « La Noiseraie » (détail), Marne-la-Vallée, 1980.

Cet enracinement de l'architecture dans la dialectique de la transformation typologique a beaucoup influencé le Luxembourgeois Robert

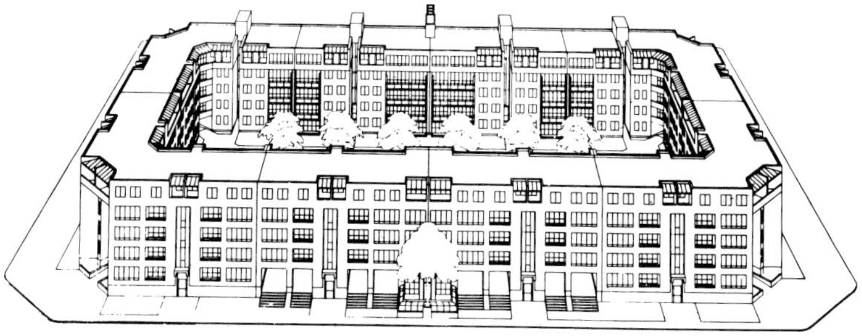

313. Kleihues, ilôt de logements Vineplatz, Berlin, 1978. Ce principe permet de créer aussi bien des cours que des rues.

Krier, qui fut pendant plusieurs années l'assistant d'Ungers dans son agence de Cologne. Cependant, si celui-ci resta favorable aux échanges entre le type et la construction – notamment industrielle –, Robert Krier et, plus encore, son jeune frère Léon prônèrent une approche strictement artisanale de la production de la forme, à l'échelle architecturale et urbaine. Le cadet écrivait ainsi en 1976 :

*Le débat que Robert Krier et moi-même voulons ouvrir avec nos projets est celui de la morphologie urbaine, par opposition au zoning des urbanistes ; la restauration des formes précises de l'espace urbain par opposition aux terrains vagues générés par le zoning. [...] Dans nos projets, nous essayons de rétablir la dialectique entre l'architecture et le domaine public, entre les pleins et les vides, entre l'organisme construit et les espaces qu'il crée nécessairement autour de lui. [...] Le langage architectural que nous employons dans les espaces urbains assez grands est à la fois simple et ambigu. À Echternach [315], en 1970, nous avons eu recours aux mêmes techniques artisanales que celles qui avaient été utilisées, après la guerre, pour la reconstruction de la ville, de l'abbaye et de ses bâtiments annexes.*

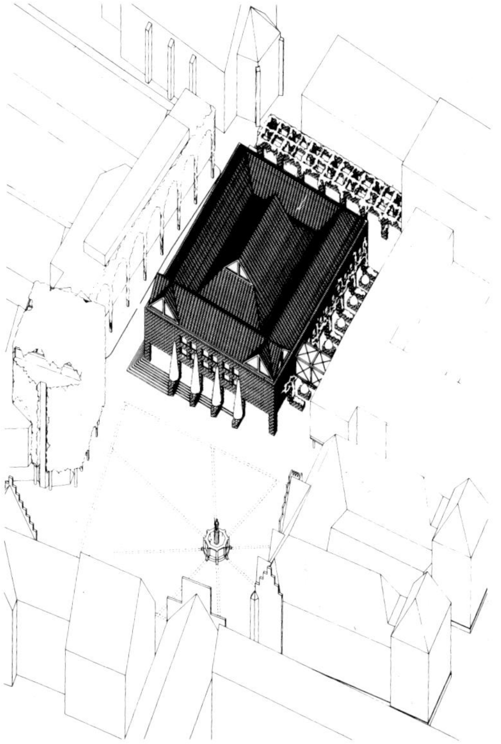

314. Ungers, projet de « Stadtloggia » pour la place du Marché, Hildesheim, 1980.

**Structuralisme**

Le *credo* des frères Krier – « la fonction suit la forme », leur refus de la technique et leur insistance sur l'importance culturelle du lieu se retrouvent chez le Hollandais Herman Hertzberger, par ailleurs totalement opposé à la Tendenza. Sa théorie et sa pratique furent fortement influencées par Aldo Van Eyck qui, on l'a vu, avait sévèrement critiqué l'architecture moderne pour sa proximité avec la philosophie des Lumières. En 1962, Van Eyck livra une de ses attaques les plus féroces contre l'européanocentrisme et la faillite de la culture impérialiste :

*La culture occidentale s'identifie habituellement à la civilisation en tant que telle, au motif spécieux que ce qui n'est pas comme elle est une déviation, moins aboutie, primitive – ou, au mieux, un exotisme intéressant lorsqu'il est observé de loin.*

Cinq ans plus tard, Van Eyck annonçait dans sa revue *Forum* la plupart des arguments qui seront repris par les frères Krier, y compris le scepticisme vis-à-vis de la notion de progrès :

*Il me semble que le passé, le présent et le futur doivent agir comme un continuum dans notre esprit. Sinon, nos productions n'auront ni profondeur temporelle ni perspective d'association. [...] Après tout, l'homme s'est physiquement adapté au monde depuis des milliers d'années, durant lesquelles ses capacités naturelles n'ont ni augmenté ni diminué. Il est clair que toute la mesure de cette immense expérience de l'environnement ne peut être exploitée sans que nous télescopions le passé. [...] De nos jours, les architectes sont atteints d'une compulsion pathologique du changement ; celui-ci est considéré comme quelque chose auquel on s'oppose, ou après lequel on court, ou, au mieux, que l'on garde avec soi. Je suppose que c'est pour cela qu'ils tendent à dissocier le passé du futur, le résultat étant que le présent est maintenant dépourvu d'émotion et d'épaisseur temporelle. Je réprouve tout autant l'attitude des antiquaires, sentimentale vis-à-vis du passé, que l'attitude technophile, sentimentale vis-à-vis du futur. Toutes deux sont fondées sur une conception du temps statique, métronomique (commune aux passéistes et aux technophiles) ; alors*

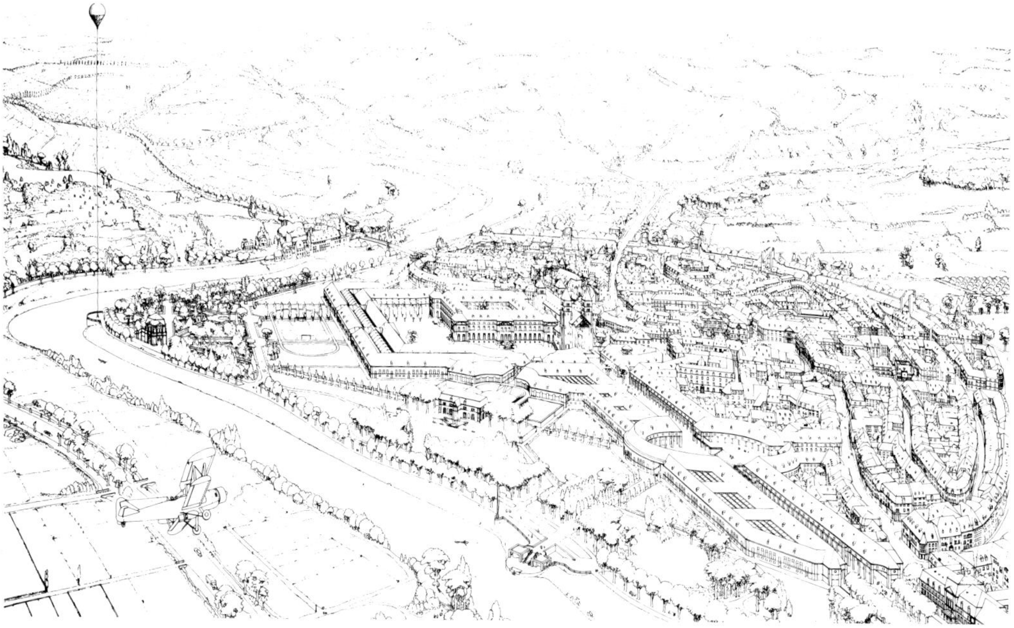

315. L. Krier, projet pour Echternach, Luxembourg, 1970. Une toiture continue à double pente couvre des boutiques, des logements et une école.

*commençons, pour changer, par le passé, et découvrons les constantes dans la condition de l'homme !*

Le concept unificateur par lequel le structuralisme hollandais pensait en finir avec le caractère réducteur du fonctionnalisme fut identifié par Van Eyck comme la « clarté labyrinthique » – concept que ses élèves ont par la suite développé. Hertzberger a ainsi écrit en 1963, à propos de l'« espace polyvalent » :

*Ce que nous devons rechercher, plutôt que des prototypes qui sont des interprétations collectives de modes de vie individuels, ce sont des prototypes qui assurent des interprétations individuelles de tous les modèles collectifs possibles ; autrement dit, nous devons faire des maisons qui permettent à chacun de développer sa propre interprétation du modèle collectif.*

Ce principe est le point de départ de tout le travail d'Hertzberger ; il culmine avec la construction, en 1974, du siège social des assurances Centraal Beheer à Apeldoorn [316], que l'architecte a pensé comme « une ville dans la ville ». Cet édifice à ossature en béton armé et remplissage en parpaings de béton est organisé à la manière d'une grappe irrégulière de plates-formes régulières de bureaux, le tout à l'intérieur d'une trame écossaise réglant les niveaux, les piliers, les fentes de lumière et les gaines de distribution des fluides. Des galeries éclairées zénithalement, implantées à différentes hauteurs, séparent ces plates-formes carrées de 7,50 mètres de côté les unes des autres et permettent à la lumière naturelle de pénétrer jusqu'aux niveaux accessibles au public, plus bas. Les plates-formes en hauteur constituent un réseau d'espaces d'activité qui peuvent être occupés par des postes de travail individuels ou de groupe, selon la disposition d'éléments modulaires – tables, sièges, lampes, armoires, fauteuils ou machines à café. D'après Hertzberger, ce labyrinthe aux allures de bunker – qui rappelle par son intériorisation le Larkin Building bâti par Wright en 1904 [40] – a été délibérément laissé inachevé pour stimuler son appropriation « spontanée » par les usagers. Le refus par Hertzberger de toute flexibilité reposant sur des dispositifs mécanisés, comme dans les infrastructures sophistiquées d'Habraken ou de Friedman, semble ici justifié : apparemment, les espaces de travail ont été adoptés et modifiés avec enthousiasme et facilité. Et si l'on peut rester dubitatif face à la comparaison pour le moins rhétorique qu'établit Hertzberger entre l'appropriation de l'espace du Centraal Beheer et la distinction qu'opérait le linguiste Ferdinand de Saussure entre *langue* et *parole*, force est de constater que son approche a permis de surmonter l'inaccessibilité chronique du discours architectural à l'âge de la taylorisation.

Les architectes de la Tendenza auraient certainement été d'accord sur ce point avec Hertzberger : l'organisation fonctionnaliste des modules de logement en zones strictement séparées pour le séjour, les repas, la préparation de ceux-ci, la toilette et le sommeil est une véritable tyrannie ; nous devons donc essayer de revenir au modèle préindustriel des pièces en enfilade, autorisant une relation moins rigide entre espace et activité (voir les maisons expérimentales Diagoon d'Hertzberger, construites à Delft en 1971). Ils auraient en revanche sans doute rejeté son concept de « casbah », particulièrement dans la forme qu'il revêt au Centraal Beheer, au motif qu'une typologie aussi introvertie était incapable d'offrir un espace public représentatif à l'échelle urbaine.

316. Hertzberger, siège de Centraal Beheer, Apeldoorn, Hollande, 1974.

Le Centraal Beheer est en effet indifférent à son contexte. Le fait que les types islamiques du « bazar » ou « à patio » soient dénués de tout élément exprimant le statut de l'entrée est au demeurant confirmé au Centraal Beheer : la compagnie a dû rajouter des panneaux signalétiques pour diriger les visiteurs vers l'entrée.

Après 1975, Hertzberger a fait évoluer le paradigme structuraliste, à la fois en terme de modèle du labyrinthe tourné vers l'intérieur – dont le ministère des Affaires sociales et de l'Emploi à La Haye [317], achevé en 1990, offre une version tout aussi complexe mais spatialement plus généreuse – et en terme de rapport masse/forme ; ainsi, le pourtour de ses projets et réalisations à Berlin, le centre du Film prévu pour l'Esplanade (non réalisé, projet de 1984) et les logements de la Lindenstrasse construits en 1986 dans le cadre de l'IBA (Internationale Bauausstellung – Exposition internationale d'architecture), est homogénéisé par des formes circulaires ou semi-circulaires. De même, le plan d'école fermé autour de quatre carrés, mis au point en 1980 à l'occasion de la création du prototype que représentera l'école Apollo à Amsterdam, a évolué, s'enrichissant de formes circulaires, dans l'école Montessori Ambonplein de 1989, également à Amsterdam, adaptant ensuite plus librement des formes arrondies ouvertes sur l'extérieur dans l'extension d'une école à Aerdenhout, en 1989 [318, 319]. Cette dernière, qui rappelle vaguement le travail de Johannes Duiker, a suscité le commentaire suivant de Joseph Buch :

*Les vues des salles de classe vers l'espace central ont été maximisées par l'emploi de nombreuses surfaces vitrées ; plutôt qu'un seul escalier massif en maçonnerie, c'est la combinaison de différentes volées en béton et d'un escalier métallique léger qui conduit à l'étage. De la même manière que pour les escaliers extérieurs des écoles d'Amsterdam, ce dispositif a été soigneusement réglé à l'aide de maquettes de détail pour former une sculpture solidaire de la toiture, comme dans le Smeedwerk de Berlage. Les détails des escaliers métalliques de Hertzberger évoquent les constructions navales ; après tout, la fascination des architectes modernes pour les paquebots n'était pas seulement affaire de fonctionnalité :*

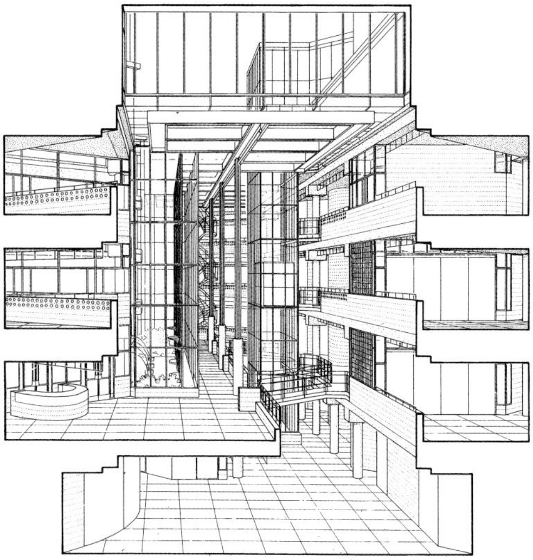

317. Hertzberger, ministère des Affaires sociales et de l'Emploi, La Haye, 1990. Coupe perspective.

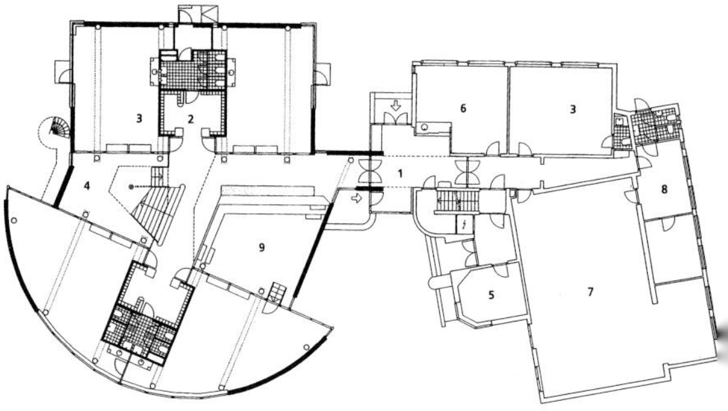

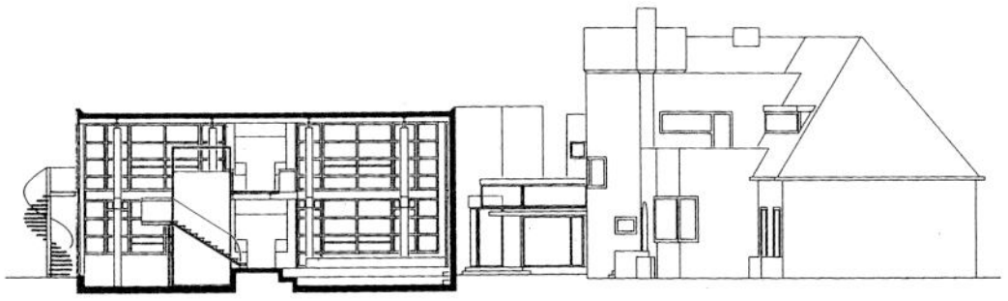

318, 319. Hertzberger, extension d'une école, Aerdenhout, 1989. Plan et coupe.

*elle avait aussi à voir avec la complexité et la richesse des contraintes qui pesaient sur leur aménagement. Et il s'agit bien ici d'une expérience riche et complexe d'utilisation de l'espace – surtout pour une construction si petite. Les travaux ultérieurs d'Hertzberger ont enrichi cette base structuraliste d'une richesse narrative croissante.*

## Productivisme

L'immeuble de bureaux entièrement vitré de la compagnie d'assurances Willis-Faber & Dumas, construit à Ipswich (Grande-Bretagne) en 1974 par Norman Foster [320] est aux antipodes du Centraal Beheer. Là, tout le travail a porté sur l'élégance de la construction, sur la réalisation de ce que Max Bill avait défini comme une *Produktform.* Il est intéressant de noter que ce sont ces *Produktformen* que Foster cite comme ayant inspiré son travail, notamment le Crystal Palace, la maison que Charles et Ray Eames s'étaient construite à partir d'éléments « off-the-peg » (sur catalogue) à Santa Monica (Californie) en 1949, l'École d'artillerie de marine construite par SOM à Great Lakes (Illinois) en 1954 [321], ou le bâtiment d'exposition pour la foire de Lausanne de Bill en 1963. Dans cette ligne opposée au populisme de Venturi, l'immeuble Willis-Faber représente un « hangar non décoré » par excellence : un édifice dont la seule marque distinctive, hormis le mur-rideau courbe à facettes [260], réside dans la piscine du rez-de-chaussée et le restaurant du toit-terrasse.

Si le Centraal Beheer est un bâtiment hybride – qui relève à la fois des galeries commerciales du XIX^e^ siècle (tels les Nouveaux Comptoirs réalisés par Alexandre Pomerantsev à Moscou en 1893) et des casbahs orientales –, l'immeuble Willis-Faber, avec son vide central équipé d'escaliers mécaniques, se situe quant à lui quelque part entre le gratte-ciel de bureaux du XX^e^ siècle et le grand magasin du XIX^e^ siècle.

Pour l'historien Giulio Carlo Argan, les types de construction incarnent les valeurs inhérentes à leur conception initiale, et ces valeurs survivent dans leurs transpositions ultérieures. Le fait que ces deux bâtiments abritent une activité tertiaire liée à l'échange d'informations dans des types d'espace qui sont à la base, au moins pour une part, de lieux de consommation – la casbah et le grand magasin – n'est certainement pas sans rapport avec leur signification. En cela, on peut considérer le Centraal Beheer comme une tentative pour dépasser la division bureaucratique du travail par une occupation « anthropologique » de son paysage de bureaux labyrinthique. Comme dans la casbah traditionnelle, le *Bürolandschaft* (bureau paysager) fragmenté d'Hertzberger incitait un comportement en équilibre permanent entre travail et détente. En revanche, chez Willis-Faber, le *Bürolandschaft* se présentait comme le successeur naturel du panoptique conçu par Bentham en 1791, avec son plan ouvert permettant une visibilité totale, garante d'ordre et de contrôle, censé être compensée par des équipements centralisés comme le restaurant du personnel et la piscine ; ceux-ci étant toujours soumis à la surveillance de l'entreprise, le regard panoptique reste pourtant omniprésent.

L'ambiance engendrée par les détails de ces édifices tendait également à les opposer. Les cloisons séparatives en parpaings de béton, utilisées partout au Centraal Beheer, devaient générer une appropriation « anarchisante » de l'espace, alors que l'immeuble Willis-Faber exprimait, par l'absolue perfection de sa peau extérieure et de ses espaces intérieurs, l'image « corporate » d'une hypothétique société égalitaire et prospère. Si son mur-rideau ondoyant ne pouvait manquer d'évoquer les projets de gratte-ciel en verre de Mies dans les années 1920 [146], la technique mise en œuvre – des panneaux de verre sans menuiserie suspendus à partir du toit, à la manière d'une chaîne, solidarisés par des joints néoprène – invite à des comparaisons avec des travaux d'architectes américains minimalistes formés par Eero Saarinen, qui se firent connaître dans les années 1970, notamment Kevin Roche – pour le siège de la Fondation Ford en 1968 et l'hôtel United Nation Plaza en 1973, tous deux à New York ; Gunnar Birkerts – pour la Banque de dépôt fédérale de Minneapolis en 1967 ; Cesar Pelli – pour le Pacific Design Center à Los Angeles, de 1971 [322], et l'hôtel de ville de San Bernadino, l'année suivante ; et enfin le talentueux mais méconnu Anthony Lumsden, dont les œuvres les plus brillantes n'ont pas été réalisées (en particulier son projet de 1973 pour l'hôtel Beverly Wilshire à Los Angeles).

320. Foster Associates, immeuble Willis-Faber & Dumas, Ipswich, 1974.

321. Skidmore, Owings & Merrill (SOM), École d'artillerie de marine, Great Lakes, Illinois, 1954.

L'immeuble Willis-Faber incarne le « presque rien » de Mies Van der Rohe, dépouillé de son classicisme ; le verre miroir permet de répondre non seulement au contexte, en reliant l'édifice à l'échelle et à la matière de son environnement – en l'occurrence, en se contentant de réfléchir son image –, mais aussi au défi moderne que représente la perte de tout

322. Pelli, Pacific Design Center, Los Angeles, 1971.

langage « reçu » accessible, ou acceptable, pour tous. Le bâtiment offre, en effet, de nombreuses et changeantes sensations kinesthésiques : il est opaque et comme scintillant par lumière voilée, réfléchissant sous le soleil, transparent de nuit. Et pourtant, il partage avec son pendant hollandais, le Centraal Beheer, l'absence de toute déclinaison syntaxique naturelle ; cette lacune a notamment pour conséquence que l'entrée en est presque aussi difficile à localiser.

Le productivisme au sens strict est quasi indissociable, en tant que position « moderne », de l'idée qu'une architecture vraiment nouvelle peut et doit n'être qu'un élégant exercice d'ingénierie, ou du moins un produit industriel à grande échelle. J'ai déjà indiqué que cette position avait connu de nombreux précédents dans l'histoire du Mouvement moderne. Le travail précurseur de l'ingénieur-entrepreneur Jean Prouvé – du mur-rideau de l'aéroclub de Buc en 1935 à la Maison du Peuple transformable de Clichy de 1939 [210, 211], conçue avec l'ingénieur Vladimir Bodiansky et les architectes Marcel Lods et Eugène Beaudouin –, en est un brillant témoignage.

En prenant à la lettre le culte du « presque rien » de Mies, certains productivistes se sont intéressés aux structures gonflables, qui ne sont portées que par l'air – tel le Pavillon Fuji à l'Exposition universelle d'Osaka en 1970, de Yutaka Murata –, ou à ces sortes de tentes suspendues à des câbles, dues surtout à l'ingénieur-architecte allemand Frei Otto. Ses premières constructions en toile tendue remontent au milieu des années 1950, mais ce sont les immenses chapiteaux qu'il réalisa pour l'Exposition internationale d'horticulture de Hambourg en 1963 ainsi que le pavillon allemand de l'Exposition universelle de Montréal en 1967 [323] qui le rendirent célèbre. Cette approche reste généralement cantonnée aux constructions temporaires, une des plus importantes étant la couverture du stade des Jeux olympiques de Munich en 1972.

Les principes fondateurs du productivisme peuvent être résumés en quatre points. Premièrement, les programmes doivent dans la mesure du possible être logés dans un abri non décoré ou un hangar, cette structure en loft restant aussi ouverte et flexible que faire se peut – le modèle étant l'idéal du *Bürolandschaft* ou bureau paysager de l'après-guerre. Deuxièmement, la flexibilité de l'espace est assurée par un réseau homogène et intégré de services comme l'électricité, la lumière, le chauffage et la ventilation – une idée qui renvoie au concept de « l'anonymat tout confort » de Cedric Price. Troisièmement, il convient d'articuler et d'exprimer à la fois la structure et les services, généralement en respectant la fameuse distinction de Kahn entre espaces *servis* et *servants*. Ce point est parfaitement illustré dans les constructions d'envergure de Rogers, comme le Centre Pompidou ou le siège de la Lloyds à Londres, conçu en 1976 et achevé huit ans plus tard. Foster a exprimé la même idée, plus sobrement et plus efficacement encore, dans le Sainsbury Centre for the Visual Arts, construit sur le campus de l'université d'East Anglia, près de Norwich, en 1978. L'espace servant y est entièrement logé dans l'épaisseur de l'ossature triangulée en tubes métalliques d'une portée de 33 mètres (à comparer au Salk Institute de La Jolla [258] de 1965). Le quatrième principe du productivisme, et le plus important de tous, est que la production même du bâtiment doit être exprimée, c'est-à-dire que tous ses composants doivent être manifestés en tant que *Produktformen* ; cette règle très stricte fut rarement suivie par les minimalistes américains, qui n'étaient que peu concernés par l'expression de la construction, même si certains d'eux et de leurs confrères britanniques enveloppèrent leurs bâtiments d'une peau lisse « consumériste ». Comme l'a fait remarquer Andrew Peckham à propos du Sainsbury Centre : « La force de conviction [de Foster] ne repose pas sur le langage traditionnel de l'architecture mais plutôt sur le langage du monde matériel moderne – celui de la production industrielle et des détails choisis sur catalogue. »

L'une des rares variables de fond de l'approche productiviste repose sur l'importance expressive plus ou moins grande accordée au revêtement ou à l'ossature. Cette différence distingue les rhétoriques respectives de Foster et de Rogers, le premier privilégiant le revêtement, le second, la structure. Mais Foster a évolué : certaines de ses œuvres penchent désormais pour une expression extravertie de la structure, comme dans l'usine Renault de Swindon (Wiltshire), achevée en 1983, ou dans le siège de la Hong Kong and Shanghai Bank à Hong Kong [324], conçu à partir de 1979. Plus qu'aucun projet débridé d'Archigram ou de Buckminster Fuller, ce gratte-ciel fait de couches parallèles – trois plaques verticales d'une épaisseur de 16,20 mètres et d'une hauteur respective de 28, 35 et 41 étages – évoque quelque rampe de lancement de fusée, non pas tant à cause du gigantisme de

323. Frei Otto, pavillon allemand, Expo 67, Montréal, 1967.

l'ensemble que de l'échelle colossale de ses composants articulés, notamment les poutres apparentes géantes en tubes d'acier. À ces poutres d'une portée de 38,40 mètres, dont la hauteur est le double de leur largeur, sont suspendues les dalles des planchers par groupes de sept niveaux à la base, puis six, cinq, et finalement quatre en haut de la tour. Foster a bien décrit le curieux mélange de réalisme et de romantisme de la technique qui a déterminé la forme du bâtiment :

*Les difficultés dues à la nécessité de construire vite et sans créer de nuisance sonore sur un petit terrain ont été résolues en combinant des techniques artisanales de l'habitat familial local avec les retombées des industries de pointe, notamment celles liées à la conquête de l'espace. Par exemple, le moyen le plus rapide pour former des caissons est de les creuser manuellement – manière de faire indigène qui se trouve avoir l'avantage d'être silencieuse. Les échafaudages font également appel à une technique vernaculaire : véritables toiles d'araignée en bambou, elles signalent quasiment tous les chantiers, et ce sont les structures les plus élégantes et fonctionnelles de Hong Kong. Cependant, étant donné la quantité de matériaux importés utilisés dans la construction et l'attention portée au rapport entre le poids de la structure et ses performances statiques, le projet a été très influencé par des sources extérieures au monde traditionnel du bâtiment. Elles vont de la conception du Concorde au génie militaire [...] en passant par l'univers des sous-traitants de l'aéronautique.*

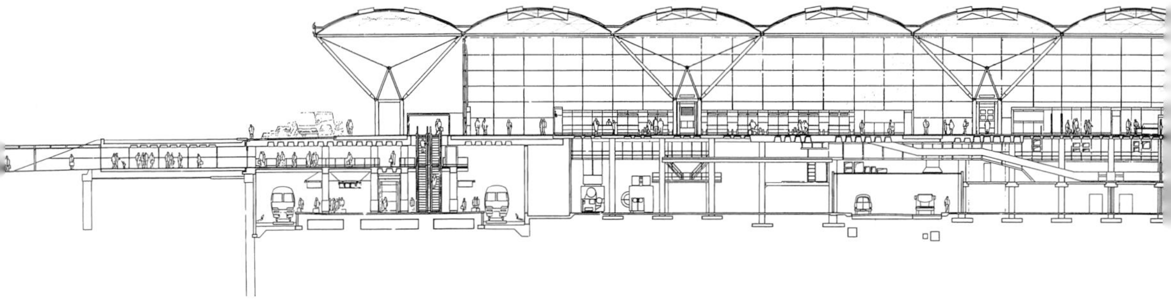

324. Foster Associates, siège de la Hong Kong and Shangai Bank, Hong Kong, 1979-1984. Photomontage de la maquette.

Foster donne ici le meilleur de lui-même : la répétition d'un module structurel et l'image globale du bâtiment se complètent pour lui donner une forme structurellement explicite et autonome, comme dans le centre Renault ou dans son projet de stade pour Francfort de 1986. La couverture de ce dernier devait être portée par des arcs surbaissés d'une portée de 70 mètres, réalisés en poutres-treillis d'acier. Les cavités hexagonales formées par la double toiture dégageaient des surfaces et des volumes filtrant la lumière du jour et abritant les systèmes de traitement de l'air et d'éclairage. La poussée latérale de la couverture était transmise à des articulations fixées sur une série de butées en béton coulées sur place en même temps que les fondations en gradins, conçues pour devenir le support des sièges des tribunes du stade.

Le troisième aéroport de Londres, Stansted, achevé en 1991, est une variante sur ce thème de l'opposition entre toiture et fondations. Le terminal [325] est un volume unitaire posé sur un sous-sol abritant le transfert des bagages et les liaisons avec le réseau ferroviaire. De plan carré, il est enveloppé de verre et couvert par une toiture formée par l'ingénieuse juxtaposition de 22 coupoles plates ; les partitions sont assurées par des cloisons basses qui séparent les couloirs d'arrivée et de départ, implantés côte à côte sous le grand abri. Sur le modèle des gares du XIXe siècle, tout permet aux passagers de se déplacer facilement et d'avoir un lien visuel avec leur moyen de transport – ici les avions. Un grand espace libre a été prévu pour une extension éventuelle, en longueur, du terminal, tandis que les faces longeant l'accès routier et les pistes

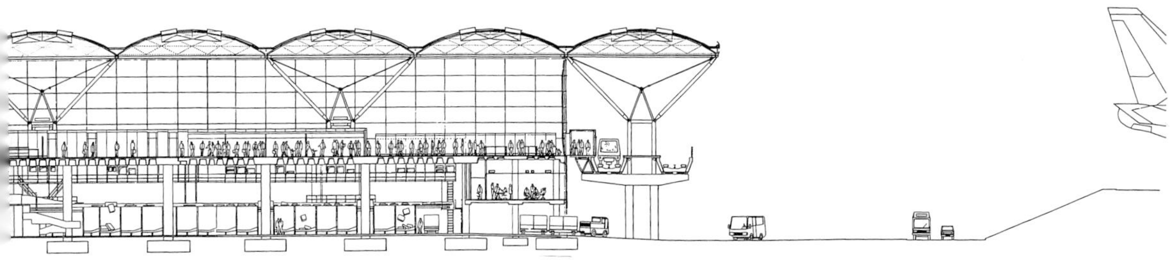

325. Foster Associates, aéroport de Stansted, 1991. Coupe Nord-Sud ; à gauche, la route d'accès, à droite, les pistes.

des avions sont conçues comme des plans fixes : le bâtiment pourra être agrandi sans que son apparence et ses voies d'accès ne soient modifiées. Ici comme dans ses autres œuvres high-tech, l'agence Foster Associates a bénéficié de l'inventivité des ingénieurs du bureau d'études Ove Arup and Partners.

**Postmodernisme**

La section d'architecture de la biennale de Venise de 1980, placée sous le signe de « La présence du passé », annonçait de diverses façons la diffusion massive du postmodernisme. Aucune ligne stylistique ou idéologique ne saurait définir ce mouvement, mais le fait qu'il se soit affirmé en termes exclusivement formels – pour ne pas dire superficiels – et non par des arguments d'ordre technique, organisationnel ou socioculturel (centraux ailleurs, comme dans le propos de Team X) suffit à le distinguer, en tant que *modus operandi*, de la production architecturale des années 1950 à 1975. Quelle qu'ait été la thèse défendue par Portoghesi à la biennale, le passé était déjà présent dans les bâtiments majeurs de cette période.

Bien sûr, les grands architectes américains des décennies précédentes, Mies van der Rohe et Kahn, prônaient encore un travail sur le vocabulaire moderne, une réinterprétation de ses principes et éléments avec les techniques nouvelles : les bâtiments devaient toujours être l'expression de leur époque, même si certains aspects tectoniques ou modes de composition étaient à l'évidence (voire de manière polémique) déterminés par des précédents historiques. La Neue Nationalgalerie de Berlin, commandée à Mies en 1961 et réalisée de 1965 à 1968, et le musée d'art Kimbell, construit par Kahn de 1967 à 1972 à Fort Worth (Texas), en témoignent. La première s'inspire de Schinkel et des grandes constructions en fer et en verre des ingénieurs du XIX^e siècle ; le second, des voûtes méditerranéennes et de la tectonique du béton armé. Les dernières œuvres de Mies et de Kahn sont au demeurant dépourvues de toute note utopique. Elles insistent au contraire sur le caractère irréductiblement matériel de toute construction et sur le jeu sublime avec la

326. La « Strada Novissima » à la biennale de Venise, 1980. De droite à gauche, façades de Hollein, Kleihues, Léon Krier et Venturi, Rauch & Scott-Brown.

lumière – donc sur des valeurs intemporelles de l'architecture. Même si Kahn était attiré par une forme de mysticisme issu de la kabbale, il aurait vu dans le postmodernisme, tout comme Mies, une décadence culturelle ; il condamna d'ailleurs le projet pour le Bicentennial Strip de Philadelphie par Venturi avec l'aphorisme suivant : « La couleur c'est pas de l'architecture. »

En cela, Mies et Kahn ont été les « maîtres » de l'architecture les plus incompris par leurs élèves et héritiers immédiats. Le premier a vu sa formulation de l'architecture d'entreprise américaine de 1950 à 1975 couronnée de succès, et son modèle devenir *la* référence dans certains secteurs immobiliers de l'après-guerre – comme en témoigne l'ouvrage d'Arthur Drexler édité par le MoMA en 1959, *Building for Business and Government* ; pourtant, les deux hommes ont pu constater que les qualités intrinsèques de leurs œuvres étaient plus appréciées en Europe qu'aux États-Unis. Si l'École de Chicago, dominée par la firme Skidmore, Owings & Merrill, a repris le flambeau de Mies avec talent et audace, d'autres architectes – comme Myron Goldsmith (concepteur du terminal de United Airlines à Des Plaines dans l'Illinois en 1962), Gene Summers (auteur de la place McCormick à Chicago en 1971) et Arthur Takeuchi (qui bâtit l'école élémentaire Wendell Smith à Chicago en 1973) – n'ont pas su prendre un nouveau départ, peut-être parce qu'ils n'avaient pas mesuré le suprématisme et le classicisme romantique sous-jacents dans l'œuvre de Mies. De même, malgré ses disciples de l'école de Philadelphie – Moore, Venturi, Thomas R. Vreeland et Romaldo Giurgola –, c'est en Europe que Kahn trouva la filiation la plus sensible, dans le néorationalisme italien et dans le structuralisme hollandais.

Cette éclipse des derniers Modernes aux États-Unis, liée au refus généralisé de ce que le philosophe Jürgen Habermas a appelé le « projet inachevé » de la modernité, tel qu'il avait été intégré avec enthousiasme au mythe et à la réalité du développement de l'Amérique au XIXe siècle, est parfaitement illustrée par le rejet dont a fait l'objet Wright – rejet d'autant plus étonnant qu'il fut incontestablement l'un des architectes les plus productifs du XXe siècle. Il est significatif que les acteurs du postmodernisme américain continuent d'ignorer Wright, et ce malgré l'intercession de Jencks, qui utilisa le maître de Chicago pour justifier Michael Graves dans son livre de 1983, *Kings of Infinite Space*. La cause de cette amnésie est claire : comme Aalto, Wright fut de ces créateurs modernes dont on ne saurait qualifier l'œuvre de réductionniste ou d'hermétique. Pour preuve, les deux cents maisons usoniennes construites de son vivant par Wright peuvent être vues comme une tentative pour faire de la banlieue un lieu de qualité architecturale.

Les fondements du postmodernisme en architecture, ainsi que dans presque tous les domaines culturels, sont difficiles à cerner. Peut-être résident-ils dans la réaction – au demeurant compréhensible – à la pression imposée par la modernisation de la société ; en cela, ils manifesteraient le désir d'échapper à la domination de la vie contemporaine par les valeurs de la science et de l'industrie. Pourtant, si les objectifs d'émancipation nourris par le siècle des Lumières sont désormais abandonnés au profit d'un réalisme plus pragmatique et rassurant, peu de signes indiquent que la société peut – ou souhaite – renoncer aux acquis de cette modernisation. Dans le discours qu'il a prononcé en 1980 lorsque lui fut remis le prix Theodor Adorno, Habermas a avancé que les déceptions vis-à-vis de la modernité sont dues à la rapidité et à la cupidité du développement moderne, alliées à un rejet populaire de toute nouveauté, plutôt qu'à l'avant-garde culturelle. Au fond, les conservateurs les plus extrémistes doivent admettre qu'il est difficile de résister à la marche du progrès.

La volonté de détruire le style et de cannibaliser la forme semble résumer le propos de l'architecture postmoderne – comme si aucune valeur, traditionnelle ou non, ne pouvait résister longtemps au cycle de la production et de l'obsolescence, qui réduit toutes les institutions laïques à des types de consommation et dévalorise toutes les qualités du passé :

aujourd'hui, la division du travail et les impératifs de l'économie de monopole en sont venus à faire de l'architecture une entreprise de packaging à grande échelle. Helmut Jahn semble le seul architecte postmoderne à se reconnaître dans ce rôle. Le postmodernisme le plus déterministe cantonne en effet l'architecte dans un rôle de « marchand de conditionnement » : la structure et la substance des constructions étant définies par le promoteur et par l'entrepreneur, le maître d'œuvre doit se contenter de fournir un habillage adéquat et séduisant. Cette situation étant actuellement dominante dans les opérations américaines en centre urbain, les tours sont soit réduites au silence de leurs parois uniformes en verre-miroir, soit affublées de déguisements pseudo-historiques. Le machinisme populaire de Jahn doit d'ailleurs être compris comme une tentative pour concilier ces deux stratégies. Que l'historicisme dématérialisé soit incarné en vraies pierres – dès lors accrochées à de lourdes ossatures en béton armé, comme dans le siège à New York de AT&T, construit par Johnson en 1978-1984 –, qu'il se satisfasse, plus sobrement, d'un mur-rideau décoratif en verre porté par de l'acier, ou bien qu'il s'agisse, comme dans le Portland Building (Oregon), bâti par Michael Graves de 1979 à 1982 [327], d'une surface parfaitement lisse de béton peint – ce qui a pour effet de dilater à une échelle gigantesque l'image d'une folie en ruine (donc idéalisée) –, le résultat est globalement le même : un type populiste de ce que Venturi a appelé « hangar décoré ». De toutes les façons, ces trois options sont d'un ordre plus scénographique que tectonique : non seulement on observe une fracture entre la substance interne et la forme externe, mais la forme même nie son origine (qui réside dans la construction), ou en évacue la matérialité. Avec l'architecture postmoderne, les citations de motifs classiques ou traditionnels sont mélangées de façon déconcertante. Toujours exprimées comme des images floues, elles se désintègrent facilement et disparaissent dans d'autres formes plus abstraites que l'architecte ne respecte pas plus que ses allusions historiques pour le moins arbitraires.

327. Graves, Portland Building, Portland, Oregon, 1979-1982.

Michael Graves fut une figure emblématique de ce mouvement. Ses collages postcubistes – peints ou construits – ont radicalement changé vers 1975 : il tomba alors sous la coupe des spéculations néoclassiques de Léon Krier, qui s'attachait à effacer toute trace de syntaxe moderne dans son propre travail. Il suffit pour s'en convaincre de comparer le projet que ce dernier conçut en 1974 pour la Royal Mint Avenue à Londres et la minuscule école qu'il réalisa à Saint-Quentin-en-Yvelines en 1978, dans laquelle cette purge fut menée à son terme. Similairement, Graves est passé du projet encore moderne pour la Maison Crooks de 1976 à la folie néoclassique du centre culturel Fargo-Moorhead, proposée en 1977 pour ces villes jumelles situées de part et d'autre de la frontière entre le Minnesota et le Dakota du Nord. Depuis, des motifs librement inspirés de Ledoux dominent son travail, mélangés à des fragments empruntés à Krier, Hoffmann, Gilly, Schinkel, mais aussi au cubisme et même à l'Art déco.

Le Portland Building a projeté Graves au cœur d'un scandale typiquement postmoderne, cet édifice public étant affublé de formes arbitraires peintes sur sa façade. Le maître

328. Stirling, Staatsgalerie, Stuttgart, 1980-1983.

d'ouvrage s'opposa d'abord vigoureusement à la petitesse des fenêtres en majorité carrées, pour des questions d'usage : en Oregon, le ciel est presque toujours couvert ; il obtint que les percements soient un peu agrandis. Ensuite, une fois achevé, le bâtiment fut critiqué pour des questions architecturales : on lui reprocha ses baies aux dimensions faussement généreuses – en fait des vitrages très sombres « dessinés » de manière trompeuse sur les murs pleins en béton. Enfin et surtout, on dénonça sa totale indifférence au site. Contrairement aux édifices Beaux-Arts qui l'entourent – l'hôtel de ville et le tribunal du comté –, le Portland Building ne donne accès au jardin public situé au sud que par une entrée de service et, malgré son rez-de-chaussée à arcades, il offre une façade bien peu avenante sur les rues qui l'entourent. Depuis, Graves a répondu à des programmes qui semblent plus appropriés à son approche iconographique, comme la modeste bibliothèque de San Juan Capistrano (Californie) en 1983, dont les toits évoquent le style colonial espagnol local. Mais là encore, comme Joseph Maria Olbrich – auquel il vaut mieux le comparer qu'à Wright –, Graves est plus créateur d'*objets d'art* qu'architecte. Par la suite, il semble avoir rejoint Peter Eisenman dans l'idée qu'« une maison ne doit plus être conçue comme une maison (une unité sociale ou idéologique) ou comme un objet en soi, mais plutôt comme la peinture d'un objet ».

Comme Graves, de nombreux architectes de la modernité tardive – James Stirling, Philip Johnson et Hans Hollein, puis Romualdo Giurgola, Moshe Safdie ou Kevin Roche – se sont convertis au postmodernisme. Tous ont adopté, à des degrés divers, le discours de l'historicisme « dématérialisé » en le mélangeant de manière plus ou moins aléatoire à des fragments modernistes. Le plus souvent, cette vaine cacophonie fait perdre à l'architecte toute maîtrise de son art. Cette modalité contemporaine de la fameuse « disparition de l'auteur » est manifeste dans l'œuvre de Stirling, notamment dans sa Staatsgalerie de Stuttgart, livrée en 1983 [328]. C'est le bâtiment public le plus accompli de sa dernière période ; hétérogène et conflictuel, il conclut une série de trois projets néoclassiques qu'il mena dans la seconde moitié des années 1970 pour des musées allemands. Sa structure en béton armé, ses détails raffinés et son revêtement de pierres de taille lisses en font un édifice globalement atectonique, plus proche d'Hoffmann et de Gunnar Asplund (surtout de son cimetière Woodland de Stockholm, de 1939) que de l'avant-gardisme et du constructivisme du premier Stirling. Les différences entre Stirling et Asplund révèlent toutefois le passage d'une conception libérale de la *civitas* chez le Suédois – avec l'expression d'une citoyenneté égalitariste – au « classicopopulisme » de l'Anglais. Ainsi Stirling pensait que le musée n'était plus seulement une institution éducative mais aussi un espace de loisir et de divertissement. Ce point de vue, né certainement des nouvelles manières de gérer un musée, explique que la monumentalité de l'ensemble de Stuttgart soit allégée par certains traits constructivistes, comme le spectaculaire mur-rideau ondoyant, les mains courantes tubulaires hors d'échelle ou les légers édicules symboliques en métal – bref par une pléthore d'éléments aux couleurs vives comme des jouets, conçus pour séduire l'homme de la rue.

Une approche similaire nourrit d'autres œuvres muséales de Stirling, telles les extensions du Fogg Museum à Harvard et de la Tate Gallery à Londres [l'actuelle Tate Britain]. À la Tate, tout se passe comme si la tradition tectonique se consumait sous nos yeux en un retour de l'apparence pour l'apparence.

La disparition de l'architecture peut aussi consister en l'élimination pure et simple du bâtiment, en son enfouissement dans le sol ; il devient alors un intérieur introverti plutôt qu'un témoignage de la chose publique. Le musée de Mönchengladbach, achevé en 1983 par Hollein, et le nouveau siège du parlement australien, construit par Giurgola en 1988 à Canberra, en témoignent.

Hollein semble être le seul postmoderne à avoir opéré la synthèse entre un goût pour l'artisanat et une certaine distance critique. Cette dichotomie fut brillamment interprétée dans son « antifaçade » pour la biennale de Venise de 1980 : il y déclina le motif du passage de la « réalité » à l'« illusion » et de l'« art » à la « nature » sur le thème de la colonne. Trois ans plus tôt, il avait déjà fait montre de son talent et de son sens du détail dans la scénographie d'une exposition de céramiques au musée de Téhéran. Cet aménagement rendait bien compte de sa manière éminemment métaphorique, également évidente dans l'agence de voyages qu'il réalisa à Vienne entre 1976 et 1978 [329]. Ce n'est pas un hasard si, comme l'a suggéré Friedrich Achleitner dans un article de 1981 intitulé « Viennese Positions », Hollein donne le meilleur de lui-même dans ses aménagements intérieurs. Sa brillante analyse des rapports qui unissent l'architecte à la culture viennoise mérite d'être largement citée :

*Pour rendre justice à Hollein, il faut connaître la réalité viennoise, avec sa tradition trop ancienne et sa sensibilité au cadre architectural – perçu comme contre-réalité ou comme substitut de réalité – trop aiguisée. Depuis le baroque, et peut-être même avant, les médiums ambivalents que sont l'architecture et la musique (contrairement à la littérature, qui fut réprimée par les Habsbourg) furent privilégiés pour représenter des réalités évidentes ; ils en vinrent à refléter le psychisme collectif ou individuel. Les cortèges funéraires et les parades des Habsbourg avaient mis en scène la disparition de l'aristocratie et de la haute bourgeoisie ; cette disparition précéda la Première Guerre mondiale et trouva une incarnation esthétique dans la Sécession viennoise. [...] Les techniques du montage, du collage, de l'altération, des allusions saisissantes ou de la citation désarmante n'étaient pas seulement cultivées dans le langage.*

*Hans Hollein semble avoir absorbé non seulement cette tradition, mais aussi ses œuvres qui – d'un point de vue extrême – sont pour les Viennois la confirmation déplaisante de la persistance de leur situation. Une fois de plus, la toile de fond devient visible : Hollein est en possession des instruments qui la mettent en évidence. Ou peut-être l'agence de voyages est-elle autre chose que le traitement visuel de la satisfaction de besoins finalement simples – la fourniture d'informations et de titres de transport ? Beaucoup pourront être gênés par le traitement esthétique du sujet qui, au lieu d'illustrer son contenu avec réserve, en révèle toutes les facettes. Il n'est pas seulement question d'informations et de documents*

329. Hollein, agence de voyages Opernring, Vienne, 1976-1978.

*de voyage, mais d'illusions, de désirs, de rêves et même de clichés sur le voyage. Le client pénètre dans un monde de références et d'illusions ; aucun objet n'est simplement lui-même. L'entrée n'est pas celle d'une agence de voyages mais un hall de gare, ou du moins crée-t-elle cette association. Les allusions agissent à différents niveaux : elles vont de la simple lisibilité des comptoirs des compagnies aérienne (Adler), maritime (Reling), à la billetterie de spectacles [...] et aux références plus subtiles à l'Égypte, la Grèce et l'Inde. Illusion et orientation, information et connaissance se mêlent, tandis que l'argent passe à travers la grille d'un radiateur de Rolls-Royce, clin d'œil au client.*

Rien de plus éloigné de ce jeu sur divers niveaux de réalité que le « mégaclassicisme » néo-social-réaliste du Taller de Arquitectura, incarné en panneaux de béton préfabriqués. Les grandes opérations de logements réalisées par Ricardo Bofill dans plusieurs villes nouvelles françaises – « Les Arcades du lac » à Saint-Quentin-en-Yvelines, en 1974-1980, et le spectaculaire « Palais d'Abraxas » [330] à Marne-la-Vallée, en 1979-1983, témoignent de l'inédite proximité de cet architecte occidental avec l'État et de son identification simpliste au pouvoir. Cette identification, et le succès international qui l'accompagna, ne légitime en rien l'« incarcération » par Bofill du logement collectif dans ce cadavre de kitsch classicisant. Sa performance technique, comparable au machinisme populaire de Jahn, représente la négation absolue des valeurs que la Tendenza attachait au monument. Certes, ce n'était pas la première fois que le logement de masse arborait une forme monumentale – que l'on songe au Karl Marx Hof, achevé à Vienne par Karl Ehn en 1930, ou à l'unité d'habitation de Marseille, livrée par Le Corbusier en 1952 [232] ; mais jamais depuis la réalisation du Ring viennois – que Loos comparait aux « villes Potemkine » – on n'avait traité une accumulation de cellules de logement de manière aussi théâtrale. Il est certainement symptomatique de notre époque, et de sa régression à la fois sociale et architecturale, que les « condensateurs sociaux » que sont les jardins d'enfants, écoles, salles de réunion, laveries et piscines – équipements que l'on devrait trouver associés aux logements publics – soient peu nombreux et visibles dans

330. Bofill et Taller de Arquitectura, « Le Palais d'Abraxas », Marne-la-Vallée, 1979-1983.

l'œuvre de Bofill. L'absence de ces équipements est en effet aussi réactionnaire que la brutalité des appartements standard obstinément casés entre de fausses architraves et des colonnes creuses. Privé de terrasse, puisqu'elle n'appartient pas à la syntaxe retenue par l'architecte d'origine catalane, l'habitant candidat à l'ascension sociale doit se satisfaire de ce décor d'opérette et de l'illusion de vivre dans un palais.

**Néo-avant-garde**

Bien qu'Aldo Rossi ait eu quelques disciples américains, le néorationalisme n'eut guère d'influence aux États-Unis. Ce mouvement était en effet peu pertinent dans le contexte de la ville américaine, dénuée de la complexité typomorphologique des cités européennes. La thèse de la Tendenza sur la « continuité du monument » manquait donc de crédibilité dans une société où le contexte urbain est si peu stable. Par ailleurs, vers 1965, une production théorique et artistique rigoureuse vit le jour. Elle se focalisa autour des travaux de l'association informelle de cinq architectes basés à New York – The New York Five, « les Five » – autour de Peter Eisenman. John Hejduk et ce dernier ancrèrent leur recherche dans l'esthétique de l'avant-garde de l'entre-deux guerres, prenant respectivement pour modèle Theo van Doesburg et Giuseppe Terragni, tandis que les trois autres membres du groupe – Michael Graves, Charles Gwathmey et Richard Meier – se réclamaient de la période puriste de Le Corbusier. L'engagement des Five en faveur d'une architecture autonome, débarrassée de ce qu'ils percevaient comme le fonctionnalisme réducteur de la Neue Sachlichkeit, fut parfaitement exprimé par Eisenman dans son projet théorique pour la House VI, et la matérialisation de celle-ci, en 1976, dans la maison Frank à West Cornwall (Connecticut), ainsi que dans plusieurs projets très controversés de Hejduk : la série des maisons Diamond de 1963-1967 et, surtout, la Wall House (maison Mur) de 1970. Hejduk a depuis renoncé au formalisme de ses débuts pour se consacrer à l'invention d'aménagements théoriques – dont les « Masques de Berlin » de 1981. Graves a

331. Meier, High Museum, Atlanta, 1980-1983.

troqué le néopurisme contre un postmodernisme plus décoratif – comme dans l'hôtel Disney réalisé à Orlando (Floride) en 1991. Gwathmey et surtout Meier sont quant à eux restés fidèles à leurs racines puristes ; le High Museum d'Atlanta (Géorgie) de 1983 [331] et le Musée des arts appliqués de Francfort, achevé en 1984, ont fait de Meier le grand spécialiste des édifices publics de sa génération.

Les Five n'étaient pas les seuls architectes à puiser, à la fin des années 1960, dans les ferments idéologiques et esthétiques de l'avant-garde du XX$^{e}$ siècle. Ils trouvèrent un écho à Londres auprès de l'OMA (Office for Metropolitan Architecture), qui regroupait alors Rem Koolhaas, Elia et Zoe Zenghelis et Madelon Vriesendorp. Koolhaas et Zenghelis trouvèrent la matière de leurs projets urbains dans l'architecture suprématiste d'Ivan Leonidov et dans le surréalisme, cherchant à atteindre ce que Roland Barthes nommait une « répétition différente ».

Grâce à leur activité d'enseignant, les membres de l'OMA ont formé une nouvelle génération de néosuprématistes, dont les représentants les plus notables sont Laurinda Spear, du groupe Arquitectonica, et Zaha Hadid ; dans les années 1980, l'OMA réalisa d'importantes opérations publiques, notamment un lotissement de villas sur l'île grecque d'Antiparos et des logements sur Kochstrasse à Berlin.

332. Koolhas (OMA), projet de terminal de ferry, Zeebrugge, 1980 (maquette).

Eisenman avait alors déjà conçu son projet radical (de 1978) pour une place du Cannaregio à Venise : plutôt que de se caler sur la trame urbaine existante, il lui avait superposé une grille arbitraire, dérivée du projet de 1964 pour l'hôpital de Venise (non réalisé) de Le Corbusier. Diverses versions à des échelles différentes de la Maison XIa, conçue un an plus tôt, étaient projetées aux intersections de cette grille avec les espaces libres du quartier. Ce jeu antihumaniste sur l'échelle, qu'Eisenman désignera plus tard par le néologisme *scaling* (échellement), devait remettre en question toutes les idées reçues sur l'échelle humaine et la dimension sociale. Avec cette œuvre, Eisenman inaugurait un *modus operandi* quasi dadaïste auquel il est resté fidèle, générant ses formes par la superposition plus ou moins arbitraire de trames, axes, échelles ou contours, sans daigner considérer leur relation avec le contexte ; en témoignent ses logements sur la Friedrichstrasse à Berlin, de 1981-1985, et le Wexner Center for the Visual Arts [333] à Columbus (Ohio), achevé en 1989.

L'année 1983 fut décisive pour la néo-avant-garde : Koolhaas et l'Américain d'origine suisse Bernard Tschumi s'affrontèrent lors de la dernière phase du concours pour le parc de la Villette à Paris, pensé comme le prototype du parc urbain du XXIe siècle. Il est assez significatif, compte tenu de l'émergence ultérieure du déconstructivisme en architecture, que la proposition de Tschumi, retenue en 1984 [334], ait exploité deux grands paradigmes : le texte *Point et ligne sur plan* de Wassily Kandinsky, initialement paru dans le n° 9 des *Bauhausbücher*, et la fragmentation de la narration spatiale, inspirée de la technique du montage de plans indépendants, mise au point par le cinéaste russe d'avant-garde Lev Koulechov.

Influencé par le constructivisme russe et par le *mariage de contour* des premiers aménagements paysagers de Roberto Burle Marx et d'Oscar Niemeyer, Tschumi était à la recherche d'une architecture anti-classique dans laquelle

333. Eisenman, Wexner Center for the Visual Arts, Colombus, Ohio, 1983-1989. Vue aérienne montrant le bâtiment dans le tissu du campus.

des configurations et utilisations inédites émergeraient de folies constructivistes laquées de rouge ponctuant régulièrement le parc. Tschumi différencia ces dernières les unes des autres en déclinant quelques variables comme les prismes, les cylindres, les rampes, les escaliers ou les auvents : dans une certaine mesure, ces éléments expriment les différents contenus des folies. Cet accord/désaccord entre le programme et la forme réapparut en 1990 dans la réponse de Tschumi au concours pour la Bibliothèque de France, où une piste de course incongrue traversait le volume principal.

Des stratégies déconstructivistes similaires, mais en aucune manière identiques, furent adoptées par d'autres architectes au cours des années 1980, depuis la maison de Frank O. Gehry à Santa Monica [308] en 1978 jusqu'à plusieurs édifices de la fin des années 1980, notamment le projet de Biocentrum à Francfort, en 1987, et l'immeuble de logements construit la même année à Checkpoint Charlie dans Berlin, tous deux dus à Eisenman, ou encore l'apocalyptique réponse de Daniel Libeskind au concours pour un espace public organisé par l'IBA, à Berlin – proposition lauréate mais non réalisée, intitulée « City Edge » –, et le Théâtre de Danse de Koolhaas, construit à La Haye en 1987. Comme l'a écrit Mark Wigley dans le catalogue de l'exposition « Deconstructivist Architecture », présentée en 1988 au MoMA à New York :

*La forme elle-même se tord. Pourtant cette distorsion par l'intérieur ne détruit pas la forme. Curieusement, elle reste intacte. Il s'agit d'une architecture du bouleversement, de la dislocation, de la déflexion, de la déviation et de la distorsion plutôt que de la démolition, du démantèlement, de la décomposition et de la désintégration. Elle déplace le bâtiment mais ne le détruit pas. Le plus inquiétant est qu'en fin de compte, la forme non seulement survit à ses tortures mais qu'elle en ressort encore plus forte. Peut-être en est-elle même le produit. Il devient difficile de savoir qui, de la forme ou de la distorsion, de l'hôte ou du parasite, vient en premier. [...] Aucun geste chirurgical ne peut libérer la forme, aucune incision nette ne peut être pratiquée. Oter le parasite reviendrait à tuer l'hôte. Ils forment une entité en symbiose.*

334. Tschumi, parc de la Villette, Paris, 1984-1986.

Malgré sa force critique, l'essentiel du discours théorique du déconstructivisme est à la fois élitiste et déconnecté du monde, témoignant de l'auto-aliénation d'une avant-garde sans cause. Comme l'a fait remarquer le critique hollandais Arie Graafland, là où le constructivisme recherchait la synthèse – la création d'une architecture nouvelle pour une société nouvelle – son antithèse déconstructiviste est issue, au moins pour partie, de la perception que la modernisation globalisée accule le supposé ordre technocratique par-delà ses limites rationnelles. Cette impasse apparaît dans la pensée du père fondateur de la déconstruction, le philosophe Jacques Derrida, qui a travaillé avec Eisenman et Tschumi sur un projet de petit jardin thématique dans le parc de la Villette. Revenu de toute illusion sur les Lumières et tiraillé, comme l'architecture, entre les exigences contradictoires de la raison pratique et de la poésie, Derrida semblait à la recherche d'un moyen terme aporétique, situé quelque part entre l'existentialisme de Heidegger et un pragmatisme plus ou moins lié à l'irréductible ambiguïté du langage.

# Le régionalisme critique : architecture contemporaine et identité culturelle

*En même temps qu'une promotion de l'humanité, le phénomène d'universalisation constitue une sorte de subtile destruction, non seulement des cultures traditionnelles, ce qui ne serait peut-être pas un mal irréparable, mais de ce que j'appellerai [...] le noyau créateur des grandes civilisations, des grandes cultures, ce noyau à partir duquel nous interprétons la vie et que j'appelle par anticipation le noyau éthique et mythique de l'humanité. Le conflit naît de là ; nous sentons bien que cette unique civilisation mondiale exerce en même temps une sorte d'action d'usure ou d'érosion aux dépens du fonds culturel qui a fait les grandes civilisations du passé. Cette menace se traduit, entre autres effets inquiétants, par la diffusion sous nos yeux d'une civilisation de pacotille qui est la contrepartie dérisoire de ce que j'appelais tout à l'heure la culture élémentaire. C'est partout, à travers le monde, le même mauvais film, les mêmes machines à sous, les mêmes horreurs en plastique ou en aluminium, la même torsion du langage par la propagande, etc. ; tout se passe comme si l'humanité, en accédant en masse à une première culture de consommation, était aussi arrêtée en masse à un niveau de sous-culture. Nous arrivons ainsi au problème crucial pour les peuples qui sortent du sous-développement. Pour entrer dans la voie de la modernisation, faut-il jeter par-dessus bord le vieux passé culturel qui a été la raison d'être d'un peuple ? [...] D'où le paradoxe : il faut d'une part se réenraciner dans son passé, se refaire une âme nationale et dresser cette revendication spirituelle et culturelle face à la personnalité du colonisateur. Mais il faut en même temps, pour entrer dans la civilisation moderne, entrer dans la rationalité scientifique, technique, politique qui exige bien souvent l'abandon pur et simple de tout un passé culturel. C'est un fait : toute culture ne peut supporter et absorber le choc de la civilisation mondiale. Voilà le paradoxe : comment se moderniser, et retourner aux sources ? Comment réveiller une vieille culture endormie et entrer dans la civilisation universelle ? [...]*
*Nul ne peut dire ce qu'il adviendra de notre civilisation quand elle aura véritablement rencontré d'autres civilisations autrement que par le choc de la conquête et de la domination. Mais il faut bien avouer que cette rencontre n'a pas encore eu lieu au niveau d'un véritable dialogue. C'est pourquoi nous sommes dans une sorte d'intermède, d'interrègne, où nous ne pouvons plus pratiquer le dogmatisme de la vérité unique et où nous ne sommes pas encore capables de vaincre le scepticisme dans lequel nous sommes entrés. Nous sommes dans le tunnel, au crépuscule du dogmatisme, au seuil des vrais dialogues.*

Paul Ricœur, *La Civilisation universelle et les cultures nationales*, 1962

Le terme de « régionalisme critique » ne désigne pas ici la tradition constructive vernaculaire, jadis produit spontané de l'interaction du climat, de la culture, du mythe et de l'artisanat, mais plutôt les récentes « écoles » régionales qui s'attachent avant tout à représenter et à servir les territoires limités dans lesquels elles sont ancrées. Pour qu'advienne un tel régionalisme, un minimum de prospérité et un consensus d'opposition au centralisme – l'aspiration du moins à une indépendance culturelle, économique et politique – doivent exister.

Le concept de culture locale ou nationale relève cependant du paradoxe, d'abord du fait de l'opposition entre les cultures spécifiques et la « civilisation universelle », ensuite parce que l'enrichissement même de toute culture, qu'elle soit ancienne ou moderne, a toujours reposé sur les échanges avec d'autres cultures. Ricœur suggère qu'aujourd'hui plus que jamais, les cultures régionales et nationales doivent, en

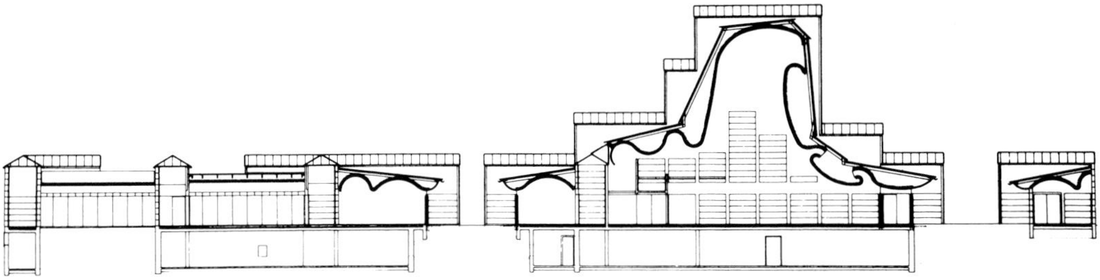

335. Utzon, église de Bagsvaerd, près de Copenhague, 1976. Coupe longitudinale.

dernier ressort, être les déclinaisons locales d'une « civilisation mondiale ». Ce n'est sûrement pas un hasard si ce paradoxe apparaît à une époque où la modernisation généralisée écrase toutes les formes traditionnelles de cultures agraires autochtones. Du point de vue théorique (voir l'introduction p. 9), nous devons considérer les cultures régionales non pas comme des données immuables mais plutôt comme des biens à faire soigneusement fructifier. D'après Ricœur, pour nourrir quelque forme de culture authentique que ce soit, il faudra désormais générer des formes dynamiques de culture régionale tout en s'appropriant des influences étrangères, qu'elles soient culturelles ou civilisationnelles.

Ce processus d'assimilation et de réinterprétation apparaît clairement dans l'œuvre du Danois Jørn Utzon, en particulier dans l'église qu'il a livrée à Bagsvaerd, près de Copenhague, en 1976 [335]. Des éléments de remplissage en béton préfabriqué en usine, de dimensions standard, sont savamment articulés aux coques voûtées en béton armé, coulées *in-situ*, qui couvrent les grands espaces accessibles au public. Cette combinaison de l'assemblage de modules et du coulage en place peut sembler n'être qu'un emploi pertinent des diverses techniques du béton à notre disposition ; pourtant, la manière dont ces techniques sont combinées renvoie à plusieurs couples de valeurs opposées.

Si l'assemblage de modules préfabriqués relève des valeurs de la civilisation universelle et « représente » son adaptabilité aux normes, les coques réalisées sur le chantier constituent une invention structurelle attachée à un site bien défini. Si l'on suit Ricœur, on pourrait dire que le premier affirme la norme d'une civilisation universelle, quand les secondes affichent les valeurs d'une culture idiosyncrasique. De même, on peut voir dans ces deux modes de construction en béton l'expression de l'opposition entre la rationalité du normatif et l'« arationalité » du symbolique.

Un autre dialogue s'instaure cependant dès que l'on passe du revêtement extérieur modulaire très économique (qu'il s'agisse des panneaux de béton apparent des murs ou de la verrière de la couverture) à la voûte coiffant la nef, qui est tout sauf bon marché. Cette voûte, solution de franchissement bien plus coûteuse donc qu'une structure en poutres métalliques, est délibérément choisie pour sa valeur symbolique puisqu'en Occident, elle incarne le sacré. Pourtant, la configuration extrêmement complexe de celle de l'église de Bagsvaerd ne peut guère passer pour occidentale. Le seul précédent d'emploi d'une section de ce type dans un contexte sacré est oriental : il s'agit des couvertures des temples bouddhistes chinois, qu'Utzon a décrites dans un article de 1962 : « Platforms and Plateaus: Ideas of a Danish architect ».

Les références subtiles et contradictoires attachées à ces coques dépassent de beaucoup la réinterprétation quelque peu pervertie d'une forme orientale en bois dans une technique occidentale du béton. Si la grande voûte de la nef indique, par son échelle et son éclairage zénithal, la présence du religieux, elle exclut toute lecture exclusivement orientale ou occidentale de la forme. Une même fusion de l'Orient et de l'Occident est à l'œuvre dans les menuiseries en bois des percements et dans les cloisons à lattes, qui rappellent à la fois les églises fortifiées du Nord et les complexes constructions en bois chinoises et japonaises. Ces manœuvres de déconstruction puis de recomposition semblent répondre à plusieurs buts : faire revivre des formes occidentales galvaudées en refondant leur nature profonde dans un creuset oriental, puis exprimer la laïcisation de l'institution que représentent ces formes. Il s'agit là d'une manière particulièrement pertinente de traiter une église dans une époque séculière, où l'iconographie ecclésiastique traditionnelle risque en permanence de sombrer dans le kitsch.

Mais la revitalisation d'éléments occidentaux dans des types orientaux (et inversement) ne suffit pas à définir la manière dont l'église de Bagsvaerd s'inscrit dans le temps et dans l'espace. Utzon lui a aussi donné la forme d'une grange, la métaphore agricole permettant d'exprimer en termes publics une institution sacrée. Mais cette métaphore quelque peu absconse est destinée à évoluer avec le temps : les bouleaux plantés autour de l'église ayant atteint leur maturité, l'édifice apparaît enfin à l'intérieur de ses propres limites. Le *temenos* naturel créé par le rideau d'arbres invite alors à voir dans ce bâtiment plus un temple qu'un hangar agricole.

Typique d'un régionalisme farouchement opposé au centralisme, le groupe indépendantiste catalan « R » a vu le jour à Barcelone en 1952. Dirigé par José Maria Sostres et Oriol Bohigas, il se trouva immédiatement confronté à une problématique culturelle complexe. D'une part, il se devait de faire revivre les valeurs rationalistes antifascistes et le vocabulaire du GATEPAC (l'aile espagnole d'avant-guerre des CIAM) ; d'autre part, ses membres étaient bien conscients de la responsabilité politique que porterait un régionalisme réaliste, accessible au plus grand nombre. Ce double programme fut exposé pour la première fois par Bohigas dans un article de 1951 sur les possibilités d'une architecture spécifiquement barcelonaise. Les diverses tendances composant ce régionalisme

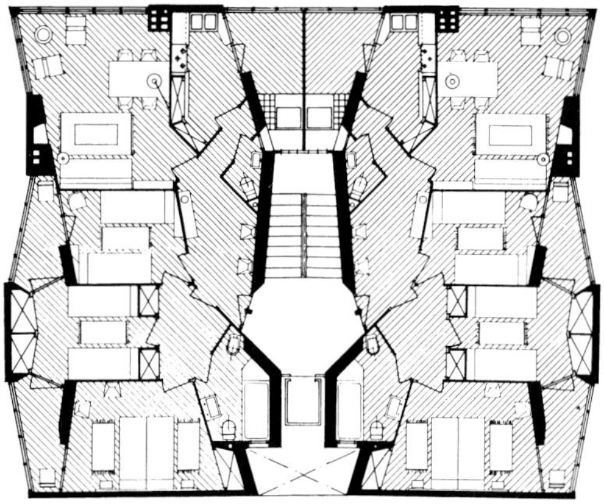

336-337. Coderch, immeuble de logements ISM, Barcelone, 1952. Vue extérieure et plan d'étage courant.

338. Coderch, Casa Catasus, Sitges, 1957. Plan du rez-de-chaussée.

hétérogène confirmaient au demeurant la nature irrémédiablement hybride de toute culture régionale moderne. Il y avait d'abord la tradition catalane de la brique, qui remontait au *Modernismo* ; puis l'influence de Richard Neutra et du néoplasticisme – ce dernier relayé par le livre de 1953 de Bruno Zevi, *La Poetica della architettura neoplastica ;* enfin le néoréalisme de l'Italien Ignazio Gardella, qui avait utilisé en 1951 des persiennes traditionnelles, des fenêtres en hauteur et de grands débords de toiture dans la Casa Borsalino à Alessandria (Italie). Il convient d'ajouter à cela, particulièrement pour l'agence MBM qui regroupa, autour de Bohigas, Josep Martorell et David Mackay, le néo-brutalisme britannique, perceptible dans leur immeuble réalisé sur le Paseo de la Bonanova à Barcelone, en 1973.

L'œuvre du Barcelonais José Antonio Coderch fut typiquement régionaliste en ce qu'elle a toujours oscillé entre, d'une part, l'héritage modernisé du vocabulaire méditerranéen de la brique – incarné dans l'immeuble de logements ISM [336, 337], construit à La Barceloneta en 1951 et « traditionnel » dans son expression, à l'instar de la Casa Borsalino, par l'usage de persiennes de hauteur d'étage et de fines dalles en porte-à-faux – et, d'autre part, l'approche avant-gardiste, à la fois néoplasticiste et miesienne, comme dans la Casa Catasus, achevée à Sitgès en 1956 [338].

La décadence du régionalisme catalan dans les années 1980 est surtout imputable à Ricardo Bofill et au Taller de Arquitectura. Si, en 1964, l'immeuble de la calle Nicaragua témoignait d'une affinité avec la réinterprétation de la tradition locale des constructions en brique par Coderch, le Taller adopta ensuite une démarche résolument *Gesamkunstwerk.* Le complexe Xanadu, réalisé à Calpe en 1967, flirtait déjà avec un romantisme kitsch. L'obsession pour le thème du château fort atteignit son apothéose dans l'ensemble revêtu de terre cuite de Walden 7, à la fois héroïque et racoleur, bâti à Sant Just Desvern, près de Barcelone, en 1975. Avec ses vides sur douze niveaux, ses pièces mal éclairées, ses balcons minuscules et son revêtement qui se dégrada en quelques années seulement, Walden 7 a incarné la frontière délicate où une démarche critique dégénère en mise en scène photogénique. Malgré l'hommage qu'elle rend en passant à Gaudí, cette opération témoigne de l'attirance de ses auteurs pour la séduction de masse. C'est une architecture éminemment narcissique, son vocabulaire formel renvoyant au monde de la haute couture et au culte de la personnalité flamboyante de Bofill. Ses aspirations hédonistes à une utopie méditerranéenne ne résistent cependant pas à l'examen ; ainsi la toiture-terrasse, à la différence de celle de l'Unité d'habitation de Le Corbusier à Marseille [233], n'exploite pas du tout le potentiel sensuel de l'espace.

Rien de plus éloigné du propos de Bofill que le travail tout sauf photogénique du Portugais Álvaro Siza Vieira dont la carrière débuta avec la piscine de Quinta di Conceição, livrée en 1965. Cela apparaît clairement dans les vues fragmentaires et allusives utilisées dans les publications de cet aménagement, mais aussi dans un texte écrit par Siza en 1979 :

*La plupart de mes projets n'ont jamais été réalisés. Quelques-uns d'entre eux n'ont été accomplis qu'en partie, d'autres ont été profondément modifiés, voire abandonnés. [...] Chaque projet architectural cherche à saisir avec la plus grande rigueur un moment concret parmi ceux qui composent une image fugace, sans omettre une seule de ses nuances ; et ce n'est que dans la mesure où l'on parvient à capter cette qualité fuyante de la réalité que le projet est précis, et d'autant plus vulnérable qu'il est exact.*

*Ce doit être pour cette raison que seules mes œuvres marginales ont été réalisées telles qu'elles avaient été dessinées. C'est le résultat d'une participation au processus de transformation culturelle qui comprend à la fois la construction et la destruction. Mais quelque chose reste de ce processus. Des fragments demeurent, çà et là, en nous, que, peut-être, quelqu'un après nous recueillera, et qui laissent des signes dans l'espace et chez les êtres, se fondant au processus de transformation totale.*

Cette profonde sensibilité à la transformation d'une réalité à la fois labile et précise donne à l'œuvre de Siza plus de richesse et de densité qu'à l'éclectique école de Barcelone ; dans la lignée d'Alvar Aalto, Siza ancre ses bâtiments

339-341. Siza, maison Beires, Póvoa do Varzim, 1973-1977. Vue extérieure et plans du rez-de-chaussée (en haut) et de l'étage (en bas).

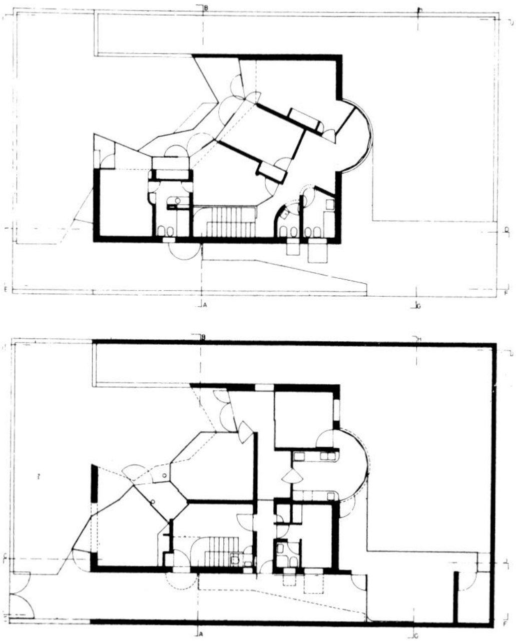

dans la géographie et la finesse du tissu local. Ses œuvres sont donc des réponses spécifiques au paysage urbain, terrestre et maritime de la région de Porto. Le respect des matériaux locaux, de l'artisanat et des jeux naturels de la lumière est également au centre de son œuvre, mais ce respect ne tombe jamais dans un sentimentalisme lié au refus de la rationalité formelle et des techniques modernes. Comme l'hôtel de ville de Säynätsalo de Aalto [191], les constructions de Siza sont délicatement intégrées dans leur site. De la maison Beires, achevée à Póvoa do Varzim en 1977 [339-341], aux maisons en bande SAAL (programmes de logements sociaux élaborés en participation avec les habitants après la révolution des Œillets) de Bouça à Porto, achevées en 1977, son approche est plus sensuelle et tectonique que visuelle et graphique. Même ses petits édifices urbains, tels la succursale de la banque Pinto à Oliveira de Azemeis en 1974, sont organisés à partir du terrain.

Les projets de l'architecte autrichien installé à New York Raimund Abraham relèvent de préoccupations semblables : l'accent est toujours porté sur la création d'un véritable lieu et sur les aspects topographiques du bâti. Ses propositions pour la maison à Trois Murs, de 1972, et pour la maison aux Murs fleuris, l'année suivante, évoquent l'essence onirique du site tout en insistant sur l'inéluctable matérialité des bâtiments. Cet intérêt pour pour la capacité de la tectonique à transformer la surface terrestre se retrouve dans ses projets pour l'IBA à Berlin, surtout dans celui de 1981 pour le sud de Friedrichstadt [342].

L'œuvre du Mexicain Luis Barragán est empreinte d'une matérialité tout aussi forte. Les formes de ses villas les plus abouties (généralement réalisées à Pedregal, dans les environs de Mexico) sont dictées par la géographie. Paysagiste autant qu'architecte, Barragán voulait créer une architecture sensuelle et terrienne ; une architecture faite d'enceintes, de stèles, de fontaines et de bassins, intégrée à la roche volcanique et à la végétation luxuriante, renvoyant à l'*estancia* mexicaine. Le *pueblo* mythique de l'enfance de Barragán décrit parfaitement cet univers et, par là, ses sources d'inspiration :

*Les premiers souvenirs de mon enfance sont liés à une hacienda que ma famille possédait près du village de Mazamitla. C'était un pueblo dans les montagnes, avec des maisons aux toits de tuile dotés d'auvents immenses pour protéger le passant des averses de la région. Il avait la couleur de la terre, ce qui était intéressant car la terre était colorée Dans le village, le système de distribution de l'eau consistait en de grands troncs d'arbres en forme de canaux qui s'appuyaient sur une structure de fourches,*

342. Abraham, concours pour Friedrichstadt Sud, Berlin, 1961. Plan de la moitié de l'opération.

*à 5 mètres, au-dessus des toits. Cet aqueduc traversait le village et arrivait dans les patios où d'énormes fontaines de pierre recevaient l'eau. Les patios contenaient les écuries où vivaient ensemble les vaches et les poules. [...] Les canalisations de bois, couvertes de mousse, gouttaient, débordaient dans tout le village. Cela lui donnait une ambiance de conte de fées. Non, il n'existe pas de photographies. Il m'en reste seulement le souvenir.*

Ces réminiscences étaient certainement influencées par l'intérêt que Barragán porta toute sa vie à l'architecture islamique. Elles expriment également son refus de l'invasion de la sphère privée par le monde moderne et sa critique des atteintes perpétrées contre la nature par la civilisation de l'après-guerre :

*La vie de tous les jours devient beaucoup trop publique. La radio, la télévision, le téléphone envahissent notre intimité. Les jardins devraient donc être clos et non ouverts à tous les regards. [...] Les architectes oublient le besoin de pénombre des êtres humains, de cette sorte de lumière qui apporte le calme dans leurs salons comme dans leurs chambres à coucher. Il faudrait supprimer près de la moitié des vitrages dans la plupart des bâtiments [...] Avant l'âge de la machine, la Nature était un fidèle compagnon pour tous, même au milieu des villes. [...] Aujourd'hui la situation est renversée. L'homme ne va plus à la rencontre de la Nature, même quand il quitte la ville pour communier avec elle. Cloîtré dans sa rutilante automobile, son esprit conditionné par le monde qui a donné naissance aux voitures, il est un corps étranger au sein de la Nature. Un panneau de signalisation suffit à étouffer la voix de la Nature. La Nature devient un reliquat de Nature et l'homme, un reliquat d'homme.*

En 1947, alors qu'il réalisait sa première maison-atelier à Tacubaya (près de Mexico), Barragán avait déjà abandonné la syntaxe du Style international. Pourtant, son œuvre n'a jamais quitté le registre de l'abstraction qui caractérise l'art du XX^e^ siècle. Son goût pour les grands pans de mur quasi impénétrables, inscrits dans le paysage, atteignit un summum expressif avec ses jardins pour les lotissements de Las Arboledas et de Los Clubes, en 1961 et 1964, et avec l'ensemble monumental, visible depuis l'autoroute, de la Ville satellite composé de cinq tours en béton teinté, conçu avec le sculpteur Mathias Goeritz en 1957 [343].

343. Barragán et Goeritz, gratte-ciel de la Ville satellite City, Mexico, 1957.

Bien sûr, le régionalisme s'est exprimé dans d'autres parties du continent américain : au Brésil, dans les années 1940, avec les premiers travaux d'Oscar Niemeyer et d'Affonso Reidy ; en Argentine, avec l'œuvre d'Amancio Williams, spécialement la maison-pont bâtie à Mar del Plata en 1945 [344], puis avec les édifices de Clorindo Testa, tel le siège de la Banque de Londres à Buenos Aires, en 1959 ; au Venezuela, avec la Ciudad Universitaria, érigée sur les plans de Carlos Raúl Villanueva de 1945 à 1960 ; sur la côte Ouest des États-Unis, à Los Angeles, avec les réalisations de Richard Neutra, de Rudolf Schindler, de Gustav Weber et d'Irving Gill, puis avec l'école de Bay Area, fondée par William Wurster, et avec les œuvres de Hamilton Harwell Harris en Californie du Sud. Personne n'a mieux que ce dernier exprimé l'idée de régionalisme critique dans un discours de 1954 intitulé « Regionalism and Nationalism », prononcé lors d'un conseil régional de l'AIA (American Institute of Architects) à Eugene (Oregon), discours dans lequel il introduisit la distinction pertinente entre la nature restrictive ou libératrice de tout régionalisme :

*Un autre type de régionalisme se trouve à l'opposé du régionalisme restrictif : le régionalisme libérateur. Il est l'expression d'une région* en totale harmonie avec la pensée de l'époque. *Nous ne l'appelons « régionale » que* parce qu'elle n'a pas encore vu le jour ailleurs. *Cette région est extraordinaire parce qu'elle est plus consciente et plus libre que d'habitude. La qualité de cette expression tient à ce qu'elle a* du sens pour le reste du monde. *Pour exprimer architecturalement ce régionalisme, il faut que l'on construise – de préférence beaucoup – à un moment donné. [...]*

*San Francisco était faite pour Maybeck. Pasadena, pour Greene et Greene. Aucun d'eux n'aurait pu parvenir à ce qu'il a fait dans un autre endroit et à un autre moment. Certes, ils ont utilisé les matériaux disponibles sur place ; mais les matériaux ne suffisent pas à rendre remarquable une œuvre. [...] Une région peut développer des idées. Une région peut aussi accepter des idées. Les deux cas nécessitent de l'imagination et de l'intelligence. Dans la Californie de la fin des années 1920 et des années 1930,*

344. Williams, maison-pont, Mar del Plata, 1943-1945. Coupe.

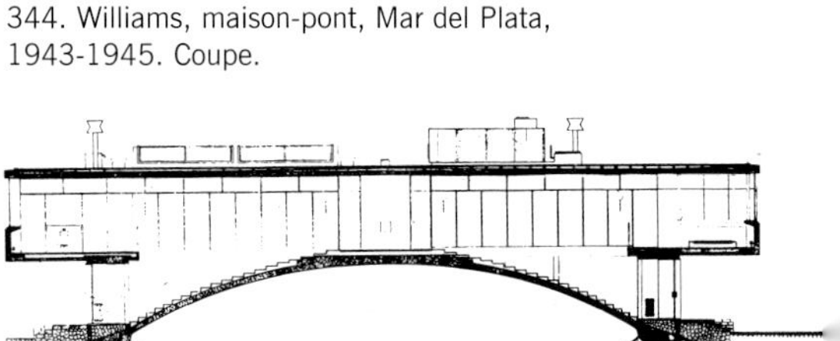

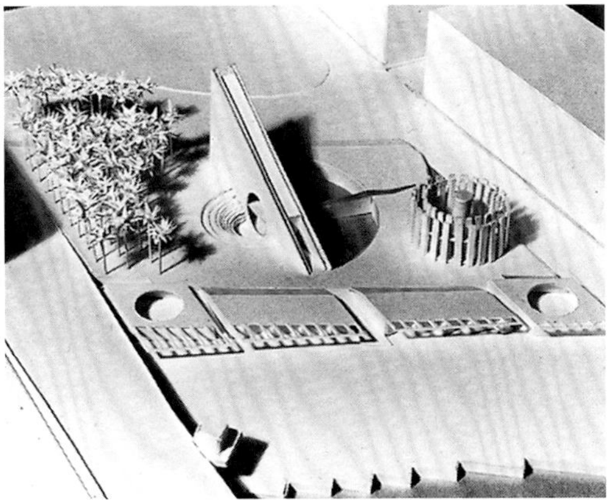

345. Wolf, maquette du projet de concours pour l'aménagement de Riverfront Plaza, Fort Lauderdale, 1981.

*les idées européennes modernes ont rencontré un régionalisme en plein essor. Sur la côte Est au contraire, la modernité européenne fut confrontée à un régionalisme rigide, restrictif, qui résista puis céda d'un coup. La côte Est accepta en bloc la modernité européenne parce que son régionalisme n'était plus qu'un ensemble de contraintes.*

Malgré une apparente liberté d'expression, un régionalisme aussi libérateur serait difficile à atteindre de nos jours en Amérique du Nord. Au sein de la prolifération d'expressions individualistes, dans des œuvres souvent autosatisfaites plutôt que critiques, seules quelques agences sont réellement engagées dans une recherche dénuée de sentimentalisme de la culture régionale américaine. Évoquons ainsi les maisons, intégrées avec sensibilité dans leur site, conçues par Andrew Batey et Mark Mack dans la vallée de la Napa en Californie, ou l'œuvre de Henry Wolf, essentiellement cantonnée à la Caroline du Nord. Son approche de la métaphore comme outil de création d'un lieu est illustrée par sa réponse polémique au concours de 1982 pour la Riverfront Plaza à Fort Lauderdale [345]. La description de son projet insistait sur l'intention d'inscrire l'histoire de la ville dans le terrain grâce au mouvement du soleil.

*L'adoration du soleil et la mesure du temps à l'aide de ses rayons remontent aux premières traces de l'histoire de l'humanité. Il est intéressant de noter, à propos de Fort Lauderdale, que si l'on suivait sa latitude – 26° – autour du globe, la ville se trouverait alignée avec l'ancienne Thèbes – où siégeait le dieu du soleil égyptien, Râ. Plus à l'Est, on trouverait Jaipur, en Inde, où fut jadis construit le plus grand cadran solaire du monde, cent dix ans avant la fondation de Fort Lauderdale.*
*En gardant à l'esprit ces prestigieux précédents, nous avons cherché un symbole qui parlerait du passé, du présent et du futur de Fort Lauderdale. [...] Pour saisir symboliquement le soleil, un grand cadran solaire est gravé sur le sol de la plaza ; le gnomon de ce cadran, matérialisé par une double paroi, coupe en deux le terrain selon un axe Nord-Sud. Cette double lame s'élève depuis le Sud jusqu'à la latitude de 26°5' – soit celle de Fort Lauderdale. [...]*
*Chaque date importante de l'histoire de la ville est consignée sur la grande lame double du cadran solaire. De minutieux calculs ont permis d'aligner les angles formés par les rayons du soleil avec les incisions ménagées à travers cette double lame. D'éclatants cercles de lumière sont ainsi projetés sur la partie du cadran qui reste par ailleurs dans l'ombre. Ces rais lumineux éclairent des inscriptions commémoratives qui font office d'aide-mémoire annuel pour l'histoire de la ville.*

En Europe, l'œuvre de l'Italien Gino Valle est régionale en ce qu'elle est concentrée sur la ville d'Udine. Par ailleurs, Valle a proposé l'une des premières réinterprétations de l'après-guerre des constructions traditionnelles lombardes avec la Casa Quaglia [346], achevée à Sutrio en 1956.

Il n'est pas surprenant que les tendances régionalistes aient vu le jour dans les cités-états encore florissantes de l'après-guerre. Bien des architectes de renom ont ainsi contribué à la culture de leur ville natale. Au sein de cette génération restée fidèle au régionalisme, on

346. Valle, Casa Quaglia, Sutrio, 1954-1956.

347. Scarpa, galerie Querini Stampalia, Venise, 1961-1963.

348. Schnebli, maison Castioli, Campione d'Italia, 1960. Vue générale.

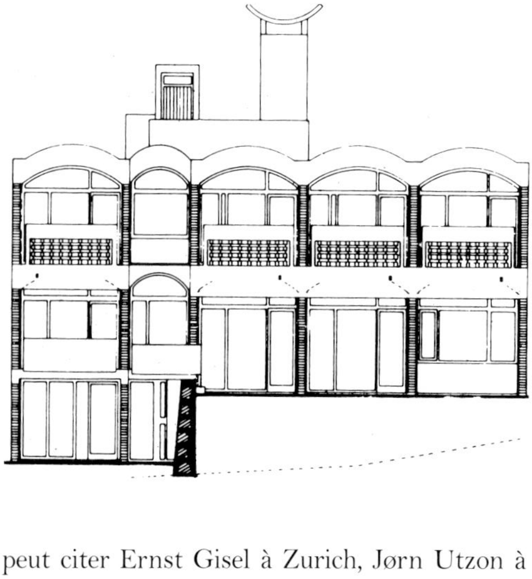

peut citer Ernst Gisel à Zurich, Jørn Utzon à Copenhague, Vittorio Gregotti à Milan, Sverre Fehn à Oslo, Aris Konstantinidis à Athènes et, enfin, Carlo Scarpa à Venise [347].

Avec ses nombreuses frontières linguistiques et son passé cosmopolite, la Suisse a toujours manifesté de fortes tendances régionalistes. Le principe cantonal d'admission et d'exclusion a ainsi favorisé des formes d'expression très marquées, le canton soutenant la culture locale, tandis que la confédération favorisait l'assimilation d'idées étrangères. La villa voûtée d'inspiration corbuséenne, réalisée par Dolf Schnebli en 1960 à Campione d'Italia, à la frontière entre la Suisse et l'Italie, a inauguré la résistance tessinoise au Style international commercial. Cette résistance trouva un écho immédiat dans d'autres lieux en Suisse, notamment avec la maison Rotalini – également influencée par Le Corbusier – construite par Aurelio Galfetti à Bellinzona, ainsi qu'avec une autre incarnation corbuséenne du béton brut, l'ensemble de logements intermédiaires de la Siedlung Halen [377], achevé en 1960 par l'Atelier 5 près de Berne.

Le régionalisme du Tessin puise ses racines dans les œuvres réalisées en Suisse par certains membres du rationalisme italien, en particulier l'Italien Alberto Sartoris et le Tessinois Rino Tami. Les réalisations les plus importantes de Sartoris se trouvent dans le Valais : citons la remarquable église de Lourtier, de 1932, et deux petites maisons à ossature de béton construites entre 1934 et 1939 sur des domaines viticoles, la plus connue étant la résidence Morand-Pasteur à Saillon. Sartoris a écrit à propos de la compatibilité entre rationalisme et architecture rurale : « Avec ses motifs essentiellement régionaux, l'architecture rurale est parfaitement en phase avec le rationalisme d'aujourd'hui. Elle incarne dans la pratique tous les critères fonctionnels qui fondent les méthodes modernes de construction. » Si Sartoris était surtout un militant, Tami était plutôt un constructeur ; les architectes tessinois des années 1960 purent prendre comme modèle rationaliste sa bibliothèque cantonale de Lugano, achevée en 1940.

Au milieu des années 1950, les professionnels tessinois, à l'exception de Galfetti, étaient plus influencés par Frank Lloyd Wright que par les rationalistes italiens de l'avant-guerre. Tita Carloni a décrit ainsi cette période : « Notre objectif était de créer en toute naïveté un Tessin "organique", où les valeurs modernes seraient naturellement entremêlées avec la tradition locale. » Au début des années 1970, il écrivit ceci sur le rationalisme tessinois :

*Les vieux schémas wrightiens ne fonctionnaient plus, le chapitre des « grandes commandes » d'État, avec leurs pieuses intentions réformistes, fut refermé. Il fallut repartir de zéro [...] : les logements, les écoles, les petites restaurations à vocation didactique, la participation à des concours afin de creuser et de réévaluer les missions et formes de l'architecture. Dans le même temps, le débat culturel en Italie, l'engagement politique et l'épuisante confrontation avec nos compatriotes intellectuels – en particulier Virgilio Gilardoni – signifièrent le retour des livres d'histoire sur nos tables de travail ; cela nous poussa à relever le défi que constituait la nécessité d'une réévaluation critique de toute l'histoire de la modernité, spécialement celle des années 1920 et 1930.*

349. Botta, maison familiale, Riva San Vitale, 1972-1973.

La force d'une culture régionale réside en effet dans sa capacité à cristalliser le potentiel artistique et critique local tout en réinterprétant les influences de l'extérieur. L'œuvre de l'élève le plus talentueux de Carloni, Mario Botta, est à cet égard typique : elle se concentre sur des questions liées directement au lieu, tout en adaptant des approches venues d'ailleurs. Après avoir étudié auprès de Scarpa, Botta eut la chance de travailler, certes brièvement, pour Louis Kahn et pour Le Corbusier, lorsque ceux-ci conçurent des projets publics pour Venise. Marqué à l'évidence par ces maîtres, Botta a fait sienne la méthodologie néorationaliste tout en conservant, grâce à Scarpa, une rare capacité à enrichir ses formes par le recours à l'artisanat. L'*intonaco lucido* (technique de plâtre enduit et poli) utilisé pour l'encadrement de la cheminée d'une ferme qu'il a rénovée à Ligrignano en 1979 en témoigne.

Deux autres traits de l'œuvre de Botta témoignent de sa posture critique : la préoccupation pour ce qu'il désigne par l'expression « construire le site » et sa conviction que la perte de la ville historique ne peut être compensée que par la création de « villes en miniature ». Ainsi, l'école qu'il a réalisée à Morbio Inferiore relève du microcosme urbain. Du point de vue typologique, Botta évoque également comme source primaire la culture tessinoise du paysage : sa maison à Riva San Vitale [349] fait indirectement référence aux traditionnelles maisons de campagne estivales en forme de tours, ou « *rocoli* », jadis nombreuses dans la région.

En dehors de ces allusions, les maisons de Botta bornent le paysage, indiquant des limites ou des frontières. La maison à Ligornetto, par exemple, marque l'endroit où le tissu du village laisse la place au système agricole : son ouverture principale – une grande baie comme découpée dans la façade – tourne le dos aux champs pour regarder le village. Les maisons de Botta sont souvent traitées à la manière de bunkers-belvédères : leurs percements donnent sur des morceaux choisis du paysage, occultant ainsi les lotissements suburbains qui ont dévasté le territoire tessinois dans les années 1960. Au lieu de s'inscrire dans le site, ces maisons « construisent le site » – reprenant en cela une thèse avancée en 1966 par Vittorio Gregotti dans son livre *Il Territorio dell'architettura (Le Territoire de l'architecture).* Elles s'affirment comme des formes primaires faisant face à la topographie et au ciel. Leur capacité à s'harmoniser avec la nature partiellement agricole de la région vient de leur forme et de leur traitement *analogique :* les parpaings apparents de couleur claire et les formes de silos ou de granges dans lesquelles elles sont logées évoquent les constructions agricoles traditionnelles dont elles sont dérivées.

Malgré cette sensibilité à une domesticité à la fois moderne et traditionnelle, l'aspect le plus critique des réalisations de Botta réside dans ses projets publics, notamment ceux qu'il a conçus avec Luigi Snozzi. Deux d'entre eux sont des constructions « en viaduc » ; en cela, ils ont une

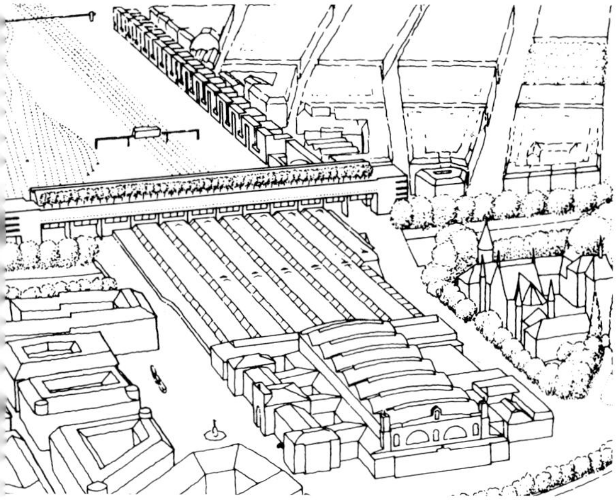

350. Botta et Snozzi, concours pour l'agrandissement de la gare de Zurich, 1978. La gare d'origine (en bas) et le pont enjambant les voies.

dette envers le projet de palais des Congrès de Venise, imaginé par Kahn en 1968, et les premières esquisses de Rossi pour l'ensemble Galaratese. Le projet (non réalisé) de Botta et Snozzi pour le concours du nouveau centre urbain de Pérouse, de 1971, prend la forme d'une « ville dans la ville » – une approche qui pourrait être appliquée à de nombreuses autres mégalopoles. Pensé comme une « mégastructure-viaduc », ce complexe se serait imposé dans l'agglomération sans altérer la ville historique ni se fondre dans le chaos de la banlieue. Une clarté et une pertinence comparables se retrouvent dans le projet des mêmes concepteurs pour l'extension de la gare de Zurich de 1978 [350] : les différents niveaux du viaduc auraient abrité des boutiques, des bureaux, des restaurants et des parkings, mais aussi constitué un nouveau bâtiment central, certaines fonctions d'origine étant maintenues dans l'ancienne gare.

Il n'est pas surprenant que Tadao Ando, l'un des architectes japonais les plus sensibles à la question du local, soit installé à Osaka et non à Tokyo, et que ses écrits théoriques formulent avec une clarté inédite à sa génération des principes qui se rapprochent du régionalisme critique. Cela est évident dans sa perception de la tension entre la modernisation universelle et l'idiosyncrasie des cultures ancrées dans le local. Dans « Mon architecture moderne : du moi à l'universel », article de 1982, il écrit :

*Né et élevé au Japon, c'est là que j'ai construit. Et l'on peut sans doute dire que ma méthode exploite un vocabulaire et une technique modernistes – qui se sont épanouis en s'universalisant –, tout en les enfermant dans le particularisme de chaque situation architecturale (mode de vie, situation géographique).*

Et de poursuivre :

*Avec la rapide croissance économique, le système de valeurs se transforme. La famille comme institution féodale s'écroule, la concentration des lieux de travail et d'information en ville et toutes les mutations sociales survenues après la Seconde Guerre mondiale provoquent les problèmes du surpeuplement de la ville et du dépeuplement des campagnes [...]. Ce surpeuplement de la ville et de sa périphérie exclut de préserver l'une des principales caractéristiques de l'habitat japonais : la symbiose avec la nature. C'est ce que j'appelle l'« architecture moderne intériorisée », qui désigne aussi la réactualisation de ce qui a petit à petit disparu dans l'habitat avec la modernisation du Japon.*

Par ce concept d'« architecture moderne intériorisée », Ando entend, presque littéralement, la création d'enclaves murées où l'homme peut retrouver certains vestiges de ses attaches avec la nature.

Dans ses petites maisons à patio, souvent bâties dans un tissu urbain très dense, Ando lisse le béton afin d'accentuer l'homogénéité de sa surface plutôt que son poids, car c'est d'après lui le matériau qui convient le mieux « pour réaliser des plans matérialisés par des rayons de lumière [...] : la surface du mur rejoint par abstraction le néant, et s'approche de la limite de l'espace. A ce moment-là, la présence objective du mur disparaît, et seul reste, en tant que corps sensible, l'espace cerné. »

Alors que les écrits de Kahn ou de Le Corbusier insistaient sur la lumière, Ando considère que le paradoxe de la limpidité spatiale créée par la lumière est très pertinent au Japon ; il explicite ainsi le sens plus large qu'il donne à l'idée de « modernité repliée sur elle-même » :

*Ces types d'espace font resurgir l'image intérieure de la présence du moi qui a tendance à nous échapper dans cette vie utilitaire [...]. Cela constitue précisément le but de l'« architecture du moi ». L'« architecture du moi », en tant que plastique, connaîtra sûrement des évolutions variant en fonction de son lieu d'implantation. Seulement, n'avons-nous pas ici affaire à une méthodologie ouverte vers l'univers ?*

Ando fait ici référence à une architecture dont le caractère tactile transcende la perception initiale de l'ordre géométrique. La précision et la signification du détail sont toutes deux nécessaires à la révélation des formes sous la lumière. Ando a pu ainsi écrire au sujet de la maison Koshino, érigée en 1981 [351-352] :

*Avec le temps, la lumière change les apparences. Je crois que les matériaux de l'architecture ne se limitent pas au bois et au béton, qui adoptent des formes tangibles, mais vont au-delà pour inclure également la lumière et le vent, qui font appel à nos sens. [...] Le détail est l'élément le plus important pour exprimer une identité. [...] À mon avis, il incarne physiquement la composition de l'architecture, tout en générant son image.*

Dans un article de 1981 sur les architectes grecs Dimitris et Susana Antonakakis, intitulé « The Grid and the Pathway » (la grille et le chemin), Alexander Tzonis et Liane Lefaivre ont montré le rôle ambigu qu'ont joué les *Schinkelschüler* dans la construction d'Athènes et dans la fondation de l'État grec :

*En Grèce, la version néoclassique du régionalisme historiciste avait déjà suscité une opposition avant l'avènement de l'État-providence et de l'architecture moderne. Cela tient à une crise très particulière qui explosa vers la fin du XIX^e^ siècle. Le régionalisme historiciste grec [...] était né de la volonté de développer une élite urbaine en dehors du monde paysan et du « retard » rural, et de celle de créer une domination de la ville sur la campagne : d'où l'attrait du régionalisme historiciste, fondé sur la théorie plutôt que sur l'expérience, avec une monumentalité rappelant une autre élite, distante et délaissée. Le régionalisme historique a réuni les gens, mais il les a également divisés.*

Les diverses réactions au succès du néoclassicisme grec durant le XIXe siècle allèrent de l'historicisme vernaculaire des années 1920 au modernisme engagé des années 1930, tel celui de Stamo Papadaki et J. G. Despotopoulos. Comme l'a fait remarquer Tzonis, un modernisme consciencieusement régionaliste vit le jour avec

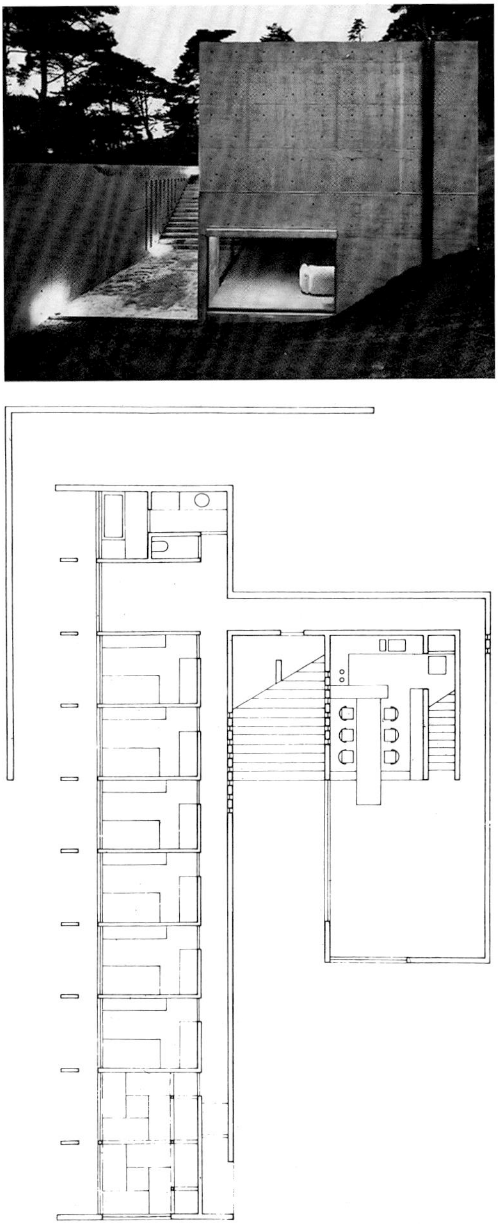

351-352. Ando, maison Koshino, Osaka. Vue extérieure et plan du rez-de-chaussée.

les premières œuvres d'Aris Konstantinidis, notamment sa maison à Eleusis, de 1938, et ses aménagements pour l'exposition florale de Kifissia, de 1940 ; il poussa un peu plus loin cette ligne dans les années 1950, avec divers programmes de logement social et les hôtels qu'il

353. Pikionis, chemin piétonnier dans le parc aménagé sur la colline de Philopappos, Athènes, 1957.

réalisa pour l'organisme touristique grec Xenia de 1956 à 1966. Tous les édifices publics de Konstantinidis témoignent d'une tension entre la rationalité universelle d'une structure en poteaux-poutres de béton armé et la matérialité autochtone d'un remplissage de pierres locales. Un régionalisme moins ambigu habite le parc et la promenade [353] que Dimitris Pikionis a aménagés en 1957 à Athènes sur la colline de Philopappos, non loin de l'Acropole. Ce paysage archaïque a été analysé ainsi par Tzonis et Lefaivre :

*Pikionis libère l'architecture de tout exhibitionnisme technologique et de toute complaisance en matière de composition (deux traits dominant dans les années 1950), pour créer un objet complètement nu, quasi désincarné : un agencement de « lieux circonstanciels » déroulés le long de la colline, pour la contemplation solitaire, les discussions intimes, les petites réunions ou les grands rassemblements. Afin de tisser cet extra-ordinaire maillage de niches, passages et situations, Pikionis identifie les éléments* ad hoc *dans l'habitat populaire ; pourtant le caractère régional de ce projet n'est pas lié à quelque tendre émotion. Au contraire, les enveloppes de ces événements précis sont étudiées avec un pragmatisme distancié, comme le ferait un archéologue. Leur type et leur emplacement ne cherchent pas plus la facilité d'un sentiment superficiel. Ce sont des supports pour des usages quotidiens, auxquels l'architecture contemporaine ne répond pas dans la vie de tous les jours. La réflexion sur le local est la condition nécessaire pour parvenir au concret et au réel, et pour humaniser à nouveau l'architecture.*

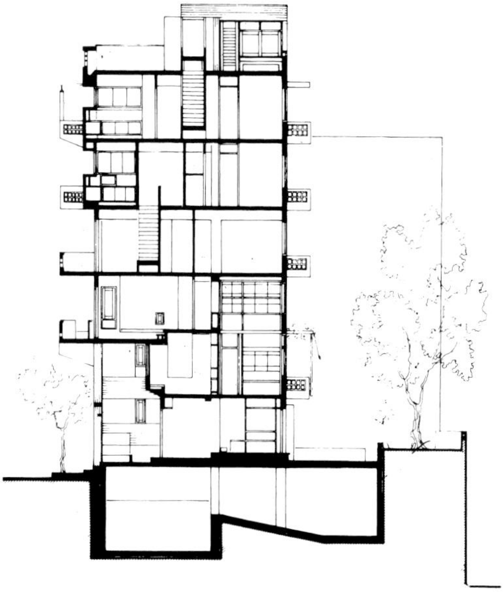

354-355. Antonakakis, immeuble d'habitation, Athènes, 1973-1974. Coupe transversale et vue de la façade.

Tzonis considère que le travail de l'agence Antonakakis combine le « chemin » topographique de Pikionis et la « grille » universelle de Konstantinidis – une dialectique qui renvoie de nouveau à la scission entre culture et civilisation, mise en évidence par Ricœur. L'immeuble de la rue Benakis à Athènes [354-355], construit par Dimitris Antonakakis en 1975, exprime parfaitement cette dualité. Les strates de l'édifice sont insérées à la manière d'un labyrinthe vernaculaire grec dans la trame régulière de l'ossature porteuse en béton.

De même que les attitudes évoquées dans le chapitre précédent se recoupent souvent, le régionalisme critique relève moins d'un style que d'une catégorie critique fondée sur quelques caractéristiques, présentes ou non dans les exemples que l'on a cités. On peut classer ces caractéristiques, ou plutôt attitudes, ainsi :

1) Le régionalisme critique est une pratique marginale ; bien que réservé vis-à-vis de la modernisation, il reste attaché aux valeurs libératrices et progressistes de l'héritage moderne. Son intérêt pour les marges et pour les fragments l'éloigne de la normalisation optimisante comme de l'utopisme naïf du premier Mouvement moderne. Le régionalisme critique se démarque de la lignée allant de Haussmann à Le Corbusier par son goût pour les échelles modestes plutôt que pour les grands plans.

2) Aussi le régionalisme critique prône-t-il une architecture mesurée, qui privilégie le territoire généré par la construction d'un édifice sur un terrain donné au bâtiment perçu comme objet isolé. Cette « forme-lieu » signifie que l'architecte sait discerner, dans les limites physiques de son travail, le moment où s'arrête l'acte même de construction.

3) Le régionalisme critique s'attache à ce que l'architecture soit incarnée par un fait tectonique plutôt qu'à réduire le cadre bâti à une collection d'épisodes scénographiques disparates.

4) On peut affirmer que le régionalisme critique est régional dans le sens où il insiste toujours sur des facteurs propres au site : la topographie – matrice en trois dimensions dans laquelle un édifice vient s'installer – et les jeux de lumière variés sur cet édifice. La lumière est toujours comprise comme l'acteur principal par lequel un volume et sa valeur tectonique sont révélés. Corollaire nécessaire, les conditions climatiques doivent être prises en compte. Le régionalisme critique est en cela opposé à la « civilisation universelle » prônant un recours systématique à l'air conditionné. Il voit dans les ouvertures des bâtiments de subtiles zones de transition à même de répondre aux spécificités du site, du climat et de la lumière.

5) Le régionalisme critique accorde autant d'importance aux sensations tactiles que visuelles. Il sait que l'on peut appréhender l'environnement autrement que par le seul regard. Il est attentif à de nombreuses perceptions annexes, comme les variations de lumière, les impressions de chaleur ou de froid, l'humidité, les courants d'air, l'odeur et la résonance des matériaux selon les volumes dans lesquels ils sont utilisés, voire les textures des sols qui ont des incidences plus ou moins conscientes sur nos postures, notre démarche. À une époque dominée par les médias, tout cela va à l'opposé de la tendance à remplacer l'expérience par l'information.

6) S'il refuse tout pastiche sentimentaliste des constructions vernaculaires, le régionalisme critique réinterprète certains éléments de ces dernières pour les glisser comme des anecdotes dans le propos d'ensemble. Ces éléments sont parfois puisés à des sources étrangères. Autrement dit, le régionalisme critique promeut une culture qui se veut à la fois contemporaine et ancrée dans le local, sans tomber dans l'hermétisme – qu'il soit de nature formelle ou technique. Il tend donc à la création paradoxale d'une « culture mondiale » attachée à diverses régions – condition nécessaire à toute forme pertinente de pratique contemporaine.

7) Le régionalisme critique tend à s'épanouir dans les interstices culturels qui échappent au nivellement induit par la civilisation universelle. L'idée reçue selon laquelle un centre culturel dominant serait entouré de satellites dominés et dépendants devient alors un modèle inadéquat pour rendre compte de l'état actuel de l'architecture moderne.

# Mondialisation de l'architecture et pratique réflexive

*L'idée de pratique réflexive est une alternative à l'épistémologie classique de la pratique. Elle mène [...] à de nouvelles conceptions du contrat professionnel, des relations entre recherche et pratique, ainsi que des systèmes d'enseignement des institutions professionnelles. Je voudrais maintenant indiquer comment elle peut aussi nous mener à penser différemment le rôle des professionnels dans les politiques publiques ainsi que la place des professions dans toute la société. L'idée de pratique réflexive conduit à une démystification de l'expertise professionnelle, en un sens à la fois proche et différent de la critique radicale. Elle nous conduit à prendre conscience que pour les domaines tant professionnel que contre-professionnel, un savoir spécifique est ancré dans des cadres d'évaluation qui portent la marque des valeurs et des intérêts de l'homme. Elle nous conduit également à reconnaître que le champ de l'expertise technique est limité par des situations d'incertitude, d'instabilité, d'exception et de conflit. Lorsque des théories et des techniques fondées sur la recherche ne peuvent être appliquées, les professionnels ne peuvent plus se targuer de leur expertise, mais seulement de leur excellente préparation à l'agir professionnel.*

Donald Schön, *The Reflective Practitioner*, 1983

Si elles ont vu apparaître un peu partout des architectes de haut niveau, les années 1980 sont toutefois caractérisées par un niveau de maturité très inégal dans les pays dits avancés, et des témoignages d'une surprenante créativité dans des pays que l'on tient pour sous-développés. La situation des États-Unis dans les années 1990 en témoigne : malgré l'excellence revendiquée de ses professionnels – qu'ils soient réputés ou moins établis – avec des personnalités aussi différentes qu'un Harry Wolf [356] ou qu'un Steven Holl –, il est peu probable que l'un d'eux puisse présenter un corpus d'œuvres comparable, en terme de pertinence sociale, aux réalisations de plusieurs de leurs confrères indiens. Je pense notamment à Balkrishna Doshi, pour son plan de la ville nouvelle de Vidhyadhar Nagar, de 1984 ; à Raj Rewal, pour les logements denses de faible hauteur qu'il a réalisés à New Delhi à l'occasion des Jeux asiatiques de 1982 ; à Uttam Jain, pour son travail sur l'université de Jaipur ; enfin à Charles Correa, pour ses propositions à New Bombay à partir de 1979, et son centre culturel Jawahar Kala Kendra, réalisé à Jaipur de 1986 à 1990.

356. Wolf, siège social de la banque NCNB, Tampa, Floride, 1989.

Les raisons d'une telle disparité sont tout sauf simples, dans la mesure où une bonne architecture tient autant à un client éclairé qu'à son architecte. D'une manière ou d'une autre, toutes les œuvres examinées dans ce chapitre sont donc liées à des commandes ambitieuses municipales, nationales ou passées par de grandes entreprises, avec des appoints variés – venant d'institutions ou de partenaires privés. Sans maîtrise d'ouvrage à la hauteur, pas de niveau général correct de production, surtout dans le temps : l'architecture est un art public qui nécessite un réel engagement social et d'importants investissements, mais aussi de solides compétences constructives, que ce soit au niveau artisanal ou industriel.

Quoi qu'il en soit, il est difficile de prévoir le facteur qui générera un résultat fertile ici et non là. L'Allemagne en donne un bon exemple : malgré sa richesse, sa technologie et l'engagement de ses décideurs, aucune architecture comparable à celle de la République de Weimar n'y a vu le jour, en dépit de quelques brillantes œuvres isolées, réalisées par des concepteurs de l'après-guerre comme Hans Scharoun, Egon Eiermann ou Ludwig Leo, puis Hans Kollhoff dans ses logements pour l'IBA à Berlin en 1985 ou Behnisch & Partner avec le musée de la poste de Francfort en 1990. Le courant néorationaliste, représenté par Oswald Mathias Ungers et Josef Paul Kleihues, a produit des édifices intéressants du point de vue typologique mais souvent simplistes et mal construits : s'ils étaient convaincants à l'échelle urbaine, ils s'avérèrent décevants du point de vue architectural. Ainsi, malgré la ligne critique maintenue par Ulrich Conrads dans le magazine *Bauwelt*, malgré l'ambition des conservateurs du musée allemand d'Architecture de Francfort, malgré l'Internationale Bauausstellung (IBA, Exposition internationale du bâtiment) de Berlin, l'Allemagne n'a pas de vraie culture architecturale.

En Grande-Bretagne, en dépit des réussites du mouvement high-tech, promu par les agences de Richard Rogers et de Norman Foster, mais aussi des travaux tout aussi pertinents du point de vue tectonique d'agences plus petites comme celle de David Chipperfield ou la firme McCormick & Jameson, la situation générale semble plus confuse depuis les années 1990. Cela tient au consensus postmoderne qui y règne, mais aussi à la relative indifférence des pouvoirs publics. Ainsi a-t-il fallu plus de vingt ans à cet État moderne pour se doter d'une nouvelle bibliothèque nationale.

Une même carence de commande nationale et locale, essentiellement due à de machiavéliques jeux politiques, explique l'échec de l'Italie en matière d'architecture contemporaine. Certes, quelques individus ont réalisé de remarquables bâtiments – Adolfo Natalini avec sa banque à Alzate Brianza en 1983 ou Alessandro Anselmi avec l'hôtel de ville néo-Art déco de Rezé-lès-Nantes en 1989, par exemple, – mais un seul architecte a su synthétiser une théorie de l'architecture prenant en compte la société dans son ensemble : Vittorio Gregotti. Par le rôle qu'il a joué dans les revues *Casabella* et *Rassegna*, mais aussi par sa propre pratique, il a montré le potentiel d'une architecture structurellement juste et adaptée au climat et au relief. La force de Gregotti réside pourtant sans doute plus dans la dimension critique de sa pensée que dans la rationalité didactique de son architecture. Dans un discours à la New York Architectural League, il affirmait en 1983 :

*Le pire ennemi de l'architecture moderne est de ne considérer l'espace qu'en fonction d'exigences économiques et techniques, en dehors des contraintes du site. Le bâti qui nous entoure est, croyons-nous, la représentation matérielle de notre histoire, et de la manière dont il a accumulé différents niveaux de signification pour former les qualités spécifiques d'un lieu,* non seulement *pour ce qu'il paraît être en terme de perception, mais aussi pour ce qu'il est en termes structurels [...]. À dire vrai, à travers les concepts de site et d'aménagement, l'environnement devient l'essence de l'architecture. Cette perspective ouvre la voie à de nouveaux principes et méthodes pour le projet. Des principes et méthodes qui accordent une importance primordiale à l'inscription dans un lieu donné. C'est un acte de connaissance du contexte, fondé sur la modification que lui fait subir l'architecture.*

*L'origine de l'architecture n'est pas la cabane primitive, la grotte ou quelque mythique « maison d'Adam au Paradis ». Avant de faire d'un support une colonne ou*

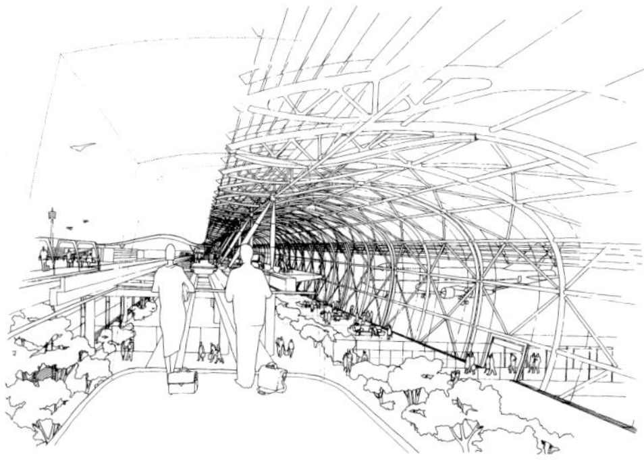

357. Piano, projet de concours pour l'aéroport du Kansai, Osaka, 1989. Vue perspective sur le hall des arrivées.

*d'un toit un tympan, avant d'empiler des pierres les unes sur les autres, l'homme a posé une pierre sur le sol pour définir un site au cœur d'un univers inconnu, en vue de le prendre en considération et le modifier.*

Personne n'a plus fait pour le prestige de l'architecture italienne dans le monde que Renzo Piano. Ses projets de la fin des années 1980 – pour un palais des sports à Ravenne et pour un musée à Newport (Californie), tous deux de 1986, et sa réponse lauréate au concours pour l'aéroport d'Osaka en 1989 [357], livrée en 1994 – opèrent la synthèse entre une structure très claire et la spécificité du site, confirmant en cela le primat accordé par Gregotti à la topographie.

S'il existe un pays attaché à la pratique réflexive, à un niveau tant national que local, c'est bien la Hollande. Pourtant, à l'exception de l'école structuraliste de Delft (voir p. 317 et suivantes), on semble y avoir oublié depuis les années 1970 toute réflexion sur l'architecture et l'urbanisme : la spéculation et le laisser-faire semblent désormais dominer la vie politique. Alors que le brillant néomodernisme de Rem Koolhaas occupait le devant de la scène, en partie du fait de ce virage politique – voir son projet de concours lauréat mais non réalisé pour le terminal du ferry à Zeebrugge, qui évoquait en 1990 quelque vaisseau spatial de science-fiction [332] –, le gouvernement hollandais s'est un peu repris en commandant des bâtiments publics modestes à de jeunes architectes ; ainsi l'attention a-t-elle été attirée sur des agences comme Benthem & Crouwel, Mecanoo ou Cees Dam. La livraison en 1993 de l'Institut néerlandais d'architecture (NAI) de Rotterdam, dû à Jo Coenen, a sans nul doute fait beaucoup pour rétablir l'État hollandais dans son rôle de maître d'ouvrage public ambitieux.

Alors que l'État portugais n'eut que peu à voir avec l'architecture jusqu'à la Révolution des œillets de 1974, le nord du pays a assisté à l'éclosion d'une architecture critique moderne mais néanmoins contextuelle, à l'écoute de la topographie, de la lumière et des ressources de la région. Dénommée « école de Porto » et menée par Fernando Távora, elle a été active dans bien des domaines ; on la perçoit dans l'œuvre magistrale d'Álvaro Siza, mais aussi dans le travail d'agences plus jeunes comme celles d'Adalberto Dias, de Maria de Graça Nieto, de José Manuel Soares ou d'Eduardo Souto de Moura [358]. Pourtant, la réceptivité de ce dernier à des influences non portugaises, notamment celles de Mies et de Barragán, l'a conduit à produire une architecture minimaliste qui lui a acquis une réputation par-delà la scène nationale. La ligne plus organique de l'école de Porto a célébré sa propre tradition avec l'achèvement, en 1993, des nouveaux bâtiments de Siza pour la faculté d'architecture sur les rives du Douro [359]. En matière d'incarnation d'une manière de penser l'architecture dans le bâtiment même où elle est enseignée, l'ensemble de Siza est le troisième édifice du genre au XXe siècle, après le Bauhaus

358. Souto de Moura, Maison Alcanena, Torres Novas, 1987-1990. Plan.

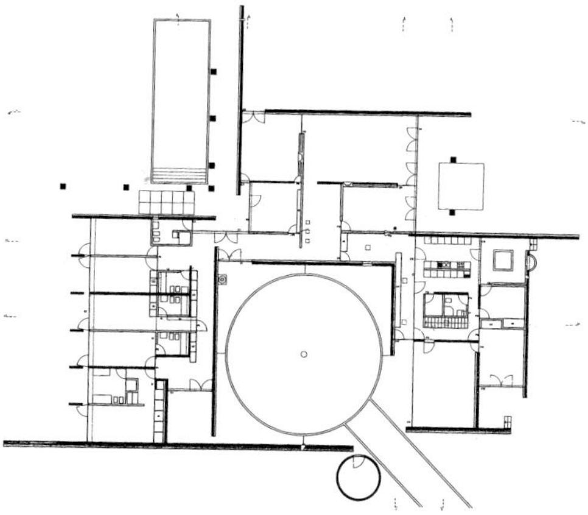

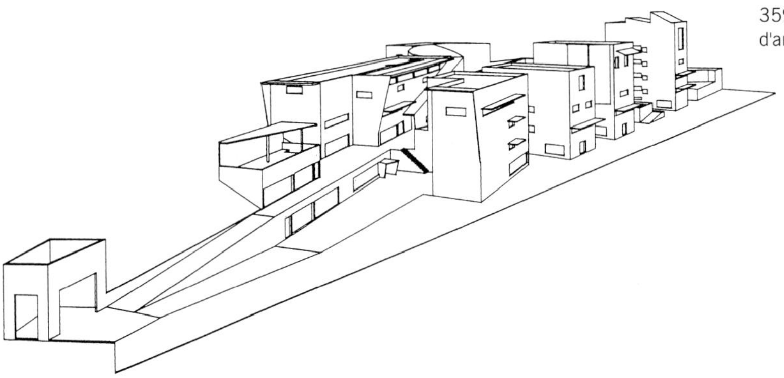

359. Siza, projet pour la faculté d'architecture, Porto, 1988.

de Dessau par Walter Gropius [106, 107] et l'école d'Ulm [302] par Max Bill.

**Finlande**

Deux grandes tendances architecturales se sont épanouies à la fin du XX^e^ siècle en Finlande : d'une part, la continuation – plus ou moins fidèle – de l'organicisme hérité d'Aalto ; d'autre part, une ligne constructiviste qui cherchait justement à se démarquer de l'omniprésence du même Aalto. Le problème majeur aura été de prolonger la tradition organique tout en se détachant un peu des figures propres au maître national. Cette délicate entreprise a généré un organicisme à la géométrie simplifiée, comme dans l'église d'Otaniemi, réalisée par Kaija et Heikki Siren en 1957, ou dans l'église d'Olari, par Käpy et Sino Paavilainen, de 1976. Une filiation similaire apparaît dans deux constructions religieuses de Juha Leiviskä : Saint-Thomas à Oulu, en 1975, et l'église de Myyrmäki dix ans plus tard ; elles doivent autant à Reima Pietilä, architecte expressionniste de la seconde génération, qu'à Aalto même. Les compositions syncopées de Leiviskä rappellent d'ailleurs le néoplasticisme tardif, notamment les reliefs de l'artiste français Jean Gorin. Leiviskä travaille beaucoup sur la lumière, ce qui explique son intérêt pour la chapelle de Turku, réalisée par Erik Bryggman en 1941. Son extrême sensibilité au contexte est affichée dans sa description de l'imprimerie de journaux [360] qu'il a conçue en 1987 sur un terrain situé entre le centre historique de la ville de Västeras (Suède) et une récente zone de bureaux à l'architecture agressive. Leiviskä ayant soigné la transition entre les différentes échelles, la coupure a été évitée :

*La plus grande partie du terrain de Västeras était très riche du point de vue archéologique. Un processus de chantier classique aurait signifié de longues, importantes et coûteuses fouilles, puis leur étude. C'est pourquoi mon bâtiment ne touche le sol qu'en quelques points. Seules cinq paires de piliers plongent dans ce sol précieux ; même les éléments de dimensions modestes, du côté du centre ancien, sont suspendus aux piles principales, comme du linge accroché à un fil.*

Cette capacité à faire d'une structure suspendue un dispositif sensible de réconciliation entre aménagement moderne et tissu traditionnel confirme l'indifférence de Leiviskä aux aléas des modes architecturales.

Aarno Ruusuvuori se détourna le premier d'Aalto avec les porte-à-faux minimalistes des imprimeries qu'il réalisa à Tapiola en 1964 ; mais c'est l'agence de Kristian Gullichsen, Erkki

360. Leiviskä, projet pour une imprimerie de journaux, Västeras, 1987, vue perspective depuis le centre ancien.

361. Helin & Siitonen, ensemble de logements Torpparinmäki, Helsinki, 1981.

362. Gullichsen, Kairamo et Vormala, ensemble de logements Liinasaarenkuja, Westend, Espoo, 1982.

Kairamo et Timo Vormala qui prit la relève de cet expressionnisme structurel. Leur néoconstructivisme, qu'annonçaient déjà les travaux personnels de Gullichsen et de Kairamo, est un retour à la syntaxe de l'avant-garde hollandaise et russe d'avant-guerre, sans sombrer pour autant dans le maniérisme.

Le néoconstructivisme finlandais compte trois courants. Le premier, représenté par Gullichsen, Kairamo et Vormala, rappelle le néoplasticisme hollandais. Combiné à un sens certain de l'assemblage modulaire soumis au filtre du rationalisme suisse-allemand, cet élémentarisme a produit les logements Westend à Espoo en 1982 [362] et une tour de bureaux dans le centre commercial Itäkeskus, achevée près d'Helsinki en 1987. Un deuxième courant, plus éclectique, est incarné par Pekka Helin et Tuomo Siitonen, particulièrement dans leur ensemble de logements Torpparinmäki [361], livré dans la banlieue d'Helsinki en 1981, et dans le terminal de l'aéroport de Jyväskylä, de 1988, qui témoigne d'une expression de la technique plus libre, influencée par le high-tech anglais. Les principaux acteurs du troisième courant sont Mikko Heikkinen et Markku Komonen, notamment avec le Centre scientifique qu'ils ont réalisé à Vantaa en 1986. Un air de science-fiction anime cette œuvre qui n'est pas sans rappeler, par ailleurs, le minimalisme d'un Koolhaas, mais avec une résolution plus fine des détails.

La prospérité économique est loin de suffire à expliquer une telle manifestation de talents dans un si petit pays. Il y a tout d'abord, bien sûr, l'influence de l'une des écoles d'architecture les plus sérieuses du monde, celle de l'université technique d'Helsinki, dont le renom remonte à la direction de Carl Gustav Nyström. Trois autres facteurs peuvent aussi être évoqués : l'immense prestige national dont a joui Aalto de son vivant ; l'organisation quasi systématique de concours ouverts pour les bâtiments publics ; enfin les standards de design élevés des fabricants de mobilier comme Marimekko et Artek. On peut enfin ajouter le soutien culturel et didactique du musée finlandais d'architecture, dont les directeurs ont pu s'exprimer dans les revues auxquelles le musée a été associé au fil des ans, *Abacus* et *Arkkitehti*. Il faut aussi mentionner l'influence internationale du prix Aalto, remis tous les trois ans à Jyväskylä. Les lauréats du prix, notamment Tadao Ando en 1987 et Álvaro Siza en 1989, témoignent de la vitalité du débat architectural en Finlande, et de l'aptitude de ce pays à reconnaître l'excellence, quel que soit le lieu où elle s'exerce.

**France**

Le renouveau de l'architecture française est lié, par de nombreux aspects, aux événements de mai 68, ainsi qu'à la modernisation impulsée par le général de Gaulle ; l'État se mit à intervenir dans le domaine de l'architecture, d'un point de vue à la fois théorique, en finançant des recherches, et pratique, en commanditant des bâtiments publics d'envergure. Dans le même temps, le système moribond de l'École nationale supérieure des beaux-arts fut bouleversé par la création de plusieurs « unités pédagogiques » (UP), devenues par la suite « écoles d'architecture ». Parmi les unités parisiennes, UP 8 et UP 3 (par la suite Paris-Belleville et Versailles) furent marquées par deux architectes très engagés dans l'enseignement, respectivement Henri Ciriani et Henri Gaudin. De nouveaux lieux d'exposition virent également le jour, tel l'Institut français d'architecture, fondé sous la présidence de Valéry Giscard d'Estaing.

En 1962, le concours international pour le Centre Georges-Pompidou inaugura un ambitieux programme d'équipements publics, que les « Grands Travaux » du président de la République François Mitterrand ont couronné dans les années 1980. Parmi les nombreuses opérations engagées dans la capitale, les deux plus importantes sont implantées sur le Grand Axe est-ouest : la pyramide de verre du musée du Louvre, achevée en 1988 par l'architecte américain Ieoh Ming Pei, et, l'année suivante, la Grande Arche de La Défense [363], sur des plans du Danois Johan Otto von Spreckelsen. Parmi les autres concours importants livrés au début des années 1980, citons le parc de la Villette de Bernard Tschumi, l'Opéra Bastille, par le Canadien Carlos Ott et le musée d'Orsay, aménagé dans la gare du même nom par l'Italienne Gae Aulenti. Après avoir fait travailler des étrangers pendant vingt-cinq ans, l'État a confié des programmes publics importants à une nouvelle génération d'architectes français. Cette politique est à l'origine du tour de force technique de l'Institut du monde arabe, achevé par Jean Nouvel (avec Gilbert Lézenès, Pierre Soria et Architecture Studio) en 1987, de la très sculpturale Cité de la musique, dont la première tranche fut livrée par Christian de Portzamparc en 1991 aux abords du parc de la Villette, et de la nouvelle Bibliothèque de France de Dominique Perrault, ouverte au public en 1996.

La revitalisation de l'enseignement et de la recherche eut un effet sur les principales revues :

363. Von Spreckelsen (lauréat du concours) et Paul Andreu, Grande Arche de La Défense, Paris, 1983-1989.

*L'Architecture d'aujourd'hui*, dirigée de 1974 à 1977 par Bernard Huet, et *AMC (Architecture Mouvement Continuité)*, menée par Jacques Lucan entre 1978 et 1987. Ces rédacteurs en chef entreprirent une réexamen systématique de la première modernité française, depuis les pionniers du béton – les grands constructeurs tels les frères Perret, Tony Garnier ou Eugène Freyssinet – jusqu'à la tendance quasi Art déco des Michel Roux-Spitz ou Pierre Patout, ainsi qu'à Robert Mallet-Stevens. Ils s'intéressèrent aussi à la construction légère, à travers ses premières figures (Jean Prouvé, Édouard Albert), ainsi qu'au néocubisme parisien, représenté dans les années 1930 par des personnalités comme Jean Ginsberg, Bruno Elkouken, Eileen Gray, Charlotte Perriand et, surtout, Le Corbusier.

La redécouverte de l'héritage de ce dernier prit différentes formes dans la France des années 1980. D'abord, plusieurs édifices importants furent réalisés par les derniers membres de son atelier : l'ambassade de France au Maroc, livrée à Rabat par Guillaume Jullian de la Fuente en 1986, et le centre culturel français de Damas, conçu la même année par José Oubrerie [364]. Le langage de Le Corbusier a en outre fait l'objet

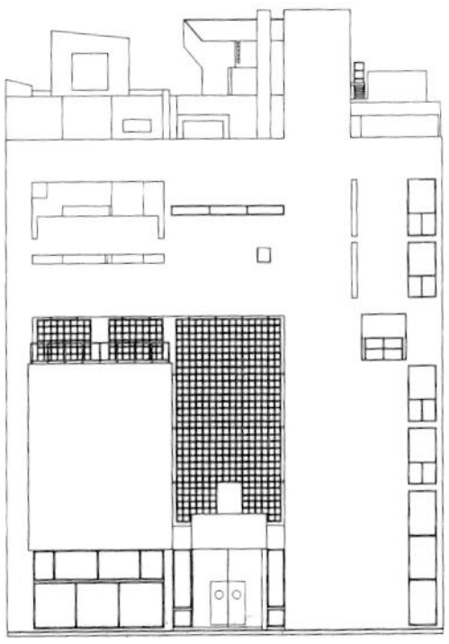

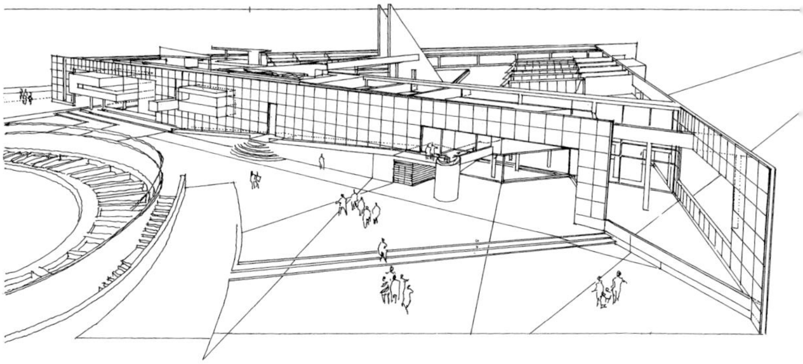

364. Oubrerie, Centre culturel français, Damas, 1986. Façade principale.

365. Ciriani, musée Archéologique, Arles, 1991.

366. Devillers, parking municipal des Chaumettes, Saint-Denis, 1981-1983.

367. Beaudouin, Rousselot et Rousset, immeuble, rue des Fabriques, Nancy, 1981-1983.

d'une réinterprétation syntaxique par Henri Ciriani ; en témoignent ses propres œuvres, notamment l'ensemble de logements La Noiseraie, dans la ville nouvelle de Marne-la-Vallée [312], mais aussi celles de ses élèves, comme les ateliers d'artistes de la Zac Citroën achevés en 1992 à Paris par Michel Kagan.

La typomorphologie chère aux Italiens de la Tendenza explique sûrement l'apparition de la « pièce urbaine » dans le discours architectural français. Ciriani désigne ainsi un complexe polyfonctionnel, unitaire bien que vaste, générant un climat d'urbanité à l'intérieur et autour de sa seule emprise. Cette approche contextualiste dénuée de sentimentalisme est manifeste dans son immeuble courbe de logements réalisé à Lognes, dans la ville nouvelle d'Évry, en 1986, et dans le musée de l'Arles antique [365], livré en 1993. Deux anciens associés de Ciriani dans l'agence pluridisciplinaire AUA, Paul Chemetov et Borja Huidobro, ont témoigné de leur appartenance à la même ligne de pensée avec leur monumental ministère des Finances, achevé à Paris dans le quartier de Bercy en 1990, même si cette pièce urbaine n'est que peu contextuelle.

La cité judiciaire de Draguignan, livrée en 1983 par Yves Lion, et le parking municipal en pavés de verre de Saint-Denis [366], terminé la même année par Christian Devillers, s'inscrivent dans la tradition monumentale des grands constructeurs, tandis que l'ensemble de logements, achevé à Évry-Courcouronnes en 1986 par Henri Gaudin, et l'immeuble d'angle construit par Laurent Beaudouin, Christine Rousselot et Jean-Marie Roussel à Nancy en 1983 [367], s'inscrivent dans la veine topographique de Siza.

Nul architecte de cette génération ne sut mettre en œuvre des solutions en harmonie avec le passé comme Roland Simounet : il l'a montré dans le remarquable ensemble de logements, réalisé en deux phases entre 1976 et 1986, au cœur de Saint-Denis. Marqué par sa jeunesse en Afrique du Nord et par les travaux de Vladimir Bodiansky au sein de l'ATBAT dans le Maroc des années 1950, ce quartier doit beaucoup au tracé labyrinthique des casbahs. Dans un autre registre, le musée d'Art moderne en brique et béton qu'il a livré en 1983 dans la ville nouvelle de Villeneuve-d'Ascq, près de Lille, montre qu'il fut l'un des rares à approcher la virtuosité tectonique d'un Louis Kahn.

## Espagne

La force de l'architecture espagnole d'aujourd'hui puise ses origines dans les années 1950 : après la décennie d'immobilisme qui suivit la prise de pouvoir de Franco, les architectes reprirent le fil d'une culture moderne perdue, d'abord avec le monumental immeuble des Syndicats réalisé par Francisco Cabrero à Madrid en 1949, puis avec l'immeuble de logements inspiré par Gardella, bâti par José Antonio Coderch à La Barceloneta en 1951 [336, 337]. Le siège du gouvernement civil de Tarragone [368], achevé par Alejandro de la Sota en 1957, puise aussi à une source italienne – la canonique Casa del Fascio de Giuseppe Terragni [24, 195 et 196]. L'intérêt de l'approche de De la Sota tient en partie à sa flexibilité, à son aisance à opérer des variations spatiales à l'intérieur d'une règle et à résoudre avec sobriété les détails des articulations structurelles. On peut mesurer le raffinement de De la Sota par le fait qu'il considérait le siège du gouvernement comme une transition en termes à la fois de culture politique et d'expression tectonique : l'édifice symbolisait le moment où la monumentalité traditionnelle de la pierre, si prisée par le pouvoir fasciste, pouvait à nouveau être traitée en tant que mur-écran

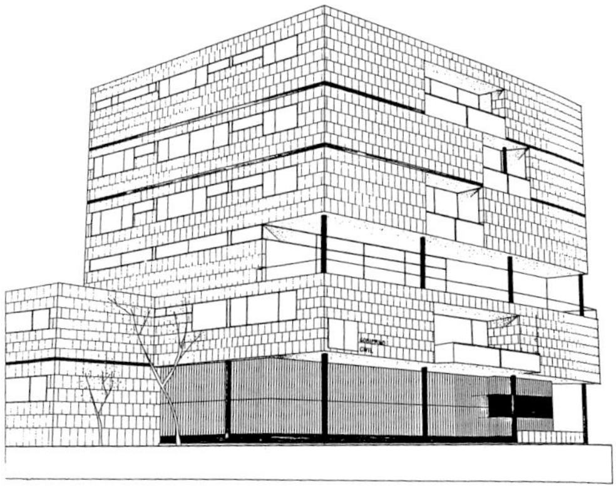

368. De la Sota, siège du gouvernement civil, Tarragone, 1956-1957.

dynamique, produisant un effet proche des pans de marbre paradoxalement légers que Mies avait employés dès le pavillon de Barcelone. L'architecte catalan José Antonio Llinás a écrit :

*Rien ici, rien là-bas. […] Un coup vous ne le voyez plus, un coup vous le voyez : un bâtiment ! Ou un bout de ficelle devient un parapluie. John Cage disait qu'il ne composait pas avec des notes de musique mais avec des bruits. On pourrait dire d'Alejandro de la Sota qu'il ne dessine pas avec des modes de composition mais avec des matériaux. Comme chez Mies, cela permet d'oublier l'architecture et de se concentrer sur la forme. Mais Alejandro va un petit peu plus loin : il enveloppe les matériaux. Il transforme le bout de ficelle en parapluie.*

Que ce soit par son enseignement à Madrid ou dans son gymnase brutaliste pour le collège Maravillas, achevé dans la même ville en 1962, l'architecture retenue mais dynamique de De la Sota est devenue une référence méthodologique dans l'Espagne des années 1980. Parmi ses plus importants disciples madrilènes, citons l'association de Victor López Cotelo et Carlos Puente, spécialement pour leur bibliothèque de Saragosse, de 1990. Au même moment, quelque chose de De la Sota transparaît, en Catalogne, dans l'École hôtelière de Victor Roholas, réalisée à Cambrils en 1988, et dans l'École de génie civil construite par Llinas à Barcelone deux ans plus tard. L'hôpital Mora d'Ebre [369], achevé en 1988 à Tarragone par l'équipe catalane formée par Elias Torres et José Antonio Lapeña, bien que d'un caractère tectonique moins affirmé,

369. Lapeña et Torres, hôpital Mora d'Ebre, Tarragone, 1982-1988.

semble soumise à de semblables influences. Ainsi, le plan-masse tout en retenue parvient à transcender la haute technicité des équipements médicaux et à créer un ensemble qui garde, plus que tout autre hôpital réalisé depuis la Seconde Guerre, une échelle humaine.

L'influence de De la Sota a toutefois été limitée par la présence de deux courants organiques distincts au sein de l'École de Madrid : d'une part, le travail influencé par Aalto d'un Antonio Fernández Alba, en particulier dans le couvent du Rollo, construit près de Salamanque en 1962 ; d'autre part, l'œuvre marquée par Wright de Javier Sáenz de Oíza, depuis l'immeuble Torres Blancas, livré dans la banlieue de Madrid en 1962, à l'immeuble magistral du Banco de Bilbao [370], achevé dans le centre de la même ville en 1979. Cette tour revêtue d'acier Corten, qui rappelle un peu celle réalisée pour la firme Johnson Wax par Wright, est l'un des rares gratte-ciel de l'après guerre à rompre avec la ligne fondée par Mies – des édifices rectangulaires minimalistes entièrement vitrés autour d'un noyau central regroupant les services.

Parmi les architectes espagnols reconnus dans les années 1980, Rafael Moneo est sans doute le plus talentueux. Elève de De la Sota et de Sáenz de Oíza, puis assistant de Jørn Utzon – donc marqué par l'architecture scandinave comme, avant lui, Fernández Alba –, Moneo a développé sa propre manière qui est une synthèse d'Aalto, de Gunnar Asplund, d'Utzon et de Wright. On l'a découverte avec l'immeuble en briques de la Bankinter, réalisé avec Ramón Bescós en 1977 à Madrid. La capacité de Moneo à intégrer des traditions très diverses dans une forme nouvelle a atteint un sommet avec le musée d'Art romain [371], construit à Mérida de 1980 à 1985. Le soubassement en béton armé est recouvert sur ses faces intérieure et extérieure de briques dont les proportions rappellent celles de l'époque romaine. Ce matériau évoque, dans les contreforts de l'édifice, le passé antique et médiéval de Mérida, mais aussi l'architecture industrielle d'un Peter Behrens. Ce musée conçu comme un entrepôt est posé sur un site de fouilles archéologiques : les murs de refend s'enfoncent ici ou là, à l'instar des piles d'un pont, dans le sol romain ; ce faisant, ils procèdent à la fois au viol, à l'exposition et à la préservation des vestiges. Relié par un souterrain au théâtre et à l'amphithéâtre romains avoisinants, le bâtiment est contextuel ; pourtant sa forme, si elle respecte le tracé et les gabarits de la rue qui le longe, ne rappelle guère – hormis par la texture – la ville de Mérida.

370. Sáenz de Oíza, Banco de Bilbao, Madrid, 1971-1981. Au premier plan à gauche, le gymnase du collège Maravillas, réalisé par De la Sota en 1962.

371. Moneo, musée national d'Art romain, Mérida,1980-1985. Vue aérienne du chantier, montrant le rapport du musée avec le centre-ville, le théâtre et l'amphithéâtre romains.

Moneo a enseigné à Barcelone, Madrid et Harvard ; nombre de ses élèves ont commencé à produire dès les années 1980. Les plus remarquables sont sans doute Antonio Cruz et son associé Antonio Ortíz, dont l'agence est basée à Séville ; parmi leurs travaux, on peut évoquer un quartier résidentiel à Séville en 1989 et la spectaculaire gare ferroviaire Santa Justa, toujours à Séville, en 1991. Gabriel Ruiz et Enrique Perea ont également été influencés par Moneo ; leur bâtiment pour le Collège des architectes de Séville, de 1982, est une sorte de réinterprétation, à petite échelle, de la syntaxe employée par leur maître pour la Bankinter.

Si les architectes de Madrid semblent avoir fait du bâtiment isolé une fin en soi, l'école de Barcelone a concentré ses efforts sur deux fronts distincts mais liés. Le premier est le discours critique, avec la revue *Arquitecturas Bis*, fondée en 1974 ; le second est la réflexion sur l'évolution du tissu urbain. À l'origine de ces deux initiatives, l'infatigable Oriol Bohigas, secondé par d'anciens enseignants de l'École d'architecture de Barcelone dont Federico Correa, Manuel de Solà-Morales, Luis Domenech, Helio Piñón, Rafael Moneo et le philosophe Tomás Llorens. À la fin des années 1970, ils avaient déjà pensé à la préservation et à la réorganisation de la ville – une réflexion qui aboutit en 1982 à la publication d'un document officiel intitulé *Plans i Projetes per a Barcelona.*

Ce texte est exceptionnel à deux titres : son intention de restaurer la ville à partir d'un fin maillage de petites opérations, et la détermination de la municipalité à mener le projet à bien. Appliquant quasi directement les principes avancés par Joseph Stübben dans son ouvrage de 1890, *Der Städtebau,* ce plan d'action était concrétisé dès les années 1990 par la réalisation de plus de dix parcs, de deux grandes avenues et d'une bonne trentaine de places de dimensions diverses. Parmi elles, la magistrale place minimaliste en face de la gare Sants a été achevée en 1986 sur les plans de Piñón et Albert Viaplana, en collaboration avec Enric Miralles et Carme Pinós. Cette transcription urbaine de la thèse de Wassily Kandinsky dans *Point et ligne sur plan* peut être vue comme un récit en trois dimensions où les diverses trajectoires en plan sont définies par des réverbères, des pylônes, des sièges et des auvents – tous réalisés en tubes métalliques ; les lignes de ce mobilier compensent de manière immatérielle les limites plutôt floues de la place. Les niveaux en terrasse font ressortir les lignes directrices du site, soulignant ainsi l'importance de la topographie dans l'espace moderne espagnol. La Plaza del Tennis à San Sebastian, conçue par Luis Peña et Eduardo Chillida, est une autre manifestation de cette tendance.

Les Jeux olympiques de Barcelone en 1992 ont permis à la ville de s'étendre, avec la création *ex nihilo* du village olympique, conçu pour devenir un quartier d'habitation de 10 000 personnes, mais aussi d'une autoroute urbaine le long de la mer reliant ce quartier, situé au nord de l'agglomération, aux installations sportives du parc de Montjuich, au sud. Les concepteurs catalans de ces équipements semblent avoir puisé dans la tradition des grands constructeurs. Le palais des

372. Bonell et Rius, vélodrome, Vall d'Hebron, Barcelone, 1984.

sports de Badalona, achevé en 1991, et le vélodrome de Vall d'Hebron [372], réalisé dès 1984, tous deux dus à Esteban Bonnel et Francesc Rius, témoignent aussi de cette filiation. Ils font partie des stades les plus élégants construits de par le monde au cours des cinquante dernières années. Le parti du vélodrome doit sa force à l'opposition entre la forme pure du cercle extérieur et le tracé en ellipse inclinée de la piste, et surtout à l'intime correspondance entre fonction, forme, matériaux et structure, ainsi décrite par Bonell :

*L'enceinte extérieure est en briques, perforées jusqu'à une certaine hauteur, puis revêtues de carreaux blancs. De petites ouvertures ménagées entre ceux-ci assurent l'aération et l'éclairage des zones accessibles au public (toilettes, bar…). Les sols des espaces publics et des gradins sont en pierre et granit artificiels. Les cloisons intérieures des vestiaires sont en parpaings de béton armé non enduits. […] Chaque matériau est employé selon la logique de construction qui lui est propre, de façon à améliorer l'apparence du produit fini. Ainsi, le mur en briques est décomposé en plusieurs lits, tous réalisés avec des briques identiques mais de couleurs différentes. Les joints et les traces de décoffrage des piliers ont été conservés pour leur intérêt visuel.*

Du lotissement de Caño Roto à Madrid, d'Antonio Vázquez de Castro, au nouvel îlot urbain type, réalisé par Coderch dans le quartier Sarria de Barcelone en 1974, les programmes de logement public et privé ont poussé les architectes espagnols, entre les années 1960 et 1980, à imaginer de nouveaux types d'habitat et à faire assaut d'ingéniosité pour améliorer leur art déjà consommé de l'espace domestique. L'approche typologique de la Tendenza, promue par la revue madrilène *2C Ciudad*, influença beaucoup les logements standard de cette période, depuis les îlots réalisés par Francisco Barrionuevo à Séville en 1980 jusqu'aux tours et barres du quartier Palomeras, livrées par Estanislao Pérez Pita et Jerónimo Junquera à Madrid en 1983. On retrouve des paradigmes rationalistes dans les constructions publiques, telles l'école Ikastola, construite à Fuenterrabia en 1978 par Miguel Garay et José Ignacio Linazasoro, ou le collège San Fermín à Madrid, œuvre minimaliste de 1986 de Alberto Campo Baeza. Avec le recul, cet édifice semble étrangement proche, par son traitement de la lumière et sa sobriété, du travail de Tadao Ando.

Il faut aussi évoquer l'importance du rôle joué par les ordres professionnels, dont une réminiscence continue à bien fonctionner en Espagne sous le nom anachronique de *colegios*. Ces institutions garantissent à la profession une organisation et une représentation qui n'existent nulle part ailleurs. Dans ce pays où il est obligatoire de faire appel à un architecte pour construire, les collèges régionaux ont une influence sur tout le secteur du bâtiment. Ils délivrent les permis de construire et fixent le montant des honoraires, sur lesquels ils prélèvent un pourcentage. Cette sorte de monopole leur permet de promouvoir l'architecture locale de diverses manières : en organisant des expositions et des conférences, et surtout en subventionnant des revues. Si l'Espagne est aujourd'hui si importante pour la critique architecturale, cela tient essentiellement à ce mécénat, dont l'effet se fait sentir dans nombre de publications comme *Quaderns d'Arquitectura i urbanisme* (Barcelone), *Arquitectura* (Madrid) et *Arquitectónica* (Vasco-Navarro). La culture et la démarche de sensibilisation du public menées par les collèges ont fait la réputation des architectes espagnols ; elles les ont aussi incités à pratiquer leur art dans la réalité immédiate plutôt qu'à rêver à un avenir inaccessible ou à se languir avec nostalgie d'un passé tout aussi éloigné.

**Japon**

Certes, les mégalopoles japonaises sont tout aussi chaotiques et aliénantes que celles de l'Occident ; pourtant, on y trouve une culture architecturale exceptionnellement riche depuis 1957, année de l'achèvement par Kenzo Tange de la construction de l'hôtel de ville de Tokyo – édifice qui inaugura la phase « civile » de la reconstruction de ce pays après la Deuxième Guerre mondiale. Directement ou indirectement, le gouvernement japonais a joué un rôle majeur dans cette reconstruction, depuis les programmes de logements de masse lancés dès 1945 jusqu'aux importantes subventions consenties pour l'aéroport international de la baie d'Osaka, dont le terminal est dû à Renzo Piano [357]. Dans ce cas précis, une moitié du financement venait du gouvernement, l'autre des collectivités locales. Parmi les chantiers d'une ambition similaire, citons l'immense palais des expositions Makuhari Messe, réalisé par Fumihiko Maki dans la préfecture de Chiba en 1989, et le forum de Tokyo, achevé en 1996 sur des plans de Rafael Vinoly, architecte argentin vivant à New York – deux équipements que l'administration régionale de Tokyo a largement financés. La commande publique a aussi été relayée par celle émanant des industriels et des grands groupes ; malgré leur paternalisme, ces acteurs ont fait preuve d'une plus grande conscience sociale et civique que leurs homologues occidentaux.

Un autre facteur explique la qualité de l'architecture japonaise : il s'agit du seul pays au monde où le secteur du bâtiment a recours dans le même temps à l'artisanat, à une industrie rationalisée et à une recherche performante et autofinancée sur les nouveaux matériaux et processus de construction. Cette approche *zaibatsu* du bâtiment, avec de nombreuses entreprises disposant de leurs bureaux intégrés d'architectes et d'ingénieurs, a trouvé un contrepoint intellectuel dans plusieurs revues influentes – *Shinkenchiku*, *Kenchiku Bunka*, *A+U*, *Telescope*, *GA* et *SD* – et dans les programmes culturels des grandes universités. Si la mode postmoderne a sévi au Japon comme ailleurs, et ce avec des résultats pour le moins désastreux, le pays a produit de nombreuses œuvres remarquablement conçues et exécutées, souvent empreintes d'une dimension à la fois poétique et critique.

Kazuo Shinohara est à cet égard une personnalité typique. Il est resté circonspect vis-à-vis des styles normalisés promus par l'État, s'éloignant de l'influence corbuséenne d'un Tange et d'un Kunio Maekawa, puis de la renaissance après-guerre de l'architecture domestique traditionnelle, à laquelle il prit parfois part dans les années 1960. Dans ses nombreuses maisons individuelles, Shinohara a glissé, à l'instar de l'écrivain Kobo Abe, de subtiles allusions au chaos et à la violence dissimulés sous la surface d'une société technique apparemment homogène et sereine. Son bâtiment public majeur, le musée du Centenaire [373] de l'université technique de Tokyo, achevé en 1988, juxtapose avec maestria des formes dissonantes capotées de métal et une technique de prêt-à-l'emploi librement mise en œuvre. L'édifice représente l'ambivalence de l'architecte à l'égard de l'héritage fonctionnaliste du

373. Shinohara, musée du Centenaire de l'université technologique de Tokyo, 1988.

Mouvement moderne, que son article de 1981, « Towards Architecture », explique clairement :

*J'ai été très impressionné par la photo de l'un des avions de combat les plus utilisés par la Naval Air Force américaine, le Tomcat. Pour que cet appareil puisse remplir ses fonctions guerrières, sa production a mobilisé toute l'expertise et le savoir-faire techniques possibles. Pourtant, vu de profil, sa ligne semble manquer de la fluidité et de l'aérodynamisme qui caractérisent normalement de tels avions. [...] Le dessin de la fusée qui a permis à l'homme de marcher sur la lune semble tout aussi maladroit. [...] Si elle a aujourd'hui perdu son caractère d'autorité absolue, l'idée de lier forme et fonction reste courante. Pourtant, un demi-siècle de progrès techniques a modifié les conditions de ce thème classique de l'architecture. Les deux exemples que je viens d'évoquer m'ont fait découvrir la solution du problème [...] même si les machines-objets de mon analogie ne sont pas en elles-mêmes des corps mécaniques, mais seulement des parties de ceux-ci. [...] Les produits issus des nouvelles technologies sont dotés d'une réelle fraîcheur formelle ; ils nourrissent nos conceptions de la fonction et de la forme. Les architectes des années 1920 faisaient un usage analogue de la machine comprise comme un tout. Je préfère n'en employer qu'une partie, et pas toujours pour créer des analogies visuelles.*

Une même dimension critique se cache derrière l'esthétique high-tech des émules les plus doués de Shinohara : Kazunari Sakamoto, Itsuko Hasegawa et Toyo Ito. La maison que ce dernier s'est construite à Nakano en 1984, baptisée la « Hutte d'argent », est organisée autour d'une cour qui peut être couverte par des toiles tendues sur la structure en voûtes parallèles, mêlant ainsi de façon ironique une technologie de pointe et une référence aux tentes primitives des premiers nomades.

Maki se situe à l'opposé d'une telle ironie : en dehors de ses préoccupations esthétiques, il s'est toujours intéressé au potentiel urbain de ce qu'il appelle la « forme-groupe », définie dans un article de 1964 intitulé « Some thoughts on collective forms » :

*Nous avons longtemps regretté la séparation de l'architecture et de l'urbanisme. Peut-être les méthodes de composition statiques du passé sont-elles désormais totalement dépassées par la rapidité des exigences des nouvelles techniques et de l'organisation sociale actuelle. [...] Les compositions statiques des bâtiments isolés ne peuvent devenir que dans un second temps les germes d'une ville. La vitalité de la forme-groupe provient par ailleurs de l'équilibre dynamique d'éléments créateurs et non de la composition d'objets finis stylés.*

Le concept de forme urbaine « métabolique » de Maki doit autant au structuralisme de Team X qu'au métabolisme, mais sa syntaxe personnelle de fragmentation de la forme remonte à la Graduate School of Design de l'université de Harvard, où il fut étudiant puis enseignant de 1954 à 1968. Cette relation méthodologique explique peut-être la facilité avec laquelle il est passé de la juxtaposition formelle dans les logements sociaux qu'il a réalisés à Lima (Pérou) en 1972 au collage cubiste du Wacoal Media Centre, également nommé immeuble Spiral, livré à Tokyo en 1985.

La manière architecturale de Maki a beaucoup changé dans les années 1980 : il s'est éloigné du vocabulaire quelque peu décoratif de l'ensemble d'appartements de Hillside Terrace, réalisé à Tokyo en trois phases de 1967 à 1978, pour parvenir à l'exceptionnelle audace structurelle du gymnase de Fujisawa [374] et du palais des expositions Makuhari Messe, construits respectivement en 1984 et 1989. S'éloignant du modèle des stades de Tange, Maki a employé dans son gymnase des poutres métalliques tridimensionnelles et des feuilles d'acier inoxydable pour créer une couverture en paraboloïdes hyperboliques de grande portée, couverte de fines écailles métalliques. Comme l'a fait remarquer le critique Serge Salat, c'est la légèreté de cette coque extérieure qui a permis d'obtenir la luminosité de l'espace intérieur :

*La grande arche du toit a une portée de 80 mètres entre les points d'appui. Le toit est formé par un réseau de poutrelles d'acier en H couvert par une enveloppe en acier inoxydable de 0,4 millimètre d'épaisseur.*

*À l'intérieur de la grande halle, l'antithèse des deux directrices visuelles, longitudinale et verticale, crée un espace interne dilaté où la superficie murale fuit le centre de l'édifice. Quatre bandes de lumière, dynamiques et tendues, décomposent la membrane de la grande halle en surfaces courbes indépendantes dont les prolongements virtuels agrandissent et dilatent l'espace.*

L'esthétique du fragment a ensuite emprunté chez Maki deux voies complémentaires : d'une part, de stricts volumes orthogonaux, enclos dans de fines peaux de métal qui, à leur extrémité, semblent se dématérialiser dans des auvents minces comme du papier ou dans des matrices tramées, comme au pavillon Tepia, achevé à Tokyo en 1990 ; d'autre part, des coques à facettes métalliques, qui paraissent paradoxalement avoir plus de points communs avec le gothique qu'avec des antécédents extrême-orientaux.

L'autre « grand » architecte japonais depuis les années 1980 est sans conteste Tadao Ando. Ses réalisations soigneusement paysagées – particulièrement la Chapelle bouddhique sur l'eau à Tomamu [375], dans l'île d'Hokkaido, achevée en 1988, et le musée des Enfants [376] à Himeji (préfecture de Hyogo) en 1990 – comptent parmi les œuvres architecturales majeures de la décennie 1980. Nous avons déjà évoqué les idées d'Ando dans le chapitre consacré au régionalisme critique. À partir de 1990, les murs de béton brut qui sont devenus sa marque de fabrique lui ont permis d'intégrer ses monumentales constructions publiques dans leur environnement tout en prolongeant le premier plan vers l'infini, retrouvant en cela le procédé japonais du *shakkei*, ou « paysage emprunté ». La chapelle et le musée donnent tous deux sur de grands plans d'eau dont la surface est maintenue en mouvement par un dispositif gravitationnel : l'eau passe ensuite dans une suite de barrages peu profonds. Ces œuvres évoquent la notion traditionnelle d'*oku*, une technique qui permet de relier conceptuellement plusieurs sites très éloignés les uns des autres, tout comme les traditionnels autels domestiques, ou *tokonoma*, sont associés au sommet d'une montagne sacrée par l'intermédiaire de plusieurs autels ou *torii*. Tous les dispositifs concrets de la Chapelle sur l'eau – un mur coulissant, une grande croix se dressant isolée, le miroir d'eau extérieur – servent à engendrer le sens de l'*oku*,

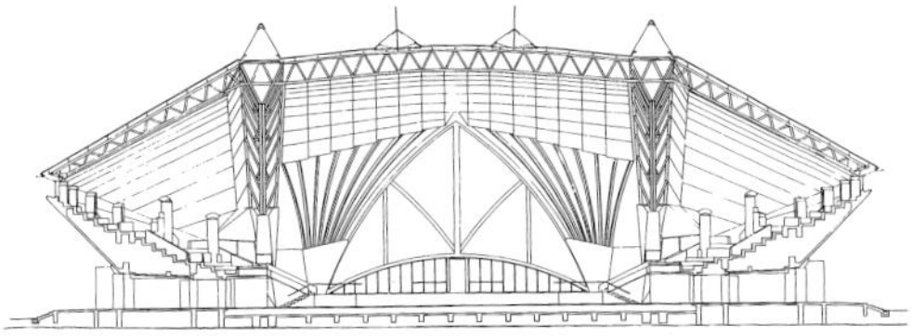

374. Maki, gymnase Fujisawa, Tokyo, 1984.
Coupe sur la halle principale.

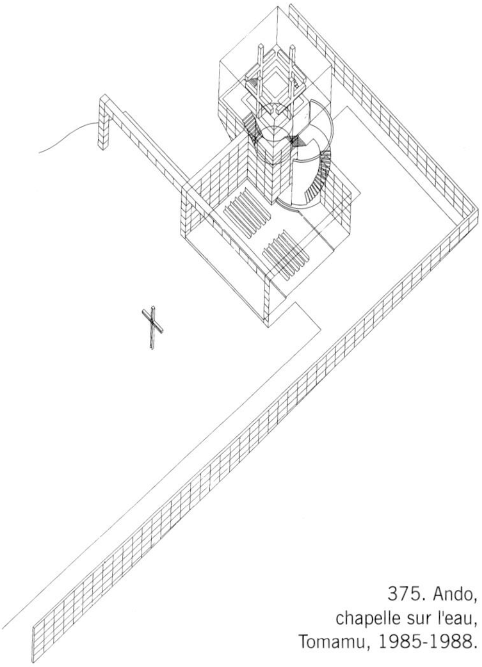

375. Ando,
chapelle sur l'eau,
Tomamu, 1985-1988.

376. Ando, musée des Enfants, Himeji, 1990.

c'est-à-dire l'intégration mystique de l'artificiel à l'environnement naturel. Ando expliquait à ce propos en 1989 dans une lettre à Peter Eisenman : « Plutôt que d'opérer un rapprochement avec la nature telle quelle, je cherche à transformer le sens de la nature par le biais de l'architecture. Le processus a consisté à rendre la nature abstraite grâce à l'architecture. Je crois que lorsque cela se produira, l'être humain pourra découvrir de nouvelles relations avec la nature. »

**Post-scriptum**

Du point de vue humain, économique et écologique, l'actuelle suburbanisation anarchique est sans doute l'activité humaine qui a le plus besoin d'établir un rapport nouveau à la nature : il s'agit de réparer le gaspillage dû à des découpages du territoire incohérents, aux larges voies routières *(strips)*, aux centres commerciaux et aux hectares de paysage engloutis tous les ans du fait de l'étalement urbain. Si les constructions basses et denses se sont imposées comme le modèle pour l'habitat de la fin du XX$^{e}$ siècle en dehors des villes, les opérations réalisées selon ce principe restent peu nombreuses. Plus grave encore, cette idée avait été proposée comme stratégie réformiste de développement urbain néocapitaliste il y a plus de quarante ans par Serge Chermayeff et Christopher Alexander dans leur livre *Community and Privacy (Intimité et Vie communautaire, vers un nouvel humanisme architectural)* de 1963 ; depuis, la réglementation ne s'est guère souciée de lutter contre la pollution de l'environnement consécutive à l'explosion des transports individuels et à la spéculation foncière.

La commodité et le confort de l'habitat bas et dense ont été amplement demontrés par quelques réalisations postérieures aux années 1950, en particulier la Siedlung Halen, construite près de Berne par l'Atelier 5 [377], puis l'ensemble Thalmatt, en 1985, des mêmes architectes. Ce modèle coopératif n'est pas réservé à la Suisse ; citons ainsi la cité-jardin de Puchenau, près de Linz (Autriche) construite par Roland Rainer en deux tranches : la première en 1969, la seconde en 1978 ; et l'exemplaire opération de Fleet Road Estate, réalisée en plein centre de Londres en 1975 par Neave Brown. Plus proches des traditions locales de maisons basses à toit-terrasse, évoquons également la ville nouvelle de Shushtar, en Iran, due à Kamran Diba ; l'ensemble de logements Rokko, achevé en 1983 par Ando sur un terrain en forte pente près de Kobe (Japon) ; ou encore le quartier de Malaguiera dans la ville d'Évora (Portugal) dû à Siza – des maisons en bande à un étage construites de 1975 à 1989.

En dehors de ces exemples isolés, l'apparition spontanée d'immenses agglomérations dépassant les dix millions d'habitants, spécialement dans les pays en développement, reste la règle. Les débats stériles sur l'architecture appropriée à notre époque paraissent bien insignifiants face à cette perspective apocalyptique d'explosion des mégalopoles ; ses conséquences écologiques la rendent comparable à la destruction de la forêt équatoriale et de la couche d'ozone. Comment le secteur du bâtiment ou les architectes pourraient-ils faire face à des migrations urbaines d'une telle ampleur ?

Indépendamment de sa permanence – toute relative –, un bâtiment n'existe qu'à un moment précis dans le temps. Il a pour tâche la création d'un ici et d'un maintenant. Cela signifie que son propos n'est plus de représenter l'idéal des Lumières mais de créer concrètement des lieux où habiter. Dans une société hypnotisée par la consommation, la constitution d'enclaves est peut-être le seul moyen de parvenir à un équilibre éco-ontologique : des fragments limités, à l'intérieur desquels une certaine symbiose culturelle et écologique défierait le chaos alentour.

La perte de la ville constituée, finie, en tant qu'objet culturel signifiant, explique certainement la déliquescence de la pensée d'avant-garde et la prise de conscience du fait que l'architecture ne peut plus exister à une échelle globale. Le vide laissé par notre incapacité à réaliser des espaces urbains bien définis – avec les institutions qu'ils incarnaient jadis – était récemment encore dissimulé par les illusions optimistes de l'urbanisme opérationnel – discipline quasi positiviste dont la gestion efficace de l'économie de consommation dépendait du maintien d'une certaine indifférence pour la forme en tant que fait culturel. C'est dans ce contexte de faillite de la planification comme outil de projet que les enclaves urbaines représentent désormais des stratégies alternatives réalistes.

Ces enclaves ne sont cependant qu'une des réponses possibles à la question du « *quoi* construire ? », à un moment où l'architecture doit se repositionner si elle veut préserver un certain sentiment de continuité et de profondeur dans le contexte universel. Pour parvenir à une méthode globale viable pour l'ensemble de l'architecture, il lui faut en effet accorder autant d'importance à la question du « *comment* construire ? ». Comme l'historien de l'art Hans Sedlmayr l'a remarqué, il existe un moment où un lieu et une production se rejoignent pour produire un caractère fondateur d'identité. Le critique Christian Norberg-Schultz a analysé dans cet esprit, en 1975, l'œuvre de Paolo Portoghesi et Vittorio Gigliotti, dans un livre intitulé *Alla ricerca dell'architettura perduta* :

*Si l'organisation spatiale peut être décrite hors de toute référence à une solution technique, le caractère ne peut être dissocié du processus de conception. Là réside le sens du célèbre aphorisme de Mies van der Rohe, « Dieu est dans les détails ». La révolution technique du siècle dernier est donc plus qu'une révolution* technique. *En fait, la technique moderne ne résout pas seulement des problèmes quantitatifs et économiques : bien comprise, elle peut nous aider à remplacer les figures dévalorisées de l'historicisme par des formes qui donnent du caractère à notre environnement, faisant ainsi de lui un lieu réel.*

377. Atelier 5, Siedlung Halen, Berne, 1960.

Le voile que la photo-lithographie jette sur l'architecture n'est pas neutre. Les techniques rapides de photographie et de reproduction ne relèvent pas seulement de l'économie politique du signe : elles constituent aussi un filtre insidieux qui nous fait perdre tout contact avec l'environnement tactile. Lorsque l'on visite des bâtiments modernes, leurs qualités photogéniques sont annihilées par la pauvreté et la grossièreté de leurs détails. Encore et toujours, l'exhibition ostentatoire et coûteuse d'une structure ou d'une forme leur fait perdre en intimité – phénomène que Heidegger a identifié comme la perte de « proximité ». Rares sont les œuvres du monde moderne où les variations d'un vocabulaire tectonique précis innervent les plus petites parties de l'édifice, et ce non comme une force totalisante mais comme la manifestation d'une sensibilité cohérente. Les plus belles œuvres d'Aalto confirment pourtant que notre société peut encore produire de telles variations. Sous cet angle, l'art de l'architecture devient – pour reprendre une expression d'Ignasi de Solà-Morales – une sorte de « réserve de réalité » : un lieu où l'homme peut encore trouver le repos matériel et spirituel ; une sorte d'enclave capable de résister, par sa nature *autre*, à la destruction massive opérée par la modernisation technique.

# Remerciements et source des illustrations

Ceux qui ont participé à l'élaboration de cet ouvrage sont aujourd'hui trop nombreux pour qu'il soit possible de les citer. Cependant, une attention toute particulière revient à ceux sans qui le livre n'aurait jamais vu le jour : avant tout, l'équipe de Thames & Hudson, dont les compétences m'ont été précieuses lors des trois éditions. Je tiens également à remercier Julia Bloomfield et Silvia Kolbowski pour leur travail sur les ébauches du texte, et mes étudiants, tant à New York qu'à Londres, dont les dessins ont largement contribué à l'illustration du texte définitif, en particulier Rene Davids, Jan Glynsteen, Jeremy Hawker, Christian Hubert, William McCleod et David Warner. Je suis particulièrement reconnaissant, pour leur regard critique et leurs conseils, envers Robin Middleton, Anthony Vidler, Anthony Sutcliffe et Pedro Guedes, en particulier pour la première partie du livre. Je dois aussi beaucoup à Reyner Banham pour son ouvrage *Theory and Design in the First Machine Age* (1960). Par ailleurs, je suis également très reconnaissant envers les nombreux collègues, architectes et historiens de l'art, à qui j'ai été associé dernièrement, en particulier : Josef Abram, Diana Agrest, Stanford Anderson, Sibel Bozdogan, Richard Burdett, Jean-Louis Cohen, Alan Colquhoun, William Curtis, Peter Eisenman, Kurt Forster, Marco Frascari, Mario Gandelsonas, Michael Hays, Leon Krier, Jacques Lucan, Mary McLeod, Tomás Maldonado, John Miller, Fritz Neumeyer, Juhani Pallasmaa, Nicole Pertuiset, Demetri Porphyrios, Malcolm Quantrill, Colin Rowe, Joseph Rykwert, Yehuda Safran, Yorgos Simeoforidis, Ignasi de Solà-Morales, Manfredo Tafuri, Dalibor Vesely, Stanislaus von Moos et Wilfred Wang.

Pour les illustrations, les éditeurs et moi-même tenons à remercier Haig Beck et Derek Brampton pour leur aide, ainsi que : Firmenarchiv AEG-Telefunken 90 ; Albertina, Vienne 71-73, 75 ; courtesy Tadao Ando 351-352, 375, 376 (photo Mitsuo Matsuoka) ; Archigram 294 ; reproduction autorisée par The Architects Collaborative Inc. 93 ; Copyright *Architectural Design* (1964) 272, 287 (nov. 1963) 293 ; Architectural Publishers Artemis 132-134, 137, 139, 142-145, 147, 163-169, 229-231, 234-240, 244, 261, 264 ; *The Architectural Review* 80, 268, 278 (photo Burgh Galwey), 280 ; *Arkkitehti*, Helsinki 184 ; courtesy Atelier 66 ; 354-355 ; Bauhaus-Archiv 105, 110, 111, 114, 123 ; courtesy Laurent Beaudouin 367 ; Bibliothèque nationale, Paris 2, 6, 8 ; Archives Henry van de Velde, Bibliothèque royale, Bruxelles 77 ; Bildarchiv Foto Marburg 79 ; Brecht-Einzig Limited 283 ; Bundesarchiv, Coblence 222 ; Burkhard-Verlag Ernst Heyer, Essen 120 ; courtesy G. Candilis 290 ; © Centre Georges Pompidou, Bibliothèque Kandinsky, Pierre Chareau, Maison de Verre 208 ; © Centre Georges Pompidou, Bibliothèque Kandinsky, fonds Mallet-Stevens 201 ; © Centre Georges Pompidou, Bibliothèque Kandinsky, fonds Prouvé 210, 211 ; Olivier Chaslin 312 ; Chicago Architectural Photographing Company 34 ; Chicago Historical Society 43 ; courtesy Henri Ciriani 365 ; *Country Life* 30, 215 ; courtesy CNAM / Cité de l'architecture et du patrimoine / Archives d'architecture du XX^e siècle, © André Lurçat 202, 203 ; courtesy Roger Cranshawe 173 ; courtesy El Croquis (photo Lluís Casals) 369, 372, (photo Hisao Suzuki) 370 ; courtesy Christian Devillers (© réservé) 366 ; John Donat 320 ; courtesy Peter Eisenman 333 ; courtesy Fiat 21 ; FISA Industrias Gráficas 47 ; courtesy Foster Associates 260, 324 (photo Richard Davies), 325 ; Henry Fuermann 39 ; Buckminster Fuller Archives 251, 295 ; photo Keith Gibson, Hamlyn Group Copyright 57 ; Glasgow School of Art 58 ; courtesy Michael Graves (photo Proto Acme Photo) 327 ; Heins L. Handsur, Vienne 59 ; Heikki Havas, Helsinki 192 ; Hedrich Blessing 151, 177, 247, 321 ; Architectenburo Herman Hertzberger 316-319 ; Hessisches Landesmuseum, Darmstadt 61 ; HfG-Ulm Archives 302 ; Historic American Buildings Survey (photo Jack E. Boucher, 1965) 35 ; Studio Hollein 329 ; IBA, Berlin 342 ; courtesy Jahn & Murphy 306 ; The Japan Architect Co., Ldt. 373 ; S.C. Johnson & Son, Inc. 175 ; courtesy Philip Johnson 252, 253 ; Pierre Joly & Véra Cardot 292 ; Kaiser Wilhelm Museum, Krefeld 88 ; A.F. Kersting 1, 25 ; KLM Aerocarto 119 ; courtesy Rem Koolhaas 332 ; Kunstgewerbemuseum, Zurich 48, 78 ; Malcolm Lewis 323 ; Mas 10 ; Collection Mattioli, Milan 220 ; photo Paul Maurer, courtesy Aéroports de Paris 363 ; Milton Keynes Development Corporation 301 ; courtesy José Rafael Moneo 371 ; photo Jean Marie Monthiers, courtesy Bernard Tschumi Architects 334 ; courtesy Moore Grover Harper (photo Norman McGrath) 307 ; Museo Civico, Côme 68 ; Museum Bellerive, Zurich 76 ; Museum of Finnish Architecture, Helsinki 189, 190 (photo Welin), 191 (photo E. Mäkinen), 361 (photo Antti Laiho), 362 ; Museum of Modern Art, New York, The Mies van der Rohe Archives 146, 149, 241-242 ; Museum of the City of New York 14 ; National Museum of Ireland, Dublin 205 ; StreetBildarchiv der Österreichischen National-bank, Vienne 65 ; courtesy Mme Dione Neutra 263 ; Carlos Niño, The Architectural Association 330 ; Novosti Press Agency 158 ; Tomio Ohashi 297 ; © Auguste Perret, UFSE, SAIF, 2005, courtesy CNAM / Cité de l'architecture et du patrimoine / Archives d'architecture du XX^e siècle 213, 214 ; courtesy Sir Nikolaus Pevsner 20 ; redessiné par Stefanos Polyzoides 262 ; Radio Times Hulton Picture Library 17 ; Marvin Rand 322 ; F. Rausser, Bollingen-Berne 377 ; Retoria, Tokyo (photo W. Fujii) 326, (photo Y. Futagawa) 275, 277, 298, (photo T. Kijajima) 308 ; Cervin Robinson 226, 254 ; courtesy Rockfeller Center, Inc. 237 ; courtesy Richard Rogers (photo Martin Charles) 299 ; Roger-Viollet 16, 225 ; Royal Institute of British Architects, Londres 27, 29 ; courtesy Royal Netherlands Embassy 117 ; Bernard Rudofsky 221 ; Dept of Planning and Design, City of Sheffield 286 ; Alison et Peter Smithson 279, 285, 288-289 ; Staatliche Museen zu Berlin 5 ; Stadt- und Universitätsbibliothek, Francfort 126 ; Stedelijk Museum, Amsterdam 127 ; E. Stœcklein 311 ; Dr Franz Stœdtner 89, 95 ; Esto/ Ezra Stoller 331 ; Tim Street-Porter 260 ; Institut suédois, Stockholm 183 ; courtesy Salvator Tarragó 46 ; Plansammlung der Universitäts-bibliothek der Technischen Universität Berlin 96, 97 ; Tennessee Valley Authority 250 ; United States Information Office 249 ; Stedelijk van Abbemuseum, Eindhoven 131 ; Gustav Velin, Turku 186 ; courtesy Harry C. Wolf 356.

Certaines illustrations ont été reproduites à partir des ouvrages suivants : Antonin Raymond, *An Autobiography* (Charles E. Tuttle Co., Inc., Tokyo, 1973) 273 ; Colin Rowe, *The Mathematics of the Ideal Villa* (MIT Press, Cambridge, Mass., 1977) 141 ; Roger Sherwood, *Modern Housing Prototypes* (Harvard University Press, Cambridge, Mass. et Londres, 1978) 85, 138 ; Helmut Weber, *Walter Gropius und Das Faguswerk* (Verlag Georg D.W. Callwey, Munich, 1961) 92. Nous remercions la Frank Lloyd Wright Foundation de nous avoir autorisés à reproduire les illustrations suivantes, marquées du copyright © The Frank Lloyd Wright Foundation : 36 (© 1957), 38 (© 1942, 1970), 40 (© 1955), 41 (© 1963), 172 (© 1955), 174 (© 1942, 1970), 178 (© 1955), 179 (© 1958). Les illustrations des œuvres de Louis I. Kahn sont reproduites avec la permission des Trustees de l'université de Pennsylvanie, qui font entière réserve des droits : 255, 256, 258, 259.

# Bibliographie

## Abréviations

| | |
|---|---|
| *AA* | Architectural Association, Londres |
| *AAJ* | *Architectural Association Journal* |
| *AAQ* | *Architectural Association Quarterly* |
| *AB* | *Art Bulletin* |
| *AD* | *Architectural Design* |
| *AIAJ* | *American Institute of Architects Journal* |
| *AMC* | *Architecture, mouvement et continuité* |
| *AR* | *Architectural Review* |
| *A+U* | *Architecture and Urbanism* |
| *JAE* | *Journal of Architectural Education* |
| *JSAH* | *Journal of the Society of Architectural Historians* |
| *JW&CI* | *Journal of the Warburg and Courtauld Institutes* |
| *RIBAJ* | *RIBA Journal* |

## Ouvrages généraux


Benevolo, L., *Aux sources de l'urbanisme moderne*, Paris, 1972 ; [éd. or. ital., Bari, 1963]
—, *Histoire de l'architecture moderne*, Paris, 1978-1988 ; [éd. or. ital., Bari, 1960-1987]
Dal Co, F. et Tafuri, M., *Architecture contemporaine*, Paris, 1991 ; [éd. or. ital., Milan, 1976]
Giedion, S., *Espace, Temps, Architecture*, Paris, 2004 (1re éd. fr., 1968) ; [éd. or. ang., Cambridge, Mass. et Londres, 1941]
—, *La Mécanisation au pouvoir*, Paris, 1980 ; [éd. or. ang., New York, 1948]
Hitchcock, H.-R., *Architecture : dix-neuvième et vingtième siècles*, Bruxelles, 1981 ; [éd. or. ang., Harmondsworth, 1958]
Tafuri, M., *Théorie et Histoire de l'architecture*, Paris, 1976 ; [éd. or. ital., Bari, 1968]
—, *Projet et Utopie*, Paris, 1979 ; [éd. or. ital., Bari, 1973]


## PREMIÈRE PARTIE

### Chapitre 1 : Évolution des cultures


Banham, R., *Theory and Design in the First Machine Age*, Londres, 1960, chap. 1-3
Benevolo, L., *Histoire de l'architecture moderne*, *op. cit.* dans « Ouvrages généraux », préface et chap. 1
Bentmann, R. et Muller, M., « The Villa as Domination », *9H*, n°5, 1983, p. 104-114, et n°7, 1985, p. 83-104
Brownlee, D., *Friedrich Weinbrenner, Architect of Karlsruhe*, Philadelphie, 1986
Buddensieg, T., « "To build as one will…" Schinkel's Notions on the Freedom of Building », *Daidalos* (Berlin), n°7, 1983, p. 93-102
Cerdá, I., *La Théorie générale de l'urbanisation*, Paris, 1979 ; [éd. or. esp., 1867]
Choisy, A., *Histoire de l'architecture*, Paris, 1899 ; [rééd., Paris, 1999]
Darley, G. (dir.), *John Soane : le rêve de l'architecte* (cat. d'expo.), Paris, 2001
Dehio, L., *Friedrich Wilhelm IV von Preussen : Ein Baukünstler der Romantik*, Munich, 1961
Dennis, M., *Court and Garden : From French Hôtel to the City of Modern Architecture*, Cambridge, Mass., 1986
Dickens, A., « The Architect and the Workhouse », *AR*, déc. 1976, p. 345-352
Drexler, A. (dir.), *The Architecture of the École des Beaux-Arts*, New York, 1977 [avec des textes de R. Chafee, N. Levine et D. van Zanten]
Duboy, P., *Jean-Jacques Lequeu, une énigme*, Paris, 1987
Durand, J.N.L., *Recueil et Parallèle des édifices en tout genre, anciens et modernes […]*, Paris, 1799-1801 [diverses réimpressions jusqu'en 1981]
—, *Précis des leçons d'architecture données à l'École polytechnique*, 2 vol., 1802-1805 [réimpression, Unterschneidheim, 1975]
Etlin, R.A., *The Architecture of Death*, Cambridge, Mass., 1984
Evans, R., « Bentham's Panopticon : An Incident in the Social History of Architecture », *AAQ*, III, n°2, avr.-juil. 1971, p. 21-37
—, « Regulation and Production », *Lotus*, n°12, sept. 1976, p. 6-14
Fortier, B., « Logiques de l'équipement », *AMC*, n°45, mai 1978, p. 80-85
Forster, K.W., « Monument/Memory and the Mortality of Architecture », *Oppositions*, aut. 1982, p. 2-19
Gilmore-Holt, E., *From the Classicists to the Impressionists*, New York, 1966
Guadet, J., *Éléments et Théorie de l'architecture, Cours proposé à l'École nationale supérieure des beaux-arts*, Paris, 1902
Hernandez, A., « J.N.L. Durand's Architectural Theory », *Perspecta*, n°12, 1969
Herrmann, W., *Laugier and Eighteenth-Century French Theory*, Londres, 1962
Hughes, Q., « Neo-Classical Ideas and Practice : St George's Hall, Liverpool », *AAQ*, V, n°2, 1973, p. 37-44
Kaufmann, E., *Trois architectes révolutionnaires, Boullée, Ledoux, Lequeu*, Paris, 1978 ; [éd. or. ang., Philadelphie, 1952]
—, *L'Architecture au siècle des Lumières*, Paris, 1963 ; [éd. or. ang., Cambridge, Mass., 1955]
Lammert, M., *David Gilly. Ein Baumeister der deutschen Klassizismus*, Berlin, 1981
Lankheit, K., *Der Tempel der Vernunft*, Bâle et Stuttgart, 1968
Leib, N. et Hufnagl, F., *Leo von Klenze. Gemälde und Zeichnungen*, 1979
Lowe, D.M., *History of Bourgeois Perception*, Brighton, 1982
McCormick, T.J., *Charles Louis Clérisseau and the Genesis of Neoclassicism*, Cambridge, Mass., 1990
Mezzanotte, G., « Edilizia e politica. Appunti sull'edilizia dell' ultimo neoclassicismo », *Casabella*, n°338, juil. 1968, p. 42-53
Middleton, R., « The Abbé de Cordemoy : The Graeco-Gothic Ideal », *JW & CI*, n°25, 1962, et n°26, 1963
—, « Architects as Engineers : The Iron Reinforcement of Entablatures in 18th-century France », *AA Files*, n°9, été 1985, p. 54-64
— (dir.), *The Beaux-Arts and Nineteenth Century French Architecture*, Londres, 1982, et Cambridge, Mass., 1984
— et Watkin, D., *Architecture du XIXe siècle*, Paris, 1993 ; [éd. or. ital., Milan, 1977]
Montgolfier, B. de (dir.), *Alexandre-Théodore Brongniart* (cat. d'expo. Musée Carnavalet), Paris, 1986
Mosser, M. (dir.), *Charles de Wailly* (cat. d'expo. Caisse nationale des monuments historiques et des sites), Paris, 1979
Oechslin, W., « Monotonie von Blondel bis Durand », *Werk-Archithèse*, janv. 1977, p. 29-33
Oncken, A., *Friedrich Gilly 1772-1800*, Berlin, 1981 (rééd.)
Pérez-Gómez, A., *L'Architecture et la Crise de la science moderne*, Bruxelles, 1987 ; [éd. or. ang., Cambridge, Mass., 1983]
Pérouse de Montclos, J.M., *Étienne-Louis Boullée 1728-1799*, Paris, 1969
—, *Jacques-Germain Soufflot*, Paris, 2004
Pevsner, N., *Academies of Art Past and Present*, Cambridge, 1940
—, *Studies in Art, Architecture and Design*, I, Londres, 1968
Posener, J., « Schinkel's Eclecticism and the Architectural », *AD*, nov.-déc. 1983 (numéro spécial sur Berlin), p. 33-39
Du Prey, P. de la Ruffinière, *Sir John Soane* (cat. d'expo. Victoria & Albert Museum), Londres, 1982
—, *John Soane, The Making of an Architect*, Chicago, 1982
Pundt, H.G., *Schinkel's Berlin*, Cambridge, Mass., 1972
—, *Claude-Nicolas Ledoux (1736-1806), l'architecture et fastes du temps*, Paris, 2000
Rabreau, D., *Claude-Nicolas Ledoux*, Paris, 2005

Riemann, G. (dir.), *Karl Friedrich Schinkel. Reisen nach Italien*, Berlin, 1979
—, *Karl Friedrich Schinkel. Reise nach England, Schottland und Paris*, Berlin, 1986
Rietdorf, A., *Gilly : Wiedergeburt der Archirekur*, Berlin, 1943
Rosenblum, R., *Transformations in Late Eighteenth Century Art*, Princeton, N. J., 1967
Rowan, A., « Japelli and Cicogarno », *AR*, mars 1968, p. 225-228
Rykwert, J., *Les Premiers Modernes : les architectes du XVIIIe siècle*, Paris, 1991 ; [éd. or. ang., Cambridge, Mass., 1980]
Saddy, P., « Henri Labrouste : architecte-constructeur », *Les Monuments historiques de la France*, n°6, 1975, p. 10-17
Starobinski, J., *L'Invention de la liberté*, Genève, 1964
—, *1789, Les Emblèmes de la raison*, Paris, 1973
Stroud, D., *The Architecture of Sir John Soane*, Londres, 1961
—, *George Dance, Architect 1741-1825*, Londres, 1971
Szambien, W., *J.N.L. Durand, 1760-1834. De l'imitation à la norme [...]*, Paris, 1984
—, *Schinkel*, Paris, 1989
Tafuri, M., *Projet et utopie*, *op. cit.* dans « Ouvrages généraux »
Taylor, J., « Charles Fowler Master of Markets », *AR*, mars 1964, p. 176-182
Ternois, D. *et al.*, *Soufflot et l'architecture des lumières*, Paris, 1980
Teyssot, G., *Città e utopia nell'illuminismo inglese : George Dance il giovane*, Rome, 1974
—, « John Soane and the Birth of Style », *Oppositions*, n°14, 1978, p. 61-83
Valdenaire, A., *Friedrich Weinbrenner*, Karlsruhe, 1919
Vidler, A., « The Idea of Type : The Transformation of the Academic Ideal 1750-1830 », *Oppositions*, n°8, print. 1977
—, *L'Espace des Lumières, architecture et philosophie de Ledoux à Fourier*, Paris, 1995 ; [éd. or. ang., Princeton, 1987]
—, *Claude Nicolas Ledoux*, Cambridge, Mass., 1990
—, *Ledoux*, Paris, 1987 ; [nouv. éd., 2005]
Villari, S., *J.N.L. Durand (1760-1834) Art and Science of Architecture*, New York, 1990
Watkin, D., *Thomas Hope and the Neo-classical Idea*, Londres, 1968
—, *The Life of Work of C R. Cockerell*, Londres, 1974
—, et Mellinghoff, T., *German Architecture and the Classical Ideal*, Cambridge, Mass., et Londres, 1987

**Chapitre 2 : Transformations du territoire**

Ballon, H., *The Paris of Henri IV*, Cambridge, Mass., 1991
Bartschi, H.P., *Industrialisierung Eisenbahnschlacten und Städtebau*, Stuttgart, 1983
Benevolo, L., *Aux sources de l'urbanisme moderne*, *op. cit.* dans « Ouvrages généraux »
—, *Histoire de l'architecture moderne*, *op. cit.* dans « Ouvrages généraux »
—, *Histoire de la ville*, Marseille, 1983 ; [éd. ital., Bari, 1976]
Borsi, F. et Godoli, E., *Vienne, architecture 1900*, Paris, 1985
—, *Paris, Art nouveau*, Paris, 1989
Boyer, C., *Dreaming of the Rational City : the Myth of American City Planning*, Cambridge, Mass., 1983
Brauman, A., *Le Familistère de Guise ou les équivalents de la richesse*, Bruxelles, 1976
Buder, S., *Pullman : An Experiment in Industrial Order and Community Planning 1880-1930*, New York, 1967
Burnham, D. et Bennett, E.H., *Plan of Chicago*, Chicago, 1909
Celik, Z., *Remaking of Istanbul. Portrait of an Ottoman City in the 19th Century*, Seattle, 1986
Cerdá, I., « A Parliamentary Speech », *AAQ*, IX, n°7, 1977, p. 23-26
Choay, F., *L'Urbanisme, utopies et réalités*, Paris, 1965 ; [nombreuses réimpressions]
—, *The Modern City : Planning in the 19th Century*, New York, 1969
Collins, G., « Linear Planning throughout the World », *JSAH*, XVIII, oct. 1959, p. 74-93
Collins, C.C. et G.R., *Camillo Sitte and the Birth of Modern City Planning*, Londres, 1965
Contal, M.H., « Vittel 1854-1936. Création d'une ville thermale » in *Vittel 1854-1936*, Paris, 1982
Creese, W.L., *The Legacy of Raymond Unwin*, Cambridge, Mass., 1967
Darley, G., *Villages of Vision*, Londres, 1976
Fabos, J., Milde, G.T. et Weinmayr, V.M., *Frederick Law Olmsted, Sr.*, Univ. of Massachusetts, 1968
Fogelson, R.M., *The Fragmented Metropolis : Los Angeles 1850-1930*, Cambridge, Mass., 1967
Fried, A. et Sanders, R., *Socialist Thought*, Édimbourg, 1964
Geist, J.F. et Kurvens, K., *Das Berliner Mietshaus 1740-1862*, Munich, 1980
Grumbach, A., « The Promenades of Paris », *Oppositions*, n°8, print. 1977
Jeffery, A.J., « A Future for New Lanark », *AR*, janv. 1975, p. 19-28
Kern, S., *The Culture of Time and Space, 1880-1918*, Cambridge, Mass., 1983
Leatherbarrow, D., « Friedrichstadt – A Symbol of Toleration », *AD*, nov.-déc. 1983, p. 23-31
Loyer, F., *Paris XIXe siècle : l'immeuble et la rue*, Paris, 1987 ; [nouvelle éd. 1998]
—, *Le Siècle de l'industrie*, Genève, 1983
Meyer, H. et Wade, R., *Chicago : Growth of a Metropolis*, Chicago, 1969
Miller, B., « Ildefonso Cerda », *AAQ*, IX, n°7, 1977, p. 12-22
Pevsner, N., « Early Working Class Housing », rééd. dans *Studies in Art, Architecture and Design*, II, Londres, 1968-1982
Pirrone, G., *Palermo, una capitale*, 1989
Rella, F., *Il Dispositivo Foucault*, Venise, 1977
Reynolds, J.P., « Thomas Coglan Horsfall and the Town Planning Movement in England », *Town Planning Review*, XXIII, avril 1952, p. 52-60
Schivelbush, W., *Histoire des voyages en train*, Paris, 1990 ; [éd. or. all., Munich, 1977]
Service, A., *London 1900*, New York, 1979
Sitte, C., *L'Art de bâtir les villes, l'urbanisme selon ses fondements artistiques*, Paris, 1996 ; [éd. or. all., 1889]
Solà-Morales, M. de, « Towards a Definition : Analysis of Urban Growth in the Nineteenth Century », *Lotus*, n°19, juin 1978, p. 28-36
Stern, R., *New York 1900*, New York, 1983
Sutcliffe, A., *Towards the Planned City : Germany, Britain, the United States and France 1780-1914*, New York et Oxford, 1981
—, *Metropolis 1890-1940*, Londres, 1984
Tarn, J.N., « Some Pioneer Suburban Housing Estates », *AR*, mai 1968, p. 367-370
—, *Working-Class Housing in 19th-Century Britain*, AA Paper n°7, Londres, 1971
Teyssot, G., « The Disease of the Domicile », *Assemblage 6*, juin 1988, p. 73-97
Wolf, P., « City Structuring and Social Sense in 19th and 22th Century Urbanism », *Perspecta*, 13-14, 1971, p. 220-233
Wieczorek, D., *Camillo Sitte et les débuts de l'urbanisme moderne*, Bruxelles, 1981

**Chapitre 3 : Transformations techniques**

Bannister, T.C., « The First Iron-Framed Buildings », *AR*, CVII, avril 1950
—, « The Roussillon Vault : The Apotheosis of a Folk Construction », *JSAH*, XXVII, n°3, oct. 1968

Beaver, P., *The Crystal Palace 1851-1936*, Londres, 1970
Benjamin, W., *Paris, capitale du XIXe siècle : le livre des passages*, Paris, 1971
Bill, M., *Robert Maillart : Brücken und Konstruktionen*, Zurich, 1949
Billington, D., *Robert Maillart's Bridges*, Princeton, N. J., 1979
—, *Robert Maillart*, New York, 1990
Boaga, G., *Riccardo Morandi*, Bologne, 1984
Bradford, B., « The Brick Palace of 1862 », *AR*, juil. 1962, p. 15-21
Chemetov, P. *et al.*, *Architectures, Paris 1848-1914*, Paris, 1980
Collins, P., *Splendeur du béton*, Paris, 1995 ; [éd. or. ang., Londres, 1959]
Condit, C.W., *American Building Art : The Nineteenth Century*, New York, 1960
Corboz, A., « Un pont de Robert Maillart à Leningrad ? », *Archithèse*, n°2, 1971, p. 42-44
Diestelkamp, E., *The Iron and Glass Architecture of Richard Turner* (thèse de doctorat, University of London), 1982
Fratelli, E., *Architektur und Konfort*, Winterthur, 1967
Freyssinet, E., *Grandes Constructions*, Paris, 1931
—, *Un amour sans limite*, Paris, 1993
Gayle, M. et Gillon, E.V., *Cast-Iron Architecture in New York*, New York, 1974
Geist, J.F., *Le Passage : un type architectural du XIXe siècle*, Bruxelles, 1989 ; [éd. or. all., Munich, 1969]
Giedion, S., *Espace, Temps, Architecture*, *op. cit.* dans « Ouvrages généraux »
Gloag, J. et Bridgwater, D., *History of Cast Iron Architecture*, Londres, 1948
—, *Mr Loudon's England*, Newcastle, 1970
Graefe, R., Gappoer, M. et O., *V.G. Suchov 1953-1939 : Kunst der Konstruktion*, Stuttgart, 1990
Günschel, G., *Grosse Konstrukteure 1 : Freyssinet, Maillart, Dischinger, Finsterwalder*, Berlin, 1966
Günter, R., « Der Fabrikbau in Zwei Jahrhunderten », *Archithèse*, nos3-4, 1971, p. 34-51
Hitchcock, H.-R., « Brunel and Paddington », *AR*, CIX, 1951, p. 240-246
Hix, J., « Richard Turner : Glass Master », *AR*, nov. 1972, p. 287-293
—, *The Glass House*, Cambridge, Mass., 1974
Hoffmann, D., « Clear Span Rivalry : The World's Fairs of 1889-1893 », *JSAH*, XXIX, n°1, mars 1970, p. 48
Hopkins, H.J., *A Span of Bridges*, Newton Abbot, 1970
Hütsch, V., *Der Münchner Glaspalast 1854-1931*, Munich, 1980
Huxtable, A.L., « Reinforced Concrete Construction. The Work of Ernest L. Ransome », *Progressive Architecture*, XXXVIII, sept. 1957, p. 139-142
Jewett, R.A., « Structural Antecedents of the I-beam 1800-1850 », *Technology and Culture*, VIII, 1967, p. 346-362
Kohlmaier, G., *Eisen Architektur, The Role of Iron in the Historic Architecture in the Second Half of the 19th Century*, Hanovre, 1982
— et von Sartory, B., *Houses of Glass : A Nineteenth Century Building Type*, Cambridge, Mass., 1986
Koppelkamm, S., *Glasshouses and Winter Gardens of the 19th Century*, Londres et New York, 1981
Lemoine, B., *L'Architecture du fer. France XIXe siècle*, Seyssel, 1986
—, *Gustave Eiffel*, Paris, 1984
— et Deswarte, S., *L'Architecture et les ingénieurs, deux siècles de réalisations*, Paris, 1997 ; [1ere éd., 1980]
Leonhardt, F., *Brücken/Bridges*, 1982
Loudon, J.C., *Remarks on Hot Houses*, Londres, 1817
Loyer, F., *Le Siècle de l'industrie*, *op. cit.* dans chap. 2
Maier, H., *Berlin Anhalter Bahnhof*, Berlin, 1984
Maré, E. de, « Telford and the Gotha Canal », *AR*, août 1956, p. 93-99
Meeks, C., *The Railroad Station*, New Haven, Conn., 1956
Peters, T. F., *Time is Money : Die Entwicklung des Modernen Bauwesens*, Stuttgart, 1981
Picon, A., *Architectes et Ingénieurs au siècle des Lumières*, Marseille, 1988
— (dir.), *L'Art de l'ingénieur* (cat. d'expo. Centre Georges Pompidou), Paris, 1997
—, *Claude Perrault, 1613-1688, ou La Curiosité d'un classique*, Paris, 1988
—, *L'Invention de l'ingénieur moderne. L'École des ponts et chaussées 1747-1851*, Paris, 1992
— et Desportes, M., *De l'espace au territoire, l'aménagement en France, XVIe-XXe siècles*, Paris, 1997
Richards, J.M., *The Functional Tradition*, Londres, 1958
Roisecco, G., *L'Architettura del ferro : l'Inghilterra 1688-1914*, Rome, 1972
—, Jodice, R. et Vannelli, V., *L'architettura del ferro : la Francia 1715-1914*, Rome, 1973
Rolt, T.C., *Isambard Kingdom Brunel*, Londres, 1957
—, *Thomas Telford*, Londres, 1958
Rowe, C., « Chicago Frame, Chicago's Place in the Modern Movement », *AR*, nov. 1956
Schaefer, H., *Nineteenth Century Modern*, New York, 1970
Scharf, A., *Art and Industry*, Bletchley, Bucks., 1971
Schild, E., *Zwischen Glaspalast und Palais des Illusions : Form und Konstruktion im 19. Jahrhunderts*, Berlin, 1967
Shand, P. Morton, « Architecture and Engineering », « Iron and Steel », « Concrete », *AR*, nov. 1932 ; [repris dans *AAJ*, n°827, janv. 1959]
Skempton, A.W., « Evolution of the Steel Frame Building », *Guild Engineer*, X, 1959, p. 37-51
—, « The Boatstore at Sheerness (1858-60) and its Place in Structural History », *Trans. of the Newcomen Soc.*, XXXII, 1960, p. 57-78
— et Johnson, H.R., « William Strutt's Cotton Mills 1793-1812 », *Trans. of the Newcomen Soc.*, XXX 1955-57, p. 179-203
Turak T., « The École Centrale and Modern Architecture : The Education of William Le Baron Jenney », *JSAH*, XXIX, 1970, p. 40-47
Wachsmann K., *The Turning Point in Building*, New York, 1961

## DEUXIÈME PARTIE

### Chapitre 1 : Nouvelles de nulle-part

Amery, C., Lutyens, M. *et al.*, *Lutyens*, Londres, 1981
Ashbee, C.R., *Where the Great City Stands : A Study in the New Civics*, Londres, 1917
Aslin, E., *The Aesthetic Movement*, Londres, 1969
Bøe, A., *From Gothic Revival To Functional Form*, Oslo, 1957
Bradley, I., *William Morris and his World*, Londres, 1978
Brandon-Jones, J., « The Work of Philip Webb and Norman Shaw », *AAJ*, LXXI, 1955, p. 9-21
—, « C.F.A, Voysey », *AAJ*, LXXII, 1957, p. 238-262
— *et al.*, *CFA, Voysey : Architect and Designer*, Londres, 1978
Clark, K., *Ruskin Today*, Harmondsworth, 1967
Crook, J. Mordaunt, *William Burges and the High Victorian Dream*, Londres, 1981
DeWitt, D.J., « Neo-Vernacular/Eine Moderne Tradition », *Archithèse*, n°9, 1974, p. 15-20
Durant, S., *The Decorative Designs of C.F.A. Voysey*, Cambridge, 1990
Garnham, T., « William Lethaby and the Two Ways of Building », *AA Files*, n°10, aut. 1985, p. 27-43
Girouard, M., *Sweetness and Light : The Queen Anne Movement 1860-1900*, Oxford, 1977
Grillet, C., « Edward Prior », *AR*, nov. 1952, p. 303-308

Halbritter, N., « Norman Shaw's London Houses », *AAQ*, VII, n°1, 1975, p. 3-19
Hollamby, E., *Red House – Philip Webb*, 1991
Howard, E., *Tomorrow : a Peaceful Path to Real Reform*, Londres, 1898 ; [trad. fr. : *Les Cités-Jardins de demain*, Paris, 1999]
Hussey, C., *The Life of Sir Edwin Lutyens*, Londres, 1950 ; [rééd. 1989]
Inskip, P., *Edwin Lutyens*, Londres, 1979
Johnson, A., « C.F.A. Voysey », *AAQ*, IX, n°4, 1977, p. 26-35
Lethaby, W.R., *Architecture, Mysticism and Myth*, Londres, 1892 ; [rééd., 1975]
—, *Form and Civilization*, Londres, 1922
—, *Architecture, Nature and Magic*, Londres, 1935
—, *Philip Webb and His Work*, Londres, 1935
Macleod, R., *Style and Society : Architectural Ideology in Britain 1835-1914*, Londres, 1971
Morton, A.L. (dir.), *Political Writings of William Morris*, Londres, 1973
Muthesius, H., *The English House*, Londres, 1979 ; [trad. du texte allemand de 1904]
Naylor, G., *The Arts and Crafts Movement: A Study of its Sources, Ideals and Influence on Design Theory*, 1971 ; [réimpression 1990]
Pevsner, N., « Arthur H. Mackmurdo » (*AR*, 1938) et « C.F.A. Voysey 1858-1941 » (*AR* 1941), *Studies in Art Architecture and Design*, II, 1968 ; [rééd. 1982]
—, *Pioneers of Modern Design*, New York, 1949 ; [nombreuses rééditions]
—, « William Morris and Architecture », *RIBAJ*, 3e série, LXIV, 1957
—, *Some Architectural Writers of the Nineteenth Century*, Oxford, 1962
—, *Les Sources de l'architecture moderne et du design*, Paris, 1993 ; [éd. or. ang., Londres, 1968]
Rubens, G., *William Richard Lethaby : His Life and Work 1857-1931*, Londres, 1986
Saint, A., *Richard Norman Shaw*, Princeton et Londres, 1978
Service, A., *Edwardian Architecture*, Londres, 1977
—, *London 1900*, *op. cit.* dans partie I, chap. 2
Stamp, G. et Richardson, M., « Lutyens and Spain », *AA Files*, n°3, janv. 1983, p. 51-59
Stanton, P., *Pugin*, Londres, 1971
Tasapor, M., « John Lockwood Kipling and the Arts and Crafts Movement in India », *AA Files*, n°3, print. 1983
Watkinson, R., *William Morris as Designer*, New York, 1967

**Chapitre 2 : Adler et Sullivan**

Bush-Brown, A., *Louis Sullivan*, New York, 1960
Crook, D., « Louis Sullivan and the Golden Doorway », *JSAH*, XXVI, déc. 1967, p. 250
De Wit, W. (dir.), *Louis Sullivan : The Function of Ornament* (cat. d'expo.), New York, 1986
Dalziel Duncan, H., *Culture and Democracy*, Totowa, N. J., 1965
Egbert, D.D. et Sprague, P.E., « In search of John Edelman, Architect and Anarchist », *AIAJ*, fév. 1966, p. 35-41
Garcias, J.-C., *Sullivan*, Paris, 1997
Geraniotis, R., « The University of Illinois and German Architecture Education », *JAE*, vol. 38, n°34, été 1985, p. 15-21
Gregersen, C. et Saltzstein, J., *Dankmar Adler : His Theaters*, Athens, Ohio, 1990
Hitchcock, H.-R., *The Architecture of H.H. Richardson*, New York, 1936 ; [éd. révisée en 1961]
Hoffmann, D., « The Setback Skyscraper of 1891: An Unknown Essay by Louis Sullivan », *JSAH*, XXIX, n°2, mai 1970, p. 181
Manson, G.C., « Sullivan and Wright, an Uneasy Union of Celts », *AR*, nov. 1955, p. 297-300
Morrison, H., *Louis Sullivan, Prophet of Modern Architecture*, New York, 1935 ; [rééd. 1952]
Ochsner, J.K., *H.H. Richardson, Complete Architectural Works*, Cambridge, Mass., 1982
O'Gorman, J.F., *The Architecture of Frank Furness*, Philadelphie, 1973
—, *Henry Hobson Richardson and his Office : Selected Drawings* (cat. d'expo. Harvard University), 1974
Siry, J., *Carson Pirie Scott : Louis Sullivan and the Chicago Department Store*, Chicago, 1988
Sullivan, L., *A System of Architectural Ornament According with a Philosophy of Man's Powers*, Washington, 1924
—, « Reflections on the Tokyo Disaster », *Architectural Record*, fév. 1924
—, *The Autobiography of an Idea*, New York, 1926 et 1956 ; [publié initialement sous forme de feuilleton dans *AIAJ*, 1922-1923]
—, *Kindergarten Chats and Other Writings*, New York, 1947
Tselos, D., « The Chicago Fair and the Myth of the Lost Cause », *JSAH*, XXVI, n°4, déc. 1967, p. 259
Twombly, R., *Louis Sullivan : Life and Work*, New York, 1986
— (dir.), *Louis Sullivan : The Public Papers*, Chicago, 1988
Weingarten, L.S., *Louis H. Sullivan : The Banks*, 1987
Wright, F.L., *Genius and the Mobocracy*, New York, 1949

**Chapitre 3 : Frank Lloyd Wright, 1890-1916**

Allen Brooks, H., *The Prairie School*, Toronto, 1972
— (dir.), *Writings on Wright*, Cambridge, Mass., 1981
Castex, J., *Frank Lloyd Wright, Le Printemps de la Prairie House*, Bruxelles, 1987
Connors, J., *The Robie House of Frank Lloyd Wright*, Chicago, 1984
Fern, A.M., « The Midway Gardens of Frank Lloyd Wright », *AR*, août 1963, p. 113-116
*Frank Lloyd Wright: Letters to apprenties; to architects, to clients*, 3 vol., Fresno, Calif., 1982, 1984, 1986
Fries, H. de, *Frank Lloyd Wright*, Berlin, 1926
Futagawa, Y. (dir.), *Frank Lloyd Wright : dessins des archives de Taliesin*, Tokyo, 12 vol., 1986-1987,
Griggs, J., « The Prairie Spirit in Sculpture », *The Prairie School Review*, II, n°4, hiver 1965, p. 5-23
Handlin, S.P., *The American Home : Architecture and Society 1815-1915*, Boston, 1979
Hanks, D.A., *The Decorative Designs of Frank Lloyd Wright*, New York, 1979
Hitchcock, H.-R., *In the Nature of Materials 1887-1941. The Buildings of Frank Lloyd Wright*, New York, 1942
—, « Frank Lloyd Wright and the Academic Tradition », *JW & CI*, n°7, 1944, p. 51
Hoffmann, D., « Frank Lloyd Wright and Viollet-le-Duc », *JSAH*, XXVIII, n°3, oct. 1969, p. 173
Izzo, A. et Gubitosi, C., *Frank Lloyd Wright Dessins 1887-1959* (cat. d'expo. École spéciale d'architecture), Paris, 1977
James, C., *The Imperial Hotel*, Rutland, VT., 1968
Kaufmann, E., *Nine Commentaries on Frank Lloyd Wright*, Cambridge, Mass., 1989
— et Ræburn, B., *Frank Lloyd Wright : Writings and Buildings*, New York, 1960
Kelly-Smith, N., *Frank Lloyd Wright : A Study in Architectural Content*, Englewood Cliffs, N.J., 1966
Kosta, R., « Frank Lloyd Wright in Japan », *The Prairie School Review*, III, n°3, aut. 1966, p. 5-23
Manson, G.C., « Wright in the Nursery : The Influence of Frœbel Education on the Work of Frank Lloyd Wright », *AR*, juin 1953, p. 349-351
—, « Sullivan and Wright, an Uneasy Union of Celts », *AR*, nov. 1955

—, *Frank Lloyd Wright to 1910: The First Golden Age*, New York, 1958
Peisch, L.M., *The Chicago School of Architecture*, Londres, 1964
McCarter, R. (dir.), *Frank Lloyd Wright : A Primer on Architectural Principles*, 1991
Quinnan, J., *Frank Lloyd Wright's Larkin Building, Myth and Fact*, 1987
Scully, V., *The Shingle Style*, New Haven, Conn., 1955
—, *Frank Lloyd Wright*, New York, 1960
Treiber, D., *Frank Lloyd Wright*, Paris, 1986
Tselos, D., « Frank Lloyd Wright and World Architecture », *JSAH*, XXVIII, n°1, mars 1969, 58*sqq*
Wright, F.L., *Ausgeführte Bauten und Entwürfe von Frank Lloyd Wright*, Berlin, Wasmuth, 1910 ; [New York, 1965]
—, *An Autobiography*, New York, 1932 ; Londres, 1946 ; [traduction (incomplète) : *Mon autobiographie*, Paris, 1955 ; puis 1998]
—, *On Architecture*, F. Gutheim (dir.), New York, 1941 : sélection d'écrits de 1894 à 1940
—, *L'Avenir de l'architecture*, Paris, 2003
—, *Testament*, Marseille, 2005
Wright, G., *Moralism and the Modern Home : 1870-1913*, Chicago, 1980


### Chapitre 4 : Le rationalisme structurel

Aillagon, J. F., Vernes, M. et Viollet-le-Duc, G., *Le Voyage d'Italie d'Eugène Viollet-le-Duc 1836-1837* (cat. d'expo. École nationale supérieure des beaux- arts), Paris, 1980
Beddall, T.G., « Gaudí and the Catalan Gothic », *JSAH*, XXXIV, n°1, mars 1975, p. 48
Bergdoll, B., *E. Viollet-le-Duc : The Foundations of Architecture, Selections from the Dictionnaire Raisonné*, 1990
Bock, M., *Anfänge einer Neuen Architektur : Berlages Beitrag zur Architektonischen Kultur in der Niederlände im ausgehenden 19. Jahrhundert*, Wiesbaden, 1983
Bohigas, O., « Luis Domenech y Montaner 1850-1923 », *AR*, déc. 1967, p. 426-436
Borsi, F. et Godoli, E., *Paris, Art nouveau, op. cit.* dans partie I, chap. 2
— et Portoghesi, P., *Victor Horta*, Bruxelles, 1970
— et Wieser, H., *Bruxelles, Capitale de l'Art nouveau*, Bruxelles, 1992
Brunhammer, Y. et Naylor, G., *Hector Guimard*, Londres, 1978
Casanelles, E., *Antonio Gaudí, A Reappraisal*, New York, 1967
Castex, J. et Panerai, P., « L'École d'Amsterdam : architecture urbaine et urbanisme social-démocrate », *AMC*, n°40, sept. 1976, p. 39-54
Collins, G., *Antonio Gaudí*, Londres, 1960
Culot, M. et Grenier, L., « Henri Sauvage, 1873-1932 », *AAQ*, X, n°2, 1972, p. 16-27
— *et al.*, *Henri Sauvage 1873-1932* (cat. d'expo. AAM), Bruxelles, 1976
Dalisi, R., *Gaudí Furniture*, Londres, 1980
Delevoy, R., *Victor Horta*, Bruxelles, 1958
Descharnes, R. et Prévost, C., *Gaudí, The Visionary*, New York, 1971
Foucart, B. *et al.*, *Viollet-le-Duc* (cat. d'expo. Galeries nationales du Grand Palais), Paris, 1980
Gifford, D., *The Literature of Architecture*, New York, 1966
Graham, L.F., *Hector Guimard*, New York, 1970
Grassi, G., « Un architetto e una città : Berlage ad Amsterdam », *Casabella Continuità*, 1961, p. 39-44
Gratama, J., *Dr H.P. Berlage Bouwmeester*, Rotterdam, 1925
Guimard, H., « An architect's opinion of l'Art Nouveau », *Architectural Record*, juin 1902, p. 130-133
Hearn, M.F. (dir.), *The Architectural Theory of Viollet-le-Duc, Readings and Commentary*, Cambridge, Mass., 1990
Leblond, M.-A., « Gaudí et l'architecture méditerranéenne », *L'Art et les artistes*, II, 1910
Mackay, D., « Berenguer », *AR*, déc. 1964, p. 410-416
—, *Modern Architecture in Barcelona 1854-1939*, New York, 1989
Madsen, S.T., « Horta : Works and Style of Victor Horta Before 1900 », *AR*, déc. 1955, p. 388-392
Martinell, C., *Gaudí : His Life, His Themes, His Work*, Barcelone, 1975
Mazade, F., « An 'Art Nouveau' Edifice in Paris », *Architectural Record*, mai 1902 : sur le théâtre de Humbert de Romans
Miserachs, M.A., *J. Puig i Cadafalch*, 1989
Molema, J. *et al.*, *Antonio Gaudí een weg tot oorspronkelijkheid*, Delft, 1987
— *et al.*, *Gaudí : Rationalist met perfekte Materiaalbeheersing*, 1979
Pevsner, N. et Richards, J.M. (dir.), *The Anti-Rationalists*, Londres, 1973
Polano, S. et Fanelli, G., *Hendrik Petrus Berlage : Complete Works*, Londres, 1987
Rovira, J., « Architecture and Ideology in Catalonia 1901-1951 », *AA Files*, n°14, p. 62-68
Russell, F. (dir.), *L'Architecture de l'Art nouveau*, Paris ; [1re éd. 1979]
Schmutzler, R., « The English Origins of the Art Nouveau », *AR*, fév. 1955, p. 109-116
—, « Blake and the Art Nouveau », *AR*, août 1955, p. 91-97
—, *Art Nouveau*, Londres 1962
Searing, H., « Betondorp : Amsterdam's Concrete Suburb », *Assemblage 3*, 1987, p. 109-143
Sert, J.L. et Sweeny, J.J., *Antonio Gaudí*, Londres, 1960
Singelenberg, P., *H.P. Berlage : Idea and Style*, Utrecht, 1972
Solà-Morales, I. de, *Jujol*, Barcelone, 1990
Summerson, J., « Viollet-le-Duc and the Rational Point of View » in *Heavenly Mansions*, Londres, 1948
—, Pevsner, N., Damish, H. et Durant, S., *Viollet-le-Duc*, *AD*, 1980
Vamos, F., « Lechner Ödön », *AR*, juil. 1967, p. 59-62
Viollet-le-Duc, *Entretiens sur l'architecture*, Bruxelles, 1977 ; [1re éd., Paris, 1863, p. 451]


### Chapitre 5 : Mackintosh et l'École de Glasgow

Alison, F., *Le sedie di Charles Rennie Mackintosh*, Milan, 1973
Billcliffe, R., *Architectural Sketches and Flower Drawings by Charles Rennie Mackintosh*, Londres, 1977
—, *Mackintosh. Water Colours*, Londres, 1978
—, *Mackintosh. Textile Designs*, Londres, 1982
Garcias, J.-C., *Mackintosh*, Paris, 1989
Howarth, T., *Charles Rennie Mackintosh and the Modern Movement*, Londres, 1952 ; [ éd. révisée en 1977]
Kalas, B.E., « L'art de Glasgow » in *De la Tamise à la Sprée, l'essor des industries d'art*, Reims, 1905
Macleod, R., *Charles Rennie Mackintosh*, Londres, 1968
Robertson, P. (dir.), *Charles Rennie Mackintosh : The Architectural Papers*, Cambridge, Mass., 1990
Service, A., « James Maclaren and the Godwin legato », *AR*, août 1973, p. 111-118
Walker, D., « Charles Rennie Mackintosh », *AR*, nov. 1968, p. 355-363
White, G., « Some Glasgow Designers and their Work », *Studio*, XI, 1897, 86*sqq*.


### Chapitre 6 : Le Printemps sacré

Behrens, P., « The Work of Josef Hoffmann », *Architecture* (revue de la Society of Architects, Londres) II, 1923, p. 589-599
Boyd-Whyte, I., *Emil Hoppe, Marcel Kammerer, Otto Schönthal : Three Architects from the Master Class of Otto Wagner*, Cambridge, Mass., 1989
Burkhardt, F., Eveno, C. et Podrecca, B., *Joze Plecnik, architecte*, Paris, 1986

Cellini, F., « La villa Asti di Josef Hoffmann », *Contraspazio*, IX, n°1, juin 1977, p. 48-51
Clark, J.R., « J.M. Olbrich 1867-1908 », *AD*, XXXVII, déc. 1967
Czech, H., « Otto Wagner's Vienna Metropolitan Railway », *A+U*, 76.07, juil. 1976, p. 11-20
*Darmstadt : Ein Dokument deutscher Kunst 1901-1976* (cat. d'expo. en 5 vol.), Darmstadt, 1976
Geretsegger, H., Peintner, M. et Pichler, W., *Otto Wagner 1841-1918*, Londres, 1970
Graf, O.A., *Die Vergessene Wagnerschule*, Vienne, 1969
—, *Otto Wagner : Das Werk der Architekten*, I & II, Vienne, 1985
Gresleri, G., *Josef Hoffmann*, New York, 1985
Kroll, F.L., « Ornamental Theory and Practice in the Jugendstil », *Rassegna*, mars 1990, p. 58-65
Latham, I., *Josef Maria Olbrich*, New York, 1980
Lux, A.J., *Otto Wagner*, Munich, 1914
Mrazek, W., *Die Wiener Werkstätte*, Vienne, 1967
Nebehay, C.M., *Ver Sacrum 1898-1903*, Munich, 1978
Niedermoser, O., *Oskar Strnad 1879-1935*, Vienne, 1965
Pevsner, N., « Secession », *AR*, janv. 1971, p. 73-74
Horvat Pintaric, V., *Vienna 1900: The Architecture of Otto Wagner*, Londres, 1989
Powell, N., *The Sacred Spring : The Arts in Vienna 1898-1918*, New York, 1974
Pozzetto, M., *Max Fabiani Nuove frontiere dell'architettura*, Venise, 1988
Prelovsek, D., *Josef Plecnik : Wiener Arbeiten von 1896 bis 1914*, Vienne, 1979
Schorske, C., *Vienne Fin de Siècle*, Paris, 1983 ; [éd. or. ang., New York, 1979]
Schreyl, K.H. et Neumeister, D., *Josef Maria Olbrich : Die Zeichnungen in der Kunstbibliothek Berlin*, Berlin, 1972
Schweiger, W.J., *Wiener Werkstätte : Kunst und Handwerke 1903-1932*, Vienne, 1982
Sekler, E., « Art Nouveau Bergerhöhe », *AR*, janv. 1971, p. 75-76
—, *Josef Hoffmann : the Architectural Work, Monograph and Catalogue of Works*, Princeton, N. J., 1985
Tafuri, M., « Am Steinhof, Centrality and Surface in Otto Wagner's Architecture », *Lotus*, n°29, 1981, p. 73-91
Vergo, P., *Art in Vienna 1898-1918*, Londres, 1975
Wagner, O., *Moderne Architektur*, Vienne, vol. I, 1896, vol. II & III, 1898-1902 ; [trad. fr. : *Architecture moderne et autres écrits*, Bruxelles, 1984]
—, *Die Baukunst unserer Zeit*, Vienne, 1914
—, *Einige Skizzen, Projekte und Ausgeführte Bauwerke von Otto Wagner*, Vienne, 1987 : rééd. des 4 vol. des *Œuvres complètes de Wagner*, intro. de P. Haiko
Waissenberger, R., *Vienna 1890-1920*, New York, 1984

### Chapitre 7 : Sant'Elia et le futurisme

Banham, R., *Theory and Design in the First Machine Age*, *op. cit.* dans « Ouvrages généraux » : en particulier les chap. 8-10
Brizzi, G. et Guenzi, C., « Liberty occulto e G.B. Bossi », *Casabella*, n°338, juil. 1968, p. 22-23
Caramel, L. et Longatti, A., *Antonia Sant'Elia : The Complete Works*, New York, 1989
Clough, R., *Futurism*, New York, 1961
Gerosa, P.G., *Mario Chiattone*, Milan, 1985
Godoli, E., *Il Futurismo*, Rome/Bari, 1983
Hultén, P., *Futurismo e Futurismi* (cat. d'expo.), Venise, 1986
Joll, J., *Three Intellectuals in Politics*, New York, 1960
Kahn, G., *L'Esthétique de la rue*, Paris, 1901
Kirby, M., *Futurist Performance*, New York, 1971
Lista, G., *Futurisme, manifestes, proclamations, documents*, Lausanne, 1973, p. 87, 172, 180-181, 176, 148, 223, 233-235
—, (dir.), *Marinetti et le futurisme*, Lausanne, 1977
—, Lemoine, S. et Nakov, A.B., *Les Avant-gardes*, Paris, 1991
Marinetti, F.T., *Marinetti : Selected Writings*, New York, 1971
Meeks, C., *Italian Architecture 1750-1914*, New Haven et Londres, 1966
Moilin, J.-A., *Paris en l'an 2000*, Paris, 1869
Schmidt-Thomsen, J.P., « Sant'Elia futurista or the Achilles Heel of the Futurism », *Daidalos*, n°2, 1981, p. 36-44
Taylor, J., *Futurism*, New York, 1961
Thea, P., *Nuove Tendenze a Milano e l'altro Futurismo*, 1980
Tisdall, C. et Bozzolla, A., *Futurism*, Londres, 1977

### Chapitre 8 : Adolf Loos

Amendolagine, F., « The House of Wittgenstein », *9H*, n°4, 1982, p. 23-38
— et Cacciari, M., *Oikos : da Loos a Wittgenstein*, Rome, 1975
Anderson, S., « Critical Conventionalism in Architecture », *Assemblage 1*, 1986, p. 7-23
Benton, C.A. et T.J., *Form and Function*, éd. avec Dennis Sharp, Londres, 1975
Colomina, B., « Intimacy and Spectacle : The Interiors of Adolf Loos », *AA Files*, n°20, aut. 1990, p. 5-15
—, *La Publicité du privé : de Loos à Le Corbusier*, Orléans, 1998 ; [éd. or. am., Cambridge, Mass., 1994]
Czech, H., « The Loos Idea », *A+U*, 78.05, 1978, p. 47-54
— et Mistelbauer, W., *Das Looshaus*, Vienne, 1976
Engelmann, P., *Letters from Ludwig Wittgenstein*, Oxford, 1967, en particulier le chap. 7
Fortin, J.P. et Pietu, M., « Adolf Loos. Maison Pour Tristan Tzara », *AMC*, n°38, mars 1976, p. 43-50
Gravagnuolo, B., *Adolf Loos : Theory and Works*, New York, 1982
Gubler, J., « Loos, Ehrlich und die Villa Karma », *Archithèse*, n°1, 1971, p. 46-49
— et Barbey, G., « Loos's Villa Karma », *AR*, mars 1969, p. 215-216
Janik, A. et Toulmin, S., *Wittgenstein's Vienna*, New York, 1974
Kulka, H., *Adolf Loos, Das Werk des Architekten*, Vienne, 1931
Loos, A., *Das Andere*, Vienne, 1903
—, *Ins Leere gesprochen*, Paris, 1921 ; [trad. fr. : *Paroles dans le vide* (p. 144, 203, 206, 108-109, 226, 285, 250) et *Malgré tout* (p. 107-219), Paris, 1979 : articles écrits entre 1897 et 1900]
—, *Trotzdem*, Innsbruck, 1931 ; [trad. fr. : *Ornement et crime, et autres textes*, Paris, 2003 : articles écrits entre 1903 et 1930]
—, *Sämtliche Schriften*, Vienne, 1962
Loos, E. Altmann, *Adolf Loos, der Mensch*, Vienne et Munich, 1968
Münz, L. et Künstler, G., *Adolf Loos : Pioneer of Modern Architecture*, Londres, 1966
Rukschcio, B. et Schachel, R., *Adolf Loos*, Bruxelles, 1987 ; [éd. or. autr., Vienne, 1982]
Safran, Y., « The Curvature of the Spine : Kraus, Loos and Wittgenstein », *9H*, n°5, 1982, p. 17-22
Schachel, R. et Slapeta, V., *Adolf Loos* (cat. d'expo.), Vienne, 1989
Tournikiotis, P., *Loos*, Paris, 1991
Wang, W. (dir.), « Britain and Vienna 1900-1938 », *9H*, n°6, 1983
—, Safran, Y., Frampton, K. et Steiner, D., *The Architecture of Adolf Loos* (cat. d'expo.), Londres, 1985
Worbs, D. *et al.*, *Adolf Loos 1870-1933* (cat. d'expo.), Berlin, 1984

### Chapitre 9 : Henry van de Velde

Culot, M., *Henry van de Velde Theatres 1904-14*, Londres et Bruxelles, 1974
—, « Réflexion sur la "voie sacrée", un texte de Henry van de Velde », *AMC*, n°45, mai 1978, p. 20-21

Delevoy, R. *et al.*, *Henry van de Velde 1863-1957*, Bruxelles, 1963
—, Culot, M. et Van Loo, A., *La Cambre 1928-1978*, Bruxelles, 1979
Egbert, D.D., *Social Radicalism and the Arts*, Londres, 1970
Hammacher, A.M., *Le Monde de Henry van de Velde*, Anvers, 1967
Hesse-Frielinghaus, H., Hoff, A. et Erben, W., *Karl Ernst Osthaus : Leben und Werk*, Recklinghausen, 1971
Hüter, K.-H., *Henry van de Velde*, Berlin, 1967
Kroller-Müller Museum, *Henry van de Velde 1863-1957 : Paintings and Drawings*, Otterlo, 1988
Ploegaerts, L. et Puttermans, P., *L'Œuvre architecturale de Henry van de Velde*, Paris, 1987
Ressequier, C.L., « The Function of Ornament as seen by Henry van de Velde », *The Royal Architectural Institute of Canada*, n°31, fév. 1954, p. 33-37
Sembach, K.J., *Henry van de Velde*, Londres, 1989
Tannenbaum, L., « Henry van de Velde : A Re-evaluation », *Art News Annual*, XXXIV, 1968
Van de Velde, H., *Déblaiement d'art et autres textes*, Bruxelles, 1979 ; [1re éd. 1894]
—, *Les Formules de la beauté architectonique*, Bruxelles, 1978 ; [1re éd. 1916-1917]
—, « Vernunftsgemässer Stil, Vernunft und Schönheit », *Frankfurter Zeitung*, LXXIII, n°21, janv. 1929
—, *Geschichte meines Lebens*, Munich, 1962 ; [trad. fr. : *Récit de ma vie*, Bruxelles/Paris, 1992 et 1995]
—, *Les Mémoires inachevées d'un artiste européen*, Bruxelles, 1999
Worringer, W., *Abstraction et Einfühlung, Contribution à la psychologie du style*, Klincksieck, 1978 ; [éd. or. all., Munich, 1908]

### Chapitre 10 : Tony Garnier

Badovici, J., « L'Œuvre de Tony Garnier », *L'Architecture vivante*, aut.-hiver 1924
—, *L'Œuvre de Tony Garnier*, Paris, 1938
Garnier, T., *Une cité industrielle, Étude pour la construction des villes*, Paris, 1917 ; [2e éd., 1932 ; réimp. Paris, 1988, p. 14]
—, *Les Grands Travaux de la ville de Lyon*, Lyon, 1920
Pawlowski, C., *Tony Garnier et les débuts de l'urbanisme fonctionnel en France*, Paris, 1967
Souza, R. de, *L'Avenir de nos villes, études pratiques d'esthétique urbaine. Nice : capitale d'hiver*, Paris, 1913
*Tony Garnier : L'Œuvre complète* (cat. d'expo. Centre Pompidou), Paris, 1989
Wiebenson, D., *Tony Garnier : The Cité Industrielle*, New York, 1969
Wolf, P.M., *Eugène Hénard and the Beginning of Urbanism in Paris 1900-1914*, Paris, 1968

### Chapitre 11 : Auguste Perret

Abram, J., Cohen, J.L. et Lambert, G. (dir.), *Encyclopédie Perret*, Paris, 2002
Badovici, J., articles dans *L'Architecture vivante*, aut.-hiver 1923, print.-été 1924, print.-été 1925 et aut.-hiver 1926
Bloc, A. *et al.*, *L'Architecture d'aujourd'hui*, VII, oct. 1932 (numéro spécial sur Perret)
Champigneulle, B., *Auguste Perret*, Paris, 1959
Collins, P., *Splendeur du béton*, *op. cit.* dans partie I, chap. 3
Culot, M., Peycéré, D. et Ragot, G. (dir.), *Les Frères Perret, l'œuvre complète*, Paris, 2001
Gargiani, R., *Auguste Perret*, Paris, 1994
Gregotti, V., « Classicisme et rationalisme d'A. Perret », *AMC*, n°37, nov. 1975, p. 19-20
Jamot, B., *Auguste Perret et l'architecture du béton armé*, Bruxelles, 1927
Panerai, P., « Maison Cassandre », *9H*, n°4, 1982, p. 33-36
Perret, A., « Architecture : science et poésie », *La Construction moderne*, vol. 48, oct. 1932, p. 2-3
—, « L'Architecture », *Revue d'art et d'esthétique*, p. 41-50, juin 1935, nos 1-2
—, *Contribution à une théorie de l'architecture*, Paris, 1952
Pettengill, G.E., *Auguste Perret : A Partial Bibliography*, manuscrit non publié, AIA Library, Washington
Saddy, P., « Perret et les idées reçues », *AMC*, *op. cit.*, p. 21-30
Valéry, P., *Eupalinos ou l'architecte*, Paris, 1923

### Chapitre 12 : Le Deutscher Werkbund

Anderson, S., « Peter Behrens's Changing Concept of Life as Art », *AD*, XXXIX, n°39, fév. 1969, p. 72-78
—, « Modern Architecture and Industry : Peter Behrens and the Cultural Policy of Historical Determinism », *Oppositions*, n°11, hiver 1977
—, « Modern Architecture and Industry : Peter Behrens and the AEG Factories », *Oppositions*, n°23, 1981, p. 53-83
Behrens, P., « The Turbine Hall of the AEG 1910 » in *Documents*, Milton Keynes, 1975, p. 56-57
Benton, T., Muthesius, S. et Wilkins, B., *Europe 1900-14*, Milton Keynes, 1975
Bernhardt, K., « The New Turbine Hall for AEG 1910 » in *Documents*, Milton Keynes, 1975, p. 54-56
Bletter, R., « On Martin Fröhlich's Gottfried Semper », *Oppositions*, n°4, oct. 1974, p. 146-153
Buddensieg, T., *Industrielkultur. Peter Behrens and the AEG, 1907-1914*, 1984
Burckhardt, L. (dir.), *Le Werkbund*, Paris, 1981
Campbell, J., *The German Werkbund – The Politics of Reform in the Applied Arts*, Princeton, N. J., 1978
Chassé, C., « Didier Lenz and the Beuron School of Religious Art », *Oppositions*, n°21, 1980, p. 100-103
Conrads, U., *Programmes et Manifestes de l'architecture du XXe siècle*, Paris, 1991 ; [éd. or. ang., Cambridge, Mass., 1970]
Custoza, S., Vogliazzo, M. et Posener, J., *Muthesius*, Milan, 1981
Dal Co, F., *Figures of Architecture and Thought : German Architectural Culture 1880-1920*, New York, 1990
Döllgast, H., *Hans Döllgast 1891-1974*, Munich, 1987
Eckstein, H. (dir.), *50 Jahre Deutscher Werkbund*, Francfort, 1958
Ettlinger, L.D., « On Science, Industry and Art, Some Theories of Gottfried Semper », *AR*, juil. 1964, p. 57-60
Funk-Jones, A.C., Molen J.R. et Storck G. (dir.), *J.L.M. Lauweriks*, Krafeld, 1987
Grassi, G., *L'Architecture comme métier, et autres écrits*, Bruxelles, 1983 ; [éd. or. ital., 1981]
Gropius, W., « Die Entwicklung Moderner Industriebaukunst » in *Jahrbuch des Deutschen Werkbundes*, 1913
—, « Der Stilbildende Wert Industrieller Bauformen » in *Jahrbuch des Deutschen Werkbundes*, 1914
Herrmann, W., *Gottfried Semper und die Mitte der 19. Jahrhunderts*, Stuttgart, 1976
—, *Gottfried Semper, Theoretischer Nachlass an der ETH Zürich*, Stuttgart, 1981
—, *Gottfried Semper In Search of Architecture*, Cambridge, Mass., 1984
Hoeber, F., *Peter Behrens*, Munich, 1913
Hoepfner, W. et Neumeyer, F., *Das Haus Weigand von Peter Behrens in Berlin Dahlem*, Mayence, 1979
Jessen, W., « Introduction to Heinrich Tessenow's House Building and Such Things », *9H*, n°8, 1989, p. 6-33
Kadatz, H. J, *Peter Behrens : Architekt Maler, Grafiker*, Leipzig, 1977
Kreitmaier, J., *Beuroner Kunst*, 1923
Meinecke, F., *The German Catastrophe*, Cambridge, Mass., 1950 ; [rééd. Boston, 1963]
Müller, S., *Kunst und Industrie —, Ideologie und Organisation des Funktionalismus in der Architektur*, Munich, 1974

Muthesius, H., « The Task of the Werkbund in the Future » in *Documents*, Milton Keynes, 1978, p. 7-8
—, *The English House*, Londres, 1979 ; [éd. or. all., Berlin, 1904]
Naumann, F. *et al.*, *Der Werkbund-Gedanke in den germanischen Ländern*, Iena, 1914
Naumann, F., « Werkbund und Handel » in *Jahrbuch des Deutschen Werkbundes*, 1913
—, « Culture is, however, a General Term, Paris 1900 – a letter », *Daidalos*, n°2, 1981, p. 25 et p. 33
—, *Theodor Fischer : Architekt und Städtebauer, 1862-1938*, Berlin, 1988
Pevsner, N., « Gropius at Twenty-Six », *AR*, juil. 1961, p. 49-51
Posener, J., « Muthesius as Architect », *Lotus*, 9 fév. 1975, p. 104-115
Schumacher, F., *Der Geistder Baukunst*, 1983 ; [1938]
Semper, G., *The Four Elements of Architecture and Other Writings*, Mallgrave, H.F. (dir.), Cambridge, 1989
Very, F., « J.M.L. Lauweriks : architecte et théosophe », *AMC*, n°40, sept. 1976, p. 55-58
Wangerin, G. et Weiss, G., *Heinrich Tessenow, ein Baumeister 1876-1950*, Essen, 1976
Weber, H., *Walter Gropius und das Faguswerk*, Munich, 1961
Windsor, A., *Peter Behrens, Architecte et designer*, Bruxelles, 1981

**Chapitre 13 : « Die gläserne Kette »**

Badovici, J., « Erich Mendelsohn », *L'Architecture vivante*, aut.-hiver 1932 (numéro spécial)
Banham, R., « Mendelsohn », *AR*, 1954, p. 85-93
Beyer, O. (dir.), *Erich Mendelsohn : Letters of an Architect*, Londres, 1967
Bletter, R., « Bruno Taut and Paul Scheerbart », thèse de doctorat non publiée, Avery Library, Columbia, New York, 1973
Boyd-Whyte, I. (dir.), *The Crystal Chain Letters, Architectural Fantasies by Bruno Taut and his Circle*, Cambridge, Mass., 1985
Bullock, N., « First the Kitchen, Then the Façade », *AA Files*, n°6, mai 1984, p. 59-67
Conrads, U. et Sperlich, H.G., *Fantastic Architecture*, Londres, 1963
Frampton, K., « Genesis of the Philharmonie », *AD*, mars 1965, p. 111-112
*Hugo Häring, Fragmente*, Akademie der Künste, Berlin, 1968
Häring, H., « Approaches to Form » [1925], *AAQ*, X, n°7, 1978
—, *Das andere Bauen*, J. Joedicke (dir.), Stuttgart, 1982
—, *Hugo Häring, Schriften, Entwürfe, Bauten*, Stuttgart, 1965
— et Jones, P. Blundell (dir.), « Problems of Art and Structure in Building », *9H*, n°7, 1985, p. 75-82
Heuss, T., *Hans Poelzig, das Lebensbild eines deutschen Baumeister*, Stuttgart, 1985 ; [1re éd. Berlin, 1939]
Joedicke, J., « Häring at Garkau », *AR*, mai 1960, p. 313-318
Jones, P. Blundell, « Organic versus Classic », *AAQ*, X, n°7, p. 10-20
—, « Late Works of Scharoun », *AR*, mars 1975, p. 141-154
—, *Hans Scharoun*, Londres, 1997
—, « Hugo Häring and the Search for a Responsive Architecture », *AA Files*, n°13, aut. 1986, p. 30-43
Junghanns, K., « Bruno Taut », *Lotus*, n°9, fév. 1975, p. 94-103 (trad. p. 219-21)
—, *Bruno Taut*, Berlin, 1980
—, *Bruno Taut 1880-1938*, Leipzig, 1998
Lauterbach, H., *Hans Scharoun* (cat. d'expo. Akademie der Künste), Berlin, 1969
—, *Erich Mendelsohn 1887-1953 : Ideen, Bauten, Projekte* (cat. d'expo. Staatliche Museen Preussischer Kulturbesitz), Berlin, 1987
Pehnt, W., *Architecture expressionniste*, Paris, 1998 ; [éd. or. ang., Londres, 1973]
Posener, J., « Poelzig », *AR*, juin 1963, p. 401-405
— (dir.), *Hans Poelzig : Gesammelte Schriften und Werke*, Berlin, 1970
Rumé, G., « Rudolf Steiner », *AMC*, n°39, juin 1976, p. 23-29
Scheerbart, P., *L'Architecture de verre*, (précédé de) *La Sobriété barbare*, Strasbourg, 1995
Schirren, M., *Hans Poelzig : Die Pläne und Zeichnungen aus dem ehemaligen Verkehrs und Baumuseum in Berlin*, Berlin, 1989
Segal, W., « About Taut », *AR*, janv. 1972, p. 25-26
Sharp, D., *Modern Architecture and Expressionism*, Londres, 1966
—, « Park Meerwijk – an Expressionist Experiment in Holland », *Perspecta*, n°13-14, 1971
Staber, M., « Hans Scharoun, Ein Beitrag zum organischen Bauen », *Zodiac*, n°10, 1952, p. 52-93
Stephan, R., *Erich Mendelsohn, Architect 1887-1953*, New York, 1999
Taut, B., *L'Architecture alpine*, Paris, 2005 ; [éd. or. all., 1919]
—, « The Nature and the Aims of Architecture », *Studio*, mars 1929, p. 170-174
Taut, M. et Ungers, O.M., *Die Gläserne Kette. Visionäre Architektur aus dem Kreis um Bruno Taut 1919-1920*, Berlin, 1963
Tischhauser, A., « Creative Forces and Crystalline Architecture : In Remembrance of Wenzel Hablik », *Daidalos*, n°2, 1981, p. 45-52
Whittick, A., *Erich Mendelsohn*, Londres, 1970
Zevi, B., *Erich Mendelsohn Opera Completa*, Milan, 1970
—, *Erich Mendelsohn*, Paris, 1984

**Chapitre 14 : Le Bauhaus**

Adams, G., « Memories of a Bauhaus Student », *AR*, sept. 1968, p. 192-194
Argan, G.C., *Walter Gropius et le Bauhaus*, Paris, 1979 ; [éd. or. ital., 1951]
Bayer, H., *W. Gropius and I. Gropius, Bauhaus 1919-1928*, Boston, 1952
Cohen, A., *Herbert Bayer*, Cambridge, Mass., 1984
Fiedler, J., *Photography and the Bauhaus*, Cambridge, Mass., 1990
Franciscono, M., *Walter Gropius and the Creation of the Bauhaus in Weimar*, Chicago et Londres, 1971
Giedion, S., *Walter Gropius : Work and Teamwork*, New York, 1954 ; [nouvelle éd. 1992]
Green, P., « August Endell », *AAQ*, IX, n°4, 1977, p. 36-44
Gropius, W., *The New Architecture and the Bauhaus*, Londres, 1935 ; [trad. fr. : *La Nouvelle Architecture et le Bauhaus*, précédée de *Apollon dans la démocratie*, Bruxelles et Paris, 1969]
—, *The Scope of Total Architecture*, Londres, 1956
—, *Architecture et société*, Paris, 1995
Hahn, P., *Experiment Bauhaus*, 1988
Isaacs, R., *Walter Gropius*, Boston, 1991
Itten, J., *Le Dessin et la Forme*, Paris, 1970 ; [1re éd. all., 1919]
Kostelanetz, R., *Moholy-Nagy*, New York, 1970
Lang, L., *Das Bauhaus 1919-1923, Idee und Wirklichkeit*, Berlin, 1965
Mansbach, S.A., *Visions of Totality : László Moholy-Nagy, Theo van Doesburg and El Lissitzky*, Ann Arbor, Mich., 1980
Moholy-Nagy, L., *The New Vision*, New York, 4e éd., 1947 : trad. ang. de *Von Material zu Architektur*, Munich, 1928
—, *Vision in Motion*, Chicago, 1947
Moholy-Nagy, S., *Moholy-Nagy. An Experiment in Totality*, New York, 1950
Naylor G., *Bauhaus*, Londres, 1985
Neumann, E., *Bauhaus and Bauhaus People*, New York, 1970

Nerdinger, W., *Walter Gropius* (cat. d'expo.), Berlin, 1985-1986
Passuth, K., *Moholy-Nagy*, Londres, 1991
Scheidig, W., *Crafts of the Weimar Bauhaus 1919-1924*, Londres, 1967 ; [trad. fr. : *Le Bauhaus de Weimar de 1919-1924, travaux d'atelier*, Leipzig, 1966]
Schlemmer, O., Moholy-Nagy, L. et Molnar, F., *The Theater of the Bauhaus*, Middletown, Connect., 1961 ; [éd. or. all., Munich, 1925]
Willett, J., *The New Sobriety 1917-1933 : Art and Politics in the Weimar Period*, Londres, 1978
Wingler, H., *The Bauhaus : Weimar, Dessau, Berlin and Chicago*, Cambridge, Mass., 1969

### Chapitre 15 : La Nouvelle Objectivité

Bertonati, E., *Aspetti della « Nuova Oggettività »* (cat. d'expo.), Rome et Munich, 1968
Birkner, O., Herzog, J. et de Meuron, P., « Die Petersschule in Basel (1926-1929) », *Werk-Archithèse*, n^os^13-14, janv.-fév. 1978, p. 6-8
Buckschmitt, J., *Ernst May : Bauten und Planungen*, vol. 1, Stuttgart, 1963
Casciato, M., Panzini, F. et Polano, S., *Olanda 1870-1940 : Città, Casa, Architettura*, Milan, 1980
Fanelli, G., *Architettura moderna in Olanda*, Florence, 1968
Fischer, V. *et al.*, *Ernst May und das Neue Frankfurt 1925-1930*, Berlin, 1986
*Hannes Meyer 1889-1954 : Architekt, Urbanist Lehrer*, Berlin, 1989
Grassi, G. (dir.), *Das Neue Frankfurt 1926-1931 e l'architettura della nuova Francoforte*, Bari, 1975
Gubler, J., *Nationalisme et Internationalisme dans l'architecture moderne de la Suisse*, Lausanne, 1975
Haesler, O., *Mein Lebenswerk als Architekt*, Berlin, 1957
Hirolina, H. (dir.), *Neues Bauen Neue Gesellschaft : Das neue Frankfurt die neue Stadt. Eine Zeitschrift Zwischen 1926-1933*, 1984
Homann, K. et Scarpa, L., « Martin Wagner, The Trades Union Movement and Housing Construction in Berlin in the First Half of the 1920s », *AD*, nov.-déc. 1983, p. 58-61
Housden, B., « Arthur Korn », *AAJ* (numéro spécial), LXXIII, n°817, déc. 1957, p. 114-135
—, « M. Brinckman, J.A. Brinckman, L.C. van der Vlugt, J.H. van der Broek, J.B. Bakema », *AAJ*, déc. 1960
Jelles, E.J. et Alberts, C.A., « Duiker 1890-1935 », *Forum voor architectuur en daarmee verbonden kunsten*, n^os^5-6, 1972
Lane, B. Miller, *Architecture and Politics in Germany 1918-1945*, Cambridge, Mass., 1968
Lissitzky-Küppers, S., *El Lissitzky*, Londres, 1968
Mackintosh, D., *The Modern Courtyard*, *AA Paper* n°9, 1973
Molema, J. *et al.*, *J. Duiker Bouwkundig Ingenieur*, Rotterdam, 1982
Murard, L. et Zylberman, P., « Esthétique du taylorisme » in *Paris/Berlin rapports et contrastes/France-Allemagne* (cat. d'expo. Centre Pompidou), 1978, p. 384-390 ; [rééd., Paris, 1992, p. 490-497]
Oorthuys, G., *Mart Stam : Documentation of his work 1920-1965*, Londres, 1970
Pommer, R. et Otto, C.F., *Weissenhof 1927 and the Modern Movement in Architecture*, Chicago, 1991
Rivolta, M.B. et Rossari, A., *Alexander Klein*, Milan, 1975
Schmalenbach, F., « The Term Neue Sachlichkeit », *AB*, XXII, sept. 1940
Schmidt, H., « The Swiss Modern Movement 1920-1930 », *AAQ*, print. 1972, p. 32-41
Schnaidt, C., *Hannes Meyer, Buildings, Projects and Writings*, Londres, 1965
Uhlig, G., « Town Planning in the Weimar Republic », *AAQ*, XI, n°1, 1979, p. 24-38
Van Loghem, J.B., *Bouwen, Bauen, Bâtir, Building*, Amsterdam, 1932
Winkler Klaus-Jürgen, *Der Architekt Hannes Meyer : Anschauungen und Werk*, Berlin, 1982
Zygas, K.P., « The Magazine Veshch/Gegendstand /Object », 1922, *Oppositions*, n°5, été 1976, p. 113-128

### Chapitre 16 : De Stijl

Baljeu, J., *Theo van Doesburg*, Londres, 1974
Baroni, D., *Rietveld Furniture*, Londres, 1978
Bois, Y.A., « Mondrian and the Theory of Architecture », *Assemblage 4*, oct. 1987, p. 103-130
— et Reichlin, B., *De Stijl et l'architecture en France* (cat. d'expo. IFA), Paris/Bruxelles, 1985
Blotkamp, C. *et al.*, *De Stijl : The Formative Years*, Cambridge, Mass., 1986
Brown, T.M., *The Work of G. Rietveld, Architect*, Utrecht, 1958
Doig, A., *Theo Van Doesburg : Painting into Architecture, Theory into Practice*, Cambridge, Mass., 1986
Friedman, M. (dir.), *De Stijl : 1917-1931. Visions of Utopia* (cat. d'expo.), Oxford, 1982
Jaffé, H.L.C., *De Stijl 1917-1931. The Dutch Contribution to Modern Art*, Amsterdam, 1956
—, *De Stijl*, Londres, 1970
Leering, J., Wijsenbeck, L.J.F. et Althaus, P.F., *Theo van Doesburg 1883-1931*, Eindhoven, 1969
Lemoine, S. (dir.), *Theo van Doesburg*, Paris, 1990, p. 12, 53, 92
Mondrian, P., « Plastic Art and Pure Plastic Art », in *Circle*, J.L. Martin, B. Nicholson et N. Gabo (dir.), Londres, 1937
Overy, P., Buller, L., Den Oudsten, F. et Mulder, B., *The Rietveld Schröder House*, Wiesbaden, 1988
Polano, S., « Notes on Oud », *Lotus*, n°16, sept. 1977, p. 42-49
Seuphor, M., *Piet Mondrian – Sa vie, son œuvre*, Paris, 1970 ; [nouv. éd. 1987]
Stamm, G., *J.P.P. Oud Bauten und Projekte 1906-1963*, Mayence, 1984
Troy, N.J., *The De Stijl Environment*, Cambridge, Mass., 1983
Van der Broek, J.H., van Eesteren, C. *et al.*, *De Stijl*, Amsterdam, 1951
Van Doesburg, T., « L'Évolution de l'architecture moderne en Hollande », *L'Architecture vivante*, aut.-hiver 1925 (numéro spécial sur De Stijl)
Van Staaten, E., *Theo van Doesburg : peintre et architecte*, Paris, 1993, p. 7
Warncke, C.-P., *De Stijl 1917-1931*, Cologne, 1991
Zevi, B., *Poetica dell'architettura neoplastica*, Milan, 1953

### Chapitre 17 : Le Corbusier, 1907-1931

Baird, G., « A Critical Introduction to Karel Teige's 'Mundaneum' and Le Corbusier's 'In the Defence of Architecture' », *Oppositions*, n°4, oct. 1974, p. 80-81
Banham, R., *Theory and Design in the First Machine Age*, *op. cit.* dans partie I, chap. 1
Benton, T., *Les Villas de Le Corbusier 1920-1930*, Paris, 1987
Besset, M., *Qui était Le Corbusier ?*, Genève, 1968
Boudon, P., *Pessac de Le Corbusier*, Paris, 1969
Brooks, H.A. (dir.), *Le Corbusier's Formative Years : Charles Edouard Jeanneret à La Chaux-de-Fonds*, Chicago, 1997
—, *The Le Corbusier Archive*, 25 vol., Fondation Le Corbusier Garland, 1983
Colomina, B., « Le Corbusier and Photography », *Assemblage 4*, oct. 1987, p. 7-23
Croset, P.A. *et al.*, « I clienti di Le Corbusier », *Rassegna*, n°3, juil. 1980
Curtis, W., *Le Corbusier Ideas and Forms*, Londres, 1988
Dermée, P., Ozenfant A. et Le Corbusier (dir.), *L'Esprit Nouveau*, 1, 1920-1925, New York ; [fac-similé, 1969]
Fabre, G. (dir.), *Léger and the Modern Spirit, 1918-1931*, 1982

Frampton, K., « The Humanist vs. Utilitarian Ideal », *AD*, XXXVIII, 1968, p. 134-136
—, *Le Corbusier*, Paris, 1997
Gabetti, R. et Olmo, C., *Le Corbusier e l'Esprit nouveau*, Turin, 1977
Goulet, P. et Parent, C., « Le Corbusier », *Aujourd'hui*, n°51, nov. 1965
Green, C., « Léger and l'esprit nouveau 1912-1928 » in *Léger and Purist* (cat. d'expo.), Paris et Londres, 1970, p. 25-82
Gregh, E., « Le Corbusier and the Dom-Ino System », *Oppositions*, n°s 15-16, janv. 1980
Gresleri, G., *80 Disegni di Le Corbusier*, Bologne, 1977
—, *L'Esprit Nouveau. Le Corbusier : costruzione e ricostruzione di un prototipo dell'architettura moderna*, Bologne, 1979
— (dir.), *Le Corbusier, Voyage d'Orient*, 6 vol., Milan, 1987
— (dir.), *Le Corbusier, Les Voyages d'Allemagne*, Milan, 1994
—, *Le Corbusier, Viaggio in Oriente*, Venise, 1995 ; [1re éd., 1984]
Honisch, D. *et al.*, *Tendenzen der Zwanziger Jahre*, 1977 ; [trad. fr. : *Tendances des années vingt*, Berlin, 1977]
Izzo, A. et Gubitosi, C., *Le Corbusier*, Rome, 1978
Jeanneret, C.E. et Ozenfant, A., *Après le Cubisme*, Paris, 1918
—, *La Peinture moderne*, Paris, 1925
Le Corbusier, *Étude sur le mouvement d'art décoratif en Allemagne*, La Chaux-de-Fonds, 1912
—, *Vers une architecture*, Paris, 1923 ; [3e éd. déf., 1928], p. 123, 178, 193-195
—, *L'Art décoratif d'aujourd'hui*, Paris, 1925
—, *Une maison – un palais*, Paris, 1928, p. 97
—, « Défense de l'architecture », *L'Architecture d'aujourd'hui*, 1933, p. 39-41
—, *Précisions sur un état présent de l'architecture et de l'urbanisme*, Crès, 1930, p. 138, 219
—, *Le Corbusier et Pierre Jeanneret : Œuvre complète*, Bâle, 8 vol., vol. 1 (p. 31, 86, 21), vol. 2 (p. 130)
—, *Le Voyage d'Orient*, Paris, 1966
—, *Le Corbusier, Croquis*, 4 vol., Paris et New York, 1982
Lowman, J., « Corb as Structural Rationalist : The Formative Influence of the Engineer Max du Bois », *AR*, oct. 1976, p. 229-233
Lucan, J. (dir.), *Le Corbusier, une encyclopédie* (cat. d'expo. Centre Pompidou), Paris, 1987
McLeod, M., « Charlotte Perriand : Her First Decade as a Designer », *AA Files*, n°15, été 1987, p. 4-13
Oechslin, W. (dir.), *Le Corbusier und Pierre Jeanneret, Das Wettbewerbsprojekt für den Völkerbundspalast in Genf 1927*, 1988
Petit, J. (dir.), *Le Corbusier lui-même*, Genève, 1969, p. 28
Pevsner, N., « Time and Le Corbusier », *AR*, mars 1951
Pinchon J.F., *Rob Mallet-Stevens, architecture, mobilier, décoration* (cat. d'expo.), Paris, 1986
Reichlin, B., « Le Pavillon de la Villa Church Le Corbusier », *AMC*, mai 1983, p. 100-111
Risselada, M. (dir.), *Raumplan versus Plan Libre*, Delft, 1987
Ritter, J., « World Parliament – The League of Nations Competition », *AR*, CXXXVI, 1964, p. 17-23
Rowe, C., *Les Mathématiques de la Villa idéale et autres essais*, Paris, 2000
— et Slutzky, R., « Transparency : Literal and Phenomenal », *Perspecta*, n°8, 1963, p. 45-54 ; [trad. fr. : *Transparence réelle et virtuelle*, Paris, 1992]
Sekler, M.P., *The Early Drawings of Charles-Edouard Jeanneret (Le Corbusier) 1902-1908*, thèse de doctorat (Harvard, 1973), New York, 1977
Serenyi, P., « Le Corbusier, Fourier and the Monastery of Ema », *AB*, XLIX, 1967, p. 227-286
—, *Le Corbusier in Perspective*, Englewood Cliffs, N. J., 1975
Silver, K., « Purism, Straightening Up After the Great War », *Artform*, n°15, mars 1977
Teige, K., « Mundaneum », *Oppositions*, n°4, oct. 1974, p. 83-91 ; [1re pub. dans *Stavba*, n°7, 1929]
Turner, P.V., « The Beginnings of Le Corbusier's Education 1902-1907 », *AB*, LIII, juin 1971, p. 214-224
—, *La Formation de Le Corbusier*, Paris, 1987
Von Moos, S. (dir.), *L'Esprit Nouveau : Le Corbusier et l'industrie 1920-1925*, Strasbourg, 1987
Walden, R. (dir.), *The Open Hand : Essays on Le Corbusier*, Cambridge, Mass., 1977

## Chapitre 18 : Mies van der Rohe, 1921-1933

Von Beulwitz, D., « The Perls House by Mies van der Rohe », *AD*, nov.-déc. 1983, p. 63-71
Bier, J., « Mies van der Rohe's Reichspavillon in Barcelona », *Die Form*, août 1929, p. 23-30
Bonta, J.P., *An Anatomy of Architectural Interpretation*, Barcelone, 1975
Cadbury-Brown, H.T., « Ludwig Mies der Rohe », *AAJ*, juil.-août 1959
Constant, C., « The Barcelona Pavilion as Landscape Garden : Modernity and the Picturesque », *AA Files*, n°20, aut. 1990, p. 47-54
Cohen, J.-L., *Mies van der Rohe*, Paris, 1998
Drexler, A. (dir.), *Mies van der Rohe Archive*, 6 vol., New York, 1982
Evans, R., « Mies van der Rohe's Paradoxical Symmetries », *AA Files*, n°19, print. 1990, p. 56-68
Glaeser, L., *Ludwig Mies van der Rohe : Drawings in the Collection of the Museum of Modern Art*, New York, 1969
—, *The Furniture of Mies van der Rohe*, New York, 1977
Hartoonian, G., « Mies van der Rohe : The genealogy of the Wall », *JAE*, 42, n°2, hiver 1989, p. 43-50
Hilberseimer, L., *Mies van der Rohe*, 1956
Hitchcock, H.-R., « Berlin Architectural Show 1931 », *Horn and Hound*, V, n°1, oct-déc. 1931, p. 94-97
Johnson, P., « The Berlin Building Exposition of 1931 » in *T square*, 1932 ; repris dans *Oppositions*, n°2, 1974, p. 87-91
—, « Architecture in the Third Reich » in *Horn and Hound*, 1933 ; repris. dans *Oppositions*, n°2, 1974, p. 92-93
—, *Mies van der Rohe*, New York, 1947
Mies van der Rohe, L., « Two Glass Skyscrapers 1922 » in Johnson, *Mies*, *op. cit.*, p. 182 ; [1re pub. sous le titre de « Hochhausprojekt für Bahnhof Friedrichstrasse im Berlin » dans *Frühlicht*, 1922]
—, « Working Theses 1923 » in *Programs and Manifestos on 20th Century Architecture*, Cambridge, Mass., 1970, p. 74 ; [pub. dans *G*, 1er numéro, 1923, conjointement avec son immeuble de bureaux en béton]
—, « Industrialized Building 1924 » in *ibid.*, p. 81 ; [pub. dans *G*, 3e numéro, 1924]
—, « On Form in Architecture 1927 » in *ibid.*, p. 102 ; [1re pub. dans *Die Form*, 1927, sous le titre de « Zum Neuer Jahrgang » ; une autre trad. apparaît dans Johnson, *Mies*, *op cit.*]
—, « A Tribute to Frank Lloyd Wright », *College Art Journal*, VI, n°1, aut. 1946, p. 41-42
Moneo, R., « Un Mies menos conocido », *Arquitecturas Bis 44*, juil. 1983, p. 2-5
Neumeyer, F., *Mies von der Rohe, réflexions sur l'art de bâtir*, Paris, 1996, p. 240, 241, 263, 303
Rubio Tuduri, N.M., « Le Pavillon de l'Allemagne à l'exposition de Barcelone par Mies van der Rohe », *Cahiers d'art*, n°4, 1929, p. 408-412
Schulze, F., *Mies van der Rohe, A Critical Biography*, Chicago, 1985
Smithson, A. et P., *Mies van der Rohe, Veröffentlichungen zur Architektur*, Berlin, 1968
—, *Without Rhetoric*, Londres, 1973

Tegethoff, W., *Die Villen und Landhausprojekten von Mies van der Rohe*, Essen, 1981
Wang, W., « The Influence of the Wiegand House on Mies van der Rohe », *9H*, n°2, 1980, p. 44-46
Westheim, P., « Mies van der Rohe : Entwicklung eines Architekten », *Das Kunstblatt*, II, fév. 1927, p. 55-62
—, « Umgestaltung des Alexanderplatzes », *Die Bauwelt*, 1929
—, « Das Wettbewerb der Reichsbank », *Deutsche Bauzeltung*, 1933
Yorke, F.R.S., *The Modern House*, 1934 ; [4e éd., Londres, 1943]
Zervos, C., « Mies van der Rohe », *Cahiers d'art*, n°3, 1928, p. 35-38
—, « Projet d'un petit musée d'art moderne par Mies van der Rohe », *Cahiers d'art*, n°20-21, 1946, p. 424-427

**Chapitre 19 : Le collectivisme**

Abramsky, C., « El Lissitzky as Jewish Illustrator and Typographer », *Studio International*, oct. 1966, p. 182-185
Aleksandrov, P.A. et Chan-Magomedov, S.O., *Ivan Leonidov*, Milan, 1975
Anderson, T., *Vladimir Tatlin*, Stockholm, 1968
—, *Malevich* (cat. de l'expo. de Berlin de 1927), Amsterdam, 1970
Andrews, R. et Kalinovska, M., *Art Into Life : Russian Constructivism 1914-1932* (cat. d'expo.), Seattle, 1990
Billington, J., *The Icon and the Axe*, New York, 1968
Bliznakov M,., « The Rationalist Movement in Soviet Architecture of the 1920s », *20th-Century Studies*, nos7-8, déc. 1972, p. 147-161
Borisova, E. et Sternin, G., *Art nouveau russe*, Paris, 1987
Borngräber, C., « Foreign Architects in the USSR », *AAQ*, 11, n°1, 1979, p. 50-62
Bowlt, J. (dir.), *Russian Art of the Avant Garde : Theory and Criticism*, New York, 1976
Chernikov, J., *Arkhitekturnye Fantasii*, Moscou, 1933
Cohen, J.L., de Michelis, M. et Tafuri, M., *URSS 1917-1978, La Ville, l'architecture*, Paris, 1978
Cooke, C., « F.O. Shektel : An architect and his clients in turn-of-the-century Moscow », *AA Files*, n°5, print. 1984, p. 5-29
Dal Co, F., « La poétique "a-historique" de l'art de l'avant-garde en Union Soviétique », *Archithèse*, n°7, 1973, p. 19-24, p. 48
De Feo, V., *URSS Architettura 1917-36*, Milan, 1962
Dluhosch E., « The Failure of the Soviet Avant Garde », *Oppositions*, n°10, aut. 1977, p. 30-55
Douglas, C., *Swans of Other Worlds : Kazimir Malevich and the Origins of Abstraction in Russia*, Ann Harbor, Mich., 1980
Elliott, D. (dir.), *Alexander Rodchenko : 1891-1956*, Oxford, 1979
—, *Mayakovsky : Twenty Years of Work*, Oxford, 1982
Frampton, K., « Notes on Soviet Urbanism 1917-32 », *Architects' Year Book*, XII, 1968, p. 238-252
—, « The Work and Influence of El Lissitzky », *ibid.*, p. 253-268
Fülöp-Muller, R., *The Mind and Face of Bolshevism*, Londres, 1927 ; [rééd. 1962]
Gabo, N., *Gabo*, Cambridge, Mass., 1957
Ginzburg, M., *Le Style et l'époque*, 1982, Bruxelles, 1986 ; [éd. or. russe, 1928]
Gozak, A. et Leonidov, A., *Ivan Leonidov: The complete Works*, Londres, 1988
Gray, C., *L'Avant-garde russe dans l'art moderne, 1863-1922*, Paris, 2003 ; [éd. or. ang., Londres, 1962]
Jadova, L.A. (dir.), *Tatline*, Paris, 1990
Kahn-Magomedov, S., *Ivan Leonidov*, IAUS, cat. n°8, New York, 1981
—, *Alexander Vesnin et le Constructivisme russe*, Paris, 1986
—, *Pioneers of Soviet Architecture*, Londres, 1987
—, *Moisej Ginzburg*, 1975 ; [éd. or. russe, 1972]
—, « Nikolaj Ladavskij : An Ideology of Rationalism », *Lotus*, n°20, sept. 1978, p. 104-126
Karginov, G., *Rodchenko*, Londres, 1979
Kirichenko, E., *Moscow Architectural Monuments of the 1830s-1910s*, Moscou, 1977
Kopp, A., *Ville et Révolution, Architecture et Urbanisme soviétiques des années 20*, Paris, 1972, p. 176, 164
—, *L'Architecture de la période stalinienne*, Grenoble, 1978
—, *Architecture et Mode de vie*, Grenoble, 1979
Kroha, J. et Hruza, J., *Sovetská architektonicá avant-garda*, Prague, 1973
El Lissitzky, *Russia : An Architecture for World Revolution*, Cambridge, Mass., 1989 ; [éd. or. all., 1930]
Lodder, C., *Russian Constructivism*, Londres, 1983
Lubetkin, B., « Soviet Architecture : Notes on Developments from 1917-32 », *AAJ*, mai 1956
Malevitch, K., « Recent Developments in Town Planning » in *The Non-Objective World*, Chicago, 1959
—, *Écrits*, Paris, 1996
Markov, V., *Russian Futurism*, Londres, 1969
Milner, J., *Vladimir Tatlin and the Russian Avant-Garde*, New Haven, 1983
Milyutin, N.A., *Sotsgorod. Le Problème de la construction des villes socialistes*, Paris, 2003, p. 64 ; [éd. or. russe, 1930]
Noever, P. et Neray, K., *Kunst und Revolution 1910-1932* (cat. d'expo.), Vienne, 1988
Parkins, M.F., *City Planning in Soviet Russia*, Chicago, 1953
Quilici, V., *L'architettura del costruttivismo*, Bari, 1969
—, « The Residential Commune, from a Model of the Communitary Myth to Productive Module », *Lotus*, n°8, sept. 1974, p. 64-91, p. 193-196
—, *Città russa e città sovietica*, Milan, 1976
Schwan, B., *Städtebau und Wohnungswesen der Welt*, Berlin, 1935
Starr, F., *Konstantin Melnikov Solo Architect in a Mass Society*, Princeton, 1978
—, *Mel'nikov, le pavillon soviétique, Paris, 1925*, Paris, 1981
Tafuri, M. (dir.), *Socialismo città architettura URSS 1917-1937*, Rome, 1971
—, « Les premières hypothèses de planification urbaine dans la Russie soviétique 1918-1925 », *Archithèse*, n°7, 1973, p. 34 -91
—, « Towards the 'Socialist City': Research and Realization in the Soviet Union between NEP and the First Five-Year Plan », *Lotus*, n°9, fév. 1975, p. 76-93, p. 216-219
Zygas, K.P., « Tatlin's Tower Reconsidered », *AAQ*, VIII, n°2, 1976, p. 15-27
—, *Form Follows Form : Source Imagery of Constructivist Architecture 1917-1925*, Ann Harbor, Mich., 1980

**Chapitre 20 : Le Corbusier, 1928-1946**

Bardi, P.M., *A Critical Review of Le Corbusier*, São Paulo, 1950
Choay, F., *Le Corbusier*, New York, 1960
Cohen, J.L., « Le Corbusier and the Mystique of the USSR », *Oppositions*, n°23, 1981, p. 85-121
—, *Le Corbusier et la mystique de l'URSS, théories et projets pour Moscou 1928-1936*, Bruxelles, 1987
De Fusco, R., *Le Corbusier designer immobili del 1929*, Milan, 1976
Di Puolo, M., *Le Corbusier/Charlotte Perriand/Pierre Jeanneret, « La machine à s'asseoir »*, Rome, 1976
Evenson, N., *Le Corbusier : The Machine and the Grand Design*, New York, 1969
Fishman, R., *L'Utopie au XXe siècle*, Bruxelles, 1979 ; [éd. or. am., New York, 1977]

Frampton, K., « The City of Dialectic », *AD*, XXXIX, oct. 1969, p. 515-543, p. 545-546
—, *Le Corbusier*, Paris, 1997
Girard, E., « Projeter », *AMC*, n°41, mars 1977, p. 82-87
Gresleri, G. et Matteoni D., *La Città Mondiale : Anderson, Hebrard, Otlet and Le Corbusier*, Venise, 1982
Le Corbusier, *Urbanisme*, Paris, 1925
—, *La Ville radieuse*, Boulogne-sur-Seine, 1935
—, *Quand les cathédrales étaient blanches*, Paris, 1937
—, *Des canons, des munitions ? Merci ! Des logis... S.V.P.*, Boulogne-sur-Seine, 1938
—, *Sur les 4 Routes*, Paris, 1941
—, *Les Trois Établissements humains*, Paris, 1946
— (avec F. de Pierrefeu), *La Maison des hommes*, Paris, 1942
McLeod, M., « Le Corbusier's Plans for Algiers 1930-1936 », *Oppositions*, n°s16-17, 1980
—, « Le Corbusier and Algiers » et « Plans : Bibliography », *Oppositions*, n°s19-20, 1980, p. 54-85, p. 184-261
Maier, C.S., « Between Taylorism and Technocracy : European Ideologies and the Vision of Industrial Productivity in the 1920s », *Journal of Contemporary History*, n°5, 1970, p. 27-61
Von Moos, S., « Von den Femmes d'Alger zum Plan Obus », *Archithèse*, n°1, 1971, p. 25-37
—, *Le Corbusier, L'Architecte et son mythe*, Paris, 1972
Pauly, D. *et al.*, *Le Corbusier et la Méditerranée* (cat. d'expo.), Marseille, 1987
Pokorny, J. et Hud, E., « City Plan for Zlín », *Architectural Record*, CII, août 1947, p. 70-71
Sumi, C., *Immeuble Clarté Genf 1932 von Le Corbusier und Pierre Jeanneret*, Zurich, 1989
Vidler, A., « The Idea of Unity and Le Corbusier's Urban Form », *Architects' Year Book*, XII, 1968, p. 225-237

## Chapitre 21 : Frank Lloyd Wright, 1929-1963

Brownell, B. et Wright, F.L., *Architecture and Modern Life*, New York, 1937
Chaitkin, W., « Frank Lloyd Wright in Russia », *AAQ*, V, n°2, 1973, p. 45-55
Condit, C.W., *American Building Art: The 20th Century*, New York, 1961
Cranshawe, R., « Frank Lloyd Wright's Progressive Utopia », *AAQ*, X, n°1, 1978, p. 3-9
Drexler, A., *The Drawings of Frank Lloyd Wright*, New York, 1962
Gutheim, F. (dir.), *In the Cause of Architecture – Wright's Historic Essays for Architectural Record 1908-1952*, New York, 1975
Hitchcock, H.-R., *In the Nature of Materials 1887-1941. The Buildings of Frank Lloyd Wright*, New York, 1942
Hoffmann, D., *Frank Lloyd Wright's Falling Water*, New York, 1978
Izzo, A. et Gubitosi, C., *Frank Lloyd Wright Dessins 1887-1959* (cat. d'expo. ESA), Paris, 1977
Jacobs, H., *Building with Frank Lloyd Wright. An Illustrated Memoir*, San Francisco, 1978
Kaufmann, E., « Twenty-Five Years of the House on the Waterfall », *L'Architettura*, 82, VIII, n°4, août 1962, p. 222-258
— (dir.), *An American Architecture : Frank Lloyd Wright*, New York, 1955
Lipman, J., *Frank Lloyd Wright and the Johnson Wax Buildings*, Londres, 1986
McCarter, R., *Frank Lloyd Wright*, Paris, 2002
Pfeiffer, B.B. (dir.), *Frank Lloyd Wright: Letters to Apprentices*, Fresno, Calif., 1982
—, *Frank Lloyd Wright. Letters to Architects*, Fresno, Calif., 1984
—, *Master Drawings from the Frank Lloyd Wright Archives*, Londres, 1990
Schapiro, M., « Architects' Utopia », *Partisan Review*, 4, n°4, mars 1938, p. 42-47
Sergeant, J., *Frank Lloyd Wright's Usonian Houses*, New York, 1976
Smith, N.K., *Frank Lloyd Wright, A Study in Architectural Contrast*, Englewood Cliffs, N.J., 1966
Stillman, S., « Comparing Wright and Le Corbusier », *AIAJ*, IX, avril-mai 1948, p. 171-178, p. 226-233
Storrer, W.A., *The Architecture of Frank Lloyd Wright : A Complete Catalogue*, Chicago, 1978 ; [2e éd. 1989]
Tafel, E., *Apprenticed to Genius*, New York, 1979
Treiber, D., *Frank Lloyd Wright*, Paris, 1998
Wright, F.L., *Modern Architecture*, Princeton, 1931 : conférences de 1930
—, *The Disappearing City*, New York, 1932
—, *When Democracy Builds*, Chicago, 1945
—, *L'Avenir de l'architecture*, Paris, 2003, p. 120 ; [éd. or., 1953]
—, *The Natural House*, New York, 1954
—, *The Story of the Tower. The Tree that Escaped the Crowded Forest*, New York, 1956
—, *A Testament*, New York, 1957 ; [trad. fr. : *Testament*, Marseille, 2003]
—, *The Living City*, New York, 1958
—, *The Solomon R. Guggenheim Museum*, New York, 1960
—, *The Industrial Revolution Runs Away*, New York, 1969 : fac-similé de l'éd. or. de Wright (1932), *The Disappearing City*
Zevi, B., « Alois Riegl's Prophecy and Frank Lloyd Wright's Falling Water », *L'Architettura*, 82, VIII, n°4, août 1962, p. 220-221

## Chapitre 22 : Alvar Aalto

Aalto, A., *Postwar Reconstruction : Rehousing Research in Finland*, New York, 1940
—, *Synopsis*, Stuttgart, 1970
—, *Sketches*, G. Schildt (dir.), Cambridge, Mass., 1978
Ahlberg, H., *Swedish Architecture in the Twentieth Century*, Londres, 1925
Ahlin, J., *Sigurd Lewerentz, arkitekt*, Stockholm, 1985
Alison, F. (dir.), *Erik Gunnar Asplund, mobili e oggetti*, Milan, 1985
Baird, G., *Alvar Aalto*, Londres, 1970
Banham, R., « The One and the Few », *AR*, avr. 1957, p. 243-259
Bunning, W.R., « Paimio Sanatorium, an Analysis », *Architecture*, XXIX, 1940, p. 20-25
Caldenby, C. et Hultin, O., *Asplund*, Stockholm, 1985
Chris-Janer, A., *Eliel Saarinen*, Chicago, 1948
*Classical Tradition and the Modern Movement : The 2nd International Alvar Aalto Symposium*, Helsinki, 1985
Coll., *Alvar Aalto : de l'œuvre aux écrits*, (cat. d'expo. Centre Pompidou), Paris, 1993, p. 145
Cornell, E., *Ragnar Östberg – Svensk Arkitekt*, Stockholm, 1965
Cruickshank, D. (dir.), *Erik Gunnar Asplund*, Londres, 1990
Eaton, L.K., *American Architecture Comes of Age : European Reaction to H.H. Richardson and Louis Sullivan*, Cambridge, Mass., et Londres, 1972
Fjeld, P.O., *Sverre Fehn : The Thought of Construction*, New York, 1983
Fleig, K., *Alvar Aalto 1963-1970*, New York, 1971
Giedion, S., « Alvar Aalto », *AR*, CVII, n°38, fév. 1950, p. 77-84
Girsberger, H., *Alvar Aalto*, Londres, 1963
Glanville, R., « Finnish Vernacular Farm Houses », *AAQ*, IX, n°1, p. 36-52
Gutheim, F., *Alvar Aalto*, New York, 1960
Hausen, M., « Gesellius-Lindgren-Saarinen vid sekelskiftet », *Arkkitehti-Arkitehten*, n°9, 1967, p. 6-12, avec trad. ang.
—, et Mikkola, K., *Eliel Saarinen Projects 1896-1923*, Helsinki, 1990

Hirn, Y., *The Origins of Art*, Londres, 1962
Hitchcock, H.-R., « Aalto versus Aalto : The Other Finland », *Perspecta*, n^os^9-10, 1965, p. 132-166
Hoddé, R., *Aalto*, Paris, 1998
Hodgkinson, P., « Finlandia Hall, Helsinki », *AR*, juin 1972, p. 341-343
*Hvitträsk : The Home as a Work of Art*, Helsinki, 1987
Labò, G., *Alvar Aalto*, Milan, 1948
Larson, L.O., *Peter Celsing : Ein bok om en arkitekt och hans werk*, Stockholm, 1988
Mikkola, K. (dir.), *Alvar Aalto vs the Modern Movement*, Rakennuskirja, 1981
Moorhouse, J., Carapetian, M. et Ahtola-Moorhouse, L., *Helsinki Jugendstil Architecture 1895-1915*, Helsinki, 1987
Mosso, L., *L'Opera di Alvar Aalto* (cat. d'expo.), Milan, 1965
—, *Alvar Aalto*, Helsinki, 1967
— (dir.), « Alvar Aalto », *L'Architecture d'aujourdhui*, juin 1977 (numéro spécial)
Neuenschwander, E., *Finnish Buildings*, Zurich, 1954
Nikula, R., *Armas Lindgren 1874-1929*, Helsinki, 1988
Pagano, G., « Due ville de Aalto », *Casabella*, n°12, 1940, p. 26-29
Pallasmaa, J. (dir.), *Alvar Aalto furniture*, Helsinki, 1984
—, Andersson, H.O. *et al.*, *Nordic Classicism 1910-1930* (cat. d'expo.), Helsinki, 1982
Pearson, P.D., *Alvar Aalto and the International Style*, New York, 1978
Porphyrios, D., « Reversible Faces : Danish and Swedish Architecture 1905-1930 », *Lotus*, n°16, 1977, p. 35-41
—, *Sources of Modern Eclectism, Studies on Alvar Aalto*, Londres, 1982
Quantrill, M., *Alvar Aalto*, Londres, 1983
—, *Reima Pietilä Architecture, Context, Modernism*, Helsinki, 1985
Rudberg, E., *Sven Markelius, Arkitekt*, Stockholm, 1989
St. John Wilson, C. *et al.*, *Gunnar Asplund 1885-1940 : The Dilemma of Classicism*, Londres, 1988
Salokörpi, A., *Modern Architecture in Finland*, Londres, 1970
Schildt, G., *Alvar Aalto : The Early Years*,, New York, 1984 ; *The Decisive Years*, 1986 ; *The Mature Years*, 1991
Shand, P. Morton, « Tuberculosis Sanatorium, Paimio, Finland », *AR*, sept. 1933, p. 85-90
—, « Viipuri Library, Finland », *AR*, LXXIX, 1936, p. 107-114
Smith, J.B., *The Golden Age of Finnish Art*, Helsinki, 1975
Smithson, A.P., St. John Wilson, C. *et al.*, *Sigurd Lewerentz 1885-1976 : The Dilemma of Classicism*, Londres, 1989
Trieb, M., « Gallén-Kallela : A Portrait of the Artist as an Architect », *AAQ*, VII, n°3, sept. 1975, p. 3-13
—, « Lars Sonck », *JSAH*, XXX, n°3, oct. 1971, p. 228-237
Warner, O., *Marshall Mannerheim and the Finns*, Londres, 1967
Wickman, K., Larson, L.O. et Henriksson, J., *Sveriges Riksbank 1668-1976*, 1976
Wood, J. (dir.), « Alvar Aalto 1957 », *Architects' Year Book*, VIII, 1957, p. 137-188
Wrede, S., *The Architecture of Erik Gunnar Asplund*, Cambridge, Mass., 1979


**Chapitre 23 : Giuseppe Terragni**


Accasto, G., Fraticelli, V. et Nicolini, R., *L'Architettura di Roma Capitale 1870-1970*, Rome, 1971
Alfieri, D. et Freddi, L., *Mostra della rivoluzione fascista*, Bergame, 1933
Belgiojoso, L. et Pandakovic, D., *Marco Albini/Franca Helg/Antonio Piva, Architettura e design 1970-1986*, Milan, 1986
Benevolo, L., *Histoire de l'architecture moderne*, *op. cit.* dans « Ouvrages généraux », p. 34, 45
Carrà, M., Rathke, E., Tisdall, C. et Waldberg, P., *Metaphysical Art*, Londres, 1971
Cavella, G. et Gregotti, V., *Il Novecento e l'Architettura Edilizia Moderna*, n°81, 1962
Coll., *L'Étrange Univers de l'architecte Carlo Mollino* (cat. d'expo. Centre Georges Pompidou), Paris, 1992
Danesi, S., « Cesare Cattaneo », *Lotus*, n°16, 1977, p. 89-121
— et Patetta, L., *Rationalisme et architecture en Italie 1919-1943* (cat. d'expo.), Paris, 1977
De Martino, S. et Wall, A., *Cities of Childhood. Italian Colonies in the 1930's*, Londres, 1988
Doordan, D., *Building in Modern Italy, Italian Architecture 1914-1936*, New York, 1988
Eisenman, P., « From Object to Relationship : Giuseppe Terragni/Casa Giuliani Frigerio », *Perspecta*, n^os^13-14, 1971, p. 36-65
Etlin, R., *Modernism in Italian Architecture 1890-1940*, Cambridge, Mass., 1991
Finelli, L., *Luigi Moretti : la promessa e il debito – architettura 1926-1973*, Rome, 1989
Gabetti, R. *et al.*, *Carlo Mollino 1905-1973*, Milan, 1989
Gregotti, V., *New Directions in Italian Architecture*, New York, 1968
Huet, B. et Teyssot, G., « Politique industrielle et architecture : le cas Olivetti », *L'Architecture d'aujourd'hui*, n°188, déc. 1976
Kostof, S., *The Third Rome*, Berkeley, Calif., 1977
Koulermos, P., « The work of Terragni, Lingeri and Italian Rationalism », *AD*, mars 1963
Labò, N., *Giuseppe Terragni*, Milan, 1947
Longo, T.G., « The Italian Contribution to the Residential Neighbourhood Design Concept », *Lotus*, n°9, 1975, p. 213-215
Mantero, E., *Giuseppe Terragni e la città del rationalismo italiano*, Bari, 1969
—, « For the 'Archives'of What City ? », *Lotus*, n°20, sept. 1978, p. 36-43
Marciano, A.F., *Giuseppe Terragni Opera Completa 1925-1943*, Rome, 1987
Melograni, C., *Giuseppe Pagano*, Milan, 1955
Moretti, L., « The Value of Profiles, etc. », *Oppositions*, n°4, oct. 1974, p. 109-139
Passeri, A., « Fencing Hall by Luigi Moretti, Rome 1933-36 », *9H*, n°5, 1983, p. 3-7
Patetta, L., « The Five Milan Houses », *Lotus*, n°20, sept. 1978, p. 32-35
Persico, E., *Tutte le opere 1923-1935*, I & II, G. Veronesi (dir.), Milan, 1964
—, *Scritti di architettura 1927-1935*, G. Veronesi (dir.), Florence, 1968
Pica, A., *Nuova architettura italiana*, Milan, 1936
Ponti, L.L., *Gio Ponti : The Complete Works 1923-1978*, Londres, 1990
Quilici, V., « Adalberto Libera », *Lotus*, n°16, 1977, p. 55-88
Rudofsky, B., « The Third Rome », *AR*, juil. 1951, p. 31-37
Safran, Y., « On the Island of Capri », *AA Files*, n°8, aut. 1989, p. 14-15
Sartoris, A., *Gli elementi dell'architettura funzionale*, Milan, 1941
—, *Encyclopédie de l'architecture nouvelle – ordre et climat méditerranéens*, Milan, 1957
—, *L'Actualité du rationalisme*, Lausanne, 1986
Schumacher, T. L., « From Gruppo 7 to the Danteum : A Critical Introduction to Terragni's Relazione sul Danteum », *Oppositions*, n°9, 1977, p. 90-93
—, *Danteum : A Study in the Architecture of Literature*, Princeton, N.J., 1985
—, *Surface and Symbol : Giuseppe Terragni and the Architecture of Italian Rationalism*, New York1991
Shapiro, G.R., « Il Gruppo 7 », *Oppositions*, n°6 et 12, aut. 1976 et print. 1978

Tafuri, M., « The Subject and the Mask : An Introduction to Terragni », *Lotus*, n°20, sept. 1978, p. 5-29
—, *History of Italian Architecture 1944-1985*, Milan, 1989
Talamona, M., « Adalberto Libera and the Villa Malaparte », *AA Files*, n°18, aut. 1989, p. 4-14
—, *La Maison de Malaparte*, Paris, 1995
Tedeschi, E.G., *Figini e Pollini*, Milan, 1959
Terragni, G., « Relazione sul Danteum 1938 », *Oppositions*, n°9, 1977, p. 94-105
Thermes, L., « La casa di Luigi Figini al Villaggio dei giraviation », *Contraspazio*, IX, n°1, juin 1977, p. 35-39
Veronesi, G., *Difficoltà politiche dell'architettura in Italia 1920-1940*, Milan, 1953
Vitale, D., « An Analytic Excavation : Ancient and Modern, Abstraction and Formalism in the Architecture of Giuseppe Terragni », *9H*, n°7, 1985, p. 5-24
Zevi, B. (dir.), *Omaggio a Terragni*, Milan, 1968 : numéro spécial de *L'Architettura*

## Chapitre 24 : De l'Art déco au Front populaire

Abram, J., Cohen, J.-L. et Lambert, G. (dir.), *Encyclopédie Perret*, Paris, 2002
Allégret, L. et Vaudou, V. (dir.), *Jean Prouvé et Paris*, Paris, 2001
Badovici, J. et Gray, E., « De l'éclectisme au doute », *L'Architecture vivante*, 1929
Cinqualbre, O. (dir.), *Robert Mallet-Stevens. L'œuvre complète*, Paris, 2005
Cohen, J.-L., *André Lurçat, 1894-1970. Autocritique d'un moderne*, Paris, 1995
— (dir.), *Les Années 30. L'Architecture et les Arts de l'espace entre industrie et nostalgie*, Paris/Bruxelles,1997
Collins, P., *Splendeur du béton*, Paris, 1995 ; [éd. ang. : *Concrete: The Vision of a New Architecture*, 1959]
Culot, M., Peyceré, D. et Ragot, G. (dir.), *Les frères Perret. L'œuvre complète*, Paris, 2000
Delorme, J.-C., *L'École de Paris : 10 architectes et leurs immeubles, 1905-1937*, Paris, 1990
Dormoy, M., « Interview d'Auguste Perret à l'Exposition des arts décoratifs », *L'Amour de l'art*, mai 1925
Gargiani, R., *Auguste Perret*, Paris, 1994.
Lemoine, B. (dir.), *Paris 1937. Cinquantenaire de l'Exposition internationale des arts et techniques dans la vie moderne*, Paris, 1987
Lepage, J. (alias Julius Posener), « Observations en visitant », *L'Architecture d'aujourd'hui*, nov.-déc. 1933 : visite de la Maison de verre
Lurçat, A., *Architecture*, Paris, 1929
Le Corbusier, *L'Art décoratif d'aujourd'hui*, Paris, 1925, p. 79
Mallet-Stevens, R., « Évolution ou mort de l'ornement » et « Architecture et peinture », *L'Architecture d'aujourd'hui*, n°6, 1933
Mauclair, C., *L'Architecture va-t-elle mourir ?*, Paris, 1933
Perret, A., « L'architecture vivante », *L'Architecture vivante*, n°1, aut.-hiver 1923
—, « L'architecture », conférence prononcée le 31 mai 1933, publiée dans *Revue d'art et d'esthétique*, n°s 1-2, juin 1935, p. 41-50
Schmutzler, R., *Art Nouveau*, Londres, 1962
Tixier, S., « Michel Roux-Spitz : les paradoxes de la "série blanche"» in *Identification d'une ville : Architectures de Paris*, Lapierre, E. (dir.), Paris, 2002

## Chapitre 25 : Architecture et État

Balfour, A., *Berlin : The Politics of Order 1737-1989*, New York, 1990
Bletter, R.H., « King-Kong en Arcadie », *Archithèse*, n°20, 1977, p. 25-34
— et Robinson, C., *Skyscraper Style – Art Deco New York*, New York, 1975
Borsi, F., *L'Ordre monumental européen 1929-1939*, Paris, 1986
Brownlee, D., « Wolkenkratzer : Architektur für das amerikanische Maschinenzeitalter », *Archithèse*, n°20, 1977, p. 35-41
Ciucci, G., « The Classicism of the E42 : Between Modernity and Tradition », *Assemblage 8*, 1989, p. 79-87
Clute, E., « The Chrysler Building, New York », *Architectural Forum*, n°53, oct. 1930
Cohen, J.-L. (dir.), *L'Architecture et les Arts de l'espace entre industrie et nostalgie* (cat. d'expo.), Paris, 1998
Condit, C.W., *American Building Art : The 20th Century*, New York, 1961
Dal Co, F. et Polano, S., « Interview with Albert Speer », *Oppositions*, n°12, print. 1978
Delevoy, R. et Culot, M., *Antoine Pompe*, Bruxelles, 1974
Finlands Arkitekförbund, *Architecture in Finland*, Helsinki, 1932
Fitzpatrick, S., *The Commissariat of Enlightenment*, Cambridge, 1970
Frankl, P.T., *New Dimensions : The Decorative Arts of Today in Words and Pictures*, New York, 1928
Fraticelli, V., *Roma 1914-1929*, Rome, 1982
Gebhard, D., *The Richfield Building 1926-1928*, Los Angeles, 1970
—, « The Moderne in the U.S. 1910-1914 », *AAQ*, II, n°3, juil. 1970, p. 4-20
Giedion, S., *Architecture You and Me*, Cambridge, Mass., 1958 [surtout p. 25-61]
Grumberger, R., *The 12-Year Reich*, New York, 1971
Hays, K.M., « Tessenow's Architecture as Nation Allegory : Critique of Capitalism or Proto-fascism ? », *Assemblage 8*, 1989, p. 105-123
Hitchcock, H.-R., « Some American Interiors in the Modern Style », *Architectural Record*, n°64, sept. 1928, p. 235
—, *Modern Architecture : Romanticism and Reintegration*, New York, 1929
Hood, R., « Exterior Architecture of Office Buildings », *Architectural Forum*, n°41, sept. 1924
—, « The American Radiator Company Building, New York », *American Architect*, n°126, nov. 1924
Hussey, C. et Butler A.S.G., *Lutyens Memorial Volumes*, Londres, 1951
Kilham, W.H., *Raymond Hood, Architect*, New York, 1973
Koolhaas, R., *New York Délire*, Paris, 1978 ; rééd., Marseille, 2002
Kopp, A., *L'Architecture de la période stalinienne*, Grenoble, 1978
Kostof, S., *The Third Rome 1870-1950 : Traffic and Glory* (cat. d'expo.), Berkeley, Calif., 1973
Krinsky, C., *The International Competition for a New Administration Building for the Chicago Tribune MCMXXII*, Chicago, 1923
—, *Rockefeller Center*, Londres, 1978
Lane, B. Miller, *Architecture and Politics in Germany 1918-1945*, Cambridge, Mass., 1968
Larsson, L.O., *Die Neugestaltung der Reichshauptstadt/Albert Speer's General-bebauungsplan für Berlin*, Stuttgart, 1978
— et Krier, L. (dir.), *Albert Speer*, Bruxelles, 1985
Lisle, F.F., « Chicago's Century of Progress Exposition : The Moderne or Democratic, Popular Culture », *JSAH*, oct. 1972
Lunacharsky, A., *On Literature and Art*, Moscou, 1973
March, W., *Bauwerk Reichssportfeld*, Berlin, 1936
Metcalf, T., *An Imperial Vision : Indian Architecture and Britain's Raj*, Berkeley, Calif., 1989
Oechslin, W., « Mythos zwischen Europa und Amerika », *Archithèse*, n°20, 1977, p. 4-11
Park, E.A., *New Background for a New Age*, New York, 1927
Rabinach, A.G., « The Aesthetics of Production in the Third Reich », *Journal of Contemporary History*, n°11, 1976, p. 43-74

Reed, H. Hope, « The Need for Monumentality ? », *Perspecta*, n°1, 1950
Rimpl, H., *Ein deutsches Flugzeugwerk, Dle Heinkel-Werke Oranienburg*, Berlin, 1939
Rivera, D., *Portrait of America*, New York, 1963
Sambricio, C., « Spanish Architecture 1930-1940 », *9H*, n°4, 1982, p. 39-43
Schäche, W., « Nazi Architecture and its Approach to Antiquity », *AD*, nov.-déc. 1983, p. 81-88
Schultze-Naumburg, P., *Kunst und Rasse*, Munich, 1928
Von Senger, A., *Krisis der Architektur*, Zurich, 1928
—, *Die Brandfackel Moskaus*, Zurich, 1931
—, *Mord an Apollo*, Zurich, 1935
Speer, A., *Au cœur du Troisième Reich*, Paris, 1971
—, *Journal de Spandau*, Paris, 1975
—, *Architektur 1933-1942*, Berlin, 1978, avec des essais de K. Arndt, G.F. Koch et L.O. Larsson
— et Wolters, R., *Neue deutsche Baukunst*, Berlin, 1941
Stern, R., *Raymond M. Hood*, IAUS cat. n°15, New York, 1982
Tafuri, M., « La dialectique de l'absurde Europe-USA : les avatars de l'idéologie du gratte-ciel 1918-1974 », *L'Architecture d'aujourd'hui*, n°178, mars-avr. 1975, p. 1-16
—, « Neu Babylon », *Archithèse*, n°20, 1977, p. 12-24
Taylor, R.R., *The Word in Stone. The Role of Architecture in National Socialist Ideology*, Berkeley, Calif., 1974
Teut, A. (dir.), *Architektur im Dritten Reich 1933-1945*, Berlin, 1967
Tyrwhitt, J., Sert, J.L. et Rogers, E.N., *The Heart of the City*, Londres, 1952
Veronesi, G., *Style and Design 1909-29*, New York, 1968
Voyce, A., *Russian Architecture*, New York, 1948
Wangerin, G. et Weiss, G., *Heinrich Tessenow, Leben, Lehre, Werk 1876-1950*, Essen, 1976
Warner, B., « Berlin – The Nordic Homeland and Corruption of Urban Spectacle », *AD*, nov.-déc. 1983, p. 73-80
Weisman, W., « A New View of Skyscraper History » in Kaufmann Jr. E. (dir.), *The Rise of an American Architecture* , New York, 1970
Wolfe, B., *The Fabulous Life of Diego Rivera*, New York, 1963

## Chapitre 26 : Le Corbusier, 1930-1960

Adshead, S., « Camillio Sitte and Le Corbusier », *Town Planning Review*, XIV, nov. 1930, p. 35-94
Billeter, E., *Le Corbusier – Secret* (cat. d'expo. Musée cantonal des beaux-arts), Lausanne, 1987
Correa, C., « The Assembly, Chandigarh », *AR*, juin 1964, p. 404-412
Couturier, M.A., Lettre à Le Corbusier, 28 juil. 1953, reproduite dans Petit, J., *Un couvent de Le Corbusier*, Paris, 1961, p. 23
Eardley, A. et Oubrerie, J., *Le Corbusier's Firminy Church*, IAUS cat. n°14, New York, 1981
Evenson, N., *Chandigarh*, Berkeley, Calif., 1966
—, *Le Corbusier : The Machine and the Grand Design*, New York, 1969
Ghyka, M., « Le Corbusier's Modulor and the Conception of the Golden Mean », *AR*, CIII, fév. 1948, p. 39-42
Gorlin, A., « Analysis of the Governor's Palace at Chandigarh », *Oppositions*, n°s6-17, 1980
Greenberg, A., « Lutyens' Architecture Restudied », *Perspecta*, n°12, 1969, p. 148
Gupta, S.K., « Chandigarh, A Study of Sociological Issues and Urban Development in India », *Occasional Papers*, n°9, Univ. of Waterloo, Canada, 1973
Hutchins, F.G., *The Illusion of Permanence. British Imperialism in India*, Princeton, N.J., 1967
Jordan, R. Furneaux, *Le Corbusier*, Londres, 1972
—, *L'Unité d'habitation de Marseille*, *Le Point*, n° spécial, Souillac, 1950
—, *Le Corbusier, Carnets* (vol. 2 1950-54, vol. 3 1954-57, vol. 4 1957-64), 1982
Matossian, N., *Xenakis*, Londres, 1986
Moore, R., *Le Corbusier, Myth and Meta-Architecture*, Atlanta, Georg., 1977
Nilsson, S., *The New Capitals of India, Pakistan and Bangladesh*, Lund, 1973
Palazzolo, C. et Via, R., *In the Footsteps of Le Corbusier*, New York, 1991
Roth, A., *La Nouvelle Architecture*, Zurich, 1940
Rowe, C., « Dominican Monastery of La Tourette, Eveux-sur-Arbresle, Lyons », *AR*, juin 1961, p. 400-410
Stirling, J., « From Garches to Jaoul. Le Corbusier as domestic architect in 1927 and in 1953 », *AR*, sept. 1955
—, « Le Corbusier's Chapel and the Crisis of Rationalism », *AR*, mars 1956, p. 161
Walden, R. (dir.), *The Open Hand : Essays on Le Corbusier*, Cambridge, Mass., 1977

## Chapitre 27 : Mies van der Rohe, 1933-1967

Banham, R., « Almost Nothing is Too Much », *AR*, août 1962, p. 125-128
Blackwell, J.F.F., « Mies van der Rohe – Bibliography », British Architectural Library, 1964
Blake, P., *Mies van der Rohe : Architecture and Structure*, New York, 1960
Blaser, W., *Mies van der Rohe – The Art of Structure*, New York, 1965
Carter, P., *Mies van der Rohe au travail*, Paris, 2005 ; [éd. or. ang., 1965]
Drexler, A., *Ludwig Mies van der Rohe*, New York, 1960
Elliot, L.W., « Structural News : USA, The Influence of New Techniques on Design », *AR*, avr. 1953, p. 251-260
Erdman, D. et Papademetriou, P.C., « The Museum of Fine Arts, Houston, 1922-1972 », *Architecture at Rice*, n°28, Houston, 1976
Hilberseimer, L., *Contemporary Architecture. Its Roots and Trends*, Chicago, 1964
Honey, S., « Mies at the Bauhaus », *AAQ*, X, n°1, 1978, p. 51-69
Lambert, P. *et al.*, *Mies in America*, New York, 2001
Lohan, D., « Mies van der Rohe : Farnsworth House, Plano, Illinois 1945-50 », *Global Architecture Detail*, n°1, 1976
Mies van der Rohe, L., « Mies Speaks », *AR*, déc. 1968, p. 451-452
—, « Architecture et technique », conférence donnée à l'IIT en 1950, in Neumeyer, F., *Mies van der Rohe*, *op. cit.* dans partie II, chap. 18
Miller, R. (dir.), *Four Great Makers of Modern Architecture : Gropius, Le Corbusier, Mies van der Rohe, Wright*, New York, 1963
Norberg-Schulz, C., « Interview with Mies van der Rohe », *L'Architecture d'aujourd'hui*, sept. 1958
Pawley, M., *Mies van der Rohe*, Londres, 1970
Rowe, C., « Neoclassicism and Modern Architecture », *Oppositions*, n°1, 1973, p. 1-26
Winter, J., « The Measure of Mies », *AR*, fév. 1972, p. 95-105

## Chapitre 28 : L'éclipse du New Deal

Banham, R., « On Trial 2, Louis Kahn, the Buttery Hatch Aesthetic », *AR*, mars 1962, p. 203-206
Bonnefoi, C., « Louis Kahn and Minimalism », *Oppositions*, n°24, 1981, p. 3-25
Burton, J., « Notes from Volume Zero : Louis Kahn and the Language of God », *Perspecta*, n°20, 1983, p. 69-90
Coll., *Louis I. Kahn, Le Monde de l'architecte* (cat. d'expo. Centre Pompidou), Paris, 1992

Emery, M. (dir.), « Louis I. Kahn », *L'Architecture d'aujourd'hui*, n°142, fév.-mars 1969 (numéro spécial)
Fuller, R.B., « Dymaxion House », *Architectural Forum*, mars 1932, p. 285-286
Giurgola, R. et Mehta J., *Louis I. Kahn*, Boulder, Colo., 1975
Hitchcock, H.-R., « Current Work of Philip Johnson », *Zodiac*, n°8, 1961, p. 64-81
Hochstim, J., *The Paintings and Sketches of Louis I. Kahn*, New York, 1991
Huff, W., « Louis Kahn : Assorted Recollections and Lapses into Familiarities », *Little Journal*, Buffalo, sept. 1981
Huxley, J., *TVA, Adventure in Planning*, Londres, 1943
Jacobus, J., *Philip Johnson*, Londres, 1962
Johnson, P., *Machine Art*, New York, 1934
—, « House at New Canaan, Connecticut », *AR*, sept. 1950, p. 152-159
Jordan, R. Furneaux, « US Embassy, Dublin », *AR*, déc. 1964, p. 420-425
Jordy, W.H., « The Formal Image : USA », *AR*, mars 1960, p. 157-164
—, « Medical Research Building for Pennsylvania Umversity », *AR*, fév. 1961, p. 99-106
—, « Kimbell Art Museum, Fort Worth, Texas/Library, Philips Exeter Academy, Andover, New Hampshire », *AR*, juin 1974, p. 318-342
—, « Art Centre, Yale University », *AR*, juil. 1977, p. 37-44
Kahn, L.I., « Form and Design », *AD*, n°4, 1961, p. 145-154
—, *Silence et Lumière*, Paris, 1996
Komendant, A., *18 Years with Architect Louis Kahn*, Englewood, N.J., 1975
Latour, A. (dir.), *Louis I. Kahn Writings, Lectures, Interviews*, New York, 1991
Lobell, J., *Between Silence and Light : Spirit in the Architecture of Louis I. Kahn*, Boulder, Co., 1985
Marks, R.W., *The Dymaxion World of Buckminster Fuller*, New York, 1960
McHale, J. (dir.), « Richard Buckminster Fuller », *AD*, juil. 1967 (numéro spécial)
Mellor, J. (dir.), *The Buckminster Fuller Reader*, Londres, 1970
Mock, E., *Built in USA : 1932-1944*, New York, 1945
Myhra, D., « Rexford Guy Tugwell : Initiator of America's Greenbelt New Towns 1935-1936 », *Journal of the American Institute of Planners*, XL, n°3, mai 1974, p. 176-188
Nakamura, T. (dir.), *Louis I. Kahn « Silence & Light »*, Tokyo, 1977, avec des articles de Kahn, Scully, Doshi, Maki, etc.
Reed, H. Hope, « The Need for Monumentality ? », *Perspecta*, n°1, 1950
Rivalta, L., *Louis I. Kahn. La Construction poétique de l'espace*, Paris, 2003
Ronner, H., Jhaveri, S. et Vasella, A., *Louis I. Kahn, Complete Works 1935-74*, Bâle, 1977
Santostefano, P., *Le Mackley Houses di Kastner e Stonorov a Philadelphia*, Rome, 1982
Scully, V. (dir.), *Louis Kahn Archive*, 7 vol., 1987-1988
Solà-Morales, I. de, « Louis I. Kahn : An Assessment », *9H*, n°5, 1983, p. 8-12
Tyng, A., *Beginnings, « Louis I. Kahn's Philosophy of Architecture*, New York, 1983
Wurman, R.S., *What Will Be Has Always Been : The Wonder of Louis I. Kahn*, New York, 1986
Zucker, P. (dir.), *New Architecture and City Planning*, New York, 1945

## TROISIÈME PARTIE

### Chapitre 1 : Le Style international

Adam, P., *Eileen Gray : une biographie*, Paris, 1989
Banham, R., *Le Brutalisme en architecture : éthique ou esthétique ?*, Dunod, 1970 ; [éd. or. am., New York, 1966]
Bill, M., « Report on Brazil », *AR*, oct. 1954, p. 238-239
Boesiger, W., *Richard Neutra, Buildings and Projects*, I, 1923-50 ; [rééd., Zurich, 1964]
Bohigas, O., « Spanish Architecture of the Second Republic », *AAQ*, III, n°4, oct.-déc. 1971, p. 28-45
Brooks, A.H., « PSFS : A Source for its Designs », *JSAH*, XXVII, n°4, déc. 1968, p. 299
Campbell, L., « The Good News Days », *AR*, sept. 1977, p. 177-183
Chaslin, F., Drew, J., Smith, I., Garcias, J.C. et Meade, M.K., *Berthold Lubetkin, un moderne en Angleterre* (cat. d'expo. IFA), Paris/Bruxelles, 1983
Coe, P. et Reading, M., *Lubetkin and Tecton : Architecture and Social Commitment*, Londres, 1981
Cohen, J.L., « Mallet Stevens et l'UAM – Comment frapper les masses ? », *AMC*, n°41, mars 1977, p. 19
Cottam, D. *et al.*, *Sir Owen Willlams 1890-1969* (cat. d'expo.), Londres, 1986
Cox, A., « Highpoint Two, North Hill, Highgate », *Focus*, n°11, 1938, p. 79
Curtis, W., « Berthold Lubetkin », *AAQ*, VII, n°3, 1976, p. 33-39
Czaja, E.M., « Antonin Raymond : Artist and Dreamer », *AAJ*, LXXVIII, n°864, août 1962 (numéro spécial)
Dostál, O., Pechar, J. et Procházka, V., *Modern Architecture in Czechoslovakia*, Prague, 1970
Eliovson, S., *The Gardens of Roberto Burle Marx*, New York, 1991
Gebhard, D., *An Exhibition of the Architecture of R.M. Schindler 1887-1953*, Santa Barbara, Calif., 1967
—, *Schindler*, Londres, 1971
Giedion, S., *Dix Ans d'architecture contemporaine*, Zurich, 1951
Grohn, C., *Gustav Hassenpflug 1907-1977*, Düsseldorf, 1985
Herbert, G., « Le Corbusier and the South African Movement », *AAQ*, IV, n°1, hiver 1972, p. 16-30
Hildebrand, G., *Designing for Industry : The Architecture of Albert Kahn*, Cambridge, Mass., 1974
Hitchcock, H.-R. et Bauer C.K., *Modern Architecture in England*, New York, 1937
— et Johnson, P., *The International Style : Architecture Since 1922*, New York, 1932 ; [trad. fr. : *Le Style international*, Marseille, 2001, p. 43-44]
—, « England and the Outside World », *AAJ*, LXXII, n°806, nov. 1956, p. 96-97
Housden, B. et Korn, A., « Arthur Korn. 1891 to the present day », *AAJ*, LXXIII, n°817, déc. 1957, p. 114-135
Hubert, C. et Stamm Shapiro, L., *William Lescaze*, IAUS, cat. n°16, New York, 1982
Ind, R., « The Architecture of Pleasure », *AAQ*, VIII, n°3, p. 51-59
—, *Emberton*, Londres, 1983
Jackson, A., *The Politics of Architecture*, Londres, 1967
Johnson, S., *Eileen Gray : Designer 1879-1976* (cat. d'expo. Museum of Modern Art), New York, 1979
Jordan, R. Furneaux, « Lubetkin », *AR*, juil. 1955, p. 36-44
Kubova, A., *L'Avant-garde architecturale en Tchécoslovaquie*, 1918-1939, Bruxelles, 1992
Lanmon, L.W., *William Lescaze, Architect*, Philadelphie, 1987
Liskar, E., *E.A. Plischke*, Vienne, 1983
Loye, B., *Eileen Gray 1879-1976. Architecture, Design*, Paris, 1984
Martin, J.C., Nicholson, B. et Gabo, N., *Circle*, New York, 1971
Mayekawa, K., « Thoughts on Civilization in Architecture », *AD*, mai 1965, p. 229-230
McCoy, E., « Letters between R.M. Schindler and Richard Neutra 1914-1924 », *JSAH*, XXXIII, n°3, 1974, p. 219

—, *Second Generation*, Salt Lake City, 1984
Mierop, C. (dir.), *Louis Herman de Koninck : Architecte des années modernes*, Bruxelles, 1989
Mihály, K., *Bohuslav Fuchs*, Budapest, 1987
Morancé, A., *Encyclopédie de l'architecture de constructions moderne*, XI, Paris, 1938
Neutra, R., *Wie Baut Amerika ?*, Stuttgart, 1927
—, *Amerika – Neues Bauen in der Welt*, n°2, Vienne, 1930
—, *Mystery and Realities of the Site*, New York, 1951
—, *Survival Through Design*, New York, 1954 ; [trad. fr. : *Construire pour survivre*, Paris, 1971]
—, « Human Setting in an Industrial Civilization », *Zodiac*, n°2, 1957, p. 68-75
—, *Life and Shape*, New York, 1962
Newhouse, V., *Wallace K. Harrison*, New York, 1989
O'Neil, D., « The High and Low Art of Rudolf Schindler », *AR*, avr. 1973, p. 241-246
Ottó, M., *Farkas Molnar*, Budapest, 1987
Papadaki, S., *The Work of Oscar Niemeyer*, I, New York, 1950
—, *Oscar Niemeyer : Works in Progress*, New York, 1956
Peichl, G. et Slapeta, V., *Czech Functionalism 1918-1938*, Londres, 1987
Polyzoides, S. et Koulermos, P., « Schindler : 5 Houses », *A+U*, nov. 1975
Pritchard, J., *View from a Long Chair*, Londres, 1984
Raymond, A., *Antonin Raymond, Architectural Details*, New York, 1947
—, *Antonin Raymond, An Autobiography*, Rutland, VT., 1973
Richards, J.M., « Criticism/Royal Festival Hall », *AR*, juin 1951, p. 355-358 (numéro spécial)
Riley, T. et Abram, J., *The Filter of Reason : The Work of Paul Nelson*, New York, 1990
Rosa, J., *Albert Frey*, New York, 1990
Roth, A., *La Nouvelle Architecture*, Zurich, 1940
—, *Architect of Continuity*, Zurich, 1985
Sarnitz, A., *R.M. Schindler, Architect 1887-1953*, New York, 1988
Safran, Y., « La Pelle », *9H*, n°8, 1989, p. 155-156
Sert, J.L., *Can Our Cities Survive ?*, Cambridge, Mass., 1947
Steinmann, M., « Neuer Blick auf die Charte d'Athènes », *Archithèse*, n°1, 1972, p. 37-46
—, « Political Standpoints in CIAM 1928-1933 », *AAQ*, IV, n°4, oct.-déc. 1972, p. 49-55
Stevens, T., « Connell, Ward and Lucas, 1927-1939 », *AAJ*, LXXII, n°806, nov. 1956, p. 112-113
Stewart, D.B., *The Making of a Modern Japanese Architecture 1868 to the Present*, Tokyo, 1987
Van Postel, D., « The Poetics of Comfort – George and William Keck », *Archis*, 12 déc. 1988, p. 18-32
Vellay, M. et Frampton, K., *Pierre Chareau*, Paris, 1984
Wodehouse, L., « Lescaze and Dartington Hall », *AAQ*, VII, n°2, 1976, p. 3-14
Yorke, F.R.S., *The Modern House*, Londres, 1934
—, *The Modern Flat*, Londres, 1937

### Chapitre 2 : Le nouveau brutalisme

Alloway, L., *This is Tomorrow* (cat. d'expo. Whitechapel Gallery), Londres, 1956
Banham, R., « The New Brutalism », *AR*, déc. 1955, p. 355-362
Bollerey, F. et Sabaté, J., « Cornelis van Eesteren », *UR8*, Barcelone, 1989
Bosman, J., Georgiadis, S., Huber, D., Oechslin, W. *et al.*, *Sigfried Giedion 1888-1968 : der Entwuff einer modernen Tradition*, Zurich, 1989
Coll., *Jean Prouvé, « constructeur »* in cat. d'expo. Centre Georges Pompidou, Paris, 1990
Collymore, P., *The Architecture of Ralph Erskine*, Londres, 1982
Crosby, T. (dir.), *Uppercase*, 3, Tonbridge, 1954 : projets présentés par les Smithson aux CIAM d'Aix-en-Provence
Eisenman, P., « Real and English : The Destruction of the Box, 1 », *Oppositions*, n°4, oct. 1974, p. 5-34
Frampton, K., « Leicester University Engineering Laboratory », *AD*, XXXIV, n°2, 1964, p. 61
—, « The Economist and the Hauptstadt », *AD*, fév. 1965, p. 61-62
—, « Stirling's Building », *Architectural Forum*, nov. 1968
—, « Andrew Melville Hall, St Andrews University, Scotland », *AD*, XL, n°9, 1970, p. 460-462
Georgiadis, S., *Sigfried Giedion. Eine Intellektuelle Biographie*, Zurich, 1989
Girouard, M., « Florey Building, Oxford », *AR*, CLII, n°909, 1972, p. 260-277
Howell, W. et Killick, J., « Obituary : The Work of Edward Reynolds », *AAJ*, LXXIV, n°289, fév. 1959, p. 218-223
Johnson, P., « Comment on School at Hunstanton, Norfolk », *AR*, sept. 1954, p. 148-162
Martin, L., *Buildings and Ideas 1933-1983 : The Studio of Leslie Martin & Associates*, Cambridge, 1983
Smithson, A. et P., « The New Brutalism », *AR*, avr. 1954, p. 274-275
Tafuri, M., « L'Architecture dans le boudoir », *Oppositions*, n°3, mai 1974, p. 37-62

### Chapitre 3 : Les aléas de l'idéologie

Candilis, G., *Recherches sur l'architecture des loisirs*, Paris, 1973
Eszter, G., *A CIAM Magyar Csoportja, 1928-1938*, Budapest, 1972
Frampton, K., « Des Vicissitudes de l'idéologie », *L'Architecture d'aujourd'hui*, n°177, janv.-fév. 1975, p. 62-65
Smithson, A., *Team 10 Primer*, Cambridge, Mass., 1968
— (dir.), *Team 10 Meetings 1953-1984*, New York, 1991
— et Smithson, P., « Louis Kahn », *Architects'Year Book*, IX, Londres, 1960, p. 102-118
—, *Ordinariness and Light : Urban Theories 1952-60*, Cambridge, Mass., 1970
—, *Urban Structuring*, Londres, 1970
Steinmann, M., « Political Standpoints in CIAM 1928-1933 », *AAQ*, aut. 1972, p. 49-55
—, *CIAM Dokumente 1928-1939*, Bâle, 1979
Woods, S., « Urban Environment: The Search for a System » in *World Architecture/One*, Londres, 1964, p. 150-154
—, « Frankfurt: The Problems of A City in the Twentieth Century » in *World Architecture/One*, Londres, 1964, p. 156
—, *Candilis Josic and Woods: a Decade of Architecture and Urban Design*, Stuttgart, 1968

### Chapitre 4 : L'architecture, la production et le lieu

Achleitner, F., « Viennese Positions », *Lotus*, n°29, 1981, p. 5-27
Arendt, H., *Condition de l'homme moderne*, Paris, 1961 ; [éd. or. am., 1958]
Argan, G.C., « On the Typology of Architecture », *AD*, déc. 1963, p. 564, p. 565
Arnell, P. (dir.), *Frank Gehry Buildings and Projects*, New York, 1985
—, Bickford, T., Wheeler, K. et Scully, V., *Michael Graves, Buildings and Projects 1966-1981*, New York, 1982
—, Bickford, T. et Rowe, C., *James Stirling, Buildings and Projects*, Londres, 1984
Aymonino, C., *Origine e sviluppo della urbanistica moderna*, Venise, 1965
Banham, R., *Theory and Design in the First Machine Age*, Londres, 1960
—, Foster, N. et Butt L., *Foster Associates*, Londres, 1979

Baudrillard, J., « Le Miroir de la production », *Utopie*, mai 1972, p. 43-57
—, *L'Effet Beaubourg : implosion et dissuasion*, Paris, 1977
Bill, M., « The Bauhaus Idea From Weimar to Ulm », *Architects' Yearbook*, V, Londres, 1953
Blaser, W., *After Mies : Mies van der Rohe – Teaching and Principles*, New York, 1977
Bohning, I., « Like Fishes in the Sea ; Autonomous Architecture/Replications », *Daidalos*, n°2, 1981, p. 13-24
Bois, Y.A., « On Manfredo Tafuri's "Théorie et histoire de l'architecture" », *Oppositions*, n°11, hiver 1977, p. 118-123
Bonito Oliva, A. (dir.), *Transavantgarde international*, Milan, 1982
Bonsiepe, G., « Communication and Power », *Ulm*, n°21, avr. 1968, p. 16
Broadbent, G., « The Taller of Bofill », *AR*, nov. 1973, p. 289-297
Brown, N.S., « Siedlung Halen and the Eclectic Predicament » in *World Architecture/One*, Londres, 1964, p. 165-167
Brown-Manrique, G., *O.M. Ungers : Works in Progress 1976-1980*, IAUS cat. n°17, New York, 1981
Cervellati, P.L. et Scannarini, R., *Bologna : politica e metodologia del restauro nei centri storici*, Bologne, 1973
Chermayeff, S. et Alexander, C., *Intimité et vie communautaire : vers un nouvel humanisme architectural*, Paris, 1972 ; [éd. or. am., New York, 1963]
Colquhoun, A., « The Modern Movement in Architecture », *The British Journal of Aesthetics*, 1962
—, « Literal and Symbolic Aspects of Technology », *AD*, nov. 1962
—, « Typology and Design Method » in *Meaning in Architecture*, Londres, 1969, p. 279
—, « Centraal Beheer », *Architecture Plus*, sept.-oct. 1974, p. 49-54
—, *Recueil d'essais critiques : Architecture moderne et changement historique*, Bruxelles, 1983
Conrads, U., *Programmes et Manifestes de l'architecture du XX<sup>e</sup> siècle*, Paris, 1991, p. 134, 133, 135
—, « Wall-buildings – as a Concept of Urban Order. On the Projects of Ralph Erskine », *Daidalos*, n°7, 1983, p. 103-106
Cook, P., *Architecture : Action and Plan*, Londres, 1967
Dal Co, F., *Mario Botta, Architecture 1960-1985*, Paris, 1986 ; [éd. or. ital., 1985]
Davies, C., *High Tech Architecture*, Londres, 1988
De Carlo, G., *An Architecture of Participation*, Melbourne, 1972
—, « Reflections on the Present State of Architecture », *AAQ*, X, n°2, 1978, p. 29-40
Delevoy, R., *Rational Architecture/Rationelle 1978: The Reconstruction of the European City 1978*, Bruxelles, 1978
Della Volpe, G., « The Crucial Question of Architecture Today », *Critique of Taste*, 1978 ; [éd. or. ital., Milan, 1960]
Dini, M., *Renzo Piano : Projets et architectures 1964-1983*, Paris, 1983
Drew, P., *The Third Generation : The Changing Meaning In Architecture*, Londres, 1972
—, *Frei Otto : Form and Structure*, Londres, 1976
Drexler, A., *Transformations in Modern Architecture*, New York, 1979
Eisenman, P., « Biology Centre for the Goethe University of Frankfurt », *Assemblage 5*, fév. 1988, p. 29-50
Evans, R., « Regulation and Production », *Lotus*, n°12, sept. 1976, p. 6-15
—, « Figures, Doors and Passages », *AD*, avr. 1978, p. 267-278
Ferlenga, A., *Aldo Rossi, 1959-1987*, Paris, 1988 ; [éd. or. ital., 1986]
Foucault, M., *Surveiller et Punir, naissance de la prison*, Paris, 1975
Frampton, K., « America 1960-1970. Notes on Urban Images and Theory », *Casabella*, XXV, n<sup>os</sup>359-360, 1971, p. 24-38
—, « Criticism » in *Five Architects*, New York, 1972
—, « Apropos Ulm : Curriculum and Critical Theory », *Oppositions*, n°3, mai 1974, p. 17-36
—, « John Hejduk and the Cult of Humanism », *A+U*, 75 : 05, mai 1975, p. 141, p. 142
—, *Modern Architecture and the Critical Present*, *AD*, 1982 (numéro spécial)
— et Burke, D., *Rob Krier : Urban Projects 1968-1982*, IAUS cat. n°5, New York, 1982
— *et al.*, *Alvaro Siza, Profession poétique*, Paris, 1987
Friedman, Y., « Towards a Mobile Architecture », *AD*, nov. 1963, p. 509, p. 510
Futagawa, Y. (dir.), « Zaha M. Hadid », *Global Architecture*, n°5, 1986
Gandelsonas, M., « Neo-Functionalism », *Oppositions*, n°5, été 1976
Giedion, S., « Jørn Utzon and the Third Generation », *Zodiac*, n°14, 1965, p. 34-47, p. 68-93
Grassi, G., *La Costruzione logica dell'architettura*, Padoue, 1967
—, « Avantgarde and Continuity », *Oppositions*, n°21, 1980
—, « The Limits of Architecture », *Classicism is not a Style*, *AD*, 1982
—, « Form Liberated, Never Sought. On the Problem of Architectural Design », *Daidalos*, n°7, 1983, p. 24-36
—, *L'Architecture comme métier et autres écrits*, Bruxelles, 1983
Gregotti, V. et Bohigas, O., « La passion d'Alvaro Siza », *L'Architecture d'aujourd'hui*, n°185, mai-juin 1976, p. 42-57
Geuss, R., *The Idea of a Critical Theory : Habermas and the Frankfurt School*, Cambridge, 1981
Guillerme, J., « The Idea of Architectural Language : A Critical Inquiry », *Oppositions*, n°10, aut. 1977, p. 21-26
Habermas, J., « Technology and Science as Ideology » in *Toward a Rational Society*, 1970 ; [éd. or. all., Francfort, 1968]
—, « Modern and Post-Modern Architecture », *9H*, n°4, 1982, p. 9-14
—, « Modernity – an Incomplete Project » in *The Anti-Aesthetic : Essays on Postmodern Culture*, 1983
Habraken, N.J., *Supports : An Alternative to Mass Housing*, New York, 1972
Heidegger, M., « Bâtir, Habiter, Penser » in *Essais et Conférences*, Paris 1958, p. 183
Hertzberger, H., « Place, Choice and Identity » in *World Architecture/Four*, Londres, 1967, p. 73-74
—, « Architecture for People », *A+U*, mars 1977, p. 124-146
—, *Lessons for Students in Architecture*, Rotterdam, 1991
Herzog, T., *Pneumatische Konstruktion*, 1976
Huet, B. et Gangneux, M., « Formalisme, réalisme », *L'Architecture d'aujourd'hui*, n°190, 1970
Ito, T., « Collage and Superficiality in Architecture » in Frampton, K. (dir.), *A New Wave of Japanese Architecture*, New York, 1978
Jay, M., *The Dialectical Imagination*, Boston, 1973
Jencks, C., *Le Langage de l'architecture post-moderne*, Paris, 1979 ; [éd. or. ang., 1977]
Kawazoe, N., « Dream Vision », *AD*, oct. 1964
—, *Contemporary Japanese Architecture*, Tokyo, 1965
Krier, L., « The Reconstruction of the City » in *Rational Architecture 1978*, Bruxelles, 1978, p. 28-44
Krier, R., *L'Espace de la ville, théorie et pratique*, Bruxelles, 1975
—, *Urban Space*, Londres, 1979
Kurokawa, N., *Metabolism in Architecture*, Londres, 1977
Lampugnani, V., *Josef Paul Kleihues*, 1983
Lindinger, H. (dir.), *Hochschule für Gestaltung, Ulm: Die Moral der Gegenstande 1953-1968*, Berlin, 1987
Llorens, T., « Manfredo Tafuri : Neo Avantgarde and History », *AD*, n<sup>os</sup>6-7, 1981

Lucan, J. (dir.), *OMA-Rem Koolhaas*, Paris, 1990
—, *Architecture en France (1940-2000) : histoire et théories*, Paris, 2001 ; [1ère éd., 1989]
Luchinger, A., « Dutch Structuralism », *A + U*, mars 1977, p. 47-65
—, *Herman Hertzberger 1959-1985, Buildings and Projects*, La Haye, 1987
Lumsden, A. et Nakamura, T., « Nineteen Questions to Anthony Lumsden », *A+U*, mars 1975
Lyotard, J.F., *La Condition postmoderne, rapport sur le savoir*, Paris, 1979
McLeod, M., « Architecture and Politics in the Reagan Era : From Post-modernism to Deconstructivism », *Assemblage 8*, 1989, p. 23-59
Mahaddie, A., « Why the Grid Roads Wiggle », *AD*, sept. 1976, p. 539-542
Maki, F., *Investigations in Collective Form*, Saint Louis, 1964
— et Ohtaka, « Some Thoughts on Collective Form » in Kepes, G. (dir.), *Structure in Art and Science*, New York, 1965
Maldonado, T., *Max Bill*, Buenos Aires, 1955
—, *Avanguardia e razionalità*, Turin, 1974
— et Bonsiepe, G., « Science and Design », *Ulm*, n°10-11, mai 1964, p. 8-9
—, *Design, Nature and Revolution : Towards a Critical Ecology*, New York, 1972 ; [éd. or. it. : *La Speranza Progettuale*, Turin, 1970]
Mangin, W., « Urbanisation Case History in Peru », *AD*, août 1963, p. 366-370
Marcuse, H., *Eros et civilisation, contribution à Freud*, Paris, 1963
Marinelli, G., *Il Centro Beaubourg a Parigi : « Macchina » e segno architectonique*, Bari, 1978
Martin, L., « Transpositions : On the Intellectual Origins of Tschumi's Architectural Theory », *Assemblage 11*, 1990, p. 23-35
Matsunaga, T., *Kazuo Shinohara*, IAUS cat. n°17, New York, 1982
Meller, J., *The Buckminster Fuller Reader*, Londres, 1970
Mendes, M. et Portas, N., *Portugal. Architecture 1965-1990*, Paris, 1991
Miller, N. et Sorkin, M., *California Counterpoint : New West Coast Architecture 1982*, IAUS cat. n°18, New York, 1982
Moles, A., *Théorie de l'information et perception esthétique*, Paris, 1972 ; [éd. or. am., 1966]
—, « Functionalism in Crisis », *Ulm*, nos19-20, août 1967, p. 24
Moneo, R., « Aldo Rossi : The Idea of Architecture and the Modena Cemetery », *Oppositions*, n°5, été 1976, p. 1-30
Mukarovsky, J., « On the Problem of Functions in Architecture » in *Structure, Sign and Function*, New Haven, 1978
Nakamura, T., « Foster & Associates », *A+U*, sept. 1975 (numéro spécial)
Natalini, A., *Figures of Stone, Quaderni di Lotus n°3*, 1984
— et Superstudio, « Description of the Micro-Event and Micro-Environment » in Ambasz, E. (dir.), *Italy : The New Domestic Landscape*, New York, 1972, p. 242-251
Nieuwenhuys, C., « New Babylon : An Urbanism of the Future », *AD*, juin 1964, p. 304-305
Nitschke, G., « The Metabolists of Japan », *AD*, oct. 1964
—, « MA —, The Japanese Sense of Place », *AD*, mars 1966
—, « Akira Shibuya », *AD*, 1966
Norberg-Schulz, C., « Place », *AAQ*, VII, n°4, 1976, p. 3-9
—, *Scandinavie. Architecture 1965-1990*, Paris, 1990
Ohl, H., « Industrialized Building », *AD*, avr. 1962, p. 176-185
Papadakis, A., Cooke, C. et Benjamin, A., *Deconstruction : Omnibus Volume*, Londres, 1989
Peckham, A., « This is the Modern World », *AD*, XLIX, n°2, 1979, p. 2-26
Piano, R., « Architecture and Technology », *AAQ*, II, n°3, juil. 1970, p. 32-43
Pike, A., « Failure of Industrialised Building/Housing Program », *AD*, nov. 1967, p. 507
Rogers, R., *Architecture : A Modern View*, Londres, 1990
Rossi, A., *L'Architecture de la ville*, Paris, 1981 ; [éd. or. it. : *L'architettura della città*, Padoue, 1966 ; nouvelle trad. Gollion (Suisse), 2001]
—, « An Analogical Architecture », *A + U*, 76 : 05, mai 1976, p. 74-76
—, « Thoughts About My Recent Work », *A+U*, 76 : 05, mai 1976, p. 83
—, *Une autobiographie scientifique*, Marseille, 1988
Rowe, C. et Koetter, F., *Collage City*, Gollion (Suisse), 2002 ; [éd. or. am., Cambridge, Mass., 1979]
Ruiz Cabrero, G., *Espagne. Architecture, 1965-1988*, Paris, 1989
Rykwert, J., *Richard Meier, Architect 195-1991; 1992-1999; 2000-2004*, New York, 1991, 1999, 2004
Safdie, M., *Beyond Habitat*, Cambridge, Mass., 1970
Savi, V., « The Luck of Aldo Rossi », *A+U*, 76 : 05, mai 1976, p. 105-106
—, *L'architettura di Aldo Rossi*, Milan, 1978
Schnaidt, C., « Prefabricated Hope », *Ulm*, nos10-11, mai 1964, p. 8-9 ; [repris dans id., *Autrement dit, Écrits 1950-2001*, Gollion (Suisse), p. 625, 629, 630, 637]
—, « Architecture and Political Commitment », *Ulm*, nos19-20, août 1967, p. 30-32 ; [repris dans id., *Autrement dit, Écrits 1950-2001*, Gollion (Suisse), p. 668-674]
Scogin, M. et Elam, M., « Projects for Two Libraries », *Assemblage 7*, oct. 1988, p. 57-89
Skolimowski, H., « Technology: The Myth Behind the Reality », *AAQ*, II, n°3, juil. 1970, p. 21-31
—, « Polis and Politics », *AAQ*, aut. 1972, p. 3-5
Smithson, A., « Mat-Building », *AD*, sept. 1974, p. 573-590
Solà-Morales, I. de, « Critical Discipline », *Oppositions*, n°23, 1981
Steinmann, M., « Reality as History – Notes for a Discussion of Realism in Architecture », *A+U*, 76 : 09, sept. 1976, p. 31-34
Tafuri, M., « Design and Technological Utopia » in Ambasz, E. (dir.), *Italy: The New Domestic Landscape*, New York, 1972, p. 388-404
—, « L'architecture dans le boudoir : The Language of Criticism and the Criticism of Language », *Oppositions*, n°3, mai 1974, p. 37-62
—, *Architecture and Utopia: Design and Capitalist Development*, Cambridge, Mass., 1976
—, « Main Lines of the Great Theoretical Debate over Architecture and Urban Planning 1960-1977 », *A+U*, janv. 1979, p. 133-154
—, *The Sphere and the Labyrinth*, Cambridge, Mass., 1987
Taki, K., « Oppositions: The Intrinsic Structure of Kazuo Shinohara's Work », *Perspecta*, n°20, 1983, p. 43-60
Tanizaki, J., *Éloge de l'ombre*, Aurillac, 1977
Tzonis, A. et Lefaivre, L., « The Narcissist Phase in Architecture », *Harvard Architectural Review*, IX, print. 1980, p. 53-61
Ungers, O.M., « Cities within the City », *Lotus*, n°19, 1978, p. 83
—, « Five Lessons from Schinkel », *Free-Style Classicism, AD*, LII, nos1-2, 1982
Van Eyck, A., « Labyrinthine Clarity » in *World Architecture/Three*, 1966, p. 121-122
—, Parin, P. et Morganthaler, F., « Interior Time/A Miracle in Moderation » in *Meaning in Architecture*, Londres, 1969, p. 171-173
Venturi, R., *De l'ambiguité en architecture*, Dunod, 1976 ; [éd. or. am., New York, 1966]
—, Scott-Brown, D. et Izenour, S., *L'Enseignement de Las Vegas*, Bruxelles, 1987, p. 149, 63 ; [éd. or. am., Cambridge, Mass., 1972]

Vesely, D., « Surrealism and Architecture », *AD*, n$^{os}$2-3, 1978, p. 87-95
Wachsmann, K., *The Turning Point of Building*, New York, 1961
Webber, M., « Order in Diversity : Community Without Propinquity » in *Cities in Space*, Baltimore, 1963
Woods, S., *The Man in the Street : A Polemic on Urbanism*, Baltimore, 1975

**Chapitre 5 : Le régionalisme critique**

Alves Costa, A., « Oporto and the Young Architects : Some Clues for a Reading of the Works », *9H*, n°5, 1983, p. 43-60
Ambasz, E., *The Architecture of Luis Barragán*, New York et Boston, 1976
Ando, T., pour articles publiés dans *Japan Architect*, voir Nussaume, Y.
Antoniadis, E., *Greek Contemporary Architecture*, 1979
—, « Pikionis' Work Lies Underfoot on Athens Hill », *Landscape Architecture*, mars 1979
Arango, S. (dir.), *La Arquitectura en Colombia*, Bogota, 1985
Axelos, K., *Alienation, Praxis and Techné in the Thought of Karl Marx*, 1976
Battista, E. et Frampton, K., *Mario Botta : Architecture and Projects in the 70s*, Londres, 1981
Bettini, S., « L'architettura di Carlo Scarpa », *Zodiac*, n°6, 1960, p. 140-187
Boga, T., *Tessiner Architekten, Bauten und Entwürfe 1960-1985*, Zurich, 1986
Bognar, B., « Tadao Ando, A Redefinition of Space, Time and Existence », *AD*, mai 1981
Bohigas, O., « Diseñar para un público o contra un público » in *Contra una arquitectura adjetivida*, Barcelone, 1969
Botero, M., « Italy : Carlo Scarpa the Venetian, Angelo Mangiarotti the Milanese », *World Architecture*, n°2, 1965
Botta, M., « Architecture and Environment », *A+U*, juin 1979, p. 52
—, « Architecture and Morality : An Interview with Mario Botta », *Perspecta*, n°20, 1983, p. 199-38
— et Sanguineti, E. *et al.*, *La casa rotonda*, Milan, 1982
— et Zardini, M., *Aurelio Galfetti*, 1989
Bru, E. et Mateo, J.L., *Spanish Contemporary Architecture*, Barcelone, 1984
Brusatin, M., « Carlo Scarpa, architetto Veneziano », *Contraspazio*, n$^{os}$3-4, mars-avr. 1972
Carloni, T., « Notizen zu einer Berufschronik. Entwurfs Kollektive 2 », *Tendenzen : Neuere Architektur im Tessin*, 1975, p. 16-21
coll., *Architectures à Porto*, Bruxelles, 1990
coll., *Tadao Ando, Minimalisme*, Paris, 1982, p. 10-15
Crippa, M.A., *Carlo Scarpa Theory, Design, Projects*, Cambridge, Mass., 1986
Croset, P.A., *Gino Valle : pogetti e architettura*, Milan, 1989
Dal Co, F., *Mario Botta Architecture 1960-1985*, Milan, 1987
— et Mazzariol, G., *Carlo Scarpa : The Complete Works*, Londres, 1986
Dimitracopoulou, A., « Dimitris Pikionis », *AAQ*, n$^{os}$2-3, 1982, p. 62
Dimitriu, L., « Interview », *Skyline*, mars 1980
Fjeld, P.O., *Sverre Fehn : The Thought of Construction*, New York, 1983
Ferrario, L. et Pastore, D., *Alberto Sartoris/La Casa Morand-Pasteur*, Rome, 1983
Fonatti, F., *Elemente des Bauens bei Carlo Scarpa*, 1984
Frampton, K., « Prospects for a Critical Regionalism », *Perspecta*, n°20, 1983, p. 147-162
—, « Towards A Critical Regionalism : Six Points for an Architecture of Resistance » in Foster, H. (dir.), *The Anti-Aesthetic, Essays on Post-Modern Culture*, New York, 1983
— (dir.), *Tadao Ando : Projects, Buildings, Writings*, New York, 1984
— (dir.), *Atelier 66*, New York, 1985 : sur l'œuvre de Dimitris et Susana Antonakakis
— *et al.*, *Dimitri Pikionis, architect 1887-1968: a Sentimental Biography*, Londres, 1989
— *et al.*, *Manteola, Sánchez, Gómez, Santos, Solsona, Vinoly*, Buenos Aires, 1978
— *et al.*, *Alvaro Siza Esquissos de Vagem : Documentos de Arquitectura*, Barcelone, 1988
Frascari, M., « The True and Appearance, The Italian Facadism and Carlo Scarpa », *Daidalos*, n°6, déc. 1982, p. 37-46
—, « The Tell-the-Tale Detail », *Via*, Cambridge, n°7, 1984
Fromonot, F., *Jørn Utzon et l'Opéra de Sydney*, Paris, 1998
Grassi, G., « Avantgarde and Continuity », *Oppositions*, n°21, 1980
—, « The Limits of Architecture », *Classicism is not a Style*, *AD*, LII, n$^{os}$5-6, 1982
Gregotti, V., « Oswald Mathias Ungers », *Lotus*, n°11, 1976
Harris, H.H., « Regionalism and Nationalism », *Raleigh N.C.*, XIV, n°5
Huyssens, H., « The Search for Tradition : Avantgarde and Post-modernism in the 1970s », *New German Critique*, n°22, 1981, p. 34
Ivakhoff, D.I. (dir.), *Eladio Dieste*, Bogota, 1987
Jones, E., « Nationalism and Eclectic Dilemma : Notes on Contemporary Irish Architecture », *9H*, n°5, 1983, p. 81-86
Jourdain, C. et Lesbet, D., « Algeria : Village Project and Critique », *9H*, n°1, 1980, p. 2-5
Knobel, L., « Interview with Mario Botta », *AR*, juil. 1981, p. 23
Konstantinidis, A., *Elements for Self Knowledge : Towards a True Architecture*, Athènes, 1975
—, *Aris Konstantinidis : Projects and Buildings*, 1981
Koulermos, P., « The Work of Konstantinidis », *AD*, mai 1964
Magagnato, L., *Carlo Scarpa a Castelvecchio*, Milan, 1982
—, « Scarpa's Museum », *Lotus*, n°35, 1982, p. 75-85
Malcolmson, R. *et al.*, *Amancio Williams*, Buenos Aires, 1990
Murphy, R., *Carlo Scarpa and the Castelvecchio*, Londres, 1990
Nicolin, P., *Mario Botta 1961-1982*, Electa Moniteur, 1982
Norberg-Schulz, C., « Heidegger's Thinking on Architecture », *Perspecta*, n°20, 1983, p. 61-68
— et Vigato, J.-C., *Livio Vacchini*, Berlin, 1987
Nussaume, Y., *Tadao Ando et la question du milieu, réflexions sur l'architecture et le paysage*, Paris, 1999, p. 222 : anthologie d'articles de T. Ando de 1977 à 1994
Okumura, T., « Interview with Tadao Ando », *Ritual, The Princeton Journal, Thematic Studies in Architecture*, I, 1983, p. 126-134
Özkun, S., *Regionalism in Architecture*, Singapour, 1985
Pikionis, D., « Memoirs », *Zygos*, janv.-fév. 1958, p. 4-7
Porphyrios, D., « Modern Architecture in Greece : 1950-1975 », *Design in Greece*, X, 1979
Portoghesi, P., « Carlo Scarpa » in *Global Architecture*, Tokyo, L, 1972
Richards, J.M. *et al.*, *Hassan Fathy*, Singapour, 1985
Ricoeur, P., « La Civilisation universelle et les cultures nationales » in *Histoire et vérité*, Paris, 1955
Salgado, J., *Alvaro Siza em Matosinhos*, 1986
Samona, A., Tentori, F. et Gubler, J., *Progetti e assonometrie di Alberto Sartoris*, Rome, 1982
Santini, P.C., « Banco Popolare di Verona by Carlo Scarpa » in *GA Document 4*, Tokyo, 1981
Scarpa, C., « I Wish I Could Frame the Blue of the Sky » *Rassegna*, n°7, 1981
Silvetti, J., *Amancio Williams*, Cambridge, Mass., 1987
— et Seligman, W., *Mario Campi and Franco Pessina, Architects*, New York, 1987

Simeoforidis, Y., « The landscape of an architectural competition », *Tefchos*, n°5, mars 1991, p. 19-27
Siza, A., « To Catch a Precise Moment of the Flittering Image in all its Shades », *A+U*, n°123, déc. 1980
Smith, C.B., *Builders in the Sun : Five Mexican Architects*, New York, 1967
Soria Badia, E., *Coderch de Sentmenat : conversaciones*, Barcelone, 1979
Steele, J., *Hassan Fathy*, Londres, 1988
Steinmann, M., « Reality as History – Notes for a Discussion of Realism in Architecture », *A+U*, sept. 1979, p. 74
Takeyama, K., « Tadao Ando : Heir to a Tradition », *Perspecta*, n°20, 1983, p. 163-180
Tentori, F., « Progetti di Carlo Scarpa », *Casabella*, n°222, 1958, p. 15-16
Testa, P., « Unity of the Discontinuous : Alvaro Siza's Berlin works », *Assemblage 2*, 1987, p. 47-61
—, « Tradition and Actuality in the Antonio Carlos Siza House », *JAE*, vol. 40, n°4, été 1987, p. 27-30
Tzonis, A. et Lefaivre, L., « The Grid and the Pathway : An Introduction to the Work of Dimitris and Susana Antonakakisé », *Architecture in Greece*, n°15, 1981, p. 164-178
Utzon, J., « Platforms and Plateaus : Ideas of a Danish Architect », *Zodiac*, n°10, 1962, p. 112-114
Vanlaethem, F., « Pour une architecture épurée et rigoureuse », *ARQ*, n°14, *Modernité et Régionalisme*, août 1983, p. 16-19
Vesely, D., « Introduction » in *Architecture and Continuity*, Londres, 1982
Wang, W. (dir.), *Emerging European Architects*, New York, 1988
— et Siza, A., *Souto de Moura*, Barcelone, 1990
Yatsuka, H., « Rationalism », *Space Design*, oct. 1977, p. 14-15
—, « Architecture in the Urban Desert : A Critical Introduction to Japanese Architecture after Modernism », *Oppositions*, n°23, 1981
Zaknic, I., « Split at the Critical Point : Diocletian's Palace, Excavation vs. Conservation », *Journal of Architectural Education*, XXXVI, n°3, print. 1983, p. 20-26
Zambonini, G., « Process and Theme in the Work of Carlo Scarpa », *Perspecta*, n°20, 1983, p. 21-42

### Chapitre 6 :
### Mondialisation de l'architecture et pratique réflexive

Attoe, W., *The Architecture of Ricardo Legoretta*, Austin, Texas, 1990
Benedikt, M., *For an Architecture of Reality*, New York, 1987
Blaser, W. (dir.), *Santiago Calatrava : Engineering and Architecture*, Boston, 1989
Bognar, B., *The New Japanese Architecture*, New York, 1990
Bohigas, O., *Garcés/Soria*, Barcelone, 1987
Bru, E. et Mateo, J.L., *Spanish Contemporary Architecture*, Barcelone, 1984
Capitel, A. et Solà-Morales, I. de, *Contemporary Spanish Architecture: an Eclectic Panorama*, New York, 1986
Cook, P. et Rand, G., *Morphosis : Buildings and Projects*, New York, 1989
Correa, C., *The New Landscape*, Bombay, 1985
Curtis, W., *Balkrishna Doshi, An Architecture for India*, New York, 1988
—, *Carlos Ferrater*, Barcelone, 2000
Alonso del Val, M., « Spanish Architecture 1939-1958 : Continuity and Diversity », *AA Files*, n°17, print. 1989, p. 59-63
Devillers, C., « Entretiens avec Henri Gaudin », *AMC*, mai 1983, p. 78-101
—, « Entretiens avec Roland Simounet », *AMC*, mai 1983, p. 52-73
—, « Le Sublime et le Quotidien », *AMC*, mai 1983, p. 102-109
—, « Une maison de verre... pour automobiles », *AMC*, mars 1984, p. 42-49
Drew, P., *Leaves of Iron, Glen Murcutt : Pioneer of an Australian Architectural Form*, Sydney, 1996
Frampton, K., *The Architecture of Hiromi Fujii*, New York, 1987
— et Drew, P., *Harry Seidler: Four Decades of Architecture*, Londres, 1992
Futagawa, Y. (dir.), *Tadao Ando*, Tokyo, 1987
Higueras, F., *Fernando Higueras 1959-1986*, 1985
Holl, S., *Anchorings*, New York, 3e éd., 1991
Holod, R. et Rastorfer, D. (dir.), *Architecture and Community. Building in the Islamic World Today*, Oxford, 1983
Jenkins, D., *Mound Stand, Lord's Cricket Ground*, Londres, 1991
Kawamukai, M. et Zardini, M., *Tadao Ando*, Milan, 1990
Khan, H. U., *Charles Correa*, Singapour, 1987
Kipnis, J., « Architecture : The Sacred and the Suspect », *JAE*, 40, n°2, p. 33-35
Kurosaka, A. *et al.*, *Space Design*, n°172, janv. 1979 (numéro spécial sur Shinohara)
Lesnikowski, W., *The New French Architecture*, New York, 1990
Levene, R. C., Cecilia, F.M. et Barbarin, A.R., *Arquitectura Española Contemporánea 1975-1990*, 2 vol., Madrid, 1989
Levy, S.M., *Japanese Construction : An American Perspective*, New York, 1990
Lion, Y., « La Cité judiciaire de Draguignan », *AMC*, mars 1984, p. 6-19
Llinàs, J. et de la Sota, A., *Alejandro de la Sota*, Madrid, 1989
Lootsma, B., *Cees Dam*, Rotterdam, 1989
Lucan, J., « Une morale de la construction, Le musée d'art moderne du Nord de Roland Simounet », *AMC*, mai 1983, p. 40-49
Manser, J., *The Joseph Shops, London 1983-1989*, Londres, 1991
Marchán Fiz, S., *José Ignacio Linazasoro*, Barcelone, 1989
Moneo, R., « Museum for Roman Artifacts, Mérida, Spain », *Assemblage 1*, 1986, p. 73-83
—, *Cruz/Ortíz*, Barcelone, 1988
Natalini, A., « Deux variations sur un thème », *AMC*, mars 1984, p. 28-41
—, *Figures of Stone : Quaderni di Lotus*, Milan, 1984
Norri, M.-R., *An Architectural Present : 7 Approaches*, Helsinki, 1990
Pawley, M., *Eva Jiricna, Design in Exile*, Londres, 1990
Pertuiset, N., « Reflective Practice », *JAE*, 40, n°2, p. 59-61
Poole, S., *The New Finnish Architecture*, New York, 1992
Quetglas, J., *M. Lapeña/Torres*, Barcelone, 1990
Roulet, S. et Soulié, S., *Toyo Ito*, Paris, 1991
Salat, S. et Labbé, F., *Fumihiko Maki*, Paris, 1988
—, *Paul Andreu : métamorphoses du cercle*, Paris, 1990
Savi, V., *Bach/Mora*, Barcelone, 1987
Schulte Strathaus, U.J., « Modernism of a Most Intelligent Kind : A Commentary on the Work of Diener & Diener », *Assemblage 3*, 1987, p. 72-107
Stewart, D. et Yatsuka, H., *Arata Isozaki 1960-1990*, Los Angeles, 1991
Vázquez de Castro, A. et Alba, A.F., *Trente œuvres d'architecture espagnole années 50-années 80* (cat. d'expo.), Hasselt, Belgique, 1985
Wang, W., *Jacques Herzog and Pierre de Meuron*, Bâle, 1998

# Index

Les chiffres en *italiques* correspondent aux numéros des illustrations.

## Librairie de l'Architecture et de la Ville

Derniers ouvrages publiés avec le concours du Ministère de la culture et de la communication
(Centre national du livre et Direction de l'architecture et du patrimoine)

Frank Lloyd Wright
*L'avenir de l'architecture*
Paris, Le Linteau, 2003

Giancarlo de Carlo
*Architecture et liberté*
Paris, Le Linteau, 2003

Denis Caniaux
*Villes de papier. Une anthologie de poétique urbaine*
Bordeaux, Confluences, 2004

Philippe Bancilhon
*Jean Benjamin Maneval. La Bulle six coques*
Paris, Jean-Michel Place, 2004

Jean-Paul Flamand
*L'abécédaire de la maison*
Paris, Éditions de la Villette, 2004

*Jacques V Gabriel et les architectes de la façade atlantique*
Sous la dir. de H. Rousteau-Chambon
Paris, Picard, 2004

Alice Thomine
*Emile Vaudremer (1829–1914). La rigueur de l'architecture publique*
Paris, Picard, 2004

*Une occupation civile. La politique de l'architecture israélienne,*
Sous la dir. de Rafi Segal et Eyal Weizman
Besançon, L'Imprimeur, 2004

Michel Da Costa Gonçalves et Geoffrey Galland
*Habiter en ville*
Paris, Autrement, 2004

Michel Da Costa Gonçalves et Geoffrey Galland
*Circuler en ville*
Paris, Autrement, 2004

Yann Nussaume
*Anthologie critique de la théorie architecturale japonaise. Le regard du milieu*
Bruxelles, Ousia, 2004

Thomas Sieverts
*Entre-ville. Une lecture de la Zwischenstadt*
Marseille, Parenthèses, 2004

Janine Barrier, Monique Mosser, Che Bing Chiu
*Aux jardins de Cathay. L'imaginaire anglo-chinois en Occident. William Chambers*
Besançon, L'Imprimeur, 2004

Nitza Metzger-Szmuk
*Des maisons sur le sable. Tel-Aviv. Mouvement moderne et esprit Bauhaus,*
Paris/Tel-Aviv, Éditions de l'Éclat, 2004

Michel Paoli
*Leon Battista Alberti, 1404–1472*
Besançon, L'Imprimeur, 2004

Oriol Bohigas
*Modernité en architecture dans l'Espagne républicaine*
Marseille, Parenthèses, 2004

Bruno Taut
*Une couronne pour la ville*
Paris, Le Linteau, 2004

Richard Scoffier
*Frédéric Borel*
Paris, Norma, 2004

Peter Sulzer
*Jean Prouvé. Œuvre complète/Complete Works. Volume 3 : 1944–1954*
Bâle, Birkhäuser, 2004

*Sebastiano Serlio à Lyon. Architecture et imprimerie. Volume 1 : Le traité d'architecture de Sebastiana Serlio. Une grande entreprise éditoriale au XVI^e^ siècle*
Sous la dir. de Sylvie Deswarte-Rosa
Lyon, Michel Chomarat, 2004

*Le rêve de la raison. Les Riviera de Charles Garnier et Gustave Eiffel*
Sous la dir. de Jean-Lucien Bonillo
Marseille, Imbernon, 2004

Vlada Traven
*La Datcha en Russie, de 1917 à nos jours*
Paris, Sextant, 2005

Jean-François Cabestan
*La conquête du plain-pied. L'immeuble à Paris au XVIII^e^ siècle*
Paris, Picard, 2004

Dominique Rouillard
*Super architecture. Le futur de l'architecture 1950–1970*
Paris, Éditions de la Villette, 2004

Richard Klein
*Robert Mallet-Stevens. La Villa Cavrois*
Paris, Picard, 2005

Caroline Bodolec
*L'architecture en voûte chinoise. Un patrimoine méconnu*
Paris, Maisonneuve & Larose, 2005

John Brinckerhoff Jackson
*De la nécessité des ruines et autres sujets*
Paris, Le Linteau, 2005

Pierre du Besset, Dominique Lyon, Lawrence Weiner, Philippe Ruault
*Une médiathèque à Troyes*
Paris, Éditions du Regard, 2005

Peter Hayden
*Jardins de Russie*
Arles, Actes Sud, 2005

Bruno Taut
*Architecture alpine*
Paris, Le Linteau, 2005

Alexandre Gady
*Jacques Lemercier. Architecte et ingénieur du Roi*
Paris, Maison des Sciences de l'Homme, 2005

Josette Bouvard
*Le métro de Moscou. La construction d'un mythe soviétique*
Paris, Sextant, 2005

Jean-Baptiste Cremnitzer
*Architecture et santé. Le temps du sanatorium en France et en Europe*
Paris, Picard, 2005

Caroline Maniaque
*Le Corbusier et les maisons Jaoul. Projets et fabrique*
Paris, Picard, 2005

Raphaël et Baldassar Castiglione
*La Lettre à Léon X*
Besançon, L'Imprimeur, 2005

Ildefonso Cerda
*La théorie générale de l'urbanisation*
Besançon, L'Imprimeur, 2005

Monique Eleb et Jean-Charles Depaule
*Paris, société de cafés*
Besançon, L'Imprimeur, 2005

Bernardo Secchi
*Première leçon d'urbanisme*
Marseille, Parenthèses, 2006

Jean-Michel Léger
*Yves Lion. Logements avec architecte*
Grane, Créaphis, 2006